Demokratische Kontrolle von Ausschussgremien in EU-Freihandelsabkommen

Europäische Hochschulschriften Recht

European University Studies in Law

Publications Universitaires Européennes de Droit

Band/Volume 6774

Felix Stern

Demokratische Kontrolle von Ausschussgremien in EU-Freihandelsabkommen

Eine Untersuchung am Beispiel des CETA aus Sicht der Prinzipal-Agent-Theorie

PETER LANG

Berlin - Bruxelles - Chennai - Lausanne - New York - Oxford

Bibliografische Information der Deutschen Nationalbibliothek
Die Deutsche Nationalbibliothek verzeichnet diese Publikation in der Deutschen Nationalbibliografie; detaillierte bibliografische Daten sind im Internet über http://dnb.d-nb.de abrufbar.

Zugl.: Speyer, Dt. Hochsch. für Verwaltungswiss., Diss., 2023

Sp 3
ISSN 0531-7312
ISBN 978-3-631-91274-4 (Print)
E-ISBN 978-3-631-91279-9 (E-PDF)
E-ISBN 978-3-631-91280-5 (EPUB)
DOI 10.3726/b21452

Verlegt durch:
Peter Lang GmbH, Berlin, Deutschland

info@peterlang.com http://www.peterlang.com/

Vorwort und Danksagung

Diese Arbeit wurde im Jahr 2023 an der Deutschen Universität für Verwaltungswissenschaften in Speyer als Dissertationsschrift zur Erlangung des Grades eines Dr. iur. angenommen. Die mündliche Doktorprüfung fand am 27. Juni 2023 statt.

Mein ganz besonderer Dank gilt meinem Doktorvater Herrn Prof. Dr. Wolfgang Weiß, der mich bereits vor und während der Arbeit an meiner Dissertationsschrift sehr engagiert gefördert und ermutigt hat und an dessen Lehrstuhl ich, tätig als wissenschaftliche Hilfskraft und wissenschaftlicher Mitarbeiter, mein Wissen über das Promotionsthema hinaus vom Verfassungsrecht über das Europarecht bis hin zum Wirtschaftsvölkerrecht vertiefen konnte.

Mein Dank gilt auch Herrn Prof. Dr. Ulrich Stelkens, der als Zweitgutachter mit meiner Dissertationsschrift befasst war und Herrn Prof. Dr. Stephan Grohs, der als Beisitzer meine mündliche Doktorprüfung begleitete.

Bedanken möchte ich mich zudem bei der Stiftung der Deutschen Wirtschaft (sdw) und deren Studienförderwerk Klaus Murmann, deren finanzielle und ideelle Förderung durch ein Promotionsstipendium einen nicht zu ersetzenden Beitrag zur Entstehung dieser Arbeit bilden. Bereits die Aufnahme in die Förderung empfinde ich als große Ehre und immensen Vertrauensvorschuss! Danken möchte ich an dieser Stelle auch Herrn Prof. Dr. Daniel-Erasmus Khan, der mich, wie auch mein Doktorvater, bei der Bewerbung um die Promotionsförderung mit einem Gutachten unterstützte.

Ich danke dem Peter Lang Verlag und dort speziell Herrn Dr. Kurt Wallat für die Zusammenarbeit und die Aufnahme der vorliegenden Dissertationsschrift in das Verlagsprogramm.

Mein Dank gebührt auch Herrn Dr. Thomas Köller, mit dem ich bei meiner Tätigkeit am Lehrstuhl meines Doktorvaters, anlässlich eines anderen Projekts, zusammenarbeitete und mit dem ich mich mehrfach mit großem Gewinn austauschen konnte. Außerdem gilt mein Dank Herrn Prof. Dr. Mario Martini, der durch ein Gutachten im Rahmen meiner Zulassung zum Promotionsstudium dazu beitrug, den Weg für die Entstehung des vorliegenden Buches zu ebnen.

Dankend erwähnen möchte ich auch meine Vorgesetzten sowie meine Kolleginnen und Kollegen bei Willis Towers Watson (WTW), meinem Arbeitgeber, in der letzten Phase der Promotion. Die Flexibilität und der Zuspruch, den es braucht, um ein solches Projekt über die Ziellinie zu bringen, sind auch bei einem internationalen Beratungshaus sicher nicht selbstverständlich und es freut mich besonders, Teil des Teams von WTW geworden zu sein.

Mein größter Dank gilt meiner Ehefrau Tabea, die den gesamten Prozess der Promotion, von der ersten Idee bis zum fertigen Buch, mit all' seinen Höhen und Tiefen miterlebt hat und mir dabei immer eine liebende und unverzichtbare Stütze war.

Von ganzem Herzen danke ich meinen Eltern Annette und August, ohne deren vielfältige Hilfe, ausdauernde Geduld und liebevollen Beistand die Promotion nicht Wirklichkeit geworden wäre. Auch der Zuspruch meiner Schwiegereltern Annette und Thomas Eickhölter war mir immer eine Hilfe.

Leider haben nicht alle Menschen, die mein Dissertationsprojekt mit Spannung und ehrlichem Interesse verfolgt haben, dessen Abschluss miterleben dürfen. Dies gilt insbesondere für meinen Schwiegervater, der im Juni 2023 nach schwerer Krankheit verstorben ist. Auch meine Großtante Ursula Mühlenbeck erlebte die Fertigstellung der Arbeit leider nicht mehr, nachdem sie im Dezember 2022 verstarb.

Am Ende bleibt die große Freude, dass eines der bislang wichtigsten Projekte meines Lebens nun erfolgreich abgeschlossen ist! Allen genannten Personen gilt mein Dank!

München, den 11. Dezember 2023
Felix Stern

Für Tabea und meine Eltern

Inhaltsverzeichnis

Kapitel I: Einleitung

„Is Global Governance – the structure of international institutions – democratically legitimate, or does it suffer from a 'democratic deficit'? This is emerging as one of the central questions – perhaps the central question – in contemporary world politics.“

Andrew Moravcsik, 2004[1]

A. Zum politischen Hintergrund: Gemeinsame Handelspolitik und neuer Bilateralismus

Die politische und rechtliche Struktur des Welthandels kennt drei Dimensionen, zwischen denen sich ihre fortlaufende Entwicklung bewegt. Hierbei stehen die Tendenzen zum Multilateralismus und zum Bilateralismus im grundsätzlichen Gegensatz zu unilateralen, protektionistischen Strategien. Obwohl letztere in den letzten Jahren bisweilen eine Renaissance zu erleben schienen,[2] verläuft die Entwicklung der Welthandelspolitik seit geraumer Zeit zwischen den grundsätzlichen Modellen einer multi- oder einer bilateralen Zusammenarbeit.

Nachdem die Doha-Verhandlungsrunde inzwischen seit mehr als zwei Jahrzehnten stockt, hat eine deutliche Entwicklung weg vom multilateralen Ansatz der Welthandelsorganisation (WTO) hin zu einer Konzentration auf bilaterale Handelsabkommen eingesetzt. Dies gilt sowohl im Hinblick auf die zahlenmäßig verstärkte Aushandlung solcher Abkommen als auch auf deren inhaltliche Weiterentwicklung. Ein wichtiger Motor dieser Entwicklung ist die Europäische Union (EU), die seit der Mitteilung der Global Europe Strategie 2006[3] verstärkt den Abschluss sog. „Umfassenden Freihandelsabkommen neuen Typs“ oder „Freihandelsabkommen der vierten Generation“ anstrebt, um die Integration des gemeinsamen Außenhandels ihrer Mitgliedstaaten weiter voranzutreiben.[4]

---

1 Moravcsik, Government and Opposition 2004, 336, 336.

2 Vgl. insb. zum Einsatz von Schutzzöllen als außenpolitisches Werkzeug der Regierung der USA unter dem vom 20. Januar 2017 bis zum 20. Januar 2021 amtierenden 45. Präsidenten Donald J. Trump und den Reaktionen zahlreicher anderer Staaten hierauf: Urmersbach, Statistiken zum Handelskrieg der USA.

3 KOM(2006) 567 endg., insb. S. 10-12 u. S. 15, aber auch: S. 13 (öffentliche Aufträge) u. S. 12 unten (geistiges Eigentum).

4 Weiß, Kann Freihandel Demokratie und Rechtsstaat gefährden?, S. 25; Nettesheim, Umfassende Freihandelsabkommen und Grundgesetz, S. 87f.

Diese neuen Freihandelsabkommen bleiben nicht bei Vereinbarungen zur Liberalisierung des internationalen Handels stehen. Darüberhinausgehend werden bis weit in die nationale Souveränität eingreifende Mechanismen zur Regulierungskoordination eingeführt. Neben bis weit „hinter die Grenze" reichenden inhaltlichen Vereinbarungen zu den von einem Freihandelsabkommen neuen Typs erfassten Politikfeldern,[5] werden beschlussfassende Ausschussgremien errichtet. Diese auch als Governancestrukturen[6] bezeichneten Ausschüsse reichen noch nicht an den Institutionalisierungsgrad einer internationalen Organisation heran. Vielmehr sind sie als Vertragsorgane einzuordnen, die sich von internationalen Organisationen durch ihre fehlende eigenständige Rechtspersönlichkeit unterscheiden. Auch fehlt den beteiligten Völkerrechtssubjekten hier der Wille zur Gründung einer internationalen Organisation. Auf der anderen Seite sind die hier untersuchten Vertragsgremien deutlich stärker institutionell verselbstständigt und verfestigt als internationale Konferenzen oder sonstige Zusammenkünfte von Vertretern unterschiedlicher Staaten.[7] So werden im Rahmen des CETA dauerhafte Kontaktstellen errichtet (vgl. Art. 26.5 CETA), um die Ausschussarbeit zu organisieren. Die Ausschüsse selbst arbeiten im Rahmen wiederkehrender Sitzungen,[8] nach verbindlichen Verfahrensregeln und im eigenen Namen unter feststehenden Bezeichnungen (Ausschuss, gemischte Sektorgruppe, Forum)[9] welche sie als von den Vertragsparteien des CETA zu unterscheidende Zurechnungsobjekte ausweisen.[10]

Die Entscheidungsbefugnisse solcher Gremien erschöpfen sich nicht in den bisher bekannten Mechanismen zur Durchführung, Auslegung und ggf. Ergänzung internationaler Abkommen.[11] Zum Teil sind die den eingerichteten Ausschüssen übertragenen Entscheidungsbefugnisse derartig unbestimmt

5 Nettesheim, Umfassende Freihandelsabkommen und Grundgesetz, S. 17 (allgemein); ebd., S. 19f. (zum CETA).

6 Vgl. die Verwendung des Begriffs bei: Weiß, Demokratische Legitimation und völkerrechtliche Governancestrukturen, S. 151ff. und bei: Nettesheim, Umfassende Freihandelsabkommen und Grundgesetz, S. 21f.

7 Appel, Das internationale Kooperationsrecht der EU, S. 312-326, insb. S. 324-326.

8 Vgl. Appel, Das internationale Kooperationsrecht der EU, S. 319-322.

9 Vgl. Art. 26.1 Abs. 4 lit. d und Art. 26.2 Abs. 4 CETA; Gemischter CETA-Ausschuss, Decision 001/2018, 26.09.2018.

10 Vgl. hierzu: Appel, Das internationale Kooperationsrecht der EU, S. 316f.

11 Nettesheim, Die Auswirkungen von CETA auf den politischen Gestaltungsspielraum von Ländern und Gemeinden, S. 6; Weiß, Parlamentarische Herausforderungen im Völkerrecht der Globalisierung angesichts internationalisierter Regelsetzung, S. 23-26.

formuliert, dass sich die Frage stellt, ob hierin eine (Weiter-)Übertragung von Hoheitsrechten liegt und ob der Abschluss entsprechender Abkommen einer Änderung des europäischen Primärrechts gleichkommt.[12] Da die von der EU in diese Gremien entsandten Vertreter von der EU-Kommission benannt werden oder dieser angehören und da Vertreter der EU-Mitgliedstaaten regelmäßig deren Exekutiven bzw. deren Regierungen angehören, werden Bedenken hinsichtlich einer Gubernalisierungsdynamik geäußert, die Entscheidungen über die Eingehung völkerrechtlicher Verpflichtungen und die Verfolgung bestimmter Regulierungspolitiken der Legislativen der EU und ihrer Mitgliedstaaten zu entziehen droht.[13] Hierbei reicht die internationalisierte Rechtsetzung im Rahmen der neuen Abkommen vom Schutz ausländischer Investitionen, über den Gesundheits- und Pflanzenschutz, bis hin zu geschützten geografischen Herkunftsangaben, um zunächst nur einige Beispiele zu nennen. Das erste der neuen Freihandelsabkommen schlossen die EU und ihre Mitgliedstaaten mit Südkorea. Dieses Abkommen kam ab 2011 vorläufig zur Anwendung und wurde 2015 vollständig ratifiziert.[14] Weitere Abkommen folgten mit Japan, Singapur, Vietnam und Kanada. Die Abkommen mit Japan, Singapur und Vietnam sind inzwischen ebenfalls in Kraft getreten.[15] Das mit Kanada geschlossene Umfassende Wirtschafts- und Freihandelsabkommen („CETA") wird seit dem 21. September 2017 vorläufig angewendet.[16] Die Verhandlungen zu einem Abkommen

12 Nettesheim, Umfassende Freihandelsabkommen und Grundgesetz, S. 104; Weiß, Verfassungsprobleme des Abschlusses und der vorläufigen Anwendung des CETA Freihandelsabkommens mit Kanada, S. 33; ebd., S. 35f.

13 Vgl. insb. Nettesheim, Umfassende Freihandelsabkommen und Grundgesetz, S. 84-86; Weiß, EuConst 2018, 532, 533.

14 EU-Kommission, Pressemitteilung vom 30.06.2011; Weiß, EuZW 2016, 286, 286; Beschluss des Rates (EU) 2011/265 vom 16.09.2010, Abl. EU vom 14.05.2011, L 127/1; BGBl. II 2012, S. 1482; BGBl. II 2016, S. 40.

15 Beschluss des Rates (EU) 2018/1907 vom 20.12.2018, Abl. EU, 27.12.2018, L 330/1; Beschluss des Rates (EU) 2019/1875 vom 08.11.2019, Abl. EU 14.11.2019, L 294/1; Beschluss des Rates (EU) 2020/753 vom 30.03.2020, ABl. EU 12.06.2020, L 186/1. Bei dem Abkommen mit Singapur wurde zuvor der nicht vollständig in den Zuständigkeitsbereich der EU fallende Teil zum Investitionsschutz abgetrennt und zum künftigen Abschluss zusammen mit den EU-Mitgliedstaaten in ein gemischtes Abkommen ausgelagert (vgl. BVerfG, Beschluss vom 07.11.2019, 2 BvR 882/19, Rn. 5). Bei dem mit Vietnam abgeschlossenen Abkommen wurde ebenso verfahren (vgl. Rat der EU, Pressemitteilung vom 25.06.2019).

16 EU-Kommission, Pressemitteilung vom 20.09.2017; Beschluss des Rates (EU) 2017/38 vom 28.10.2016, ABl. EU vom 14.01.2017, L 11/1080.

mit Neu Seeland wurden im Sommer 2022 abgeschlossen.[17] Im Verhandlungsprozess befinden sich zum Teil ähnliche Abkommen mit einer Reihe weiterer Staaten.[18] Zu nennen ist weiter das mit Großbritannien nach dessen Austritt aus der EU (BREXIT) geschlossene Handelsabkommen.[19]

Die Geschichte des CETA – welches den Gegenstand der folgenden Untersuchung bilden wird – beginnt im Jahr 2007 mit einer gemeinsamen Studie der kanadischen Regierung und der EU-Kommission.[20] Am 7. April 2009 richtete die Kommission eine Empfehlung zum Beschluss eines Verhandlungsmandates über ein Abkommen zur wirtschaftlichen Integration mit Kanada an den Rat. Der Rat beschloss dieses Mandat schließlich am 24. April 2009.[21] Nach dem politischen Abschluss der Verhandlungen am 1. August 2014 wurde der Vertragstext am 26. September 2014 erstmalig offiziell veröffentlicht. Dieser vorläufige Text durchlief eine Rechtsförmlichkeitsprüfung, die am 29. Februar 2016 mit der Veröffentlichung einer geprüften Fassung ihren Abschluss fand.[22] Am 30. Oktober 2016 wurde das Abkommen vom Rat, der Kommission und der kanadischen Regierung unterzeichnet.[23] Am 15. Februar 2017 folgte die Zustimmung durch das Europäische Parlament.[24] Seit dem 21. September 2017 werden die Teile des CETA vorläufig angewendet, von denen nach dem vom EuGH am 16. Mai 2017

17 EU-Kommission, Pressemitteilung vom 30.06.2022.

18 Vgl. Informationen auf den Internetseiten der EU-Kommission: Europäische Kommission, Negotiations and agreements, URL: https://policy.trade.ec.europa.eu/eu-trade-relationships-country-and-region/negotiations-and-agreements_en (Stand: 11.12.2022).

19 Handels- und Kooperationsabkommen zwischen der Europäischen Union und der Europäischen Atomgemeinschaft einerseits und dem Vereinigten Königreich Großbritannien und Nordirland andererseits, ABl. EU vom 31.12.2020, L 444/14.

20 Nettesheim, Die Auswirkungen von CETA auf den politischen Gestaltungsspielraum von Ländern und Gemeinden, S. 6; Europäische Kommission/Regierung von Kanada, Assessing the costs and benefits of a closer EU-Canada economic partnership, URL: https://www.international.gc.ca/trade-agreements-accords-commerciaux/agr-acc/eu-ue/study-etude.aspx?lang=eng (Stand: 11.12.2022).

21 Rat der EU, Dokument 9036/09 (Verhandlungsmandat zu CETA); Mayer, Stellungnahme der Bundesregierung in den Verfahren 2 BvR 1368/16 u.a. vor dem Bundesverfassungsgericht, S. 1.

22 Mayer, Stellungnahme der Bundesregierung in den Verfahren 2 BvR 1368/16 u.a. vor dem Bundesverfassungsgericht, S. 1f.; Nettesheim, Die Auswirkungen von CETA auf den politischen Gestaltungsspielraum von Ländern und Gemeinden, S. 6.

23 Rat der EU, Pressemitteilung vom 30.10.2016.

24 Europäisches Parlament, Entschließung vom 15.2.2017, P8_TA(2017)0030.

erstatteten Gutachten zum Freihandelsabkommen mit Singapur[25] davon auszugehen ist, dass sie in den Kompetenzbereich der EU fallen.[26] Die Ratifizierung durch die EU-Mitgliedstaaten ist bei der Abgabe dieser Dissertationsschrift noch nicht abgeschlossen.[27] In Deutschland wurden mehrere, gegen die Mitwirkung der Bundesregierung an der Beschlussfassung im Rat über die vorläufige Anwendung des CETA gerichtete, Verfassungsbeschwerden durch Beschluss des Bundesverfassungsgerichts vom 9. Februar 2022 zurückgewiesen.[28] Antragsteller dieser Verfahren hatten 2016 versucht im Eilrechtsschutz die Mitwirkung der Bundesrepublik an den, auf die Unterzeichnung[29] und die vorläufige Anwendung[30] des Abkommens gerichteten, Beschlüssen des Rats der Europäischen Union zu verhindern. Das Bundesverfassungsgericht entschied hierüber mit seinem Urteil vom 13. Oktober 2016, indem es bereits die im einstweiligen Rechtsschutz gestellten Anträge ablehnte.[31] Am 2. März 2021 wies das Bundesverfassungsgericht außerdem eine in demselben Zusammenhang erhobene Organklage aus verfahrensrechtlichen Gründen ab.[32] In der Folge des Abschlusses der Verfahren vor dem Bundesverfassungsgericht wurde der Ratifizierungsprozess weiterverfolgt. Am 1. Dezember 2022 beschloss der Deutsche Bundestag schließlich mit 559 zu 110 Stimmen, ohne Enthaltung, das Zustimmungsgesetz zum CETA.[33] Am 16. Dezember 2022 folgte die Zustimmung durch den Bundesrat.[34] Nachdem das Zustimmungsgesetz am 16. Januar 2023 durch den Bundespräsidenten ausgefertigt worden war, trat es nach seiner Veröffentlichung im Bundesgesetzblatt vom 19. Januar 2023, am 20. Januar 2023 in Kraft.[35]

---

25 EuGH, Gutachten 2/15 (Singapur).

26 EU-Kommission, Pressemitteilung vom 20.09.2017; Beschluss des Rates (EU) 2017/38 vom 28.10.2016, ABl. EU vom 14.1.2017, L 11/1080.

27 Internetseite zum Stand der Ratifizierung des CETA: Rat der EU, URL: https://www.consilium.europa.eu/en/documents-publications/treaties-agreements/agreement/?id=2016017 (Stand: 11.12.2022).

28 BVerfG, Beschluss vom 09.02.2022, 2 BvR 1368/16 u.a.

29 Beschluss des Rates (EU) 2017/37 vom 28.10.2016, ABl. EU vom 14.1.2017, L 11/1.

30 Beschluss des Rates (EU) 2017/38 vom 28.10.2016, ABl. EU vom 14.1.2017, L 11/1080.

31 BVerfG, Urteil vom 13.10.2016, 2 BvR 1368/16 u.a.; zu den Vorgängen bis dorthin: Bautze, Kritische Justiz 2017, 404, 404f.

32 BVerfGE 157, 1.

33 Deutscher Bundestag, Bundestag stimmt Handelsabkommen mit Kanada zu, URL: https://www.bundestag.de/dokumente/textarchiv/2022/kw45-de-ceta-917446 (Stand: 11.12.2022).

34 Bundesrat, Plenarprotokoll 1029. Sitzung, 16.12.2022, S. 541.

35 BGBl. II 2023, Nr. 9, S. 1.

B. CETA als „Gemischtes Abkommen“

Freihandelsabkommen neuen Typs können in sachlicher Hinsicht sowohl Politiken erfassen, deren Regelung von den EU-Mitgliedstaaten bereits auf die Union übertragen wurden, als auch solche, bei denen bisher keine Kompetenzübertragung stattgefunden hat. Bei den bereits auf die EU übertragenen Kompetenzen kann es sich außerdem um ausschließliche Unionskompetenzen (Art. 2 Abs. 1 und Art. 3 AEUV) oder um mit den Mitgliedstaaten geteilte Kompetenzen (Art. 2 Abs. 2 und Art. 4 AEUV) handeln. Angesichts des entsprechend komplexen Kompetenzgefüges zwischen der Union und ihren Mitgliedstaaten stellt sich die Frage nach der Zuständigkeit der Union für einen völkerrechtlichen Vertragsschluss nach außen (Art. 216 Abs. 1 AEUV). In ihren Schlussanträgen in der Sache C-13/07, welche sich noch nach der Rechtslage vor dem Vertrag von Lissabon richteten, bemerkte Generalanwältin *Kokott* „So wie ein kleiner Tropfen Pastis ein Glas Wasser trüben kann, können auch einzelne, noch so untergeordnete Bestimmungen in einem auf Art. 133 Abs. 5 UAbs. 1 EG gestützten internationalen Vertragswerk den Zwang zum Abschluss eines gemischten Abkommens auslösen.“[36] Diese bis heute als „Pastis-Formel“ bekannte Ansicht[37] vermochte sich in der Rechtsprechung des EuGH jedoch nicht durchzusetzen. Stattdessen kommt der Gerichtshof insbesondere in seinem Gutachten 2/15 zum Freihandelsabkommen mit Singapur und seinem OTIF-Urteil in der Sache C-600/14 auf Grundlage des mit dem Vertrag von Lissabon eingeführten Art. 216 Abs. 1 AEUV zu dem Ergebnis, dass die Frage einer (alleinigen) Vertragsschlusskompetenz der EU nicht mit der internen Einordnung einer Unionskompetenz als ausschließlich oder geteilt zusammenhänge. Vielmehr entwickelte der EuGH aus Art. 216 Abs. 1 AEUV eine eigenständige Kasuistik für das Vorliegen einer (alleinigen) Vertragsschlusskompetenz der EU.[38] Hierauf wird in Kapitel II Unterabschnitt B. I. genauer eingegangen werden.

Um beim Abschluss des CETA der Problematik der Kompetenzabgrenzung zwischen der Union und ihren Mitgliedstaaten beizukommen wird das Vertragswerk als „Gemischtes Abkommen“ zwischen der EU und ihren Mitgliedstaaten einerseits und Kanada als Drittstaat andererseits geschlossen. Dies entspricht eher einer politisch-praktischen Lösung als einer von den beteiligten

---

36 GA Kokott, SchlA, Rs. C-13/07 (Pastis), Rn. 121.

37 Schmalenbach, in: Calliess/Ruffert (Hrsg.), EUV/AEUV, 6. Auflage 2022, Art. 216 AEUV, Rn. 5, Fn. 16.

38 EuGH, Rs. C-600/14 (OTIF), Rn. 46ff.

Unions- und Staatsorganen geteilten Rechtsüberzeugung.[39] Allerdings sind in dem Abkommen keine hinreichenden Regelungen zu einer Vertretung der einzelnen EU-Mitgliedstaaten in den errichteten Vertragsgremien ersichtlich.[40] Vor dem Hintergrund des, wie dargelegt, sehr weiten Verständnisses des EuGH hinsichtlich der EU-Außenzuständigkeiten stellt sich die Frage, ob und wann die Bundesregierung die Bundesrepublik direkt und aktiv in den CETA-Ausschüssen vertreten wird[41] und ob ohne weitere Vorkehrungen eine ausreichende demokratische Rückbindung an die Legislativorgane der EU-Mitgliedstaaten gewährleistet werden kann.[42]

C. Fragestellung der Untersuchung

In einem Beitrag aus dem Jahr 2017 beschrieb *Terhechte* die EU treffend als „Innovationsverbund", der im Laufe seiner Entwicklung zahlreiche neue rechtliche Konzepte und Gestaltungen auf sämtlichen betroffenen Ebenen hervorgebracht hat. Demnach ist die Union nicht nur eine neue Rechtsordnung auf der Ebene des Völkerrechts, sondern beeinflusst auch die Rechtsordnungen ihrer Mitgliedstaaten in privatrechtlicher, öffentlich-rechtlicher und sogar in strafrechtlicher Hinsicht.[43] In diesem Sinne stellen das CETA und andere Freihandelsabkommen neuen Typs einen weiteren Integrationsschritt der Union dar, der zur Notwendigkeit neuer europarechtlicher und gegebenenfalls auch verfassungsrechtlicher Gestaltungen führt. Vor dem Hintergrund der Rechtsprechung des Bundesverfassungsgerichts stellt sich bei derartigen Integrationsschritten stets die Frage nach der demokratischen Legitimation.[44] Das Ziel der vorliegenden Untersuchung ist, analytische Lösungsansätze für den entstehenden Konflikt zwischen demokratischer Legitimation und berechtigtem Integrationsinteresse zu entwickeln. Im Verlauf der Untersuchung soll die, sogleich

---

39 KOM(2016) 470 endg., S. 4; Schroeder, EuR 2018, 119, 125; Mayr, EuR 2015, 575; Mayer/Ermes, ZRP 2014, 221, 237ff. (die auf S. 239 von „Gemischten Abkommen aus politischen Gründen" sprechen); vgl. weiter zum ehemals geplanten TTIP: Weiß, DÖV 2016, 537ff.

40 Vgl. Weiß, EuConst 2018, 532, 536; Krajewski, Stellungnahme der Bundestagsfraktion Bündnis 90/Die Grünen in den Verfahren 2 BvR 1368/16 u.a. vor dem Bundesverfassungsgericht, S. 22 (= S. 146).

41 Kapitel II Unterabschnitt B. I; Kapitel IV Unterabschnitt B. V.

42 Hierzu näher: Kapitel IV Unterabschnitt C. II.

43 Terhechte, EuR 2017, 3, 3; ebd. S. 6-17.

44 Terhechte, EuR 2017, 3, 26.

in Unterabschnitt D. vorzustellende, rechtliche Diskussion um das CETA, als Freihandelsabkommen neuen Typs, durch die Entwicklung eines politikwissenschaftlichen Modells, analytisch begleitet werden. Hierzu fällt die Wahl auf das Instrumentarium der Prinzipal-Agenten-Theorie (bzw. Prinzipal-Agent-Theorie oder Principal-Agent Theory),[45] welche hier zunächst in Unterabschnitt E. eingeführt wird.

Die vorliegende Untersuchung widmet sich also der Frage, wie bei der Errichtung von internationalen beschlussfassenden Vertragsgremien, im Kontext umfassender Freihandelsabkommen, ein hinreichendes demokratisches Legitimationsniveau gewährleistet werden kann. Was unter demokratischer Legitimation zu verstehen ist und wann diese in hinreichendem Maße verwirklicht wird, bedarf der Klärung, bevor die Forschungsfrage formuliert und mit der eigentlichen Untersuchung fortgefahren wird.

Die Verfasstheit der Bundesrepublik Deutschland als demokratischem Bundesstaat (Art. 20 Abs. 1 GG), in dem alle Staatsgewalt vom Volk ausgeht (Art. 20 Abs. 2 GG), beantwortet bereits die Frage nach der Legitimation im platonischen Sinne: „Wer soll herrschen?".[46] Nach der in Art. 20 Abs. 2 GG zum Ausdruck kommenden Volkssouveränität ist die Ausübung von Staatsgewalt nur als legitim anzusehen, wenn das Volk diese effektiv beeinflussen kann.[47] Die Volkssouveränität ist nach Art. 28 Abs. 1 GG auch in den deutschen Bundesländern und nach Art. 23 Abs. 1 GG sowie dem EuZBBG, dem EuZBLG und dem IntVG im Rahmen der Mitwirkung der Bundesrepublik in der EU grundsätzlich ebenfalls zu verwirklichen.[48] Auch bei der Mitwirkung an anderen zwischenstaatlichen Vereinbarungen und Einrichtungen außerhalb der EU nach Art. 59 Abs. 2 und Art. 24 Abs. 1 GG sind die Bundesorgane hieran gebunden.[49]

---

45 Für die vorliegende Untersuchung wird aus Gründen der Lesbarkeit die Schreibweise „Prinzipal-Agenten-Theorie" gewählt.

46 Vgl. Popper, The Open Society and its Enemies, Vol. 1: The Spell of Plato, S. 105.

47 Grzeszick, in: Dürig/Herzog/Scholz, Grundgesetz, Bd. III, 98. EL 2022, Art. 20 GG, Rn. 63.

48 Vgl. Sachs, in: Sachs, Grundgesetz, 9. Auflage 2021, Art. 20 GG, Rn. 27 m.w.N.; Weiß, Parlamentarische Herausforderungen im Völkerrecht der Globalisierung angesichts internationalisierter Regelsetzung, S. 30; Weiß, Kann Freihandel Demokratie und Rechtsstaat gefährden?, S. 36.

49 Weiß, Parlamentarische Herausforderungen im Völkerrecht der Globalisierung angesichts internationalisierter Regelsetzung, S. 30; Weiß, Kann Freihandel Demokratie und Rechtsstaat gefährden?, S. 36.

Wird das Problem der demokratischen Legitimation aus der Perspektive des Entscheidungsfindungsprozesses betrachtet, rückt die Frage nach der Teilhabe der Rechtssubjekte an der hoheitlichen Gewalt[50] in den Mittelpunkt. Es geht mithin um die Gewährleistung einer personell möglichst ununterbrochenen demokratischen Legitimationskette[51] sowie einer sachlich-inhaltlich möglichst authentischen „input-orientierten" Legitimation.[52] Treten bei der Weiterführung und Modifikation der im Grundgesetz vorgesehenen Delegationsbeziehungen „Einflussknicke" auf, stellt sich die Frage nach deren Kompensation.[53] Einer solchen Herangehensweise kann entgegengehalten werden, dass die Legitimationskette mit zunehmender Länge aufgrund der Entscheidungsspielräume zwischengeschalteter Instanzen und aufgrund der Zusammenarbeit mit Staaten, die unterschiedliche Anforderungen an ihre eigene demokratische Legitimation stellen, „brüchig" oder diffus wird.[54] Statt ausschließlich auf rechtsverbindlich vorherbestimmte Verfahren zur Entscheidungsfindung sowie auf deren Transparenz und die Partizipation der hierzu berufenen Mandatsträger abzustellen, kann die demokratische Legitimität einer verfolgten Politik auch anhand materieller Kriterien bestimmt werden („Output-Legitimität").[55] Derartige Ansätze sehen sich allerdings regelmäßig mit dem Problem der Bestimmung der anzuwendenden materiellen Kriterien konfrontiert, die auch ideologischen

---

50 Hierzu: von Achenbach, Demokratische Gesetzgebung in der EU, S. 362f.

51 Zum Begriff der demokratischen Legitimationskette als Ausdruck organisatorisch-personeller demokratischer Legitimation: Böckenförde, in: Isensee/Kirchhof (Hrsg.), Handbuch des Staatsrechts, Bd. II, § 24, Rn. 16; Grzeszick, in: Dürig/Herzog/Scholz, Grundgesetz, Bd. III, 98. EL 2022, Art. 20 GG, Rn. 123.
Das von Böckenförde stammende Konzept der demokratischen Legitimationskette wurde vom Bundesverfassungsgericht in ständiger Rechtsprechung aufgegriffen (von Achenbach, Demokratische Gesetzgebung in der EU, S. 403f., insb. Fn. 1370). Vgl. hierzu folgende Entscheidungen: BVerfGE 47, 253, 275, Rn. 65; BVerfGE 52, 95, 120f., Rn. 78; ebd. S. 130, Rn. 95f.; BVerfGE 77, 1, 40 Rn. 166; BVerfGE 83, 60, 72f., Rn. 40; BVerfGE 93, 37, 68, Rn. 135f.

52 Grzeszick, in: Dürig/Herzog/Scholz, Grundgesetz, Bd. III, 98. EL 2022, Art. 20 GG, Rn. 124; zum Begriff der „input-orientierten" Legitimation: Griller/Orator, E.L. Rev. 2010, 3, 23.

53 Vgl. Hufeld, Stellungnahme des Deutschen Bundestages in den Verfahren 2 BvR 882/19 u.a. vor dem Bundesverfassungsgericht, S. 20; BVerfGE 151, 202, 291f., Rn. 130f.

54 Loh, RphZ 2018, 58, 59; Buchanan/Keohane, Ethics & International Affairs 2006, 405, 415f.

55 In diesem Sinne: Loh, RphZ 2018, 58, insb. S. 70ff.; vgl. auch: Majone, Regulatory legitimacy, S. 292ff.

Einflüssen zugänglich ist.[56] Aus der Perspektive einer rechtswissenschaftlichen Untersuchung muss die Mitwirkung der Bundesrepublik Deutschland und der EU an einem Vertragswerk wie dem CETA außerdem mit deren demokratisch verfassten Rechtsordnungen und deren Entscheidungsfindungsprozessen vereinbar sein. Dem Gesichtspunkt der „Output-Legitimität" kann dabei ergänzendes argumentatives Gewicht zukommen. Gegebenenfalls kann das Argument einer im Ergebnis materiell sachgerechten Entscheidung sogar entscheidend sein, wenn im Rahmen der vorgegebenen Rechtsordnung zweifelhaft, aber auch nicht zu widerlegen ist, dass die Arbeit eines Vertragsgremiums den geltenden verfassungsrechtlichen oder den EU-primärrechtlichen Vorgaben entspricht. Die Grenze der möglichen Tätigkeit von Ausschussgremien wie denjenigen des CETA ist jedoch der Rahmen des vorhersehbaren Integrationsprogramms des Abkommens, so dass von einer antizipierten Zustimmung durch die am Vertragsschluss zu beteiligenden Legislativorgane ausgegangen werden kann bzw. nicht gegen wesentliche Strukturentscheidungen des in der Vergangenheit von durch die Legislativorgane genehmigten Abkommens verstoßen wird.[57] Den Rahmen für eine Betrachtung der demokratischen Legitimation der Arbeit völkerrechtlicher Vertragsgremien bildet somit die jeweilige Rechtsordnung der beteiligten Völkerrechtssubjekte.

Das aufgezeigte Verständnis demokratischer Legitimation findet sich im europäischen Primärrecht in Gestalt des Zwei-Säulen-Modells der EU nach Art. 10 Abs. 2 EUV wieder.[58] Auch hier erfordert die Ausübung von Hoheitsgewalt durch die Exekutive eine Rückbindung an das Europäische Parlament (vgl. Art. 289 Abs. 2 AEUV), um dem aggregierten Willen der durch die Europaabgeordneten vertretenen Unionsbürger Geltung zu verschaffen. Dementsprechend erfordert auch die Übertragung von Rechtssetzungsbefugnissen innerhalb der Unionsrechtsordnung nach Art. 290 AEUV einen Legislativakt als Grundlage.[59]

So ist mit dem Verfassungsrang der Volkssouveränität zunächst die Frage geklärt *wer* herrschen soll.[60] Da die vom Volk ausgehende Staatsgewalt in

56 Thatcher/Stone Sweet, West European Politics 2002, Issue 1, 1, 18f.

57 Krajewski, Stellungnahme der Bundestagsfraktion Bündnis 90/Die Grünen in den Verfahren 2 BvR 1368/16 u.a. vor dem Bundesverfassungsgericht, S. 16 (= S. 140); BVerfGE 104, 151, 210, Rn. 154; BVerfGE 121, 135, 158, Rn. 65.

58 Weiß, Demokratische Legitimation und völkerrechtliche Governancestrukturen, S. 184f.

59 Weiß, EuR 2020, 407, 420.

60 Im Sinne *Max Webers* kann das hier zugrunde gelegte Legitimitätsverständnis als „auf dem Glauben an die Legalität gesatzter [sic!] Ordnungen und des Anweisungsrechts

deutlicher Parallelität zu einem Rousseau'schen Verständnis in Form zu erfüllender Aufgaben auf die Volksvertreter und von diesen weiter auf nachgeordnete Instanzen (Regierung, Verwaltung, etc.) übertragen wird,[61] rückt nunmehr eine sinngemäß von *Karl R. Popper* entwickelte Fragestellung in den Mittelpunkt: Wie können die Volksvertretungen und die ihnen nachgeordneten Instanzen institutionell umgestaltet – nach *Popper*: „abgesetzt" – werden, wenn sie den Willen des souveränen Volkes nicht oder nicht genügend umsetzen?[62] Im Verlauf der Kapitel II bis IV wird somit der Frage nachgegangen, welche Anforderungen das Grundgesetz und das Primärrecht der EU an die demokratische Kontrolle völkervertraglicher Ausschussgremien stellen und inwieweit das mit dem CETA eingerichtete Ausschusssystem diesen Anforderungen entspricht. Dazu ist einerseits umfassend darzustellen und im Rahmen des zu entwickelnden Prinzipal-Agenten-Modells systematisch zu analysieren, in welchem Ausmaß und zu welchem Zweck mit dem CETA hoheitliche Aufgaben an das dort vorgesehene Ausschusssystem übertragen werden. Andererseits ist zu untersuchen, inwieweit die im Grundgesetz und im EU-Primärrecht vorgesehenen Mechanismen zur Mitwirkung in internationalen Ausschussgremien das CETA erfassen. Im Mittelpunkt steht hierbei die Einbindung des Bundestages und des Europäischen Parlaments. Schließlich sind, ebenfalls im Rahmen des Prinzipal-Agenten-Modells, Vorschläge für eine Ergänzung oder auch Erweiterung eben dieser parlamentarischen Kontrolle zu erarbeiten.

D. Verfassungsrechtliche und europarechtliche Problemfelder

Im Folgenden soll zunächst in den verfassungs- und europarechtlichen Diskurs zum CETA als einem weiteren Kapitel der, in Gestalt der EU vorangetriebenen,

---

der durch sie zur Ausübung der Herrschaft Berufenen" beruhend beschrieben werden. Eine solche „legale Herrschaft" wird hinsichtlich ihrer Legitimitätsgeltung als primär rational charakterisiert. Die Herrschaftsausübung ist hierbei nicht einem charismatischen oder qua Tradition feststehenden Personenkreis vorbehalten, sondern beruht auf ihrer formalen Legalität bzw. der Orientierung der die Herrschaft ausübenden Personen an der unpersönlichen (Rechts-)Ordnung (Weber, Wirtschaft und Gesellschaft, S. 124f.).

61 Brandsma/Adriaensen, The Principal-Agent Model, Accountability and Democratic Legitimacy, S. 37.

62 Popper, The Open Society and its Enemies, Vol. 1: The Spell of Plato, S. 107; Popper, Zur Theorie der Demokratie.

Integrationsentwicklung eingeführt werden. Dabei bildet das CETA den Untersuchungsgegenstand, wobei anzumerken ist, dass zahlreiche Problemfelder auch bei anderen Freihandelsabkommen neuen Typs wiederzufinden sind. In einem ersten Schritt werden in Unterabschnitt I. die für die weitere Untersuchung zentralen Rechtsnormen im CETA selbst, im europäischen Primärrecht und im Grundgesetz kurz zusammengetragen und vorgestellt. In Unterabschnitt II. werden die zentralen Entscheidungen des Bundesverfassungsgerichts und des Europäischen Gerichtshofs (EuGH) kurz zusammengetragen. Unterabschnitt III. widmet sich den für die nachfolgende Untersuchung zentralen Beiträgen aus der verfassungs- und europarechtswissenschaftlichen Literatur, um den Stand der Debatte kurz zu skizzieren und den Ausgangspunkt des nachfolgend zu entwickelnden Ansatzes der Untersuchung aufzuzeigen.

I. Rechtsnormen

Im CETA ist zunächst insbesondere das Kapitel 26 von Interesse, welches die institutionellen Bestimmungen des Abkommens enthält. Dort finden sich zunächst Art. 26.1 und Art. 26.3 CETA die das wichtigste der im Abkommen vorgesehenen Gremien, den Gemischten CETA-Ausschuss, in institutioneller Hinsicht ausgestalten und in Art. 26.1 Abs. 4 und Abs. 5 CETA bereits weitreichende (jedoch nicht erschöpfende) Kompetenzkataloge enthalten. Hervorzuheben sind auch Art. 26.3 Abs. 2 CETA, der für alle rechtsverbindlichen Beschlüsse des Gemischten CETA-Ausschusses einen Vorbehalt „interner Anforderungen und Verfahren" der Vertragsparteien enthält, sowie Art. 26.3 Abs. 3 CETA, der für Entscheidungen des Gremiums ein Einvernehmlichkeitsprinzip vorsieht. Die dem Gemischten CETA-Ausschuss nachgeordneten Sonderausschüsse werden in Art. 26.2 CETA grundlegend geregelt. Unter den Schlussbestimmungen des Abkommens ist zunächst Art. 30.6 Abs. 1 CETA hervorzuheben, der supranationale Durchgriffswirkungen auszuschließen scheint. Kompetenznormen, die dem Gemischten CETA-Ausschuss und den Sonderausschüssen ihre Befugnisse zum Treffen rechtsverbindlicher und rechtsunverbindlicher Entscheidungen verleihen, sind über das gesamte Abkommen verstreut. Hierauf wird in Kapitel III der vorliegenden Untersuchung ausführlich eingegangen.

Obwohl der EuGH die rechtswirksame Mitwirkung der Gemeinschafts- bzw. Unionsorgane in internationalen Gremien[63] und auch deren Einrichtung[64] schon

63 EuGH, Rs. C-3/76 u.a. (Cornelis Kramer u.a.), Rn. 12-33.

64 Vgl. EuGH, Gutachten 1/76, Rn. 5 „Die Gemeinschaft kann [...] mit einem Drittstaat zusammenwirken, um die Organe einer solchen Anstalt mit angemessenen

seit langem als notwendige Folge der auf die EU übertragenen Kompetenzen ansieht, enthält das europäische Primärrecht auch in seiner heutigen Fassung im Vertrag über die Europäische Union (EUV) sowie dem Vertrag über die Arbeitsweise der Europäischen Union (AEUV) kaum ausdrückliche Regelungen zur Beteiligung der EU an der Arbeit völkerrechtlicher Vertragsgremien. Impliziert werden solche Gremien in Art. 217 AEUV. Art. 218 Abs. 6 lit. a Ziff. iii AEUV sieht ihre Einrichtung in internationalen Abkommen vor. Direkte Erwähnung finden sie außerdem in Art. 218 Abs. 7 und Abs. 9 Alt. 2 AEUV.[65] Vor allem die letztere der beiden Normen wird für die gesamte Untersuchung von zentraler Bedeutung sein. Dort wird angeordnet, dass der Rat der Europäischen Union auf Vorschlag der Europäischen Kommission über Standpunkte entscheidet, die in einem internationalen Vertragsgremium, in dem die Union ein Mitglied ist, vertreten werden sollen. Abs. 7 sieht ein weiteres Verfahren zur Vertretung der EU in völkerrechtlichen Vertragsgremien vor. Auf beide Verfahren, wie auch auf Art. 218 AEUV im Übrigen, wird im weiteren Verlauf der Untersuchung mehrfach zurückzukommen sein, da es sich bei diesen Regelungen um die Schnittstellen zwischen dem EU-Primärrecht und den im CETA vorgesehenen Ausschüssen handelt. So wird in Kapitel IV der vorliegenden Untersuchung eine Zuordnung der einzelnen im CETA enthaltenen Kompetenznormen zu den in Art. 218 AEUV vorgesehenen Entscheidungsfindungsverfahren auf der EU-Ebene stattfinden. Zentral wird auch Art. 216 Abs. 2 AEUV sein, der von der EU geschlossene völkerrechtliche Verträge und nach der ständigen Rechtsprechung des EuGH auch das hierauf beruhende Sekundärvertragsrecht zum Bestandteil des Unionsrechts erklärt.[66] Die für die Untersuchung wichtigsten Normen aus dem EUV sind Art. 5 Abs. 1 bis 3 EUV (Grundsatz der begrenzten Einzelermächtigung und des Subsidiaritätsprinzips).

Im Grundgesetz wird Art. 23 Abs. 1 S. 2 GG sowie die in Art. 23 Abs. 2 bis 5 GG geregelten Verfahren zur Einbindung des Bundestages und des Bundesrates in EU-Angelegenheiten für die vorliegende Untersuchung zentral sein. Da aus Sicht der Bundesrepublik Deutschland eine EU-Angelegenheit vorliegt, wenn

---

Entscheidungsbefugnissen auszustatten und in einer den verfolgten Zielen gemässen Weise Art, Ausarbeitung, Inkraftsetzung und Wirkungen der Vorschriften zu regeln, die zur Durchführung des dem Übereinkommen in der Anlage Beigefügten Statuts notwendigen Änderungen jener beiden Vertraege vorzunehmen"; vgl. dazu: Weiß, EuZW 2016, 286, 287f.

65 Weiß, EuZW 2016, 286, 287; Weiß, EuConst 2018, 532, 544.

66 Hierzu siehe: Kapitel II Unterabschnitt E. V. nebst dort behandelter Rechtsprechung.

die EU an der Arbeit der im CETA vorgesehenen Ausschüsse mitwirkt, richtet sich die Einbindung des Bundestages und des Bundesrates durch die Bundesregierung nach den in Art. 23 GG vorgesehenen und im EUZBBG sowie im EUZBLG weiter konkretisierten Verfahren. Welche der Absätze des Art. 23 GG bei welchen Tätigkeiten der CETA-Ausschüsse anwendbar sein werden, wird in Kapitel IV der vorliegenden Untersuchung näher erläutert. Einzugehen ist auch auf die Verfahren nach Art. 24 Abs. 1 GG, Art. 59 Abs. 2 S. 1 GG und Art. 59 Abs. 2 S. 2 GG, da nicht abschließend geklärt ist, ob diese neben oder anstatt der Regelungen in Art. 23 GG Anwendung finden können, wenn durch Entscheidungen internationaler Vertragsgremien Kompetenzen berührt werden, die in der Zuständigkeit der EU-Mitgliedstaaten verblieben sind. Speziell zur Beteiligung der deutschen Bundesländer über den Bundesrat sind außerdem Art. 51 Abs. 1 GG und Art. 28 Abs. 1 GG zu beachten.

II. Rechtsprechung

Die Mitwirkung der Bundesrepublik Deutschland an der vorläufigen Anwendung des CETA war Gegenstand mehrerer Verfassungsbeschwerden und eines Organstreitverfahrens vor dem Bundesverfassungsgericht. Im einstweiligen Rechtsschutz fällte das Bundesverfassungsgericht hierzu am 13. Oktober 2016 ein erstes Urteil, welches im Zentrum der vorliegenden Untersuchung stehen wird. Die hier in der Hauptsache erhobenen Rechtsbehelfe wenden sich gegen die Zustimmung der Bundesregierung im Rat der Europäischen Union zur vorläufigen Anwendung des CETA.[67] Am 7. Dezember 2016 erging, ebenfalls im einstweiligen Rechtsschutz, ein weiterer Beschluss zu diesem Streitgegenstand.[68] Am 2. März 2021 folgte ein Urteil, mit dem das Bundesverfassungsgericht eine parallel erhobene Organklage, wegen des Unterbleibens einer Bundestagsabstimmung zur vorläufigen Anwendung des CETA, aus prozessualen Gründen abgewiesen hat.[69] Am 9. Februar 2022 wies das Bundesverfassungsgericht schließlich auch die Verfassungsbeschwerden in der Hauptsache zurück.[70]

Insbesondere hinsichtlich der Rolle des Europäischen Parlaments im Institutionengefüge der Union, bleibt das Urteil des Bundesverfassungsgerichts zum Vertrag von Lissabon vom 30. Juni 2009 grundlegend.[71] Hinzu kommt eine

---

67 BVerfG, Urteil vom 13.10.2016, 2 BvR 1368/16 u.a.

68 BVerfG, Beschluss vom 07.12.2016, 2 BvR 1444/16 u.a.

69 BVerfGE 157, 1.

70 BVerfG, Beschluss vom 09.02.2022, 2 BvR 1368/16 u.a.

71 BVerfGE 123, 267.

Reihe weiterer seither ergangener Entscheidungen des Gerichts zu unterschiedlichen Problemfeldern der europäischen Integration. Ebenfalls zur Rolle des Europäischen Parlaments sind die Urteile zu den Sperrklauseln bei der Europawahl vom 9. November 2011[72] und vom 26. Februar 2014[73] zu nennen. Falls im Rahmen der nach dem CETA stattfindenden Ausschussarbeit Sachfragen zu entscheiden sind, die in die Kompetenz der Bundesrepublik Deutschland fallen, stellt sich auf der Bundesebene auch die Frage, ob dennoch die Regelungen des Art. 23 GG anwendbar sind. Wie in Kapitel II Unterabschnitt B. III. Punkt 2. der vorliegenden Untersuchung auszuführen sein wird, hängt die Fragestellung davon ab, ob das CETA in einem besonderen Nähe- und Ergänzungsverhältnis zum EU-Primärrecht steht. Mit dieser Problematik hatte sich das Bundesverfassungsgericht in anderem Zusammenhang in seinen Entscheidungen zum ESM und zum Euro-Plus-Pakt vom 19. Juni 2012[74] sowie in seinem Beschluss vom 13. Februar 2020 zum Einheitlichen Patentgericht[75] auseinanderzusetzen. Hinzu kommt speziell zur Rolle der Bundesländer das Volksbefragungsurteil vom 30. Juli 1958[76] und das Urteil vom 18. Februar 2002 zum Zuwanderungsgesetz[77]. Weitere Entscheidungen des Bundesverfassungsgerichtes sind ebenfalls zu berücksichtigen.

Seitens des EuGH ist zunächst das Gutachten 2/15 zum mit Singapur geschlossenen EUSFTA zu erwähnen, dessen Aussagen zur Zuständigkeitsverteilung zwischen der EU und ihren Mitgliedstaaten beim Abschluss eines umfassenden Freihandelsabkommens großenteils auf das CETA übertragbar sind.[78] Speziell zu durch internationale Abkommen errichteten Ausschussgremien fällte der EuGH ebenfalls zahlreiche Urteile. Grundlegend für die Integration der Beschlüsse völkerrechtlicher Vertragsgremien in das EU-Recht nach dem heutigen Art. 216 Abs. 2 AEUV sind zunächst die Urteile vom 14. November 1989[79] und vom 20. September 1990[80] zum Assoziierungsabkommen mit der Türkei. Nachdem jedoch zunächst unklar blieb, inwieweit völkerrechtliche Verpflichtungen der Union gegenüber deren Mitgliedstaaten im Rahmen eines

72 BVerfGE 129, 300.
73 BVerfGE 135, 259.
74 BVerfGE 131, 152.
75 BVerfG, Beschluss vom 13.02.2020, 2 BvR 739/17.
76 BVerfGE 8, 104.
77 BVerfGE 106, 310.
78 EuGH, Gutachten 2/15 (Singapur).
79 EuGH, Rs. C-30/88.
80 EuGH, Rs. C-192/89 (Sevince).

Vertragsverletzungsverfahrens vor dem EuGH justiziabel sind, führte das Urteil vom 5. Oktober 2020, welches im Zusammenhang mit WTO-Rechtsverstößen Ungarns ergangen ist, zu einer entscheidenden und in Kapitel II Unterabschnitt E. V. der vorliegenden Untersuchung näher behandelten Klärung.[81] Zu nennen ist weiter das Urteil vom 7. Oktober 2014 zur Internationalen Organisation für Rebe und Wein (OIV),[82] in dem der Gerichtshof insbesondere wichtige Feststellungen zum Anwendungsbereich des Art. 218 Abs. 9 Alt. 2 AEUV getroffen hat. Zentral für das Verständnis, das der EuGH zu den Außenkompetenzen der Union entwickelt hat, ist das Urteil vom 5. Dezember 2017 zur Zwischenstaatlichen Organisation für den internationalen Eisenbahnverkehr (OTIF).[83] Wie in Kapitel II Unterabschnitt B. I. der vorliegenden Untersuchung näher dargelegt wird, ist diese Rechtsprechung für die Abgrenzung der Kompetenzsphären zwischen der Union und ihren Mitgliedstaaten im Rahmen der Mitwirkung in den CETA-Ausschüssen richtungsweisend. Bedeutsam für die, im Rahmen von Kapitel IV der vorliegenden Untersuchung aufgeworfene, Frage nach der Begrenzung der Delegation von Rechtssetzungsbefugnissen an die EU-Kommission, im Zusammenhang mit internationalen Vertragsgremien, sind schließlich die Urteile in Sachen Meroni aus dem Jahr 1958.[84]

III. Literatur

Die durch internationale Abkommen errichteten Ausschussgremien, die nicht zu einer internationalen Organisation verselbstständigt sind, wurden lange in der Literatur nicht in einem Ausmaß untersucht, das ihrer Bedeutung gerecht würde. Besonders hervorzugeben ist jedoch die von *Nicole Appel* stammende Untersuchung „*Das internationale Kooperationsrecht der Europäischen Union – Eine statistische und dogmatische Vermessung einer weithin unbekannten Welt*".[85] Die Autorin widmet sich mittels eines empirischen Ansatzes der Systematik von Ausschussgremien, die in durch die EU mitabgeschlossenen Abkommen vorgesehen sind.[86] Ein prominentes Beispiel hierfür ist der Kooperationsrat im

81 EuGH, Rs. C-66/18;
beachte ebenfalls die dort abgegebenen Schlussanträge: GA Kokott, SchlA, Rs. C-66/18.
82 EuGH, Rs. C-399/12 (Rebe und Wein).
83 EuGH, Rs. C-600/14 (OTIF).
84 EuGH, Rs. C-9/56 (Meroni); EuGH, Rs. C-10/56 (Meroni).
85 Bibliographische Angaben im Literaturverzeichnis.
86 Zu den von Appel untersuchten Handlungsformen vgl. auch: von Bogdandy/Bast/Arndt, ZaöRV 2002, 77 und Bast, Grundbegriffe der Handlungsformen der EU.

Assoziierungsabkommen zwischen der EU und der Türkei.[87] Ebenfalls aufzugreifen ist das von *Matthias Frenzel* stammende Werk „*Sekundärrechtsetzungsakte internationaler Organisationen*",[88] welches sich den verfassungsrechtlichen Anforderungen an die Übertragung von Hoheitsrechten an internationale Organisationen widmet.

Im Hinblick auf den oben beschriebenen, neuartigen Typus von Freihandelsabkommen und speziell zu den vor dem Bundesverfassungsgericht anhängigen Verfahren zum CETA ist eine ganze Reihe von Beiträgen unterschiedlicher Autoren erschienen, die zum Teil als Verfahrensbevollmächtigte in den genannten Verfahren involviert waren. Die Rede ist hierbei insbesondere von *Bernhard Kempen, Wolfgang Weiß, Markus Krajewski, Franz C. Mayer* und *Bernd Grzeszick.*[89] Zentral ist hier außerdem die Studie „*Umfassende Freihandelsabkommen und Grundgesetz. Verfassungsrechtliche Grundlagen der Zustimmung zu CETA*"[90] von *Martin Nettesheim.*

---

87 Vgl. zu diesem Abkommen auch: Weiß, The European Parliament's Role in the Operation of Trade Agreements. Parliamentary control and Executive-Legislative Balance in External Action, S. 216.

88 Bibliographische Angaben im Literaturverzeichnis.

89 Insb.: Weiß, Demokratische Legitimation und völkerrechtliche Governancestrukturen; Ders., Kann Freihandel Demokratie und Rechtsstaat gefährden?; Ders., Verfassungsprobleme des Abschlusses und der vorläufigen Anwendung des CETA Freihandelsabkommens mit Kanada; Ders., Parlamentarische Herausforderungen im Völkerrecht der Globalisierung angesichts internationalisierter Regelsetzung; Ders., EuZW 2016, 286; Ders., EuConst 2018, 532; Ders., EuR 2020, 407; Ders., The role of Treaty Committees in CETA and other recent EU free trade agreements. Parliamentary control and Executive-Legislative Balance in External Action; Ders., The European Parliaments Role in the Operation of Trade Agreements. Non-Delegation and Parliamentary Control in External Action; Grzeszick, Stellungnahme des Deutschen Bundestages in den Verfahren 2 BvR 1368/16 u.a. vor dem Bundesverfassungsgericht; Ders., NVwZ 2016, 1753; Ders., AVR 2020, 123; Ders./Hettche, AöR 2016, 225; Kempen, Verfassungsbeschwerdeschrift in dem Verfahren 2 BvR 1482/16 vor dem Bundesverfassungsgericht; Krajewski, Stellungnahme der Bundestagsfraktion Bündnis 90/Die Grünen in den Verfahren 2 BvR 1368/16 u.a. vor dem Bundesverfassungsgericht; Mayer, Stellungnahme der Bundesregierung in den Verfahren 2 BvR 1368/16 u.a. vor dem Bundesverfassungsgericht; Ders., ZEuS 2016, 391;
Vgl. weiter: Schroeder, EuR 2018, 119, 125; Proeßl, ZEuS 2016, 401; Bautze, Kritische Justiz 2017, 404; von Arnauld, AöR 2016, 268; Pautsch, NVwZ-Extra 2016, No. 18; Schill, ZaöRV 2018, 33; Mendes, European Papers 2017, 489.

90 Bibliographische Angaben im Literaturverzeichnis.

Diskutiert wird zunächst, nach welchen Maßstäben die Einrichtung und die Arbeit der CETA-Vertragsgremien auf der Ebene des Grundgesetzes zu beurteilen ist. Dabei kommen der für die Mitwirkung an der EU geltende Art. 23 Abs. 1 GG, der in anderen Fällen der Übertragung von Hoheitsrechten an überstaatliche Einrichtungen heranzuziehende Art. 24 Abs. 1 GG und der sonst für den Abschluss internationaler Übereinkünfte einschlägige Art. 59 Abs. 2 S. 1 GG in Betracht.[91] Vor dem Hintergrund dieser unterschiedlichen Regelungen des Grundgesetzes stellt sich zunächst die Frage, wann durch die Errichtung der beschriebenen Gremien eine Übertragung von Hoheitsrechten im Sinne der Art. 23 Abs. 1 GG oder Art. 24 Abs. 1 GG stattfindet. Die bisherige Rechtsprechung des Bundesverfassungsgerichts zu Hoheitsrechtsübertragungen und weite Teile der Literatur, konzentrieren sich in dieser Hinsicht deutlich auf den Aspekt der „inneren Souveränität" der Bundesrepublik.[92] Hierbei wird zum Teil die Auffassung vertreten, dass jedenfalls die Teile entsprechender Abkommen, die in den Kompetenzbereich der EU fallen, ein konkretisierendes Zustimmungsgesetz nach Art. 23 Abs. 1 GG erfordern, sofern in den darin festgelegten Ausschusszuständigkeiten eine weitere Hoheitsübertragung aufgrund unbestimmt gehaltener Zuständigkeitsbeschreibungen liegt.[93] Andere Teile der Literatur bestreiten von vornherein die Anwendbarkeit des Art. 23 Abs. 1 GG, da dieser tatbestandlich eine Übertragung von Hoheitsrechten voraussetze. Zu einer solchen Hoheitsrechtsübertragung gehöre wiederum die Übertragung der Befugnis zum Erlass von Rechtsakten mit direkter Durchgriffswirkung in die Rechtsordnungen der beteiligten Staaten. Bei CETA sei eine solche Durchgriffswirkung bereits

91 Die Zustimmung von Bundestag und Bundesrat zum CETA wird, ausweislich der Entwurfsbegründung zum Zustimmungsgesetz auf Art. 59 Abs. 2 S. 1 GG gestützt (BT-Drs. 20/3443, S. 8). Das Bundesverfassungsgericht hatte sich zuvor, im Rahmen der gegen die deutsche Mitwirkung an der Unterzeichnung und vorläufigen Anwendung des CETA gerichteten Verfahren, nicht zur Rechtsgrundlage für das (damals noch zukünftige) Zustimmungsgesetz der Bundesrepublik geäußert. Den hiergegen gerichteten Teil einer Verfassungsbeschwerde hatte das Bundesverfassungsgericht mangels tauglichem Beschwerdegegenstand als unzulässig abgewiesen (BVerfG, Beschluss vom 09.02.2022, 2 BvR 1368/16 u.a., Rn. 155; zu den inhaltlichen Ausführungen des Bundesverfassungsgerichts vgl. ebd., Rn. 169ff. und BVerfG, Urteil vom 13.10.2016, 2 BvR 1368/16 u.a., Rn. 170ff.).

92 Vgl. hierzu: Classen, DÖV 2018, 253, 253f. m.w.N.

93 Weiß, Kann Freihandel Demokratie und Rechtstaat gefährden?, S. 60ff.; Ders, Demokratische Legitimation und völkerrechtliche Governancestrukturen, S. 209-214.

nach Art. 30.6 Abs. 1 CETA ausgeschlossen.[94] Dem wird entgegengehalten, dass Art. 216 Abs. 2 AEUV trotz Art. 30.6 Abs. 1 CETA zumindest zu einer unionalen Internalisierung von Beschlüssen der im CETA errichteten Gremien führen könne.[95] Ferner werde die spätere innerstaatliche Rechtssetzung auch ohne Durchgriffswirkung durch derartige Ausschussbeschlüsse determiniert und die völkerrechtliche Vertragsschlussfreiheit der Bundesrepublik beschränkt. Eine derartige Ausübung der äußeren Souveränität Deutschlands könne eine Steuerungsintensität erreichen die, auch ohne eine Rechtsetzung mit Durchgriffswirkung, eine Begrenzung nach Art. 23 Abs. 1 GG erfordere.[96] Gegenstand von Diskussionen ist nicht nur, ob mit der Einrichtung des im CETA vorgesehenen Ausschusswesens eine Hoheitsrechtsübertragung stattfindet. Fraglich ist bereits ob eine derartige supranationale Durchgriffswirkung überhaupt eine notwendige Bedingung für den Tatbestand einer Hoheitsrechtsübertragung nach Art. 23 Abs. 1 GG und ggf. Art 24 Abs. 1 GG darstellt und wann auch Kompetenzübertragungen, die die „äußere Souveränität" der Bundesrepublik berühren, zur Anwendbarkeit dieser Norm führen.[97] So wird argumentiert, beim Abschluss gemischter Abkommen wie dem CETA handle es sich um „Angelegenheiten der Europäischen Union", wie sie Art. 23 Abs. 2 GG voraussetzt. Würden völkerrechtliche Vertragsgremien errichtet, die unter Beteiligung von EU-Organen Beschlüsse mit Wirkung für und gegen die EU-Mitgliedstaaten fassen, stelle dies nicht bloß eine in der Kompetenzverteilung ohnehin angelegte Kooperation und Koordination dar, so dass die etablierten Mechanismen der Beteiligung des Bundestages und des Bundesrates bereits hinreichend seien,[98] jedenfalls in den

---

94 Grzeszick, Stellungnahme des Deutschen Bundestages in den Verfahren 2 BvR 1368/16 u.a. vor dem Bundesverfassungsgericht, S. 93-95; zu Art. 30.6 Abs. 1 CETA: Ders, NVwZ 2016, 1753, 1755; Mayer, Stellungnahme der Bundesregierung in den Verfahren 2 BvR 1368/16 u.a. vor dem Bundesverfassungsgericht, S. 73.

95 Weiß, EuConst 2018, 532, 542f.; Ders, Kann Freihandel Demokratie und Rechtstaat gefährden?, S. 30f.; vgl. hierzu auch die oben in Unterabschnitt D. II. bereits angesprochene Rechtsprechung des EuGH vom 05.10.2020, in der Rs. C-66/18.

96 Vgl. Weiß, Demokratische Legitimation und völkerrechtliche Governancestrukturen, S. 209-214; Ders, EuConst 2018, 532, 541f.; Nettesheim, Umfassende Freihandelsabkommen und Grundgesetz, S. 111f. m.w.N.

97 Vgl. einerseits Weiß, Demokratische Legitimation und völkerrechtliche Governancestrukturen, S. 212f.; Ders., Kann Freihandel Demokratie und Rechtsstaat gefährden?, S. 31f.; Nettesheim, Umfassende Freihandelsabkommen und Grundgesetz, S. 111f.; andererseits etwa Grzeszick, NVwZ 2016, 1753, 1755f.

98 Vgl. in diesem Sinne: Grzeszick, Stellungnahme des Deutschen Bundestages in den Verfahren 2 BvR 1368/16 u.a. vor dem Bundesverfassungsgericht, S. 44f.; ebd., S. 91-102;

Fällen umfangreicher, weitreichender und wenig konkretisierter Befugnisübertragungen. Vielmehr komme der Abschluss eines derartigen Abkommens einer Modifikation des Primärrechts wegen Veränderung des Integrationsprogramms gleich und rücke das CETA in ein besonderes Näheverhältnis zu diesem.[99]

Ein zentraler Punkt der verfassungsrechtlichen Diskussion, um das Ausschusswesen nach dem CETA, sind die Voraussetzungen für die (völker-)rechtliche Wirksamkeit von Beschlüssen solcher Ausschüsse: Bedürfen Beschlüsse der CETA-Ausschüsse einer (nachträglichen) Annahme durch die Vertragsparteien, um rechtliche Verbindlichkeit zu entfalten? Da eine supranationale Durchgriffswirkung der Beschlüsse nicht anzunehmen ist, stellt sich das Problem der Bedingungen für rechtliche Verbindlichkeit immer noch auf der Ebene des Völkerrechts und im Rahmen der Diskussion um die Folgen des Art. 216 Abs. 2 AEUV auf der Ebene des EU-Primärrechts. In der Literatur wird teilweise vertreten, dass das Inkrafttreten von Ausschussbeschlüssen nach dem CETA eine (nachträgliche) Annahme, Ratifikation oder ähnliches durch die EU und ihre Mitgliedstaaten erfordere.[100] Nach anderen Stimmen besteht jedenfalls eine erhebliche Unsicherheit an diesem zentralen Punkt.[101] Unter Hinweis auf die Praxis der EU bei anderen Abkommen und auf Verlautbarungen der EU-Kommission[102] wird auch angenommen, dass der im CETA in unterschiedlichen Variationen zu findende Vorbehalt *etwaiger* interner Anforderungen und Verfahren eine bloße Verweisung auf die im Abkommen vorgesehenen Zustimmungserfordernisse darstelle und ansonsten auf die jeweiligen innenrechtlichen Regelungen der Vertragsparteien zur Umsetzung gefasster Beschlüsse verweise.[103] Vor diesem

Ders./Hettche, AöR 2016, 225, 246-249; Mayer, Stellungnahme der Bundesregierung in den Verfahren 2 BvR 1368/16 u.a. vor dem Bundesverfassungsgericht, S. 63-65.

99 Weiß, Demokratische Legitimation und völkerrechtliche Governancestrukturen, S. 209-216; a.A: Grzeszick/Hettche, AöR 2016, 225, 245.

100 Vgl. in diesem Sinne: Grzeszick, Stellungnahme des Deutschen Bundestages in den Verfahren 2 BvR 1368/16 u.a. vor dem Bundesverfassungsgericht, S. 41f.; Ders., NVwZ 2016, 1753, 1756.

101 Krajewski, Stellungnahme der Bundestagsfraktion Bündnis 90/Die Grünen in den Verfahren 2 BvR 1368/16 u.a. vor dem Bundesverfassungsgericht, S. 18f. (= S. 142f.).

102 KOM(2016) 470 endg., S. 8; Weiß, Demokratische Legitimation und völkerrechtliche Governancestrukturen, S. 167, Fn. 54.

103 Weiß, Demokratische Legitimation und völkerrechtliche Governancestrukturen, S. 166-170; Ders., Kann Freihandel Demokratie und Rechtstaat gefährden?, S. 28f.; Ders., EuConst 2018, 532, 537-539; vgl. auch: Kempen, Verfassungsbeschwerdeschrift in dem Verfahren 2 BvR 1482/16 vor dem Bundesverfassungsgericht, S. 114f.

Hintergrund wird die vorliegende Untersuchung sich schwerpunktmäßig auf die auf den Ebenen der EU und der Bundesrepublik Deutschland[104] angesiedelten Entscheidungsfindungsverfahren konzentrieren, mittels derer die auf der Ebene des CETA stattfindende Ausschussarbeit vorzubereiten und zu steuern ist. Zentral ist dabei insbesondere die Rollenverteilung zwischen den Unionsorganen, vor allem zwischen dem Europäischen Parlament einerseits und der Kommission sowie dem Rat andererseits. Hierbei ist die Untersuchung *„Demokratische Gesetzgebung in der Europäischen Union“*[105] von *Jelena von Achenbach* aufzugreifen, da diese wesentliche Beträge zur rechtswissenschaftlichen Analyse der Rolle des Europäischen Parlaments im unionalen Institutionengefüge enthält.

Die Mitwirkung an den Entscheidungen internationaler Ausschussgremien, an denen die EU beteiligt ist, richtet sich großenteils nach Art. 218 Abs. 9 (u. ggf. Abs. 7) AEUV. Diese vereinfachten Verfahren zeichnen sich im Vergleich zum völkerrechtlichen Vertragsschlussverfahren nach Art. 218 Abs. 1 bis Abs. 6 AEUV durch deutliche prozessuale Vereinfachungen zulasten des Europäischen Parlamentes aus. Dies verstärkt sich noch dadurch, dass die nach Art. 295 AEUV zwischen den beteiligten Unionsorganen rechtsverbindliche Interinstitutionelle Vereinbarung zwischen dem Parlament und der Kommission, zwar eine erweiterte Parlamentsbeteiligung im Verfahren nach Art. 218 Abs. 1 bis Abs. 6 AEUV und bei der Vertretung der EU in multilateralen völkerrechtlichen Gremien oder Konferenzen vorsieht, aber nicht für die Verfahren nach Art. 218 Abs. 9 und Abs. 7 AEUV oder hinsichtlich Gremien die auf bilateralen Verträgen beruhen.[106] Diese Rechtslage führt zu einer einseitigen Legitimation von Ausschussbeschlüssen (nur) über den Rat. Die Einrichtung von Ausschüssen wie denjenigen nach dem CETA steht in Anbetracht dieser Entscheidungsfindungsprozesse in scharfem Kontrast zu der im Vertrag von Lissabon weitgehend umgesetzten Konstruktion des politischen Systems der EU auf zwei legitimatorischen „Säulen“ (dem Rat als Gremium der mitgliedstaatlichen Exekutiven und dem Parlament als gesamteuropäischem Legislativorgan).[107] Gefordert wird deshalb eine

---

104 Vgl. speziell zur Einbindung des Bundesrates: Weiß, JuS 2018, 1046, Ders., JuS 2019, 97; Papier, ZParl 2010, 903; Grimm/Hummrich, DÖV 2005, 280.

105 Bibliographische Angaben im Literaturverzeichnis.

106 Weiß, The European Parliament's Role in the Operation of Trade Agreements. Parliamentary control and Executive-Legislative Balance in External Action, S. 214; Weiß, EuR 2020, 407, 413f.

107 Weiß, EuConst 2018, 532, 551-553; zum Machtgleichgewicht: EuGH, Rs. C-658/11, Rn. 56; GA Bot, SchlA, Rs. C-658/11, Rn. 30-32 (der auf eine „Symmetrie zwischen

Stärkung der Beteiligung des Europäischen Parlaments insbesondere im Verfahren nach Art. 218 Abs. 9 AEUV.[108] Diskutiert wird weiter, ob aus dem europäischen Primärrecht zusätzliche Anforderungen an die (Weiter)Übertragung von Befugnissen im Rahmen des Verfahrens nach Art. 218 Abs. 7 und 9 AEUV zu folgern sind. So wird etwa vorgeschlagen, die rechtlichen Rahmenbedingungen für die Mitwirkung der EU-Institutionen an der Arbeit der CETA-Ausschüsse unter Berücksichtigung der Meroni-Rechtsprechung des EuGH nach den für Exekutivrechtsetzungen durch die Kommission geltenden Art. 290 und Art. 291 AEUV zu bestimmen.[109] Die durch den EuGH im Fall „Meroni" begründete und seither wiederholt aufgegriffene[110] Doktrin des „Gleichgewichts der Gewalten" sieht eine Beschränkung von Kompetenzübertragungen auf nicht-wesentliche „genau umgrenzte Ausführungsbefugnisse" vor.[111] Diese sind unter strenger Beachtung objektiver Tatbestandsmerkmale auszuführen, was der Beaufsichtigung durch das übertragene Organ unterliegt. Auch wenn dieser Maßstab nicht im Hinblick auf internationale Vertragsgremien entwickelt ist, kann zumindest auf seine Grundgedanken zurückgegriffen werden.[112]

E. Der Prinzipal-Agenten-Ansatz

Die europaverfassungsrechtliche Problematik des im CETA vorgesehenen Ausschusssystems stellt sich vor dem Hintergrund komplexer politischer Prozesse. Warum werden mit Freihandelsabkommen wie dem CETA internationale Vertragsgremien eingesetzt? Welche Funktion haben diese Gremien vor dem Hintergrund der Legitimationsanforderungen des Grundgesetzes und des Vertrages von Lissabon? Im Rahmen der vorliegenden Untersuchung soll die verfassungs- und europarechtswissenschaftliche Diskussion zur demokratischen

---

dem Verfahren zum Erlass von Maßnahmen im Innen- und im Außenbereich" hinweist).

108 Weiß, EuR 2020, 407, 427-429.

109 Weiß, EuR 2020, 407, 419-424.

110 So im Zusammenhang mit Agenturen in: EuGH, C-270/12, ECLI:EU:C:2014, 18, Rn. 41ff., vgl. Weiß, Demokratische Legitimation und völkerrechtliche Governancestrukturen, S. 180f.;
Eingang gefunden hat die Doktrin auch in den heutigen Art. 13 Abs. 2 S. 1 EUV, vgl. Streinz, in: Ders. (Hrsg.), EUV/AEUV, 3. Auflage 2018, Art. 13 EUV, Rn. 23f.

111 EuGH, Rs. C-9/56 (Meroni), S. 81f.

112 Weiß, Demokratische Legitimation und völkerrechtliche Governancestrukturen, S. 180f.

Rückbindung internationaler beschlussfassender Vertragsgremien mittels einer methodisch in den Politikwissenschaften anzusiedelnden analytischen Perspektive ergänzt werden. Vor dem Hintergrund der politisch-praktischen Funktionen der mit dem CETA erfolgenden Übertragungen hoheitlicher Aufgaben ist aufzuzeigen, wie diese dem integrationspolitischen Anliegen einer effektiven und flexiblen Regelsetzung auf Grundlage des Abkommens sowie einer erleichterten Behebung von Regelungslücken dienen. Andererseits ist zu ermitteln, mittels welcher institutionellen Sicherungen ein ausreichender Grad an demokratischer Legitimation gewährleistet werden kann. Die herauszuarbeitenden rechtswissenschaftlichen Erkenntnisse und Vorschläge zur demokratischen Rückbindung des im CETA vorgesehenen Ausschusssystems werden dazu in den theoretischen Rahmen eines Prinzipal-Agenten-Modells eingeordnet, um sie aus dessen analytischer Perspektive auf ihre Tauglichkeit zu untersuchen. Die Principal-Agent-Theory, beziehungsweise Prinzipal-Agenten-Theorie, stammt ursprünglich aus den Wirtschaftswissenschaften und wurde, nachdem sie Eingang in die Politikwissenschaft gefunden hatte, vielfach auf verfassungspolitische Fragen, insbesondere zu den USA, später auch sehr umfangreich zur EU angewandt und dabei weiterentwickelt. Eine frühe ausdrückliche Beschreibung[113] der Prinzipal-Agent-Problematik findet sich in einem wirtschaftswissenschaftlichen Beitrag von *Stephen A. Ross* aus dem Jahr 1973:

> *„[...] an agency relationship has arisen between two (or more) parties when one, designated as the agent, acts for, on behalf of, or as representative for the other, designated the principal, in a particular domain of decision problems."*[114]

Bereits im selben Beitrag wies Ross auf die Anwendbarkeit der Problematik auf praktisch alle Organisationsstrukturen und Kooperationsbemühungen hin.[115] Im Folgenden sollen die im weiteren Verlauf der vorliegenden Untersuchung verwendete Literatur zur Prinzipal-Agenten-Theorie, sowie deren Grundannahmen

---

113 Vgl. Tallberg, West European Politics 2002, 23, 25; Tallberg, European Governance and Supranational Institutions, S. 19.
Bereits zuvor gab es Arbeiten, die sich der theoretischen Problematik in Bezug auf Versicherungsverträge annäherten, vgl. Delreux/Adriaensen, Introduction. Use and Limitations of the Principal-Agent Model in Studying the European Union, S. 6f., Miller, Annual Review of Political Science 2005, 203, 204; Spence/Zeckhauser, American Economic Review 1971, 380.

114 Ross, American Economic Review 1973, 134, 134.

115 Ross, American Economic Review 1973, 134, 134.

vorgestellt werden, um den Ansatz für die nachfolgenden Kapitel operationalisieren zu können.

I. Der Delegationsakt und die Prinzipal-Agenten-Beziehung

Ein Prinzipal-Agenten-Modell ist von dem Versuch gekennzeichnet, komplexe soziale oder politische Systeme in binäre hierarchische Beziehungen zurückzuführen. Diese Beziehungen bestehen zwischen jeweils einem Prinzipal auf der einen und einem Agenten auf der anderen Seite. Der Agent übernimmt eine Aufgabe für den Prinzipal, die dieser aufgrund seiner Stellung im System ansonsten selbst ausführen müsste. Die hierarchische Beziehung zwischen dem Prinzipal und dem Agenten kommt durch einen Delegationsakt zu Stande. Dieser etabliert eine auf Gegenseitigkeit beruhende, binäre und hierarchische Beziehung, die den einen Akteur zum Prinzipal und den anderen zum Agenten macht. In diesem Rahmen wird dem Agenten die Befugnis übertragen, anstelle des Delegierenden zu handeln.[116] Diese Befugnisübertragung kann, bzw. wird regelmäßig unter Bedingungen stehen, in zeitlicher sowie sachlicher Hinsicht beschränkt sein und ist prinzipiell widerruflich.[117] Der Prinzipal muss einerseits eine Befugnis soweit an den Agenten übertragen, dass ihre Ausübung nunmehr bei Letzterem liegt. Beim Prinzipal verbleibt also nur das Recht, die Ausübung der Befugnis zu überwachen und diese wieder an sich zu ziehen.[118] Hier ergibt sich bereits eine erste Parallele zur Beurteilung interinstitutioneller Befugnisübertragungen im Europarecht. So ging der Europäische Gerichtshof in seinen Meroni-Urteilen davon aus, eine Befugnis sei übertragen, wenn sich die übertragende Stelle die späteren Entscheidungen nicht „zu eigen“ mache.[119]

In manchen Fällen kann die Ausübung der beim Prinzipal verbleibenden Rechte auch sehr engen oder schwer zu schaffenden Voraussetzungen bis hin zu hierfür notwendigen Verfassungsänderungen unterliegen, wie etwa, wenn es sich bei einem Agenten um eine Zentralbank (z.B. die EZB), ein Gericht (z.B.

116 Hawkins/Lake/Nielson/Tierney, Delegation under anarchy, S. 7; Thatcher/Stone Sweet, West European Politics 2002, 1, 3f.; Kassim/Menon, Journal of European Public Policy 2003, 121, 122; Moe, American Journal of Political Science 1984, 739, 756; Delreux/Adriaensen, Introduction. Use and Limitations of the Principal-Agent Model in Studying the European Union, S. 15.

117 Hawkins/Lake/Nielson/Tierney, Delegation under anarchy, S. 7.

118 Delreux/Adriaensen, European Political Science 2018, 258, 265; Hawkins/Lake/Nielson/Tierney, Delegation under anarchy, S. 7.

119 EuGH, C-10/58 (Meroni), S. 78.

den EuGH) oder ein anderes mit einer vergleichbar starken Rechtstellung ausgestattetes Organ (z.B. die EU-Kommission) handelt.[120] Unerheblich ist, ob der Delegationsakt in irgendeiner Form formalisiert ist oder ob es sich um eine ausdrückliche Vereinbarung handelt.[121] Der Agent muss als Entität nicht bereits vor der Entstehung des Delegationsaktes existieren, er kann auch erst durch diesen geschaffen werden. Ungenügend für die Annahme einer Prinzipal-Agentenbeziehung ist jedoch der bloße Anspruch oder auch die Fähigkeit eines Akteurs, einen anderen Akteur zu kontrollieren oder zu sanktionieren.[122] Auch die bloße Befugnis, über die personelle Besetzung eines Amtes, Gremiums oder anderer Instanz zu entscheiden, reicht nach diesem Verständnis für eine Prinzipal-Agenten-Beziehung nicht aus, wenn eine solche Personalentscheidung durch den institutionellen Rahmen bereits soweit vorgeprägt ist, dass sich aus ihr keinerlei inhaltlicher Auftrag mehr ergibt.[123] Hinsichtlich dieser theoretischen Grundlagen und insbesondere deren Anwendung auf die EU orientiert sich die vorliegende Untersuchung insbesondere an Beiträgen von *Tom Delreux, Johan Adriaensen, Hussein Kassim, Anand Menon, Mark Thatcher und Alec Stone Sweet* sowie dem Werk *Delegation and Agency in International Organizations* von *Darren G. Hawkins, David A. Lake, Daniel L. Nielson* und *Michael J. Tierney.*[124]

II. Die Delegationskette

Bei der Analyse komplexer politischer Systeme wie etwa der EU oder dem Verhältnis internationaler Institutionen zu ihren Mitgliedstaaten ist es unumgänglich, mehrere binäre Prinzipal-Agenten-Beziehungen hintereinander als Delegationskette (chain of delegation) zu betrachten. Hierbei erfüllen die einzelnen innerhalb der Kette liegenden Kettenglieder grundsätzlich in der einen Richtung die Funktion eines Agenten und in der anderen Richtung die eines

---

120 Dennoch werden auch Befugnisübertragungen an solche Einrichtungen mittels Prinzipal-Agenten-Modellen untersucht; vgl. Thatcher/Stone Sweet, West European Politics 2002, 1, 14.

121 Hawkins/Lake/Nielson/Tierney, Delegation under anarchy, S. 7; Delreux/Adriaensen, Introduction. Use and Limitations of the Principal-Agent Model in Studying the European Union, S. 4.

122 Delreux/Adriaensen, European Political Science 2018, 258, 265.

123 Vgl. Hawkins/Lake/Nielson/Tierney, Delegation under anarchy, S. 7.

124 Delreux/Adriaensen, Introduction. Use and Limitations of the Principal-Agent Model in Studying the European Union; dies., European Political Science 2018, 258; Kassim/Menon, Journal of European Public Policy 2003, 121; Thatcher/Stone Sweet, West European Politics 2002, 1; Hawkins/Lake/Nielson/Tierney, Delegation under anarchy.

Prinzipals.[125] Die Möglichkeit mehrere Delegationen hintereinander als Delegationskette zu betrachten, verleiht der Theorie die Tauglichkeit zur Untersuchung komplexerer sozialer Systeme,[126] ohne die prinzipielle Rückführbarkeit auf binäre hierarchische Beziehungen zu beeinträchtigen.[127] Der entstehenden Delegationskette entgegengesetzt verläuft die politische Verantwortlichkeit der mit der Ausübung der Staatsgewalt betrauten Instanzen und der Volksvertreter gegenüber den Wählern.[128] Dementsprechend werden in Kapitel II der vorliegenden Untersuchung die im Staatsaufbau der Bundesrepublik Deutschland als EU-Mitgliedstaat und im institutionellen Aufbau der EU verlaufenden und bei den im CETA vorgesehenen Ausschüssen endenden Delegationsketten modelliert um eine theoretische Grundlage für die nachfolgenden Kapitel zu schaffen. Hintergrund dieses Vorgehens ist die Frage, wie der im politischen System der Bundesrepublik Deutschland gebildete und aggregierte Wille des Volkes auf der Ebene nunmehr einzurichtender internationaler Vertragsgremien wirksam betätigt werden kann.[129] An Literatur zur Thematik der Delegationsketten sind

---

125 Delreux/Adriaensen, Introduction. Use and Limitations of the Principal-Agent Model in Studying the European Union, S. 16f.; Bergman/Müller/Strøm, European Journal of Political Research 2000, 255, 257; vgl. als Beispiel für eine Anwendung des Konzepts: Lake/McCubbins, The logic of delegation to international organizations, S. 364-367.

126 Vgl. z.B. entsprechende Anwendungen des Konzepts bei: Bergman/Müller/ Strøm, European Journal of Political Research 2000, 255, 258f., und bei: Dür/Elsig, Journal of European Public Policy 2011, 323, 331f.
Vgl. dennoch zu konzeptionellen Grenzen/Problemen in komplexen Prinzipal-Agenten-Modellen: Delreux/Adriaensen, Introduction. Use and Limitations of the Principal-Agent Model in Studying the European Union, S. 17.

127 Delegiert eine Gruppe von Prinzipalen eine Aufgabe an einen Agenten, der aus ihrer Mitte stammt, kann es allerdings zu logischen Widersprüchen oder einem Verschwimmen der Rollen von Prinzipal und Agent kommen. Etwa im Fall der EU-Ratspräsidentschaft oder der Trilog-Verhandlungen zwischen der Europäischen Kommission, dem Rat der Europäischen Union und dem Europäischen Parlament wird das Konstrukt der Delegationskette deshalb zum Teil kritisiert; vgl. hierzu: Delreux/Adriaensen, Introduction. Use and Limitations of the Principal-Agent Model in Studying the European Union, S. 17.

128 von Achenbach, Demokratische Gesetzgebung in der EU, S. 380; Maggetti/Papadopoulos, Political Studies Review 2018, 172, 173; Strøm, European Journal of Political Research 2000, 261, 267; Griller/Orator, E.L. Rev. 2010, 3, 23.

129 Vgl. hierzu den Begriff der Herrschaft bei *Max Weber*: „Chance, für einen Befehl bestimmten Inhalts bei angebbaren Personen Gehorsam zu finden“ (Weber, Wirtschaft und Gesellschaft, S. 28).

über die oben bei Unterabschnitt D. I. genannten Grundlagenwerke hinaus insbesondere die Beiträge *Delegation to International Organizations: Agency Theory and World Bank Environmental Reform* von *Daniel L. Nielson* und *Michael J. Tierney*[130] und *The Principal-Agent Model, Accountability and Democratic Legitimacy* von *Gijs Jan Brandsma* und *Johan Adriaensen*[131] zu nennen.

III. Prinzipal und Agent als Nutzenmaximierer

Doch warum sollte der Prinzipal Aufgaben an einen Agenten übertragen? In einem Prinzipal-Agenten-Modell wird vorausgesetzt, dass sich alle relevanten Akteure streng nutzenmaximierend verhalten,[132] was die Theorie als Teil des Rational-Choice-Institutionalismus ausweist.[133] Der (spätere) Prinzipal steht vor dem Problem, mit limitierten Ressourcen alle Aufgaben erledigen zu müssen, die zur Maximierung seines Nutzens notwendig sind. Gelingt es ihm einzelne oder gebündelte Aufgaben an einen Agenten zu delegieren, kann er mit den ihm zur Verfügung stehenden Ressourcen einen höheren Nutzen erzielen.[134] Jede Aufgabenübertragung hat somit eine für den Prinzipal nützliche Funktion. In dieser Hinsicht wurde ursprünglich v.a. die Reduzierung von Transaktionskosten untersucht. Hinzugekommen sind jedoch auch Untersuchungen zur Herbeiführung glaubhafter Zusicherungen („credible commitments") des Prinzipals gegenüber anderen Akteuren[135] oder zur Delegierung politisch unbeliebter Entscheidungen.[136] Zur Verbildlichung sehr treffend ist insoweit ein von *D. Epstein* und *S. O'Halloran* stammender Vergleich zwischen der Delegation von Rechtssetzungsbefugnissen durch den US-Kongress mit der unternehmerischen Entscheidung, ob ein benötigtes Gut selbst erzeugt oder am Markt zugekauft werden

---

130 Nielson/Tierney, International Organization 2003, 241.

131 Brandsma/Adriaensen, The Principal-Agent Model, Accountability and Democratic Legitimacy.

132 Delreux/Adriaensen, European Political Science 2018, 258, 263f.; Hall/Taylor, Political Studies 1996, 936, 944f. m.w.N.

133 Vgl. zusammenfassend zu dieser Einordnung: Hall/Taylor, Political Studies 1996, 936, 944f. m.w.N; vgl. weiter zu dieser theoretischen Strömung: Shepsle, Journal of Theoretical Politics 1989, 131, 132-138.

134 Tallberg, Journal of Common Market Studies 2000, 843, 845; Damro, Journal of Common Market Studies 2007, 883, 885; Thatcher/Stone Sweet, West European Politics 2002, 1, 4.

135 Majone, European Union Politics 2001, 103, 103.

136 Thatcher/Stone Sweet, West European Politics 2002, 1, 4; Mortensen, Public Administration 2016, 630, 630f.; vgl. auch: Epstein/O'Halloran, Delegating Powers, S. 29-33.

soll („make-or-buy decision").[137] Damit die Delegation für den Prinzipal nützlich ist, muss dem Agenten ein Ermessen bei der Wahrnehmung seiner Befugnisse eingeräumt sein. Würde der Prinzipal jede Entscheidung des Agenten vorgeben, bräuchte er die Delegation nicht und könnte die mit ihr verbundene Aufgabe selbst wahrnehmen.[138] Je nachdem, welcher Zweck mit der Delegation verfolgt wird, kommt dem Grad des eingeräumten Ermessens unterschiedliche Bedeutung zu. Gerade wenn ein Agent installiert wird, um glaubhafte Zusicherungen seines Prinzipals zu ermöglichen, wird es wesentlich sein, ihm ein sehr weitgehendes, eventuell sogar zur sachpolitischen Unabhängigkeit führendes, Ermessen einzuräumen. Als praktisches Beispiel für einen solchen Agenten kann etwa eine Notenbank dienen.[139]

Betreffend den hiesigen Untersuchungsgegenstand der im CETA vorgesehenen Ausschüsse zeigt sich bereits an dieser Stelle die Relevanz der Prinzipal-Agenten-Theorie. In den folgenden drei Kapiteln wird zu untersuchen sein, aus welchen funktionalen bzw. politischen Gründen die EU und ihre Mitgliedstaaten internationale Vertragsgremien einrichten und diese mit Kompetenzen ausstatten. Anknüpfend an dem gerade dargelegten Verständnis der relevanten Beteiligten als Nutzenmaximierer, werden die im CETA vorgesehenen Ausschusskompetenzen anhand ihrer politisch-praktischen Funktionen eingeordnet, um Aussagen über ihr Problemlösungspotential zu treffen. Grundlegend zur Übertragung der Transaktionskostenproblematik auf die politische Aufgabendelegation ist hierbei das Werk *Delegating Powers* von *David Epstein* und *Sharyn O'Halloran*.[140] Richtungsweisend für eine derartig funktionale Betrachtungsweise der EU-Institutionen ist insbesondere das Werk *The Engines of European Integration: Delegation, Agency and Agenda Setting in the EU* von *Mark A. Pollack* sowie mehrere kürzere Beiträge desselben Autors.[141] Aus der Perspektive

---

137 Epstein/O'Halloran, Delegating Powers, S. 7; ebd., S. 34; ähnlich: Tallberg, West European Politics 2002, 23, 25.

138 Vgl. Damro, Journal of Common Market Studies 2007, 883, 885.

139 Majone, European Union Politics 2001, 103, 104; Puccio/Harte, The European Parliament's Role in Monitoring the Implementation of EU Trade Policy, S. 390.
Ab einem gewissen Grad an Unabhängigkeit, den eine Institution genießt können durchaus Zweifel an der Anwendbarkeit des Prinzipal-Agenten-Ansatzes aufkommen; vgl. Maggetti/Papadopoulos, Political Studies Review 2018, 172, 178 m.w.N.

140 Bibliographische Angaben im Literaturverzeichnis.

141 Pollack, International Organization 1997, 99; Ders., Delegation and discretion in the European Union; Ders., West European Politics 2002, Issue 1, 200; Ders., Principal-Agent-Analysis and International Delegation, in: Bruges Political Research Papers, No. 2.

glaubhafter Zusicherungen befassen sich hiermit auch mehrere Beiträge von *Giandomenico Majone* in dem von diesem herausgegebenen Sammelwerk *Regulating Europe*[142] und der Beitrag *Two Logics of Delegation: Agency and Fiduciary Relations in EU Governance*[143], welcher im Jahrgang 2001 in der Zeitschrift European Union Politics erschienen ist. Weitere berücksichtigte Beiträge zu diesem Aspekt stammen insbesondere von *Gary J. Miller, Martino Maggetti, Yannis Papadopoulos.*[144] Speziell mit den Motiven für eine Delegation unterschiedlicher politischer Befugnisse auf internationale Vertragsgremien befasst sich der 2008 in der Zeitschrift Law and Contemporary Problems erschienene Beitrag *The Concept of International Delegation* von *Curtis A. Bradley* und *Judith G. Kelley.*[145] Die dort entwickelte Terminologie wurde in einem 2018 im European Constitutional Law Review veröffentlichten Beitrag von *Wolfgang Weiß* aufgegriffen und auf das CETA angewandt.[146] An den genannten Werken anknüpfend wird in Kapitel III der vorliegenden Untersuchung eine eigenständige Kategorisierung der im CETA vorgesehenen Ausschusskompetenzen nach ihren politisch-praktischen Funktionen hergeleitet. Bezugnehmend hierauf wird in Kapitel IV schließlich erörtert welche verfassungs- und europarechtlichen Anforderungen an unterschiedliche funktional voneinander unterscheidbare Typen von Aufgabendelegationen zu stellen sind.

IV. Risiken, Kosten und Verluste durch Delegation

Der aus der Aufgabendelegation gezogene Nutzen steht immer den mit der Aufgabendelegation verbundenen Problemen und Risiken gegenüber.[147] So wird in Kapitel IV der vorliegenden Untersuchung schließlich die Klassifizierung der im CETA vorgesehenen Ausschusskompetenzen anhand ihres Problemlösungspotentials mit einer rechtlich-dogmatischen Untersuchung von Legitimationsanforderungen zusammengeführt. Wie in Kapitel IV Unterabschnitt A. genauer ausgeführt wird, können Prinzipale versuchen den mit einer Aufgabendelegation

142 Bibliographische Angaben im Literaturverzeichnis.

143 Majone, European Union Politics 2001, 103.

144 Miller, Annual Review of Political Science 2005, 203; Maggetti/Papadopoulos, Political Studies Review 2018, 172.

145 Bradley/Kelley, Law and Contemporary Problems 2008, 1.

146 Weiß, EuConst 2018, 532.

147 Delreux/Adriaensen, Introduction. Use and Limitations of the Principal–Agent Model in Studying the European Union, S. 4f.; Kassim/Menon, Journal of European Public Policy 2003, 121, 122; ebd. S. 124.

an ihre Agenten verbundenen Problemen und Risiken durch Kontrollmechanismen zu begegnen.[148] Wie oben beschrieben, behalten sie auch immer das Recht, die übertragene Aufgabe wieder an sich zu ziehen.[149] Dies setzt allerdings voraus, dass sich die Prinzipale weitere Rechte vorbehalten, durch die sie ihre Agenten zu einem gewissen Grad kontrollieren können. Nur durch solche Kontrollmechanismen behalten sie die Kontrolle über die Tätigkeit ihrer Agenten.[150] Die als Kontrollmechanismen bezeichneten Strategien, haben einerseits das Problemlösungspotential (also den Nutzen) der Aufgabendelegation zu erhalten und andererseits die hiermit verbundenen Problemlagen beherrschbar zu machen.[151] Diesem Dilemma stehen sämtliche verfassungs- und europarechtlichen Vorschläge zur Wahrung eines ausreichenden Legitimationsniveaus bei der Errichtung und Kontrolle beschlussfassender internationaler Vertragsgremien wie denjenigen nach dem CETA gegenüber: Wie kann eine ausreichende demokratische Rückbindung von Ausschussbeschlüssen gewährleistet werden, ohne die politische Tauglichkeit des in einem Abkommen vorgesehenen Ausschusssystems zu konterkarieren? Wie kann eine ausreichende Demokratische Kontrolle solcher Gremien auf Unionsebene gewährleistet werden? Wie weit können auf Art. 23 Abs. 1, Art. 24 Abs. 1 oder Art. 59 Abs. 2 GG beruhende Zustimmungsgesetze geeignete Kontrollmechanismen formulieren?

Dieser Thematik geht das Kapitel IV der vorliegenden Untersuchung nach in dem es die oben in den Abschnitten B. und C. aufgezeigten rechtswissenschaftlichen Diskurse in das in den vorangegangenen Kapiteln der vorliegenden Untersuchung entwickelte Prinzipal-Agenten-Modell einordnet. Über die bereits genannte politikwissenschaftliche Literatur von *Mark A. Pollack, Mark Thatcher, Alec Stone Sweet, Daniel L. Nielson* und *Michael J. Tierney*[152] hinaus sind hierbei insbesondere das Werk von *Jonas Tallberg, European Governance*

---

148 Delreux/Adriaensen, Introduction. Use and Limitations of the Principal-Agent Model in Studying the European Union, S. 5; Kassim/Menon, Journal of European Public Policy 2003, 121, 122; ebd. S. 124f.

149 Unterabschnitt D. I.

150 Vgl. hierzu Kapitel IV, Unterabschnitt A. II.

151 Delreux/Adriaensen, Introduction. Use and Limitations of the Principal-Agent Model in Studying the European Union, S. 5; Kassim/Menon, Journal of European Public Policy 2003, 121, 122; ebd. S. 124f.

152 Insb. Pollack, The Engines of European Integration; Ders., International Organization 1997, 99; Ders., West European Politics 2002, Issue 1, 200; Thatcher/Stone Sweet, West European Politics 2002, 1; Nielson/Tierney, International Organization 2003, 241.

and Supranational Institutions: Making States Comply[153] sowie ein kürzerer Beitrag desselben Autors[154] von Bedeutung. Weiter sind für diesen Teil der Untersuchung Beiträge der Autorinnen und Autoren *Bart Kerremans, Robert Thomson, Mathew D. McCubbins, Thomas Schwartz, Andreas Dür, Markus Gastinger, José Antonio Cheibub, Shane Martin, Bjorn Erik Rasch* und *Eugénia da Conceição-Heldt* zu nennen, welche sich aus unterschiedlichen Perspektiven mit dem in Kapitel IV der vorliegenden Untersuchung behandelten Dilemma zwischen dem Nutzen durch einen möglichst eigenständig handlungsfähigen Agenten und dem Sicherheitsgewinn durch gezielte Kontrollmechanismen befassen.[155] So wird schließlich die am Ende von Abschnitt C. dieses Einleitungskapitels entwickelte Forschungsfrage behandelt: Sind die demokratisch legitimierten Instanzen der EU und ihrer Mitgliedstaaten, insbesondere das Europäische Parlament und der Deutsche Bundestag praktisch in der Lage das mit dem CETA errichtete Ausschusssystem sowie zwischengeschaltete Organe wie die EU-Kommission zu überwachen? Können sie hierbei Fehlentwicklungen unterbinden oder korrigieren?

V. Zwischenergebnis zu Abschnitt E.

Nach den vorangegangenen Ausführungen handelt es sich bei einem Prinzipal um eine Entität, die durch einen Delegationsakt eine oder mehrere Aufgaben an eine andere Entität (den Agenten) überträgt. Der Prinzipal behält die Befugnis, die Aufgabe wieder an sich zu ziehen, was jedoch mit tiefgreifenden Eingriffen in das System verbunden sein kann, in dem die Delegation stattfindet. Zwischen dem Prinzipal und dem Agenten entsteht eine hierarchische Beziehung auf Gegenseitigkeit was bedeutet, dass der Agent für den Prinzipal nach eigenem Ermessen handeln darf, der Prinzipal jedoch berechtigt ist, den Agenten bei der Ausübung seines Ermessens zu überwachen. Da hierzu errichtete Kontrollmechanismen selbst Ressourcen in Anspruch nehmen wird dadurch der Nutzen der Delegation verringert, so dass bei der Delegation von Entscheidungsbefugnissen, wie sie durch das CETA stattfindet ein Kompromiss zwischen einer

153 Bibliographische Angaben im Literaturverzeichnis.

154 Tallberg, Journal of Common Market Studies 2000, 843.

155 Kerremans, Proactive policy entrepreneur or risk minimizer?; Thomson, Comparative Political Studies 2008, 169; McCubbins/Schwartz, American Journal of Political Science, 1984, 165; Dür/Gastinger, European Union Politics 2021, 611; Gastinger, Journal of European Public Policy 2016, 1367; Cheibub/Martin/Rasch, West European Politics 2015, 969; da Conceição-Heldt, Journal of European Public Policy 2011, 403.

hinreichenden demokratischen Kontrolle der unterschiedlichen Agenten und einer Erhaltung der mit der Delegation verfolgten politisch-praktischen Ziele gefunden werden muss.

F. Gang der Untersuchung

Das zentrale Anliegen der vorliegenden Untersuchung betrifft das Ausmaß an verfassungs- und europarechtlich determiniertem Legitimationsbedarf, den funktional voneinander unterscheidbare Delegationen von Aufgaben an internationale Vertragsgremien nach sich ziehen. Gesucht wird nach verfassungsrechtlichen und europarechtlichen Lösungsansätzen, die einerseits den integrationspolitischen Anliegen einer effektiven und flexiblen Regelsetzung auf Grundlage des Abkommens sowie einer erleichterten Behebung von Regelungslücken dienlich sind. Andererseits müssen sie eine demokratische Legitimation im ausreichenden Maß gewährleisten.

Im nun folgenden Kapitel II wird ein Prinzipal-Agenten-Modell für die weitere Untersuchung entwickelt. In diesem sollen sämtliche Delegationsbeziehungen, die vom souveränen (Wahl-)Volk der Bundesrepublik Deutschland und derer Bundesländer aus in Richtung der im CETA berufenen internationalen Ausschussgremien verlaufen, dargestellt werden.

Im Kapitel III werden die im CETA vorgesehenen Ausschusszuständigkeiten anhand ihrer politischen Funktionen eingeordnet. Dabei wird sich die Untersuchung nicht von vornherein auf Ausschusskompetenzen beschränken, die in verfassungs- oder europarechtlicher Hinsicht Probleme aufwerfen. Würden Bestimmungen des CETA, gegen die aus Sicht des Grundgesetzes und des Europäischen Primärrechts keine Bedenken bestehen, aus den Überlegungen herausdefiniert, würde deren Erkenntniswert geschmälert. Eine Behandlung der Frage, ob bestimmte funktional unterscheidbare Klassen von Delegationen von Grund auf problemträchtiger sind als andere, wäre nicht möglich. Deshalb wird der Aspekt, welche Ausschusskompetenzen aus rechtswissenschaftlicher Sicht zu Problemen führen und welche nicht, erst im weiteren Verlauf der Untersuchung behandelt.

Im Kapitel IV werden die mit den jeweiligen Befugnisübertragungen verbundenen Risiken („agency losses“) untersucht. Hierbei werden die juristisch beschreibbaren Legitimationsprobleme den unterschiedlichen Befugnisübertragungen zugeordnet, um zu ermitteln, welche funktionalen Typen von Delegationen zu welchem verfassungsrechtlich und europarechtlich determinierten Legitimationsbedarf führt. Des Weiteren werden die möglichen Vorkehrungen thematisiert, mit denen ein Prinzipal den mit der Delegation verbundenen

Risiken begegnet, die er sich als Nutzenmaximierer aber nur vorbehalten wird, wenn der mit ihnen verbundene Aufwand den Nutzen der Delegation nicht aufhebt (Gesichtspunkt der „agency costs“). In diesem Schritt werden schließlich auch in der juristischen Debatte diskutierte Lösungsvorschläge aufgegriffen, die einen ausreichenden Grad an demokratischer Legitimation gewährleisten sollen, ohne die mit der Einrichtung der untersuchten Ausschüsse verfolgten Ziele zu konterkarieren.[156]

---

156 Hinweis zu internen Verweisen: Wird im Laufe der Untersuchung auf einen anderen Gliederungspunkt der Bearbeitung verwiesen, erfolgt dies mit Angabe des Kapitels (sofern nicht auf eine andere Stelle im selben Kapitel verwiesen wird), sowie des Standortes, so wie dieser sich aus der Gliederung ergibt. Dabei werden Standorte der obersten Gliederungsebene (A., B., C.) als Abschnitte und solche aus der zweiten Gliederungsebene (I., II., III.) als Unterabschnitte bezeichnet. Standorte der dritten Gliederungsebene (1., 2., 3.) werden als Punkte und Standorte der weiteren Gliederungsebenen (a., b., c. / aa., bb., cc. / usw.) als Unterpunkte bezeichnet. Abschnitte und Unterabschnitte sowie Punkte und Unterpunkte werden zusammengefasst zitiert. So ergibt sich ein Schema für die internen Verweise wie im folgenden Beispiel: „Kapitel II Unterabschnitt C. I. Unterpunkt 3. b. aa.“. Bei Verweisen innerhalb eines Abschnitts bzw. Unterabschnitts kann auch nur auf einen Punkt bzw. Unterpunkt verwiesen werden, wie z.B. „Siehe oben Unterpunkt 3. b. aa.“).

Kapitel II: Delegationsketten

Im Laufe des zweiten Kapitels ist das Gerüst der vorliegenden Untersuchung zu entwerfen. In Abschnitt A. erfolgt deshalb eine grundlegende Darstellung des zu entwickelnden Prinzipal-Agenten-Modells und insbesondere der Ausgangspunkte der mehrstufigen Delegationsbeziehungen (Delegationsketten), an deren Ende die mit dem CETA errichteten Ausschussgremien stehen. Dabei ist vorauszuschicken, dass diese Delegationsketten zunächst von den Wahlvölkern der EU-Mitgliedstaaten ausgehen. Im Fall der Bundesrepublik Deutschland kommt eine zweite Delegationskette hinzu, die von den Wahlvölkern ihrer Bundesländer ausgeht, wobei sich aber beide Delegationsketten auf der Bundesebene vereinen. Nach der unten näher zu begründenden Auffassung des Autors geht, nach der heutigen Ausgestaltung der EU, keine eigenständige Delegationskette von der Gemeinschaft der Unionsbürger oder einem anderweitig zu definierenden gemeinsamen europäischen Souverän aus. Vielmehr verlaufen die von den nationalen Souveränen der EU-Mitgliedstaaten ausgehenden Delegationsketten über die Unionsorgane, einschließlich des Europäischen Parlaments.

Im weiteren Verlauf des Kapitels sind die mit dem CETA entstehenden Delegationsbeziehungen zu untersuchen. So werden zunächst in Abschnitt B. diejenigen Delegationsketten erörtert, die beim souveränen Wahlvolk der Bundesrepublik Deutschland ihren Anfang nehmen. In Abschnitt C. folgen die von den souveränen Wahlvölkern der Deutschen Bundesländer ausgehenden Delegationsketten. Schließlich wird in Abschnitt D. auf die Fortsetzung der Delegationsketten auf europäischer Ebene eingegangen, ehe in Abschnitt E. die durch das CETA eingerichteten internationalen Ausschussgremien thematisiert werden.

Im Mittelpunkt des Erkenntnisinteresses stehen diejenigen Prinzipal-Agenten-Beziehungen, die mit der Inkraftsetzung des CETA neu entstehen. Da der Autor während der Bearbeitung davon ausgeht, dass das CETA in der Zukunft vollständig in Kraft treten wird, findet an dieser Stelle keine Unterscheidung zwischen der vorläufigen Anwendung weiter Teile des Abkommens gemäß Art. 30.7 Abs. 3 CETA seit dem 21. September 2017[157] und einem zukünftigen vollständigen Inkrafttreten nach Art. 30.7 Abs. 2 CETA statt. Prinzipal-Agenten-Beziehungen, die sich bereits aus der Mitgliedschaft der Bundesrepublik Deutschland

157 EU-Kommission, Pressemitteilung vom 20.09.2017; Beschluss des Rates (EU) 2017/38 vom 28.10.2016, ABl. EU vom 14.1.2017, L 11/1080.

in der EU ergeben oder die auf den Strukturen des Grundgesetzes, des sonstigen Bundesrechts oder dem Recht der Bundesländer beruhen, werden thematisiert, soweit sie durch das CETA modifiziert werden und soweit dies ansonsten zur Aufarbeitung der durch das CETA hinzukommenden Delegationsakte notwendig ist. Bezüglich jeder gefundenen Prinzipal-Agenten-Beziehung ist zunächst zu klären, welche Akteure bzw. Instanzen beteiligt sind und welche rechtlichen Anknüpfungspunkte für die Bestimmung der jeweiligen Delegationsakte bestehen.[158]

A. Ein Prinzipal-Agenten-Modell für das Ausschusssystem des CETA

Um ein Prinzipal-Agenten-Modell entwerfen zu können, ist zunächst die institutionelle Ebene der folgenden Untersuchung festzulegen (Unterabsatz I.). Schließlich widmet sich der Großteil des vorliegenden Abschnitts der Definition der Ausgangspunkte der zu den im CETA vorgesehenen Ausschüssen führenden Delegationsketten (Unterabsatz II.).

I. Institutionelle Ebene der Untersuchung

Zuerst ist die Ebene zu klären, auf der ein Prinzipal-Agenten-Modell angewendet werden soll. Einfach aber weniger aussagekräftig wäre eine auf einer groben Makroebene verbleibende Herangehensweise, die die an einem Freihandelsabkommen neuen Typs beteiligten Staaten (EU-Mitgliedstaaten und den jeweiligen Drittstaat) jeweils als einheitlichen Akteur betrachten würde. Jedoch wird sich insbesondere die Problematik der Beteiligung der mitgliedstaatlichen Parlamente innerhalb des institutionellen Gefüges der Mitgliedstaaten abspielen. Deshalb sind auch innerstaatliche, auf einer Mikroebene zwischen kleineren Organisationseinheiten verlaufende, Delegationsbeziehungen zu berücksichtigen. So wird eine genauere Betrachtung der Entscheidungsprozesse innerhalb der politischen Systeme der Bundesrepublik Deutschland als EU-Mitgliedstaat, über die EU selbst, bis hin zu einzelnen Vertragsgremien ermöglicht. Gerade die zwischen den institutionellen Sphären der Mitgliedstaaten, der EU und

158 Delreux/Adriaensen, European Political Science 2018, 258, 264f. bezeichnen die Fragen nach den Beteiligten und dem Inhalt einer Aufgabenübertragung als notwendige Vorbedingung für eine Prinzipal-Agenten-Untersuchung. In der hiesigen Untersuchung wird der Inhalt anhand der für die jeweilige Aufgabenübertragung einschlägigen Regelungen bzw. Vereinbarungen bestimmt.

der internationalen Ebene liegenden Schnittstellen sind hierbei von besonderem Interesse.[159] Dies entspricht auch der durch die Europäische Integration fortschreitenden Schwächung des mitgliedstaatlichen „Souveränitätspanzers" (*Bleckmann*)[160] zugunsten eines gemeinsamen, verflochtenen Mehrebenensystems.[161] Das Hauptaugenmerk liegt hierbei allerdings auf den Organen der EU und der Bundesrepublik Deutschland als deren Mitgliedstaat. Diese setzen sich aus einzelnen Amtsträgern oder sonstigen Repräsentanten anderer Unions- oder Staatsorgane zusammen. Das wichtigste Beispiel hierfür bildet der Rat als aus Angehörigen der nationalen Regierungen der EU-Mitgliedstaaten zusammengesetztes Unionsorgan. Derartige Gestaltungen, in denen sich ein Glied der Delegationskette aus mehreren Agenten zusammensetzt, die zusammengenommen wiederum als Prinzipal gegenüber einem nachgeordneten Agenten agieren, werden mit dem Begriff des kollektiven Prinzipals (collective principal) bezeichnet. Delegieren dagegen mehrere eigenständige Prinzipale Aufgaben an einen Agenten, ist von multiplen Prinzipalen (multiple principals) die Rede.[162] Auch auf der Seite des Agenten sind Konstellationen denkbar, in denen mehrere Akteure mit unterschiedlichen Interessen aufgrund desselben Delegationsakts als kollektive Agenten (collective agents) gemeinsam Aufgaben wahrnehmen und gemeinsam gegenüber dem Prinzipal verantwortlich sind. Kooperieren mehrere Agenten miteinander, die nicht durch einen gemeinsamen Delegationsakt untereinander verbunden sind, werden sie zum Teil als multiple Agenten (multiple agents) bezeichnet.[163] Bei diesen Formen der gemeinsamen Delegation (common agency)[164] sind die Akteure oftmals keine Institutionen oder

---

159 Vgl. hierzu etwa: Dür/Elsig, Journal of European Public Policy 2011, 323, 331.

160 Zum sprachlichen Bild des „Souveränitätspanzers" in der Völkerrechtswissenschaft: Bleckmann, Grundgesetz und Völkerrecht, S. 272 (im Völkerrecht) u. S. 308 (im Europäischen Gemeinschafts- bzw. Unionsrecht).

161 Zum diesem Wandel des zugrundeliegenden Staatsverständnisses: Olsen, West European Politics 2013, 447, 452f. m.w.N.

162 Nielson/Tierney, International Organization 2003, 241, 247f.; Delreux/Adriaensen, Introduction. Use and Limitations of the Principal-Agent Model in Studying the European Union, S. 15f.; da Conceição-Heldt, Multiple Principals' Preferences, Types of Control Mechanisms and Agent's Discretion in Trade Negotiations, S. 205f.

163 Gastinger, Effects of Contestation Within a Collective Agent in EU Trade Policy-Making, S. 183-185; Laloux, Designing a Collective Agent for Trilogues in the European Parliament, S. 85; Helwig, Agent Interaction as a Course of Discretion for the EU High Representative, S. 107-109.

164 Nielson/Tierney, International Organization 2003, 241, 247f.

Staatsorgane, sondern einzelne Amtsträger. Entsenden etwa die nationalen Regierungen der EU-Mitgliedstaaten einzelne Minister in eine bestimmte Ratsformation, fungiert die jeweilige nationale Regierung gegenüber ihrem Ratsvertreter als kollektiver Prinzipal. Der Ratsvertreter ist umgekehrt der Agent seiner nationalen Regierung, bildet aber zugleich mit seinen Kollegen aus den übrigen Mitgliedstaaten einen kollektiven Prinzipal gegenüber der EU-Kommission. Auch einzelne Kommissionsmitglieder oder –Vertreter können gegenüber der Kommission oder ihrer jeweiligen Generaldirektion, Abteilung, Dienststelle etc. in der Rolle eines Agenten stehen.[165] Für die Zwecke der vorliegenden Untersuchung ist diese Problematik mitzubedenken. Da das Erkenntnisinteresse jedoch auf die demokratische Rückbindung der im CETA vorgesehenen Ausschussgremien, bzw. der Mitarbeit der EU-Kommission und der deutschen Bundesregierung dort abzielt, werden sich nachfolgend Erörterungen zumeist auf die Ebene der Unions- bzw. Staatsorgane beschränken.

II. Die Suche nach dem höchstrangigen Prinzipal

Soll der gesamte Verlauf einer, bis zu einem völkerrechtlichen Vertragsgremium reichenden, Delegationskette beschrieben werden, ist zu klären welche Akteure bzw. Instanzen beteiligt sind und welche (rechtlichen) Anknüpfungspunkte für die Bestimmung des jeweiligen Delegationsakts ausgemacht werden können.[166] Hierbei stellt sich auch die Frage nach dem Anfang der Delegationskette. Dem in Europa vorherrschenden Demokratieverständnis der elektoralen Verfassung des Staatswesens entsprechend,[167] wird unterstellt, dass die untersuchten Vertragsgremien ein Instrument zur Betätigung des demokratisch ermittelten Willens der Staatsvölker der beteiligten Staaten sind. Die Rousseau'sche Sichtweise, dass souveräne Staatsgewalt ausschließlich vom Volk ausgehe und die Volksvertreter sowie die diesen nachgeordneten Stellen ausschließlich die ihnen übertragenen

---

165 Beispiele für Untersuchungen zu Prinzipal-Agenten-Beziehungen auf der Ebene einzelner Amtsträger: Deckarm, Journal of European Public Policy 2017, 447; Thomson, Comparative Political Studies 2008, 169; Andeweg, European Journal of Political Research 2000, 377; Saalfeld, European Journal of Political Research 2000, 353

166 Delreux/Adriaensen, European Political Science 2018, 258, 264f. bezeichnen die Fragen nach den Beteiligten und dem Inhalt einer Aufgabenübertragung als ersten Schritt einer Prinzipal-Agenten-Untersuchung. In der hiesigen Untersuchung soll der Inhalt anhand der für die jeweilige Aufgabenübertragung einschlägigen Regelungen bzw. Vereinbarungen bestimmt werden.

167 Hierzu: von Achenbach, Demokratische Gesetzgebung in der EU, S. 15f.

Aufgaben zu erfüllen haben, findet sich in der Prinzipal-Agenten-Theorie im Konzept des „ultimate principals", des höchstrangigen Prinzipals, wieder.[168] So stehen am Anfang der Delegationskette die (Wahl-)Völker der beteiligten Staaten und der EU als höchstrangige Prinzipale.[169] Von diesen aus werden die zu untersuchenden Delegationsketten regelmäßig über die gewählten Volksvertreter, weiter zur Exekutive bzw. Gubernative und schließlich zu weiteren Amtsträgern laufen.[170] Da die Untersuchung aus der Sicht der Bundesrepublik Deutschland stattfindet, ist auch deren föderale Struktur zu beachten.

Insgesamt kommen drei mögliche Ausgangspunkte für eine Delegationskette in Betracht, die vom Souverän bis hin zu einem internationalen Vertragsgremium laufen soll:

- ausgehend vom souveränen Wahlvolk der Bundesrepublik Deutschland;
- ausgehend von den souveränen Wahlvölkern der deutschen Bundesländer;
- ausgehend von der Gesamtheit der zur Europawahl wahlberechtigten Unionbürger.

1. *Der Deutsche Bundestag als Agent und als Prinzipal*

Eine Delegationskette beginnt beim Souverän der Bundesrepublik Deutschland (auf deren Bundesebene). Im Grundgesetz finden sich mehrere Anhaltspunkte für eine auf Seiten des Prinzipals nicht weiter fortsetzbare Delegationsbeziehung zwischen dem, zur Bundestagswahl berechtigten, Wahlvolk der Bundesrepublik und dem Deutschen Bundestag, als dessen Agenten. Der gem. Art. 38 GG vom Volk gewählte Bundestag ist eine kollektiv zusammengesetzte Repräsentation des Wahlvolks der Bundesrepublik. An diesen delegiert das besagte Wahlvolk nach Art. 20 Abs. 2 GG und Art. 38 GG die legislative Gewalt. Bei der hier zugrunde gelegten funktionalen Betrachtungsweise kommt es weniger auf das historische Zustandekommen des Delegationsakts als auf dessen praktische Ausgestaltung

---

168 Brandsma/Adriaensen, The Principal-Agent Model, Accountability and Democratic Legitimacy, S. 37.

169 Zur Anbindung nationaler Parlamente an das Wahlvolk, vgl. die Prinzipal-Agenten-Untersuchung bei: Mitchell, European Journal of Political Research 2000, 335, 340-344; vgl. auch: Lupia/McCubbins, European Journal of Political Research 2000, 291, 292f.
Als weitere Beispiele für die Verwendung des Begriffs des „ultimate principal" vgl: Nielson/Tierney, International Organization 2003, 241, insb. S. 242 u. S. 249f.; Lake/McCubbins, The logic of delegation to international organizations, S. 364-367.

170 Vgl. Strøm, European Journal of Political Research 2000, 261, 267.

an. Eine rein historische Betrachtungsweise würde auch zu logischen Problemen führen, da das Grundgesetz zwar zunächst nach Art. 144 Abs. 1 GG durch die Landtage der westdeutschen Bundesländer von 1949 angenommen wurde. Der Beitritt des Saarlandes nach Art. 23 S. 2 GG i.d.F. vom 23. Mai 1949 wurde ebenfalls durch den Saarländischen Landtag beschlossen.[171] Die Erstreckung des Grundgesetzes auf die neuen Bundesländer im Zuge der deutschen Wiedervereinigung beruht jedoch auf dem Vereinigungsvertrag von 1990. Dieser wurde als völkerrechtliches Abkommen zwischen der Bundesrepublik Deutschland und der mit dem Beitritt als Völkerrechtssubjekt untergegangenen Deutschen Demokratischen Republik durch ein Bundesgesetz mit Zustimmung des Bundestages selbst und des Bundesrates zum Bestandteil des Bundesrechts.[172] Anstatt einseitig auf die Mechanismen abzustellen, welche aus verfassungsgeschichtlicher Sicht zu einer Delegation führten, ist vielmehr nach der funktionalen Struktur der Delegationsbeziehungen zu fragen. So ist der Prinzipal in einer Delegationsbeziehung derjenige Akteur, *der* Aufgaben an einen Agenten delegieren kann und *dem* das jedenfalls grundsätzliche Recht zukommt, die Aufgabe wieder an sich zu ziehen.[173] Wie gerade beschrieben übt der Bundestag nach Art. 20 Abs. 2 GG insbesondere die legislative Gewalt für das Wahlvolk der Bundesrepublik Deutschland aus. Für das Wahlvolk der Bundesrepublik besteht hingegen nach Art. 146 GG die grundsätzliche Möglichkeit die dieser Delegation zugrundeliegende Kompetenzordnung zu ändern und die legislative Gewalt, jedenfalls zum Zwecke der Neuordnung, wieder an sich zu ziehen.

Weiter etabliert die verfassungsmäßige Ordnung des Grundgesetzes den Bundestag als die zentrale Instanz, welche in der Lage sein soll, die Ausübung von Hoheitsgewalt zu legitimieren. Eine direktdemokratische Befragung des Volkes selbst ist zwar nicht ausgeschlossen, bleibt jedoch angesichts des nahezu gänzlichen Fehlens direktdemokratischer Elemente im Grundgesetz von deutlich untergeordneter Bedeutung.[174] Diese Dominanz des Bundestages führt dazu, dass sich der Wille des Souveräns (fast) nur über diesen einen Kanal äußern kann. Der Bundestag wird somit nicht nur zu einem Agenten des Wahlvolks der

171 Amtsblatt des Saarlandes 1956, S. 1645.

172 BGBl. 1990, II, S. 885 (der Einigungsvertrag ist ab S. 889 abgedruckt).

173 Hawkins/Lake/Nielson/Tierney, Delegation under anarchy, S. 7; für ausführlichere Grundlegung siehe Kapitel I, Unterabschnitt E. I.

174 Vgl. Grzeszick, in: Dürig/Herzog/Scholz, Grundgesetz, Bd. III, 98. EL 2022, Art. 20 GG, Rn. 111-115.

Bundesrepublik, sondern zu demjenigen Agenten, an den die gesamte Legislativgewalt des Wahlvolks der Bundesrepublik delegiert ist.

2. *Stellung der deutschen Bundesländer und der Länderparlamente*

Weiter sind die Souveräne der 16 Bundesländer in das Modell als höchstrangige Prinzipale mit einzubeziehen. Art. 20 Abs. 1 GG definiert die Bundesrepublik Deutschland als demokratischen und sozialen Bundesstaat. Nach Art. 30 GG liegt die Ausübung der staatlichen Befugnisse grundsätzlich bei den Bundesländern, soweit das Grundgesetz dies nicht anders regelt. Art. 70 GG spezifiziert diesen Grundsatz hinsichtlich der Verteilung der Gesetzgebungskompetenzen.[175] Ferner ist die Außenvertretung Deutschlands nach Art. 32 Abs. 1 GG Sache des Bundes, weshalb die Bundesregierung die Bundesrepublik Deutschland auch in Sachbereichen nach außen vertritt, für die die Bundesländer innerstaatlich nach Art. 30 bzw. Art. 70 GG zuständig sind. Dies voraussetzend wird in Art. 23 Abs. 2 und 4 GG auch eine Mitwirkung der Bundesländer durch den Bundesrat angeordnet und in den Art. 23 Abs. 4 bis 7 GG sowie im EUZBLG weiter ausgeführt. (Wird nach Art. 23 Abs. 6 GG ein Landesvertreter in ein Gremium entsandt, ist dieser an Stelle der Bundesregierung als Agent anzusehen.) Auch im Verfahren nach Art. 59 Abs. 2 S. 1 GG ist eine Mitwirkung der Bundesländer durch den Bundesrat vorgesehen, falls diese sich aus der innerstaatlichen Kompetenzordnung ergibt. Soll ein internationaler Vertrag geschlossen werden, der in die ausschließliche Kompetenz der Länder fällt, sehen die im Lindauer Abkommen zwischen Bund und Ländern getroffenen Absprachen (dort Ziff. 3) eine (informelle) Beteiligung der Länder und jedenfalls die Möglichkeit der Zuleitung der Angelegenheit an den Bundesrat vor.[176]

Ein zweites Argument für die Einbeziehung der Bundesländer in das hiesige Prinzipal-Agenten-Modell ergibt sich daraus, dass diese in der Vergangenheit an der Schaffung der gerade ausgeführten Verfassungsrechtslage beteiligt waren und auch an möglichen Veränderungen derselben zu beteiligen wären. So bedarf eine Änderung des Grundgesetzes, wie durch die Einführung des Art. 23 GG im Jahr 1992 nach dem damals wie heute gleichlautenden Art. 79 Abs. 2 GG, auch einer Zweidrittelmehrheit des Bundesrates. In der Kommentarliteratur wird dies mit der Gewährleistung einer starken Änderungsresistenz begründet,

---

175 Uhle, in: Dürig/Herzog/Scholz, Grundgesetz, Bd. V, 98. EL 2022, Art. 70 GG, Rn. 4.

176 Zur Problematik der auswärtigen Politik im Bereich der ausschließlichen Gesetzgebungszuständigkeiten der Länder: Nettesheim, in: Dürig/Herzog/Scholz, Grundgesetz, Bd. IV, 98. EL 2022, Art. 32 GG, Rn. 60-77.

die gewährleisten soll, dass Verfassungsänderungen durch einen möglichst breiten politischen Konsens auf der Bundes- und der Landesebene getragen wird.[177] Die Konsequenz hieraus ist jedenfalls, dass die verfassungsändernde Gewalt in der Bundesrepublik Deutschland nicht nur beim Souverän des Bundes, sondern auch beim Bundesrat liegt, in dem die Bundesländer durch Mitglieder ihrer jeweiligen Landesregierungen vertreten sind. Wie in Abschnitt C. weiter ausgeführt wird, bestehen auch innerhalb der politischen Systeme der Bundesländer Delegationsketten, die von deren Wahlvölkern ausgehen. Dabei hat nach Art. 28 Abs. 1 S. 1 und 2 GG die verfassungsmäßige Ordnung der Länder denselben Staatsstrukturprinzipien zu entsprechen, wie die des Bundes. Dementsprechend besteht auch nach den Verfassungen der Länder jeweils eine auf Seiten des Prinzipals nicht weiter fortsetzbare Delegationsbeziehung zwischen dem jeweiligen Wahlvolk und dem jeweiligen Landesparlament als dessen Agenten.[178] In der Folge sind die Souveräne der Bundesländer ebenfalls in das Prinzipal-Agenten-Modell einzubeziehen, wenn dieses die im Grundgesetz festgehaltenen Delegationsakte nachvollziehen soll.

3. *Die Unionsbürger und das Europäische Parlament*

Auf der Ebene der EU kommt ein weiterer Ausgangspunkt in Betracht. Nach dem in Art. 10 Abs. 2 EUV verankerten Legitimationsmodell der Union beruht die demokratische Rückbindung der von den EU-Institutionen ausgeübten Staatsgewalt auf zwei Säulen: Einerseits auf der Legitimation über die nationalen politischen Systeme, deren Spitzen sich im Rat zusammenfinden und andererseits

---

177 Vgl. z.B: Herdegen, in: Dürig/Herzog/Scholz, Grundgesetz, Bd. V, 98. EL 2022, Art. 79 GG, Rn. 3 m.w.N; Dietlein, in: Epping/Hillgruber, BeckOK Grundgesetz, 53. Edition 11.12.2022, Art. 79 GG, Rn. 13f.; Badura, in: Isensee/Kirchhof (Hrsg.), Handbuch des Staatsrechts, Band XII, 3. Auflage, Heidelberg 2014, § 270, Rn. 28.

178 Vgl. hierzu: Art. 25 Abs. 1 Verfassung des Landes Baden-Württemberg, Art. 4 Bayerische Verfassung, Art. 2 Verfassung von Berlin, Art. 2 Abs. 2 und Abs. 4 Verfassung des Landes Brandenburg, Art. 66 Landesverfassung der Hansestadt Bremen, Art. 3 Abs. 2 Verfassung der Freien und Hansestadt Hamburg, Art. 70 und Art. 71 Verfassung des Landes Hessen, Art. 3 Abs. 1 Verfassung des Landes Mecklenburg-Vorpommern, Art. 2 Abs. 1 Niedersächsische Verfassung, Art. 2 und Art. 3 Abs. 1 Verfassung für das Land Nordrhein-Westfalen, Art. 74 Abs. 2 und Art. 75 Abs. 1 Verfassung für Rheinland-Pfalz, Art. 3 Verfassung des Freistaates Sachsen, Art. 2 Abs. 2 Verfassung des Landes Sachsen-Anhalt, Art. 61 Abs. 1 Verfassung des Saarlandes, Art. 2 Abs. 1 und 2 Verfassung des Landes Schleswig-Holstein, Art. 45 Verfassung des Freistaats Thüringen.

auf der Legitimation durch eine gemeinsame europäische repräsentative Demokratie (auch unionsunmittelbare Legitimation), die im Europäischen Parlament ihr Zentrum findet.[179] Die Legitimation über die nationalen politischen Systeme, deren Vertreter sich im Rat wiederfinden, ist dabei als Fortsetzung der von den nationalen Souveränen der EU-Mitgliedstaaten ausgehenden Delegationskette zu betrachten. Dies wird im weiteren Verlauf dieser Untersuchung näher erläutert (siehe unten, Abschnitt D.). Daneben stellt sich die Frage, ob die im Vertrag von Lissabon verankerte unionsunmittelbare Legitimation in Form einer eigenständigen Delegationskette ausgestaltet ist, welche bei einem gemeinsamen europäischen Souverän ihren Anfang nimmt[180] oder ob die Delegationsbeziehungen, an denen das Europäische Parlament beteiligt ist, in einem anderen funktionalen Zusammenhang zu sehen sind.[181]

a. *Schwierigkeiten bei der Einordnung des Europäischen Parlaments als Agent eines gesamteuropäischen Souveräns*

Wie im Einleitungskapitel beschrieben, überträgt bei einer Delegationsbeziehung ein Akteur als Prinzipal Aufgaben, an deren Erledigung er ein Interesse hat, an einen Agenten. Ihm kommt dabei das jedenfalls grundsätzliche Recht zu, die Aufgaben wieder an sich zu ziehen.[182] Dies gilt auch für den am Ende der Delegationskette stehenden höchstrangigen Prinzipal. Das Europäische Primärrecht definiert in Art. 9 S. 2 EUV eine Unionsbürgerschaft, welche an der Staatsbürgerschaft eines der EU-Mitgliedstaaten anknüpft und neben diese tritt. Das Europäische Parlament wird nach Art. 14 Abs. 2 UAbs. 1 i.V.m. Abs. 3 EUV durch die Gemeinschaft der Unionsbürger gewählt. Die Beziehung dieser Gemeinschaft aus Unionsbürgern zu dem durch sie gewählten Parlament könnte

179 Hierzu: Nettesheim, in: Grabitz/Hilf/Nettesheim (Hrsg.), Das Recht der Europäischen Union, 76. EL 2022, Art. 10 EUV, Rn. 65-77; Kluth, in: Calliess/Ruffert (Hrsg.), EUV/AEUV, 6. Auflage 2022, Art. 14 EUV, Rn. 43 m.w.N.

180 Vgl. zu der parallel in der Europaverfassungsrechtswissenschaft diskutierten Frage, ob die Gemeinschaft der Unionsbürger ein eigenständiges Legitimationssubjekt neben den (Wahl-)Völkern der EU-Mitgliedstaaten bildet: von Achenbach, Demokratische Gesetzgebung in der EU, S. 300-322; ebd. S. 325f.; von Bogdandy, Grundprinzipien, in: Ders./Bast (Hrsg.), Europäisches Verfassungsrecht, S. 13-71, S. 64; von Achenbach, Theoretische Aspekte des dualen Konzepts demokratischer Legitimation für die EU.

181 Vgl. in diesem Sinne: Brandsma/Adriaensen, The Principal-Agent Model, Accountability and Democratic Legitimacy, S. 45f.

182 Vgl. Kapitel I Unterabschnitte E. I. und E. III.

auf den ersten Blick als Beziehung zwischen einem höchstrangigen Prinzipal und einem Agenten verstanden werden.

Vor dem Vertrag von Lissabon beschrieb *Mark A. Pollack* das Europäische Parlament als Sonderfall („outlier"), der sich in eine Prinzipal-Agenten-Untersuchung zur EU weder als Prinzipal noch als Agent korrekt einordnen ließe. Aufgrund seiner damaligen Ausgestaltung sei das Europäische Parlament nicht als Agent eines Europäischen Wahlvolks zu betrachten gewesen und habe keine funktionalen Aufgaben wahrgenommen. Vielmehr sei es von den Mitgliedstaaten zu einer – als ideologisch anstatt funktional bewerteten – Verbesserung der demokratischen Legitimation der EU geschaffen worden.[183] Wie sogleich aufgezeigt wird, wurde die Stellung des Europäischen Parlaments durch den Vertrag von Lissabon erheblich aufgewertet. Dennoch stößt ein Vergleich des Europäischen Parlaments mit einer nationalen Volksvertretung, wie dem Deutschen Bundestag, nach wie vor auf Probleme.

Das Bundesverfassungsgericht bemerkte in seinem Urteil zum Vertrag von Lissabon, das europäische Primärrecht lasse auch in seiner neuerlichen Fassung keinen Staatsgründungswillen der Mitgliedstaaten erkennen. Dabei entspräche die EU gerade deshalb demokratischen Grundsätzen, weil sie „nicht staatsanalog" aufgebaut sei. Dazu fehle ein „durch gleiche Wahl aller Unionsbürger zustande gekommenes politisches Entscheidungsorgan mit der Fähigkeit zur einheitlichen Repräsentation des Volkswillens".[184] Das Gericht hob insbesondere die sich aus Art. 14 Abs. 2 AEUV ergebenden Ungleichgewichte bei der Stimmengleichheit im Rahmen der Wahlen zum Europäischen Parlament hervor. Diese dienten zwar der Einbindung von Minderheiten in die parlamentarische Entscheidungsfindung.[185] In innerstaatlichen Systemen würden derart ungleiche Stimmgewichtungen jedoch nur in einer zweiten Kammer, nicht aber im gesamten Parlament toleriert.[186]

Aus Anlass von Streitigkeiten über mögliche Sperrklauseln im deutschen Europawahlgesetz, merkte das Bundesverfassungsgericht auch an, dass das Europäische Parlament im EUV und im AEUV in einer Weise ausgestaltet sei, die bei unüberwindbaren Meinungsverschiedenheiten eine Blockade der unionalen

183 Pollack, The Engines of European Integration, S. 204.

184 BVerfGE 123, 267, 371f., Rn. 280.

185 vgl. auch: Ruffert, in: Calliess/Ruffert (Hrsg.), EUV/AEUV, 6. Auflage 2022, Art. 9 EUV, Rn. 32 m.w.N.

186 BVerfGE 123, 267, 375, Rn. 286; kritisch demggü.: Schönberger, Der Staat 2009, 535, 549f. (mit rechtsvergleichenden Beispielen).

Volksvertretung ermögliche. Dies werde jedoch im Interesse des institutionellen Gleichgewichts mit den anderen Unionsorganen in Kauf genommen, ohne dass dies von vornherein als Funktionsbeeinträchtigung zu werten sei.[187] Außerdem hänge keine Unionsregierung von einer stabilen Mehrheitskoalition im Europäischen Parlament ab, die dort einer Opposition gegenüberstünde. Zwar sei das Europäische Parlament in die Besetzung der EU-Kommission nach Art. 17 Abs. 7 UAbs. 1 S. 2 und Art. 17 Abs. 7 UAbs. 3 EUV eingebunden. Danach sei die Kommission und ihr Präsident aber nicht auf die weitere Unterstützung durch das Parlament angewiesen (außer bei einem Misstrauensantrag nach Art. 234 AEUV, für den jedoch hohe Hürden gelten).[188] Für die Rechtsetzung im ordentlichen Gesetzgebungsverfahren nach Art. 289 Abs. 1 und Art. 294 AEUV ist nur eine Mehrheit der, bei der ersten Befassung des Parlaments mit dem Rechtsetzungsvorschlag der Kommission abstimmenden, Abgeordneten zwingend (vgl. Art. 231 Abs. 1 AEUV). Wurde diese Hürde überschritten, kann das Parlament eventuelle Änderungsvorschläge des Rates nur noch binnen einer Frist von drei Monaten mit einer Mehrheit seiner Mitglieder in zweiter Lesung ablehnen oder mit Änderungen versehen (vgl. Art. 294 Abs. 7 AEUV). Kommt es zu einem Vermittlungsverfahren, weil der Rat Änderungsvorschlägen aus der zweiten Lesung des Parlaments nicht folgt (vgl. Art. 294 Abs. 8-12 AEUV), ist für die Annahme von dessen Ergebnis durch das Parlament wiederum die Mehrheit der dort abgegebenen Stimmen ausreichend (vgl. Art. 294 Abs. 13 AEUV).[189] Der nach Art. 314 AEUV anzunehmende Jahreshaushaltsplan hingegen kann sogar ohne Zustimmung des Europäischen Parlaments zu Stande kommen, wenn dieses nicht binnen 42 Tagen nach der Übermittlung des entsprechenden Ratsstandpunkts mit der Mehrheit seiner Mitglieder Abänderungen annimmt (vgl. Art. 314 Abs. 4 lit. c AEUV).[190]

Hinsichtlich der Einordnung in ein Prinzipal-Agenten-Modell wiegt ein weiterer Aspekt jedoch noch schwerer: Das Europäische Primärrecht sieht keine Möglichkeit vor, mittels der die nach Art. 14 Abs. 2 UAbs. 1 i.V.m. Abs. 3 EUV bei der Wahl zum Europäischen Parlament aktiv wahlberechtigten Unionsbürger, die dem Europäischen Parlament übertragenen Kompetenzen wieder an

---

187 BVerfGE 129, 300, 332, Rn. 111; BVerfGE 135, 259, 297f., Rn. 79.

188 BVerfGE 129, 300, 336f., Rn. 119; hierzu weiter: von Achenbach, Demokratische Gesetzgebung in der EU, S. 41-43.

189 BVerfGE 129, 300, 337f., Rn. 121; vgl. auch umfassend zum ordentlichen Gesetzgebungsverfahren: von Achenbach, Demokratische Rechtsetzung in der EU, S. 168-193.

190 BVerfGE 129, 300, 338f., Rn. 123.

sich ziehen könnten, um sie gegebenenfalls neu zu vergeben.[191] Aufgrund des in Art. 5 Abs. 2 EUV festgeschriebenen Grundsatzes der begrenzten Einzelermächtigung steht diese Kompetenz-Kompetenz keinem gesamteuropäischen Souverän zu, sondern den Mitgliedstaaten in ihrer Eigenschaft als Vertragsparteien des EUV und des AEUV. Selbst wenn man davon ausgeht, dass das Europäische Parlament als Agent Aufgaben einer als gesamteuropäischem Souverän verstandenen Gemeinschaft der Unionsbürger wahrnimmt, kommt diesem gesamteuropäischen Souverän nicht das jedenfalls grundsätzliche Recht zu, diese Aufgaben wieder an sich zu ziehen. So geht von der Gemeinschaft der Unionsbürger keine zusätzliche Delegationskette aus, die neben die Delegationsketten tritt, an deren Enden die mitgliedstaatlichen Souveräne stehen.

b. Einordnung des Europäischen Parlaments als Agent der mitgliedstaatlichen Staatsorgane

Dieser Befund sollte jedoch auf keinen Fall dazu verleiten, dem Europäischen Parlament seine funktionale Bedeutung abzusprechen. Aus Sicht der hiesigen Untersuchung stellt sich angesichts der aufgezeigten Einordnungsschwierigkeiten die Frage nach Delegationsbeziehungen, welche über das Europäische Parlament verlaufen. Denkbar ist nämlich nicht nur, dass sie von einem gesamteuropäischen Souverän als höchstrangigem Prinzipal ausgehen. Im Sinne des oben beschriebenen Zwei-Säulen-Modells nach Art. 10 Abs. 2 EUV ist es auch möglich, das Europäische Parlament als ein zentrales Glied der Delegationsketten zu verstehen, die ihren Anfang bei den mitgliedstaatlichen Wahlvölkern nehmen. So wäre das Europäische Parlament – wie die anderen Organe der EU – als Agent der mitgliedstaatlichen Staatsorgane zu behandeln, die nach den jeweiligen nationalen Rechtsordnungen zur Inkraftsetzung der völkervertraglichen Grundlagen der EU befugt sind.[192] So kommt es zu einer Teilung der von den Wahlvölkern der EU-Mitgliedstaaten ausgehenden Delegationsketten, wobei eine Abzweigung über das Europäische Parlament führt und eine zweite über die nationalen Regierungen und den Rat.[193]

---

191 Vgl. zu diesem Merkmal einer Prinzipal-Agenten-Beziehung: Kapitel I Unterabschnitt E. I.

192 Bei EU-Mitgliedstaaten, in denen hierfür ein Volksentscheid notwendig ist, führt dies zu einer direkten Prinzipal-Agenten-Beziehung zwischen dem Wahlvolk als höchstrangigen Prinzipal und dem Europäischen Parlament. Im Fall der Bundesrepublik Deutschland trifft dies jedoch nicht zu (dazu sogleich).

193 Vgl. im Sinne eines solchen Verständnisses: Brandsma/Adriaensen, The Principal-Agent Model, Accountability and Democratic Legitimacy, S. 45f.

In der Forschung vor dem Vertrag von Lissabon hätte eine solche Betrachtungsweise noch zu Einordnungsproblemen geführt, da dem Europäischen Parlament damals zu wenige eigenständige Kompetenzen eingeräumt waren, um die Motivation seiner Einsetzung neben dem Rat, der Kommission und dem EuGH anhand der Transaktionskostentheorie erklären zu können.[194] Zwar ist auch die Errichtung einer Kontrollinstanz einem Prinzipal-Agenten-Ansatz zugänglich, wenn dieser über die Reduzierung von Transaktionskosten als möglichen Nutzen einer Aufgabendelegation hinausgeht und den Gesichtspunkt glaubhafter Zusicherungen (engl. „credible commitments") in die Motivforschung mit einbezieht.[195] Allerdings hat sich dieses Problem mit dem Vertrag von Lissabon weitgehend erledigt. So wurde das Europäische Parlament im Rahmen der jüngsten Reform des Europäischen Primärrechts zu einer zentralen Instanz im europäischen Rechtssetzungsprozess ausgebaut, die soweit das ordentliche Gesetzgebungsverfahren Anwendung findet, im gleichen Maß wie der Rat zur inhaltlichen Gestaltung europäischer Gesetzgebung befugt ist.[196] Beim Abschluss internationaler Verträge durch die Union im Verfahren nach Art. 218 Abs. 1 bis 6 AEUV ist die inhaltliche Mitsprache des Europäischen Parlaments zwar geringer ausgeprägt. Dennoch kommen ihm hier jedenfalls die Vetorechte nach Art. 218 Abs. 6 lit. a AEUV zu. Außerdem ist es nach Art. 207 Abs. 3 UAbs. 3 S. 2 AEUV durch die Kommission regelmäßig über den Stand der Verhandlungen zu unterrichten und kann sich gemäß seines allgemeinen Selbstbefassungsrechts sowie gemäß der Rahmenvereinbarung über die Beziehungen zwischen dem Europäischen Parlament und der Kommission[197] zu einem gewissen Grad in die Verhandlungen einschalten.[198]

---

194 Pollack, The Engines of European Integration, S. 256.

195 Vgl. Pollack, The Engines of European Integration, S. 205

196 Hölscheidt, in: Grabitz/Hilf/Nettesheim (Hrsg.), Das Recht der Europäischen Union, 76. EL 2022, Art. 14 EUV, Rn. 27-30; Kluth, in: Calliess/Ruffert (Hrsg.), EUV/AEUV, 6. Auflage 2022, Art. 14 EUV, Rn. 11f.; von Achenbach, Demokratische Rechtssetzung in der EU, S. 194-198; speziell zur Gemeinsamen Handelspolitik: Brok, integration 2010, 209, 216-219 m.w.N.

197 Rahmenvereinbarung über die Beziehungen zwischen dem Europäischen Parlament und der Kommission,
ABl. EU 2018 L 45/46, Anhang III.

198 Schroeder, EuR 2018, 119, 121-125; Weiß, in: Grabitz/Hilf/Nettesheim (Hrsg.), Das Recht der Europäischen Union, 76. EL 2022, Rn. 98; hierzu weiter: Kapitel IV, Unterabschnitt C. I. Punkt 3.

Somit spricht vieles dafür, das Europäische Parlament als Agenten der in den Mitgliedstaaten jeweils zur Zustimmung zu den EU-Verträgen befugten Stellen anzusehen. Dies sind im Fall der Bundesrepublik Deutschland nach Art. 23 Abs. 1 S. 3 i.V.m. Art. 79 Abs. 2 GG der Bundestag und der Bundesrat. Diese haben zwar keinen Einfluss auf die Zusammensetzung des gem. Art. 14 Abs. 2 UAbs. 1 i.V.m. Abs. 3 EUV von den Unionsbürgern direkt gewählten Europäischen Parlaments. Entscheidend für die Annahme eines Delegationsakts ist jedoch nicht unbedingt der Einfluss auf die personelle Besetzung des Agenten, sondern die Frage, *wer* Aufgaben an diesen überträgt und *wer* (jedenfalls grundsätzlich) die Macht hat, diese wieder an sich zu ziehen.[199] Dies ist im Fall der Bundesrepublik Deutschland jedoch der Bundestag und der Bundesrat und eben nicht das Wahlvolk selbst, da dieses vor der Ratifikation der EU-Verträge nicht direkt befragt wurde (und nach dem Grundgesetz auch nicht direkt zu befragen war).

Hierdurch relativiert sich wiederum die Problematik der bei den Europawahlen auf der zwischenstaatlichen Ebene nicht verwirklichten Wahlrechtsgleichheit. Wird nicht von einer den EU-Mitgliedstaaten gemeinsamen Volksvertretung ausgegangen, sondern von einem aus „Teilparlamenten" zusammengesetzten Parlament, ist der Anspruch möglichst vollkommener Wahlrechtsgleichheit nur innerhalb der jeweiligen entsendenden Mitgliedstaaten zu erheben.[200] Bezogen auf das gesamte Europäische Parlament bedeutet dies eine Kompromisslösung, die das Interesse, der großen Mitgliedstaaten, an einer möglichst weitgehenden Wahlrechtsgleichheit, mit dem Interesse der kleineren Mitgliedstaaten, an wirksamer Minderheitsbeteiligung sowie mit einer angemessenen Berücksichtigung der föderalen Vielfalt der Union, in Einklang zu bringen versucht.[201] Die direkte Wahl führt dabei zu einer unmittelbaren demokratischen Rückbindung an die Unionsbürger als Individuen. Diese gehören zugleich der Gemeinschaft der Unionsbürger, als auch dem Wahlvolk eines (oder bei mehrfacher Staatsbürgerschaft mehrerer) EU-Mitgliedsstaates an.[202] Gemäß Art. 22 AEUV nehmen sie jeweils in ihrem Wohnsitzland an der Wahl zum Europäischen Parlament

---

199 Hawkins/Lake/Nielson/Tierney, Delegation under anarchy, S. 7; für ausführlichere Grundlegung und Nachweiße siehe Kapitel I, Unterabschnitt E. I.

200 Vgl. in diesem Sinne: BVerfGE 129, 300, 318f., Rn. 81.

201 von Achenbach, Demokratische Gesetzgebung in der EU, S. 435-437; vgl. auch: BVerfGE 123, 267, 371f., Rn. 280.

202 von Bogdandy, Grundprinzipien, in: Ders./Bast (Hrsg.), Europäisches Verfassungsrecht, S. 13-72, S. 64.

teil. Dies entspricht der Rolle der wählenden Individuen als Unionsbürger.[203] So ist das Europäische Parlament mit der besonders hohen demokratischen Legitimation einer direkt gewählten Volksvertretung ausgestattet, die es bei der Erfüllung seiner ihm durch die Vertragsgrundlagen der EU übertragenen Aufgaben für sich in Anspruch nehmen kann. Diese direkte Anbindung des Europäischen Parlaments an die in ihrer Gesamtheit mit den Wahlvölkern der EU-Mitgliedstaaten personengleichen Gemeinschaft der Unionsbürger eröffnet einen Kanal, über den die Interessen dieser höchstrangigen Prinzipale direkt an die EU-Institutionen kundgegeben werden können. Ansonsten werden die Interessen der höchstrangigen Prinzipale über die gesamte Delegationskette hinweg von den zwischengeschalteten Instanzen („proximate principals“) wie insbesondere den Regierungen der Mitgliedstaaten gefiltert, aggregiert und dabei deren Einfluss unterworfen.[204] So trägt die institutionelle Ausgestaltung des Europäischen Parlaments dazu bei, die Interessen der souveränen Wahlvölker der EU-Mitgliedstaaten wesentlich direkter in den politischen Willensbildungsprozess auf der Unionsebene einzubeziehen, als über die mitgliedstaatlichen Regierungen und den Rat.

c. *Zwischenergebnis zu Punkt 3.*

Obwohl das Europäische Parlament in seiner Funktion als „Volks-“ Vertretung – jedenfalls vom Standpunkt des Grundgesetzes aus – (noch) nicht mit den mitgliedstaatlichen Parlamenten, insbesondere mit dem Deutschen Bundestag, vergleichbar ist, nimmt es eine zentrale Position im politischen System der EU ein. Im Rahmen der in den folgenden Kapiteln stattfindenden Untersuchung wird es als Agent der zur Inkraftsetzung der EU-Verträge befugten Legislativorgane der Mitgliedstaaten[205] angesehen. Im Fall der Bundesrepublik Deutschland ist es als Agent von Bundestag und Bundesrat einzustufen.

---

203 von Achenbach, Demokratische Gesetzgebung in der EU, S. 436f.

204 Theoretischer Hintergrund: Nielson/Tierney, International Organization 2003, 241, 249-251.

205 Bei Mitgliedstaaten, in denen eine Volksabstimmung über den EUV und den AEUV notwendig war, ist das Europäische Parlament auch als direkter Agent des jeweiligen Wahlvolks zu bezeichnen. Im Fall der Bundesrepublik Deutschland ist dies aber nicht der Fall.

III. Zwischenergebnis zu Abschnitt A.

Im vorangegangenen Abschnitt wurde dargestellt, von welchen höchstrangigen Prinzipalen ein Delegationsmodell ausgehen kann, welches für eine Untersuchung der Übertragung hoheitlicher Aufgaben, an die im CETA vorgesehenen Ausschussgremien aus dem europäischen Mehrebenensystem heraus geeignet sein soll. Diese höchstrangigen Prinzipale liegen zunächst in den Wahlvölkern der EU-Mitgliedstaaten. Daneben kann, abhängig von der verfassungsrechtlichen Ausgestaltung des jeweiligen Mitgliedstaates, auch eine Delegationskette von den Wahlvölkern der einzelnen Gliedstaaten ausgehen. Da sich diese Studie auf die Sichtweise der Bundesrepublik Deutschland beschränkt, werden im Folgenden die Delegationsketten zu untersuchen sein, die von den Wahlvölkern der Bundesrepublik sowie deren 16 Bundesländer ausgehen. Auf der europäischen Ebene lässt sich trotz des dualen Legitimationsmodels mit dem Europäischen Parlament als Mittler „unionsunmittelbarer Legitimation" kein analoger Schluss ziehen. So wurde dargelegt, dass das Europäische Parlament seine Befugnis zur direkten Vertretung der Unionsbürger nicht von diesen in ihrer Gesamtheit bezieht, sondern von den zur Inkraftsetzung der Verträge über die EU befugten Instanzen der EU-Mitgliedstaaten. Da dies im Fall der Bundesrepublik Deutschland der Bundestag und der Bundesrat sind, ist das Europäische Parlament im Rahmen der weiteren Untersuchung als deren Agent anzusehen. Die Idee einer weiteren, von der Gemeinschaft der Unionsbürger ausgehenden, Delegationskette wurde deshalb verworfen.

B. Delegationskette ab dem Wahlvolk der Bundesrepublik Deutschland

Beginnend mit dem (Wahl-)Volk der Bundesrepublik Deutschland verläuft also eine Delegationskette über den Bundestag und von dort weiter zur Bundesregierung. Da in Folge der politischen wie rechtswissenschaftlichen Diskussion in den EU-Mitgliedstaaten sowie nach dem Singapur-Gutachten des EuGH davon auszugehen ist, dass auch das CETA Politikfelder erfasst, die in die Zuständigkeit der Mitgliedstaaten und nicht in diejenige der EU fallen, wird das CETA als gemischtes Abkommen abgeschlossen.[206] So wird neben der Ratifikation des CETA durch die EU auch eine solche durch die EU-Mitgliedstaaten erforderlich.

---

206 KOM(2016) 470 endg., S. 4; Schroeder, EuR 2018, 119, 125; Mayr, EuR 2015, 575, 575f.; Mayer/Ermes, ZRP 2014, 237ff. (die auf S. 239 von „Gemischten Abkommen aus politischen Gründen" sprechen).

Vor diesem Hintergrund hängt die verfassungsrechtliche Beurteilung der Übertragung der genannten Befugnisse an die Bundesregierung davon ab, ob Sachbereiche betroffen sind, deren Regelung bereits an die EU übertragen worden sind oder nicht.[207] Mithin ist im weiteren Verlauf des vorliegenden Abschnitts zwischen den Kompetenzsphären der EU einerseits und der Bundesrepublik als deren Mitgliedstaat andererseits zu unterscheiden (Unterabschnitt I.).

Soweit für die Arbeit der CETA-Ausschüsse eine Außenzuständigkeit der EU besteht, führt der in Art. 10 EUV verankerte zweigliedrige institutionelle Aufbau der EU zu einer Teilung der Delegationskette. Einerseits entsendet die Bundesregierung die Vertreter der Bundesrepublik Deutschland in den Rat, wofür sie ihrerseits bereits durch die Zustimmung des Deutschen Bundestages (und des Bundesrates) zum europäischen Primärrecht in der aktuellen Fassung ermächtigt ist. Daneben findet eine indirekte Weiterdelegation von Rechtsetzungsbefugnissen an die Bundesregierung statt, die zuvor an das Europäische Parlament delegiert wurden. Da die Vertretung der EU in internationalen Ausschussgremien weitgehend dem vereinfachten Entscheidungsfindungsverfahren des Art. 218 Abs. 9 Alt. 2 AEUV unterliegt, wird in solchen Fällen der Rat allein entscheiden, in dem wiederum die Bundesregierung mitwirkt (hierzu siehe unten unter Abschnitt D.). Im Ergebnis „wandern" somit (Rechtsetzungs-)Zuständigkeiten, die einst an das Europäische Parlament übertragen wurden und die nun im Rahmen der im CETA vorgesehenen Ausschusskompetenzen wahrgenommen werden sollen, weiter an die Bundesregierung, welche diese gemeinsam mit den anderen mitgliedstaatlichen Regierungen im Rat ausübt (Unterabschnitt II.). Ein besonders deutliches Beispiel hierfür stellen die durch Art. 8.10 Abs. 3 CETA ermöglichten Beschlussfassungsgegenstände des Gemischten CETA-Ausschusses zur Weiterentwicklung der Verpflichtung zur gerechten und billigen Behandlung kanadischer Investoren dar.[208]

Aufgrund der Ausgestaltung der im CETA vorgesehenen Ausschüsse sowie aufgrund der geltenden verfassungsrechtlichen Rahmenbedingungen ist davon auszugehen, dass mit der Inkraftsetzung der in die nationale Zuständigkeit der EU-Mitgliedstaaten fallenden Teile des Abkommens eine Weiterdelegation der dem Bundestag überantworteten, der legislativen Gewalt zuzuordnenden Rechtsetzungsbefugnisse an die Bundesregierung stattfinden wird. Die

---

207 Zur Notwendigkeit einer Kompetenzabgrenzung vgl. Krajewski, Stellungnahme der Bundestagsfraktion Bündnis 90/Die Grünen in den Verfahren 2 BvR 1368/16 u.a. vor dem Bundesverfassungsgericht, S. 16 (= S. 140).

208 Hierzu mehr in Kapitel III Unterabschnitt B. II. Unterpunkt 4. b. aa. (1) (b) (ee).

Bundesregierung wird diese insbesondere durch die Mitwirkung im Rat wahrnehmen,[209] wobei ihr eine weitgehende Prärogative für außenpolitische Angelegenheiten (und gegebenenfalls für in einem besonderen Näheverhältnis zur EU stehende Angelegenheiten) zukommt (Unterabschnitt III.).

I. Abgrenzung der Zuständigkeitsbereiche der EU und ihrer Mitgliedstaaten hinsichtlich des CETA

Die Abgrenzung der Außenkompetenzen zwischen der EU und ihren Mitgliedstaaten erweist sich als vielschichtig und wurde anlässlich mehrerer Freihandelsabkommen zum Gegenstand politischer Diskussionen. Dies zeigt bereits die Tatsache, dass das CETA zunächst unter den Prämissen eines „EU-only"-Abkommens ausgehandelt und dann erst aufgrund des politischen Drucks einiger Mitgliedstaaten als gemischtes Abkommen behandelt wurde.[210] Auch nach der Rechtsprechung des EuGH ist davon auszugehen, dass der Großteil, der im CETA vorgesehenen Ausschusskompetenzen, in die Zuständigkeitssphäre der EU fällt. Die Kompetenz zur Einrichtung institutioneller Strukturen, wie derjenigen der CETA-Ausschüsse, folgt dabei der materiellen Sachkompetenz.[211] Das Bundesverfassungsgericht folgt dem im Grundsatz, meldet jedoch Bedenken hinsichtlich einiger Sachbereiche an, die teilweise auch für das im CETA vorgesehene Ausschusswesen relevant sind.[212] Im Folgenden wird zunächst anhand der einschlägigen Rechtsprechung des EuGH und des Bundesverfassungsgerichts dargestellt, welche Bereiche des CETA in die Kompetenzsphäre der EU-Mitgliedstaaten fallen und inwieweit diese für das im CETA vorgesehene Ausschusssystem relevant sind.

---

209 Ob und inwieweit die Regierungen der EU-Mitgliedstaaten auch direkt in den CETA-Ausschüssen aktiv mitwirken werden bleibt unklar (vgl. hierzu die Ausführungen am Ende von Unterabschnitt B. I. des vorliegenden Kapitels).

210 Nettesheim, NJW 2016, 3567, 3568; Ders., Umfassende Freihandelsabkommen und Grundgesetz, S. 130; vgl. auch: Europäische Kommission, Pressemitteilung vom 05.07.2016, European Commission proposes signature and conclusion of EU-Canada trade deal, URL: http://trade.ec.europa.eu/doclib/press/index.cfm?id=1524&title=European-Commission-proposes-signature-and-conclusion-of-EU-Canada-trade-deal (18.03.2021).

211 Krajewski, Stellungnahme der Bundestagsfraktion Bündnis 90/Die Grünen in den Verfahren 2 BvR 1368/16 u.a. vor dem Bundesverfassungsgericht, S. 16 (= S. 140); EuGH zum EUSFTA mit Singapur: EuGH, Gutachten 2/15 (Singapur), Rn. 276.

212 Insb.: BVerfG, Beschluss vom 09.02.2022, 2 BvR 1368/16 u.a.; BVerfG, Urteil vom 13.10.2016, 2 BvR 1368/16 u.a.

Im Singapur-Gutachten vom 17. Mai 2017 hat der EuGH den größten Teil des EUSFTA im (ausschließlichen) Kompetenzbereich der EU verortet. Dieser Befund kann auf das CETA übertragen werden, ist jedoch vor dem Hintergrund der Rechtsprechung Bundesverfassungsgerichts zum CETA[213] kritisch zu würdigen. Nach dem Singapur-Gutachten des EuGH fallen nur diejenigen Teile des CETA in zwischen der EU und deren Mitgliedstaaten geteilte Kompetenz nach Art. 4 Abs. 1; Abs. 2 lit. a AEUV, welche sich mit ausländischen Portfolioinvestitionen befassen[214] oder welche die Zuständigkeiten der mitgliedstaatlichen Gerichte berühren.[215] Ansonsten bewege sich das Abkommen im Kompetenzbereich der EU. Nach der genannten Rechtsprechung des Bundesverfassungsgerichts, ist die genaue Kompetenzlage jedoch auch hinsichtlich ausländischer Direktinvestitionen zweifelhaft, soweit es sich um die gerechte und billige Behandlung ausländischer Investoren oder um den Enteignungsschutz handelt. Schließlich lege Art. 345 AEUV ausdrücklich fest, dass das europäische Primärrecht die Eigentumsordnung in den einzelnen EU-Mitgliedstaaten nicht berühre.[216] Außerhalb des Investitionsschutzrechts meldet das Bundesverfassungsgericht Zweifel an der Kompetenz der EU zur im 14. Kapitel des CETA zu findenden Regelung von sog. „Feeder-Dienstleistungen“, also des Transports zwischen Häfen und Schiffen sowie maritimen Hilfsdiensten an, da diese in Art. 207 Abs. 5 AEUV ausdrücklich aus der Gemeinsamen Handelspolitik ausgeklammert werden.[217] Weiter stellt das Bundesverfassungsgericht

---

213 Im Einzelnen: Zur Mitwirkung der Bundesrepublik Deutschland an den auf den Abschluss und die vorläufige Anwendung des Abkommens durch die EU gerichteten Ratsbeschlüssen.

214 EuGH, Gutachten 2/15 (Singapur), Rn. 78-110; ebd. Rn. 225-256, insb. Rn. 243; BVerfG, Urteil vom 13.10.2016, 2 BvR 1368/16 u.a., Rn. 53;
Das Bundesverfassungsgericht zur Abgrenzung von ausländischen Direktinvestitionen zu Portfolioinvestitionen anhand des Kontrollerwerbs eines Unternehmens: BVerfGE 123, 267, 421, Rn. 379 (weiter dürfte nach der Rechtsprechung des Bundesverfassungsgerichts auch der Erwerb von Immobilien als ausländische Direktinvestition gelten, vgl: BVerfG, Urteil vom 13.10.2016, 2 BvR 1368/16 u.a., Rn. 53).

215 EuGH, Gutachten 2/15 (Singapur), Rn. 285-293;
Dies gilt sowohl bei Streitigkeiten über Portfolioinvestitionen als auch bei solchen über ausländische Direktinvestitionen (vgl. ebd.).

216 BVerfG, Urteil vom 13.10.2016, 2 BvR 1368/16, Rn. 54; weiter hierzu: Wernicke, in: Grabitz/Hilf/Nettesheim (Hrsg.), Das Recht der Europäischen Union, 76. EL 2022, Art. 345, Rn. 15.

217 BVerfG, Urteil vom 13.10.2016, 2 BvR 1368/16, Rn. 55; vgl. weiter: BVerfG, Beschluss vom 09.02.2022, 2 BvR 1368/16 u.a., Rn. 182.

die Zuständigkeit der EU für Regelungen zur Anerkennung von Berufsqualifikationen in Frage. Zu dieser im 11. Kapitel des CETA geregelten Materie schreibt das Bundesverfassungsgericht, dass bezüglich der geteilten Zuständigkeit für die Regelung der Anerkennung von Berufsqualifikationen von Unionsbürgern bislang keine abschließende Harmonisierung i.S.v. Art. 2 Abs. 2 S. 2 AEUV stattgefunden habe. Weiter seien auch für die Regelung der Anerkennung von Berufsqualifikationen von Drittstaatsangehörigen die EU-Mitgliedstaaten zumindest in Teilbereichen noch zuständig.[218] Außerdem kritisiert das Bundesverfassungsgericht auch die im 23. Kapitel des CETA (Handel und Arbeit) enthaltenen Regelungen zur Verbesserung der Arbeitsumwelt, zum Schutz der Gesundheit der Arbeitnehmer und zur Arbeitnehmersicherheit. Hier verfüge die EU zwar über eine Unterstützungs- und Ergänzungskompetenz nach Art. 153 Abs. 2 lit. a AEUV. Die EU-Mitgliedstaaten könnten jedoch auch nach Art. 153 Abs. 4 AEUV strengere Regelungen treffen, um Verpflichtungen aus ihrer Mitgliedschaft in der Internationalen Arbeitsorganisation (IAO bzw. eng. ILO) einzuhalten.[219] Nach den Ausführungen des Bundesverfassungsgerichts berühren also einige Regelungsgehalte des CETA Kompetenzen, die zwischen der Union und den EU-Mitgliedstaaten nach Art. 2 Abs. 2 AEUV geteilt sind.[220] Hier stellt sich die Frage, ob und wie sich die Teilung einer Kompetenz im Verhältnis zwischen der Union und den Mitgliedstaaten nach Art. 2 Abs. 2 AEUV auf die Vertragsschlusskompetenz der Union nach Art. 216 Abs. 1 AEUV auswirkt. Hierzu äußerte sich der EuGH in seinem Urteil vom 5. Dezember 2017 in der Rechtssache C-600/14. In dieser Angelegenheit griff die Bundesrepublik Deutschland, unterstützt von der Französischen Republik, mittels einer Nichtigkeitsklage nach Art. 263 AEUV, einen in Form eines Ratsbeschlusses nach Art. 218 Abs. 9 Alt. 2 AEUV gefassten gemeinsamen EU-Standpunkt an, der im Revisionsausschuss der OTIF (Zwischenstaatliche Organisation für den internationalen Eisenbahnverkehr) vertreten werden sollte. Dabei wurde u.a. argumentiert, die von dem gemeinsamen EU-Standpunkt betroffenen Sachfragen unterfielen der zwischen der Union und den Mitgliedstaaten geteilten Zuständigkeit nach Art. 4 Abs. 2 lit. g AEUV, wobei die Union noch keine

218 BVerfG, Urteil vom 13.10.2016, 2 BvR 1368/16, Rn. 56; vgl. auch: Weiß, Demokratische Legitimation und völkerrechtliche Governancestrukturen, S. 212; BVerfG, Beschluss vom 09.02.2022, 2 BvR 1368/16 u.a., Rn. 183.

219 BVerfG, Urteil vom 13.10.2016, 2 BvR 1368/16, Rn. 57; vgl. weiter: BVerfG, Beschluss vom 09.02.2022, 2 BvR 1368/16 u.a., Rn. 184.

220 Vgl. BVerfG, Urteil vom 13.10.2016, 2 BvR 1368/16 u.a., Rn. 55-57.

einschlägigen gemeinsamen Regeln mit Sperrwirkung nach Art. 2 Abs. 2 AEUV erlassen habe. Solange die Union keine entsprechenden gemeinsamen Regeln erlasse, blieben die Mitgliedstaaten für die Gegenstände des gemeinsamen EU-Standpunkts zuständig, weshalb der Rat diesbezüglich keinen Beschluss nach Art. 218 Abs. 9 Alt. 2 AEUV fassen könne.[221] Der EuGH verwies auf die im AEUV vorgenommene Unterscheidung zwischen der Frage, ob eine Regelungskompetenz der EU als ausschließliche nach Art. 2 Abs. 1 AEUV oder als mit den Mitgliedstaaten geteilte nach Art. 2 Abs. 2 AEUV übertragen sei, von der Frage, ob der EU auch nach außen eine entsprechende Kompetenz zum völkerrechtlichen Vertragsschluss nach Art. 216 Abs. 1 AEUV zukomme.[222] Unabhängig davon, ob im Verhältnis zu den EU-Mitgliedstaaten eine ausschließliche oder eine geteilte Kompetenz vorliege, richte sich das Vorliegen einer völkerrechtlichen Vertragsschlusskompetenz nach Art. 216 Abs. 1 AEUV, der vier alternative Tatbestände enthalte. So könne die Union völkerrechtliche Verträge schließen, wenn dies im EUV oder AEUV vorgesehen sei (erste Variante), wenn dies zur Erreichung der in den Verträgen festgesetzten Ziele erforderlich sei (zweite Variante), wenn der völkerrechtliche Vertragsschluss in einem verbindlichen Rechtsakt der Union vorgesehen sei (dritte Variante) oder wenn ein völkerrechtlicher Vertragsschluss einzelner EU-Mitgliedstaaten gemeinsame Vorschriften beeinträchtigen oder sich auf deren Anwendungsbereich auswirken könnte (vierte Variante). Der Wortlaut des Art. 216 Abs. 1 AEUV bilde also eigenständige Kategorien, ohne auf die in Art. 2 Abs. 1 und Abs. 2 AEUV getroffene Unterscheidung zwischen ausschließlichen und geteilten Kompetenzen Rücksicht zu nehmen.[223] Bereits im Singapur-Gutachten vom 17. Mai 2017 legte der EuGH den Maßstab des Art. 216 Abs. 1 AEUV unabhängig von der in Art. 2 Abs. 1 bis Abs. 2 AEUV getroffenen Unterscheidung zu Grunde.[224] Die Entscheidung, ob eine Außenzuständigkeit der EU bestehe, könne außerdem auch implizit aus den Bestimmungen des europäischen Primärrechts geschlossen werden oder sich aus Rechtsakten der Unionsorgane ergeben.[225] In diesem Zusammenhang griff der EuGH seine bereits seit den 1970er-Jahren entwickelte Rechtsprechung auf, nach der die Entscheidung über das Bestehen einer völkerrechtlichen Vertragsschlusszuständigkeit im Ergebnis von den Unionsorganen (also in erster Linie

221 EuGH, Rs. C-600/14 (OTIF), Rn. 32-35.

222 EuGH, Rs. C-600/14 (OTIF), Rn. 46f.

223 EuGH, Rs. C-600/14 (OTIF), Rn. 48-50.

224 EuGH, Gutachten 2/15 (Singapur), Rn. 171 u. Rn. 239.

225 EuGH, Rs. C-600/14 (OTIF), Rn. 45.

dem Rat) selbst getroffen werde, wenn der Vertragsschluss zur Erreichung der Ziele des Primärrechts als erforderlich erscheint.[226] Dieser Rechtsgedanke liege auch dem zwischenzeitlich eingeführten Art. 216 Abs. 1 AEUV zu Grunde.[227]

Nach den Ausführungen des Bundesverfassungsgerichts berühren also einige Regelungsgehalte des CETA Kompetenzen, die zwischen der Union und den EU-Mitgliedstaaten nach Art. 2 Abs. 2 AEUV geteilt sind.[228] Der EuGH hat diese Erwägungen des Bundesverfassungsgerichts in seinem Singapur-Gutachten jedoch nur zum Teil aufgegriffen. Die Abgrenzung der nach innen ausschließlichen Unionskompetenzen zu den zwischen der Union und den Mitgliedstaaten geteilten Kompetenzen wird allerdings von der Frage überlagert, ob und wie sich die Teilung einer Kompetenz im Verhältnis zwischen der Union und den Mitgliedstaaten nach Art. 2 Abs. 2 AEUV auf die Außenkompetenzen der Union nach Art. 216 Abs. 1 AEUV auswirkt. Auch hierzu hat sich der EuGH insbesondere mit dem OTIF-Urteil bereits geäußert. Für die im CETA vorgesehenen Ausschüsse sind in diesem Zusammenhang insbesondere die Kompetenzen des Gemischten CETA-Ausschusses und des Ausschusses für Dienstleistungen und Investitionen im Bereich des Investitionsschutzes relevant, wenn sich ihre Ausübung auf die zwischen den CETA-Vertragsparteien geltende Rechtslage zu Portfolioinvestitionen auswirkt und die EU nicht von der geteilten Kompetenz aus Art. 4 Abs. 1 und Abs. 2 lit. a AEUV Gebrauch gemacht hat.[229] Problematisch und möglicherweise Gegenstand künftiger Streitigkeiten sind weiter die Kompetenzen des Gemischten Ausschusses für die gegenseitige Anerkennung von Berufsqualifikationen nach Art. 11.3 CETA[230] sowie möglicherweise für Kompetenzen des Ausschusses für Handel und nachhaltige Entwicklung nach dem 23. Kapitel[231] des

226 EuGH, Rs. C-600/14 (OTIF), Rn. 45; EuGH, Gutachten 1/13, Rn. 67; EuGH, Gutachten 1/03, Rn. 114; EuGH, Gutachten 1/76, Rn. 3; EuGH, Rs. C-3/76 u.a. (Cornelis Kramer u.a.), S. 1309-1311, Rn. 12-33, insb. Rn. 19/20; EuGH, Gutachten 2/91, Rn. 7.

227 EuGH, Rs. C-600/14 (OTIF), Rn. 45; EuGH, Gutachten 1/13, Rn. 67.

228 Vgl. BVerfG, Urteil vom 13.10.2016, 2 BvR 1368/16 u.a., Rn. 55-57.

229 Hierzu siehe insbesondere Kapitel III Unterabschnitt B. II. Unterpunkte 4. b. aa. (1) (b) (dd) bis (ff) zu den Kompetenzen des Gemischten CETA-Ausschusses nach Art. 8.1, Art. 8.10 Abs. 3 und Art. 8.31 Abs. 3 CETA.

230 Vgl. BVerfG, Urteil vom 13.10.2016, 2 BvR 1368/16 u.a., Rn. 56;
Weiter zum in Art. 11.3 CETA vorgesehenen Verfahrens zur Aushandlung von Abkommen über die gegenseitige Anerkennung von Berufsqualifikationen und zur Rolle des Gemischten Ausschusses für die gegenseitige Anerkennung von Berufsqualifikationen in Kapitel III Unterabschnitt B. III. Unterpunkt 4. d.

231 Vgl. BVerfG, Urteil vom 13.10.2016, 2 BvR 1368/16 u.a., Rn. 57;

Abkommens.[232] Vor dem Hintergrund der Rechtsprechung des EuGH zu Art. 216 Abs. 1 AEUV kann sich die Außenzuständigkeit der EU jedoch auch in diesen Gebieten fortsetzen. Wie oben beschrieben müsste dazu etwa Tätigwerden der Union in einem der genannten CETA-Ausschüsse zur Erreichung der in den Verträgen festgesetzten Ziele erforderlich sein. Auch wenn die Union zuvor durch einen verbindlichen Rechtsakt bereits ein Hinwirken auf einen Beschluss eines dieser Ausschüsse vorgesehen hat, ist nach der EuGH-Rechtsprechung eine Außenzuständigkeit der Union zu bejahen.[233] Zusätzlich zu diesem weiten Verständnis der EU-Außenzuständigkeiten kommt, dass das CETA nur stellenweise Aussagen zu einer direkten Vertretung der EU-Mitgliedstaaten in den Ausschüssen trifft. Hauptsächlich ist dies für einige der stärker spezialisierten Sonderausschüsse vorgesehen, etwa für den Gemischten Verwaltungsausschuss für gesundheitspolizeiliche und pflanzenschutzrechtliche Maßnahmen (vgl. Art. 5.14 Abs. 1 CETA), den Gemischten Ausschuss für die Zusammenarbeit im Zollbereich (vgl. Art. 6.14 Abs. 2 CETA) oder den Ausschuss für Finanzdienstleistungen (vgl. Art. 13.18 Abs. 1 CETA). In dieser Hinsicht eher vage Formulierungen finden sich bei den Regelungen zum Ausschuss für das öffentliche Beschaffungswesen (vgl. Art. 19.19 Abs. 1 CETA) und beim Forum für

---

Weiter zu den Kompetenzen des Ausschusses für Handel und nachhaltige Entwicklung nach Kapitel 23 des CETA: Kapitel II Unterabschnitt B. I. Unterpunkt 4. j., Unterabschnitt B. IV. Unterpunkt 2. a. cc., Unterabschnitt B. V. Punkt 11. und Unterabschnitt B. VI. Punkt 7.

232 Die laut Bundesverfassungsgericht wohl bei den EU-Mitgliedstaaten verbliebene Kompetenz zur Regelung von Feeder-Dienstleistungen und anderen maritimen Hilfsdiensten dürfte dagegen nur fallweise für die Ausübung sehr weitgefasster Querschnittskompetenzen der CETA-Ausschüsse relevant werden. Der EuGH erstreckt die ausschließliche Unionszuständigkeit nach Art. 3 Abs. 2 AEUV auf derartige unselbstständige Hilfsdienste, da diese mit den in die Unionszuständigkeit fallenden Verkehrsdienstleistungen „naturgemäß verbunden“ sind: EuGH, Gutachten 2/15 (Singapur), Rn. 194.

233 Die in EuGH, Rs. C-600/14 (OTIF), Rn. 48 beschriebene vierte Variante des Art. 216 Abs. 1 AEUV, dass ein völkerrechtlicher Vertragsschluss einzelner EU-Mitgliedstaaten gemeinsame Vorschriften beeinträchtigen oder sich auf deren Anwendungsbereich auswirken könnte, dürfte vorliegend dagegen ausscheiden, da bei einer Ablehnung der Außenzuständigkeit der EU für einen Beschlussfassungsgegenstand in einem der CETA-Ausschüsse die Konsequenz wäre, dass die einzelnen EU-Mitgliedstaaten im jeweiligen Ausschuss selbst vertreten wären, am Ende aber ein einheitlicher Beschluss angestrebt würde.

die Zusammenarbeit in Regulierungsfragen (vgl. Art. 21.6 Abs. 3 CETA).[234] Im Ergebnis ist davon auszugehen, dass die Bundesregierung und nationale Behörden nur in wenigen Ausnahmefällen direkt und aktiv in den CETA-Ausschüssen vertreten sein wird.[235]

II. EU-Zuständigkeitsbereich

Die Zustimmung zu den Verträgen des europäischen Primärrechts (EUV und AEUV) führte im Fall der Bundesrepublik Deutschland zu einer Delegation von Legislativbefugnissen einerseits an den Rat und somit indirekt an die dort vertretene Bundesregierung und andererseits an das Europäische Parlament. Die Delegation an den Rat und damit an die Bundesregierung wird im Folgenden unter Punkt 1. hinsichtlich der Vertretung der Bundesrepublik im Rat in Angelegenheiten des CETA-Ausschusswesens behandelt. Wie in Punkt 2. näher auszuführen ist, wird die Delegation an das Europäische Parlament mit der Inkraftsetzung des CETA durch die EU dahingehend modifiziert, dass einige Rechtsetzungsmaterien, die an das Europäische Parlament zur gemeinsamen Wahrnehmung mit dem Rat nach dem ordentlichen Gesetzgebungsverfahren weitergegeben wurden, nun durch einen Beschluss der im CETA vorgesehenen Ausschüsse (vor-)entschieden werden können. Soweit hier das Verfahren nach Art. 218 Abs. 9 Alt. 2 AEUV einschlägig ist, kommt dies einer Weiterdelegation der betroffenen Rechtssetzungsbefugnisse vom Europäischen Parlament an den Rat und damit indirekt an die nationalen Regierungen der EU-Mitgliedstaaten gleich. Da die Bundesrepublik Deutschland im Rat durch die Bundesregierung vertreten wird, kommt es im Ergebnis zu einer indirekten Weiterdelegation von Legislativbefugnissen an die Bundesregierung zur gemeinsamen Ausübung mit den übrigen im Rat versammelten nationalen Regierungen und gemäß den im Rat geltenden Mehrheitserfordernissen. Wie innerhalb der vorliegenden Untersuchung in Punkt 2. erstmalig anzusprechen sein wird, bildet der Rat einen aus Vertretern der nationalen Regierungen der EU-Mitgliedstaaten zusammengesetzten kollektiven Prinzipal mit der Kommission als Agentin.

234 Weiß, EuConst 2018, 532, 536; vgl. weiter: Krajewski, Stellungnahme der Bundestagsfraktion Bündnis 90/Die Grünen in den Verfahren 2 BvR 1368/16 u.a. vor dem Bundesverfassungsgericht, S. 21f. (= S. 145f.).

235 Hierzu sogleich am Anfang von Unterabschnitt B. III. des vorliegenden Kapitels.

1. *Direkte Weiterdelegation vom Bundestag an die Bundesregierung*

Der gem. Art. 38 GG vom (Wahl-)Volk der Bundesrepublik Deutschland gewählte Bundestag wählt gem. Art. 63 GG den Bundeskanzler. Dieser verantwortet nach Art. 64 Abs. 1 GG die personelle Zusammensetzung der Bundesregierung. Umgekehrt hängt damit das Amt des Bundeskanzlers sowie der Bundesregierung als Ganzes von einer Mehrheit der Bundestagsabgeordneten ab. Im Verhältnis zwischen „dem Bundestag" und „der Bundesregierung" überlagern sich mehrere Delegationsbeziehungen. Einerseits kann hinsichtlich der verfassungsrechtlichen Strukturen, welche durch den Staatsaufbau der Bundesrepublik vorgegeben sind, von einem Delegationsakt zwischen „dem Bundestag" und „der Bundesregierung" als Verfassungsorganen gesprochen werden. Zum anderen wird auch durch die Bildung der Bundesregierung eine Prinzipal-Agenten-Beziehung zwischen dieser und der jeweils aktuell amtierenden Zusammensetzung des Bundestages errichtet. Im nun folgenden Unterpunkt a. wird zunächst die von Verfassungswegen an die Bundesregierung delegierte Integrationskompetenz zur Vertretung der Bundesrepublik in EU-Angelegenheiten, insbesondere hinsichtlich ihrer Bedeutung für das im CETA vorgesehene Ausschusswesen dargestellt. In Unterpunkt b. werden die nach Art. 23 Abs. 2 und 3 GG beim Bundestag verbleibenden Kompetenzen erörtert.

a. *Die Integrationskompetenz der Bundesregierung*

Der Bundesregierung wird unter anderem die exekutive Ausprägung der „auswärtigen Gewalt" nach Art. 32 Abs. 1 GG sowie die hierzu gehörige, aber speziell auf die europäische Einigung i.S.d. Art. 23 Abs. 1 GG gerichtete, „Integrationskompetenz" übertragen.[236] Der Begriff der „auswärtigen Gewalt" bezeichnet das staatliche Handeln auf der Ebene des Völkerrechts.[237] In diesem Rahmen wird der Bundesregierung ein umfassender Beurteilungsspielraum hinsichtlich der hiermit zusammenhängenden exekutiven Aufgaben eingeräumt, der erst bei Art. 59 Abs. 2 GG (politische völkerrechtliche Verträge des Bundes), Art. 110 Abs. 2 GG (Bundeshaushalt), Art. 115a GG (Verteidigungsfall) und Art. 115 Abs. 1 GG (Kreditbeschaffung durch den Bund) seine Grenzen findet. Die Befugnis zur Vertretung der Bundesrepublik in EU-Angelegenheiten wird in der Verfassungsrechtswissenschaft und der Rechtsprechung des Bundesverfassungsgerichts mit

---

236 Scholz, in: Dürig/Herzog/Scholz, Grundgesetz, Bd. III, 98. EL 2022, Art. 23 GG, Rn. 131f. m.w.N.

237 Frenzel, Sekundärrechtssetzungsakte internationaler Organisationen, S. 179 m.w.N.

dem Ausdruck „Integrationskompetenz" bezeichnet. Diese umfasst die Vertretung der Bundesrepublik in Angelegenheiten der EU und damit die Mitwirkung im Rat sowohl bei Beschlüssen zur Aushandlung, zum Abschluss, zur vorläufigen Anwendung, zur Ratifikation sowie zur Mitwirkung im Rahmen der Anwendung internationaler Abkommen durch die Union. Sowohl die „auswärtige Gewalt" im Allgemeinen als auch die „Integrationskompetenz" gehören zum verfassungsunmittelbaren „Kernbereich exekutivischer Eigenverantwortung", in dem der Bundesregierung eine weitgehende Entscheidungsprärogative zukommt.[238]

Damit haben die an die EU übertragenen Befugnisse den unmittelbaren Machtbereich des Bundestages (sowie des Bundesrates) „verlassen" und befinden sich nunmehr „unter dem Dach" der Integrationskompetenz der Bundesregierung.[239] Somit erfolgt mit der Ratifikation der EU-Verträge in ihrer jeweils geltenden Fassung immer auch ein Delegationsakt von Bundestag (und Bundesrat) als Prinzipal(e) gegenüber der Bundesregierung als Agentin. Zu der an die Bundesregierung übertragenen Vertretung des Bundes in Angelegenheiten der EU gehört insbesondere die Mitwirkung im Verfahren des Art. 218 Abs. 9 AEUV im Rat. Beim Bundestag verbleibt die Verantwortlichkeit für die demokratische Kontrolle und Legitimierung der Bundesregierung, was in Art. 23 Abs. 2 und Abs. 3 GG sowie dem EUZBBG ausgestaltet ist.[240]

b. *Die Einflussmöglichkeiten des Bundestages in EU-Angelegenheiten nach Art. 23 Abs. 2 und Abs. 3 GG*

Jedenfalls soweit ein Freihandelsabkommen wie das CETA Kompetenzen erfasst, die von den EU-Mitgliedstaaten bereits an die Union übertragen worden sind, stehen bezüglich der Beteiligung der Einbindung des Bundestages die Art. 23 Abs. 2 und Abs. 3 GG im Zentrum. Art. 23 Abs. 2 GG lautet:

238 Scholz, in: Dürig/Herzog/Scholz, Grundgesetz, Bd. III, 98. EL 2022, Art. 23 GG, Rn. 133-136.

239 Hierzu grundlegend: Scholz, in: Dürig/Herzog/Scholz, Grundgesetz, Bd. III, 98. EL 2022, Art. 23 GG, Rn. 133-138; vgl. weiter: Weiß, Kann Freihandel Demokratie und Rechtstaat gefährden?, S. 36-40; Weiß, Parlamentarische Herausforderungen im Völkerrecht der Globalisierung angesichts internationalisierter Regelsetzung, S. 32-37.

240 Vgl. hierzu: Scholz, in: Dürig/Herzog/Scholz, Grundgesetz, Bd. III, 98. EL 2022, Art. 23 GG, Rn. 133f.

> In Angelegenheiten der Europäischen Union wirken der Bundestag und durch den Bundesrat die Länder mit. Die Bundesregierung hat den Bundestag und den Bundesrat umfassend und zum frühestmöglichen Zeitpunkt zu unterrichten.

Unter „Angelegenheiten der Europäischen Union" sind hierbei umfassend alle Vorgänge zu verstehen, in die die Bundesregierung als Vertreterin der Bundesrepublik Deutschland in den Gremien der EU eingebunden ist. Einen nicht abschließenden Katalog enthält § 5 Abs. 1 EUZBBG. Erfasst ist im Ergebnis jede Aktivität oder Mitwirkung der Bundesrepublik auf der Ebene der EU, unabhängig davon, ob sie auf eine rechtsverbindliche Maßnahme abzielt.[241] Nach § 3 Abs. 1 EUZBBG hat die Bundesregierung den Bundestag „umfassend, zum frühestmöglichen Zeitpunkt und fortlaufend" über Angelegenheiten der EU zu unterrichten. Dies hat überwiegend durch die Weiterleitung von Dokumenten und eigens erstellte Berichte zu erfolgen. Nach § 3 Abs. 2 und Abs. 3 EUZBBG sind insbesondere die Willensbildung der Bundesregierung, die Vorbereitung, der Verlauf und die letztendlichen Ergebnisse von Verhandlungen im Zusammenhang mit der EU Gegenstand der Unterrichtungen. Sie beschränken sich nicht auf die EU-Gremien selbst, sondern auch auf informelle Zusammenkünfte auf Ministerebene und auf Grundlage von völkerrechtlichen Abkommen oder sonstigen Vereinbarungen, die in einem besonderen Näheverhältnis zum Recht der EU stehen oder dieses ergänzen. § 4 EUZBBG führt die Berichtspflichten der Bundesregierung sowie die von dieser zu übersendenden Dokumente weiter aus.[242]

Art. 23 Abs. 3 GG spezifiziert die Einbindung des Bundestages an Rechtsetzungsakten der EU weiter:

> Die Bundesregierung gibt dem Bundestag Gelegenheit zur Stellungnahme vor ihrer Mitwirkung an Rechtsetzungsakten der Europäischen Union. Die Bundesregierung berücksichtigt die Stellungnahmen des Bundestages bei den Verhandlungen. Das Nähere regelt ein Gesetz.

Der Begriff der „Rechtsetzungsakte der Europäischen Union" umfasst neben Verordnungen und Richtlinien auch andere Beschlüsse mit materiell legislativem

---

241 Classen, in: von Mangoldt/Klein/Starck, Grundgesetz, Band II, 7. Auflage 2018, Art. 23 GG, Rn. 69f.; Scholz, in: Dürig/Herzog/Scholz, Grundgesetz, Bd. III, 98. EL 2022, Art. 23 GG, Rn. 147; Uerpmann-Wittzack, in: von Münch/Kunig, Grundgesetz, Band I, 7. Auflage 2021, Art. 23 GG, Rn. 116; Wollenschläger, in: Dreier (Hrsg.), Grundgesetz, Band II, 3. Auflage 2015, Art. 23 GG, Rn. 116.

242 Detailliert zur Unterrichtung des Bundestages: Mayer, Ausschussdrucksache 20(9)162, S. 22.

Gehalt. Das schließt die Zustimmung zu völkerrechtlichen Verträgen und andere Beschlüsse mit ein, die die nationale Gesetzgebung verdrängen oder vorprägen können. Entscheidend ist dabei dieser Einfluss auf Gegenstände der Gesetzgebung.[243]

Da Art. 23 Abs. 3 GG ein Stellungnahmerecht des Bundestages „vor" der Mitwirkung der Bundesregierung an Rechtssetzungsakten der EU vorsieht, erstreckt der konkretisierende § 8 Abs. 1 S. 1 EUZBBG das besagte Stellungnahmerecht auf Vorhaben der EU i.S.d. § 5 EUZBBG.[244] Dies schließt nach § 5 Abs. 1 Nr. 6 EUZBBG insbesondere bereits die „Beratungsgegenstände, Initiativen sowie Verhandlungsmandate und Verhandlungsrichtlinien für die Europäische Kommission im Rahmen der gemeinsamen Handelspolitik [...]" mit ein. Nach § 5 Abs. 1 Nr. 11 EUZBBG sind ferner „Entwürfe zu völkerrechtlichen Verträgen und sonstigen Vereinbarungen, wenn sie in einem Ergänzungs- oder sonstigen besonderen Näheverhältnis zum Recht der Europäischen Union stehen" mit umfasst. Schließlich nennt Nr. 12 der – im Übrigen nicht als abschließend zu verstehenden Liste – des § 5 Abs. 1 EUZBBG – die „Beratungsgegenstände, Vorschläge und Initiativen, die im Rahmen von völkerrechtlichen Verträgen und Vereinbarungen im Sinne von Nummer 11 behandelt werden."

Bei der weiteren Ausgestaltung des Stellungnahmerechts des Bundestages gegenüber der Bundesregierung geht der Wortlaut des § 8 Abs. 2 S. 1 EUZBBG jedoch über denjenigen des Art. 23 Abs. 3 GG hinaus. So sieht die konkretisierende, einfachgesetzliche Norm vor, dass die Bundesregierung eine Stellungnahme des Bundestages ihren Verhandlungen zugrunde zu legen und diese nicht bloß zu berücksichtigen habe, wie es Art. 23 Abs. 3 S. 2 GG vorsieht. Im Zuge verfassungskonformer Auslegung ist § 8 Abs. 2 S. 1 EUZBBG so anzuwenden, dass die Bundesregierung eine Stellungnahme des Bundestages von Anfang an zu berücksichtigen hat, da der Wortlaut des § 8 Abs. 2 S. 1 EUZBBG („zugrunde legen") auf den Anfang des jeweiligen Willensbildungsprozesses abstellt. Dies hindert die Bundesregierung jedoch nicht daran, ihre Position im Laufe der Verhandlungen zu ändern, da ihr die in Art. 23 Abs. 3 S. 2 GG vorgesehene Berücksichtigung über den gesamten Willensbildungsprozess hinweg zwar Befassungs-,

243 Uerpmann-Wittzack, in: von Münch/Kunig, Grundgesetz, Band I, 7. Auflage 2021, Art. 23 GG, Rn. 134; Scholz, in: Dürig/Herzog/Scholz, Grundgesetz, Bd. III, 98. EL 2022, Art. 23 GG, Rn. 147; Classen, in: von Mangoldt/Klein/Starck, Grundgesetz, Band II, 7. Auflage 2018, Art. 23 GG, Rn. 78; vgl. auch bereits: Möller/Limpert, ZParl 1993, 21, 27.

244 Streinz, in: Sachs (Hrsg.), Grundgesetz, Art. 23 GG, 9. Auflage 2021, Rn. 113.

Begründungs- und Sorgfaltspflichten auferlegt, aber eben ohne eine rechtliche Bindung.[245] Maximal führt eine Stellungnahme des Bundestages nach § 8 Abs. 4 EUZBBG dazu, dass die Bundesregierung in Verhandlungen einen Parlamentsvorbehalt einlegen und sich um ein Einvernehmen mit dem Bundestag bemühen muss, wenn ein wesentlicher Belang, den der Bundestag in seiner Stellungnahme vertritt, nicht durchsetzbar ist. Allerdings führt auch dies nur zu einer gesteigerten Kooperationsverpflichtung der Bundesregierung gegenüber dem Bundestag, nicht jedoch zu einer inhaltlichen Bindung, wie § 8 Abs. 4 S. 6 EUZBBG zeigt.[246]

Als die EU-Mitgliedstaaten mit der Ratifikation der EU-Verträge die hiervon erfassten Hoheitsbefugnisse auf die Union übertragen haben, ergab sich auf der innerstaatlichen Ebene im Fall der Bundesrepublik Deutschland eine Kompetenzverlagerung. Mit der Ratifikation des europäischen Primärrechts, zuletzt in Gestalt des Vertrags von Lissabon, begab sich der Bundestag (wie auch gem. Art. 23 Abs. 1 S. 3 i.V.m. Art. 79 Abs. 2 GG der Bundesrat) der Ausübung der an die Union übertragenen Legislativkompetenzen. Diese wurden von nun an durch den Rat wahrgenommen (großenteils zusammen mit dem Europäischen Parlament[247]). Im Rat wiederum wirkt die Bundesregierung gemäß ihrer Integrationskompetenz weitgehend eigenverantwortlich mit.[248] Bei ihrer Mitwirkung im Rat unterliegt die Bundesregierung nach wie vor der parlamentarischen Kontrolle und hat den Bundestag (und den Bundesrat) im Anwendungsbereich gemäß Art. 23 Abs. 2 bis 6 GG verstärkt zu beteiligen. Insbesondere kommt dem Bundestag nach Art. 23 Abs. 3 GG ein Stellungnahmerecht zu, wenn die Bundesregierung an einem Rechtsetzungsakt der EU mitwirkt. Art. 23 Abs. 3 GG wird nach seinem S. 3 durch das EUZBBG weiter konkretisiert. Eine solche Stellungnahme des Bundestages ist von der Bundesregierung zwar zu berücksichtigen, was aber nur zu Befassungs-, Begründungs- und Sorgfaltspflichten nicht jedoch zu einer rechtlichen Bindung führt.[249]

---

245 Streinz, in: Sachs (Hrsg.), Grundgesetz, 9. Auflage 2021, Art. 23 GG, Rn. 114; Scholz, in: Dürig/Herzog/Scholz, Grundgesetz, Bd. III, 98. EL 2022, Art. 23 GG, Rn. 158f.; BT-Drs. 12/3896, S. 19.

246 Streinz, in: Sachs (Hrsg.), Grundgesetz, 9. Auflage 2021, Art. 23 GG, Rn. 114.

247 Vgl. Unterabschnitt A. II. Unterpunkt 3. b.

248 Vgl. soeben Unterabschnitt B. II. Unterpunkt 1. a.

249 Streinz, in: Sachs (Hrsg.), Grundgesetz, 9. Auflage 2021, Art. 23 GG, Rn. 113f.; Scholz, in: Dürig/Herzog/Scholz, Grundgesetz, Bd. III, 98. EL 2022, Art. 23 GG, Rn. 158f.; BT-Drs. 12/3896, S. 19.

c. *Zwischenergebnis zu Punkt 1.*

Die verfassungsrechtliche Ausgestaltung der „Integrationskompetenz" der Bundesregierung macht die mit der Ratifikation des Primärrechts stattfindende Delegation der Vertretung Deutschlands im Rat zu einem besonders deutlichen Beispiel für eine Prinzipal-Agenten-Beziehung im strengen Sinne. Zwar behält der Deutsche Bundestag ein Recht zur Stellungnahme, welches nach Art. 23 Abs. 3 GG von der Bundesregierung soweit zu berücksichtigen ist, dass das Parlament eine enge Abstimmung zu laufenden Vorhaben der EU verlangen kann. Ein inhaltlich bestimmtes Verhandlungs- oder Abstimmungsverhalten der Bundesregierung kann der Bundestag nach Art. 23 Abs. 2 bis Abs. 3 GG allerdings nicht erzwingen. Beim Bundestag als Prinzipal verbleiben somit nur noch die Kontrolle der Bundesregierung als Agentin und die prinzipielle Möglichkeit der zukünftigen Rückholung der delegierten Aufgaben.

2. *Indirekte Weiterdelegation an die Bundesregierung über das Europäische Parlament*

Wie zu Beginn dieses Unterabschnitts angesprochen, findet auch eine indirekte Weiterdelegation von Rechtsetzungsbefugnissen an die Bundesregierung statt, soweit im CETA die Behandlung von Sachfragen vorgesehen ist, die zuvor an das Europäische Parlament delegiert wurden. So betrifft das CETA eine Vielzahl an Regelungsmaterien, die im Fall einer internen Rechtssetzung Gegenstand des ordentlichen Gesetzgebungsverfahrens wären, an denen das Europäische Parlament maßgeblich beteiligt ist (Art. 294 AEUV). Die Vertretung der EU in internationalen Ausschussgremien unterliegt jedoch weitestgehend den vereinfachten Entscheidungsfindungsverfahren der Art. 218 Abs. 9 Alt. 2 und Abs. 7 AEUV, in welchen der Rat allein entscheidet und gegenüber der Kommission als kollektiver Prinzipal auftritt. Da die Bundesrepublik Deutschland im Rat durch die Bundesregierung vertreten wird und dieser hierbei die aufgezeigte Einschätzungsprärogative zukommt, führt die Inkraftsetzung des CETA auch im Zuständigkeitsbereich der EU zu einem Machtzuwachs der gubernativen Gewalt der Bundesrepublik. Im Folgenden wird untersucht, inwieweit dies im vorliegenden Prinzipal-Agenten-System als Delegationsbeziehung darstellbar ist.

a. *Delegation von Legislativbefugnissen an das Europäische Parlament*

Es wurde bereits ausgeführt, dass das Europäische Parlament für das vorliegende Delegationsmodell als Agent von Bundestag (und Bundesrat) anzusehen ist, da es sich bei diesen um die nach Art. 23 Abs. 1 S. 3 i.V.m. Art. 79 Abs. 2 GG im Fall der Bundesrepublik Deutschland zur Ratifikation der EU-Verträge befugten

Staatsorgane handelt. Mit der Ratifikation der EU-Verträge in ihrer aktuell geltenden Fassung nach dem Vertrag von Lissabon werden dem Europäischen Parlament Befugnisse zur Mitwirkung an der Setzung von EU-Sekundärrecht übertragen, die zuvor von den mitgliedstaatlichen Legislativen wahrzunehmen oder auch bereits an den Rat zur Ausübung übertragen waren. In beiden Fällen liegt in der Ratifikation des Vertrags von Lissabon, als dem bisher letzten Änderungsvertrag, ein Delegationsakt. Soweit die Bundesrepublik Deutschland betroffen ist, findet hierdurch eine Übertragung hoheitlicher Aufgaben durch den Bundestag (und den Bundesrat) an das Europäische Parlament statt. Bei Bundestag (und Bundesrat) verbleibt nur die (theoretische) Möglichkeit, die übertragenen Aufgaben wieder an sich zu ziehen, was die Ratifikation des Vertrags von Lissabon auch in dieser Hinsicht zu einem Delegationsakt im strengen Sinne macht. Ferner liegt auch in dieser Hinsicht eine initiale Delegation vor, da das Europäische Parlament zu einer Vielzahl zukünftiger Tätigkeiten ermächtigt wird.

b. Weiterdelegation der Mitwirkung in internationalen Vertragsgremien an den Rat

Im Rahmen der Inkraftsetzung des CETA durch die EU, an der das Europäische Parlament nach Art. 218 Abs. 6 UAbs. 2 lit. a AEUV beteiligt ist, delegiert das Europäische Parlament die inhaltliche Mitwirkung in den durch das CETA errichteten Gremien an den Rat, soweit hierfür das vereinfachte Verfahren nach Art. 218 Abs. 9 Alt. 2 AEUV Anwendung findet.[250]

c. Indirekte Delegation der Ausschussarbeit an die Bundesregierung

Die von Art. 218 Abs. 9 Alt. 2 AEUV vorgeprägte Delegation der Vorbereitung der Arbeit internationaler Vertragsgremien durch das Europäische Parlament an den Rat hat auch auf der deutschen Bundesebene eine zusätzliche Verschiebung der Aufgabenverteilung zur Folge. Wie beschrieben hatte der Bundestag (und der Bundesrat) mit der Inkraftsetzung des Vertrags von Lissabon im erheblichen Umfang Rechtsetzungskompetenzen und auch hiermit korrespondierende Kompetenzen zur Eingehung völkerrechtlicher Verpflichtungen im Bereich der Gemeinsamen Handelspolitik gemäß Art. 207 Abs. 1; Art. 3 Abs. 2 und Art. 216 Abs. 2 AEUV an das Europäische Parlament zur gemeinsamen Wahrnehmung mit dem Rat delegiert. Nach einer solchen Kompetenzübertragung auf die EU

---

250 Zum Verfahren nach Art. 218 Abs. 9 Alt. 2 AEUV, siehe Unterabschnitt D. IV. des vorliegenden Kapitels.

sind deren Mitgliedstaaten an einem weiteren Tätigwerden im betroffenen Sachgebiet gehindert.[251] Die dem Europäischen Parlament zur gemeinsamen Wahrnehmung mit dem Rat übertragenen Kompetenzen gehen dem Europäischen Parlament nun mit der Inkraftsetzung des CETA durch die EU verloren, soweit der Rat durch einen Beschluss nach Art. 218 Abs. 9 Alt. 2 AEUV die Eingehung völkerrechtlicher Verpflichtungen beschließen kann.[252] Dies hat nach Art. 16 Abs. 2 EUV und Art. 23 GG wiederum zur Folge, dass der Bundesregierung die Aufgabe zuwächst, sich im Rat an Entscheidungen zu Sachbereichen zu beteiligen, die zuvor durch den Bundestag zur gemeinsamen Entscheidung an den Rat und das Europäische Parlament übertragen wurden. Im Verhältnis zu der mit der Vertretung der nach Art. 218 Abs. 9 Alt. 2 AEUV beschlossenen Standpunkte betrauten EU-Kommission, ist der Rat als aus den nationalen Regierungen der EU-Mitgliedstaaten zusammengesetzter kollektiver Prinzipal zu betrachten.[253] Da im Rat die Bundesregierung für die Bundesrepublik Deutschland mitwirkt, bedeutet die Inkraftsetzung des CETA durch die EU insoweit eine indirekte Weiterdelegation von Rechtsetzungsbefugnissen durch das Europäische Parlament an die Bundesregierung, zur gemeinsamen Wahrnehmung mit den Regierungen der übrigen EU-Mitgliedstaaten. Diese Delegation wird insbesondere durch die im Rat geltenden Mehrheitserfordernisse ausgestaltet. Wie in Kapitel IV der vorliegenden Untersuchung näher auszuführen sein wird, besteht dabei jedenfalls im Grundsatz die Möglichkeit, dass die deutsche Bundesregierung bei einer Beschlussfassung im Rat von den Regierungen der übrigen EU-Mitgliedstaaten überstimmt wird. Da die Bundesregierung jedoch auch in diesem Fall immer noch an der Willensbildung im Rat aktiv beteiligt ist, bleibt sie (zusammen mit den anderen nationalen Regierungen) die Empfängerin der delegierten Befugnis. Allerdings wirft die gemeinsame Wahrnehmung der delegierten Befugnisse durch die nationalen Regierungen der EU-Mitgliedstaaten im Rat, als kollektivem Prinzipal, Folgeprobleme hinsichtlich einer angemessenen Kontrolle der EU-Kommission und letztlich der CETA-Ausschüsse auf. Hierauf wird in Kapitel IV der vorliegenden Untersuchung zurückzukommen sein.

3. *Zwischenergebnis zu Unterabschnitt II.*

Die duale Legitimationsstruktur der EU bedingt zwar zunächst eine Teilung der von den Souveränen der Mitgliedstaaten zu den Unionsorganen verlaufenden

251 Nettesheim, Umfassende Freihandelsabkommen und Grundgesetz, S. 87.
252 Vgl. Weiß, EuR 2020, 407, 418.
253 Hierzu: Kapitel IV Unterabschnitt A. I. und Unterabschnitt C. II. Unterpunkt 1. a.

Delegationskette, wobei ein Teil über die nationalen Regierungen zum Rat und ein zweiter Teil über das Europäische Parlament zum Rat verläuft. Mit der Inkraftsetzung des CETA durch die EU wird diese Teilung jedoch aufgehoben, soweit hierbei Rechtssetzungsbefugnisse an Vertragsgremien delegiert werden, deren Arbeit auf Seite der EU nach Art. 218 Abs. 9 Alt. 2 AEUV durch den Rat auf Vorschlag der Kommission vorzubereiten ist. Neben der bereits im europäischen Primärrecht angelegten Übertragung von Legislativbefugnissen an den Rat führt die Inkraftsetzung des CETA im Zuständigkeitsbereich der EU vor dem Hintergrund des Art. 218 Abs. 9 Alt. 2 AEUV zu einer zusätzlichen Weiterdelegation von Legislativbefugnissen vom Europäischen Parlament an den Rat und damit die mitgliedstaatlichen Regierungen. Demnach werden der Bundesregierung, mit der Inkraftsetzung des CETA durch die EU, indirekt Rechtsetzungsbefugnisse zur gemeinsamen Wahrnehmung mit den Regierungen der übrigen EU-Mitgliedstaaten im Rat delegiert.

III. Mitgliedstaatlicher Zuständigkeitsbereich

Im Folgenden wird diskutiert, wie mit der Inkraftsetzung der in den Kompetenzbereich der EU-Mitgliedstaaten fallenden Teile des CETA, in Deutschland eine Delegation von Legislativgewalt vom Bundestag an die Bundesregierung erfolgt. Ob die Bundesregierung in den durch das CETA eingerichteten Gremien selbstständig mitwirken wird oder ob die EU-Organe auch im mitgliedstaatlichen Kompetenzbereich für die Mitgliedstaaten auftreten, bleibt im Text des Abkommens unklar.[254] Wie bereits angesprochen, finden sich Anhaltspunkte für eine Beteiligung von Vertretern der EU-Mitgliedstaaten, nur hinsichtlich einiger (stark spezialisierter) Sonderausschüsse.[255] Im Rahmen des Ratsbeschlusses über die Unterzeichnung und die vorläufige Anwendung des CETA im Namen der EU, haben Rat und Kommission eine gemeinsame Erklärung für das Ratsprotokoll abgegeben, nach der „der von der Union und ihren Mitgliedstaaten im Gemischten CETA-Ausschuss einzunehmende Standpunkt zu einem Beschluss dieses Ausschusses, der in die Zuständigkeit der Mitgliedstaaten fällt,

254 Vgl. Krajewski, Stellungnahme der Bundestagsfraktion Bündnis 90/Die Grünen in den Verfahren 2 BvR 1368/16 u.a., S. 21f. (= S. 145f.); siehe zu Art. 30.2 Abs. 2 CETA: BVerfG, Urteil vom 13.10.2016, 2 BvR 1368/16 u.a., Rn. 61.

255 Weiß, EuConst 2018, 532, 536.

einvernehmlich festgelegt wird."[256] Nach der einschlägigen Rechtsprechung des EuGH und des Bundesverfassungsgerichts erstreckt sich der Zuständigkeitsbereich der EU, wie oben in Unterpunkt I. dargestellt wurde, auf beinahe sämtliche vom CETA erfassten Sachbereiche mit Ausnahme von Regelungen zu ausländischen Portfolioinvestitionen. Problematisch sind die im Abkommen enthaltenen Regelungen zu ausländischen Direktinvestitionen, soweit sie die Eigentumsordnungen der EU-Mitgliedstaaten berühren, zu bestimmten Dienstleistungen im internationalen Seeverkehr, zur Anerkennung von Berufsqualifikationen, zur Verbesserung der Arbeitsumwelt, zum Schutz der Gesundheit der Arbeitnehmer und zur Arbeitnehmersicherheit.[257] Allerdings kann sich die EU-Außenzuständigkeit vor dem Hintergrund der OTIF-Rechtsprechung des EuGH zu Art. 216 Abs. 1 AEUV selbst in diesen Gebieten fortsetzen. Wie oben beschrieben kann dies insbesondere der Fall sein, wenn Tätigwerden der Union in einem der genannten CETA-Ausschüsse zur Erreichung der in den Verträgen festgesetzten Ziele erforderlich oder in einem verbindlichen Unionsrechtsakt vorgesehen ist.[258]

Für den in der Zuständigkeit der EU-Mitgliedstaaten verbleibenden Bereich, ist im Folgenden bei Punkt 1. die Frage aufzuwerfen, ob und inwieweit die mit der Inkraftsetzung des Nicht-EU-Teils des CETA einhergehende Delegation von Legislativgewalt an die Bundesregierung ebenfalls durch die Regelungen des Art. 23 GG ausgestaltet sind. Hieran ansetzend wird in Punkt 2. ermittelt, unter welchen Voraussetzungen insbesondere die Art. 23 Abs. 2 bis 7 GG auf die Mitwirkung der Bundesregierung, an der auf die Arbeit der CETA-Ausschüsse gerichteten Entscheidungsfindung, außerhalb der Außenzuständigkeiten der EU Anwendung finden kann. Punkt 3. widmet sich der parlamentarischen Kontrolle der Mitwirkung der Bundesregierung an der Arbeit der CETA-Ausschüsse, außerhalb der Verfahren nach Art. 23 GG.

1. Delegation von Legislativgewalt an die Bundesregierung

Die Bundesregierung wird in den vom CETA geregelten Sachgebieten, für die die EU-Mitgliedstaaten noch keine Rechtssetzungskompetenzen an die EU übertragen haben, jedenfalls in aller Regel, indirekt über eine Mitwirkung im Rat

256 Rat der EU, Erklärungen für das Ratsprotokoll, ABl. EU, 14.01.2017, L 11/9, Ziff. 19; Krajewski, Stellungnahme der Bundestagsfraktion Bündnis 90/Die Grünen in den Verfahren 2 BvR 1368/16 u.a. vor dem Bundesverfassungsgericht, S. 22 (= S. 146).

257 BVerfG, Urteil vom 13.10.2016, 2 BvR 1368/16, Rn. 52ff.

258 Siehe oben: Unterabschnitt B. I. des vorliegenden Kapitels.

der Europäischen Union, an der Wahrnehmung der an die CETA-Ausschüsse übertragenen Aufgaben teilnehmen.[259] Wie bereits angesprochen wurde, finden sich Vertragstext des CETA nur vereinzelt Anhaltspunkte für eine Beteiligung von Vertretern der EU-Mitgliedstaaten in einigen Sonderausschüssen. Dies ist etwa für den Gemischten Verwaltungsausschuss für gesundheitspolizeiliche und pflanzenschutzrechtliche Maßnahmen (vgl. Art. 5.14 Abs. 1 CETA), den Gemischten Ausschuss für die Zusammenarbeit im Zollbereich (vgl. Art. 6.14 Abs. 2 CETA) oder den Ausschuss für Finanzdienstleistungen (vgl. Art. 13.18 Abs. 1 CETA) der Fall. Eher vage Formulierungen finden sich bei den Regelungen zum Ausschuss für das öffentliche Beschaffungswesen (vgl. Art. 19.19 Abs. 1 CETA) und beim Forum für die Zusammenarbeit in Regulierungsfragen (vgl. Art. 21.6 Abs. 3 CETA).[260] Im Rahmen des Ratsbeschlusses über die Unterzeichnung und die vorläufige Anwendung des CETA im Namen der EU, haben Rat und Kommission eine gemeinsame Erklärung für das Ratsprotokoll abgegeben, nach der „der von der Union und ihren Mitgliedstaaten im Gemischten CETA-Ausschuss einzunehmende Standpunkt zu einem Beschluss dieses Ausschusses, der in die Zuständigkeit der Mitgliedstaaten fällt, einvernehmlich festgelegt wird."[261] Hierin scheint ein Verständnis zum Ausdruck zu kommen, nachdem sich die EU-Mitgliedstaaten, auch wenn ihre nicht an die EU übertragenen Kompetenzen betroffen sind, grundsätzlich über den Rat abstimmen.[262] Denkbar bleibt jedoch zumindest eine Teilnahme mitgliedstaatlicher Vertreter an den Beratungen, als Teil der europäischen Delegation.[263] So waren etwa bei den ersten beiden Treffen des Gemischten CETA-Ausschusses auch Vertreter EU-Mitgliedstaaten anwesend.[264]

Die Bundesregierung unterliegt bei ihrer Mitwirkung, ob indirekt über den Rat, ob direkt durch die Entsendung eigener Vertreter, der parlamentarischen Kontrolle. Dennoch erfolgt mit der Inkraftsetzung des CETA durch die

---

259 Vgl. Krajewski, Stellungnahme der Bundestagsfraktion Bündnis 90/Die Grünen in den Verfahren 2 BvR 1368/16 u.a., S. 21f. (= S. 145f.).

260 Weiß, EuConst 2018, 532, 536.

261 Rat der EU, Erklärungen für das Ratsprotokoll, ABl. EU, 14.01.2017, L 11/9, Ziff. 19.

262 Krajewski, Stellungnahme der Bundestagsfraktion Bündnis 90/Die Grünen in den Verfahren 2 BvR 1368/16 u.a. vor dem Bundesverfassungsgericht, S. 22 (= S. 146).

263 Zum Mehrwert einer solchen Teilnahme: Krajewski, Stellungnahme der Bundestagsfraktion Bündnis 90/Die Grünen in den Verfahren 2 BvR 1368/16 u.a., S. 22 (= S. 146).

264 EU-Kommission, Report, Meeting of the CETA Joint Committee, 26.09.2018, S. 3; EU-Kommission, Joint Report, 2nd Meeting of the CETA Joint Committee, 25.03.2021, S. 7.

Bundesrepublik ein Delegationsakt, in dessen Folge die Bundesregierung als Agentin des Bundestages mit einer weitgehenden Einschätzungsprärogative Kompetenzen wahrnehmen kann. Die übertragenen Befugnisse „verlassen“ den unmittelbaren Machtbereich des Bundestages (sowie des Bundesrates) und geraten – bildhaft ausgedrückt – „unter das Dach“ der Integrations- bzw. Außenvertretungskompetenz der Bundesregierung.[265] Beim Bundestag verbleibt auch in dieser Hinsicht lediglich die Verantwortlichkeit für die demokratische Kontrolle und Legitimierung der Bundesregierung sowie die (jedenfalls grundsätzliche) Möglichkeit, diese Kompetenzen wieder an sich zu ziehen. Hinsichtlich der Integrationskompetenz ist die Einbindung des Bundestages durch die Bundesregierung in Art. 23 Abs. 2 und Abs. 3 GG[266] sowie dem EUZBBG ausgestaltet.

Allerdings ist hinsichtlich des Teils des CETA welcher in den bei der Bundesrepublik als EU-Mitgliedstaat verbliebenen Kompetenzbereich fällt umstritten, nach welchen Regelungen sich die Mitwirkung der Bundesregierung an der Arbeit der CETA-Ausschüsse richtet. Als verfassungsrechtliche Grundlagen für den Abschluss des CETA als völkerrechtlichem Abkommen werden Art. 59 Abs. 2 S. 1 GG, Art. 24 Abs. 1 GG und Art. 23 Abs. 1 GG diskutiert.[267] Im Februar 2020 beschloss das Bundesverfassungsgericht, dass die Zustimmung der deutschen Bundesorgane zum Übereinkommen über ein Einheitliches Patentgericht (EPGÜ) aufgrund seines besonderen Näheverhältnisses zum Recht der EU nach Art. 23 Abs. 1 GG zu erfolgen habe.[268] Die Zustimmung von Bundestag und Bundesrat zum CETA wird indes – ausweislich der Entwurfsbegründung zum Zustimmungsgesetz – auf Art. 59 Abs. 2 S. 1 GG gestützt.[269] Für die hier

---

265 Hierzu grundlegend: Scholz, in: Dürig/Herzog/Scholz, Grundgesetz, Bd. III, 98. EL 2022, Art. 23 GG, Rn. 133-138; vgl. weiter: Weiß, EuR 2020, 407, 418; Weiß, Kann Freihandel Demokratie und Rechtstaat gefährden?, S. 36-40; Weiß, Parlamentarische Herausforderungen im Völkerrecht der Globalisierung angesichts internationalisierter Regelsetzung, S. 32-37.

266 Scholz, in: Dürig/Herzog/Scholz, Grundgesetz, Bd. III, 98. EL 2022, Art. 23 GG, Rn. 133f.

267 Zu dieser Diskussion: Nettesheim, Umfassende Freihandelsabkommen und Grundgesetz, S. 95-100; ebd. S. 107-129; Weiß, EuZW 2016, 286, 290; *von Arnauld*, AöR 2016, 268, 278-280; Grzeszick, Stellungnahme des Deutschen Bundestages in den Verfahren 2 BvR 1368/16 u.a. vor dem Bundesverfassungsgericht, S. 44-65; Ders., NVwZ 2016, 1753, 1754-1756; Ders./Hettche, AöR 2016, 225, 244-249.

268 BVerfG, Beschluss vom 13.02.2020, 2 BvR 739/17, Rn. 123-125; ebd., Rn. 144-148.

269 BT-Drs. 20/3443, S. 8;
Das Bundesverfassungsgericht hatte sich zuvor, im Rahmen der gegen die deutsche Mitwirkung an der Unterzeichnung und vorläufigen Anwendung des CETA

untersuchte Mitwirkung der Bundesregierung an der Arbeit der im CETA vorgesehenen Ausschüsse (für den Zuständigkeitsbereich der Bundesrepublik als EU-Mitgliedstaat), stellt sich vor dem Hintergrund dieser Diskussion die Frage, ob hier Art. 23 Abs. 2 bis Abs. 7 GG die Einbindung des Bundestages (und des Bundesrates) regeln. Voraussetzung für die Anwendung von Art. 23 Abs. 2 bis Abs. 7 GG auf die Mitwirkung der Bundesregierung an der Arbeit der CETA-Ausschüsse ist nicht unbedingt, dass sich der Abschluss der Bestandteile des CETA, welche die EU nicht aus den ihr übertragenen Kompetenzen heraus abschließen kann, auf Seiten der Bundesrepublik nach Art. 23 Abs. 1 GG richtet, sondern dass insoweit ein besonderes Näheverhältnis zwischen dem CETA und dem europäischen Primärrecht besteht. Die Rechtsprechung des Bundesverfassungsgerichts hat sich insoweit vom Wortlaut des Art. 23 Abs. 1 S. 2 GG („Übertragung von Hoheitsrechten") gelöst und Art. 23 Abs. 1 GG im Lissabon-Urteil ohne Rücksicht auf den Inhalt einer möglichen Primärrechtsänderung auch auf das vereinfachte Vertragsänderungsverfahren nach Art. 48 Abs. 6 EUV angewendet.[270] In seinem Urteil zum ESM und zum Euro-Plus-Pakt hielt das Bundesverfassungsgericht Art. 23 Abs. 2 GG nicht nur im Kontext völkerrechtlicher Verträge für anwendbar, die „eine förmliche Änderung der vertraglichen Grundlagen der Europäischen Union" darstellen würden. Ausreichen solle ein Näheverhältnis zum europäischen Primärrecht.[271] In seinem Urteil zum Einheitlichen Europäischen Patentgericht erstreckte das Bundesverfassungsgericht auch die Anwendung des Art. 23 Abs. 1 GG nunmehr ausdrücklich auf eine Entwicklung, die sich im Kontext der EU, aber außerhalb ihres unmittelbaren institutionellen Rahmens vollzog.[272] Auf das Bestehen eines besonderen Näheverhältnisses zwischen dem Nicht-EU-Teil des CETA und dem Europäischen Primärrecht, wird sogleich in Punkt 2 eingegangen.

---

gerichteten Verfahren, nicht zur Rechtsgrundlage für das (damals noch zukünftige) Zustimmungsgesetz der Bundesrepublik geäußert. Den hiergegen gerichteten Teil einer Verfassungsbeschwerde hatte das Bundesverfassungsgericht mangels tauglichem Beschwerdegegenstand als unzulässig abgewiesen (BVerfG, Beschluss vom 09.02.2022, 2 BvR 1368/16 u.a., Rn. 155; zu den inhaltlichen Ausführungen des Bundesverfassungsgerichts vgl. ebd., Rn. 169ff. und BVerfG, Urteil vom 13.10.2016, 2 BvR 1368/16 u.a., Rn. 170ff.).

270 Nettesheim, Umfassende Freihandelsabkommen und Grundgesetz, S. 98; Wollenschläger, NVwZ 2012, 713, 714f.; BVerfGE 123, 267, 355f., Rn. 243; 386f., Rn. 312.

271 BVerfGE 131, 152, 199f., Rn. 100.

272 BVerfG, Beschluss vom 13.02.2020, 2 BvR 739/17, Rn. 120-122.

Wie in Kapitel IV in den Unterabschnitten B. V. und B. VI. aufzuzeigen sein wird, enthält das CETA, soweit es noch unter nationale Kompetenzen der EU-Mitgliedstaaten fällt, außerdem Ausschusskompetenzen, für die eine Einbindung des Bundestages und des Bundesrates nach Art. 23 Abs. 2 bis 7 GG alleine nicht hinreichend sein wird, weil sie entweder ein Zustimmungsgesetz nach Art. 59 Abs. 2 S. 1 GG voraussetzen[273] oder gar eine zusätzliche Übertragung von Hoheitsrechten bedeuten, welche bei Vorliegen eines besonderen Näheverhältnis zum EU-Primärrecht eine Zustimmung nach Art. 23 Abs. 1 S. 2 GG erfordert.[274] Letzteres steht insbesondere bei der Kompetenz des Gemischten CETA-Ausschusses zur Überführung des im CETA eingerichteten Investitionsgerichts in ein, künftig zu schließendes, multilaterales Investitionsschutzabkommen im Raum (Art. 8.29 CETA).[275] Außerdem erscheinen bei den Kompetenzen des Gemischten CETA-Ausschusses nach Art. 26.1 Abs. 5 lit. a, lit. g und lit. h CETA sehr weitreichende Änderungen des Ausschusssystems als denkbar.[276] Die Zustimmung von nach Art. 23 Abs. 1 S. 2 GG ist dabei nicht erst erforderlich, wenn Kompetenzen zum Erlass von Rechtsakten mit Durchgriffswirkung in die nationale Rechtsordnung hinein geschaffen werden (was Art. 30.6 Abs. 1 CETA jedenfalls großenteils ausschließt[277]). Vielmehr kommt es darauf an, ob durch einen Ausschussbeschluss eine zukünftig vom deutschen Gesetzgeber emanzipierte Implementation und Weiterentwicklung des Abkommens eingerichtet wird.[278] Hierfür spricht auch, dass die EU nicht nur für den Erlass direkt wirkender Verordnungen nach Art. 288 Abs. 2 AEUV, sondern auch für Richtlinien nach Art. 288 Abs. 3 AEUV einer Hoheitsrechtsübertragung nach Art. 23 Abs. 1 S. 2 GG bedarf.[279]

Sollte kein besonderes Näheverhältnis im beschriebenen Sinne vorliegen, ist davon auszugehen, dass sich die Rolle der Bundesregierung bei der Vertretung

---

273 Hierzu sogleich in Unterpunkt 3. b.

274 Vgl. Streinz, in: Sachs (Hrsg.), Grundgesetz, Art. 23 GG, 9. Auflage 2021, Rn. 56a.

275 Hierzu Kapitel IV, Unterabschnitt B. VI. und Kapitel III, Unterabschnitt B. II. Unterpunkt 4. b. bb. (2).

276 Zu den Kompetenzen des Gemischten CETA-Ausschusses zur Überarbeitung des Ausschusssystems siehe: Kapitel III, Unterabschnitt B. II. Unterpunkt 4. b. bb. (1).

277 Hierzu: Weiß, Demokratische Legitimation und völkerrechtliche Governancestrukturen, S. 212f., Fn. 145.

278 Weiß, Demokratische Legitimation und völkerrechtliche Governancestrukturen, S. 213; Streinz, in: Sachs (Hrsg.), Grundgesetz, Art. 23 GG, 9. Auflage 2021, Rn. 56a.

279 Weiß, Demokratische Legitimation und völkerrechtliche Governancestrukturen, S. 213.

der Bundesrepublik in Angelegenheiten der CETA-Vertragsgremien nach den allgemeinen Regeln des GG für die völkerrechtliche Außenvertretung Deutschlands richtet. Dies würde bedeuten, dass für Entscheidungen der im CETA vorgesehenen Ausschüsse, außerhalb des Zuständigkeitsbereichs der EU, nur dann eine Einbindung des Bundestages zu erfolgen hätte, wenn diese in Form eines Zustimmungsgesetzes nach Art. 59 Abs. 2 S. 1 GG oder gar Art. 24 Abs. 1 GG erforderlich ist. Dazu müsste ein Beschluss eines CETA-Ausschusses jedoch einem völkerrechtlichen Vertrag gleichkommen, der sich auf Gegenstände der Bundesgesetzgebung bezieht (Art. 59 Abs. 2 S. 1 GG), oder der eine Übertragung von Hoheitsrechten auf die im CETA vorgesehenen Vertragsgremien bedeutet (Art. 24 Abs. 1 GG).[280]

2. *Näheverhältnis des CETA zu den EU-Verträgen*

Sollen die Art. 23 Abs. 2 bis 7 GG sowohl bei der Mitwirkung an Ausschussgremien zur Anwendung kommen, die auf einem nach Art. 23 Abs. 1 GG geschlossenen Abkommen beruhen, als auch bei solchen, die in einem nach Art. 59 Abs. 2 S. 1 GG bzw. Art. 24 Abs. 1 GG geschlossenen Abkommen vorgesehen sind, rückt die Frage nach einem hinreichenden Näheverhältnis der, in die nationale Zuständigkeit der Bundesrepublik fallenden, Bestandteile des CETA zum europäischen Primärrecht in den Mittelpunkt.[281]

In seiner Entscheidung zum ESM und zum Euro-Plus-Pakt hat das Bundesverfassungsgericht den Begriff der „Angelegenheit der Europäischen Union" i.S.v. Art. 23 GG weit ausgelegt.[282] Demnach liege eine solche Angelegenheit der EU bei völkerrechtlichen Verträgen vor, die in einem „Ergänzungs- oder sonstigen besonderen Näheverhältnis zum Recht der Europäischen Union" steht. Hierüber entscheide das Bundesverfassungsgericht nach einer Gesamtbetrachtung, wobei etwa eine Verankerung der geplanten völkerrechtlichen Koordination im Primärrecht oder eine Umsetzung in Unionssekundär oder -Tertiärrecht für das

---

280 Hierzu sogleich Unterabschnitt B. III. Punkt 3. des vorliegenden Kapitels.

281 Vgl. zu diesem Streitpunkt einerseits: Grzeszick, Stellungnahme des Deutschen Bundestages in den Verfahren 2 BvR 1368/16 u.a. vor dem Bundesverfassungsgericht, S. 44-65; Ders., NVwZ 2016, 1753, 1754-1756; Ders./Hettche, AöR 2016, 225, 244-249; andererseits: v. Arnauld, AöR 2016, 268, 278-280; Weiß, EuZW 2016, 286, 290; Nettesheim, Umfassende Freihandelsabkommen und Grundgesetz, S. 95-100; ebd. S. 107-129.

282 Hierzu: Grzeszick, Stellungnahme des Deutschen Bundestages in den Verfahren 2 BvR 1368/16 u.a. vor dem Bundesverfassungsgericht, S. 56.

Vorliegen einer EU-Angelegenheit spreche. Werde die völkerrechtliche Vereinbarung von EU-Organen vorangetrieben oder sollten diese in die anschließende Durchführung eingeschaltet werden, sei dies ebenfalls ein Anzeichen für ein Näheverhältnis zum Integrationsprogramm der EU. Besonders deutlich hierfür sei ein mit einer völkerrechtlichen Vereinbarung bezwecktes wechselseitiges Zusammenspiel mit einem der EU überantworteten Politikbereich. Dies gelte vor allem (aber nicht nur), wenn die EU-Mitgliedstaaten auf das Völkerrecht ausweichen, weil eine Verankerung des betreffenden Koordinationsvorhabens im Primärrecht politisch nicht durchsetzbar wäre.[283] In seinem Beschluss zum Einheitlichen Patentgericht vom Februar 2020 ergänzte das Bundesverfassungsgericht, dass dem Anwendungsbereich des Art. 23 Abs. 1 GG, durch die Schaffung den EU-Institutionen „funktional äquivalenter Satelliten-Einrichtungen", keine Schritte in dem, im Zusammenhang mit der EU stehenden, Integrationsprozess entzogen werden dürften. Ersetze ein völkerrechtlicher Vertrag eine Änderung des europäischen Primärrechts oder ergänze er dieses, handle es sich um „Ersatzunionsrecht", welches als Angelegenheit der EU i.S.v. Art. 23 Abs. 2 GG einzustufen sei.[284]

In der Literatur wird zum Teil darauf verwiesen, dass die Rechtsprechung des Bundesverfassungsgerichts zu dem besonderen Näheverhältnis zum EU-Recht anhand der Vereinbarungen zum ESM und zum Euro-Plus-Pakt entstanden sei, die mit den Tätigkeitsfeldern der EU-Institutionen besonders eng verflochten sind. In Anbetracht dieses Hintergrundes sei erhebliche Zurückhaltung bei der Übertragung dieser Rechtsprechung auf gemischte Freihandelsabkommen angebracht, die kaum mit dem ESM oder dem Euro-Plus-Pakt vergleichbare Berührungspunkte zum Integrationsprogramm von EUV/AEUV erreichen würden. Gerade der ESM weise den EU-Organen neue Zuständigkeiten zu, um einen Politikbereich abzusichern, der bereits in die ausschließliche Zuständigkeit der Union falle. Auch beim Euro-Plus-Pakt würden Unionsorgane spezifisch eingeschaltet, um die Erfüllung der auf einen in EUV/AEUV niedergelegten Politikbereich ausgerichteten Vereinbarungen durch die Mitgliedstaaten zu bewerten. Ob ein gemischtes Freihandelsabkommen eine derartig intensive Koordination und Kooperation errichten werde, die in dem Maß über die bereits bestehende Kompetenzverteilung zwischen EU und Mitgliedstaaten hinausgehe wie der ESM oder der Euro-Plus-Pakt, wird dagegen bezweifelt.[285] In Anbetracht des

283 BVerfGE 131, 152, 199f., Rn. 100.

284 BVerfG, Beschluss 13.02.2020, 2 BvR 739/17, Rn. 121-123.

285 Grzeszick/Hettche, AöR 2016, 225, 244f.

gesteigerten Interesses des Bundestages an Information zu Verhandlungen und zur späteren Umsetzung gemischter Abkommen, wird allerdings eine gegenüber Art. 59 GG erhöhte Informationspflicht der Bundesregierung gegenüber dem Bundestag aufgrund der Institute der Organtreue und des Interorganrespekts diskutiert.[286]

Gerade bei gemischten Freihandelsabkommen neuen Typs, die wie das CETA im Zusammenwirken der EU und ihrer Mitgliedstaaten gemeinsam mit einem Drittstaat neue Hoheitsträger errichten, ist es jedoch fragwürdig, eine mit dem ESM oder dem Euro-Plus-Pakt vergleichbare Annäherung an das Integrationsprogramm der EU-Verträge von vornherein anzuzweifeln. Auch hier wird eine enge Koordination der mitgliedstaatlichen Regulierung mit der Ausübung zentraler Unionskompetenzen durch EU-Organe bezweckt. Schließlich geht es um eine möglichst enge Abstimmung der Gemeinsamen Handelspolitik der Union mit den in der Kompetenzsphäre der Mitgliedstaaten verbliebenen Sachbereichen der Außenwirtschaftsbeziehungen.[287] Hinzu kommt, dass das CETA – dem Übereinkommen über ein Einheitliches Patentgericht nicht unähnlich[288] – durch die Unionsorgane vorangetrieben und maßgeblich mit ausgehandelt wurde. Zwischenzeitlich war sogar ein Abschluss des CETA als EU-only-Abkommen vorgesehen.[289] Darüber hinaus ist anzumerken, dass eine Differenzierung anhand der Zuständigkeitsbereiche der EU und der Bundesrepublik vor dem Hintergrund von Kompetenzabgrenzungen stattfindet, die in der Praxis oftmals schwierig vorzunehmen sind. Dabei fällt nach der Rechtsprechung des EuGH ohnehin nur ein geringer Teil der Ausschussarbeit nach dem CETA eindeutig in

---

286 Grzeszick, Stellungnahme des Deutschen Bundestages in den Verfahren 2 BvR 1368/16 u.a. vor dem Bundesverfassungsgericht, S. 49; Ders./Hettche, AöR 2016, 225, 246-249 m.w.N.

287 Weiß, EuZW 2016, 286, 290; von Arnauld, AöR 2016, 268, 272; Pautsch, NVwZ-Extra 2016, No. 18, S. 2.

288 Zum Übereinkommen über ein Einheitliches Patentgericht: BVerfG, Beschluss vom 13.02.2020, 2 BvR 739/17, Rn. 148.

289 Vgl. Rat der EU, Protokoll 13.05.2016: „At the request of LUX COM clarified the way forward. Accordingly, she would take the occasion of the decision of the College of Commissioners on CETA in mid-June to express its view on whether CETA is a mixed agreement or not. Subsequently the Council would have to vote on the decision. In the case of a joint agreement unanimity is required, in the presence of an "Eu-only 'agreement a qualified majority is needed. In any case, the EP would have to agree before the entry into force." (Es handelt sich um eine vom Rat der Europäischen Union nicht autorisierte („geleakte") Veröffentlichung).

die Rechtsetzungskompetenz der EU-Mitgliedstaaten. Gerade in diesen Fällen kann es vor dem Hintergrund der Verpflichtung der Bundesrepublik zur loyalen Zusammenarbeit mit den EU-Institutionen nach Art. 4 Abs. 3 EUV sinnvoll sein, den internen Verfahrensgang nicht durch eine Aufspaltung nach den Zuständigkeitsbereichen zu verkomplizieren.[290] Auch nach Auffassung des Bundestages sind die Bereiche gemischter Abkommen, die in die mitgliedstaatliche Zuständigkeit fallen, jedenfalls als EU-Angelegenheiten nach Art. 23 Abs. 2 S. 1 GG zu behandeln. Dies hat zur Folge, dass von der Aushandlung des gemischten Abkommens bis zu seiner späteren Umsetzung die Beteiligungsrechte des Bundestages nach Art. 23 Abs. 2 und Abs. 3 GG ausgelöst werden, obwohl sich die Mitwirkung der Bundesrepublik am Vertragsschluss nach Art. 59 Abs. 2 GG oder gegebenenfalls auch nach Art. 24 Abs. 1 GG richtet.[291] Entsprechend hat sich auch der Deutsche Bundestag mit einer gemeinsam mit Beschluss des Zustimmungsgesetzes zum CETA verabschiedeten Entschließung positioniert, wonach „der Vollzug und gegebenenfalls die Fortentwicklung von CETA Angelegenheiten der EU im Sinne von Artikel 23 des Grundgesetzes" seien.[292] So ist im Ergebnis davon auszugehen, dass sich die Anwendung von Art. 23 Abs. 2 bis 7 GG fortsetzen wird, auch soweit Zuständigkeiten der EU-Mitgliedstaaten berührt sind.

---

290 Krajewski, Stellungnahme der Bundestagsfraktion Bündnis 90/Die Grünen in den Verfahren 2 BvR 1368/16 u.a. vor dem Bundesverfassungsgericht, S. 7f. (= S. 131f.) unter Berufung auf EuGH, Gutachten 2/15 (Singapur); vgl. weiter: EuGH, Rs. C-600/14 (OTIF), Rn. 43ff.; vgl. zu dieser Rspr. auch Unterabschnitt B. I. des vorliegenden Kapitels;
Zum Zusammenhang zwischen der verfassungsrechtlichen Bewertung des CETA-Ausschusssystems und der Kompetenzverteilung über die jeweiligen vom CETA erfassten Sachbereiche, vgl. Krajewski, Stellungnahme der Bundestagsfraktion Bündnis 90/Die Grünen in den Verfahren 2 BvR 1368/16 u.a. vor dem Bundesverfassungsgericht, S. 16 (= S. 140), vgl. jedoch auch die spätere Rechtsprechung EuGH, Rs. C-600/14 (OTIF), Rn. 46.

291 Vgl. Grzeszick, Stellungnahme des Deutschen Bundestages in den Verfahren 2 BvR 1368/16 u.a. vor dem Bundesverfassungsgericht, S. 50-53; Mayer, ZEuS 2016, 391, 397f.

292 BT-Drs. 20/4731, S. 6.

3. *Behandlung der Ausschussarbeit nach dem CETA außerhalb von Art. 23 GG*

Führen Beschlüsse der im „Nicht-EU-Teil" des CETA vorgesehenen Ausschüsse zu einer Überschreitung der im CETA-Zustimmungsgesetz erteilten Ermächtigung der Bundesregierung, ist es denkbar diese als nachträgliche Änderung des Abkommens oder als Abschluss eines zusätzlichen völkerrechtlichen Vertrages anzusehen und ein Zustimmungsgesetz nach Art. 59 Abs. 2 S. 1 GG vorauszusetzen.[293] Akzeptiert man nicht das Vorliegen eines besonderen Ergänzungs- und Näheverhältnisses zwischen der Tätigkeit der im CETA vorgesehenen Ausschlüsse außerhalb des EU-Zuständigkeitsbereichs und dem Europarecht, verbleibt es bei Art. 59 Abs. 2 S. 1 GG und ggf. Art. 24 Abs. 1 GG als Verfahren zur aktiven Einbindung des Bundestages und des Bundesrates. So ist es denkbar, dass einige der im „Nicht-EU-Teil" des CETA vorgesehenen Ausschussbefugnisse, zu einer Überschreitung der, durch das Zustimmungsgesetz zum CETA erteilten, Ermächtigung der Bundesregierung führen können.[294] Entsprechende Beschlüsse wären als nachträgliche Änderung des Abkommens oder als Abschluss eines zusätzlichen völkerrechtlichen Vertrages anzusehen. Wie in Kapitel IV auszuführen sein wird, ist davon auszugehen, dass Art. 24 Abs. 1 GG nur in seltenen Ausnahmefällen auf Entscheidungen der im CETA vorgesehenen Ausschüsse anzuwenden sein wird (weiter in Unterpunkt a.). Allerdings kann immerhin der Anwendungsbereich des Art. 59 Abs. 2 S. 1 GG eröffnet sein (weiter in Unterpunkt b.). Ist auch dies nicht der Fall, beschränkt sich die Kontrolle der Bundesregierung durch den Bundestag und den Bundesrat dagegen auf die Mechanismen zur allgemeinen parlamentarischen Kontrolle des auswärtigen Handelns der Bundesregierung (weiter in Unterpunkt c.).

---

293 Nettesheim, in: Dürig/Herzog/Scholz, Grundgesetz, Bd. IV, 98. EL 2022, Art. 59 GG, Rn. 126b; Grzeszick, Stellungnahme des Deutschen Bundestages in den Verfahren 2 BvR 1368/16 u.a. vor dem Bundesverfassungsgericht, S. 66-68; Ders., AVR 2020, 123, 153-158; Proeßl, ZEuS 2016, 401, 417f.; Mayer, ZEuS 2016, 391, 398;
Zu den hiervon betroffenen Ausschusskompetenzen: Kapitel IV Unterabschnitt B. V. Punkt 3.

294 Grzeszick, Stellungnahme des Deutschen Bundestages in den Verfahren 2 BvR 1368/16 u.a. vor dem Bundesverfassungsgericht, S. 66-68; Ders., AVR 2020, 123, 156; Proeßl, ZEuS 2016, 401, 417f.

a. Verfahren bei Beschlüssen der CETA-Ausschüsse nach Art. 24 Abs. 1 GG

Da Art. 30.6 Abs. 1 CETA jede direkte supranationale Wirkung des Abkommens und (wohl) auch des, aufgrund des Abkommens entstehenden, Sekundärvertragsrechts in den Rechtsordnungen der Vertragsparteien ausschließt,[295] stellt sich die Frage ob bei Entscheidungen der CETA-Ausschüsse, für die sich keine EU-Außenzuständigkeit begründen lässt und die auch nicht in einem besonderen Nähe- und Ergänzungsverhältnis zum EU-Primärrecht stehen, auf der Ebene der Bundesrepublik Deutschland das Verfahren des Art. 24 Abs. 1 GG in Betracht kommen kann. Dies kann vor dem Hintergrund des Art. 30.6 Abs. 1 CETA in Zweifel gezogen werden.[296] Zwar soll nach dem Pershing-Urteil des BVerfG Art. 24 Abs. 1 GG auch einschlägig sein, wenn keine Übertragung von Hoheitsrechten mit Durchgriffswirkung im Raum steht, sondern wenn die Bundesrepublik ihren „zuvor bestehenden, ausschließlichen rechtlichen Herrschaftsanspruch [...], zugunsten nichtdeutscher Hoheitsgewalt zurück[nimmt]" (BVerfG).[297] Dies äußert sich in der Ermächtigung einer zwischenstaatlichen Einrichtung „in einer wesentlichen, qualifizierten Weise auf Rechtsgüter im deutschen Hoheitsgebiet einzuwirken" (Schorkopf).[298] Folgt man dieser Rechtsprechung und Teilen der Literatur erscheint eine Anwendung des Art. 24 Abs. 1 GG auf die Mitwirkung der Bundesrepublik an Entscheidungen der CETA-Ausschüsse als folgerichtig, soweit *zusätzliche* Hoheitsrechte im genannten Sinne auf ein handlungsfähiges internationales Organ[299] – innerhalb oder außerhalb des institutionellen Rahmens des CETA – übertragen werden. Wie bereits zu Art. 23 Abs. 1 S. 2 GG erläutert, erscheint ein derartiger Schritt insbesondere mit Blick auf Art. 8.29 CETA als möglich. Diese Lesart des Art. 24 Abs. 1 GG findet jedoch nicht überall Zustimmung.[300] So führe ein Verzicht auf das Merkmal

---

295 Hierzu: Weiß, Demokratische Legitimation und völkerrechtliche Governancestrukturen, S. 212, insb. Fn. 145.

296 Aust, in: von Münch/Kunig, Grundgesetz, Band I, 7. Auflage 2021, Art. 24 GG, Rn. 37; Grzeszick, AVR 2020, 123, 144.

297 BVerfGE 68, 1, 91, Rn. 153.

298 Schorkopf, in: Kahl/Waldhoff/Walter (Hrsg.), Bonner Kommentar zum Grundgesetz, Ordner 8, 217. EL 2022, Art. 23 GG, Rn. 113; Streinz, in: Sachs, Grundgesetz, 9. Auflage 2021, Art. 24 GG, Rn. 12-14; ebd., Art. 23, Rn. 56a; Wollenschläger, in: Dreier (Hrsg.), Grundgesetz, Band II, 3. Auflage 2015, Art. 24 GG, Rn. 28f.

299 Zum Begriff: Wollenschläger, in: Dreier (Hrsg.), Grundgesetz, Band II, 3. Auflage 2015, Art. 24 GG, Rn. 31.

300 Vgl. insb.: Aust, in: von Münch/Kunig, Grundgesetz, Band I, 7. Auflage 2021, Art. 24 GG, Rn. 36-38; Classen, in: von Mangoldt/Klein/Starck, Grundgesetz, Band II, 7.

der direkten Anwendbarkeit, des von einer internationalen Instanz geschaffenen Rechts, zu Rechtsunsicherheiten da nun nicht mehr auf ein formales Kriterium abgestellt werde, sondern anhand von Wesentlichkeitskriterien einzelfallbezogen zu bestimmen sei, ob Art. 59 Abs. 2 S. 1 GG ausreiche oder Art. 24 Abs. 1 GG erforderlich sei.[301] Weiter wird argumentiert, eine Aufgabe des Kriteriums der supranationalen Durchgriffswirkung führe teleologisch fragwürdigen Ausweitung des Anwendungsbereichs des Art. 24 Abs. 1 GG auf Kosten des Art. 59 Abs. 2 S. 1 GG.[302]

Ein bloßes Abstellen auf das Kriterium der supranationalen Durchgriffswirkung ignoriert jedoch die zunehmende Vielgestaltigkeit internationaler Zusammenarbeit. Angesichts der zunehmenden Vielfalt internationaler bzw. zwischenstaatlicher Instanzen mit unterschiedlichen Aufgaben und Kompetenzen kann eine internationale „Governancestruktur“[303] nicht nur dann als Hoheitsträger i.S.d. Art. 24 Abs. 1 GG zu begreifen, wenn ihre Entscheidungen in direkt in die Rechtsordnung der Bundesrepublik hineinwirken, ohne eines Umsetzungsaktes zu bedürfen. Der Unterschied zwischen Art. 24 Abs. 1 GG und Art. 59 Abs. 2 S. 1 GG muss nicht im Vorhandensein supranationaler Entscheidungskompetenzen liegen.[304] Wie bei Art. 23 Abs. 1 S. 2 GG kommt es darauf an, ob ein völkerrechtlicher Vertrag das vorhandene Kompetenzgefüge der Bundesrepublik dadurch modifiziert, dass er institutionelle Strukturen vorsieht, deren Aufgabe seine vom deutschen Gesetzgeber emanzipierte Implementation und Weiterentwicklung ist.[305] Ein Ausschussbeschluss, über den auf Bundesebene nach Art. 24 Abs. 1 GG zu entscheiden ist, muss auf eine Änderung des CETA unter Überschreitung seines ursprünglichen Inhalts zum Gegenstand haben, die zumindest Ermächtigungen zu grundrechtsrelevanten schlichthoheitlichem Handeln durch einen zwischenstaatlichen Entscheidungsträger

---

Auflage 2018, Art. 24 GG, Rn. 7; ausführlich zum Streitstand: Calliess, in: Dürig/Herzog/Scholz, Grundgesetz, Bd. III, 98. EL 2022, Art. 24, Rn. 41-52 m.w.N.

301 Aust, in: von Münch/Kunig, Grundgesetz, Band I, 7. Auflage 2021, Art. 24 GG, Rn. 38.

302 Calliess, in: Dürig/Herzog/Scholz, Grundgesetz, Bd. III, 98. EL 2022, Art. 24, Rn. 52.

303 Zum Begriff: Weiß, Demokratische Legitimation und völkerrechtliche Governancestrukturen, S. 151ff.; Nettesheim, Umfassende Freihandelsabkommen und Grundgesetz, S. 21f.

304 A.A. hierzu: Grzeszick, AVR 2020, 123, 141-144.

305 Weiß, Demokratische Legitimation und völkerrechtliche Governancestrukturen, S. 213, siehe dort auch: Fn. 147.

oder eine vergleichbare Übertragung nationaler Gestaltungsmacht vorsieht.[306] Dies entspricht auch der Entwicklung der europäischen Integration, die vor der Schaffung des Art. 23 Abs. 1 GG ebenfalls in Art. 24 Abs. 1 GG ihren grundgesetzlichen Anknüpfungspunkt fand. So entwickelte sich die direkte (supranationale) Wirkung von Rechtssätzen der Organe der Europäischen Gemeinschaften erst im Laufe der immer engeren Integration. Wie bereits zu Art. 23 Abs. 1 GG ausgeführt wurde, ermöglichen auch nicht alle der EU übertragenen Kompetenzen den Erlass supranational wirkender Rechtsakte, wie insbesondere das Instrument der Richtlinie nach Art. 288 Abs. 3 AEUV zeigt.[307] Derartige Beschlüsse stehen außer bei Art. 8.29 CETA,[308] unter Umständen auch an anderer Stelle im dem, dem Investitionsschutz gewidmeten, Kapitel 8 des CETA[309] sowie im Fall tiefgreifender Änderungen an den im Abkommen selbst vorgesehenen Gremien, insbesondere nach Art. 26.1 Abs. 5 lit. a, lit. g und lit. h CETA[310] im Raum.

Ist Art. 24 Abs. 1 GG anlässlich einer hinreichend tiefgreifenden institutionellen Änderung des CETA durch die Entscheidung eines Ausschusses einschlägig,[311] fordert dieser ein Bundesgesetz im formellen Sinn.[312] Anforderungen an die Einbindung des Bundesrats stellt Art. 24 Abs. 1 GG nicht. Ein Zustimmungserfordernis kann sich aber aus Art. 59 Abs. 2 S. 1 GG ergeben, der aufgrund der

---

306 Vgl. insoweit: Wollenschläger, in: Dreier (Hrsg.), Grundgesetz, Band II, 3. Auflage 2015, Art. 24 GG, Rn. 29 m.w.N.; Grzeszick, AVR 2020, 123, 156; ebd. S. 181f.; Streinz, in: Sachs (Hrsg.), Grundgesetz Kommentar, 9. Auflage 2021, Art. 24 GG, Rn. 15f.

307 Weiß, Demokratische Legitimation und völkerrechtliche Governancestrukturen, S. 213.

308 Hierzu Kapitel IV, Unterabschnitt B. VI.; zur Kompetenz des Gemischten CETA-Ausschusses nach Art. 8.29 CETA zur zukünftigen Überführung des Investitionsschutzsystems nach dem CETA auf einen (noch nicht existierenden) multilateralen Investitionsgerichtshof siehe auch: Kapitel III, Unterabschnitt B. II. Unterpunkt 4. b. bb. (2).

309 Hierzu Kapitel IV, Unterabschnitt B. V. Punkt 3. m.w.N.

310 Zu den Kompetenzen des Gemischten CETA-Ausschusses zur Überarbeitung des Ausschusssystems siehe: Kapitel III, Unterabschnitt B. II. Unterpunkt 4. b. bb. (1) und Kapitel IV, Unterabschnitt B. V. Punkt 3.

311 Wiederum vorausgesetzt es besteht keine Außenzuständigkeit der EU und kein besonderes Nähe- und Ergänzungsverhältnis der Ausschussentscheidung zum EU-Primärrecht.

312 Streinz, in: Sachs, Grundgesetz, 9. Auflage 2021, Art. 24 GG, Rn. 22.

Relevanz einer Hoheitsrechtsübertragung oder einer Änderung einer solchen, für die politischen Beziehungen des Bundes stets einschlägig ist.[313]

b. Verfahren bei Beschlüssen der CETA-Ausschüsse nach Art. 59 Abs. 2 S. 1 GG

Bedarf der ursprüngliche Vertrag einer Zustimmung nach Art. 59 Abs. 2 S. 1 GG, fällt auch eine durch die ursprüngliche Zustimmung nicht mehr gedeckte Änderung unter diese Norm.[314] Für das CETA bedeutet dies, dass Beschlüsse der Ausschüsse, die den „Nicht-EU-Teil" des Abkommens berühren, eines Zustimmungsgesetzes nach Art. 59 Abs. 2 S. 1 GG bedürfen können. Dies ist der Fall wenn sie zu einer Überschreitung der durch das CETA-Zustimmungsgesetz erteilten Ermächtigungen bzw. einer Änderung der Anteile des Abkommens führen, für die keine Unionszuständigkeit besteht.[315] Allerdings ist fraglich, wie weit der Anwendungsbereich des Art. 59 Abs. 2 S. 1 GG reicht, wenn eine spätere Änderung für sich genommen keine Zustimmung durch den Bundestag und gegebenenfalls den Bundesrat erfordern würde. Einer entsprechenden Betrachtung, die pauschal davon ausgeht, derartige Vertragsänderungen seien von untergeordneter Bedeutung, solange sie keinen anderen zustimmungspflichtigen Vertragsteil erheblich modifizieren würden, wird in der Literatur berechtigterweise

---

313 Streinz, in: Sachs, Grundgesetz, 9. Auflage 2021, Art. 24 GG, Rn. 25; Wollenschläger, in: Dreier (Hrsg.), Grundgesetz, Band II, 3. Auflage 2015, Art. 24 GG, Rn. 36; Stünden Art. 24 Abs. 1 GG und Art. 59 Abs. 2 S. 1 GG in einem Exklusivitätsverhältnis, ergäbe sich ein Wertungswiderspruch insoweit, dass für die Zustimmung zu einem völkerrechtlichen Vertrag, der nach Art. 59 Abs. 2 S. 1 GG eine Bundesratsbeteiligung erfordert, der Bundesrat gerade dann nicht zu beteiligen wäre, wenn hierbei eine Übertragung von Hoheitsrechten nach Art. 24 Abs. 1 GG statt fände (Nettesheim, Umfassende Freihandelsabkommen und Grundgesetz, S. 114-116).

314 Nettesheim, in: Dürig/Herzog/Scholz, Grundgesetz, Bd. IV, 98. EL 2022, Art. 59 GG, Rn. 124; Streinz, in: Sachs, Grundgesetz, 9. Auflage 2021, Art. 59, Rn. 39 m.w.N.; Grzeszick, AVR 2020, 123, 156.

315 Speziell zu CETA: Grzeszick, Stellungnahme des Deutschen Bundestages in den Verfahren 2 BvR 1368/16 u.a. vor dem Bundesverfassungsgericht, S. 66-68; Proeßl, ZEuS 2016, 401, 417f.;
Allgemein: Nettesheim, in: Dürig/Herzog/Scholz, Grundgesetz, Bd. IV, 98. EL 2022, Art. 59 GG, Rn. 126b; Mayer, ZEuS 2016, 391, 398; Grzeszick, AVR 2020, 123, 153-158; BVerfGE 121, 135, 157f., Rn. 64f.; BVerfGE 118, 244, 259f., Rn. 44; BVerfGE 104, 151, 209, Rn. 152.
Zu den hiervon betroffenen Ausschusskompetenzen: Kapitel IV Unterabschnitt B. V. Punkt 3.

entgegengehalten, dass die Zustimmung des Bundestages (und gegebenenfalls des Bundesrates) nach Art. 59 Abs. 2 S. 1 GG sich auf die rechtliche Einheit des Vertrages beziehe. Dem Willen des Gesetzgebers, der sich entsprechend auf den gesamten Kontext des Vertrages beziehe, werde nicht hinreichend Rechnung getragen, wenn man im Nachhinein einzelne Vertragsteile ohne Parlamentsbeteiligung herauslöse und verändere. Praktisch sei es auch fragwürdig, in Bezug auf einzelne Normen eines völkerrechtlichen Vertrages eine isolierte Bewertung ihrer Bedeutung vorzunehmen. Die Bedeutung und auch die Gründe für die Zustimmungsbedürftigkeit eines völkerrechtlichen Vertrages ergäben sich vielfach aus mehreren Aspekten, die dem Vertragswerk innen wohnten. So könne im Nachhinein auch nicht ohne Parlamentsbeteiligung bewertet werden, ob nicht ein bestimmter – isoliert betrachtet untergeordneter – Aspekt des Vertrages für die parlamentarische Entscheidung zur Zustimmung tragend war.[316]

Weiter ist zu klären, ob Art. 59 Abs. 2 S. 1 GG auf Änderungen des „Nicht-EU-Teils" des CETA durch einen Beschluss der dort vorgesehenen Ausschüsse Anwendung finden kann, da es sich hier um ein relativ neues Vertragsänderungsverfahren handelt. Bei Änderungsklauseln in multilateralen Verträgen wird in der Praxis so verfahren, dass die Bundesregierung, wenn ihr ein Änderungsvorschlag zur Billigung vorgelegt wird, diesen in den Bundestag (und gegebenenfalls den Bundesrat) einbringt. Kommt dort die erforderliche Mehrheit nicht zu Stande und wird die Vertragsänderung auch ohne die Billigung Deutschlands wirksam (was möglich ist, wenn das multilaterale Vertragsänderungsverfahren das Wirksamwerden von Änderungen aufgrund der Billigung eines Teils der Vertragsparteien vorsieht), muss die Bundesregierung den Vertrag kündigen oder dem Bundestag ein Zustimmungsgesetz zur Abstimmung vorlegen.[317] Bei den im CETA vorgesehenen Mechanismen zur nachträglichen Vertragsänderung per Ausschussbeschluss handelt es sich um eine Weiterentwicklung bisher bekannter Mechanismen zur beschleunigten Anpassung völkerrechtlicher Verträge. Das CETA kann, soweit es als gemischtes Abkommen in den Zuständigkeitsbereich der Bundesrepublik Deutschland fällt, als „gesetzesinhaltlicher

316 Nettesheim, in: Dürig/Herzog/Scholz, Grundgesetz, Bd. IV, 98. EL 2022, Art. 59 GG, Rn. 125; vgl. auch: Plate, DÖV 2011, 606, 608 m.w.N.; Weiß, Kann Freihandel Demokratie und Rechtstaat gefährden?, S. 37f., insb. Fn. 68 m.w.N.; ebd. S. 39, insb. Fn. 74 m.w.N.

317 Nettesheim, in: Dürig/Herzog/Scholz, Grundgesetz, Bd. IV, 98. EL 2022, Art. 59 GG, Rn. 126; Weiß, Kann Freihandel Demokratie und Rechtsstaat gefährden, S. 37, insb. Fn. 67.

Vertrag" i.S.v. Art. 59 Abs. 2 S. 1 Alt. 2 GG angesehen werden. Hierfür spricht, dass das Abkommen, auch soweit es in die Zuständigkeit der EU-Mitgliedstaaten fällt, zahlreiche materiell-rechtliche Regelungen trifft, für deren Erlass in der Bundesrepublik eine auf Bundes- oder Landesebene durch die jeweiligen Legislativorgane zu erlassene gesetzliche Grundlage notwendig wäre.[318] Deutlich ist dies insbesondere bei den Regelungen im Investitionsschutzkapitel. Damit fallen nach dem oben gesagten auch Änderungen an jenen Teilen des CETA unter Art. 59 Abs. 2 S. 1 Alt. 2 GG[319] und der Bundestag ist gemäß den Regeln des allgemeinen Gesetzgebungsverfahrens nach Art. 76ff. GG zu beteiligen.[320] Der Bundesrat ist in diesen Fällen nach Art. 59 Abs. 2 S. 1 GG entsprechend dem Modus zu beteiligen, der bei einem inhaltsgleichen innerstaatlichen Gesetz einschlägig wäre (Einspruchs- oder Zustimmungsgesetz).[321]

c. Allgemeine Parlamentarische Kontrolle der Bundesregierung

Außerhalb der Art. 23, Art. 24 Abs. 1 und Art. 59 Abs. 2 S. 1 GG hat der Bundestag seine allgemeinen parlamentarischen Kontroll- und Mitwirkungsrechte, einschließlich an die Bundesregierung zu richtender Fragen, der Abhaltung von Debatten und der Fassung von Entschließungen.[322] Hervorzuheben ist ein Selbstbefassungsrecht, welches bei auswärtigen Angelegenheiten nach Art. 45a Abs. 1 GG vorwiegend durch den Auswärtigen Ausschuss wahrgenommen wird.[323] Dabei steht es dem Bundestag frei Verhandlungsmandate, Standpunkte

---

318 Nettesheim, Umfassende Freihandelsabkommen und Grundgesetz, S. 118f.; Pieper, in: Epping/Hillgruber, BeckOK Grundgesetz, 53. Edition 11.12.2022, Art. 59 GG, Rn. 32; BVerfGE 1, 372, 388-390, Rn. 64-70; kritisch insb. im Hinblick auf praktische Auswirkungen einer weiten Auslegung des Art. 59 Abs. 2 S. 1 GG auf die außenpolitische Handlungsfähigkeit der Bundesrepublik: Grzeszick, AVR 2020, 123, 177f.; Ders., Stellungnahme des Deutschen Bundestages in den Verfahren 2 BvR 1368/16 u.a. vor dem Bundesverfassungsgericht, S. 66f.

319 Hierzu siehe unten Kapitel IV Unterabschnitt B. V. Punkt 3.

320 Allgemein hierzu: Pieper, in: Epping/Hillgruber, BeckOK Grundgesetz, 53. Edition 11.12.2022, Art. 59 GG, Rn. 33-34.1; Nettesheim, in: Dürig/Herzog/Scholz, Grundgesetz, Bd. IV, 98. EL 2022, Art. 59 GG, Rn. 147.

321 Allgemein hierzu: Pieper, in: Epping/Hillgruber, BeckOK Grundgesetz, 53. Edition 11.12.2022, Art. 59 GG, Rn. 34; Nettesheim, in: Dürig/Herzog/Scholz, Grundgesetz, Bd. IV, 98. EL 2022, Art. 59 GG, Rn. 148.

322 Grzeszick, AVR 2020, 123, 136 m.w.N.

323 Nettesheim, in: Dürig/Herzog/Scholz, Grundgesetz, Bd. IV, 98. EL 2022, Art. 59 GG, Rn. 203.

oder Bewertungen zu formulieren, denen allerdings keine Bindungswirkung zukommt, solange nicht nach Art. 59 Abs. 2 S. 1 GG ein Bundesgesetz notwendig wird.[324]

IV. Zwischenergebnis zu Abschnitt B.

Vom Wahlvolk der Bundesrepublik Deutschland aus über den Bundestag führen nach der Inkraftsetzung des CETA mehrere Delegationsketten zur Bundesregierung. Diese wird soweit die EU bisher für die von den im CETA vorgesehenen Ausschüssen bearbeiteten Materien nicht zuständig war, mit der Vertretung der Bundesrepublik im Rat der Europäischen Union (in Einzelfällen unter Umständen auch direkt in den CETA-Vertragsgremien) betraut. Die Bundesregierung wird im Rahmen ihrer Außen- bzw. Integrationskompetenz an den entsprechenden Entscheidungen mitwirken. Somit findet eine Delegation der nicht in die Zuständigkeit der EU fallenden Rechtsetzungsbefugnisse, die künftig von den CETA-Ausschüssen wahrgenommen werden sollen, statt. Wird mit den obigen Ausführungen davon ausgegangen, dass sich das CETA, auch soweit keine EU-Außenkompetenz begründet werden kann, in einem besonderen Näheverhältnis zum EUV und AEUV befindet, bildet Art. 23 Abs. 2 bis 7 GG den rechtlichen Anknüpfungspunkt für die Ausgestaltung des Delegationsaktes. Wird das CETA durch einen Ausschussbeschluss geändert kommen darüber hinaus die Verfahren nach Art. 59 Abs. 2 S. 1 GG und Art. 23 Abs. 1 S. 2 GG (bzw. bei Ablehnung des besonderen Näheverhältnisses Art. 24 Abs. 1 GG) in Betracht.[325]

Soweit das CETA in die bisherige Kompetenz der EU fällt, wirkt die Bundesregierung insbesondere in dem Verfahren der Art. 218 Abs. 9 Alt. 2 AEUV im Rat an der Vorbereitung von Entscheidungen der CETA-Ausschüsse mit. Eine aktive Beteiligung des Europäischen Parlaments sieht dieses Verfahren nicht vor. So führt die Inkraftsetzung des CETA im Zuständigkeitsbereich der EU vor dem Hintergrund des Art. 218 Abs. 9 Alt. 2 AEUV zu einer Weiterdelegation von Legislativbefugnissen vom Europäischen Parlament an die im Rat versammelten mitgliedstaatlichen Regierungen. Demnach kommt es mit der Inkraftsetzung des CETA durch die EU außerdem zu einer indirekten Delegation von

---

324 Nettesheim, in: Dürig/Herzog/Scholz, Grundgesetz, Bd. IV, 98. EL 2022, Art. 59 GG, Rn. 198f.; siehe auch: Grzeszick, AVR 2020, 123, 136-138.

325 Art. 23 Abs. 1 S. 2 oder Art. 24 Abs. 1 GG stehen insbesondere im Raum, wenn ein Ausschussbeschluss etwa nach Art. 8.29 oder Art. 26.1 Abs. 5 lit. a, g oder h CETA eine zusätzliche Übertragung von Hoheitsrechten bedeutet.

Rechtsetzungsbefugnissen an die Bundesregierung (zur gemeinsamen Wahrnehmung mit den Regierungen der übrigen EU-Mitgliedstaaten im Rat).

C. Delegationskette ab dem Wahlvolk der deutschen Bundesländer

Weitere Delegationsketten nehmen bei den (Wahl-)Völkern der deutschen Bundesländer ihren Anfang und verlaufen über deren Länderparlamente und Landesregierungen zum Bundesrat. Da der Bundesrat als Vertretung der Landesregierungen auf Bundesebene und nicht – wie etwa ein Senat – eine direkte Volksvertretung darstellt,[326] verläuft diese Delegationskette in sämtlichen Bundesländern über deren Landesregierungen. Wie zu zeigen sein wird, kann der Weg vom Landeswahlvolk, über das Landesparlament, bis zur Landesregierung aber durchaus unterschiedlich gestaltet sein. Aufgrund der Ausgestaltung der im CETA vorgesehenen Ausschüsse sowie aufgrund der geltenden verfassungsrechtlichen Rahmenbedingungen, ist davon auszugehen, dass mit der Inkraftsetzung des CETA auch eine Weiterdelegation der dem Bundesrat überantworteten Legislativbefugnisse an die Bundesregierung stattfindet. Wie schon im Hinblick auf den Bundestag ausgeführt, wird die Bundesregierung die hinzugewonnenen Befugnisse durch ihre, auf die Ausschussarbeit nach dem CETA gerichtete, Mitwirkung im Rat (und möglicherweise auch direkt in den CETA-Ausschüssen) wahrnehmen. Hierbei kommt ihr eine weitgehende Prärogative für außenpolitische Angelegenheiten und für Unionsangelegenheiten zu. Ebenso findet die indirekte Weiterdelegation von Rechtsetzungsbefugnissen an die Bundesregierung statt, soweit im CETA die Behandlung von Sachfragen vorgesehen ist, die zuvor an das Europäische Parlament delegiert wurden. Im folgenden Abschnitt sollen zunächst die von den (Wahl-)Völkern der Bundesländer zu den jeweiligen Länderparlamenten verlaufenden Delegationsketten (Unterabschnitt I.) sowie die – bisher nur im Freistaat Bayern vorgesehene – Möglichkeit einer direktdemokratischen Einflussnahme auf Landesvertreter im Bundesrat (Unterabschnitt II.) betrachtet werden. Dann ist auf die Fortsetzung der Delegationsketten über die Länderregierungen in den Bundesrat einzugehen (Unterabschnitt III.). Schließlich wird die Weiterdelegation ab dem Bundesrat thematisiert (Unterabschnitt IV.).

326 Zum historischen Hintergrund des Bundesratsmodells gegenüber einem Senatsmodell, vgl: Müller-Terpitz, in: Dürig/Herzog/Scholz, Grundgesetz, Bd. IV, 98. EL 2022, Art. 50 GG, Rn. 24f. m.w.N.

I. Rolle der Länderparlamente

Sowie der Bundestag ein Agent des Wahlvolkes der Bundesrepublik Deutschland ist, haben die Länderparlamente eine sehr ähnliche Funktion gegenüber dem Wahlvolk ihres jeweiligen Bundeslandes. Sie sind allerdings nicht unbedingt der einzige Kanal, über den der Wille des Landessouveräns zum Ausdruck gebracht werden kann, da die Landesverfassungen teilweise auch plebiszitäre Elemente vorsehen. So besteht im Freistaat Bayern, in bestimmten EU-Angelegenheiten, auch die Möglichkeit einer direktdemokratischen Einflussnahme auf die Abstimmung von Landesvertretern im Bundesrat. Auf das hierzu in der Bayerischen Verfassung vorgesehene Verfahren wird in Unterabschnitt III. eigens eingegangen.

Die Beteiligung der Bundesländer an Entscheidungsprozessen auf Bundesebene geschieht nach Art. 50 GG über den Bundesrat, der gem. Art. 51 Abs. 1 S. 1 GG aus von den Landesregierungen entsandten Vertretern besteht. Die Einbindung der einzelnen Länderparlamente in die Vertretung des jeweiligen Bundeslandes im Bundesrat sowie direktdemokratische Einflussmöglichkeiten des Wahlvolkes hierauf, ist in den 16 verschiedenen Länderverfassungen zum Teil unterschiedlich ausgestaltet. Für alle 16 Bundesländer gemeinsam lässt sich jedoch festhalten, dass deren Landesregierungen jeweils nach Art. 51 Abs. 1 GG eigene Kabinettsmitglieder in den Bundesrat entsenden. Diese Personen sind weisungsgebunden,[327] was sich aus dem Umkehrschluss zu den Mitgliedern des Vermittlungsausschusses (vgl. Art. 53a Abs. 1 S. 3 HS. 2 GG und Art. 77 Abs. 2 S. 3 GG),[328] aus der Notwendigkeit einer für jedes Bundesland einheitlichen Stimmabgabe[329] sowie der Abberufungsmöglichkeit nach Art. 51 Abs. 1 S. 1 GG ergibt.[330]

---

327 Das gebundene Mandat der Bundesratsmitglieder gehört nicht zum nach Art. 79 Abs. 3 GG änderungsfesten Teil der Verfassung. Auf dem Verfassungskonvent von Herrenchiemsee wurden auch Vorschläge zu einem freien Mandat der Bundesratsmitglieder diskutiert (vgl. hierzu: Korioth, in: von Mangoldt/Klein/Starck, Grundgesetz, Band II, 7. Auflage 2018, Art. 51 GG, Rn. 11 m.w.N.).

328 BVerfGE 106, 310, 334, Rn. 149; vgl. auch: Müller-Terpitz, in: Dürig/Herzog/Scholz, Grundgesetz, Bd. IV, 98. EL 2022, Art. 51 GG, Rn. 40 m.w.N; Robbers, in: Sachs, Grundgesetz, 9. Auflage 2021, Art. 51 GG, Rn. 9, Sachs, VVDStRL 1999, 39, 73.

329 Zur nach Art. 51 Abs. 3 S. 2 GG notwendigen Einheitlichkeit der Stimmabgabe: BVerfGE 106, 310, 331, Rn. 139f.

330 Müller-Terpitz, in: Dürig/Herzog/Scholz, Grundgesetz, Bd. IV, 98. EL 2022, Art. 51 GG, Rn. 40; Robbers, in: Sachs, Grundgesetz, 9. Auflage 2021, Art. 51 GG, Rn. 9.

Im Verhältnis zu den Länderparlamenten ist umstritten, ob das GG eine landesrechtliche Einflussnahme eines Landesparlaments auf ein konkretes Abstimmungsverhalten im Bundesrat zulässt. Gleichermaßen ist auch die Verpflichtung von Landesvertretern auf ein bestimmtes Abstimmungsverhalten im Bundesrat im Wege eines Volksentscheids auf Landesebene vor dem Hintergrund des GG hochgradig problematisch. Beide Diskussionen sind auch von hoher Relevanz für die Vertretung der Bundesländer im Bundesrat in Angelegenheiten der EU (Art. 23 Abs. 4 bis Abs. 7 GG). Auch falls nicht angenommen wird, dass auf die Willensbildung der Bundesorgane hinsichtlich der Mitwirkung in den CETA-Ausschüssen außerhalb des EU-Zuständigkeitsbereichs Art. 23 Abs. 4 bis Abs. 7 GG zur Anwendung kommt, sind mögliche Einflussnahmen durch die Länderparlamente auch im Bereich des Art. 59 Abs. 2 S. 1 GG von Bedeutung. Die Ausgestaltung der Rechtstellung der Bundesratsmitglieder und insbesondere der diesen gegenüber bestehenden Weisungsbefugnis wird durch Art. 51 Abs. 1 GG dem Landes(verfassungs)recht überantwortet. Hierbei haben sich die Landes(verfassungs)gesetzgeber jedoch in dem durch das Grundgesetz – insbesondere in Art. 51 GG – gezogenen Rahmen zu halten.[331] Wie gerade ausgeführt, besteht Einigkeit darüber, dass jedenfalls den Landesregierungen aus den bereits dargelegten Gründen ein Weisungsrecht gegenüber den Landesvertretern im Bundesrat zukommt. Das Grundgesetz verlangt für die Wirksamkeit der Stimmabgabe eines Landes allerdings nur deren Einheitlichkeit nach Art. 51 Abs. 3 S. 2 GG.[332] Nach dem Urteil des Bundesverfassungsgerichts zum Zuwanderungsgesetz darf der Bundesratspräsident im Rahmen seiner Sitzungsleitung auch nur die Frage klären, ob die Vertreter eines bestimmten Landes zu einer einheitlichen Abgabe ihrer Stimmen kommen oder nicht.[333] Dagegen ist es auf der Ebene des Bundesrats unerheblich, ob eine Stimmabgabe durch die Vertreter eines Landes unter Verstoß gegen eine landesrechtliche Weisung erfolgt.[334]

331 Insoweit: Müller-Terpitz, in: Dürig/Herzog/Scholz, Grundgesetz, Bd. IV, 98. EL 2022, Art. 51 GG, Rn. 41 und BVerfGE 8, 104, 120, Rn. 37.

332 BVerfGE 106, 310, 331, Rn. 139f.

333 BVerfGE 106, 310, 331-335, Rn. 141-150.

334 BVerfGE 106, 310, 334f., Rn. 149; ebd. S. 350, Rn. 178f. (Sondervotum Lübbe-Wolff); ebenso: Korioth, in: von Mangoldt/Klein/Starck, Grundgesetz, Band II, 7. Auflage 2018, Art. 51 GG, Rn. 23; Bauer, Dreier (Hrsg.), Grundgesetz-Kommentar, 3. Auflage 2015, Art. 51 GG, Rn. 26; Robbers, in: Sachs, Grundgesetz, 9. Auflage 2021, Art. 51 GG, Rn. 9.
Weiter zur Unterscheidung zwischen den innerhalb und außerhalb des Bundesrates geltenden Rechtsverhältnissen: Gröschner, JZ 2002, 621, 624f.

1. Parlamentarische Verantwortlichkeit und nachträgliche Kontrolle

Einigkeit besteht dahingehend, dass die Landesregierungen auch im Hinblick auf die Vertretung der Bundesländer im Bundesrat jedenfalls einer nachträglichen parlamentarischen Kontrolle unterliegen, da sonst ein Widerspruch zu grundlegenden Parlamentsfunktionen und mithin ein erhebliches Demokratiedefizit entstünde.[335] Diese parlamentarische Kontrolle umfasst ein Instrumentarium von parlamentarischen Anfragen, über Zitierrechte und Untersuchungsausschüsse bis hin zum Misstrauensvotum.[336]

Zentral für die verfassungsrechtliche Debatte um den Einfluss der Landespolitik und speziell der Länderparlamente auf die Prozesse innerhalb des Bundesrates ist das „Volksbefragungsurteil" des Bundesverfassungsgerichts.[337] Dort traf das Bundesverfassungsgericht die Aussage, dass Volksbefragungen auf Landesebene nicht mit dem Grundgesetz zu vereinbaren wären, wenn sie einen Gegenstand der ausschließlichen Gesetzgebungskompetenz des Bundes beträfen. Die Kompetenzordnung werde bereits dann gestört, wenn der Bundesrat als Bundesorgan in einer ihm obliegenden Sachentscheidung durch die kompetenzwidrige Bildung eines „Landesstaatswillens" (durch eine nicht rechtsverbindliche Volksbefragung) unter Druck gesetzt werde.[338] Das Bundesverfassungsgericht stellte weiter fest, dass sich die Rechtsstellung der Mitglieder des Bundesrates

335 Rührmair, Der Bundesrat zwischen Verfassungsauftrag, Politik und Länderinteressen, S. 80-82 m.w.N.

336 Rührmair, Der Bundesrat zwischen Verfassungsauftrag, Politik und Länderinteressen, S. 82f. m.w.N.

337 Zur Bedeutung des Volksbefragungsurteils für die weitere Diskussion, Sachs, VVDStRL 1999, 39, 74; Rührmair, Der Bundesrat zwischen Verfassungsauftrag, Politik und Länderinteressen, S. 77.

338 BVerfGE 8, 104, 117f., Rn. 34f.
Auch die Argumentation, die Volksbefragungen dienten lediglich der Erhebung einer Statistik für die Zwecke der Landespolitik (vgl. bei: BVerfGE 8, 104, 109, Rn. 23) ließ das Bundesverfassungsgericht nicht gelten. Zunächst nehme das Volk auch bei einer konsultativen aber amtlichen Volksbefragung an der Ausübung von Staatsgewalt und nicht nur an der Erhebung einer Statistik teil. Selbst wenn es sich bei den verfahrensgegenständlichen Volksbefragungen nur um die Erhebung einer Statistik handeln würde, müssten sich die Länder an die Kompetenzordnung des Grundgesetzes halten. Dabei könne die Notwendigkeit der Willensbildung der Landesvertreter im Bundesrat nicht dazu ausreichen, um eine in den ausschließlichen Zuständigkeitsbereich des Bundes fallende Angelegenheit zur „Statistik für Landeszwecke" umzudeuten (BVerfGE 8, 104, 118-120, Rn. 35f.).

(als einem Bundesorgan) nach Bundes(verfassungs)recht richte. Dass die Länder nach Art. 50 GG durch den Bundesrat an der Gesetzgebung und Verwaltung des Bundes mitwirken, sei nicht dahingehend zu verstehen, dass der Bundesrat „aus den Ländern gebildet" würde. Der Wortlaut des Art. 51 Abs. 1 GG ordne eindeutig an, dass der Bundesrat ein aus Mitgliedern der Landesregierung bestehendes Kollegialorgan sei. Aus dieser „eigenartigen Struktur" des Bundesrates sowie aus der denkbaren aber im GG nicht verwirklichten Alternative einer Vertretung des Landesstaatsvolks auf Bundesebene durch einen Senat,[339] leitete das Bundesverfassungsgericht ab, dass eine Weisungsbefugnis nur zwischen den Landesregierungen und den jeweiligen Landesvertretern im Bundesrat bestünde. Eine Befugnis der Landesparlamente oder der Landeswahlvölker, Einfluss auf Bundesratsentscheidungen zu nehmen, erkannte das Bundesverfassungsgericht nicht an. Diesbezüglich bestehe nur die allgemeine Verantwortlichkeit der Landesregierungen gegenüber den Landesparlamenten, die ihre jeweiligen Landesregierungen nach den jeweils einschlägigen landesverfassungsrechtlichen Regelungen abberufen könnten.[340] Die Absage an eine Einflussnahme auf Bundesratsentscheidungen durch Volksbefragungen auf Landesebene dehnte das Gericht im selben Urteil auch auf entsprechende nicht rechtsverbindliche Voten der Landesparlamente aus.[341] Wollte man diesem Befund ohne weitere Untersuchungen folgen, müsste man *argumentum a fortiori* eine (nach Landesrecht) rechtsverbindliche Weisung der Landesvertreter im Bundesrat durch das Landesparlament oder aufgrund einer Volksbefragung auf Landesebene ebenfalls als grundgesetzwidrig ansehen. Die Rolle der Landesparlamente in Bundesratsangelegenheiten würde somit auf die grundlegende Parlamentsfunktion reduziert, die jeweilige Landesregierung politisch zu kontrollieren und dieser gegebenenfalls das Vertrauen zu entziehen bzw. sie aus dem Amt zu entfernen.[342]

Auch die herrschende Strömung der Verfassungsrechtswissenschaft, insbesondere in der Kommentarliteratur, lehnt Weisungen der Landesparlamente gegenüber den Landesregierungen in Bundesratsangelegenheiten grundsätzlich

339 Auf dem Verfassungskonvent von Herrenchiemsee wurden mehrere Aspekte einer *Senatslösung* und der letztlich verwirklichten *Bundesratslösung* diskutiert (vgl. zusammenfassend hierzu: Korioth, in: von Mangoldt/Klein/Starck, Grundgesetz, Band II, 7. Auflage 2018, Art. 51 GG, Rn. 4-6 m.w.N; Schöbener, in: Kahl/Waldhoff/Walter (Hrsg.), Bonner Kommentar zum Grundgesetz, Ordner 12, 217. EL 2022, Vorbem. z. Art. 50-53, Rn. 113-117 m.w.N.

340 BVerfGE 8, 104, 120f., Rn. 37.

341 Vgl. BVerfGE 8, 104, 120, Rn. 37; Sachs, VVDStRL 1999, 39, 74.

342 Scholz, FS Carstens, S. 836f.

ab. Der Versuch die Landesparlamente an der Kompetenzkompensation zugunsten des Bundesrates teilhaben zu lassen,[343] sei verfassungsrechtlich problematisch: Art. 51 Abs. 1 S. 1 GG verleihe den Landes*regierungen* (und nicht den *Ländern*) das Recht, per Berufung und Abberufung über die personelle Zusammensetzung des Bundesrates zu entscheiden. Dies sei Ausdruck des Charakters des Bundesrates als aus den Landesregierungen gebildeten Kollegialorgans[344] als „föderative[n] Gegengewicht [zum] unitarische[n] Element des Bundestags".[345] Auch aus dem auf die *Länder* abstellenden Wortlaut des Art. 50 GG lasse sich nichts Anderes ableiten, da Art. 51 Abs. 1 S. 1 GG bezüglich der Arbeitsweise des Bundesrates die speziellere und damit vorrangige Regelung enthalte.[346] Vor diesem Hintergrund dränge sich ein Schluss auf ein alleiniges Weisungsrecht auf. Andersherum drohe ein Widerspruch zu der in Art. 51 Abs. 1 S. 1 GG angeordneten alleinigen Berufung der Bundesratsmitglieder durch die Landesregierungen, wenn man ein Weisungsrecht der Landesparlamente akzeptiere. Da das Weisungsrecht der Landesregierungen eng mit dem Berufungs- und Abberufungsrecht zusammenhänge, müsste man einem weisungsbefugten Landesparlament auch einen – im Grundgesetz gerade nicht vorgesehenen – Einfluss auf die Zusammensetzung der Bundesratsdelegation des jeweiligen Bundeslandes einräumen.[347] Eine landesrechtlich verbindliche Einflussnahme der Landtage auf das Abstimmungsverhalten der Landesregierungsvertreter im Bundesrat liefe auch auf eine Durchbrechung der bundesstaatlichen Kompetenzordnung bzw. der vertikalen Gewaltenteilung hinaus, da die Länderparlamente Einfluss auf die legislative Willensbildung im Bund erhielten[348] oder sogar eine pro-aktive

343 Vgl. Korioth, in: von Mangoldt/Klein/Starck, Grundgesetz, Band II, 7. Auflage 2018, Art. 51 GG, Rn. 25; vgl. auch: Sachs, VVDStRL 1999, 39, 73f.

344 Korioth, in: von Mangoldt/Klein/Starck, Grundgesetz, Band II, 7. Auflage 2018, Art. 51 GG, Rn. 25; Küpper, Der Staat 2003, 387, 389; in diesem Sinne auch: Müller-Terpitz, in: Dürig/Herzog/Scholz, Grundgesetz, Bd. IV, 98. EL 2022, Art. 51 GG, Rn. 41.

345 So die Formulierung bei: Partsch/Genzer, AöR 1950/51, 186, 197.

346 Grimm/Hummrich, DÖV 2005, 280, 285; Scholz, FS Carstens, S. 839.

347 Korioth, in: von Mangoldt/Klein/Starck, Grundgesetz, Band II, 7. Auflage 2018, Art. 51 GG, Rn. 25; auch Robbers, in: Sachs, Grundgesetz, 9. Auflage 2021, Art. 51 GG, Rn. 10, geht von einem Leerlaufen des Rechts der Landesregierungen zur alleinigen Bestimmung der in den Bundesrat zu entsendenden Mitglieder nach Art. 51 Abs. 1 S. 1 GG aus, wenn dieses nicht mit einem genauso exklusiven Recht zur Bestimmung des Abstimmungsverhaltens einherginge.

348 Korioth, in: von Mangoldt/Klein/Starck, Grundgesetz, Band II, 7. Auflage 2018, Art. 51 GG, Rn. 25.

Bundesratspolitik betreiben könnten.[349] In diesem Sinne urteilte 1986 auch der Staatsgerichtshof von Baden-Württemberg mit der Feststellung, eine rechtlich bindende Weisung eines Landesparlaments an die jeweilige Landesregierung zu einem Abstimmungsverhalten im Bundesrat stelle – jedenfalls im Bereich der ausschließlichen Bundesgesetzgebungskompetenzen – ein „Hinübergreifen in die Zuständigkeiten des Bundes in Bundesangelegenheiten“ dar.[350]

2. *Ein „mitlaufendes Kontrollrecht“ der Länderparlamente*

In Abgrenzung zum Volksbefragungsurteil des Bundesverfassungsgerichts wird jedoch vielfach für möglich gehalten, dass die Landesparlamente im Wege eines einfachen Parlamentsbeschlusses Empfehlungen oder Stellungnahmen zu Abstimmungen im Bundesrat an die Landesregierungen richten, jedenfalls dann, wenn die Interessen des jeweiligen Bundeslandes unmittelbar berührt werden.[351] Die aus dem Demokratieprinzip folgende Kontrollfunktion der Länderparlamente müsse den Entscheidungsprozess der Landesregierungen begleiten können, da sie sonst grundsätzlich zu spät käme. Ein solches – auch der Staatspraxis entsprechendes – „mitlaufendes Kontrollrecht“ verstoße auch nicht gegen das Prinzip der (horizontalen) Gewaltenteilung (auf Landesebene). Das Ziel der Gewaltenteilung sei weniger eine vollständige Trennung von Exekutive und Legislative, sondern die Mäßigung der Staatsmacht durch eine gegenseitige Kontrolle und Begrenzung der Staatsorgane. So führe die horizontale Gewaltenteilung zwar zu einer Aufteilung der *rechtlichen* Befugnissphären der Staatsorgane, nicht jedoch zu einem generellen Verbot *„politisch empfehlender* Einflussnahme“. Solange sich die mitlaufende parlamentarische Kontrolle hierauf beschränke und somit nur zu einer mittelbaren Befassung mit Bundesratsangelegenheiten führe, sei sie aufgrund der zentralen Rolle der Parlamente als Kontrollinstanz im parlamentarischen Regierungssystem hinzunehmen. Dabei sei jedoch die Grenze der rechtlich verbindlichen Einflussnahme zu wahren.[352] Über die Unzulässigkeit rechtsverbindlicher Weisungen der Landesparlamente

---

349 Horsch, ThürVBl. 2012, 241, 244; Grimm/Hummrich, DÖV 2005, 280, 285f.

350 StGH BaWü, DÖV 1986, 794, 794f.

351 Korioth, in: von Mangoldt/Klein/Starck, Grundgesetz, Band II, 7. Auflage 2018, Rn. 25 (dort auch Fn. 31); Sachs, VVDStRL 1999, 39, 74; Schöbener, in: Kahl/Waldhoff/Walter (Hrsg.), Bonner Kommentar zum Grundgesetz, Ordner 12, 217. EL 2022, Art. 51 GG, Rn. 66 m.w.N.; Schmidt, DÖV 1973, 469, 475 m.w.N; Scholz, FS Carstens, S. 837 m.w.N.

352 Grimm/Hummrich, DÖV 2005, 280, 284f. m.w.N.

hinaus, soll sich die Wahrnehmung der parlamentarischen Kontrollrechte auch nicht zu einer Instruktion mit praktisch-politisch gleicher Wirkung verdichten können. Derartiges sei bei einer bedingten vorweggenommenen Erklärung oder Ankündigung des Misstrauens gegenüber der Landesregierung oder bei einer Drohung mit deren Abwahl anzunehmen.[353]

Darüber hinaus wurde in Teilen der Literatur auch Kritik an einer „Depossedierung der Landesparlamente" geübt.[354] Danach ziehe die Einbindung der Länder in die Bundesgesetzgebung durch den Bundesrat, insbesondere in Angelegenheiten der EU, eine Kompetenzverlagerung von den Länderparlamenten auf die im Bundesrat vertretenen Landesregierungen nach sich.[355] 1991 wurde auf der Konferenz der Präsidentinnen und Präsidenten der deutschen Landesparlamente deshalb die Aufnahme eines Weisungsrechts der Länderparlamente an die Bundesratsmitglieder im Fall von Kompetenzübertragungen nach Art. 24 Abs. 1 GG[356] gefordert.[357]

Bereits in der noch nicht vom Volksbefragungsurteil beeinflussten Literatur vor 1958 wurde die Frage eines Weisungsrechts der Länderparlamente gegenüber den jeweiligen Landesvertretern im Bundesrat diskutiert. Das Schweigen des Grundgesetzes führe für sich genommen nur zu der Erkenntnis, dass die Antwort den einzelnen Landesverfassungen vorbehalten bleibe. Der Bundesrat sei allerdings, vergleichbar dem gleichnamigen Gremium der Bismarck'schen Verfassung von 1871, ein Gesandtenkongress der Länder. Der Bundesrat des Grundgesetzes sei jedoch nicht mit souveränen Fürsten besetzt, sondern mit Vertretern der Landesregierungen, die ihrem jeweiligen Souverän – dem Volk des betreffenden Bundeslandes – verantwortlich sind. In beiden Fällen seien die Souveräne der einzelnen Länder (früher deren Monarchen, heute deren Volk) im Bundesrat repräsentiert. Die Mitglieder des Bundesrates werden in den parlamentarischen Regierungssystemen der Bundesländer aufgrund parteipolitischer Mechanismen benannt und sollen deshalb jedenfalls verpflichtet sein, nach den politischen Grundsätzen der jeweiligen Landesregierungen zu handeln.[358] Sieht man die Berufung der Bundesratsmitglieder durch die Landesregierungen nach

353 Rührmair, Der Bundesrat zwischen Verfassungsauftrag, Politik und Länderinteressen, S. 101 m.w.N.

354 Scholz, FS Carstens, S. 833 m.w.N; Dolzer, VVDStRL 1999, 8, 23; Streinz, FS Vedder, S. 775

355 Grimm/Hummrich, DÖV 2005, 280, 280.

356 Art. 23 GG gab es damals in seiner heutigen Form noch nicht.

357 Grimm/Hummrich, DÖV 2005, 280, 280f. m.w.N.

358 Schnorr, AöR 1950-51, 259, 282.

Art. 51 Abs. 1 GG jedoch – vor dem gerade skizzierten Hintergrund der Repräsentation des Landesvolkes als Souverän – als bloße organisatorische Umsetzung an, liegt es nahe, dass die Bundesratsmitglieder jedenfalls in Länderangelegenheiten keine Bundesratsentscheidungen mittragen dürften, die im jeweiligen Landesparlament oder bei einer Volksbefragung nicht mehrheitsfähig wären. Die isolierte Interpretation des Art. 51 GG gibt den Landesregierungen dagegen eine sehr weitreichende, „quasi richterliche Unabhängigkeit" (*Arndt*) in Bundesratsangelegenheiten. So wird vorgeschlagen, Art. 51 GG nur als Verfahrensvorschrift anzusehen, die die Artikulation des Landeswillens im Bundesrat durch die Landesregierung regle, die Kompetenzvorschrift sei in Art. 50 GG enthalten. Den Rest müsse das Landesverfassungsrecht unter Beachtung des Art. 28 Abs. 1 GG regeln, da das GG keine speziellen Vorgaben an die Organisation des landesinternen Willensbildungsprozesses richte. Für die Einstufung von Art. 50 GG als Kompetenzvorschrift spreche auch dessen Stellung an der Spitze des 4. Abschnitts, da das GG auch andernorts Kompetenzzuordnungen an den Anfang der Abschnitte stelle (vgl. Art. 70 und Art. 38 GG).[359]

Gegen das Argument, dass Weisungen der Landesparlamente gegenüber den Landesregierungen in Bundesratsangelegenheiten gegen die vertikale Gewaltenteilung verstießen, wird auch eingewandt, dass es hier immerhin um die Mitwirkung des Bundesrates an der Bundesgesetzgebung ginge. So sei es wenig einsichtig, warum gerade die Mitwirkung eines Parlaments an einem Gesetzgebungsprozess für die Gewaltenteilung problematisch sein solle. Dies gelte, gerade wenn der Bundesrat im Rahmen des Art. 23 GG beteiligt werde und dies eine Kompensation von Landeskompetenzen darstellen solle, die an die EU „verlorengegangen" seien. Darüber hinaus sei ein Weisungsrecht der Landtage gegenüber den Bundesratsmitgliedern ein möglicher Ausgleich zu Tendenzen zur Parteidisziplin im Bundesrat.[360] Weiter wurde vorgebracht, es sei eine begriffsformalistische Konstruktion, wenn die Landesregierung im Bundesrat eigene Rechte im Rahmen der Bundesorganisation wahrnehme und hierbei nicht durch ein reines Landesorgan (dem Landesparlament) gebunden werden könne.[361] Das Problem an der herrschenden Meinung ist insgesamt, dass diese aus der Verletzung der vertikalen Gewaltenteilung zwischen der Bundes- und der Landesebene eine Verletzung der horizontalen Gewaltenteilung auf der Landesebene folgern will. Allerdings ist fraglich, ob sich auch aus Art. 28 Abs. 1

359 Arndt, BWVBl. 1986, 416, 417f.

360 Classen, VVDStRL 1999, 124, 124f.

361 Friedrich, ZParl 1975, 48, 57.

GG ein derartiges Problem ergibt. Zu denken ist zwar an eine grundgesetzwidrige Einmischung der Landesparlamente in Bundesgesetzgebungskompetenzen. Doch auch eine solche wäre aufgrund der Trennung der Verfassungsräume von Bund und Ländern von begrenzter Tragweite, da eine Weisung eines Landesparlaments gegenüber der jeweiligen Landesregierung für die verfassungsrechtliche Wirksamkeit der Stimmabgabe im Bundesrat nicht relevant ist.[362]

3. *Integrationsverantwortung der Landtage*

In Folge des Lissabon-Urteils des Bundesverfassungsgerichts erhielt die Debatte um den Einfluss der Landtage auf die Vertretung „ihrer" jeweiligen Bundesländer im Bundesrat neuen Schub, jedenfalls soweit es sich um die Mitwirkung des Bundesrates in Angelegenheiten der EU nach Art. 23 GG handelt. In seinem Urteil zur jüngsten Reform des europäischen Primärrechts führte das Bundesverfassungsgericht den Rechtsbegriff der Integrationsverantwortung ein. Hiermit ist die „dauerhafte und nachhaltige" Verantwortung der deutschen Verfassungsorgane gemeint, ihre Begleitung der Entwicklung der Europäischen Integration zu verrechtlichen und hierbei die stattfindende Vergemeinschaftung von Hoheitsgewalt mit der nach wie vor notwendigen Wahrung der mitgliedstaatlichen Selbstbestimmung in Ausgleich zu bringen.[363]

a. *Neubewertung aufgrund der Europäischen Integration*

Ob das Bundesverfassungsgericht im Zeitalter der Integrationsverantwortung zu einer Deutung der Art. 50, Art. 51 und Art. 28 Abs. 1 GG käme, die den Landtagen jegliche Weisung gegenüber der Landesregierung im Hinblick auf die Mitwirkung des Bundesrates in Angelegenheiten der EU verbieten würde, kann und wird das Gericht nur selbst beantworten. Zweifel hieran bestehen jedoch. Kurz nach seinem Ausscheiden hat der ehemalige Bundesverfassungsgerichtspräsident *Hans Jürgen Papier* sich von einer solchen Sichtweise mit der Begründung distanziert, die Frage einer landesrechtlich verbindlichen Weisung der Länderparlamente gegenüber den Landesregierungen sei Sache des Landesverfassungsrechts. Aufgrund der eigenen Verfassungshoheit der Länder seien bundesverfassungsrechtliche Vorgaben in diesem Bereich grundsätzlich nicht möglich. Umgekehrt sei das Landesrecht bei der Stimmabgabe im Bundesrat auf

---

362 Weiß, JuS 2019, 97, 102.
363 Weiß, JuS 2018, 1046, 1046; Voßkuhle, JZ 2016, 161, 161f.

der Bundesebene ohnehin nicht relevant.[364] Ob sich diese Linie in der künftigen Rechtsprechung des Bundesverfassungsgerichts wiederfinden wird, bleibt jedoch auch mit Blick auf die von weiteren Verfassungsrichtern geäußerte Skepsis[365] abzuwarten.

Die angebliche Exklusivität des Weisungsrechts der Landesregierungen erscheint jedoch bei Gesetzgebungsmaterien, die den Landtagen durch die Übertragung von Hoheitsrechten an die EU „verloren" gehen, als fragwürdig. Trotz der Stärkung des Bundesrates durch Art. 23 Abs. 4 bis 5 GG können die Landesparlamente hier in zweifacher Hinsicht nur indirekt mitwirken (erstens aufgrund der gemeinsamen Mitwirkung der Länder über den Bundesrat und zweitens aufgrund ihrer dortigen Vertretung durch die Landesregierungen). Ohne eine Möglichkeit, die Landtage mittels zumindest auf der landesverfassungsrechtlichen Ebene rechtsverbindlichen Instrumenten einzubinden, bleibt die Integrationsverantwortung faktisch auf die Bundesebene beschränkt.[366] Das Risiko einer Verletzung der horizontalen Gewaltenteilung auf der Bundesebene ist bereits aufgrund der im Grundgesetz angelegten Trennung der Verfassungsräume von Bund und Ländern gering, da eine landesrechtlich weisungswidrige Stimmabgabe auf der Bundesebene keinen Einfluss auf die Wirksamkeit eines Bundesratsbeschlusses hat. Auf der landesverfassungsrechtlichen Ebene führt eine Übertragung von Hoheitsrechten auf die EU zu einer Kompetenzverschiebung von der Landeslegislativen auf die Landesexekutive, die nunmehr im Bundesrat an der inhaltlichen Ausübung übertragener Rechtssetzungsbefugnisse mitwirkt. Um die in Art. 51 GG verankerten Verfassungsstrukturprinzipien nicht zu übergehen, bedarf es einer praktischen Konkordanz zwischen diesen und der Integrationsverantwortung der Landtage. Hierbei ist von einer hohen Intensität demokratischer Legitimationsanforderungen auszugehen, die sich daraus ergibt, dass die Übertragung von Hoheitsgewalt der Länder durch den Bund auf die EU für die Länder kaum rückgängig zu machen ist.[367] Andererseits

364 Papier, ZParl 2010, 903, 907f.; BVerfGE 106, 310, 350, Rn. 178f. (Sondervotum Osterloh/Lübbe-Wolff).

365 Insb. Huber, BayVBl. 2012, 257, 260; vgl. jedoch auch: Voßkuhle, Festsitzung des Landtages Baden-Württemberg 2012, S. 36f.

366 Weiß, JuS 2019, 97, 97-99; ebd., S. 101f.; Horsch, ThürVBl. 2012, 241, 242f. Vgl. auch Punkt 5 der „Stuttgarter Erklärung der Präsidentinnen und Präsidenten der deutschen Landesparlamente".

367 Weiß, JuS 2019, 97, 101f.; Streinz, FS Vedder, S. 782;

ist nach Art. 51 GG eine grundsätzliche Eigenständigkeit der Landesregierung in Bundesratsangelegenheiten und nach Art. 28 Abs. 1 GG eine landesverfassungsrechtliche Absicherung möglicher Weisungen des jeweiligen Landesparlaments zu fordern.[368] So ist bei einer Hoheitsrechtsübertragung im Bereich einer reinen Bundeskompetenz nicht von einem Weisungsrecht auszugehen. Werden jedoch Länderkompetenzen auf die EU übertragen, die nur aufgrund Zuständigkeit des Bundes für die Übertragung von Hoheitsrechten an die EU (Art. 23 Abs. 1 S. 3 GG) auf die Bundesebene geraten, besteht durchaus das Bedürfnis nach einem Weisungsrecht der Länderparlamente gegenüber ihren Landesregierungen.[369] Auch hierbei darf eine Mitwirkung der Landesparlamente nicht zu einer Lähmung der Entscheidungsfindungsprozesse auf der Bundesebene führen. Nachdem eine verfassungsrechtlich wirksame Blockade auf der Bundesebene nicht zu befürchten ist, reduziert sich diese Problematik auf eine politische Erschwerung der deutschen Mitwirkung im Rat der Europäischen Union. So darf eine Beteiligung der Länderparlamente nicht zu Verletzungen des unionsrechtlichen Loyalitätsgebots nach Art. 4 Abs. 3 EUV durch die Bundesrepublik führen.[370]

b. Verfassungsänderungen in Baden-Württemberg und Bayern

Die Überlegung, die Länderparlamente an der Entscheidung über die Übertragung von Länderkompetenzen an die EU zu beteiligen, wurde in mehreren Bundesländern angestellt. Zu einer entsprechenden Änderung der Landesverfassung führte dies in Baden-Württemberg und in Bayern. In Thüringen existiert eine entsprechende Vereinbarung zwischen dem Landtag und der Landesregierung, die jedoch keinen Gesetzes- oder gar Verfassungsrang hat. In Niedersachsen, Sachsen und Schleswig-Holstein wurden Verfassungsänderungen im Sinne einer Beteiligung der jeweiligen Landtage erörtert, ohne dass es zu einer entsprechenden Verfassungsänderung gekommen wäre.[371]

Der Bayerische Landtag und der Baden-Württembergische Landtag sprechen gleichlautend (!) gar von einem „endgültigen Verlust eigener Rechte des Landtags“: BayLT-Drs. 16/17358, S. 4; BWLT-Drs. 14/7338, S. 6.

368 Sachs, VVDStRL 1999, 39, 74; Korioth, in: von Mangoldt/Klein/Starck, Grundgesetz, Band II, 7. Auflage 2018, Art. 51 GG, Rn. 25 m.w.N.

369 Weiß, JuS 2019, 97, 101-103.

370 Vgl. Streinz, FS Vedder, S. 783f.

371 Streinz, FS Vedder, S. 777.

aa. Baden-Württemberg

In der Gesetzesbegründung zur Einführung des Art. 34a Abs. 2 Verfassung des Landes Baden-Württemberg wurde der vom Bundesverfassungsgericht entwickelte Gedanke der Integrationsverantwortung auf die Länderparlamente übertragen. Diese seien die Träger der Integrationsverantwortung soweit die Gesetzgebungszuständigkeiten der Länder reichten. Die Einschränkung der gesetzgeberischen Gestaltungsfreiheit der Länder durch die überstaatliche Gewalt der EU sei „in einer demokratischen Grundsätzen genügenden Weise" durch Beteiligung der Länderparlamente zu kompensieren.[372] Nach Art. 34a Abs. 2 Verfassung des Landes Baden-Württemberg kann der Landtag eine die Landesregierung bindende Stellungnahme verabschieden, wenn im Bundesrat über die Übertragung einer ausschließlichen Gesetzgebungszuständigkeit der Länder beraten oder abgestimmt wird.

bb. Freistaat Bayern

Art. 70 Abs. 4 S. 2 Bayerische Verfassung ermöglicht eine Bindung der Landesregierung bei der Mitwirkung an der Integrationskompetenz des Bundes nach Art. 23 Abs. 1 S. 2 und Abs. 4-7 GG durch ein formelles Gesetz i.S.v. Art. 72 Bayerische Verfassung.[373] Da ein formelles Gesetz gem. Art. 72 Abs. 1 Bayerische Verfassung sowohl durch den Landtag als auch durch einen Volksentscheid beschlossen werden kann, tritt die Möglichkeit einer direktdemokratischen Bindung der Bayerischen Landesregierung in EU-Angelegenheiten neben die mögliche Bindung durch den Landtag[374] (Unterabschnitt II.). Der gesamte Art. 70 Abs. 4 Bayerische Verfassung gilt nur im Bereich der Landesgesetzgebungskompetenz[375] und nur im Innenverhältnis zwischen dem Bayerischen Landtag und der Bayerischen Landesregierung, dafür aber nicht nur im Hinblick auf das Abstimmungsverhalten im Bundesrat, sondern bezüglich aller „verfassungsmäßigen Aufgaben" im Zusammenhang mit Hoheitsrechtsübertragungen auf die

372 BWLT-Drs. 14/7338, S. 5.

373 Brechmann, in: Meder/Brechmann (Hrsg.), Die Verfassung des Freistaates Bayern, 6. Auflage 2020, Art. 70 BV, Rn. 5.

374 Brechmann, in: Meder/Brechmann (Hrsg.), Die Verfassung des Freistaates Bayern, 6. Auflage 2020, Art. 70 BV, Rn. 35; Streinz, FS Vedder, S. 785; Möstl, in: Lindner/Möstl/Wolff (Hrsg.), Verfassung des Freistaates Bayern, 2. Auflage 2017, Art. 70 BV, Rn. 17.

375 Brechmann, in: Meder/Brechmann (Hrsg.), Die Verfassung des Freistaates Bayern, 6. Auflage 2020, Art. 70 BV, Rn. 35; Möstl, in: Lindner/Möstl/Wolff (Hrsg.), Verfassung des Freistaates Bayern, 2. Auflage 2017, Art. 70 BV, Rn. 17.

EU (Art. 70 Abs. 4 S. 2 Bayerische Verfassung) oder sonst in entsprechenden EU-Angelegenheiten (Art. 70 Abs. 4 S. 3 Bayerische Verfassung).[376]

Art. 70 Abs. 4 S. 2 Bayerische Verfassung ist auf die Übertragung von Hoheitsrechten nach Art. 23 Abs. 1 S. 2 GG beschränkt.[377] Diese hat zur Folge, dass im „laufenden Betrieb" (*Streinz*) der europäischen Integration nur eine nach Art. 70 Abs. 4 S. 3 Bayerische Verfassung „maßgeblich" zu berücksichtigende Stellungnahme möglich ist.[378] Dabei ist der Begriff der Übertragung von Hoheitsrechten parallel zu Art. 23 Abs. 1 S. 2 GG auszulegen. Vor dem Hintergrund der Rechtsprechung des Bundesverfassungsgerichts zu Art. 23 Abs. 1 S. 2 GG erstreckt sich die Anwendbarkeit des Art. 70 Abs. 4 S. 3 Bayerische Verfassung somit auf Hoheitsrechtsübertragungen durch Änderungen des europäischen Primärrechts sowie auf alle anderen Fälle, bei denen eine Zustimmung von Bundestag und Bundesrat erforderlich ist. Diese bundesverfassungsgerichtlichen Vorgaben hat der Bundesgesetzgeber im Integrationsverantwortungsgesetz (IntVG) umgesetzt.[379] Hiernach bedarf die Bundesregierung zur Mitwirkung an Ratsbeschlüssen einer Zustimmung von Bundestag und Bundesrat, wenn sie auf einer der folgenden Grundlagen beruhen: „Vereinfachtes und besonderes Vertragsänderungsverfahren" nach Art. 48 Abs. 6 UAbs. 2 und 3 EUV, Art. 218 Abs. 8 UAbs. 2 S. 2 AEUV oder Art. 311 Abs. 3 AEUV, Brückenklauseln gemäß Art. 48 Abs. 7 UAbs. 1 S. 1 EUV, Kompetenzerweiterungsklauseln nach Art. 83 Abs. 1 UAbs. 3, Art. 86 Abs. 4 AEUV oder Art. 308 Abs. 3 AEUV sowie die Flexibilitätsklausel des Art. 352 AEUV.[380]

Bei weiteren Vorgängen, die eine (implizite) Hoheitsrechtsübertragung zur Folge haben können, wird es darauf ankommen, ob die jeweilige Rechtsgrundlage

---

376 Brechmann, in: Meder/Brechmann (Hrsg.), Die Verfassung des Freistaates Bayern, 6. Auflage 2020, Art. 70 BV, Rn. 37f.; Möstl, in: Lindner/Möstl/Wolff (Hrsg.), Verfassung des Freistaates Bayern, 2. Auflage 2017, Rn. 15; BayVerfGH, Urteil vom 15.02.2017, Vf. 60-IX-16, Rn. 49.

377 Hierzu: BayVerfGH, Urteil vom 15.02.2017, Vf. 60-IX-16, Rn. 44-47; zur Beschränkung auf Art. 23 Abs. 1 S. 2 GG: ebd., Rn. 52.

378 Streinz, FS Vedder, S. 783; Brechmann, in: Meder/Brechmann (Hrsg.), Die Verfassung des Freistaates Bayern, 6. Auflage 2020, Art. 70 BV, Rn. 36.

379 Streinz, FS Vedder, S. 788-790; Brechmann, in: Meder/Brechmann (Hrsg.), Die Verfassung des Freistaates Bayern, 6. Auflage 2020, Art. 70 BV, Rn. 36; Möstl, in: Lindner/Möstl/Wolff (Hrsg.), Verfassung des Freistaates Bayern, 2. Auflage 2017, Art. 70 BV, Rn. 15; BayVerfGH, Urteil vom 15.02.2017, Vf. 60-IX-16, Rn. 46f.; ebd., Rn. 49.

380 Brechmann, in: Meder/Brechmann (Hrsg.), Die Verfassung des Freistaates Bayern, 6. Auflage 2020, Art. 70 BV, Rn. 36.

in einem besonderen Näheverhältnis zum europäischen Primärrecht steht. Wie bereits bei den Rechtsgrundlagen der Beteiligung des Bundestages ausgeführt, ist hier nicht abschließend geklärt, wann von einem solchen Näheverhältnis auszugehen ist und wann nicht. So wird in der Literatur zum Teil dafür plädiert, derartige Fälle von vornherein vom Anwendungsbereich des Art. 70 Abs. 4 S. 2 Bayerische Verfassung auszunehmen, um die praktikable Anwendung des Weisungsrechts des Bayerischen Landtages nicht zu gefährden.[381] Die im Wege praktischer Konkordanz zu rechtfertigende Teilhabe des Bayerischen Landtags an der Integrationsverantwortung, wie sie in Art. 70 Abs. 4 S. 2 Bayerische Verfassung vorgesehen ist, soll so ihrerseits mit dem Interesse einer praktikablen Anwendung und Akzeptanz der bundesverfassungsrechtlich hochgradig umstrittenen Norm in Ausgleich gebracht werden. In der Konsequenz bliebe dem Bayerischen Landtag im Zusammenhang mit der deutschen Zustimmung zum ESM, zum Euro-Plus-Pakt und erst recht zum CETA, nur die Mitwirkungsmöglichkeit einer maßgeblich zu berücksichtigenden Stellungnahme nach Art. 70 Abs. 4 S. 3 Bayerische Verfassung.[382] Gleiches gilt für die Betätigung einer im CETA vorgesehenen Ausschusskompetenz, auch wenn diese im Einzelfall praktisch auf eine (implizierte) weitere Übertragung von Hoheitsrechten auf die EU oder einen CETA-Ausschuss hinauslaufen sollte.

Wie bereits angesprochen ist es jedoch für die Wirksamkeit der Stimmabgabe durch die Ländervertreter im Bundesrat ohne Einfluss, ob diese mit einer landesrechtlichen Weisung übereinstimmt oder nicht.[383] So stellt sich die Frage, worin das Interesse an einer praktikablen Anwendung und Akzeptanz des Art. 70 Abs. 4 S. 2 Bayerische Verfassung genau liegen soll. Widersetzen sich die Landesvertreter im Bundesrat einem nach Art. 70 Abs. 4 S. 2 Bayerische Verfassung erlassenen Landesgesetz, nehmen sie damit zwar unter Umständen eine Regierungs- oder gar Verfassungskrise auf Landesebene in Kauf,[384] setzen sich auf der Bundesebene im Ergebnis aber durch. So reduziert sich die Bedeutung des Art. 70 Abs. 4 S. 2 Bayerische Verfassung auf ein Instrument zur integrationspolitischen Willensbildung auf der Landesebene. Mangels Erzwingbarkeit

381 So: Streinz, FS Vedder, S. 789f.

382 So: Streinz, FS Vedder, S. 789f.

383 Siehe oben Unterabschnitt C. I. Punkt 2. am Ende.

384 Gegenwärtig erscheint dies aufgrund der stabilen, regierungstragenden Mehrheiten im Bayerischen Landtag zwar als unwahrscheinlich. Ausgeschlossen ist ein solcher Konflikt gleichwohl nicht, wenn etwa eine im Bundesrat zur Abstimmung anstehende EU-Angelegenheit innerhalb der Regierungskoalition auf Landesebene umstritten ist.

auf der gleichwohl entscheidenden Bundesebene ist der Bayerische Landtag darauf angewiesen, seine Integrationsverantwortung in inhaltlich überzeugender Weise wahrzunehmen. Dies ist jedoch eine politische Gestaltungsfrage und keine verfassungsrechtliche. So sollte es dem Bayerischen Landtag freistehen, sich nach Art. 70 Abs. 4 S. 2 Bayerische Verfassung in eine Frage der Übertragung von Hoheitsrechten auf ein völkerrechtliches Gremium einzubringen, das möglicherweise aber nicht offenkundig in einem besonderen Näheverhältnis zum EU-Recht steht. Kommen der Bundesrat oder im Streitfall das Bundesverfassungsgericht in der Frage des Näheverhältnisses zu einem anderen Ergebnis als der Bayerische Landtag, wird dies auf der Bundesebene kaum zu nennenswerten verfassungsrechtlichen Problemen führen, da es den bayerischen Landesvertretern im Bundesrat freisteht, sich der Ansicht des Bayerischen Landtags zu widersetzen.

Somit wird in der vorliegenden Untersuchung davon ausgegangen, dass eine Bindung der bayerischen Landesvertreter durch ein Landesgesetz nach Art. 70 Abs. 4 S. 2 Bayerische Verfassung möglich ist, wenn einem der im CETA vorgesehenen Ausschüsse (weitere) Hoheitsrechte übertragen werden sollen oder wenn ein Beschluss eines CETA-Ausschusses eine Kompetenzverschiebung zugunsten der EU bedeutet. Für das vorliegende Prinzipal-Agenten-Modell kommt es hierbei zunächst auf die Möglichkeit einer Bindungswirkung des Landesgesetzes nach Art. 70 Abs. 4 S. 2 Bayerische Verfassung im Verhältnis zwischen dem Landtag und der Landesregierung an. Bei Ausschussbeschlüssen, die das Recht des Bayerischen Landtags zur Landesgesetzgebung berühren, jedoch hinter der Schwelle der Hoheitsrechtsübertragung zurückbleiben, steht das Instrument der Landtagsstellungnahme nach Art. 70 Abs. 4 S. 3 Bayerische Verfassung zur Verfügung.

c. *Unterschiedliche Modelle für die Einbindung der Länderparlamente in die Europäische Integration*

Im folgenden Unterpunkt sollen die in den 16 Bundesländern anzutreffenden Modelle für die Einbindung der jeweiligen Länderparlamente in die Arbeit des Bundesrates in EU-Angelegenheiten aufgezeigt werden. Dies dient der Ausweitung des hiesigen Prinzipal-Agenten-Modells, wobei der Schwerpunkt gemäß der zu Beginn dieses Kapitels formulierten Fragestellung auf dem Vorhandensein von Delegationsbeziehungen nebst deren rechtlichen Anknüpfungspunkten liegen wird. Es geht also zunächst nur um die Frage, inwieweit durch die Inkraftsetzung des CETA eine Delegation der Wahrnehmung von Aufgaben der Länderparlamente an die Landesregierungen stattfindet. Dabei geht es um das „Ob" der Delegation von Gesetzgebungsaufgaben an die Landesregierungen. Somit spielen an dieser Stelle nur Weisungs- und Stellungnahmerechte der Landtage eine Rolle, die anhand des Grades ihrer landes(verfassungs)rechtlichen Bindungswirkung einzuordnen sind.[385]

Nach den Verfassungen von Bayern und Baden-Württemberg, als auch nach denen der übrigen Bundesländer, ergeben sich unterschiedliche Modelle zur Einbindung der Länderparlamente in EU-Angelegenheiten. Ein Großteil des Instrumentariums bleibt unterhalb der Schwelle eines rechtsverbindlichen Weisungsrechts des Landesparlaments gegenüber der Landesregierung. In den meisten Bundesländern kommt den Länderparlamenten nur ein allgemeiner politischer Einfluss, aber keine rechtlich abgesicherte Einwirkungsmöglichkeit zu. Vielfach sind Stellungnamerechte vorgesehen, die einen schlichten Parlamentsbeschluss ermöglichen, der für sich genommen keine Rechtsverbindlichkeit begründet, sondern lediglich die Funktion hat, auf die Willensbildung der Landesregierung politischen Einfluss zu nehmen.[386]

Ein weiteres für die Einordnung der, den Länderparlamenten zur Verfügung stehenden, Instrumente relevantes Kriterium ist deren Anwendungsbereich. So ist zu unterscheiden, ob ein Stellungnahme- oder Weisungsrecht ausschließlich die Mitwirkung des Bundesrates in EU-Angelegenheiten nach Art. 23 GG erfasst oder auch im Anwendungsbereich des Art. 59 Abs. 2 S. 1 GG gilt. Dies ist von Interesse, falls entgegen der hier vertretenen Auffassung davon ausgegangen werden sollte, die nicht in den Zuständigkeitsbereich der EU fallenden Teile des CETA würden mangels eines besonderen Näheverhältnis zum EUV und AEUV nicht von Art. 23 GG erfasst. Ferner ist – insbesondere wenn Art. 23 GG zur Anwendung kommt – zu unterscheiden, ob ein Instrument nur die Hoheitsrechtsübertragung an sich – als initiale Delegation – erfasst, oder ob es für die spätere Ausübung übertragener Hoheitsrechte gilt.

Im Folgenden werden die in den einzelnen Bundesländern den Länderparlamenten zur Verfügung stehenden Instrumente zur Teilhabe an EU-Angelegenheiten nach Art. 23 GG und in Bezug auf ihre Einwirkungsmöglichkeiten auf ihre Regierungen im Anwendungsbereich des Art. 59 Abs. 2 S. 1 GG dargestellt und eingeordnet. Dabei wird auch der Anwendungsbereich der jeweiligen Instrumente zur Sprache kommen.

---

385 Zu bloßen Informationsrechten: Weiß, JuS 2019, 97, 99f.

386 Grimm/Hummrich, DÖV 2005, 280, 282f.; Weiß, JuS 2019, 97, 100f.

aa. *Auf die Subsidiaritätskontrolle beschränkte Einbindung in Hamburg und Sachsen*

In der Freien und Hansestadt Hamburg[387] sowie im Freistaat Sachsen[388] sind Stellungnahmerechte nur im Anwendungsbereich des Subsidiaritätsfrühwarnmechanismus nach dem Subsidiaritätsprotokoll zum EUV vorgesehen. Dieser dient jedoch der Absicherung des Subsidiaritätsprinzips nach Art. 5. Abs. 3 UAbs. 1 EUV bei der Wahrnehmung bereits an die EU übertragener Rechtsetzungskompetenzen durch die EU-Organe. Somit werden die hierauf beruhenden Einwirkungsmöglichkeiten der Länderparlamente nicht bereits durch die Inkraftsetzung des CETA und die hiermit stattfindenden Hoheitsrechtsübertragungen ausgelöst, sondern, wenn überhaupt, durch die spätere Mitwirkung der EU-Organe an der Arbeit der CETA-Ausschüsse. Allerdings bleibt eine Anwendung des Subsidiaritätsprinzips für diejenigen Teile des CETA, bei denen die Zuständigkeit der EU auf der ausschließlichen Unionskompetenz für die Gemeinsame Handelspolitik nach Art. 3 Abs. 1 lit. e i.V.m. Art. 207 Abs. 1 AEUV oder auf einer ausschließlichen Unionskompetenz nach Art. 3 Abs. 2 AEUV beruht,[389] von vornherein außer Betracht. Nur soweit die EU ihre Zuständigkeit für Regelungsgegenstände des CETA aus einer mit ihren Mitgliedstaaten geteilten Kompetenz nach Art. 2 Abs. 2 AEUV schöpft, ist der Anwendungsbereich des Subsidiaritätsprinzips und damit der Kontrolle nach dem Subsidiaritätsprotokoll eröffnet. Wie oben in Abschnitt B. Unterabschnitt I. aufgezeigt

387 Subsidiaritätsvereinbarung der Bürgerschaft mit dem Senat der Freien und Hansestadt Hamburg,
Punkt I.5 und Punkt I.6.

388 Subsidiaritätsvereinbarung zwischen dem Landtag und der Staatsregierung des Freistaates Sachsen,
Punkt II.6 und Punkt II.7.

389 Zum Umfang der ausschließlichen Unionskompetenz für Gemeinsame Handelspolitik, bezogen auf das CETA: Nettesheim, Umfassende Freihandelsabkommen und Grundgesetz, S. 76-84.
Umstritten ist die Kompetenzlage insbesondere bei Dienstleistungen im Seeverkehr (vgl. Nettesheim, Umfassende Freihandelsabkommen und Grundgesetz, S. 79); auch bezüglich der Regelungen zu Investitionen in Finanzinstitute nach Art. 13.2 Abs. 1 lit. b CETA (vgl. Nettesheim, Umfassende Freihandelsabkommen und Grundgesetz, S. 80) und der Regelungen zu Handel und nachhaltiger Entwicklung, Arbeit und Umwelt nach den Kapiteln 22 bis 24 des CETA sowie der hierauf gem. Art. 21.1 CETA bezogenen Regulierungszusammenarbeit (vgl. Nettesheim, Umfassende Freihandelsabkommen und Grundgesetz, S. 82f.) bestehen Zweifel.

wurde, betrifft dies zumindest diejenigen Ausschusskompetenzen, die sich mit grenzüberschreitenden Portfolioinvestitionen befassen, was sich bereits aus dem Singapur-Gutachten des EuGH ergibt. Darüber hinaus hat das Bundesverfassungsgericht in seinem Urteil vom 13. Oktober 2016 und seinem Beschluss vom 09. Februar 2022 im CETA-Verfahren angedeutet, dass auch die im 11. Kapitel des CETA enthaltenen Regelungen zur gegenseitigen Anerkennung von Berufsqualifikationen und damit auch die entsprechenden Ausschusskompetenzen zumindest teilweise in eine zwischen der EU und ihren Mitgliedstaaten geteilte Kompetenz fallen könnten. Dem Subsidiaritätsfrühwarnmechanismus könnte darüber hinaus eine Rolle zur Beschränkung der Mitwirkung von EU-Organen in den CETA-Ausschüssen zukommen, wenn es um Entscheidungsmaterien geht, deren Regelung bisher in der nationalen Kompetenz der EU-Mitgliedstaaten verblieben sind. Hierzu müssten die Mechanismen der Subsidiaritätskontrolle (Subsidiaritätsrüge und Subsidiaritätsklage) jedoch auf die, dem eigentlichen Subsidiaritätsprinzip vorgelagerte Frage nach einer Verletzung des Prinzips der begrenzten Einzelermächtigung anwendbar sein.[390] Sollte dies mit Teilen der Literatur bejaht werden, ergibt sich das nächste Problem aber daraus, dass die Subsidiaritätskontrolle nach dem Subsidiaritätsprotokoll nur hinsichtlich beabsichtigter Gesetzgebungsakte i.S.v. Art. 289 Abs. 3 AEUV zur Verfügung steht, obwohl aufgrund der Stellung des Art. 5 EUV in den gemeinsamen Bestimmungen des EUV davon auszugehen ist, dass das eigentliche Subsidiaritätsprinzip nicht auf Rechtsetzungs- oder gar Gesetzgebungsakte beschränkt ist.[391] Beschlüsse internationaler Vertragsgremien liegen trotz Art. 216 Abs. 2 AEUV nicht in der von Art. 289 Abs. 3 AEUV legal definierten Form vor. Auch der im Vorfeld zu fassende Ratsbeschluss über einen Gemeinsamen Unionsstandpunkt nach Art. 218 Abs. 9 Alt. 2 AEUV oder ein Ratsbeschluss nach Art. 218 Abs. 7 AEUV fallen nicht unter Art. 289 Abs. 3 AEUV. Somit ist davon auszugehen, dass Stellungnahmen des Bundesrates in einer solchen Angelegenheit durch die EU-Organe nicht nach Art. 7 des Subsidiaritätsprotokolls behandelt werden. Dementsprechend sind Stellungnahmen von Landesparlamenten zu deren Berücksichtigung die jeweiligen Landesregierungen landes(verfassungs)rechtlich nur im Hinblick auf ein Vorgehen des Bundesrates im Rahmen des Subsidiaritätsmechanismus verpflichtet sind untauglich, wenn sie ein im Rahmen der CETA-Ausschüsse verfolgtes Vorhaben zum Gegenstand haben. Im Ergebnis

390 Zu diesem Streitpunkt: Bickenbach, EuR 2013, 523, 542f.; Wollenschläger, in: Dreier (Hrsg.), Grundgesetz-Kommentar, 3. Auflage 2015, Art. 23 GG, Rn. 106, Fn. 504.

391 Hierzu: Streinz, in: Streinz (Hrsg.), EUV/AEUV, 3. Auflage 2018, Art. 5 EUV, Rn. 22.

wird die mit der Inkraftsetzung des CETA erfolgende Delegation von Regelungsbefugnissen von den Länderparlamenten an die Landesregierungen zur Wahrnehmung im Bundesrat durch Stellungnahmerechte nicht begrenzt, die nur im Anwendungsbereich des Subsidiaritätsmechanismus gelten.

bb. Bindungswirkung in Baden-Württemberg, Bayern und Thüringen

Die bereits angesprochene Regelung des Art. 34a Abs. 2 S. 1 Verfassung des Landes Baden-Württemberg sieht die Möglichkeit einer nach Landesrecht gegenüber der Landesregierung verbindlichen Stellungnahme des Landtages vor, wenn eine ausschließliche Gesetzgebungskompetenz der Länder an die EU ganz oder teilweise übertragen werden soll.[392] Der ebenfalls bereits thematisierte Art. 70 Abs. 4 S. 2 Bayerische Verfassung regelt, dass die Landesregierung im Fall einer neuerlichen Hoheitsrechtsübertragung an die EU, bei denen Gesetzgebungskompetenzen der Länder betroffen sind, durch ein vom Landtag oder per Volksentscheid zu verabschiedendes Gesetz gebunden werden kann.[393]

In Thüringen bestimmt zwar Punkt II.3. der Vereinbarung über die Unterrichtung und Beteiligung des Landtages des Freistaates Thüringen in Angelegenheiten der Europäischen Union eine Verpflichtung der Landesregierung, nicht gegen ein Landtagsvotum zu entscheiden, wenn eine Gesetzgebungsinitiative der EU Gesetzgebungsbefugnisse Thüringens berührt. Diese zwischen der Landesregierung und dem Landtag getroffene Vereinbarung hat jedoch weder Verfassungs- noch Gesetzesrang. Vielmehr handelt es sich – bereits nach ihrem Wortlaut – um eine bloße politische Vereinbarung, die die landesverfassungsrechtliche Lage unberührt lässt.[394]

cc. In den meisten Bundesländern Berücksichtigung in unterschiedlichem Ausmaß

Die Verfassungen der meisten Bundesländer sehen Berücksichtigungspflichten der jeweiligen Landesregierung gegenüber einer Stellungnahme des jeweiligen Länderparlaments vor. Diese bewegen sich unterhalb der Schwelle der Bindungswirkung und sind sehr unterschiedlich ausgestaltet.

---

392 Sind ausschließliche Gesetzgebungskompetenzen nur betroffen, kann die Landesregierung gem. Satz 2 aufgrund erheblicher entgegenstehender Landesinteressen abweichen.

393 BayVerfGH, Urteil vom 15.02.2017, Vf. 60-IX-16, Rn. 44-49;
Vgl. für einen Vergleich der beiden Regelungen: Weiß, JuS 2019, 97, 100.

394 Vgl. Weiß, JuS 2019, 97, 100f.

In Bayern hat die Landesregierung unterhalb des Schwelle des Art. 70 Abs. 4 S. 2 nach Art. 70 Abs. 4 S. 3 Bayerische Verfassung, Stellungnahmen des Landtages maßgeblich zu berücksichtigen, wenn die Gesetzgebungskompetenzen der Länder durch ein Vorhaben der EU betroffen werden. Unter maßgeblicher Berücksichtigung ist ein Regel-Ausnahme-Verhältnis zu verstehen, wonach der Stellungnahme des Landtages grundsätzlich Folge zu leisten ist und nur ausnahmsweise abgewichen werden kann.[395]

In Sachsen-Anhalt ist die Landesregierung gem. § 2 i.V.m. § 1 Nr. 4, 6 und 7 Landtagsinformationsgesetz (Sachsen-Anhalt) dazu verpflichtet, in Bundesratsangelegenheiten, im Bereich der Zusammenarbeit mit Bund, Ländern, Regionen, anderen Staaten und zwischenstaatlichen Einrichtungen sowie in EU-Angelegenheiten, dem Landtag Gelegenheit zur Stellungnahme zu geben und diese bei ihrer Willensbildung zu berücksichtigen, soweit der Vorgang für das Land von grundsätzlicher Bedeutung ist. Bei einem Abweichen von der Stellungnahme erstattet die Landesregierung gegenüber dem Landtag Bericht und erläutert die Gründe. Wird eine solche landesrechtliche Regelung in einem systematischen Zusammenhang zu Art. 23 Abs. 3 und Abs. 5 S. 1 GG betrachtet, ergibt sich eine Pflicht der Landesregierung zur Berücksichtigung und Erläuterung der Gründe für ihr eventuelles Abweichen.[396] Nach § 2 Abs. 2 Landtagsinformationsgesetz (Sachsen-Anhalt) hat die Landesregierung die Stellungnahme des Landtages maßgeblich zu berücksichtigen, wenn es um eine Änderung des Grundgesetzes geht oder die Gesetzgebungszuständigkeiten des Landes wesentlich berührt sind.

In Brandenburg sagt die Landesregierung in Punkt V.8. i.V.m. Punkt VII.3. der Vereinbarung zwischen Landtag und Landesregierung über die Unterrichtung des Landtages nach Art. 94 der Verfassung des Landes Brandenburg zu, Stellungnahmen des Landtages zu EU-Vorhaben, die die Gesetzgebungskompetenzen der Länder berühren oder eine Übertragung von Hoheitsrechten der Länder auf die EU bedeuten, in ihre Entscheidungen mit einzubeziehen und ihnen „besonderes Gewicht beizumessen".[397]

---

395 Brechmann, in: Meder/Brechmann (Hrsg.), Die Verfassung des Freistaates Bayern, 6. Auflage 2020, Art. 70 BV, Rn. 40; Möstl, in: Lindner/Möstl/Wolff (Hrsg.), Verfassung des Freistaates Bayern, 2. Auflage 2017, Art. 70 BV, Rn. 18; Weiß, JuS 2019, 97, 100; BayLT-Drs. 16/15140, S. 7; vgl. allgemein: Grimm/Hummrich, DÖV 2005, 280, 283.

396 Vgl. anhand der alten Fassung des Art. 34a Abs. 2 Landesverfassung Baden-Württemberg, die heute in dessen Satz 4 als Auffangregelung fort gilt: Grimm/Hummrich, DÖV 2005, 280, 282f.; vgl. außerdem: Weiß, JuS 2019, 97, 100.

397 Weiß, JuS 2019, 97, 100.

Nach dem Schleswig-Holsteinischen Parlamentsinformationsgesetz hat die Landesregierung dem Landtag in Angelegenheiten der Zusammenarbeit mit der EU Gelegenheit zur Stellungnahme zu geben (§ 9a Abs. 1 i.V.m. § 9 Schleswig-Holsteinisches Parlamentsinformationsgesetz). Hiervon sind alle im Rahmen der EU verfolgten Vorhaben betroffen, die für das Land von erheblicher landespolitischer Bedeutung sind und wesentliche Interessen des Landes unmittelbar berühren, insbesondere wenn eine Übertragung von Kompetenzen der Länder auf die EU im Raum steht. Nach § 9a Abs. 2 Schleswig-Holsteinisches Parlamentsinformationsgesetz hat die Landesregierung Stellungnahmen des Landtages bei ihrer Entscheidung zu berücksichtigen, wenn das betreffende Vorhaben eine Übertragung von Hoheitsrechten der Länder auf die EU zum Gegenstand hat oder sonst von erheblicher landespolitischer Bedeutung ist und wesentliche Interessen des Landes unmittelbar berührt sind. Weicht die Landesregierung von der Stellungnahme des Landtages ab, teilt sie diesem gem. § 9a Abs. 3 Schleswig-Holsteinisches Parlamentsinformationsgesetz nach der betreffenden Bundesratssitzung die maßgeblichen Gründe mit. Wenn möglich hat sie den Landtag bereits vor der Sitzung zu unterrichten, wenn sie ein abweichendes Stimmverhalten beabsichtigt. Nach § 9a Abs. 4 Schleswig-Holsteinisches Parlamentsinformationsgesetz sind in Eilfällen auch vorläufige Stellungnahmen des in der jeweiligen Angelegenheit federführenden Ausschusses nach Abs. 3 zu behandeln.

In Thüringen sieht Punkt II.3. und 4. der Vereinbarung über die Unterrichtung und Beteiligung des Landtags des Freistaats Thüringen in Angelegenheiten der Europäischen Union die Berücksichtigung der Stellungnahme des Landtages in EU-Angelegenheiten durch die Landesregierung vor. Soweit nicht der bereits angesprochene Fall einer Berührung der Gesetzgebungsbefugnisse Thüringens durch eine beabsichtigte EU-Gesetzgebung betroffen ist, sagt die Landesregierung zwar nicht zu, in ihren Entscheidungen dem Parlamentsvotum zu entsprechen. Nach der Vereinbarung hat sie allerdings bereits vor einer Bundesratssitzung ein beabsichtigtes abweichendes Stimmverhalten dem Landtag mitzuteilen, soweit ihr dies praktisch möglich ist. Ferner teilt sie dem Landtag die maßgeblichen Gründe für ihr abweichendes Stimmverhalten mit.

In Hessen besteht eine Vereinbarung über die Unterrichtung des Hessischen Landtages durch die Landesregierung in Angelegenheiten der Europäischen Union, nach deren Punkt 9. die Landesregierung Stellungnahmen des Landtages zu berücksichtigen hat, wenn ein EU-Vorhaben die Gesetzgebungskompetenzen der Länder wesentlich berührt oder sonst eine Hoheitsrechtsübertragung von den Ländern auf die EU beabsichtigt ist. Die Landesregierung hat nach der Vereinbarung dem Landtag die maßgeblichen Gründe für ein Abweichen von der

Stellungnahme des Landtages mitzuteilen. Auf Wunsch des Landtages kann das betroffene Thema darüber hinaus bei der nächsten Sitzung des Europaausschusses des Landtages im Beisein der Landesregierung erörtert werden.

In Bremen ist der Senat (Exekutive) nach Art. 79 Abs. 3 i.V.m. Abs. 2 Bremer Verfassung dazu verpflichtet, der Bürgerschaft (Legislative) frühzeitig Gelegenheit zur Stellungnahme über Vorhaben zur Zusammenarbeit mit Bund, Ländern, der EU oder auf internationaler Ebene zu geben, wenn diese wesentliche Landesinteressen berühren oder erhebliche finanzielle Folgen haben. Insbesondere werden Vorhaben genannt, die eine Übertragung von Hoheitsrechten Bremens auf die EU bedeuten oder sonst die Gesetzgebungskompetenzen der Bremer Bürgerschaft wesentlich berühren. Die Stellungnahme der Bürgerschaft ist vom Senat zu berücksichtigen. Abweichungen hat er gegenüber der Bürgerschaft zu begründen.

Art. 40 Abs. 2 S. 1 der Nordrhein-Westfälischen Verfassung verpflichtet die Landesregierung die Stellungnahmen des Landtages bei der Wahrnehmung ihrer Aufgaben im Zusammenhang mit EU-Angelegenheiten zu berücksichtigen, wenn diese im Schwerpunkt Gesetzgebungsrechte des Landtages betreffen. Nach Satz 2 hat die Landesregierung Abweichungen in ihrem Stimmverhalten im Bundesrat gegenüber dem Landtag zu begründen.

Nach Art. 76a Abs. 2 der Verfassung des Saarlandes hat die Saarländische Landesregierung bei der Übertragung von Hoheitsrechten auf die EU, sowie bei sonstigen EU-Vorhaben, die die Gesetzgebungskompetenzen der Länder wesentlich berühren, Stellungnahmen des Landtages zu berücksichtigen.

In Rheinland-Pfalz existiert eine umfassende Vereinbarung zwischen Landtag und Landesregierung über die Unterrichtung des Landtages durch die Landesregierung. Nach deren Abschnitt III Nr. 5 a) i.V.m. Abschnitt III Nr. 2 d) hat die Landesregierung in Angelegenheiten der Europäischen Union eine eventuelle politische Willensbildung im Landtag in ihr Stimmverhalten im Bundesrat mit einzubeziehen.

In Baden-Württemberg sieht Art. 34a Abs. 2 S. 4 der Landesverfassung eine Pflicht der Landesregierung zur Berücksichtigung von Stellungnahmen des Landtages, wenn ein Vorhaben der EU Gesetzgebungszuständigkeiten der Länder „wesentlich" berührt (jedoch nicht die Schwellen des Art. 34a Abs. 2 S. 1 und S. 2 Verfassung des Landes Baden-Württemberg überschreitet), vor.

dd. Einseitige Stellungnamen in Mecklenburg-Vorpommern, Berlin und Niedersachsen

Art. 35a der Verfassung von Mecklenburg-Vorpommern beschäftigt sich mit Beschlussempfehlungen, die der Ausschuss für Angelegenheiten der Europäischen Union dem Landtag in EU-Angelegenheiten vorlegen und in Eilfällen selbst beschließen kann. Dies kann auch als Rechtsgrundlage für Stellungnahmen in EU-Angelegenheiten dienen. Die in EU-Angelegenheiten bestehenden Informationspflichten der Landesregierung gegenüber dem Landtag sind in Art. 39 der Verfassung von Mecklenburg-Vorpommern geregelt.

§ 21a Abs. 4 der Geschäftsordnung des Abgeordnetenhauses von Berlin sieht vor, dass der Senat (Exekutive) Stellungnahmen des Abgeordnetenhauses (Legislative) bei seinem Abstimmungsverhalten im Bundesrat in EU-Angelegenheiten sowie im Rahmen seiner Mitwirkung an der Zusammenarbeit von Bund und Ländern in EU-Angelegenheiten zu berücksichtigen hat. Schließt er sich den Empfehlungen des Abgeordnetenhauses nicht an, muss er dies schriftlich begründen. Diese Regelung stellt – anders als ihr Wortlaut vermuten ließe – jedoch lediglich ein schlichtes Recht zur Stellungnahme ohne weitere Rechtsfolgen dar, welches das Abgeordnetenhaus aufgrund seiner organschaftlichen Stellung für sich beansprucht. Da die Regelung als Teil der Geschäftsordnung des Abgeordnetenhauses zu dessen Innenrecht zählt, kann es den Senat nicht binden.[398] Ähnlich stellt sich die Lage in Niedersachsen dar, wo innerhalb des Landtages der Ausschuss für Bundes- und Europaangelegenheiten und Medien dem Landtag gem. § 62a Abs. 3 S. 1 der Geschäftsordnung des Niedersächsischen Landtages eine Beschlussempfehlung vorlegen kann. Wird der Beschluss vom Landtag gefasst, teilt ihn der/die Landtagspräsident/-in gem. Art. 40 Abs. 1 S. 1 Geschäftsordnung der Landesregierung mit.

ee. Zusammenfassende Analyse

Somit ergibt sich folgendes Bild, der im Hinblick auf die innerstaatliche Willensbildung zur Arbeit der CETA-Ausschüsse möglicherweise relevanten Landtagsinstrumente, betreffend der Mitwirkung an der Bundesratsarbeit der Landesregierungen:

In Mecklenburg-Vorpommern, Niedersachsen, Berlin, Hamburg, Sachsen, Rheinland-Pfalz und dem Saarland davon auszugehen, dass die Gestaltung der Mitwirkung dieser Bundesländer im Bundesrat in sämtlichen für die

---

398 Weiß, JuS 2019, 97, 100.

CETA-Ausschüsse relevanten Feldern umfassend an die jeweiligen Landesregierungen delegiert ist. Dies ergibt sich aus der jeweiligen Landes(verfassungs) rechtslage.

In Sachsen-Anhalt[399], Bremen, Hessen, Schleswig-Holstein und Nordrhein-Westfalen ist eine einfache Berücksichtigung von Stellungnahmen der jeweiligen Länderparlamente vorgesehen, bei der die jeweiligen Landesregierungen eventuelles Abweichen begründen müssen. Diese parlamentarischen Stellungnahmerechte unterscheiden sich zu einem gewissen Grad in ihren genauen Anwendungsbereichen und ihren verfahrensmäßigen Ausgestaltungen. Allerdings schränken auch sie die Delegation der Bundesratsarbeit in den für die CETA-Ausschüsse relevanten Materien effektiv nicht ein. Auch hier liegt im Ergebnis eine umfassende Delegation an die jeweilige Landesregierung aufgrund der jeweiligen Landes(verfassungs)rechtslage vor.

Die Modelle einiger weiterer Bundesländer laufen auf eine Begrenzung der Bundesratsarbeit ihrer Landesregierungen im Hinblick auf die Mitwirkung der Bundesrepublik im CETA-Ausschusswesen hinaus. In den zu dieser Gruppe gehörenden Bundesländern Bayern, Baden-Württemberg und Thüringen bestehen in unterschiedlichem Maße landes(verfassungs)rechtlich abgesicherte Mechanismen, mit denen die dortigen Länderparlamente in ebenso unterschiedlicher Intensität in die Vertretung der jeweiligen Bundesländer eingreifen können. In Bayern und Baden-Württemberg haben die genannten Instrumente Verfassungsrang und sehen eine Bindungswirkung gegenüber der Landesregierung vor, wenn eine Hoheitsrechtsübertragung an die EU im Bereich der Landesgesetzgebungskompetenzen[400] in Rede steht. In Baden-Württemberg ist unterhalb der Schwelle der Hoheitsrechtsübertragung nur eine einfache Berücksichtigung von parlamentarischen Stellungnahmen vorgesehen.

In Bayern hingegen ist bei weiteren EU-Vorhaben, die Landesgesetzgebungskompetenzen berühren, eine maßgebliche Berücksichtigung der Stellungnahme des Landtags vorgesehen, was bedeutet, dass die Bayerische Staatsregierung der Stellungnahme grundsätzlich Folge zu leisten hat. Die Staatsregierung von Thüringen unterliegt einer noch weitergehenden Verpflichtung zur Berücksichtigung von Landtagsstellungnahmen als die Bayerische Staatsregierung. Sie darf

---

399 Die landesgesetzliche Verpflichtung der Landesregierung von Sachsen-Anhalt, die Stellungnahme des Landtags zu Grundgesetzänderungen, die die Gesetzgebungskompetenzen der Länder wesentlich berühren dürfte im Bereich der CETA-Ausschussarbeit nicht relevant werden.

400 In Baden-Württemberg nur bei ausschließlichen Landesgesetzgebungskompetenzen.

nicht entgegen einem Landtagsvotum im Bundesrat abstimmen, wenn es um eine Mitwirkung der Bundesrepublik an einem Gesetzgebungsakt der EU geht, der jegliche Landesgesetzgebungskompetenzen berührt.[401] Allerdings ist diese Verpflichtung nicht in landesverfassungsrechtlich verbindlicher Weise abgesichert, da es sich um eine bloße interinstitutionelle Vereinbarung zwischen dem Thüringischen Landtag und der Staatsregierung handelt. In Brandenburg besteht schließlich eine Verpflichtung der Landesregierung, Landtagsstellungnahmen zu EU-Vorhaben, die eine Landesgesetzgebungskompetenz berühren oder eine Übertragung von Hoheitsrechten der Länder bedeuten, zu berücksichtigen und ihr besonderes Gewicht beizumessen. Auch diese delegationsbegrenzende Verpflichtung besteht jedoch nur aufgrund einer interinstitutionellen Vereinbarung und ist damit in landesverfassungsrechtlicher Hinsicht nicht verbindlich.

4. *Folgerungen für das Prinzipal-Agenten-Modell*

Für die weitere Untersuchung ist aus den vorstehenden Ausführungen zu folgern, dass in den meisten Bundesländern die Vertretung im Bundesrat, soweit sie für die deutsche Mitwirkung an den CETA-Ausschüssen relevant ist, umfassend an die Landesregierung delegiert ist.[402] In Bayern besteht eine landesverfassungsrechtlich abgesicherte Möglichkeit des Landtages, die Delegation gegenüber der Staatsregierung mittels einer maßgeblich zu berücksichtigenden Stellungnahme zu begrenzen. Soweit eine Übertragung von (zusätzlichen) Hoheitsrechten an die EU oder die CETA-Ausschüsse im Raum steht, kommt dem Bayerischen Landtag sogar das Instrument einer landesgesetzlichen Bindung der Landesregierung zu. In Baden-Württemberg ist im Fall einer Hoheitsrechtsübertragung eine von Landesverfassungs wegen bindende Stellungnahme des Landtags gegenüber der Landesregierung möglich.[403] In Sachsen-Anhalt sind ebenfalls Begrenzungen, in Thüringen sogar ein Weisungsrecht vorgesehen. In beiden Fällen fehlt jedoch eine landesverfassungsrechtliche Absicherung. In sämtlichen Bundesländern nehmen die Landesregierungen gegenüber den Länderparlamenten die Rolle

401 Bezüglich weiterer EU-Angelegenheiten besteht Recht des Landtags zu einer einfach zu berücksichtigenden Stellungnahme.

402 Die oben dargestellten Instrumente, die nicht zu einer Begrenzung der Delegation führen, können gleichwohl als Kontrollmechanismen der Länderparlamente als Prinzipale gegenüber den Länderregierungen als Agenten relevant sein.

403 In Kapitel IV wird auf die landesverfassungsrechtlichen Regelungen in Bayern und Baden-Württemberg hinsichtlich Art. 8.29 CETA zurückzukommen sein (vgl. Kapitel IV Unterabschnitt B. VI.).

eines Agenten ein. Somit verläuft die weitere Delegationskette von den Landtagen über die Landesregierungen zu den Mitgliedern des Bundesrates.

II. Direktdemokratische Bindung der Bayerischen Staatsregierung im Bundesrat

Bereits angesprochen wurde die Frage nach einer direktdemokratischen Einflussnahme auf die Landesvertreter im Bundesrat. Eine solche direkte Beziehung zwischen dem höchstrangigen Prinzipal eines Bundeslandes und dessen Vertretern im Bundesrat, die es ermöglicht, ein bestimmtes Abstimmungsverhalten per Volksbefragung vorzugeben, ist nur in der Bayerischen Verfassung vorgesehen. Die von Art. 70 Abs. 4 S. 2 Bayerische Verfassung für den Fall einer das Recht der Gesetzgebung betreffenden Übertragung von Hoheitsrechten auf die EU ermöglichte Bindung der Staatsregierung durch Gesetz, ist nach Art. 72 Abs. 1 Bayerische Verfassung auch durch einen Volksentscheid möglich. Hierin liegt auch der Grund, weshalb der verfassungsändernde Gesetzgeber im Freistaat Bayern bei der Schaffung des neuen Art. 70 Abs. 4 S. 2 Bayerische Verfassung die Bindung der Landesregierung durch „Gesetz“ und nicht etwa durch eine bindende Stellungnahme wie nach Art. 34a Abs 2 der Landesverfassung von Baden-Württemberg wählte. Durch die Gesetzesform sollte über Art. 72 Abs. 1 Bayerische Verfassung auch der Weg für einen, die Exekutive bindenden Volksentscheid eröffnet werden.[404] Innerhalb der herrschenden Strömung der Literatur zum Grundgesetz wird eine landesrechtliche Verpflichtung der Bundesratsmitglieder eines Bundeslandes per Volksentscheid nach wie vor unter Bezugnahme auf das Volksbefragungsurteil abgelehnt.[405] Hier greift wiederum die an der herrschenden Meinung laut werdende Kritik, dass die vom Bundesverfassungsgericht im Volksbefragungsurteil entwickelte Argumentation nicht vor dem Hintergrund der in einem föderalen System auf unterschiedlichen Ebenen wahrzunehmenden Integrationsverantwortung entwickelt wurde und zu dieser auch nicht passt.[406] Schließlich geht es hier darum, eine wirksame politische Willensbildung innerhalb der Länder zu gewährleisten, wenn diese

---

404 Weiß, JuS 2019, 97, 103; Möstl, in: Lindner/Möstl/Wolff (Hrsg.), Verfassung des Freistaates Bayern, 2. Auflage 2017, Art. 70 BV, Rn. 17; BayLT-Drs. 16/15140, S. 7.

405 Vgl. Schöbener, in: Kahl/Waldhoff/Walter (Hrsg.), Bonner Kommentar zum Grundgesetz, Ordner 8, 217. EL 2022, Art. 51 GG, Rn. 67 m.w.N; Maurer, FS Winkler, S. 619; Möstl, in: Lindner/Möstl/Wolff (Hrsg.), Verfassung des Freistaates Bayern, 2. Auflage 2017, Art. 70 BV, Rn. 17; BayVerfGH, Urteil vom 15.02.2017, Vf. 60-IX-16, Rn. 56.

406 Weiß, JuS 2019, 97, 103.

Hoheitsbefugnisse an die EU abgeben sollen. Aufgrund der vorzunehmenden Trennung der Verfassungsräume von Bund und Ländern hat ein in diesem Rahmen zu Stande kommendes direktdemokratisches Votum auf der Bundesebene keinen Einfluss auf die Wirksamkeit der Stimmabgabe im Bundesrat.[407] Mithin verdünnt sich die auf der Landesebene rechtsverbindliche Weisung auf eine bloße politische Weisung auf der Bundesebene. Es geht also ausschließlich um eine Gelegenheit zur demokratischen Willensbildung innerhalb des Bundeslandes und nicht um einen Übergriff in die Gesetzgebungszuständigkeiten des Bundes.[408]

Wie bereits bei den Ausführungen zu einer landesverbindlichen Weisung der Bayerischen Staatsregierung durch den Bayerischen Landtag angesprochen wurde, steht das Instrument des Art. 70 Abs. 4 S. 2 BV allerdings nur bei einer Übertragung von Hoheitsrechten[409] auf die EU und möglicherweise auf Instanzen zur Verfügung, die in einem besonderen Näheverhältnis zur EU stehen. Unterhalb dieser Schwelle existiert in der Bayerischen Verfassung kein direktdemokratisches Pendant zum Stellungnahmerecht des Landtags nach Art. 70 Abs. 4 S. 3 Bayerische Verfassung. Und selbst wenn ein Beschluss eines der im CETA vorgesehenen Ausschüsse auf eine (implizite) Hoheitsrechtsübertragung hinausläuft, taucht an dieser Stelle wieder die bereits thematisierte Frage auf, ob der Anwendungsbereich des Art. 70 Abs. 4 S. 2 Bayerische Verfassung auf die Hoheitsrechtsübertragung an Vertragsgremien ausgeweitet werden kann, die nicht den EU-Institutionen angehören, sondern „nur" in einem besonderen Näheverhältnis zu diesen stehen. Allerdings ist auf der bundesrechtlichen Ebene nicht abschließend geklärt, wann von einem solchen Näheverhältnis auszugehen ist und wann nicht. Gegen die Literaturmeinung, die solche Konstellationen vom Anwendungsbereich des Art. 70 Abs. 4 S. 2 Bayerische Verfassung ausnehmen will, um die praktische Anwendbarkeit und die Akzeptanz der bundesverfassungsrechtlich hochgradig umstrittenen Norm nicht zu gefährden,[410] greifen an dieser Stelle allerdings dieselben Argumente, wie sie oben hinsichtlich eines Eingreifens des Bayerischen Landtags vorgebracht wurden. Da die landesrechtliche Lage für die Wirksamkeit der Stimmabgabe durch die Ländervertreter im Bundesrat ohne Einfluss ist, erscheint es als diskussionswürdig, ob das Instrument des Art. 70 Abs. 4 S. 2 Bayerische Verfassung nur zur Verfügung stehen

407 Siehe Unterabschnitt C. I. Punkt 2. am Ende.

408 Weiß, JuS 2019, 97, 103.

409 Hierzu: BayVerfGH, Urteil vom 15.02.2017, Vf. 60-IX-16, Rn. 44-47.

410 So: Streinz, FS Vedder, S. 789f.

soll, wenn auf der Bundesebene einwandfrei geklärt ist, ob eine bestimmte Hoheitsrechtsübertragung in einem besonderen Näheverhältnis zum EU-Recht steht. Gerade wenn Art. 70 Abs. 4 S. 2 Bayerische Verfassung durch einen Volksentscheid nach Art. 72 Abs. 1 Bayerische Verfassung zur Anwendung kommen sollte, stehen die Landesvertreter im Bundesrat zwar noch deutlicher unter dem politischen Druck, keine Verfassungskrise auf Landesebene auszulösen, wenn sie sich einer im Wege der Volksgesetzgebung erlassenen Weisung widersetzen würden. Doch auch hier könnten sie sich auf der Bundesebene mit ihrer Ansicht (bzw. mit der Ansicht der Landesregierung) durchsetzen und diese wirksam in den Bundesrat einbringen. Wie man mit der direktdemokratischen Variante des Art. 70 Abs. 4 S. 2 Bayerische Verfassung in der Praxis also umgehen möchte, ist genauso eine politische und nicht eine verfassungsrechtliche Gestaltungsfrage, wie bei einer landesgesetzlichen Weisung durch den Bayerischen Landtag nach derselben Norm.

Somit wird in der vorliegenden Untersuchung davon ausgegangen, dass eine Bindung der bayerischen Landesvertreter durch ein Landesgesetz nach Art. 70 Abs. 4 S. 2 Bayerische Verfassung auch aufgrund eines Volksentscheids nach Art. 72 Abs. 1 Bayerische Verfassung möglich ist, wenn einem der im CETA vorgesehenen Ausschüsse (weitere) Hoheitsrechte übertragen werden sollen, oder wenn ein Beschluss eines CETA-Ausschusses eine Kompetenzverschiebung zugunsten der EU bewirken würde. Für das vorliegende Prinzipal-Agenten-Modell kommt es hierbei zunächst auf die Möglichkeit einer Bindungswirkung des Landesgesetzes nach Art. 70 Abs. 4 S. 2 i.V.m. Art. 72 Abs. 1 Bayerische Verfassung im Verhältnis zwischen dem Landeswahlvolk als höchstrangigem Prinzipal und der Landesregierung als dessen Agentin an. Bei Ausschussbeschlüssen, die nicht die Schwelle der Hoheitsrechtsübertragung erreichen, steht dagegen kein mit Art. 70 Abs. 4 S. 3 Bayerische Verfassung vergleichbares direktdemokratisches Instrument zur Verfügung.

III. Weiterdelegation durch die Landesregierungen über die Ländervertreter im Bundesrat

Wie aufgezeigt, besteht der Bundesrat gem. Art. 51 Abs. 1 S. 1 GG aus Mitgliedern der Regierungen der Bundesländer. Diese können gemäß der Anzahl der auf das jeweilige Bundesland entfallenden Sitze Vertreter aus ihrer Mitte entsenden und deren Auftrag aufgrund ihres Weisungsrechts individuell ausgestalten. Das Weisungsrecht der jeweils entsendenden Landesregierung hindert dabei die Charakterisierung der Bestellung als Delegationsakt nicht. Selbst wenn eine Regierung ihren Landesvertretern im Bundesrat nicht das geringste Ermessen einräumt, bleibt ein Verstoß gegen eine solche Weisung, für die bundesverfassungsrechtliche Wirksamkeit eines Bundesratsbeschlusses irrelevant.[411] Da die Stimmen jedes Landes gem. Art. 51 Abs. 3 S. 2 GG einheitlich abgegeben werden müssen, ist die jeweils bestellte und anwesende Bundesratsdelegation zu einer umfassenden Vertretung des entsendenden Bundeslandes im Bundesrat befähigt. Im Ergebnis wird also die Delegation eines Bundeslandes mit den Bestellungen der einzelnen Bundesratsmitglieder zu einem einheitlichen Agenten der jeweiligen Landesregierung.

IV. Weiterdelegation ab dem Bundesrat

Im folgenden Unterabschnitt wird die Weiterdelegation der von den Ländervertretern im Bundesrat wahrgenommenen Rechtsetzungsbefugnisse an die Bundesregierung ausgeführt. Dabei wird wiederum zunächst der Fall behandelt, dass für eine von einem der CETA-Ausschüsse behandelten Angelegenheiten in eine Außenzuständigkeit der EU besteht (Punkt 1.). Danach wird die Einbindung des Bundesrates in Fällen erörtert, in denen durch einen Beschluss eines CETA-Ausschusses bei den EU-Mitgliedstaaten verbliebene Kompetenzen berührt werden (Punkt 2.).

1. EU-Zuständigkeitsbereich

Soweit Länderkompetenzen bereits an die EU übertragen worden sind, hat der Bundesrat durch seine Mitwirkung an der Inkraftsetzung der EU-Verträge in ihrer geltenden Fassung die Wahrnehmung dieser Kompetenzen im Rat an die Bundesregierung delegiert (vgl. Art. 23 GG). Wie bereits hinsichtlich der zuvor an die EU übertragenen Bundeskompetenzen durch den Bundestag, stellt sich nun auch bezüglich der vom Bundesrat übertragenen Länderkompetenzen das Problem, dass mit der Weiterdelegation an internationale Ausschussgremien, wie sie im CETA vorgesehen sind, dass für das Europäische Parlament im Anwendungsbereich des Art. 218 Abs. 9 Alt. 2 AEUV primärrechtlich keine spätere Mitwirkung an der Ausschussarbeit vorgesehen ist und somit eine indirekte Weiterdelegation zum Rat stattfindet. Da im Rat die Bundesregierung mitwirkt, setzt sich dies auf der nationalen Ebene in Deutschland in Form einer indirekten Kompetenzübertragung an die Bundesregierung fort. Der Bundesrat stellt dabei

---

411 Papier, ZParl 2010, 903, 907f.; BVerfGE 106, 310, 350, Rn. 178f. (Sondervotum Osterloh/Lübbe-Wolff).

einen, aus mehreren Akteuren zusammengesetzten, kollektiven Prinzipal dar.[412] Er und der Bundestag stehen ihrer gemeinsamen Agentin, der Bundesregierung, als zwei unterschiedliche Prinzipale gegenüber.[413]

Die Beteiligung des Bundesrates an der Mitwirkung der Bundesregierung auf der EU-Ebene richtet sich nach Art. 23 Abs. 2, 4 und 5 GG. Somit ist der Bundesrat gemäß Art. 23 Abs. 2 GG bei jeder „Angelegenheit der Europäischen Union" im Sinne dieser Norm, also bei allen Vorgängen, in die die Bundesregierung als Vertreterin der Bundesrepublik Deutschland in den Gremien der EU eingebunden ist, umfassend und frühestmöglich zu unterrichten. Die Abs. 4 und 5 sehen eine abgestufte, erweiterte Mitwirkung des Bundesrates vor.[414] Art. 23 Abs. 4 GG lautet:

> Der Bundesrat ist an der Willensbildung des Bundes zu beteiligen, soweit er an einer entsprechenden innerstaatlichen Maßnahme mitzuwirken hätte oder soweit die Länder innerstaatlich zuständig wären.

Art. 23 Abs. 5 GG führt die Mitwirkung des Bundesrates weiter aus. Nach Satz 1 der Norm ist eine Stellungnahme des Bundesrates durch die Bundesregierung zu berücksichtigen, wenn der Bund keine ausschließliche Gesetzgebungskompetenz i.S.v. Art. 71 GG hat (Alternative 2) oder wenn im Bereich einer solchen ausschließlichen Bundesgesetzgebungszuständigkeit Interessen der Länder berührt sind (Alternative 1). Nach Satz 2 ist die Stellungnahme des Bundesrates „maßgeblich", insbesondere dann zu berücksichtigen, wenn im Schwerpunkt Gesetzgebungsbefugnisse der Länder betroffen sind:

> [1]Soweit in einem Bereich ausschließlicher Zuständigkeiten des Bundes Interessen der Länder berührt sind oder soweit im Übrigen der Bund das Recht zur Gesetzgebung hat, berücksichtigt die Bundesregierung die Stellungnahme des Bundesrates. [2]Wenn im Schwerpunkt Gesetzgebungsbefugnisse der Länder, die Einrichtung ihrer Behörden oder ihre Verwaltungsverfahren betroffen sind, ist bei der Willensbildung des Bundes insoweit die Auffassung des Bundesrates maßgeblich zu berücksichtigen; dabei ist die gesamtstaatliche Verantwortung des Bundes zu wahren. [3]In Angelegenheiten, die zu Ausgabenerhöhungen oder Einnahmeminderungen für den Bund führen können, ist die Zustimmung der Bundesregierung erforderlich.

---

412 Wie in Kapitel I Unterabschnitt E. I. dargelegt, ist hierbei nicht entscheidend, ob der Agent durch den Prinzipal eingesetzt wird. Statt dessen kommt es darauf an, dass der Agent ermächtigt ist, für den Prinzipal zu handeln.

413 Vgl. Unterabschnitt A. II.

414 Scholz, in: Dürig/Herzog/Scholz, Grundgesetz, Bd. III, 98. EL 2022, Art. 23 GG, Rn. 162.

So ist der Bundesrat durch die Bundesregierung in jeder Angelegenheit eines CETA-Ausschusses, die im Rat diskutiert wird, nach Art. 23 Abs. 2 GG zu unterrichten.[415] Die Beteiligung des Bundesrates nach Art. 23 Abs. 4 GG setzt voraus, dass dieser zu beteiligen wäre, wenn die entsprechende Maßnahme innerstaatlich seine Beteiligung voraussetzen oder in die Zuständigkeit der Länder fallen würde. Bei Rechtsetzungsakten der EU läuft dies auf eine lückenlose Beteiligung hinaus, da der Bundesrat an der Bundesgesetzgebung nach Art. 77 und Art. 78 GG zwar nach unterschiedlichen Verfahren, aber dennoch umfassend mitwirkt.[416] Bei den Unionsstandpunkten nach Art. 218 Abs. 9 Alt. 2 AEUV, sowie bei den für die übrigen Verfahren in Art. 218 AEUV vorgesehenen Mitwirkungsakten, welche für die Ausschussarbeit nach dem CETA in Betracht kommen, handelt es sich jedoch nicht unmittelbar um Rechtsetzungsakte der EU. Vielmehr stellt sich hier die Frage, ob die im Raum stehende Entscheidung eines CETA-Ausschusses einem völkerrechtlichen Vertrag gleichkommt, der sich auf einen Gegenstand der Bundesgesetzgebung, oder auf die politischen Beziehungen des Bundes bezieht, an dem der Bundesrat im innerstaatlichen Gesetzgebungsverfahren zu beteiligen ist. In diesem Fall wäre der Bundesrat nach Art. 59 Abs. 2 S. 1 GG an einer entsprechenden innerstaatlichen Maßnahme zu beteiligen (vgl. Art. 23 Abs. 4 GG). Weiter kann die Mitwirkung der Bundesregierung an der unionalen Willensbildung über Entscheidungen der CETA-Ausschüsse in Betracht kommen, die dem Abschluss eines Verwaltungsabkommens im Sinne von Art. 59 Abs. 2 S. 2 GG entsprechen, das zur innerstaatlichen Durchführung der Zustimmung des Bundesrates bedarf (Art. 84 Abs. 2, Art. 85 Abs. 2 S. 1 GG).[417] Nach § 4 Abs. 1 EUZBLG besteht die Beteiligung des Bundesrates in der Teilnahme von durch den Bundesrat benannten Landesvertretern an den Beratungen der Bundesregierung zur Festlegung der auf EU-Ebene zu verfolgenden Verhandlungspositionen.[418]

Die Beteiligung des Bundesrates nach Art. 23 Abs. 5 S. 1 GG findet statt, wenn zwar eine ausschließliche Gesetzgebungszuständigkeit des Bundes besteht, aber dennoch Interessen der Länder berührt sind, oder wenn dem Bund im Fall einer konkurrierenden Gesetzgebungskompetenz aufgrund Art. 72 Abs. 2 GG das

415 Scholz, in: Dürig/Herzog/Scholz, Grundgesetz, Bd. III, 98. EL 2022, Art. 23 GG, Rn. 164.

416 Streinz, in: Sachs, Grundgesetz, 9. Auflage 2021, Art. 23 GG, Rn. 117.

417 Streinz, in: Sachs, Grundgesetz, 9. Auflage 2021, Art. 59 GG, Rn. 79.

418 Scholz, in: Dürig/Herzog/Scholz, Grundgesetz, Bd. III, 98. EL 2022, Art. 23 GG, Rn. 162.

Gesetzgebungsrecht zukommt. Hier hat die Bundesregierung die Stellungnahme des Bundesrates zu berücksichtigen. Das führt nicht zu einer Bindungswirkung. Allerdings muss sich die Bundesregierung mit der Stellungnahme befassen und ihr eigenes Verhalten gegenüber dem Bundesrat begründen.[419]

Art. 23 Abs. 5 S. 2 GG greift erst, wenn Gesetzgebungsbefugnisse der Länder, die Einrichtung von Landesbehörden oder die Verwaltungsverfahren nach Landesrecht im Schwerpunkt betroffen sind. Dies ist durch Abwägung der Umstände des Einzelfalls zu ermitteln.[420] Fraglich ist hier insbesondere, was unter der, in Art. 23 Abs. 5 S. 2 GG vorgesehenen, „maßgeblichen Berücksichtigung" der Stellungnahme des Bundesrates durch die Bundesregierung zu verstehen ist. Eine Auffassung, welche die „maßgebliche Berücksichtigung" als Letztentscheidungsrecht des versteht, stützt sich hierbei auf § 5 Abs. 2 S. 3 bis 5 EUZBLG. Dort ist vorgesehen, dass eine erneute Beratung der Bundesregierung mit Vertretern des Bundesrates bzw. der Länder statt zu finden hat, um ein Einvernehmen herbeizuführen. Scheitert dies, kann der Bundesrat mit einer Zweidrittelmehrheit einen Beschluss fassen, welcher für die Bundesregierung im weiteren Vorgehen maßgeblich ist.[421] Dem wird jedoch, berechtigterweise, der Wortlaut des Art. 23 Abs. 5 S. 2 GG entgegengehalten, welcher von „berücksichtigen" spricht. Ein Letztentscheidungs- oder Vetorecht des Bundesrates, sieht das Grundgesetz an dieser Stelle genauso wenig vor, wie eine Differenzierung nach den Mehrheitsverhältnissen im Bundesrat. Demnach ist § 5 Abs. 2 S. 3 bis 5 EUZBLG verfassungskonform in der Weise auszulegen, dass auch ein aufgrund einer Zweidrittelmehrheit im Bundesrat „maßgebender" Beschluss, die Bundesregierung nicht auf eine bestimmte Verhandlungsposition ohne Ermessensspielräume festlegen kann, sondern dieser vielmehr, gesteigerte Sorgfalts- und Erklärungspflichten auferlegt.[422]

---

419 Streinz, in: Sachs, Grundgesetz, 9. Auflage 2021, Art. 23 GG, Rn. 119.

420 Streinz, in: Sachs, Grundgesetz, 9. Auflage 2021, Art. 23 GG, Rn. 121.

421 Scholz, in: Dürig/Herzog/Scholz, Grundgesetz, Bd. III, 98. EL 2022, Art. 23 GG, Rn. 162; ebd. Rn. 169 u. Rn. 173f.; Streinz, in: Sachs, Grundgesetz, 9. Auflage 2021, Art. 23 GG, Rn. 122f.

422 Heintschel von Heinegg, in: Epping/Hillgruber, BeckOK Grundgesetz, 53. Edition 11.12.2022, Art. 23 GG, Rn. 46; Streinz, in: Sachs, Grundgesetz, 9. Auflage 2021, Art. 23 GG, Rn. 124.

2. *Zuständigkeit der Mitgliedstaaten*

Auch soweit die im CETA vorgesehenen Ausschüsse sich mit Sachgebieten befassen, für die die EU (noch) keine Kompetenz von ihren Mitgliedstaaten erlangt hat, kann die Bundesregierung hauptsächlich indirekt, über eine Mitwirkung im Rat der Europäischen Union, an der Wahrnehmung der delegierten Aufgaben teilnehmen[423] (siehe oben bei den Ausführungen zum Verhältnis der Bundesregierung zum Bundestag unter Abschnitt B. Unterabschnitt III.). So führt auch die Inkraftsetzung des CETA durch die Bundesrepublik zu einem Delegationsakt, in dessen Folge die Bundesregierung die Bundesrepublik mit einer weitgehenden Einschätzungsprärogative im Rahmen der CETA-Ausschüsse hinsichtlich Rechtssetzungsmaterien vertreten kann, die nach der innerstaatlichen Kompetenzordnung bei den Ländern liegen. Als Beispiel hierfür mögen die Kompetenzen des Gemischten CETA-Ausschusses nach Art. 8.31 Abs. 3 CETA zur Annahme verbindlicher Auslegungen des Abkommens oder nach Art. 8.10 Abs. 3 CETA zur nachträglichen Erweiterung der Verpflichtung zur gerechten und billigen Behandlung ausländischer Investoren dienen welche, jedenfalls soweit Portfolioinvestitionen betroffen sind, unter die zwischen der EU und ihren Mitgliedstaaten geteilte Kompetenz nach Art. 4 Abs. 1; Abs. 2 lit. a AEUV fallen. Wie oben dargestellt hat das Bundesverfassungsgericht darüber hinaus Zweifel daran geäußert, dass sich die Zuständigkeit der EU auch auf die Regelungen zu ausländischen Direktinvestitionen erstrecken, die die Eigentumsordnungen ihrer Mitgliedstaaten berühren.[424] So ist es denkbar, dass durch Beschlüsse der CETA-Ausschüsse nach den genannten Kompetenzen in eine Regelungsmaterie eingegriffen wird, die in Deutschland der Gesetzgebung durch die Länder unterliegt. Mögliche Beispiele hierfür können sich insbesondere im Bereich der öffentlichen Daseinsvorsorge[425] und der Landeseigenverwaltung (Art. 84 Abs. 1 GG)[426] ergeben. Sofern man ein besonderes Näheverhältnis zwischen dem nicht unter EU-Kompetenz fallenden Teil des CETA und dem europäischen Primärrecht annimmt, richtet sich die Einbindung des Bundesrates auch hier nach

---

423 Vgl. Krajewski, Stellungnahme der Bundestagsfraktion Bündnis 90/Die Grünen in den Verfahren 2 BvR 1368/16 u.a., S. 22 (= S. 146).

424 Siehe oben Unterabschnitt B. I. des vorliegenden Kapitels.

425 Vgl. Nettesheim, Die Auswirkungen von CETA auf den politischen Gestaltungsspielraum von Ländern und Gemeinden, S. 22-24; Pautsch, NVwZ-Extra 2016, No. 18, S. 4f.

426 Vgl. Nettesheim, Umfassende Freihandelsabkommen und Grundgesetz, S. 128.

Art. 23 Abs. 2, 4 und 5 GG.[427] Außerdem kann der Bundesrat nach Art. 59 Abs. 2 S. 1 GG zu beteiligen sein, wenn ein Ausschussbeschluss nach dem CETA einem völkerrechtlichen Vertrag, bzw. einer Änderung des CETA gleichkommt.[428] Geht man nicht von diesem Näheverhältnis aus, kommt eine Mitwirkung des Bundesrates in deutlich weniger Fällen als nach Art. 23 Abs. 2, Abs. 4 und 5 GG in Betracht. So kann weiterhin ein Zustimmungsgesetz zu einem Ausschussbeschluss unter Beteiligung des Bundesrates nach Art. 59 Abs. 2 S. 1 GG notwendig sein. Unterhalb dieser Schwelle kann die Zustimmung des Bundesrates erforderlich sein, wenn die Zustimmung der Bundesregierung zu einem Beschluss eines CETA-Ausschusses einem Verwaltungsabkommen im Sinne von Art. 59 Abs. 2 S. 2 GG gleichkommt, das zur innerstaatlichen Durchführung der Zustimmung des Bundesrates bedarf (Art. 84 Abs. 2, Art. 85 Abs. 2 S. 1 GG).[429]

V. Zwischenergebnis zu Abschnitt C.

Die von den (Wahl-)Völkern der deutschen Bundesländer ausgehenden Delegationsketten werden im Bundesrat gebündelt. Aufgrund der Konzeption des Bundesrates als Vertretung der Landesregierungen verlaufen die Delegationsketten bei allen Bundesländern zwingend über die jeweiligen Länderregierungen. Dabei bestehen in einigen Bundesländern Möglichkeiten der Einwirkung durch die Landtage, welche jedoch die Delegation der Vertretung des jeweiligen Bundeslandes im Bundesrat nur in geringem Maße begrenzen. Insbesondere wenn im Bundesrat Beratungsgegenstände der CETA-Ausschüsse diskutiert werden sollten, werden in diesen für sich genommen kaum weitere Übertragungen von Hoheitsgewalt auf die EU-Institutionen oder die im CETA vorgesehenen Strukturen enthalten sein. So erschöpfen sich die Einflussmöglichkeiten der Landtage auf das Verhalten der jeweiligen Landesregierung im Bundesrat in Stellungnahmerechten die je nach Bundesland in unterschiedlichem Maße zu berücksichtigen und landesverfassungsrechtlich durchsetzbar sind. Auf die Wirksamkeit der Stimmabgabe im Bundesrat haben die unterschiedlichen

427 Vgl. zur Frage des besonderen Näheverhältnisses: Unterabschnitt B. III. Punkt 2. des vorliegenden Kapitels.

428 Hierzu bereits hinsichtlich des Bundestages: Unterabschnitt B. III. Unterpunkt 3. c. des vorliegenden Kapitels; vgl. insb.: Grzeszick, AVR 2020, 123, 153-158; Proeßl, ZEuS 2016, 401, 417f.

429 Streinz, in: Sachs, Grundgesetz, 9. Auflage 2021, Art. 59 GG, Rn. 79; siehe auch: Krajewski, Stellungnahme der Bundestagsfraktion Bündnis 90/Die Grünen in den Verfahren 2 BvR 1368/16 u.a. vor dem Bundesverfassungsgericht, S. 18f. (= S. 142f.).

landesverfassungsrechtlichen Parlamentsbeteiligungsmechanismen in keinem Fall einen Einfluss. Vom Bundesrat aus verlaufen die Delegationsketten weiter zur Bundesregierung. Wie bereits bei der vom (Wahl-)Volk der Bundesrepublik ausgehenden Delegationskette dargestellt, ist die Bundesregierung einerseits ermächtigt, die Bundesrepublik nach außen zu vertreten. Dies geschieht hinsichtlich des CETA im Rat, soweit die EU für das Abkommen zuständig ist. Im Zuständigkeitsbereich der Bundesrepublik ist eine direkte Vertretung Deutschlands in den CETA-Ausschüssen durch die Bundesregierung denkbar. Allerdings ist davon auszugehen, dass die Bundesregierung – wenn überhaupt – nur in wenigen Ausnahmefällen direkt und aktiv in den CETA-Ausschüssen vertreten sein wird.[430] Weiter verschieben sich die Zuständigkeiten auf der EU-Ebene durch den Abschluss des CETA dahingehend, dass das zuvor vom Bundesrat zusammen mit dem Bundestag zur Wahrnehmung von Rechtssetzungskompetenzen gemeinsam mit dem Rat ermächtigte Europäische Parlament auf die Arbeit der CETA-Ausschüsse nicht mehr aktiv einwirken kann, wenn diese auf Seiten der EU nach Art. 218 Abs. 9 Alt. 2 AEUV organisiert wird. Da der Rat in diesem Fall allein tätig ist, verschieben sich auch die mit der Zustimmung zum europäischen Primärrecht vom Bundesrat (zusammen mit dem Bundestag) auf das Europäische Parlament übertragenen Kompetenzen. Diese wandern insoweit zum Rat, als dass dieser im Verfahren nach Art. 218 Abs. 9 Alt. 2 AEUV nicht auf die Mitwirkung des Europäischen Parlaments angewiesen ist. Da die Bundesrepublik im Rat von der Bundesregierung vertreten wird, bedeutet dies auf der Bundesebene eine Kompetenzverschiebung zu deren Gunsten. Die Einbindung des Bundesrates in die Außenvertretung der Bundesrepublik durch die Bundesregierung im Rat richtet sich nach Art. 23 Abs. 4 bis Abs. 7 GG. Außerhalb des Kompetenzbereichs der EU liegt eine Anwendung der Art. 23 Abs. 4 bis Abs. 7 GG ebenfalls nahe, da vieles für die Annahme spricht, dass das CETA auch, soweit es Materien regelt, für die die EU-Mitgliedstaaten zuständig sind, in einem besonderen Näheverhältnis zum EU-Recht steht. Andernfalls wäre der Bundesrat an der Mitwirkung der Bundesregierung in den CETA-Ausschüssen nur zu beteiligen, wenn sich dies aus Art. 59 Abs. 2 S. 1 GG (ggf. i.V.m. Art. 24 Abs. 1 GG) oder aus Art. 59 Abs. 2 S. 2 i.V.m. Art. 84 Abs. 2 i.V.m. Art. 85 Abs. 2 S. 1 GG ergibt.

---

430 Vgl. hierzu: Unterabschnitt B. I. des vorliegenden Kapitels.

D. Weiterführung der Delegationsketten auf der EU-Ebene

Im folgenden Abschnitt wird die Wahrnehmung der an die Bundesregierung delegierten Befugnisse zur Vertretung der Bundesrepublik im Rat der Europäischen Union ausgeführt. Soweit die in den CETA-Ausschüssen stattfindende (Regulierungs-)Zusammenarbeit in den Kompetenzbereich der EU fällt, wird sie auf Seiten des Europäischen Primärrechts für die Vertretung der Bundesrepublik, wie auch der anderen EU-Mitgliedstaaten, durch ihre Regierungen im Rat vorbereitet. Darüber hinaus werden für die Teile des CETA, welche in die Unionszuständigkeit fallen, mehrere Aufgaben an die Europäische Kommission delegiert bzw. bereits primärrechtlich vorgesehene Delegationen werden modifiziert. Die Mitwirkungsrechte des Europäischen Parlaments werden dagegen geschmälert, wenn eine Sachmaterie durch einen der CETA-Ausschüsse behandelt wird. Das EU-Primärrecht enthält keine direkte Rechtsgrundlage für die Einrichtung internationaler Vertragsgremien, setzt eine solche aber an mehreren Stellen voraus. So sieht Art. 217 AEUV den Abschluss von Assoziierungsabkommen vor. Art. 218 Abs. 7 und Abs. 9 AEUV regeln ausdrücklich Verfahren zur Mitwirkung der Unionsorgane in internationalen Gremien. Die Errichtung solcher Gremien mittels eines völkerrechtlichen Vertrages ist in Art. 218 Abs. 6 lit. a) Ziff. iii) AEUV vorgesehen.[431] Mithin ist im Folgenden auf die verschiedenen Verfahrensweisen einzugehen, welche das europäische Primärrecht für die Mitwirkung der Unionsorgane an der Arbeit der im CETA vorgesehenen Ausschüsse vorsieht.

Das CETA sieht sowohl rechtsverbindliche Beschlüsse seiner Ausschüsse als auch rechtsunverbindliche Empfehlungen und andere Entscheidungen vor. Diese Unterscheidung wirkt auf die EU-Ebene zurück, da die in Art. 218 AEUV vorgesehenen Verfahren zur Mitwirkung in internationalen Vertragsgremien von einer rechtsverbindlichen Beschlussfassung des jeweiligen Gremiums ausgehen. Deshalb wird die im CETA zu findende Unterscheidung zwischen unterschiedlichen Formen von Ausschussentscheidungen in Unterabschnitt I. behandelt. Außerdem stellt das CETA sowohl für rechtsverbindliche Beschlüsse seines zentralen Vertragsgremiums, des Gemischten CETA-Ausschusses, als auch für

431 Weiß, EuZW 2016, 286, 287f.
Bereits in seinem Gutachten zum Europäischen Stilllegungsfonds für die Binnenschifffahrt aus dem Jahr 1977 und damit weit vor dem Inkrafttreten der genannten Vorschriften in ihrer heutigen Fassung setzte der EuGH eine implizite Befugnis der EG-Institutionen zur Schaffung solcher Gremien voraus (EuGH, Gutachten 1/76, Rn. 5).

mehrere Beschlüsse der im Abkommen vorgesehenen Sonderausschüsse unter den Vorbehalt der Erfüllung interner Anforderungen bzw. Verfahren oder einer Billigung durch die Vertragsparteien. Auch dieser Aspekt des Abkommens ist bei der Untersuchung des internen Verfahrensrechts der EU zu berücksichtigen, weshalb er vorliegend in Unterabschnitt II. diskutiert wird. Gegenstand von Unterabschnitt III. ist schließlich das Regelverfahren zur Eingehung völkerrechtlicher Verpflichtungen durch die EU. Dieses stellt nach Art. 218 Abs. 1 bis Abs. 6 und Abs. 8 i.V.m. Art. 207 Abs. 3 bis Abs. 6 AEUV die höchsten prozessualen Anforderungen, kommt jedoch nur zur Anwendung, wenn völkerrechtliche Rechte und Pflichten durch eine Übereinkunft begründet werden sollen und wenn keines der in Art. 218 Abs. 7 und Abs. 9 AEUV vorgesehenen vereinfachten Verfahren vorgesehen ist.[432] In Unterabschnitt IV. wird auf das vereinfachte Verfahren nach Art. 218 Abs. 9 Alt. 2 AEUV eingegangen, das für völkerrechtlich verbindliche Entscheidungen der CETA-Ausschüsse in den meisten Fällen maßgeblich sein wird.[433] In Unterabschnitt V. wird das Verfahren nach Art. 218 Abs. 7 AEUV erörtert, das bisher nur für eine bestimmte Beschlussfassungskompetenz des Gemischten CETA-Ausschusses vorgesehen ist. In Unterabschnitt VI. wird schließlich die Rolle der Europäischen Kommission bei der Vorbereitung der unter dem CETA stattfindenden Ausschussarbeit und bei der Vertretung der EU in den Ausschüssen aufgegriffen. Hierbei ist auch die Vorbereitung der CETA-Ausschussarbeit anzusprechen, soweit keine völkerrechtlich verbindlichen Beschlüsse gefasst werden (können).

I. Unterscheidung zwischen Beschlüssen, Empfehlungen und weiteren Entscheidungen der Ausschüsse

Das CETA unterscheidet hauptsächlich zwischen Beschlüssen und Empfehlungen der eingerichteten Ausschlüsse. Art. 26.3 Abs. 2 und Art. 26.2 Abs. 4 CETA ordnen die Umsetzungspflicht der Vertragsparteien hinsichtlich von Beschlüssen, nicht jedoch Empfehlungen an. Während der vorläufigen Anwendung des Abkommens gefasste Beschlüsse werden im Fall eines Abbruchs der vorläufigen Anwendung gem. Art. 30.7 Abs. 3 lit. d CETA wirkungslos. Aus beidem wird deutlich, dass das Abkommen zwischen rechtsverbindlichen

432 Lorenzmeier, in: Grabitz/Hilf/Nettesheim (Hrsg.), Das Recht der Europäischen Union, 76. EL 2022, Art. 218 AEUV, Rn. 63b.

433 Vgl. dazu: EuGH, Rs. C-73/14, Rn. 65.

Beschlüssen der Ausschüsse und bloßen Empfehlungen ohne rechtliche Verbindlichkeit unterscheidet.[434]

In rechtlicher Hinsicht unverbindliche Empfehlungen können allerdings indirekt einen Eingriff in die Souveränität der beteiligten Staaten nach sich ziehen. Aus der Diskussion um das Phänomen des „Soft Law“ lässt sich insbesondere ein möglicher Einfluss rechtsunverbindlicher Empfehlungen auf die Interpretation des Abkommens übertragen. Auch bei der Frage, ob eine Vertragspartei sich in irgendeiner Form treuwidrig verhalten haben sollte, könnten rechtsunverbindliche Empfehlungen der Ausschüsse in die Bewertung mit eingehen.[435] Denkbar ist auch eine Umgehung demokratisch-parlamentarischer Kontrollmechanismen, indem anstatt rechtsverbindlicher Beschlüsse vermehrt unverbindliche Empfehlungen als Handlungsform gewählt werden.[436]

Über derartige politische Wirkungen hinaus können völkerrechtlich zunächst unverbindliche Entscheidungen allerdings auch aufgrund hieran anknüpfender Gestaltungen im Unionsrecht oder auch im nationalen Recht der EU-Mitgliedstaaten inhaltlichen Einfluss auf dort geltende Rechtsnormen nehmen. So hatte sich der EuGH in der Rechtssache „Rebe und Wein“ mit der Konstellation zu beschäftigen, dass eine für sich genommen nicht rechtsverbindliche Empfehlung eines Gremiums der Organisation für Rebe und Wein („OIV“) aufgrund dynamischer Verweisungen im europäischen Sekundärrecht die Rechtslage innerhalb der Unionsrechtsordnung beeinflusste.[437] In Unterabschnitt IV. Punkt 1. wird dies anhand der Frage, in wie weit auch Entscheidungen internationaler Vertragsgremien ohne eigene Rechtswirkungen als „rechtswirksame Akte“ i.S.v. Art. 218 Abs. 9 Alt. 2 AEUV gelten und in dessen Anwendungsbereich fallen können, vertieft ausgeführt.

---

434 Weiß, EuConst 2018, 532, 536f.;
Dies entspricht insgesamt auch dem Bild, dass sich bei der Untersuchung von Ausschussgremien ergibt, die auf Assoziationsabkommen beruhen. Der Begriff des Beschlusses wird hier praktisch immer für rechtsverbindliche Akte eines Ausschussgremiums gebraucht (Appel, Das internationale Kooperationsrecht der EU, S. 211-215). Die Begrifflichkeiten für unverbindliche Akte lassen sich zwar weniger eindeutig zuordnen. Der im CETA gebrauchte Ausdruck der „Empfehlung“ bezeichnet allerdings auch bei Assoziationsabkommen oftmals einen unverbindlichen Akt eines Ausschussgremiums (Appel, Das internationale Kooperationsrecht der EU, S. 220-223).

435 Thürer, Soft Law, in: MPEPIL, §§ 26-29.

436 Vgl. Thürer, Soft Law, in: MPEPIL, § 31.

437 EuGH, Rs. C-399/12 (Rebe und Wein), Rn. 63.

II. Vorbehalte für die Wirksamkeit von CETA-Ausschussbeschlüssen

Wie bereits angesprochen wurde, scheint Art. 26.3 Abs. 2 S. 1 CETA die Wirksamkeit von Beschlüssen des Gemischten CETA-Ausschusses einem allgemeinen Vorbehalt „interner Anforderungen und Verfahren" zu unterwerfen.[438] Demnach erscheint es naheliegend, dass sich für den Zuständigkeitsbereich der EU diese „internen Anforderungen und Verfahren" aus Art. 218 AEUV ergeben. Soweit das vereinfachte Verfahren nach Art. 218 Abs. 9 Alt. 2 AEUV einschlägig ist, tritt damit die Festlegung des gemeinsamen EU-Standpunktes an die Stelle eines Genehmigungsaktes, so dass keine nachträgliche Billigung mehr nötig ist und der Beschluss auf Seiten der EU ohne weitere Zwischenschritte wirksam wird.[439] Problematisch an dieser Lesart ist allerdings, dass einige Kompetenzen des Gemischten CETA-Ausschusses (insbesondere nach Art. 2.4 Abs. 4 und Art. 30.2 Abs. 2 CETA) zusätzlich ein spezielles Erfordernis einer Zustimmung der Vertragsparteien vorsehen.[440] Da Art. 26.3 Abs. 2 S. 1 CETA für sämtliche Beschlüsse des Gemischten CETA-Ausschusses gilt, kommt es in diesen Fällen zu einem doppelt im Abkommen vorgesehenen Zustimmungsvorbehalt.[441] Da das EU-Primärrecht eine nachträgliche Zustimmung bzw. Ratifikation völkerrechtlicher Vereinbarungen nur im Anwendungsbereich des Art. 218 Abs. 1 bis 6 AEUV vorsieht bleibt unklar, ob den Zustimmungsvorbehalten in Art. 30.2 Abs. 2 und Art. 2.4 Abs. 4 CETA überhaupt eine gegenüber Art. 26.3 Abs. 2 S. 1 CETA eigenständige Funktion zukommen kann.[442] In diesem Sinne geht das Bundesverfassungsgericht auch davon aus, dass die Beteiligung der EU an einem Beschluss des Gemischten CETA-Ausschusses sich auch nach Art. 218 Abs. 9

---

438 Grzeszick, Stellungnahme des Deutschen Bundestages in den Verfahren 2 BvR 1368/16 u.a. vor dem Bundesverfassungsgericht, S. 41; Grzeszick, NVwZ 2016, 1753, 1756.

439 Weiß, Verfassungsprobleme des Abschlusses und der vorläufigen Anwendung des CETA Freihandelsabkommens mit Kanada, S. 14f.; Weiß, EuConst 2018, 532, 540f.; Appel, Das internationale Kooperationsrecht der EU, S. 339f.; KOM(2016) 470 endg, S. 8.

440 Hierzu: Grzeszick, AVR 2020, 123, 139f.

441 Vgl. Weiß, Demokratische Legitimation und völkerrechtliche Governancestrukturen, S. 168f.

442 Vgl. hierzu: Weiß, Kann Freihandel Demokratie und Rechtstaat gefährden?, S. 29f.; Ders., Demokratische Legitimation und völkerrechtliche Governancestrukturen, S. 169f.; Ders., Verfassungsprobleme des Abschlusses und der vorläufigen Anwendung des CETA Freihandelsabkommens mit Kanada, S. 15.

Alt. 2 AEUV richten könne.[443] Außerdem sprechen die offenen Formulierungen der im CETA vorgesehenen Vorbehalte „etwaiger" bzw. „erforderlicher" interner Anforderungen und Verfahren vor dem Hintergrund des geltenden EU-Primärrechts jedenfalls dafür, dass aktuell außerhalb des Anwendungsbereiches des Art. 218 Abs. 1 bis 6 AEUV keine nachträgliche Annahme von Beschlüssen des Gemischten CETA-Ausschusses durch die Unionsorgane notwendig ist. Bei den Sonderausschüssen ist dagegen keine dem Art. 26.3 Abs. 2 S. 1 CETA vergleichbare Querschnittsnorm zu finden, so dass das CETA hier nur in speziellen Einzelfällen einen Zustimmungsvorbehalt vorzusehen scheint.[444] Da das CETA keine weiteren Anforderungen stellt,[445] ist aus praktischer Sicht allerdings schwer zu erklären, welche internen Anforderungen und Verfahren der Vertragsparteien mit den im CETA vorgesehenen Vorbehalten gemeint sein sollen, wenn nicht diejenigen, die im Innenrecht der Vertragsparteien vorgesehen sind.[446] Auch wenn davon ausgegangen wird, dass diejenigen Ausschusskompetenzen die einen Vorbehalt der Zustimmung der Vertragsparteien vorsehen während der Aushandlung des CETA für so bedeuten gehalten wurden, dass hier ein entsprechender Vorbehalt notwendig sei, bindet dies die Vertragsparteien in ihrer späteren Praxis nicht. Das CETA beinhaltet weder eine Verpflichtung der EU und der beteiligten Staaten zusätzliche Verfahrensregeln für die Zustimmung zu bestimmten Entscheidungen der im Abkommen vorgesehenen Vertragsgremien einzuführen, noch führt es zum Gegenteil, dass die Vertragsparteien derartige Zustimmungserfordernisse nur dort vorsehen dürften, wo sie sich aus dem Abkommen ergeben.[447] So wird nach hier vertretener Ansicht davon ausgegangen, dass Art. 26.3 Abs. 2 S. 1 CETA wie auch die übrigen im

443 BVerfG, Urteil vom 13.10.2016, 2 BvR 1368/16 u.a. Rn. 61 u. Rn. 64; Weiß, Kann Freihandel Demokratie und Rechtsstaat gefährden?, S. 29f., Fn. 35.

444 Weiß, Verfassungsprobleme des Abschlusses und der vorläufigen Anwendung des CETA Freihandelsabkommens mit Kanada, S. 15.

445 Eine Ausnahme stellt Art. 11.3 CETA dar, wo der Abschluss eines separaten Abkommens durch die Vertragsparteien vorgesehen ist, der durch den zuständigen Sonderausschuss verfahrensmäßig begleitet wird.

446 Weiß, Demokratische Legitimation und völkerrechtliche Governancestrukturen, S. 167; Grzeszick, Stellungnahme des Deutschen Bundestages in den Verfahren 2 BvR 1368/16 u.a. vor dem Bundesverfassungsgericht, S. 41.

447 Nettesheim, Umfassende Freihandelsabkommen und Grundgesetz, S. 140.

CETA vorgesehenen Zustimmungsvorbehalte die Schnittstellen zu den auf den Ebenen der EU und ihrer Mitgliedstaaten bestehenden internen Verfahrensregeln darstellen.[448]

Zusammenfassend ist festzustellen, dass die durch den Gemischten CETA-Ausschuss zu fassenden Beschlüsse aus sich heraus Rechtsfolgen auslösen können, soweit keine *nachträgliche* Annahme durch die Vertragsparteien vorgesehen ist. Der in Art. 26 Abs. 2 S. 1 und Art. 30.2 Abs. 2 S. 2 CETA vorzufindende Vorbehalt „interner Anforderungen und Verfahren" verweist lediglich in die Rechtsordnungen der Vertragsparteien. Im EU-Zuständigkeitsbereich ist davon auszugehen, dass eine solche nachträgliche Annahme eines Ausschussbeschlusses nur stattfindet, wenn das Regelverfahren zur Eingehung völkerrechtlicher Abkommen nach Art. 218 Abs. 1 bis 6 und Abs. 8 i.V.m. Art. 207 Abs. 3 bis 6 AEUV zur Anwendung kommt. Das im überwiegenden Teil der Fälle anzuwendende vereinfachte Verfahren nach Art. 218 Abs. 9 Alt. 2 AEUV sieht dagegen nur den Beschluss eines gemeinsamen EU-Standpunkts für die Verhandlungen im internationalen Ausschussgremium vor. Der Beschluss dieses Vertragsgremiums erlangt dann ohne nachträgliche Annahme seitens der EU völkerrechtliche Wirkung.

III. Regelverfahren nach Art. 218 Abs. 1 bis Abs. 6 und Abs. 8 i.V.m. Art. 207 Abs. 3 bis Abs. 6 AEUV

Das Regelverfahren zur Eingehung völkerrechtlicher Verpflichtungen durch die EU nach Art. 218 Abs. 1 bis Abs. 6 und Abs. 8 i.V.m. Art. 207 Abs. 3 bis Abs. 6 AEUV stellt die höchsten prozessualen Anforderungen, kommt jedoch nur zur Anwendung, wenn völkerrechtliche Rechte und Pflichten durch eine Übereinkunft begründet werden sollen und wenn keines der in Art. 218 Abs. 7 und Abs. 9 AEUV vorgesehenen vereinfachten Verfahren vorgesehen ist. Hierbei ist insbesondere klärungsbedürftig, ob eine Entscheidung eines der im CETA vorgesehenen Ausschüsse eine „Übereinkunft" i.S.v. Art. 218 Abs. 1 AEUV darstellen kann (Punkt 1.), bevor auf den Verfahrensgang nach Art. 218 Abs. 1 bis 6 AEUV einzugehen ist (Punkt 2.).

---

448 Auf die im gesamten Abkommen verstreuten und unterschiedlich formulierten speziellen Zustimmungsvorbehalte wird im Laufe der Kapitel III und IV zurückzukommen sein.

1. *Einschlägigkeit des Regelverfahrens: Entscheidungen völkerrechtlicher Vertragsgremien als „Übereinkünfte" i.S.v. Art. 218 Abs. 1 AEUV*

Voraussetzung für die Charakterisierung einer Gremienentscheidung als „Übereinkunft" i.S.v. Art. 218 Abs. 1 AEUV ist zunächst, dass sie aus (mindestens) zwei aufeinander bezogenen unter Völkerrechtssubjekten abgegebenen Willenserklärungen besteht und es sich nicht um einen einseitigen Rechtsakt einer Entität mit eigenständiger Willensbildung handelt. Bei den Beschlüssen der CETA-Ausschüsse ist zu unterscheiden, ob diese einer nachträglichen Annahme durch die Unionsorgane bedürfen oder nicht. Art. 26.3 Abs. 2 S. 1 CETA stellt sämtliche Beschlüsse des Gemischten CETA-Ausschusses unter den Vorbehalt „der Erfüllung etwaiger interner Anforderungen und des Abschlusses etwaiger interner Verfahren".[449] Wie bereits angesprochen wurde und wie in Kapitel III genauer ausgeführt werden wird, stehen auch die Zuständigkeiten mehrerer Sonderausschüsse unter Vorbehalten, die dem Generalvorbehalt des Art. 26.3 Abs. 2 S. 1 CETA ähneln. Ein dem Art. 26.3 Abs. 2 S. 1 CETA entsprechender allgemeiner Vorbehalt ist dort allerdings nicht vorgesehen.[450]

Wie soeben ausgeführt,[451] wird aus dem CETA nur unvollständig deutlich, was mit der Billigung der Vertragsparteien „nach deren internen Anforderungen und Verfahren" gemeint ist. Da sich die interne Rechtslage der Vertragsparteien nach der Inkraftsetzung des CETA ändern kann und es wenig sinnvoll wäre, in das Abkommen näher beschriebene Anforderungen einzubauen, die in diesem Fall eine Änderung des CETA erfordern, begnügt sich Art. 26.2 Abs. 2 S. 1 CETA mit dem bloßen Verweis auf die internen Rechtsordnungen der EU und der beteiligten Staaten.[452] So sieht das Europäische Primärrecht die in Art. 218 AEUV vorgesehenen Verfahrensweisen vor.[453] Diese haben ihre jeweiligen

449 Grzeszick, Stellungnahme des Deutschen Bundestages in den Verfahren 2 BvR 1368/16 u.a. vor dem Bundesverfassungsgericht, S. 41; Grzeszick, NVwZ 2016, 1753, 1756.

450 Weiß, Verfassungsprobleme des Abschlusses und der vorläufigen Anwendung des CETA Freihandelsabkommens mit Kanada, S. 15; Weiß, Demokratische Legitimation und völkerrechtliche Governancestrukturen, S. 170; Weiß, EuConst 2018, 532, 539; Weiß, Kann Freihandel Demokratie und Rechtsstaat gefährden?, S. 30.

451 Siehe Unterpunkt D. II. des vorliegenden Kapitels.

452 Grzeszick, Stellungnahme des Deutschen Bundestages in den Verfahren 2 BvR 1368/16 u.a. vor dem Bundesverfassungsgericht, S. 41; Grzeszick, NVwZ 2016, 1753, 1756.

453 In diesem Sinne zu den vereinfachten Verfahren nach Art. 218 Abs. 7 und Abs. 9 AEUV: Weiß, EuR 2020, 407, 417.

Anwendungsbereiche, die durch CETA als völkerrechtlichem Vertrag nicht mit Wirkung innerhalb der Unionsrechtsordnung modifiziert werden können.

In ihrer Untersuchung zu auf Grundlage von Assoziationsabkommen berufenen Gremien kam *Appel* zu dem Schluss, dass die Beschlüsse solcher Gremien keine vereinfachten völkerrechtlichen Verträge, ad hoc Verträge oder „Mini-Verträge" darstellen würden. Da die dort untersuchten Assoziationsgremien zu einer eigenständigen Willensbildung in der Lage seien, handle es sich bei ihren Beschlüssen um einseitige Handlungen.[454] Soweit das vereinfachte Verfahren nach Art. 218 Abs. 9 Alt. 2 AEUV anwendbar sei, trete die Festlegung des gemeinsamen EU-Standpunktes im Fall einer solchen einseitigen Handlung an die Stelle eines Genehmigungsaktes.[455] Soweit bereits an die EU übertragene und durch die EU im Rahmen des Gemischten CETA-Ausschusses ausgeübte Befugnisse betroffen seien, wäre demnach keine nachträgliche Billigung mehr nötig. Dies hätte zur Konsequenz, dass die im Gemischten CETA-Ausschuss gefassten Beschlüsse, nachdem sie im Rahmen der genannten vereinfachten Verfahren vorbereitet wurden, auf Seiten der EU ohne weitere Zwischenschritte wirksam würden.[456]

Ein solches Verfahren zur vorbereitenden Willensbildung vor Entscheidungen internationaler Ausschussgremien erscheint zunächst als sachgerecht, solange dabei keine weitergehenden Anforderungen an die demokratische Rückbindung der Entscheidungsfindung verletzt werden. So gilt Art. 218 Abs. 9 Alt. 2 AEUV, wie sogleich in Unterabschnitt D. IV. Punkt 2. ausführlicher dargestellt wird, nicht für Änderungen des institutionellen Rahmens eines völkerrechtlichen Abkommens. Hinzu kommen Bedenken gegen die Behandlung wesentlicher Entscheidungen zum CETA im Verfahren nach Art. 218 Abs. 9 Alt. 2 AEUV. Insbesondere dem Gemischten CETA-Ausschuss (im geringeren Umfang auch einigen Sonderausschüssen) werden jedoch Zuständigkeiten übertragen, die

---

454 Appel, Das internationale Kooperationsrecht der EU, S. 326-331; vgl. auch: Lorenzmeier in: Grabitz/Hilf/Nettesheim (Hrsg.), Das Recht der Europäischen Union, 76. EL 2022, Art. 218 AEUV, Rn. 9; Bungenberg, in: von der Groeben/Schwarze/Hatje (Hrsg.), Europäisches Unionsrecht, Band IV, 7. Auflage 2015, Art. 218 AEUV, Rn. 25; EuGH, Gutachten 1/75, Leitsatz 1.

455 Appel, Das internationale Kooperationsrecht der EU, S. 340.

456 Weiß, Verfassungsprobleme des Abschlusses und der vorläufigen Anwendung des CETA Freihandelsabkommens mit Kanada, S. 14f.; Weiß, EuConst 2018, 532, 540f.; Weiß, The European Parliament's Role in the Operation of Trade Agreements. Non-Delegation and Parliamentary Control in External Action, S. 7-9; Appel, Das internationale Kooperationsrecht der EU, S. 339f.

eine Änderung des institutionellen Rahmens oder wesentlicher Vorschriften des CETA ermöglichen. So erhalten die Beschlüsse der CETA-Ausschüsse je nach den auf EU-Seite einschlägigen „internen Anforderungen und Verfahren" auf der EU-Ebene entweder die Qualität eines einseitigen Rechtsakts oder einer Übereinkunft zu einer über die verfahrensrechtlichen Möglichkeiten des Art. 218 Abs. 7 und Abs. 9 Alt. 2 AEUV hinausgehenden Änderung des CETA. Im letzteren Fall ist von einer Anwendbarkeit des Verfahrens nach Art. 218 Abs. 1 bis 6 AEUV auszugehen.

2. *Verfahrensgang*

Nach Art. 218 Abs. 3 i.V.m. Art. 207 Abs. 3 UAbs. 2 S. 1 AEUV kann die Kommission dem Rat einen Vorschlag zur Mitwirkung der Union an einem Beschluss eines internationalen Vertragsgremiums unterbreiten. Den Vorschlag der Kommission kann der Rat gemäß Art. 293 Abs. 1 AEUV nur einstimmig abändern. Nach dem die Kommission durch die Unterbreitung des Vorschlags die Initiative ergriffen hat, kann der Rat nach Art. 218 Abs. 2 i.V.m. Art. 207 Abs. 3 UAbs. 1 AEUV ein Verhandlungsmandat für die Kommission beschließen. Nach Art. 225 AEUV und Art. 241 AEUV können das Europäische Parlament bzw. der Rat die Kommission zur Ausarbeitung eines Vorschlages auffordern.[457] Diese „indirekten Initiativrechte" gelten insbesondere für Rechtsakte nach Art. 288ff. AEUV, für die der Kommission ein Vorschlagsrecht zukommt.[458] Hierzu gehören auch Beschlüsse nach Art. 288 Abs. 4 S. 1 AEUV, wie der hier zu fassende. Für das „indirekte Initiativrecht" des Parlaments nach Art. 225 AEUV bleibt ungeklärt, ob dieses vor dem EuGH einklagbar ist.[459]

Bei der Mitwirkung der nationalen Regierungen der EU-Mitgliedstaaten im Rat verlangt Art. 16 Abs. 2 EUV ausdrücklich die Befugnis entsendeter Regierungsmitglieder zur verbindlichen Vertretung des jeweiligen Mitgliedstaats

457 Hierzu: von Achenbach, Demokratische Gesetzgebung in der EU, S. 23 m.w.N.

458 Hölscheidt, in: Grabitz/Hilf/Nettesheim (Hrsg.), Das Recht der Europäischen Union, 76. EL 2022, Art. 225 AEUV, Rn. 7; Ziegenhorn, in: Grabitz/Hilf/Nettesheim (Hrsg.), Das Recht der Europäischen Union, 76. EL 2022, Art. 241 AEUV, Rn. 7.

459 von Achenbach, Demokratische Gesetzgebung in der EU, S. 168-170 m.w.N. Die aktuelle Präsidentin der EU-Kommission hat eine (politische aber rechtlich nicht verbindliche) Erklärung abgegeben, künftig auf Vorlagen des Europäischen Parlaments nach Art. 225 AEUV mit einem Vorschlag für einen Rechtsakt zu reagieren (von der Leyen, Eine Union die mehr erreichen will, S. 23f.).

einschließlich der Ausübung des Stimmrechts.[460] Die Bundesregierung delegiert mithin an den jeweiligen deutschen Ratsvertreter die Vertretung der Bundesrepublik in der betreffenden Ratssitzung. Der Rat selbst wird so zu einem Kollektiv der Agenten der jeweiligen nationalen Regierungen, die in ihrer Gesamtheit ein kollektiver Prinzipal sind. Sind Teile des im CETA geschaffenen Ausschusssystems betroffen, die sich mit dem Dienstleistungsverkehr, den Handelsaspekten des geistigen Eigentums, den ausländischen Direktinvestitionen, unter Umständen dem Handel mit kulturellen und audiovisuellen Dienstleistungen oder Dienstleistungen des Sozial-, Bildungs- und des Gesundheitssektors befassen, beschließt der Rat nach Art. 207 Abs. 4 UAbs. 2 und 3 AEUV einstimmig. Ansonsten ergeht der Ratsbeschluss gem. Art. 207 Abs. 4 UAbs. 1 AEUV mit qualifizierter Mehrheit. Nach Art. 207 Abs. 3 UAbs. 3 AEUV verhandelt die Kommission im Gemischten CETA-Ausschuss und setzt sich diesbezüglich mit dem Ausschuss für Handelspolitik ins Benehmen. Bei einem neuen Abkommen oder einer Änderung eines bereits geltenden Abkommens wird die Kommission dem Rat nach Art. 218 Abs. 5 i.V.m. Art. 207 Abs. 3 UAbs. 1 AEUV einen Vorschlag über die Unterzeichnung und gegebenenfalls die vorläufige Anwendung unterbreiten. Nach der Fassung dieses Ratsbeschlusses ist im nächsten Schritt die Zustimmung des Europäischen Parlaments zum Abschluss oder der Änderung des Abkommens nach Art. 218 Abs. 6 UAbs. 2 i.V.m. Art. 207 Abs. 3 UAbs. 1 AEUV einzuholen. Schließlich legt die Kommission dem Rat einen Vorschlag zum Abschluss des neuen Abkommens oder des Änderungsvertrags nach Art. 218 Abs. 6 UAbs. 1 i.V.m. Art. 207 Abs. 3 UAbs. 1 AEUV vor. Diese zwei Ratsbeschlüsse ergehen nach Art. 207 Abs. 4 AEUV grundsätzlich mit qualifizierter Mehrheit und in den oben genannten Ausnahmen einstimmig. Wird das Verfahren auf die Mitwirkung an einem Beschluss des Gemischten CETA-Ausschusses angewandt, stellt sich die Frage, ob die Zustimmung des Parlaments vor oder nach dem Ausschussbeschluss einzuholen ist. So könnte der Rat die Zustimmung zur einvernehmlichen Beschlussfassung (vgl. Art. 26.3 Abs. 3 Alt. 1 CETA) in einem der CETA-Ausschüsse erst nach Art. 218 Abs. 5 AEUV beschließen, nachdem das Europäische Parlament nach Art. 218 Abs. 6 AEUV zugestimmt hat. Da Art. 26.3 Abs. 2 CETA keine Notifikation über die

460 Möglich ist auch die Entsendung eines Landesministers nach Art. 23 Abs. 6 GG. Darüber hinaus können in der Praxis in bestimmten Konstellationen auch Personen ohne Ministeramt im Rat für einen Mitgliedstaat auftreten. Vgl. zu beidem: Ziegenhorn, in: Grabitz/Hilf/Nettesheim (Hrsg.), Das Recht der Europäischen Union, 76. EL 2022,, Art. 16 EUV, Rn. 31 u. 33f.

Erfüllung interner Anforderungen und Verfahren der Vertragsparteien vorsieht, erscheint dies als der gegenüber dem Vertragspartner Kanada transparenteste Weg. Alternativ könnte man auch annehmen, die Beteiligung des Parlaments nach Art. 218 Abs. 6 AEUV erfolge erst nach dem Ausschussbeschluss und führe bei einer Zustimmung des Parlaments zu dessen Wirksamkeit. Auch eine solche Vorgehensweise wäre vom Wortlaut des Art. 26.3 Abs. 2 CETA gedeckt, da dieser die Wirksamkeit von Beschlüssen des Gemischten CETA-Ausschusses unter den genannten Vorbehalt interner Anforderungen und Verfahren stellt. Allerdings wäre diese Lösung einerseits gegenüber dem Vertragspartner Kanada deutlich intransparenter, da in Art. 26.3 Abs. 2 CETA auch keine Notifikation über die Wirksamkeit eines Ausschussbeschlusses vorgesehen ist. Ferner würde sich auch der politische Druck auf das Europäische Parlament erhöhen, da dieses erst nach einer Einigung im Gemischten CETA-Ausschuss eingeschaltet würde.[461]

IV. Vereinfachtes Verfahren nach Art. 218 Abs. 9 Alt. 2 AEUV

Nach Art. 218 Abs. 9 Alt. 2 AEUV wird im Rat ein von der EU-Kommission vorgeschlagener gemeinsamer EU-Standpunkt formal beschlossen, der anschließend in den Gemischten CETA-Ausschuss einzubringen ist. Die bereits mehrfach angesprochene Vorschrift lautet:

> Der Rat erlässt auf Vorschlag der Kommission [...] einen Beschluss [...] zur Festlegung der Standpunkte, die im Namen der Union in einem durch eine Übereinkunft eingesetzten Gremium zu vertreten sind, sofern dieses Gremium rechtswirksame Akte, mit Ausnahme von Rechtsakten zur Ergänzung oder Änderung des institutionellen Rahmens der betreffenden Übereinkunft, zu erlassen hat.

Dieses Verfahren ist einschlägig, wenn in einem Abkommen, in dem die EU Mitglied ist, ein Vertragsgremium errichtet wird und dieses rechtswirksame Akte zu erlassen hat. Ausgeschlossen sind jedoch Rechtsakte, die zu einer Veränderung des institutionellen Rahmens des betreffenden Übereinkommens führen. Was unter diesen beiden Voraussetzungen zu verstehen ist, wird in den sogleich folgenden Punkten 1. und 2. erörtert, bevor in Punkt 3. auf den Verfahrensgang des Art. 218 Abs. 9 Alt. 2 AEUV eingegangen wird.

---

461 Zum politischen Druck auf die unionale und nationale Legislative aufgrund eingegangener völkerrechtlicher Verpflichtungen siehe unten: Unterabschnitt E. IV. des vorliegenden Kapitels.

1. „Rechtswirksame Akte" i.S.v. Art. 218 Abs. 9 Alt. 2 AEUV

Aus dem Wortlaut des Art. 218 Abs. 9 Alt. 2 AEUV lässt sich zunächst ohne weitere Schwierigkeiten schließen, dass jedenfalls völkerrechtlich verbindliche Entscheidungen internationaler Vertragsgremien erfasst sein sollen. Hierunter fallen auch Rechtsakte, die nur innenrechtliche Wirkung in Bezug auf das jeweilige Gremium oder das in dem jeweiligen Abkommen geschaffene Gremiensystem haben. Dies liegt darin begründet, dass auch rein innenrechtliche Beschlüsse eines völkerrechtlichen Vertragsgremiums einen – und wenn auch nur organisatorischen – Einfluss auf die mit der Unionsrechtsordnung etablierten EU-Institutionen haben können.[462] Umstritten ist jedoch inwieweit auch völkerrechtlich zunächst unverbindliche Entscheidungen eines internationalen Vertragsgremiums unter das Verfahren nach Art. 218 Abs. 9 Alt. 2 AEUV fallen. Problematisch sind dabei insbesondere Entscheidungen internationaler Gremien, denen zwar zunächst keine völkerrechtliche Bindungswirkung zukommt, die aber indirekt innerhalb der Unionsrechtsordnung Rechtswirkungen entfalten, da diese an sie anknüpft. In der Rechtssache „Rebe und Wein" hatte der EuGH eine Konstellation zu klären, in der ein Gremium der Organisation für Rebe und Wein („OIV") Empfehlungen erteilen konnte, die zwar völkerrechtlich unverbindlich waren, aber aufgrund dynamischer Verweisungen im Unionssekundärrecht die Rechtslage innerhalb der Unionsrechtsordnung beeinflussten.[463] Hierbei bestätigte der EuGH die Vorgehensweise des Rates, den Beschluss eines entsprechenden gemeinsamen Unionsstandpunktes auf Art. 218 Abs. 9 Alt. 2 AEUV zu stützen.[464] Voraussetzung hierfür sei, dass die Entscheidung eines internationalen Gremiums geeignet sei, den Inhalt einer „vom Unionsgesetzgeber [...] erlassenen Regelung maßgeblich zu beeinflussen."[465] Demnach komme es für die Einschlägigkeit des Art. 218 Abs. 9 Alt. 2 AEUV also nicht auf die (Rechts-)Wirkungen der relevanten Entscheidung auf der Ebene des Völkerrechts an, sondern auf ihre Folgen innerhalb der EU-Rechtsordnung.[466]

---

462 Appel, Das Internationale Kooperationsrecht der EU, S. 145; hierzu auch bereits vor der Primärrechtsreform von Lissabon: Martenczuk, Decisions of Bodies Established by International Agreements and the Community Legal Order, S. 149f.

463 Lorenzmeier, in: Grabitz/Hilf/Nettesheim (Hrsg.), Das Recht der Europäischen Union, 76. EL 2022, Art. 218 AEUV, Rn. 63c; Weiß, Demokratische Legitimation und völkerrechtliche Governancestrukturen, S. 174.

464 EuGH, Rs. C-399/12 (Rebe und Wein), Rn. 57-66.

465 EuGH, Rs. C-399/12 (Rebe und Wein), Rn. 63.

466 Dashwood, EU Acts and Member State Acts in the Negotiation, Conclusion, and Implementation of International Agreements, S. 237.

Dabei folgte der Gerichtshof nicht den Schlussanträgen des Generalanwalts *Pedro Cruz Villalón*, der anknüpfend am Wortlaut des Art. 218 Abs. 9 Alt. 2 AEUV („zu erlassen hat") argumentiert hatte, die durch ein völkerrechtliches Gremium erlassenen Akte müssten „*ab origine* ‚rechtswirksam'" (Hervorhebung im Original) sein.[467] Dies untermauerte *Cruz Villalón* mit dem Sinn und Zweck des Art. 218 Abs. 9 Alt. 2 AEUV, der erkennbar auf eine Unterscheidung anhand der völkerrechtlichen Relevanz des betreffenden völkerrechtlichen Aktes ziele. Noch nach dem Vertrag von Maastricht sei für sämtliche „*völkerrechtlich verbindliche*[n] *Beschlüsse*" (Hervorhebung im Original) das Vertragsschlussverfahren einschlägig gewesen, was sich durch die spätere Schaffung der *lex specialis* des heutigen Art. 218 Abs. 9 Alt. 2 AEUV geändert habe.[468] Für das Kriterium der anfänglichen völkerrechtlichen Verbindlichkeit eines nach Art. 218 Abs. 9 Alt. 2 AEUV vorzubereitenden Aktes spräche auch das Bedürfnis nach Rechtssicherheit. Sei das Verfahren des Art. 218 Abs. 9 Alt. 2 AEUV auch bei bevorstehenden Entscheidungen völkerrechtlicher Gremien anwendbar, die erst aufgrund anschließend eingreifender unionsrechtlicher Mechanismen, wie dynamischer Verweisungen im Sekundärrecht, zu unionsrechtlichen Bindungen führten, liege die Anwendung des Art. 218 Abs. 9 Alt. 2 AEUV im Ermessen des Unionsgesetzgebers.[469] Schließlich spreche das Bedürfnis nach einer klaren Abgrenzung zwischen den unionalen Entscheidungsfindungsverfahren auch angesichts der anhaltenden Diskussion um das Phänomen des „soft law" in der völkerrechtlichen Rechtsquellenlehre dafür, die Anwendbarkeit des Art. 218 Abs. 9 Alt. 2 AEUV an ein hinreichend präzises Unterscheidungskriterium zu knüpfen.[470]

In der Literatur wird dem entgegengehalten, dass es für die Willensbildung der Unionsorgane nicht entscheidend sein könne, auf welchem Weg die rechtliche Bindungswirkung am Ende zustande komme. Sinn und Zweck des Art. 218 Abs. 9 Alt. 2 AEUV sei es, die Kompetenzen der von der Kommission in ein internationales Gremium entsandten Vertreter dergestalt zu begrenzen, dass sie nicht selbstständig über den Inhalt von Rechtsakten entscheiden, die – auf welchem Weg auch immer – im Unionsrecht wirksam werden.[471] Dem ist gerade mit dem

---

467 GA Cruz Villalón, SchlA, Rs. C-399/12 (Rebe und Wein), Rn. 90.

468 GA Cruz Villalón, SchlA, Rs. C-399/12 (Rebe und Wein), Rn. 93f.

469 GA Cruz Villalón, SchlA, Rs. C-399/12 (Rebe und Wein), Rn. 95f.; dem zustimmend: Jung, EuR 2015, 735, 744; ebenfalls kritisch gegenüber der genannten Rspr.: Ruffert, JuS 2015, 84, 85f.

470 GA Cruz Villalón, SchlA, Rs. C-399/12 (Rebe und Wein), Rn. 97f.

471 Lorenzmeier, in: Grabitz/Hilf/Nettesheim (Hrsg.), Das Recht der Europäischen Union, 76. EL 2022, Art. 218 AEUV, Rn. 63c.

von *Cruz Villalón* vorgebrachten Argument der Rechtssicherheit zuzustimmen. Kann ein Rechtsakt eines völkerrechtlichen Gremiums im Unionsrecht Wirkungen entfalten, ist es aus Sicht der EU-Institutionen, der EU-Mitgliedstaaten und letztlich auch des Rechtsverkehrs im Binnenmarkt geradezu essenziell, dass dieser Rechtsakt zuvor zum Gegenstand von Beratungen der Legislativorgane der Union gemacht wurde (wenn auch „nur" des Rates im Verfahren nach Art. 218 Abs. 9 Alt. 2 AEUV).[472] Die für die Kommission deshalb bestehende Rechtsunsicherheit lässt sich relativ einfach dadurch beseitigen, dass im Zweifelsfall nach Art. 218 Abs. 9 Alt. 2 AEUV der Rat um einen gemeinsamen Standpunkt zu ersuchen ist. Zeigt sich dagegen bei einem zunächst völkerrechtlich nicht verbindlichen Akt eines internationalen Gremiums im Nachhinein ein indirekter Einfluss auf das Unionsrecht (etwa durch eine dynamische Verweisung im EU-Sekundärrecht), können deutlich größere und möglicherweise nur durch ein Verfahren vor dem EuG oder dem EuGH zu beseitigende Rechtsunsicherheiten entstehen.

Dem Einwand Art. 218 Abs. 9 Alt. 2 AEUV sei gerade nicht auf Konstellationen anzuwenden, in denen einem Akt eines internationalen Gremiums erst durch nachträgliche Anerkennung im Unionsrecht Wirkung zukomme,[473] ist entgegenzuhalten, dass es in der Rechtssache „Rebe und Wein" gerade nicht um eine nachträgliche Anerkennung im Unionsrecht ging. So waren die dort problematisierten dynamischen Verweisungen bereits vor dem streitgegenständlichen Ratsbeschluss in den Verordnungen Nr. 1234/2007 und Nr. 606/2009 enthalten.[474] Der Rat konnte die diesbezüglichen rechtlichen Folgewirkungen einer Empfehlung der OIV also bereits bei seiner Beschlussfassung nach Art. 218 Abs. 9 Alt. 2 AEUV absehen. Ähnliche Konstellationen sind auch im Zuge der Arbeit der im CETA vorgesehenen Ausschüsse zu erwarten.

Neben den genannten Gründen der Rechtssicherheit, die für eine Anwendung des Art. 218 Abs. 9 Alt. 2 AEUV auf Entscheidungen internationaler Vertragsgremien sprechen, die erst auf der Ebene des Unionsrechts und aufgrund dort angesiedelter Mechanismen Rechtsverbindlichkeit erlangen, ist auch auf die Vielfalt möglicher Handlungsformen solcher Gremien im Völkerrecht hinzuweisen.[475] Wenn Art. 218 Abs. 9 Alt. 2 AEUV als prozessuale Schnittstelle zwischen

---

472 Vgl.: Giegerich, in: Pechstein/Nowak/Häde (Hrsg.), Frankfurter Kommentar zu EUV, GRC und AEUV, Band IV, 2017, Art. 218 AEUV, Rn. 167.

473 So bei: Jung, EuR 2015, 735, 744 unter Berufung auf die oben skizzierte Argumentation von *Cruz Villalón*.

474 Dazu: EuGH, Rs. C-399/12 (Rebe und Wein), Rn. 61f.

475 Weiß, EuConst 2018, 532, 546f.

innerunionalen und internationalen Entscheidungsfindungsprozessen funktionieren soll, ist es wenig sinnvoll, seinen wortlautbedingt vagen Anwendungsbereich auf bestimmte völkerrechtliche Handlungsformen einzuengen.[476] Dagegen erscheint auch vor diesem Hintergrund das Kriterium, ob ein bevorstehender Akt eines internationalen Gremiums geeignet ist, Normen des Unionsrechts inhaltlich zu beeinflussen, als tauglich(ere) Grenze des Anwendungsbereichs des Art. 218 Abs. 9 Alt. 2 AEUV.

2. *Grenzen des Anwendungsbereichs des vereinfachten Verfahrens nach Art. 218 Abs. 9 Alt. 2 AEUV*

Vom Anwendungsbereich des vereinfachten Verfahrens nach Art. 218 Abs. 9 Alt. 2 AEUV ausgeschlossen sind nach dem Wortlaut der Norm Rechtsakte, die zu einer „Ergänzung oder Änderung" des institutionellen Rahmens des betreffenden Übereinkommens führen (siehe sogleich bei Unterpunkt a.). Daneben sollen auch wesentliche Regelungsgegenstände dem Anwendungsbereich des vereinfachten Verfahrens nach Art. 218 Abs. 9 Alt. 2 AEUV entzogen sein (Unterpunkt b.).

a. *Ausschluss von Änderungen des institutionellen Rahmens i.S.v. Art. 218 Abs. 9 Alt. 2 AEUV*

Was unter einer „Ergänzung oder Änderung des institutionellen Rahmens" eines Abkommens zu verstehen ist, ist zumindest in Teilen unklar. Eine mögliche Lesart schließt jegliche Änderungen oder Ergänzungen der Bestandteile des Abkommens aus. Dies betrifft beim CETA nach Art. 30.1 CETA außer des Abkommenstexts selbst auch dessen Protokolle und Anhänge. Denkbar ist auch eine Interpretation, nach der nur eine Änderung der institutionellen Struktur des betreffenden Abkommens von Art. 218 Abs. 9 Alt. 2 AEUV ausgeschlossen ist. Dies würde jedenfalls diejenigen Kompetenzen der CETA-Ausschüsse betreffen, die Änderungen an den durch das CETA vorgesehenen Gremien (Ausschüsse aber auch Streitbeilegungsgremien, wie etwa das Investitionsgericht) ermöglichen.[477]

---

476 Zur diesbezüglichen Maßstabsarmut des Art. 218 Abs. 9 Alt. 2 AEUV: Weiß, EuConst 2018, 532, 546f.

477 Weiß, EuZW 2016, 286, 288; Schmalenbach, in: Calliess/Ruffert (Hrsg.), EUV/AEUV, 6. Auflage 2022, Art. 218 AEUV, Rn. 32;
Vgl. insb. die Kompetenzen des Gemischten CETA-Ausschusses nach Art. 26 Abs. 5 lit. a, g und h CETA und nach Art. 8.29 CETA (s.u. Kapitel III Unterabschnitt B. II. Unterpunkt 4. b. bb.).

Allerdings lässt auch diese Auslegung des Art. 218 Abs. 9 Alt. 2 AEUV Fragen offen. So ist unklar, ob auch die Einberufung eines Gremiums, das nur eine bestimmte Sachfrage bearbeitet und danach wieder aufgelöst wird (bzw. werden soll), ebenfalls eine Änderung des institutionellen Rahmens im Sinne des Art. 218 Abs. 9 Alt. 2 AEUV darstellt. Art. 4.7 Abs. 2 CETA etwa ermöglicht die Einrichtung von Ad-hoc-Facharbeitsgruppen zur Lösung einer bestimmten Angelegenheit.[478] Außerdem bleibt fraglich, ob eine Änderung des institutionellen Rahmens bereits dann vorliegen soll, wenn ein Ausschuss neu gebildet wird, der selbst keine rechtsverbindlichen Entscheidungen treffen kann, sondern den vorhandenen Ausschüssen durch die Erarbeitung von Empfehlungen zuarbeitet. Gleiches gilt, wenn eine entsprechende Aufgabe an einen vorhandenen Ausschuss übertragen wird.[479] Weiter stellt sich die Frage, inwieweit rein innenrechtliche Regelungen der Ausschüsse – wie etwa die Änderung derer Geschäftsordnung – bereits eine Änderung des institutionellen Rahmens darstellen können.[480] Bei den genannten Typen von Gremienentscheidungen stellt sich die Frage, ob sie tatsächlich eine Änderung des institutionellen Rahmens eines Abkommens darstellen können, oder ob sie sich in der bloßen Umsetzung von dort bereits vorgesehenen Mechanismen erschöpfen.[481] Die entscheidende Frage ist demnach, ob die Kompetenz eines Vertragsgremiums zu einer (Eigen-) Dynamik führt, die über die Regelungsgehalte des zugrundeliegenden Abkommens hinausgehen kann. Wie in Kapitel IV der vorliegenden Untersuchung ausführlicher darzustellen sein wird, kann die Geschäftsordnung eines Vertragsgremiums sich demnach ausschließlich in Regelungen zur internen Arbeitsweise erschöpfen, wie etwa bei Art. 26.1 Abs. 4 lit. d CETA.[482] Entsprechende, bloß innenrechtliche Regelungen, betreffen zwar die interne Arbeitsweise eines Gremiums. Sie ändern aber für sich genommen nichts an dessen Fähigkeiten zur Schaffung von Sekundärvertragsrecht. Gleiches gilt die Einsetzung von ad

---

478 Siehe zu Art. 4.7 Abs. 2 CETA: Kapitel III Unterabschnitt B. IV. Unterpunkt 1. a.

479 Zu entsprechenden Kompetenzen des Gemischten CETA-Ausschusses nach Art. 26.1 Abs. 5 lit. a, lit. g und lit. h CETA siehe: Kapitel III Unterabschnitt B. II. Unterpunkt 4. b. bb. (1).

480 Zu Entsprechenden Kompetenzen des Gemischten CETA-Ausschusses und der Sonderausschüsse siehe: Kapitel III Unterabschnitt B. II. Unterpunkt 4. a. cc.

481 Vgl. in diesem Sinne: Martenczuk, Decisions of Bodies Established by International Agreements and the Community Legal Order, S. 151.

482 Zu dieser Regelung nach der der Gemischte CETA-Ausschuss sich seine Geschäftsordnung selbst gibt, vgl. Kapitel III Unterabschnitt B. II. Unterpunkt 4. a. cc. (1) und Kapitel IV Unterabschnitt B. II. Punkt 1. der vorliegenden Untersuchung.

hoc-Gremien oder bloß beratenden Instanzen. Solange diese ihrerseits keine zusätzlichen Befugnisse zum Erlass rechtswirksamer Akte i.S.v. Art. 218 Abs. 9 Alt. 2 AEUV erhalten, ist davon auszugehen, dass durch ihre Einrichtung lediglich die Arbeitsorganisation zur Vorbereitung rechtswirksamer Entscheidungen verändert wird, aber nicht die letztendliche Entscheidungsfindung selbst. Es ist mit Blick auf Art. 8.28 Abs. 7 CETA jedoch auch denkbar, dass etwa die Befugnis zum Erlass der Verfahrensordnung einer völkervertraglich eingerichteten Gerichtsinstanz weit über deren internen Arbeitsabläufe hinausgehen. So können sich spätere Entscheidungen einer völkervertraglich errichteten Gerichtsinstanz auf die Rechtspositionen privater Verfahrensbeteiligter oder der am Abkommen beteiligten Staaten auswirken.[483] Im Ergebnis werden jedenfalls Beschlüsse von Vertragsgremien, durch die einem (anderen) Vertragsgremium eine Befugnis zum Erlass rechtswirksamer Akte i.S.v. Art. 218 Abs. 9 Alt. 2 AEUV ganz oder teilweise entzogen oder delegiert werden, unter den Ausschluss von „Rechtsakten zur Ergänzung oder Änderung des institutionellen Rahmens der betreffenden Übereinkunft" fallen.[484] Diese führt zu einem Bedürfnis nach einer Einbindung des Europäischen Parlaments, der durch dessen einmalige Zustimmung zum Abkommen an sich nicht genüge getan werden kann. Entsprechend „lebt die Parlamentsbeteiligung wieder auf".[485]

b. Ausschluss wesentlicher Regelungsgegenstände eines Abkommens

Außer bei Änderungen des institutionellen Rahmens internationaler Abkommen sollen auch dessen wesentliche Regelungsgegenstände vom Anwendungsbereich des Art. 218 Abs. 9 Alt. 2 AEUV ausgenommen sein. Wie sogleich in Unterpunkt aa. darzustellen ist, liegt dieser Argumentation die Überlegung zugrunde, Art. 218 Abs. 9 Alt. 2 AEUV in Anlehnung an Art. 290 AEUV einschränkend auszulegen, um das interinstitutionelle Gleichgewicht zwischen den Unionsorganen zu wahren. Aufgrund der Unschärfe des Begriffs der „Wesentlichkeit"

---

483 Zur Kompetenz des Gemischten CETA-Ausschusses zur Ausgestaltung der Verfahrensordnung der Rechtsbehelfsinstanz des Investitionsschutzmechanismus des CETA, vgl. Kapitel III Unterabschnitt B. II. Unterpunkt 4. a. bb. (1) (a) und Kapitel IV Unterabschnitt B. III. Unterpunkt 2. a.

484 Ebenso: Schmalenbach, in: Calliess/Ruffert (Hrsg.), EUV/AEUV, 6. Auflage 2022, Art. 218 AEUV, Rn. 32.

485 Zitat von: Appel, Das internationale Kooperationsrecht der EU, S. 148, Fn. 653, unter Berufung auf: Schmalenbach, in: Calliess/Ruffert, EUV/AEUV, Art. 218 AEUV, Rn. 25, 4. Auflage, München 2011 (entspricht: Schmalenbach, in: Calliess/Ruffert, EUV/AEUV, Art. 218 AEUV, Rn. 32, 6. Auflage, München 2022).

i.S.v. Art. 290 Abs. 1 AEUV, ist in Unterpunkt bb. außerdem zu untersuchen, wie dieser im Kontext des vereinfachten Verfahrens nach Art. 218 Abs. 9 Alt. 2 AEUV verstanden werden kann.

aa. Auslegung des Art. 218 Abs. 9 Alt. 2 AEUV in Anlehnung an Art. 290 AEUV

Sowohl mit Blick auf materielle Änderungen völkerrechtlicher Abkommen als auch auf Änderungen an deren institutionellen Vorschriften wird vorgeschlagen, Art. 218 Abs. 9 Alt. 2 AEUV in Anlehnung an Art. 290 Abs. 1 AEUV so auszulegen, dass einem Vertragsgremium ausschließlich die Ergänzung oder Änderung „bestimmter nicht wesentlicher" Gegenstände eines Abkommens übertragen werden kann.[486] Ferner müssen Ziel, Inhalt, Geltungsbereich und Dauer einer Ermächtigung ausdrücklich bestimmt sein. Art. 290 Abs. 2 AEUV unterwirft die Delegation von Rechtssetzungsmaterien außerdem einem Evokationsrecht und einem Vetorecht des Europäischen Parlaments.[487] Die Vorschrift des Art. 290 AEUV gilt zwar ausdrücklich nur für die Delegation von Befugnissen zur unionsinternen Rechtsetzung an die Kommission. Sie lässt sich ihrer systematischen Struktur nach allerdings auf die Konstellation der Ermächtigung internationaler Vertragsgremien in einem völkerrechtlichen Abkommen übertragen. So wie in einem Gesetzgebungsakt Ermächtigungsgrundlagen zur Schaffung von Ergänzungen oder Änderungen vorgesehen sein können, ist dies auch bei einem völkerrechtlichen Vertrag denkbar. Auch die bei Art. 290 Abs. 1 AEUV vorgenommene Unterscheidung zwischen wesentlichen und nicht wesentlichen Vorschriften lässt sich auf völkerrechtliche Verträge übertragen. Weiter ist es auch möglich, die dem EU-Gesetzgeber in Art. 290 Abs. 1 UAbs. 2 S. 1 AEUV auferlegten Anforderungen an eine in einem Gesetzgebungsakt enthaltene Ermächtigung hinsichtlich der ausdrücklichen Festlegung von Zielen, Inhalt, Geltungsbereich und Dauer, in einem völkerrechtlichen Vertrag regelungstechnisch zu realisieren.[488] Auch die in Art. 291 Abs. 2 AEUV vorgesehene Ermächtigung der Kommission zu Durchführungsrechtsakten unterliegt gem. Art. 291 Abs. 3 AEUV i.V.m. Art. 11 der Komitologie-Verordnung,[489] hinsichtlich der

486 Giegerich, in: Pechstein/Nowak/Häde (Hrsg.), Frankfurter Kommentar zu EUV, GRC und AEUV, Band IV, 2017, Art. 218 AEUV, Rn. 165; Weiß, EuZW 2016, 286, 288.

487 Weiß, EuConst 2018, 532, 554f.; vgl. auch: Gellermann, in: Streinz (Hrsg.), EUV/AEUV, 3. Auflage 2018, Art. 290 AEUV, Rn. 7-12.

488 Weiß, Kann Freihandel Demokratie und Rechtsstaat gefährden?, S. 43f.

489 Verordnung (EU) Nr. 182/2011 des Europäischen Parlaments und des Rates, Abl. EU 2011 L 55/13.

Einhaltung der Grenzen des jeweiligen Basisrechtsakts, der Kontrolle des Europäischen Parlaments.[490] Der Blick auf Art. 290 und Art. 291 AEUV zeigt also, dass das Europäische Primärrecht Mechanismen zum Schutz der Funktionen des EU-Parlaments (und auch der mitgliedstaatlichen Zuständigkeiten) kennt.[491]

In der Rechtsache C-658/11 griff der EuGH 2014 die Argumentation des Generalanwalts *Bot* auf, im Zuge des Vertrags von Lissabon sei in Art. 218 Abs. 6 AEUV eine „Symmetrie zwischen dem Verfahren zum Erlass von Maßnahmen im Innen- und im Außenbereich" hergestellt und das Europäische Parlament entsprechend aufgewertet worden.[492] Eine Übertragung des Rechtsgedankens des Art. 290 Abs. 1 AEUV entspräche nun dieser Aufwertung des Europäischen Parlaments als neben dem Rat zentralem Gesetzgebungsorgan der Union, sowohl im Innen- als auch im Außenbereich. Dieser Rolle und der ihm deshalb von den Mitgliedstaaten übertragenen Zuständigkeiten darf sich das Europäische Parlament nur in einem begrenzten Ausmaß entäußern. Genau dies steht jedoch im Raum, wenn Art. 218 Abs. 9 Alt. 2 AEUV extensiv auf Änderungen an völkerrechtlichen Abkommen angewendet werden soll.[493] Entscheidungen, die eine entsprechend hohe Bedeutung haben, müssen unabhängig davon, ob sie auf der internationalen Ebene in Form eines Ausschussbeschlusses oder anderweitig ausgestaltet sind, auf der EU-Ebene nach dem normalen Vertragsschlussverfahren gemäß Art. 218 Abs. 1 bis 6 AEUV getroffen werden.[494] Dem entspricht auch die vom EuGH in Übereinstimmung mit der Generalanwältin *Sharpston* 2015 geäußerte Auffassung, dass vereinfachte Verfahren nach Art. 218 Abs. 9 Alt. 2 AEUV sei dem Erlass von Akten „zur Anwendung oder Durchführung" des betreffenden völkerrechtlichen Vertrags vorbehalten.[495] Ansonsten drohen Konflikte mit der unionalen Zuständigkeitsordnung, bzw. dem institutionellen Gleichgewicht zwischen Europäischen Parlament und Rat,[496] mit dem

---

490 Weiß, EuZW 2016, 286, 288; vgl. auch: Gellermann, in: Streinz (Hrsg.), EUV/AEUV, 3. Auflage 2018, Art. 291 AEUV, Rn. 17.

491 Vgl. Weiß, Kann Freihandel Demokratie und Rechtstaat gefährden?, S. 43-45; Ders., EuZW 2016, 286, 288.

492 EuGH, Rs. C-658/11, Rn. 56; GA Bot, SchlA, Rs. C-658/11, Rn. 30-32.

493 Weiß, Demokratische Legitimation und völkerrechtliche Governancestrukturen, S. 182; Weiß, EuZW 2016, 286, 287.

494 Weiß, Demokratische Legitimation und völkerrechtliche Governancestrukturen, S. 181.

495 EuGH, Rs. C-73/14, Rn. 65; GA Sharpston, SchlA, Rs. C-73/14, Rn. 69-74; Weiß, EuConst 2018, 532, 545.

496 Weiß, Demokratische Legitimation und völkerrechtliche Governancestrukturen, S. 178; GA Cruz Villalón, SchlA, Rs. C-399/12 (Rebe und Wein), Rn. 80.

Grundsatz der begrenzten Einzelermächtigung nach Art. 5. Abs. 1 und Art. 13 Abs. 2 EUV und – hinsichtlich der Mitwirkung der Bundesrepublik Deutschland an der EU – mit der nach Art. 23 Abs. 1 i.V.m. Art. 79 Abs. 3 GG gebotenen Strukturidentität.[497] So gelten in der Bundesrepublik Deutschland nach dem aus dem Demokratieprinzip des Art. 20 Abs. 1 GG folgenden Gesetzesvorbehalt Grenzen für die Übertragung von Gesetzgebungsbefugnissen auf Exekutivorgane. Diese werden auf der Ebene des Verfassungsrechts durch Art. 80 GG grundgelegt und haben richterrechtlich ihre Ausprägung in Gestalt der Wesentlichkeitslehre gefunden.[498] Hierbei ist nach Art. 23 Abs. 1 GG keine vollständige Übertragung des Demokratieprinzips nach Art. 20 Abs. 1 GG auf die Unionsebene zu fordern. Da im Rahmen der EU als supranationaler Staatengemeinschaft „demokratische Legitimation nicht in gleicher Form hergestellt werden [kann] wie innerhalb einer durch eine Staatsverfassung einheitlich und abschließend geregelten Staatsordnung" (BVerfG)[499] genügt vielmehr eine auf die Strukturen der EU angepasste grundsätzliche Kongruenz.[500] Im Unionsrecht wurzeln sowohl die Verbandskompetenz der EU als Gesamtorganisation, als auch die Organzuständigkeit der einzelnen Unionsorgane im Prinzip der begrenzten Einzelermächtigung nach Art. 5 Abs. 1 EUV. Dieses erfordert nicht nur, dass die Unionsorgane sich auf den ihnen von den Mitgliedstaaten übertragenen Zuständigkeitsbereich beschränken. Sie haben auch auf Grund der richtigen primärrechtlichen Rechtsgrundlage tätig zu werden. Aus dieser ergibt sich schließlich die jeweilige Organzuständigkeit, anhand „objektiver und gerichtlich nachprüfbare[r] Umstände", insbesondere bezogen auf Ziel und Inhalt des Rechtsakts (EuGH, st. Rspr.).[501] In der Rechtsprechung des EuGH findet diese Sicherung der Beachtung der primärrechtlichen Ermächtigungsgrundlagen und damit die oben referierte Lesart des Art. 218 Abs. 9 Alt. 2 AEUV eine weitere Stütze im

497 Weiß, EuZW 2016, 286, 287.

498 Weiß, EuR 2020, 407, 420; Ohler, JZ 2006, 359, 359f., BVerfGE 40, 237, 248-250, Rn. 45.

499 BVerfGE 89, 155, 182, Rn. 93.

500 Wolff, in: Hömig/Wolff, Grundgesetz für die Bundesrepublik Deutschland, 13. Auflage 2022, Art. 23 GG, Rn. 9; Streinz, in: Sachs, Grundgesetz, 9. Auflage 2021, Art. 23 GG, Rn. 22.

501 Ohler, JZ 2006, 359, 360; EuGH, Rs. C-178/03, Rn. 41; EuGH, Rs. C-45/86, Rn. 11; EuGH, Rs. C-300/89, Rn. 10; EuGH, Rs. C-268/94, Rn. 22; EuGH, Rs. C-84/94, Rn. 25; EuGH, Rs. C-176/03, Rn. 45; EuGH, Rs. C-336/00, Rn. 30; EuGH, Rs. C-269/97, Rn. 43; EuGH, Rs. C-42/97, Rn. 36; EuGH, Rs. C-271/94, Rn. 14; EuGH, Rs. C-22/96, Rn. 23.

Grundsatz des institutionellen Gleichgewichts bzw. in der Meroni-Doktrin.[502] Nach dieser können nur Ausführungsbefugnisse auf die Exekutive übertragen werden, die dem übertragenden Organ selbst zustehen, inhaltlich genau begrenzt sind und die kein politisches Ermessen beinhalten.[503] Wie der heutige Art. 290 AEUV verlangte auch der EuGH bereits in den Meroni-Urteilen aus dem Jahr 1958,[504] dass die Ausübung der an die Exekutive delegierten Befugnisse, durch die delegierende Legislative hinsichtlich festgelegter objektiver Kriterien überwacht wird.[505] So soll die grundsätzliche Ausrichtung der Gemeinschafts- bzw. Unionspolitik durch die Regelung wesentlicher Materien den Legislativorganen der Union vorbehalten bleiben, während Durchführungsbestimmungen durch die Kommission erlassen werden können.[506] Diese Anforderungen dienen der Wahrung des institutionellen Gleichgewichts zwischen den Unionsorganen.[507]

Nach dem Prinzip der Begrenzten Einzelermächtigung (Art. 5. Abs. 1 und Art. 13 Abs. 2 EUV) haben die EU-Institutionen nur die Kompetenzen, die ihnen von den Mitgliedstaaten in den das europäische Primärrecht bildenden Verträgen (EUV und AEUV) übertragen wurden. Dies schließt zwar auch die Weitergabe von übertragenen Befugnissen auf internationale Instanzen mit ein,[508] allerdings nach Maßgabe des europäischen Primärrechts. Deshalb ist der nach seinem Wortlaut unklare Art. 218 Abs. 9 Alt. 2 AEUV vor dem Hintergrund der übrigen Vorschriften des EUV und des AEUV auszulegen. Hierbei

502 Zur Übertragung der Meroni-Doktrin auf Ausschussgremien in Assoziationsabkommen der EU: Appel, Internationales Kooperationsrecht der EU, S. 292-311; vgl. auch: Weiß, EuConst 2018, 532, 557f.; Weiß, The European Parliament's Role in the Operation of Trade Agreements. Non-Delegation and Parliamentary Control in External Action, S. 11f.; skeptisch zum Beitrag des Grundsatzes des institutionellen Gleichgewichts zur funktionalen Abgrenzung zwischen den Gemeinschaftsorganen: Ohler, JZ 2006, 359, 360.

503 Weiß, EuConst 2018, 532, 557.

504 EuGH, Rs. C-9/56 (Meroni); EuGH, Rs. C-10/56 (Meroni).

505 EuGH, Rs. C-154/04, Rn. 90.

506 EuGH, Rs. C-9/56 (Meroni), S. 81; EuGH, C-240/90, Rn. 36f.; EuGH, Rs. C-25/70, Rn. 6; Appel, Das Internationale Kooperationsrecht der EU, S. 304f.; Chamon, Maastricht Journal of European and Comparative Law 2010, 281, 288f.; Griller/Orator, E.L. Rev. 2010, 3, 17; Schütze, Modern Law Review 2011, 661, 673-675; vgl. weiter: EuGH, C-159/96, Rn. 41; EuGH, Rs. C-478/93, Rn. 31; EuGH, Rs. C-121/83, Rn. 13.

507 Weiß, Kann Freihandel Demokratie und Rechtsstaat gefährden?, S. 45; Streinz, in: Streinz (Hrsg.), EUV/AEUV, 3. Auflage 2018, Art. 13 EUV, Rn. 23f.; Appel, Internationales Kooperationsrecht der EU, S. 292.

508 Nettesheim, Umfassende Freihandelsabkommen und Grundgesetz, S. 103f.

mag gegen eine Heranziehung des Rechtsgedankens des Art. 290 Abs. 1 AEUV das systematisch/historische Argument naheliegen, die interne Rechtssetzung und der völkerrechtliche Rechtsverkehr unterschieden sich grundlegend. Aufgrund der Unvorhersehbarkeit und Komplexität der Außenpolitik und der Notwendigkeit politischer Kompromisse, sei der Außenpolitik eine „Eigengesetzlichkeit" zuzuerkennen welche in einem „natürlichen Spannungsverhältnis" zur „Eigengesetzlichkeit" des Verfassungsrechts trete.[509] Dieser Logik folgend, würde Art. 218 Abs. 9 Alt. 2 AEUV, als Instrument der Außenpolitik, in einen typischerweise von der Exekutiven (auf EU-Ebene also dem Rat und der Kommission) dominierten Bereich fallen. Eine solche Herangehensweise an Art. 218 Abs. 9 Alt. 2 AEUV erscheint jedoch als fragwürdig, da gerade durch das Projekt der Europäischen Integration in Gestalt der EU die in der Vergangenheit deutlich zu ziehende Grenze zwischen der Innen- und der Außenpolitik zunehmend verschwimmt.[510] Das gilt in besonderem Maße für von der Union (mit) abgeschlossene Freihandels- und Investitionsschutzabkommen, welche regulierungsrechtliche Vorgaben enthalten, die über den Abbau von Zöllen und anderen Handelshemmnissen deutlich hinausgehen und wie bei CETA ihre eigene Weiterentwicklung und eine dauerhafte Abstimmung ihrer Umsetzung durch Vertragsausschüsse vorsehen.[511] Solche Verpflichtungen können sich verstärkt auf die innere Politik und Rechtsetzung der Union und ihrer Mitgliedstaaten

---

509 Stern, Das Staatsrecht der Bundesrepublik Deutschland, Band III/1, § 74 II. 6. a., S. 1362f.; Hailbronner, 56 VVDStRL (1997), S. 13f.; Thym, AVR 2012, 125, 127; diese Sichtweise distanziert zusammenfassend: Krajewski, Stellungnahme der Bundestagsfraktion Bündnis 90/Die Grünen in den Verfahren 2 BvR 1368/16 u.a., S. 15 (S. 139).

510 Vgl. hierzu die Ausführungen bei: Weiß, Kann Freihandel Demokratie und Rechtsstaat gefährden?, S. 47; vgl. zu rechtsstaatlichen und demokratischen Bedenken gegen die vermehrte Einrichtung völkerrechtlich konstituierter Entscheidungsträger auch bereits: von Bogdandy/Bast/Arndt, ZaöRV 2002, 77, 147f.

511 Weiß, Kann Freihandel Demokratie und Rechtsstaat gefährden?, S. 25f.; Weiß, The European Parliament's Role in the Operation of Trade Agreements. Parliamentary control and Executive-Legislative Balance in External Action, S. 218f.
Zur Konkretisierung und Weiterentwicklung des Abkommens durch die im CETA vorgesehenen Ausschüsse siehe Kapitel III Unterabschnitt B. II. Zum damit teilweise einhergehenden Aspekt des Agenda-Settings gegenüber den Gesetzgebern der EU und ihrer Mitgliedstaaten siehe Kapitel III Unterabschnitt B. III. Weitere Ausschusskompetenzen zur Abstimmung der Umsetzung des Abkommens und zur (Regulierungs-) Kooperation in komplexen Sachfragen werden in Kapitel III Unterabschnitte B. I. und B. V. behandelt.

„hinter der Grenze“[512] auswirken und dort die Legislativorgane in ihrer künftigen Entscheidungsfindung inhaltlich einschränken (auch: „regulatory chill“).[513] Darüber hinaus betrachtet auch der EuGH die Beteiligung des Volkes bzw. der Völker an der Ausübung von Hoheitsgewalt durch eine Versammlung ihrer Vertreter als grundlegendes Prinzip der Demokratie.[514]

Hinzu kommt, dass die Mitgliedstaaten der EU an anderer Stelle im EUV und AEUV ausdrückliche Grenzen für einen Einfluss des Europäischen Parlaments auf die gemeinsame Außenpolitik vorgesehen haben. Eine solche findet sich etwa im Chapeau des Art. 218 Abs. 6 UAbs. 2 AEUV:

> „*Mit Ausnahme der Übereinkünfte, die ausschließlich die Gemeinsame Außen- und Sicherheitspolitik betreffen*, erlässt der Rat den Beschluss über den Abschluss der Übereinkunft
> a) nach Zustimmung des Europäischen Parlaments [...]
> b) nach Anhörung des Europäischen Parlaments [...].“

Im Gegensatz dazu erscheint gerade Art. 218 Abs. 9 Alt. 2 AEUV als ein Instrument, um ein Aufbrechen der Grenzen zwischen Innen- und Außenpolitik, nun auch im Verhältnis des Unionsrechts zu internationalen Vertragswerken wie dem CETA, weiterzutreiben. Demnach ist Art. 218 AEUV vor dem Hintergrund der grundsätzlichen in Art. 14 und Art. 16 EUV festgelegten Funktionszuordnung zwischen dem Rat und dem Europäischen Parlament dergestalt zu verstehen, dass die Stellung des Parlaments nicht durch die Errichtung von Vertragsorganen in einem internationalen Abkommen ausgehebelt werden kann.[515]

Diese systematischen Hintergründe sprechen entschieden für eine Heranziehung des Rechtsgedankens des Art. 290 Abs. 1 AEUV bei der auslegungsweisen Ermittlung der Grenzen des Anwendungsbereichs des Art. 218 Abs. 9 Alt. 2

512 Dazu grundlegend: Nettesheim, Umfassende Freihandelsabkommen und Grundgesetz, S. 19f.

513 Krajewski, Stellungnahme der Bundestagsfraktion Bündnis 90/Die Grünen in den Verfahren 2 BvR 1368/16 u.a. vor dem Bundesverfassungsgericht, S. 15f. (= S. 139f.).

514 Weiß, EuR 2020, 407, 408; Weiß, The European Parliament's Role in the Operation of Trade Agreements. Parliamentary control and Executive-Legislative Balance in External Action, S. 209;
So bereits: EuGH, Rs. C-138/79, Rn. 33; weiter (zeitlich) nach dem Vertrag von Lissabon: EuGH, Rs. C-658/11, Rn. 79-81; EuGH, Rs. C-263/14, Rn. 73-77; vgl. auch: EuGH, Rs. C-316/91, Rn. 15-19 (Unterbleiben erneuter Parlamentsanhörung nach wesentlicher Änderung eines Gesetzgebungsakts als möglicher Nichtigkeitsgrund); EuGH, C-237/11, Rn. 68; EuGH, Rs. C-73/17, Rn. 35 (letztere beide zur Mitwirkung des Europäischen Parlaments am Haushaltsplan der Union).

515 Weiß, Kann Freihandel Demokratie und Rechtsstaat gefährden?, S. 46.

AEUV. Nach Art. 290 AEUV kann das Parlament die Bestimmung von Zielen, Inhalten und dem Geltungsbereich nicht delegieren. Auch hat es die Dauer der Ermächtigung zu bestimmen.[516] Dies gilt sowohl für materielle Regelungsgegenstände des Abkommens als auch für dessen institutionelle Strukturen.[517]

bb. Begriff der „Wesentlichkeit"

Nach Art. 290 Abs. 1 AEUV ist die Delegation *wesentlicher* Entscheidungen ausgeschlossen, wobei sich bisher kein trennscharfer Wesentlichkeitsbegriff herausgebildet hat. Jedenfalls vor Inkrafttreten des Vertrags von Lissabon hat der EuGH überwiegend funktionale Überlegungen angestellt, die eine großzügige Handhabung der Übertragung von Befugnissen auf die Kommission ermöglichten. Erst politische Entscheidungen, durch die „die grundsätzlichen Ausrichtungen der Gemeinschaftspolitik umgesetzt" werden, sind danach zwingend dem Europäischen Parlament vorbehalten.[518] So wurde etwa ein Vorschlag, zur Entwicklung

---

516 Weiß, Demokratische Legitimation und völkerrechtliche Governancestrukturen, S. 183; Weiß, EuConst 2018, 532, 555; Ruffert, in: Calliess/Ruffert (Hrsg.), EUV/AEUV, 6. Auflage 2022, Art. 290 AEUV, Rn. 16-20.

517 Zu materiellen Änderungen der Bestandteile des CETA siehe insbesondere: Kapitel III Unterabschnitt B. II. Unterpunkt 4. b. aa.; Beispiele hierfür sind etwa die Kompetenzen des Gemischten CETA-Ausschusses nach Art. 8.10 Abs. 3 CETA oder nach Art. 30.2 Abs. 2 CETA. Entsprechende Wirkungen können auch neben das CETA tretende Ausschussbeschlüsse haben, so etwa die Kompetenz des Gemischten CETA-Ausschusses nach Art. 30.10 Abs. 4 CETA zur Annahme von Anpassungs- und Übergangsregelungen im Fall des EU-Beitritts weiterer Staaten (siehe Kapitel III Unterabschnitt B. II. Unterpunkt 4. a. aa. (1)).
Zu Änderungen der institutionellen Strukturen des CETA siehe: Kapitel III Unterabschnitt B. II. Unterpunkte 4. b. bb. und 4. a. bb.; Beispiele hierfür sind etwa die Kompetenzen des Gemischten CETA-Ausschusses nach Art. 26.1 Abs. 5 lit. a, lit. g und lit. h CETA oder nach Art. 8.28 Abs. 7 CETA.

518 Gellermann, in: Streinz, EUV/AEUV, 3. Auflage 2018, Art. 290 AEUV, Rn. 7; Schmidt, in: von der Groeben/Schwarze/Hatje (Hrsg.), Europäisches Unionsrecht, Band IV, 7. Auflage 2015, Art. 290 AEUV, Rn. 26f.; Nettesheim, in: Grabitz/Hilf/Nettesheim (Hrsg.), Das Recht der Europäischen Union, 76. EL 2022,, Art. 290 AEUV, Rn. 38; Möllers/von Achenbach, EuR 2011, 39, 48f. Weiß, EuConst 2018, 532, 554f.; EuGH, Rs. C-48/98, Rn. 34; EuGH, Rs. C-240/90, Rn. 36f.; EuGH, Rs. C-356/97 (Molkereigenossenschaft Wiedergeltingen), Rn. 21.
Zitat aus: EuGH, Rs. C-240/90, Rn. 37; inhaltlich ebenso: EuGH, Rs. C-356/97 (Molkereigenossenschaft Wiedergeltingen), Rn. 21; EuGH, Rs. C-355/10, Rn. 64-67; zum Aspekt der Bestimmtheit: EuGH, Rs. C-104/97 P, (Atlanta), Rn. 76.

einer bereichsspezifischen Dogmatik, den die Generalanwältin *Juliane Kokott* in ihren Schlussanträgen in der Sache C-66/04 eingebracht hatte, soweit ersichtlich bisher nicht aufgegriffen.[519] In dem genannten Verfahren, in welchem es um die Regulierung der Aromatisierung von Lebensmitteln mittels Raucharomen ging, hatte die Generalanwältin zunächst argumentiert, die bisherigen – vornehmlich für die Agrarpolitik entwickelten – Maßstäbe an die Delegation von Regelungsbefugnissen an die Kommission, seien aufgrund ihrer mangelnden Bestimmtheit nicht hinzunehmen, wenn ein Sachgebiet keine flexiblen und schnellen Regulierungsentscheidungen erfordere sondern gerade eine sorgfältige Bewertung aller einschlägigen Informationen zur „Abwägung zwischen der wirtschaftlichen Handlungsfreiheit von Unternehmen und dem Schutz von Gesundheit und Verbrauchern".[520] Darüber hinaus spräche auch die Bedeutung der Beteiligungsrechte, denen sich das Europäische Parlament nur im begrenzten Maße begeben dürfe und die Gefahr einer Umgehung derselben für – jedenfalls bereichsspezifisch – strengere Anforderungen.[521] Ein solcher Maßstab könne eine hinreichend konkrete Vorgabe von Gegenstand, Zielen und fachlich/technischen Grundzügen der delegierten Regelungsbefugnisse vorsehen. Hierbei können praktische Notwendigkeiten für einen eher weiten Spielraum der Kommission für Detailregelungen streiten, während hochwertige Rechtsgüter wie die Gesundheit von Verbrauchern für detailliertere Vorgaben (bis hin zu Positivlisten für zulassungsfähige Wirkstoffe oder Primärprodukte) sprechen können.[522] In seinem in der selben Rechtssache ergangenen Urteil wählte der EuGH einen weniger spezifischen Ansatz, nach dem im Basisrechtsakt die „wesentlichen Elemente der betreffenden Harmonisierungsmaßnahme" festzulegen seien und „der Mechanismus zur Umsetzung dieser Elemente" zu einer Harmonisierung führen müsse.[523]

In der neueren Rechtsprechung seit dem Vertrag von Lissabon bleibt es zwar dabei, dass stets die die jeweiligen Besonderheiten des jeweils betroffenen

519 Nettesheim, in: Grabitz/Hilf/Nettesheim (Hrsg.), Das Recht der Europäischen Union, 76. EL 2022„ Art. 290 AEUV, Rn. 39; Möllers/von Achenbach, EuR 2011, 39, 49.

520 GA Kokott, SchlA, Rs. C-66/04, Rn. 55; Ohler, JZ 2006, 359, 361.

521 GA Kokott, SchlA, Rs. C-66/04, Rn. 56.

522 GA Kokott, SchlA, Rs. C-66/04, Rn. 57-66.

523 EuGH, Rs. C-66/04, Rn. 48f.
Am Ende kamen sowohl die Generalanwältin als auch der EuGH zum gleichen Ergebnis, da die Ermächtigungsgrundlage im vorliegenden Fall nach beiden Ansätzen bestimmt genug war (vgl. GA Kokott, SchlA, Rs. C-66/04, Rn. 57ff., EuGH, Rs. C-66/04, Rn. 53ff.).

Sachgebietes zu berücksichtigen sind.[524] Allerdings findet sich inzwischen eine gewisse Betonung rechtsdogmatischer Kriterien. So bezog der EuGH in einem Urteil zum Schengener Grenzkodex, neben der politischen Komplexität der zu treffenden Rechtsetzungsentscheidungen, Grundrechtspositionen in seine Abwägung mit ein und erklärte eine Befugnisübertragung des Europäischen Parlaments an den Rat (nicht an die Kommission) aufgrund einer Verletzung des Wesentlichkeitsvorbehalts für nichtig.[525] Hierauf bezugnehmend thematisierte der EuGH später auch im Zusammenhang mit der Übermittlung personenbezogener Daten im Rahmen von EUROPOL die Grundrechte betroffener Personen als Aspekt der Wesentlichkeit von Regelungen.[526]

In diese Sichtweise fügt sich auch der Gesetzesvorbehalt des Art. 52 Abs. 1 S. 1 GRCh, unter welchem Einschränkungen der Unionsgrundrechte nach der EU-Grundrechtecharta stehen. So muss der die Einschränkung eines Grundrechts aufgrund des legislativen Basisrechtsakts in Zweck und Umfang vorhersehbar vorgegeben sein.[527] Hierbei wird unter Einschränkung zunächst jede, durch eine staatlichen Stellen zurechenbare Handlung ausgelöste, mittelbare oder unmittelbare nachteilige Auswirkung auf Verhaltensweisen verstanden, die grundrechtlich geschützt sind.[528] Erfasst hiervon sind nicht nur zielgerichtete Grundrechtseingriffe, sondern auch faktische aber unübersehbare und erhebliche Folgewirkungen gegen die Schutzgüter eines Grundrechts.[529] Trotzdem ist bisher keine Entwicklung hin zu einer abstrakten, vom Einzelfall losgelösten

---

524 Schmidt, in: von der Groeben/Schwarze/Hatje (Hrsg.), Europäisches Unionsrecht, Band IV, 7. Auflage 2015, Art. 290 AEUV, Rn. 27f.; EuGH, Rs. C-355/10, Rn. 68-75.

525 Schmidt, in: von der Groeben/Schwarze/Hatje (Hrsg.), Europäisches Unionsrecht, Band IV, 7. Auflage 2015, Art. 290 AEUV, Rn. 28 m.w.N.; EuGH, Rs. C-355/10, Rn. 76f.; ebd., Rn. 84.

526 EuGH, Rs. C-363/14, Rn. 46ff., insb. Rn. 53.

527 Nettesheim, in: Grabitz/Hilf/Nettesheim (Hrsg.), Das Recht der Europäischen Union, 76. EL 2022, Art. 290 AEUV, Rn. 42; Kingreen, in: Calliess/Ruffert, EUV/AEUV, Art. 52 GrCH, Rn. 62; Becker, in: Schwarze/Becker/Hatje/Schoo, EU-Kommentar, 4. Auflage 2019, Rn. 4; Schwerdtfeger, in: Meyer/Hölscheidt (Hrsg.), Charta der Grundrechte der Europäischen Union, 5. Auflage 2019, Art. 52 GRCh, Rn. 31; vgl. bereits vor Inkrafttreten der Charta der Grundrechte der Europäischen Union: Ohler, JZ 2006, 359, 361; EuGH, Rs. C-46/87, Rn. 19.

528 Schwerdtfeger, in: Meyer/Hölscheidt (Hrsg.), Charta der Grundrechte der Europäischen Union, 5. Auflage 2019, Art. 52 GRCh, Rn. 27; Jarass, in: Ders. (Hrsg.), Charta der Grundrechte der Europäischen Union, 4. Auflage 2021, Art. 52 GRCh, Rn. 10.

529 Jarass, in: Ders. (Hrsg.), Charta der Grundrechte der Europäischen Union, 4. Auflage 2021, Art. 52 GRCh, Rn. 12f.; zu Realakten: ebd. Rn. 15.

Abgrenzung zwischen wesentlichen und unwesentlichen Entscheidungen zu erkennen. So bleibt es bei der, von der Beurteilung nach Art. 52 Abs. 1 GRCh losgelösten,[530] Unterscheidung zwischen politisch-grundsätzlichen und damit wesentlichen Festlegungen und unpolitisch-ausfüllenden Konkretisierungen. Auch eine funktionale Betrachtung, nach der Fragen, entweder in einem Gesetzgebungsverfahren oder durch die Kommission sinnvoll zu behandeln sind führt nicht zu einem trennscharfen Maßstab. So kann etwa ein Sachbereich, der sich durch schnelle Entwicklungen auszeichnet, einerseits die schnellere Reaktionsfähigkeit der Kommission erfordern. Andererseits können parlamentarische Entscheidungen gerade hier für regulatorische Stabilität sorgen.[531]

Soll der – wie aufgezeigt – unscharfe Wesentlichkeitsbegriff des Art. 290 AEUV auf Art. 218 Abs. 9 Alt. 2 AEUV übertragen werden stellen sich ähnliche Probleme. Auch bei Art. 218 Abs. 9 Alt. 2 AEUV wird eine funktionale Betrachtung nicht unbedingt zu einem brauchbaren Maßstab führen. Wie im Unionsrecht können auch bei den Regelungsgegenständen internationaler (Handels-)Abkommen schnelle und unstetige Entwicklungen ein Argument für flexible intergouvernementale Entscheidungsprozesse sein. Andererseits gilt auch hier, dass parlamentarische Entscheidungen innerhalb der Beteiligten Staaten oder Staatenbünde für einen stabilisierenden internationalen Rechtsrahmen sorgen können.[532] Ein aussagekräftigeres dogmatisches Kriterium für die Frage der Wesentlichkeit einer Entscheidung ist auch im Anwendungsbereich des Art. 218 Abs. 9 Alt. 2 AEUV ihre Grundrechtsrelevanz. So sind die Unionsorgane auch beim Beschluss gemeinsamer Unionsstandpunkte nach Art. 218 Abs. 9 Alt. 2 AEUV grundsätzlich an die Unionsgrundrechte gebunden.[533] Demnach können

530 Ruffert, in: Calliess/Ruffert (Hrsg.), EUV/AEUV, 6. Auflage 2022, Art. 290 AEUV, Rn. 15.

531 Nettesheim, in: Grabitz/Hilf/Nettesheim (Hrsg.), Das Recht der Europäischen Union, 75. EL Januar 2022, Art. 290, Rn. 40f.; zu den Erwägungen des EuGH im Bereich der Agrarpolitik: EuGH, Rs. C-9/95, Rn. 36 m.w.N.; EuGH, Rs. C-159/96, Rn. 40ff. m.w.N.; EuGH, Rs. C-279/84, Rn. 14; EuGH, Rs. C-478/93, Rn. 30; EuGH, Rs. C-22/88, Rn. 16 m.w.N.; EuGH, Urteil vom 30.10.1975, Rs. C-23/75, Rn. 10/14.

532 Vgl. in diesem Sinne nochmals: Nettesheim, in: Grabitz/Hilf/Nettesheim (Hrsg.), Das Recht der Europäischen Union, 75. EL Januar 2022, Art. 290, Rn. 40f.

533 Die Grundrechtecharta der EU gilt nach Art. 51 Abs. 1 GRCh für die Organe und Mitgliedstaaten der Union „bei der Durchführung des Rechts der Union". Die Europäische Konvention zum Schutz der Menschenrechte und Grundfreiheiten, sowie sich aus den gemeinsamen Verfassungsüberlieferungen der EU-Mitgliedstaaten ergebenden Grundrechte werden durch Art. 6 Abs. 3 EUV zu allgemeinen Grundsätzen Teil des Unionsrechts erklärt.

„objektive Gesichtspunkte" (EuGH),[534] wie die Bedeutung der von einer Entscheidung nach Art. 218 Abs. 9 Alt. 2 AEUV betroffenen Grundrechtspositionen, die Schwere und die Wahrscheinlichkeit möglicher Grundrechtseingriffe sowie die zu erwartende Zahl der betroffenen Grundrechtsträger als Indizien für oder gegen die Wesentlichkeit einer solchen Entscheidung herangezogen werden.[535] Die im Einzelfall zu diskutierenden Grundrechtseingriffe werden allerdings nicht direkt aus dem im Rat beschlossenen Unionsstandpunkt[536] oder der nachfolgenden Entscheidung eines internationalen Vertragsgremiums folgen, sondern das Resultat inhaltlich vorgeprägter unionaler oder nationaler Rechtsetzung oder nationaler Vollzugsmaßnamen sein. So wird entscheidend zu berücksichtigen sein, zu welchem Grad künftige Grundrechtseingriffe bereits im Stadium der unionalen Willensbildung nach Art. 218 Abs. 9 Alt. 2 AEUV vorhersehbar sind. Anknüpfend an der Dogmatik zum Vorliegen einer Grundrechtseinschränkung werden Beeinträchtigungen die lediglich reflexhaft auftreten könnten deutlich weniger für die Wesentlichkeit der im Rat zum Gegenstand eines Unionsstandpunkts gemachten Entscheidung sprechen, als bereits vorhersehbare direkte Folgen eines späteren nationalen oder unionalen Vollzugs einer mit dem Unionsstandpunkt angestoßenen internationalen Vereinbarung.[537] Umgekehrt kann auch die Bedeutung von Rechtsgütern, die einer Grundrechtsposition gegenüberstehen für oder gegen die Wesentlichkeit einer Entscheidung nach Art. 218 Abs. 9 Alt. 2 AEUV sprechen. So können etwa nach

---

Zur Bindung des auswärtigen und völkerrechtlichen Handelns der Unionsorgane an Unionsgrundrechte: Jarass, in: Ders. (Hrsg.), Charta der Grundrechte der Europäischen Union, 4. Auflage 2021, Art. 51 GRCh, Rn. 16f.; Kingreen, in: Calliess/Ruffert (Hrsg.), EUV/AEUV, 6. Auflage 2022, Art. 51 GRCh, Rn. 5.

534 EuGH, Rs. C-355/10, Rn. 67; EuGH, Rs. C-363/14, Rn. 47.

535 Zur Erheblichkeit zu erwartender Grundrechtseingriffe: EuGH, Rs. C-355/10, Rn. 77; EuGH, Rs. C-363/14, Rn. 53.

536 Der Beschluss des Unionsstandpunkts nach Art. 218 Abs. 9 Alt. 2 AEUV stellt, das verfahrenstechnische Bindeglied zwischen der Unionsrechtsordnung und der völkerrechtlichen Ebene dar. Er ist zwar als Rechtsakt des Rates gerichtlich überprüfbar, verfügt aber selbst über keine eigene grundrechtsverkürzende Wirkung. Siehe hierzu: Appel, Das Internationale Kooperationsrecht der EU, S. 426; Martenczuk, Decisions of Bodies Established by International Agreements and the Community Legal Order, S. 162; vgl. auch die Ausführungen zur gerichtlichen Überprüfbarkeit von Beschlüssen nach Art. 218 Abs. 9 Alt. 2 AEUV in Kapitel IV Unterabschnitt C. I. Punkt 3. der vorliegenden Untersuchung.

537 Vgl. hierzu nochmals: Jarass, in: Ders. (Hrsg.), Charta der Grundrechte der Europäischen Union, 4. Auflage 2021, Art. 52 GRCh, Rn. 12f.

Art. 218 Abs. 9 Alt. 2 AEUV beschlossene Unionsstandpunkte im Zusammenhang mit dem im Rahmen des CETA vorgesehenen Informationsaustausch zur Sicherheit von Konsumgütern[538] erhebliche Auswirkungen auf die Grundrechte von Marktteilnehmern haben. Oftmals werden internationale Vereinbarungen zum Informationsaustausch zur Produktsicherheit auch nicht nur höchst indirekte und reflexhafte Auswirkungen auf den grundrechtlich geschützten Handlungsspielraum der Marktteilnehmer im Europäischen Binnenmarkt, sowie auf Vertraulichkeits- und Datenschutzinteressen haben.[539] Sie werden auch – jedenfalls zu einem gewissen Grad – vorhersehbar sein. Andererseits stehen hier den Grundrechten der Hersteller von Konsumgütern die äußerst hochwertigen und ebenfalls grundrechtliche geschützten Rechtsgüter des Schutzes der Sicherheit und Gesundheit von Verbrauchern gegenüber. Beide Seiten der Betrachtung werden hier also häufig für die Wesentlichkeit einer Entscheidung über einen gemeinsamen Unionsstandpunkt im Verfahren nach Art. 218 Abs. 9 Alt. 2 AEUV sprechen.[540]

Vor dem Hintergrund, des Gesetzesvorbehalts nach Art. 52 Abs. 1 S. 1 GRCh[541] sowie der institutionellen Bedeutung des Europäischen Parlaments als neben dem Rat zentralen Legislativorgan der EU, darf sich das Europäische Parlament, auch nur im begrenzten Maße seinen legislativen Befugnissen durch Delegation von Aufgaben an die Exekutive entäußern.[542] So stellt sich die Frage, inwieweit eine aufgrund eines internationalen Abkommens getroffene und auf EU-Seite im Willensbildungsprozess nach Art. 218 Abs. 9 Alt. 2 AEUV

538 Vgl. hierzu Kapitel III Unterabschnitt B. II. Unterpunkt 4. a. aa. (2), Kapitel IV Unterabschnitt B. II. Punkt 2 und Kapitel IV Unterabschnitt B. III. Unterpunkt 2. b. der vorliegenden Untersuchung sowie Art. 21.7 Abs. 5 bis 7 CETA.

539 Vgl. Nettesheim, Umfassende Freihandelsabkommen und Grundgesetz, S. 26; Weiß, Kann Freihandel Demokratie und Rechtstaat gefährden?, S. 49f.; Ders., EuConst 2018, 532, 561.

540 Anhand dieses Beispiels erscheint die Argumentation von GA Kokott in der Sache C-66/04 als durchaus übertragbar: GA Kokott, SchlA, Rs. C-66/04, Rn. 55ff.

541 Nettesheim, in: Grabitz/Hilf/Nettesheim (Hrsg.), Das Recht der Europäischen Union, 76. EL 2022, Art. 290 AEUV, Rn. 42; Kingreen, in: Calliess/Ruffert (Hrsg.), EUV/AEUV, 6. Auflage 2022, Art. 52 GrCH, Rn. 62; Becker, in: Schwarze/Becker/Hatje/Schoo, EU-Kommentar, 4. Auflage 2019, Art. 52 GRC, Rn. 4; Schwerdtfeger, in: Meyer/Hölscheidt (Hrsg.), Charta der Grundrechte der Europäischen Union, 5. Auflage 2019, Art. 52 GRCh, Rn. 31; vgl. bereits vor Inkrafttreten der Charta der Grundrechte der Europäischen Union: Ohler, JZ 2006, 359, 361; EuGH, Rs. C-46/87, Rn. 19.

542 Siehe bereits oben bei Unterpunkt a. Vgl. nochmals: GA Kokott, SchlA, Rs. C-66/04, Rn. 56; vgl. weiter: Weiß, EuZW 2016, 286, 287; Ders., EuR 2020, 407, 420.

vorbereitete Entscheidung, bereits beim Abschluss des jeweiligen Abkommens vorhersehbar ist oder eine nachträgliche Korrektur des materiellen Regelungsgehaltes des Abkommens darstellt. Dies steht etwa bei einer, über eine bloße Konkretisierung des Vertragstextes hinausgehenden, nachträglichen Änderung bzw. Ausweitung von Standards zur Behandlung ausländischer Investoren nach Art. 8.10 Abs. 3 CETA im Raum.[543]

cc. Zwischenergebnis zu Unterpunkt b.

Wird mit der hier vertretenen Ansicht die Anwendbarkeit des vereinfachten Verfahrens nach Art. 218 Abs. 9 Alt. 2 AEUV für wesentliche Entscheidungen bestritten, werden jedenfalls Änderungen der mit dem Abkommen eingeschlagenen materiellen Regelungsrichtung durch einen Beschluss eines internationalen Vertragsgremiums der vorherigen Durchführung des Regelverfahrens nach Art. 218 Abs. 1 bis 6 AEUV auf der Unionsebene bedürfen. Die Grenze des Anwendungsbereichs des Verfahrens nach Art. 218 Abs. 9 Alt. 2 AEUV wird spätestens dann erreicht, wenn durch einen Ausschussbeschluss die materielle Regelungsrichtung in einer bei Abschluss des Abkommens nicht vorhersehbarer Weise verändert wird. Unterhalb dieser Schwelle wird es im Einzelfall auf die durch eine nach Art. 218 Abs. 9 Alt. 2 AEUV vorbereitete Entscheidung eines internationalen Vertragsgremiums absehbarer Weise betroffenen Rechtsgüter und dabei insbesondere betroffene Grundrechtspositionen ankommen.

c. Zwischenergebnis zu Punkt 2.

Zusammenfassend ist mit den vorangegangenen Ausführungen davon auszugehen, dass das vereinfachte Verfahren zur Entscheidungsfindung auf EU-Ebene nach Art. 218 Abs. 9 Alt. 2 AEUV zunächst dann an die Grenzen seines Anwendungsbereichs stößt, wenn eine Entscheidung eines internationalen Vertragsgremiums die institutionellen Strukturen des betroffenen Abkommens berührt. Dazu muss sich durch die Entscheidung des Vertragsgremiums etwas an der durch das Abkommen geschaffenen Ordnung zur Schaffung von Rechtsakten ändern. So werden jedenfalls Beschlüsse, durch die einem Vertragsgremium eine Befugnis zum Erlass rechtswirksamer Akte i.S.v. Art. 218 Abs. 9 Alt. 2 AEUV ganz oder teilweise entzogen oder delegiert werden, unter den Ausschluss von „Rechtsakten zur Ergänzung oder Änderung des institutionellen Rahmens der

543 Siehe hierzu: Weiß, Kann Freihandel Demokratie und Rechtstaat gefährden?, S. 52f.; vgl. zunächst weiter die Ausführungen in Kapitel III Unterabschnitt B. II Unterpunkt 4. b. aa. (1) (b) (ee) der vorliegenden Untersuchung.

betreffenden Übereinkunft" fallen (siehe oben Unterpunkt a.). Hinsichtlich materieller Änderungen eines Abkommens durch einen dort vorgesehenen Ausschuss ist die Grenze entsprechend anzusetzen, so dass jedenfalls Änderungen der mit dem Abkommen eingeschlagenen materiellen Regelungsrichtung den Anwendungsbereich des Verfahrens nach Art. 218 Abs. 9 Alt. 2 AEUV sprengen. Allerdings kann auch die Bedeutung der durch die Entscheidung eines internationalen Vertragsgremiums (zumeist indirekt) betroffenen Rechtsgüter, insbesondere hiervon betroffener Grundrechtspositionen dazu führen, dass die Entscheidung als wesentlich anzusehen ist und auf EU-Ebene nicht nach dem Verfahren nach Art. 218 Abs. 9 Alt. 2 AEUV vorbereitet werden kann (siehe oben Unterpunkt b.).

3. *Verfahrensgang*

Auf den Vorschlag der Kommission hin kann der Rat einen Beschluss fassen, der die Kommission wiederum ermächtigt, in einem internationalen Ausschussgremium einen bestimmten Standpunkt der Union zu vertreten. Der Rat kann einen Vorschlag der Kommission gemäß Art. 293 Abs. 1 AEUV nur einstimmig abändern. Das Europäische Parlament wird nach Art. 218 Abs. 10 AEUV über jeden einzelnen Verfahrensschritt informiert, aber sonst nicht weiter eingebunden. Hinzu kommt lediglich das Recht des Europäischen Parlaments nach Art. 225 AEUV die Kommission zur Erarbeitung eines Vorschlages aufzufordern.[544] Sieht das jeweilige Abkommen nicht ausdrücklich ein nachträgliches Annahmeerfordernis vor, wird der am Ende des Verfahrens stehende Beschluss des internationalen Ausschussgremiums ohne weitere Zwischenschritte völkerrechtlich für und gegen die EU und ihre Mitgliedstaaten wirksam.[545]

V. Vereinfachtes Verfahren nach Art. 218 Abs. 7 AEUV

Den engsten Anwendungsbereich hat die Vorschrift des Art. 218 Abs. 7 AEUV:

544 Hölscheidt, in: Grabitz/Hilf/Nettesheim (Hrsg.), Das Recht der Europäischen Union, 76. EL 2022, Rn. 7; von Achenbach, Demokratische Gesetzgebung in der EU, S. 168-170 m.w.N.;
zur Absicht der aktuellen Kommissionspräsidentin auf Aufforderungen des Parlaments nach Art. 225 AEUV möglichst stets mit einem Vorschlag zu reagieren: von der Leyen, Eine Union die mehr erreichen will, S. 23f.

545 Weiß, Verfassungsprobleme des Abschlusses und der vorläufigen Anwendung des CETA Freihandelsabkommens mit Kanada, S. 14f.; Weiß, EuConst 2018, 532, 540f.; Appel, Das internationale Kooperationsrecht der EU, S. 339f.

> Abweichend von den Absätzen 5, 6 und 9 kann der Rat den Verhandlungsführer bei Abschluss einer Übereinkunft ermächtigen, im Namen der Union Änderungen der Übereinkunft zu billigen, wenn die Übereinkunft vorsieht, dass diese Änderungen im Wege eines vereinfachten Verfahrens oder durch ein durch die Übereinkunft eingesetztes Gremium anzunehmen sind. Der Rat kann diese Ermächtigung gegebenenfalls mit besonderen Bedingungen verbinden.

Voraussetzung für dieses besonders stark vereinfachte Verfahren ist zunächst, dass eine Änderung des jeweiligen völkerrechtlichen Vertrages in dessen Vertragstext durch ein vereinfachtes Verfahren oder ein Gremium vorgesehen ist. Zusätzlich muss der Rat bereits beim Abschluss des Abkommens, für welches später die Möglichkeit der Änderung nach Art. 218 Abs. 7 AEUV bestehen soll, den Verhandlungsführer (dieser ist im Fall des CETA die Kommission, vgl.: Art. 218 Abs. 3 AEUV) zu der späteren Änderung ermächtigt haben.[546]

Im Fall des CETA wurde eine solche Ermächtigung im Rahmen der vorläufigen Anwendung, bisher nur für die Entscheidung des Gemischten CETA-Ausschusses über die Annahme einer Änderung der Liste geschützter geografischer Herkunftsangaben (Anhang 20-A) nach Art. 20.22 Abs. 1 CETA gegeben.[547] In diesem Fall darf also die Vertretung der Kommission im entsprechenden Ausschuss eine wirksame Änderung des Abkommens bzw. hier des Anhangs 20-A zum CETA billigen und so unmittelbar die völkerrechtliche Wirkung für und gegen die EU und ihrer Mitgliedstaaten herbeiführen.

VI. Völkerrechtliche Vertretung durch die Europäische Kommission

Weiter kommt hinsichtlich der Vertretung der EU in den CETA-Ausschüssen, unabhängig von der Art und rechtlichen Wirkung der dort zu treffenden Entscheidungen, die Befugnis der Kommission zur Außenvertretung der EU nach Art. 17 Abs. 1 S. 6 EUV i.V.m. Art. 207 Abs. 3 AEUV zum Tragen.[548] Die nach Art. 218 Abs. 9 AEUV zu fassenden Ratsbeschlüsse werden regelmäßig an die

546 Giegerich, in: Pechstein/Nowak/Häde (Hrsg.), Frankfurter Kommentar zu EUV, GRC und AEUV, Band IV, 2017, Art. 218 AEUV, Rn. 134f.; Schmalenbach, in: Calliess/Ruffert (Hrsg.), EUV/AEUV, 6. Auflage 2022, Art. 218 AEUV, Rn. 26.

547 Art. 2 Beschluss des Rates (EU) 2017/38 vom 28.10.2016, Abl. EU vom 14.1.2017, L 11/1080 (vgl. dort auch den 5. Erwägungsgrund); zu dieser Kompetenz: Kapitel III Unterabschnitt B. II. Unterpunkt 4. b. aa. (1) (a) (bb).

548 Kugelmann, in: Streinz (Hrsg.), EUV/AEUV, 3. Auflage 2018, Art. 17 EUV, Rn. 48f.

Kommission gerichtet[549] und beauftragen diese mit der Vertretung des vorgegebenen Standpunktes im konkreten Einzelfall. Durch den Ratsbeschluss wird die Kommission zum Agenten des Rates, für den sie den beschlossenen Standpunkt in den betreffenden Ausschusssitzungen zu vertreten hat. Der Rat ist als kollektiver Prinzipal zu charakterisieren.[550] Die Kommission wird regelmäßig über die genauere Zusammensetzung der EU-Abordnung entscheiden und die Vertretung des EU-Standpunktes an diese entsprechend weiterdelegieren. Insbesondere enthält das CETA nur wenige personelle Vorgaben für die Zusammensetzung der in die Ausschüsse entsandten Abordnungen.[551]

Soweit ein im CETA vorgesehenes Ausschussgremium keine nach Art. 218 Abs. 9 Alt. 2 AEUV rechtsverbindliche Entscheidung trifft, richtet sich die Vertretung der EU durch die Kommission nach Art. 17 Abs. 1 S. 6 EUV i.V.m. Art. 207 Abs. 3 AEUV, ohne dass es eines der in Art. 218 AEUV vorgesehenen Verfahren bedarf.[552] Die Befugnis der Kommission zur Außenvertretung der Union wurde mit der Ratifikation der EU-Verträge durch die zuständigen Staatsorgane der EU-Mitgliedstaaten übertragen.

VII. Zwischenergebnis zu Abschnitt D.

Die Willensbildung der EU hinsichtlich der Mitwirkung in den durch das CETA errichteten Ausschussgremien richtet sich nach vier verschiedenen Verfahrensweisen. Das vereinfachte Verfahren nach Art. 218 Abs. 9 Alt. 2 AEUV wird zur Anwendung kommen, soweit die Entscheidungen der im CETA errichteten Ausschüsse spätere unionale Rechtsakte inhaltlich beeinflussen können, aber keine Änderung des institutionellen Rahmens des CETA oder dessen wesentlicher Vorschriften bedeuten. Unterhalb der Schwelle einer Beeinflussung der Unionsrechtsordnung ist davon auszugehen, dass die Europäische Kommission die Arbeit, der im CETA vorgesehenen Gremien intern vorbereiten kann. Das Verfahren nach Art. 218 Abs. 9 Alt. 2 AEUV zeichnet sich dadurch aus, dass

549 Vgl. Beschluss des Rates (EU) 2018/1062 vom 16.07.2018, Abl. EU vom 27.07.2018, L 190/13 (dort Art. 2).

550 Vgl. Nielson/Tierney, International Organization 2003, 241, 247.

551 Eine Ausnahme stellt hierbei der Gemischte CETA-Ausschuss insoweit dar, als dass in Art. 26.1 Abs. 1 CETA jedenfalls festgelegt ist, dass der gemeinsame Vorsitz dem kanadischen Minister for International Trade und dem für Handel zuständigen Mitglied der Europäischen Kommission zukommt.

552 Vgl.: Lorenzmeier, in: Grabitz/Hilf/Nettesheim, Art. 218 AEUV, Rn. 63c und: Kugelmann, in: Streinz (Hrsg.), EUV/AEUV, 3. Auflage 2018, Art. 17 EUV, Rn. 48f.

der Rat auf Vorschlag der Kommission einen gemeinsamen Unionsstandpunkt beschließt, den die Kommission im betreffenden internationalen Gremium vertritt. Eine nachträgliche Zustimmung der EU-Institutionen oder eine über die bloße Information nach Art. 218 Abs. 10 AEUV hinausgehende Einbindung des Europäischen Parlaments ist nicht vorgesehen. Wie beschrieben ist die Grenze des Verfahrens nach Art. 218 Abs. 9 Alt. 2 AEUV ist zumindest dann erreicht, wenn dergestalt in die institutionellen Strukturen des CETA eingegriffen wird, dass sich die Zuständigkeiten der im Abkommen vorgesehenen Gremien zur Setzung von CETA-Sekundärrechtsakten ändern. In solchen Fällen wird das Regelverfahren nach Art. 218 Abs. 1 bis 6 und Abs. 8 AEUV Anwendung finden müssen, welches hinsichtlich weitreichender Sachmaterien eine Beteiligung des Europäischen Parlaments vorsieht. Neben den genannten Verfahrensweisen besteht schließlich noch das vereinfachte Verfahren nach Art. 218 Abs. 7 AEUV, nach welchem die Kommission eine bestimmte Änderung eines Bestandteils eines Abkommens billigen kann, wenn sie vom Rat zuvor dazu allgemein ermächtigt wurde. Dies ist beim CETA hinsichtlich des Anhangs 20-A der Fall, welcher die Liste der im Rahmen des Abkommens geschützten geografischen Angaben enthält.

Im Ergebnis erhalten im Rahmen der Inkraftsetzung des CETA durch die EU insbesondere der Rat und die Europäische Kommission zusätzliche Kompetenzen. Der Rat wird aufgrund der weitreichenden Anwendbarkeit des Art. 218 Abs. 9 Alt. 2 AEUV ohne das Europäische Parlament über die inhaltliche Vertretung der EU in zahlreichen Sachfragen entscheiden, die im Rahmen der im CETA vorgesehenen Ausschüsse verhandelt werden. Da Deutschland als EU-Mitgliedstaat im Rat durch die Bundesregierung vertreten wird, wirkt sich diese Verschiebung auf der Ebene der Bundesrepublik zugunsten der Bundesregierung aus. Die Kommission wurde bereits durch die völkervertraglichen Grundlagen der EU (EUV/AEUV) mit einem Initiativmonopol ausgestattet, das für das im Rahmen des CETA verstärkt zur Anwendung kommende Verfahren ebenfalls gilt. Die Inkraftsetzung des CETA selbst bedeutet für die Kommission hauptsächlich eine Verstärkung der Delegation der Vertretung der EU in internationalen Gremien. Hinzu kommt die kommissionsinterne Vorbereitung der im CETA vorgesehenen Ausschussarbeit, soweit hierbei kein bestimmbarer inhaltlicher Einfluss auf Unionsrechtsakte genommen wird.

E. Die Vertragsgremien des CETA als Teil der Delegationskette

In den durch ein Freihandelsabkommen wie CETA geschaffenen Ausschussgremien kommen die Vertreter der Vertragsparteien zusammen. Die Gremien bilden einen kollektiven Agenten gegenüber den zuletzt delegierenden Stellen der EU, ggf. den Regierungen der EU-Mitgliedstaaten und der Regierung Kanadas. Wie im Einleitungskapitel der vorliegenden Untersuchung beschrieben, reichen sie mangels eigenständiger Rechtspersönlichkeit nicht an den Institutionalisierungsgrad einer internationalen Organisation heran. Dennoch weisen sie eine deutlich stärkere institutionelle Verselbstständigung auf als etwa eine Regierungskonferenz. Aufgrund ihrer hinreichend detaillierten Ausgestaltung sind sie als Entitäten eigenständig genug, dass ihnen einzelne Entscheidungen oder andere Arbeitsergebnisse zugerechnet werden können.[553] Spätestens, wenn Entscheidungen eines Ausschussgremiums in den Anwendungsbereich des Art. 218 Abs. 9 Alt. 2 AEUV fallen, ist von einer gewissen institutionellen Eigenständigkeit des Gremiums auszugehen, da vorauszusetzen ist, dass es „rechtswirksame Akte [...] zu erlassen hat".[554] Das gleiche gilt auch für Gremienentscheidungen i.S.d. Art. 218 Abs. 7 AEUV, wo von Änderungen von Übereinkünften die Rede ist, die „durch ein durch die Übereinkunft eingesetztes Gremium anzunehmen sind."

Auf die einzelnen Delegationen wird in Kapitel III einzugehen sein. Zur Einordnung dieser, über beinahe das gesamte CETA verstreuten, Ausschusskompetenzen sind im folgenden Abschnitt die Mechanismen vorzustellen, mittels derer die Entscheidungen der im Abkommen vorgesehenen Ausschüsse in die Rechtsordnungen der EU und der Bundesrepublik zurückwirken können. Im Folgenden wird in Unterabschnitt I. zunächst die Frage nochmals aufgegriffen unter welchen Voraussetzungen die rechtsverbindlichen Entscheidungen der Ausschüsse (die sog. Beschlüsse) auf der völkerrechtlichen Ebene zwischen Kanada und der EU bzw. den EU-Mitgliedstaaten als Völkerrechtssubjekten wirksam werden. In Unterabschnitt II. wird auf Art. 30.6 Abs. 1 CETA eingegangen, welcher eine direkte Durchgriffswirkung in die Rechtsordnungen der Vertragsparteien ausschließt. Vor diesem Hintergrund sind in den Unterabschnitten III. und IV. unterschiedliche völkerrechtliche Durchsetzungsmechanismen zu thematisieren, die eine Umsetzung der Beschlüsse der im CETA vorgesehenen

553 Kapitel I Abschnitt A.; Appel, Das internationale Kooperationsrecht der EU, S. 312-326, insb. S. 324-326.

554 Vgl. Weiß, EuConst 2018, 532, 540.

Ausschüsse durch die unionalen und nationalen Rechtssetzungsorgane begünstigen. Unterabschnitt V. geht schließlich auf Art. 216 Abs. 2 AEUV ein, der eine unionsrechtliche Bindung der EU-Organe und der EU-Mitgliedstaaten an völkerrechtliche Verpflichtungen der EU anordnet.

I. Völkerrechtliche Verbindlichkeit von CETA-Ausschussbeschlüssen

Wie in Unterabschnitt D. II. bereits festgestellt wurde besteht ein erhebliches Maß an Unklarheit über die Funktionen der im CETA vorgesehenen Vorbehalte „interner Anforderungen und Verfahren" oder einer Billigung von Ausschussbeschlüssen durch die Vertragsparteien.[555] Hinsichtlich des Zuständigkeitsbereichs der EU wurde im Ergebnis davon ausgegangen, dass die genannten Vorbehalte zunächst lediglich auf die internen Rechtsordnungen der Vertragsparteien verweisen. Für die EU bedeutet dies, dass eine nachträgliche Annahme eines Ausschussbeschlusses nur stattfindet, wenn das Regelverfahren zur Eingehung völkerrechtlicher Abkommen nach Art. 218 Abs. 1 bis 6 und Abs. 8 i.V.m. Art. 207 Abs. 3 bis 6 AEUV zur Anwendung kommt. Das im überwiegenden Teil der Fälle anzuwendende vereinfachte Verfahren nach Art. 218 Abs. 9 Alt. 2 AEUV sieht dagegen nur den Beschluss eines gemeinsamen EU-Standpunkts für die Verhandlungen im internationalen Ausschussgremium vor. Der Beschluss dieses Vertragsgremiums erlangt dann ohne nachträgliche Annahme seitens der EU völkerrechtliche Wirkung.[556]

Die gleiche Unklarheit, was mit der Billigung der Vertragsparteien „nach deren internen Anforderungen und Verfahren" gemeint ist, besteht auch außerhalb des Zuständigkeitsbereichs der EU.[557] Das Grundgesetz sieht mit Art. 23, Art. 59 Abs. 2 und Art. 24 Abs. 1 GG Verfahren zur Willensbildung im Zusammenhang mit der Eingehung internationaler Verpflichtungen vor. Doch auch diese haben, wie die Verfahren auf EU-Ebene nach Art. 218 AEUV, ihren jeweiligen Anwendungsbereich. Soweit aufgrund eines besonderen Näheverhältnisses des CETA zum europäischen Primärrecht von der Einschlägigkeit der Art. 23 Abs. 2 bis 7 GG, des EUZBBG und des EUZBLG ausgegangen wird, werden

---

555 Dazu nochmals: BVerfG, Urteil vom 13.10.2016, 2 BvR 1368/16 u.a., Rn. 61.

556 Hierzu: Unterabschnitt D. II. des vorliegenden Kapitels.

557 Grzeszick, Stellungnahme des Deutschen Bundestages in den Verfahren 2 BvR 1368/16 u.a. vor dem Bundesverfassungsgericht, S. 41; Weiß, EuZW 2016, 286, 287.

diese das interne Verfahren in Deutschland darstellen.[558] Ist bereits der Anwendungsbereich des Art. 59 Abs. 2 S. 1 GG eröffnet, kann auch ein entsprechendes Zustimmungsgesetz notwendig sein.[559] Falls man die in Art. 23 Abs. 2 bis 7 GG vorgesehenen Verfahrensweisen nicht für einschlägig halten sollte, verblieben Art. 59 Abs. 2 S. 2 GG (für Verwaltungsabkommen), Art. 59 Abs. 2 S. 1 GG (insbesondere für gesetzesinhaltliche völkerrechtliche Verträge) und Art. 24 Abs. 1 GG (für Hoheitsrechtsübertragungen außerhalb der EU).[560] An Ausschussbeschlüssen, die die Schwelle der Art. 59 Abs. 2 S. 1 oder Abs. 2 S. 2 GG nicht überschreiten, könnte die Bundesregierung dann ohne eine, über die allgemeine parlamentarische Kontrolle hinausgehende, aktive Einbindung des Bundestages und des Bundesrates mitwirken.[561]

So wird auch im Zuständigkeitsbereich der Bundesrepublik als EU-Mitgliedstaat eine nachträgliche Annahme nur unter erhöhten Anforderungen notwendig sein. Dies ist der Fall, wenn für einen Beschluss eines CETA-Ausschusses ein Zustimmungsgesetz nach Art. 59 Abs. 2 S. 1 GG,[562] (oder gar nach Art. 23 Abs. 1 S. 2 bzw. Art. 24 Abs. 1 GG)[563] notwendig wäre. Auch wenn ein solcher Beschluss als Verwaltungsabkommen nach Art. 59 Abs. 2 S. 2 GG zu behandeln ist, ist eine gegebenenfalls nach Art. 84 Abs. 2, Art. 85 Abs. 2 S. 1 GG notwendige Zustimmung des Bundesrates vorab durch die Bundesregierung einzuholen.[564] Auch Art. 23 Abs. 2 bis 7 GG i.V.m. dem EUZBBG und dem EUZBLG sehen – sofern sie zur Anwendung kommen – nur vorab

558 Vgl. Unterabschnitt B. III. Punkt 2. des vorliegenden Kapitels. Zur ausnahmsweisen Anwendung von Art. 23 Abs. 1 S. 2 GG siehe Unterabschnitt B. III. Punkt 1. des vorliegenden Kapitels.

559 Unterabschnitt B. III. Punkt 3. des vorliegenden Kapitels; Nettesheim, in: Dürig/Herzog/Scholz, Grundgesetz, Bd. IV, 98. EL 2022, Art. 59 GG, Rn. 126b; Grzeszick, Stellungnahme des Deutschen Bundestages in den Verfahren 2 BvR 1368/16 u.a. vor dem Bundesverfassungsgericht, S. 66-68; Ders., AVR 2020, 123, 153-158; Proeßl, ZEuS 2016, 401, 417f.; Mayer, ZEuS 2016, 391, 398.

560 Vgl. Unterabschnitt B. III. Unterpunkte 3. a. und b. sowie Unterabschnitt C. IV. Punkt 2.

561 Vgl. Unterabschnitt B. III. Unterpunkt 3. c.

562 Mayer, Stellungnahme der Bundesregierung in den Verfahren 2 BvR 1368/16 u.a. vor dem Bundesverfassungsgericht, S. 67f.; vgl. auch: Plate, DÖV 2011, 606, 608f.

563 Eine Übertragung von Hoheitsrechten nach diesen Normen steht insbesondere bei Art. 8.29 CETA und in engen Grenzen bei Art. 26.1 Abs. 5 lit. a, g und h CETA im Raum. Vgl. hierzu: Unterabschnitt B. III. Punkt 1 und Unterpunkt 3. a. des vorliegenden Kapitels und Kapitel IV Unterabschnitte B. V. und B. VI.

564 Streinz, in: Sachs, Grundgesetz, 9. Auflage 2021, Art. 59 GG, Rn. 79.

eine Einbindung von Bundestag und Bundesrat vor, jedoch kein nachträgliches Zustimmungserfordernis.

II. Ausschluss unmittelbarer Durchgriffswirkung durch Art. 30.6 Abs. 1 CETA

Zum Teil wird als „grundlegendes Merkmal“ des Abkommens[565] Art. 30.6 Abs. 1 CETA angeführt, der die unmittelbare Anwendung des Abkommens im innerstaatlichen Recht der Vertragsparteien ausschließt:[566]

> Privatrechte
> (1) Dieses Abkommen ist nicht dahingehend auszulegen, dass es andere Rechte oder Pflichten für Personen begründet als die zwischen den Vertragsparteien nach dem Völkerrecht geschaffenen Rechte oder Pflichten, noch dass es in den innerstaatlichen Rechtsordnungen der Vertragsparteien unmittelbar geltend gemacht werden kann.
> (2) Eine Vertragspartei darf in ihrem innerstaatlichen Recht kein Klagerecht gegen die andere Partei vorsehen, dass sich darauf gründet, dass eine Maßnahme der anderen Vertragspartei mit diesem Abkommen nicht vereinbar ist.

Demnach ist die unmittelbare Erzeugung von Rechten und Pflichten für die Rechtssubjekte innerhalb der Rechtsordnungen der CETA-Vertragsparteien im Sinne einer supranationalen Wirkung zunächst ausgeschlossen.[567] Ob dies im Wege teleologischer Auslegung auch für das von den im CETA vorgesehenen Vertragsgremien erlassenen Sekundärrecht gelten soll, ist noch nicht geklärt.[568] Zwar ist nur vom CETA selbst, nicht jedoch von den Ausschüssen des CETA und deren Beschlüssen die Rede. Allerdings ist davon auszugehen, dass Art. 30.6 CETA über seinen Wortlaut hinaus auch auf das von den im CETA vorgesehenen Ausschüssen geschaffene CETA-Sekundärrecht *argumentum a fortiori* anwendbar ist.[569]

---

565 Mayer, Stellungnahme der Bundesregierung in den Verfahren 2 BvR 1368/16 u.a. vor dem Bundesverfassungsgericht, S. 73.

566 Grzeszick, Stellungnahme des Deutschen Bundestages in den Verfahren 2 BvR 1368/16 u.a. vor dem Bundesverfassungsgericht, S. 32.

567 Vgl. zur Problematik der supranationalen Durchgriffswirkung: Frenzel, Sekundärrechtsetzungsakte Internationaler Organisationen, S. 12f.

568 Weiß, Demokratische Legitimation und völkerrechtliche Governancestrukturen, S. 212f., Fn. 145.

569 Mayer, Stellungnahme der Bundesregierung in den Verfahren 2 BvR 1368/16 u.a. vor dem Bundesverfassungsgericht, S. 73; Grzeszick, Stellungnahme des Deutschen Bundestages in den Verfahren 2 BvR 1368/16 u.a. vor dem Bundesverfassungsgericht, S. 32; Weiß, EuConst 2018, 532, 541; unberührt hiervon bleiben allerdings

III. Durchsetzungsmechanismen des internationalen Investitionsschutzrechts

Allerdings wird eine unmittelbare Bindung mitgliedstaatlicher Gerichte spätestens dann eintreten, wenn ein Beschluss eines Vertragsgremiums später den Ausgang einer nach den ICSID-Regeln eingereichten Investorenklage vor dem im CETA vorgesehenen Investitionsgericht beeinflusst. Wie in Kapitel III aufgezeigt werden wird, kann dies insbesondere bei einem Beschluss über eine authentische Auslegung des CETA nach Art. 8.44 Abs. 3 lit. a i.V.m. Art. 8.31 Abs. 3 CETA, über eine Erweiterung des Grundsatzes der gerechten und billigen Behandlung nach Art. 8.10 Abs. 3 CETA oder die nachträgliche Erweiterung des Begriffs des Geistigen Eigentums nach Art. 8.1 CETA der Fall sein.[570] Auch diese Beschlussgegenstände sind zunächst von dem Ausschluss nach Art. 30.6 CETA erfasst. Allerdings können sie Entscheidungen des CETA-Investitionsgerichts in später eingeleiteten Verfahren[571] inhaltlich beeinflussen. Hierbei findet zwar nach Art. 8.31 Abs. 2 CETA keine verbindliche Auslegung des innerstaatlichen Rechts der Vertragsparteien statt.[572] Vor dem CETA-Investitionsgericht und der angeschlossenen Rechtsbehelfsinstanz können die Vertragsparteien allerdings nach Art. 8.39 Abs. 1 CETA zur Leistung von Schadensersatz und zur Rückerstattung von Vermögenswerten an den klagenden Investor verpflichtet werden. Dabei sind die Urteile des CETA-Investitionsgerichts von den nationalen Gerichten der am Abkommen beteiligten Staaten nach Art. 8.41 Abs. 6 CETA i.V.m. Art. 54 ICSID zu vollstrecken.[573] Im Zivilprozessrecht der Bundesrepublik Deutschland bedarf es für die Zwangsvollstreckung zunächst einer Vollstreckbarerklärung durch das im Einzelfall zuständige deutsche Gericht nach Art. 2 InvStreitBeilG[574] i.V.m. § 1061 Zivilprozessordnung (ZPO). Die eigentliche

---

Wechselwirkungen der investitionsschutzrechtlichen Regelungen des CETA mit dem ICSID: Weiß, Demokratische Legitimation und völkerrechtliche Governancestrukturen, S. 212f., Fn. 145.

570 Zu diesen Kompetenzen siehe insbesondere Kapitel III Unterabschnitt B. II. Unterpunkte 4. b. aa. (1) (b) (dd) bis (ff).

571 Vgl. in diesem Sinne: EuGH, Gutachten 1/17, Rn. 236f.

572 Insoweit: Classen, DÖV 2018, 253, 253.

573 Weiß, Demokratische Legitimation und völkerrechtliche Governancestrukturen, S. 212f., Fn. 145.

574 Gesetz zu dem Übereinkommen vom 18. März 1965 zur Beilegung von Investitionsstreitigkeiten zwischen Staaten und Angehörigen anderer Staaten vom 25. Februar 1969, BGBl. II S. 369, geändert durch Art. 2 § 11 Schiedsverfahrens-Neuregelungsgesetz vom 22.12.1997, BGBl. I S. 3224.

Zwangsvollstreckungsmaßnahme erfolgt dann auf Grundlage einer Vollstreckbarerklärung nach § 794 Abs. 1 Nr. 4a i.V.m. § 795 ZPO. Dieser Vollzugsmechanismus ist angesichts des ausdrücklichen Wortlauts von Art. 8.41 Abs. 1 und 4 CETA nicht von der Sperre des Art. 30.6 CETA erfasst. Damit erlangen die oben genannten Ausschussbeschlüsse zur authentischen Vertragsauslegung sowie zu nachträglichen Erweiterungen der im CETA eingegangenen Verpflichtungen im Bereich des Investitionsschutzes zwar noch keine direkte Geltung in der Rechtsordnung der Bundesrepublik Deutschland. Für den Fall einer erfolgreichen Investorenklage besteht jedoch bereits der Verfahrensweg für die Zwangsvollstreckung eines, materiell-rechtlich auf einem solchen Ausschussbeschluss basierenden, Urteils des CETA-Investitionsgerichts.[575]

IV. Zwischenstaatliche Durchsetzungsmechanismen des Völkerrechts

In Teilen der Literatur wird – insbesondere in Folge des Art. 30.6 Abs. 1 CETA – davon ausgegangen, dass sich aus dem CETA nur völkervertragliche Verpflichtungen der Vertragsparteien zur Umsetzung getroffener Ausschussbeschlüsse ergeben. Entsprechende Vertragsverletzungen könnten dann auch nur nach dem, im Kapitel 29 des Abkommens vorgesehenen, Schiedsverfahren sanktioniert werden. Hierbei drohten nach Art. 29.14 Abs. 1 CETA aber nur die Aussetzung von Verpflichtungen durch die Vertragsparteien des CETA und völkerrechtliche Schadensersatzansprüche, falls ein Schlussbericht nicht nach Art. 29.12 CETA umgesetzt werde.[576] Es ist zwar denkbar, dass die Legislativorgane der EU oder ihrer Mitgliedstaaten trotzdem die Umsetzung in unionsrecht oder nationales Recht verweigern. Nach der Treaty-Override-Entscheidung des Bundesverfassungsgerichts wäre ein solcher Schritt in Deutschland nicht per se verfassungswidrig, jedenfalls dann nicht, wenn die Verletzung einer völkerrechtlichen Verpflichtung dazu führen würde, einen verfassungsgemäßen Zustand (wieder-)herzustellen.[577] An anderer Stelle wird allerdings argumentiert, dass auch völkerrechtliche Durchsetzungsmechanismen, wie der hier im

---

575 Weiß, Demokratische Legitimation und völkerrechtliche Governancestrukturen, S. 212f., Fn. 145.

576 Grzeszick, Stellungnahme des Deutschen Bundestages in den Verfahren 2 BvR 1368/16 u.a. vor dem Bundesverfassungsgericht, S. 43; Ders., NVwZ 2016, 1753, 1757.

577 Grzeszick, NVwZ 2016, 1753, 1753f.; Ders., AVR 2020, 123, 162-164; Kempen, Verfassungsbeschwerdeschrift in dem Verfahren 2 BvR 1482/16 vor dem Bundesverfassungsgericht, S. 102f.; BVerfGE 141, 1, 20-35, Rn. 49-81.

vorangegangenen Unterabsatz behandelte Investitionsschutz zusammen mit verstärkten handelspolitischen Verflechtungen, die politischen Risiken einer Verweigerung der Umsetzung völkerrechtlicher Verpflichtungen erheblich erhöhen. So können völkerrechtlich verbindliche oder auch nur faktisch wirksame Vereinbarungen die spätere innerstaatliche Rechtsetzung – bis hin zur vollständigen inhaltlichen Determination – vorprägen.[578] Es ist zwar zuzugeben, dass die nationale Legislative auch ohne Abkommen von der Art des CETA kaum je völlig frei von außen- bzw. handelspolitischen Einflüssen ist. So schmälern nachteilige Auswirkungen legislativer Entscheidungen auch nicht von Vornherein deren demokratische Legitimation.[579] Dies sollte, auch vor dem Hintergrund der Komplexität moderner internationaler Handelsbeziehungen, zwar immer noch eine Grundannahme bilden. Die Gefahr eines die Legislative lähmenden *„regulatory chill"* sollte jedoch angesichts der neuen Qualität, der mit dem CETA und ähnlichen Abkommen vereinbarten Regulierungszusammenarbeit, auf keinen Fall außen vor bleiben.[580] So haben die vielgestaltigen und *ex ante* schwer

578 Weiß, Parlamentarische Herausforderungen im Völkerrecht der Globalisierung angesichts internationalisierter Regelsetzung, S. 39 m.w.N.; vgl. auch: Nettesheim, Umfassende Freihandelsabkommen und Grundgesetz, S. 112.
Zum insoweit parallel gelagerten EUSFTA: Weiß, Verfassungsbeschwerdeschrift in dem Verfahren 2 BvR 882/19 vor dem Bundesverfassungsgericht, S. 60f.

579 In diesem Sinne: Grzeszick, AVR 2020, 123, 166-171; Ders. argumentiert u.a. ebd. S. 169f. damit, dass die Bundesrepublik in der Phase der vorläufigen Anwendung des CETA die Möglichkeit hat, diese gemäß Art. 30.7 Abs. 3 lit. c CETA durch einen einseitigen Akt in völkerrechtswirksamer Weise zu beenden und dass das Bundesverfassungsgericht dies als hinreichende Absicherung der Entscheidungsfreiheit der deutschen Staatsorgane angesehen hat (siehe hierzu auch: BVerfG, Urteil vom 13.10.2016, 2 BvR 1368/16 u.a., Rn. 71). Das ist für die besagte Phase der vorläufigen Anwendung des CETA zutreffend. Tritt das Abkommen allerdings vollständig in Kraft, behalten gemäß Art. 30.9 Abs. 2 CETA die Regelungen des Kapitels 8 zum Investitionsschutz, für vor der Kündigung des Abkommens getätigte Investitionen, noch für zwanzig Jahre ab dem Tag der Beendigung des Abkommens hinaus ihre Gültigkeit. Wie in den Kapiteln III und IV der vorliegenden Untersuchung deutlich werden wird, sind gerade im besagten Kapitel 8 mehrere Ausschusskompetenzen geregelt, die hinsichtlich der Entscheidungsfreiheit der unionalen und nationalen Legislative problematisch sind.

580 Krajewski, Stellungnahme der Bundestagsfraktion Bündnis 90/Die Grünen in den Verfahren 2 BvR 1368/16 u.a. vor dem Bundesverfassungsgericht, S. 15f. (= S. 139f.); Weiß, Demokratische Legitimation und völkerrechtliche Governancestrukturen, S. 160f.

vorherzusagenden Störungen unterschiedlichster Lieferketten im Zusammenhang mit der Covid-19-Pandemie seit Anfang 2020 verdeutlicht, wie vielfältig und schwerwiegend Schäden sein können, welche durch eine Störung internationaler Handelsbeziehungen ausgelöst werden. Gleiches gilt für die wirtschaftlichen Folgen des Angriffskrieges der Russischen Föderation gegen die Ukraine seit Februar 2022. Auch wenn die Folgen einer Aussetzung von Verpflichtungen nach Art. 29.14 Abs. 1 CETA durch eine der Vertragsparteien wohl nicht an die Folgen der beiden genannten Ereignisse heranreichen werden, können auch hier erhebliche privatwirtschaftlichen Störungen, bis hin zu Versorgungsengpässen zu befürchten sein. Drohen entsprechende Komplikationen aufgrund gesetzgeberischer Entscheidungen, kann damit erheblicher politischer Druck auf die Legislativorgane der EU und ihrer Mitgliedstaaten entstehen.

V. Folgen des Art. 216 Abs. 2 AEUV

Selbst wenn von einem (weitestgehenden) Ausschluss unmittelbarer Wirkungen in den Rechtsordnungen der EU und ihrer Mitgliedstaaten gem. Art. 30.6 Abs. 1 CETA ausgegangen wird, ist im Kompetenzbereich der EU Art. 216 Abs. 2 AEUV zu beachten. Art. 216 Abs. 2 AEUV sieht eine Internalisierung völkerrechtlicher Verpflichtungen der EU in das Europarecht vor und kann den in Art. 30.6 CETA angeordneten Dualismus von Völkerrecht und nationalen bzw. unionalen Recht zu einem gewissen Grad durchbrechen. Die Norm lautet:

> Die von der Union geschlossenen Übereinkünfte binden die Organe der Union und die Mitgliedstaaten.

Nach der ständigen Rechtsprechung, die der EuGH anhand der in mehreren Assoziationsabkommen eingerichteten Ausschussgremien entwickelt hat, sind davon nicht nur die Abkommen selbst erfasst. Über den streng gelesenen Wortlaut hinaus, erfasst Art. 216 Abs. 2 AEUV auch das Sekundärvertragsrecht, welches die auf Grundlage eines völkerrechtlichen Abkommens etablierten Vertragsgremien schaffen. Bereits 1989 dehnte der EuGH seine Rechtsprechung, wonach von der EG mit Drittstaaten geschlossene Assoziationsabkommen zum „integrierenden Bestandteil der Gemeinschaftsrechtsordnung“ würden, auf die Beschlüsse von in solchen Assoziationsabkommen errichteten Assoziationsräten aus. Bedingung hierfür war, dass der Beschluss in einem „unmittelbaren Zusammenhang“ mit dem jeweiligen Abkommen stünde.[581] In seiner Rechtsprechung

581 EuGH, Rs. C-30/88, Rn. 13; EuGH, Rs. C-192/89 (Sevince), Rn. 9; EuGH, Rs. C-7/10 (Inan und Kahveci), Rn. 23; Appel, Das Internationale Kooperationsrecht der EU,

zu von Kooperationsgremien erlassenen Rechtsakten stellt der EuGH keine allzu großen Anforderungen. So knüpfte der EuGH in der Sache C-188/91 (Deutsche Shell) noch nicht einmal an einer bestimmten Handlung des betroffenen Gremiums an, sondern an dessen genereller Beauftragung mit der Durchführung einer Übereinkunft die ihrerseits Teil der Gemeinschaftsrechtsordnung sei.[582] Dieser Umgang mit dem zuvor in der Rechtsprechung entwickelten Merkmals des „unmittelbaren Zusammenhangs" setzt sich in der Rechtsprechung des EuGH und der Schlussantragspraxis der Generalanwälte fort. Zum Teil wird auf das Kriterium noch nicht einmal mehr eingegangen.[583] Soweit die Beschlüsse eines völkerrechtlichen Vertragsgremiums als einseitige Akte verstanden werden, so dass die unionale Willensbildung hierüber nach Art. 218 Abs. 7 oder Abs. 9 Alt. 2 AEUV stattfindet,[584] bildet das zugrundeliegende Abkommen ihren Rechtsrahmen. Mit dessen Schaffung durch einen völkerrechtlichen Vertragsschluss erzeugt die EU auch eine Rechtsgrundlage für im Rahmen der Durchführung des Abkommens entstehende Abkommenssekundärrecht. Werden auf der Grundlage eines Abkommens, das nach Art. 216 Abs. 2 AEUV selbst Bestandteil der Unionsrechtsordnung geworden ist, nun weitere Rechtsakte erlassen, erscheint damit als konsequent auch die Geltung des Art. 216 Abs. 2 AEUV auch hierauf zu erstrecken.[585] Dies gilt allerdings unter der Voraussetzung, dass sich ein Ausschussbeschluss in den Grenzen des durch das jeweilige Abkommen geschaffenen Rechtsrahmens hält und auch auf der EU-Ebene die einschlägigen Verfahrensregelungen (also insbesondere Art. 218 Abs. 7 oder Abs. 9 Alt. 2 AEUV) eingehalten werden.[586] Beschlüsse die auf der Seite der EU nach Art. 218 Abs. 1 bis 6 AEUV vorzubereiten sind, weil sie den institutionellen Rahmen oder wesentliche Regelungen eines Abkommens verändern,[587] bedeuten der Sache nach die Änderung eines gemäß Art. 216 Abs. 2 AEUV zum Bestandteil des Unionsrechts gewordenen Abkommens, weshalb auch sie unter diese Norm fallen.

Art. 30.6 Abs. 1 CETA bewirkt vor diesen Hintergründen nur, dass Regelungen des CETA und aufgrund des CETA ergehende Ausschussbeschlüsse zunächst

---

S. 338; zur vorangegangenen Rspr: ebd. S. 331-338.

582 EuGH, Rs. C-188/93 (Shell), Rn. 17.

583 GA Sharpston, SchlA, Rs. C-187/10, Rn. 65; Appel, Das Internationale Kooperationsrecht der EU, S. 338f.

584 Siehe hierzu Unterabschnitt D. III. Punkt 1.

585 Appel, Das Internationale Kooperationsrecht der EU, S. 339f.

586 Appel, Das Internationale Kooperationsrecht der EU, S. 340-342.

587 Siehe hierzu Unterabschnitt D. III. Punkt 1.

auf der Ebene des Völkerrechts verbleiben. Aufgrund von Art. 216 Abs. 2 AEUV müssen die Unionsorgane und die EU-Mitgliedstaaten solche Beschlüsse allerdings beachten, weshalb eine zunächst auf der völkerrechtlichen Ebene anzusiedelnde Verpflichtung Eingang in das Europarecht findet.[588]

Art. 216 Abs. 2 AEUV wirft jedoch Fragen hinsichtlich seiner Reichweite auf: Wie weit geht die angeordnete Bindungswirkung gegenüber den Unionsorganen und den Mitgliedstaaten der Union? Nehmen die von der Union geschlossenen internationalen Abkommen und auf deren Grundlage ergangene Ausschussbeschlüsse gar am Vorrang des Unionsrechts gegenüber dem Recht der Mitgliedstaaten Teil? Im Fall von Abkommen, die keinen Ausschluss ihrer direkten Durchgriffswirkung enthalten, wie etwa dem Assoziationsabkommen der EWG mit der Türkei, ist davon auszugehen, dass dort etablierte Ausschussgremien in der Lage sind, Beschlüsse zu fassen, die am Vorrang des Unionsrechts teilhaben.[589] CETA enthält jedoch in Art. 30.6 einen Ausschluss der direkten Durchgriffswirkung in die Rechtsordnungen der Union und der beteiligten Staaten. Das Verhältnis zwischen dem Ausschluss der direkten Durchgriffswirkung nach Art. 30.6 CETA einerseits zur europarechtlichen Verpflichtung der Unionsorgane und der EU-Mitgliedstaaten auf von der Union eingegangene völkerrechtliche Verpflichtungen nach Art. 216 Abs. 2 AEUV andererseits, ist Gegenstand kontroverser Diskussionen. So wurde durch die Prozessvertretung der Bundesregierung im CETA-Verfahren vor dem Bundesverfassungsgericht vorgebracht, ein „grundlegendes Merkmal von CETA“ sei, dass das „CETA-Recht“, also das Abkommen selbst und die von den dort berufenen Ausschüssen gefassten Beschlüsse, nicht unmittelbar anwendbar sei und ohne nachfolgende Umsetzung durch die EU und deren Mitgliedstaaten nicht in deren Rechtsordnungen wirksam würde.[590] In einer im selben Verfahren namens des Bundestages (bzw. der damaligen Mehrheitsfraktionen CDU, CSU und SPD) abgegebenen

---

588 Weiß, Kann Freihandel Demokratie und Rechtsstaat gefährden?, S. 30f.; Weiß, EuConst 2018, 532, 542; Wessel/Blockmans, Brugge Research Paper 1/2014, S. 20; bereits vor der aktuellen Fassung von Art. 216 Abs. 2 AEUV: Lavranos, Legal Interaction between Decisions of International Organizations and European Law, S. 237f.; Martenczuk, Decisions of Bodies Established by International Agreements and the Community Legal Order, S. 161f.;
Rechtsprechung des EuGH hierzu: EuGH, Rs. C-192/89 (Sevince), Rn. 9; EuGH, Rs. C-30/88, Rn. 13.

589 Vgl. dazu: Appel, Das Internationale Kooperationsrecht der EU, S. 345f. m.w.N.

590 Mayer, Stellungnahme der Bundesregierung in den Verfahren 2 BvR 1368/16 u.a. vor dem Bundesverfassungsgericht, S. 73.

Stellungnahme heißt es, dass das CETA sowie das von den Ausschüssen geschaffene CETA-Sekundärrecht grundsätzlich in den Anwendungsbereich des Art. 216 Abs. 2 AEUV falle. Ihre mangelnde Vollzugsfähigkeit verhindere jedoch ihre Teilnahme am Anwendungsvorrang und der unmittelbaren Anwendbarkeit des Unionsrechts. Der EuGH habe in seiner Rechtsprechung die Vollzugsfähigkeit eines Völkerrechtssatzes daran geknüpft, ob er „die Gemeinschaft bindet und so beschaffen ist, dass er ein Recht der Gemeinschaftsangehörigen begründet, sich vor Gericht auf ihn zu berufen".[591] Mangels Vollzugsfähigkeit lehne der EuGH auch eine Prüfung sekundären Unionsrechts am Maßstab des GATT[592] wie auch des Seerechtsübereinkommens der Vereinten Nationen[593] ab.

Es ist zwar zutreffend, dass der EuGH in den herangezogenen Verfahren zu dem Ergebnis gekommen ist, die jeweils angegriffenen EU-Sekundärrechtsakte seien nicht am GATT bzw. am Seerechtsübereinkommen der Vereinten Nationen zu messen.[594] Der Schluss, die fehlende Vollzugsfähigkeit führe dazu, dass eine völkerrechtliche Norm überhaupt nicht als Maßstab für Rechtsakte der Unionsorgane oder der EU-Mitgliedstaaten herangezogen werden könne, ist jedoch angesichts der zwischenzeitlich ergangenen Rechtsprechung des EuGH kritisch zu hinterfragen. Die Urteile des EuGH in den oben genannten Angelegenheiten betrafen nämlich die prozessualen Situationen der Nichtigkeitsklage nach Art. 263 AEUV oder der Vorabentscheidung nach Art. 267 AEUV, in denen entweder ein Mitgliedstaat oder ein Privater versucht hatte, einen Sekundärrechtsakt der Unionsorgane wegen einer behaupteten Verletzung einer Völkerrechtsnorm anzugreifen. Nach Ansicht von Generalanwältin *Kokott* ist diese Rechtsprechung jedoch nicht auf die prozessuale Situation eines Vertragsverletzungsverfahrens nach Art. 258-260 AEUV übertragbar. In ihren Schlussanträgen in der Angelegenheit C-66/18, eines Vertragsverletzungsverfahrens gegen Ungarn

---

591 Grzeszick, Stellungnahme des Deutschen Bundestages in den Verfahren 2 BvR 1368/16 u.a. vor dem Bundesverfassungsgericht, S. 93 unter Bezugnahme auf: Proeßl, ZEuS 2016, 401, 405, dieser wiederum wortwörtlich: EuGH, Rs. C-9/73, Rn. 27.

592 Proeßl, ZEuS 2016, 401, 405 Fn. 20, unter Berufung auf: EuGH, Rs. C-9/73, Rn. 27; EuGH, Rs. C-149/96, Rn. 35ff.; EuGH, Rs. C-377/02 (Van Parys), Rn. 53.

593 Proeßl, ZEuS 2016, 401, 405, Fn. 20, unter Berufung auf: EuGH, Rs. C-308/06 (Intertanko), Rn. 53f.

594 Diese Argumentation findet sich auch in einer Reihe weiterer Urteile des EuGH: EuGH, Rs. C-21/72 (International Fruit Company), Rn. 7-28 (zum GATT); EuGH, Rs. C-280/93, Rn. 109-111 (zum GATT); EuGH, Rs. C-307/99 (OTG), Rn. 24f. (zum GATT); EuGH, Rs. C-300/98 (Dior), Rn. 44-48 (zum TRIPS); EuGH, Rs. C-76/00 P (Petrolub), Rn. 53f. (zum Anti-Dumping-Übereinkommen).

wegen einer möglichen Verletzung von Art. 216 Abs. 2 AEUV i.V.m. Art. XVII GATS durch das dortige Vorgehen gegen die „Central European University“, begründet die Generalanwältin den Unterschied zwischen den unterschiedlichen Konstellationen mit Besonderheiten des Streitbeilegungsmechanismus der WTO. Ausgehend von der Rechtsprechung des EuGH in der Angelegenheit C-280/93 aus dem Jahr 1994 (Deutschland gegen Rat der EU), führt sie aus, dass eine Anwendbarkeit des WTO-Rechts gegenüber Unionsrechtsakten vor den Unionsgerichten und den Gerichten der Mitgliedstaaten die Verhandlungsposition der Union in einem Streitbeilegungsverfahren bei der WTO entscheidend schwächen würde, da Konflikte hier oftmals durch gegenseitige Zusagen gelöst werden. Würde parallel eine Nichtigkeitsklage oder ein Vorabentscheidungsverfahren vor dem EuGH laufen, könnte der im Streit gegnerische Drittstaat abwarten, wie diese bzw. dieses ausgeht, bevor er sich auf Zugeständnisse einlässt.[595] Die Messung von nationalen Rechtsakten am WTO-Recht (via Art. 216 Abs. 2 AEUV) schwäche die Position der EU in einem WTO-Streitbeilegungsverfahren nicht in vergleichbarer Weise. Sollte parallel ein Streitbeilegungsverfahren vor der WTO laufen, würde die Feststellung einer Vertragsverletzung durch den EuGH sogar dafür sorgen, dass eine eventuelle Verurteilung durch die WTO-Streitbeilegungsorgane unionsintern durchgesetzt wird. Könnten WTO-Rechtsverstöße der EU-Mitgliedstaaten dagegen nicht zum Gegenstand eines Vertragsverletzungsverfahrens gemacht werden, würde die Durchsetzung von WTO-Recht gegenüber Mitgliedstaaten der EU ernsthaft gefährdet und die Verhandlungsposition der Kommission vor der WTO geschwächt.[596] Hinzu tritt die Erwägung, dass EU-Mitgliedstaaten, die gegen ein Völkerrechtsinstrument verstoßen, indem sie über die Union Mitglied sind, im Außenverhältnis eine völkerrechtliche Haftung der Union verursachen und somit zugleich gegen ihre Pflicht zur loyalen Zusammenarbeit aus Art. 4 Abs. 3 EUV verstoßen. Die Einhaltung der Pflicht zur loyalen Zusammenarbeit ist im Vertragsverletzungsverfahren bereits für sich genommen erzwingbar.[597] Im Ergebnis ist die Frage, ob eine völkerrechtliche Norm nach Art. 216 Abs. 2 AEUV zum integrierenden Bestandteil des Europarechts wird zu trennen von den Fragen nach unmittelbarer Durchgriffswirkung und Anwendungsvorrang gegenüber dem nationalen Recht der Mitgliedstaaten. Folgt man der Ansicht der Generalanwältin, wird ein Völkerrechtsatz nach Art. 216 Abs. 2 AEUV zum vor dem EuGH grundsätzlich

595 GA Kokott, SchlA, Rs. C-66/18, Rn. 39 u. Rn. 60f.; EuGH, Rs. C-280/93, Rn. 106-109.
596 GA Kokott, SchlA, Rs. C-66/18, Rn. 39 u. Rn. 64-67.
597 GA Kokott, SchlA, Rs. C-66/18, Rn. 48-55

justiziablen Bestandteil des Unionsrechts, wenn er in die externe Zuständigkeit der Union fällt.[598] Andernfalls wäre die Einhaltung dieser Teile des Völkerrechts durch die EU-Mitgliedstaaten für die Union kaum zu gewährleisten, was wiederum zu unverschuldeten Haftungsrisiken für die EU insgesamt sowie für die anderen EU-Mitgliedstaaten führen könne.[599] In seinem Urteil vom 6. Oktober 2020 in derselben Sache beanspruchte der EuGH schließlich ebenfalls die Befugnis, im Vertragsverletzungsverfahren nach Art. 258 AEUV die Einhaltung völkerrechtlicher Verpflichtungen durch die EU-Mitgliedstaaten zu überwachen, wenn ein Völkerrechtsverstoß eines Mitgliedstaats eine völkerrechtliche Haftung der EU auslösen könne.[600]

Ob eine völkerrechtliche Norm, die nach Art. 216 Abs. 2 AEUV Bestandteil des Europarechts ist, darüber hinaus unmittelbare Anwendung in den Rechtsordnungen der EU und ihrer Mitgliedstaaten findet und am Anwendungsvorrang des Europarechts teilnimmt, hängt von ihrer Vollzugsfähigkeit i.S.d. oben ausgeführten Rechtsprechung ab. Bei CETA und den Beschlüssen der im CETA vorgesehenen Ausschüsse wird dies aufgrund der eindeutigen Vorschrift des Art. 30.6 CETA nicht der Fall sein. Es bleibt jedoch die über Art. 216 Abs. 2 AEUV vermittelte Verpflichtung der Unionsorgane und der Organe der EU-Mitgliedstaaten auf das CETA. Derartige in die Unionsrechtsordnung integrierte Beschlüsse haben dort einen Rang zwischen dem europäischen Primärrecht und dem europäischen Sekundärrecht. Sie können damit sogar als Rechtsgrundlage für europäisches Sekundärrecht dienen.[601] Im Vertragsverletzungsverfahren nach Art. 258 bis Art. 260 AEUV sind solche Beschlüsse als Verpflichtung der Unionsorgane und der Organe der EU-Mitgliedstaaten justiziabel. Einschränkend kann, wie bei der Prüfung der Verletzung von Rechtsnormen des Völkergewohnheitsrechts über Art. 216 Abs. 2 AEUV, erwogen werden, die Prüfungsdichte im Verfahren vor dem EuGH auf offensichtliche Verstöße zu beschränken, wenn besonders sensible Politiken (Bildungspolitik, Daseinsvorsorge, etc.) betroffen sind. Dies stellt allerdings die Bindung der Organe der EU-Mitgliedstaaten an das CETA dem Grunde nach nicht in Frage.[602]

598 GA Kokott, SchlA, Rs. C-66/18, Rn. 41-42 u. Rn. 69.

599 GA Kokott, SchlA, Rs. C-66/18, Rn. 65.

600 EuGH, Rs. C-66/18, Rn. 84-86.
Auch wenn er hinsichtlich seiner Zuständigkeit zum selben Ergebnis kam, ging der Gerichtshof auf die übrige Argumentation der Generalanwältin nicht im Detail ein.

601 Appel, Das Internationale Kooperationsrecht der EU, S. 345f.

602 GA Kokott, SchlA, Rs. C-66/18, Rn. 87-90.

VI. Zwischenergebnis zu Abschnitt E.

Auch wenn aufgrund des Art. 30.6 Abs. 1 CETA davon ausgegangen wird, dass sich aus dem CETA nur völkervertragliche Verpflichtungen der Vertragsparteien bei der Umsetzung getroffener Ausschussbeschlüsse ergeben, ist auf die mögliche Determination der unionalen Sekundärrechtsetzung durch völkerrechtlich verbindliche oder sogar nur faktisch wirksame Vereinbarungen hinzuweisen. Zusätzlich zu den effektiver werdenden völkerrechtlichen Durchsetzungsmechanismen des Investitionsschutzrechts und sich verstärkender handelspolitischer Verflechtungen,[603] kommt die Anwendbarkeit des Art. 216 Abs. 2 AEUV hinzu, soweit Beschlüsse der CETA-Ausschüsse in die Zuständigkeit der EU fallen.

F. Zwischenergebnis zu Kapitel II

Das im vorliegenden Kapitel entwickelte Prinzipal-Agenten-Modell geht davon aus, dass die im CETA vorgesehenen Ausschüsse am Ende eines Geflechts aus Delegationsketten stehen, die am anderen Ende von höchstrangigen Prinzipalen ausgehen, welche auf unterschiedlichen Ebenen angesiedelt sind. Da sich die Untersuchung auf die Perspektive der Bundesrepublik Deutschland beschränkt, hat das Prinzipal-Agenten-Modell das Ineinandergreifen des deutschen Staatsaufbaus mit dem institutionellen System der EU abzubilden. Demnach handelt es sich bei den höchstrangigen Prinzipalen um die (Wahl-)Völker der Bundesrepublik als EU-Mitgliedstaat und der deutschen Bundesländer.[604] Die Idee einer weiteren Delegationskette, die von der Gemeinschaft der Unionsbürger ausgehen könnte, wurde verworfen.[605]

Zwischen dem Wahlvolk der Bundesrepublik Deutschland und den Wahlvölkern der deutschen Bundesländer führen mehrere Delegationsketten auf unterschiedlichen Wegen zur Bundesregierung. Diese verlaufen zunächst vom (Wahl-)Volk der Bundesrepublik über den Bundestag und von den (Wahl-) Völkern der Bundesländer über deren Landesregierungen zum Bundesrat. Selbst soweit die EU bisher für die von den im CETA vorgesehenen Ausschüssen bearbeiteten Materien nicht zuständig war, wird die Bundesregierung nur in Ausnahmefällen mit einer direkten Vertretung der Bundesrepublik in den CETA-Vertragsgremien betraut sein. In aller Regel wird sie dagegen zusammen

603 Weiß, Parlamentarische Herausforderungen im Völkerrecht der Globalisierung angesichts internationalisierter Regelsetzung, S. 38f.

604 Siehe oben: Unterabschnitt A. II. Punkte 1. und 2. des vorliegenden Kapitels.

605 Siehe oben: Unterabschnitt A. II. Punkt 3. des vorliegenden Kapitels.

mit den Regierungen der übrigen EU-Mitgliedstaaten im Rat über ein gemeinsames Vorgehen beschließen, auch wenn bei den Mitgliedstaaten verbliebene Kompetenzen betroffen sind. Jedenfalls im Gemischten CETA-Ausschuss und jedenfalls für die Dauer der vorläufigen Anwendung, wird hierzu ein einstimmiger Ratsbeschluss notwendig sein. Möglich erscheint in solchen Fällen außerdem die Teilnahme von durch die Bundesregierung benannten Vertretern als Teil der europäischen Delegation.[606] Sofern das CETA in die bisherige Kompetenz der EU fällt, ändert sich die Beteiligung der Bundesregierung insoweit, als dass sie nunmehr im Verfahren des Art. 218 Abs. 9 Alt. 2 AEUV im Rat an Entscheidungen mitwirkt, an denen durch den Forenwechsel zu den CETA-Ausschüssen nun keine aktive Mitwirkung des Europäischen Parlaments mehr vorgesehen ist. Der Hintergrund liegt im dualen Legitimationsmodell der EU nach Art. 10 Abs. 2 EUV begründet, wonach die Ausübung der von den Mitgliedstaaten an die EU übertragenen Hoheitsrechte einerseits unionsunmittelbar an das Europäische Parlament und andererseits von den Mitgliedstaaten abgeleitet an den Rat rückgebunden wird. Da durch die Inkraftsetzung des CETA die EU die Möglichkeit entsteht, übertragene Hoheitsrechte im Rahmen der dort vorgesehenen Ausschüsse nach dem Verfahren des Art. 218 Abs. 9 Alt. 2 AEUV auszuüben, kommt dies einer Weiterdelegation nämlicher Befugnisse durch das Europäische Parlament an den Rat zur alleinigen Ausübung gleich, da das Parlament in diesem Verfahren nicht aktiv mitwirkt. Da die Bundesregierung im Rat die Bundesrepublik vertritt, bedeutet die Delegation an den Rat zugleich auf der deutschen Bundesebene eine Delegation an die Bundesregierung (zur gemeinsamen Ausübung mit den Regierungen der übrigen EU-Mitgliedstaaten).[607] Weiter wirkt sich die Inkraftsetzung des CETA auch auf die praktische Bedeutung des an die Europäische Kommission delegierten Initiativmonopols und der Vertretung der EU in völkerrechtlichen Gremien aus. Beides zusammengenommen verleiht der Kommission im Rahmen des Verfahrens nach Art. 218 Abs. 9 Alt. 2 AEUV erhebliche Gestaltungsmacht. So kann sie in den CETA-Ausschüssen in Verhandlungen, deren Ergebnisse (noch) keinen direkten Einfluss auf künftige EU-Rechtsakte haben, die EU ohne einen Ratsbeschluss nach Art. 218 Abs. 9 Alt. 2 AEUV vertreten.[608] Kommt ein solcher Beschluss in Betracht, weil sich die in den CETA-Ausschüssen geführten Verhandlungen konkretisiert haben, ist es die Kommission, die dem Rat einen zu beschließenden gemeinsamen

606 Siehe oben: Unterabschnitt B. III. Punkt 1. des vorliegenden Kapitels.
607 Siehe oben: Unterabschnitt B. II. Unterpunkt 2. c. des vorliegenden Kapitels.
608 Siehe hierzu oben: Unterabschnitt D. VI. des vorliegenden Kapitels.

EU-Standpunkt vorschlägt. Sobald der Standpunkt beschlossen ist, ist es wieder die Kommission, die diesen in einem CETA-Ausschuss zu vertreten hat.[609]

Die am Ende der Delegationsketten stehenden CETA-Ausschüsse können wegen Art. 30.6 Abs. 1 CETA keine Beschlüsse fassen, die aus sich selbst heraus direkt in den Rechtsordnungen der EU und ihrer Mitgliedstaaten Rechtswirkungen entfalten. Anstatt einer solchen supranationalen Wirkung können sie nur völkerrechtliche Verpflichtungen der Vertragsparteien erzeugen. Allerdings ist auf die mögliche Determination der unionalen Sekundärrechtsetzung sowie der nationalen Rechtsetzung durch völkerrechtlich verbindliche oder sogar nur faktisch wirksame Vereinbarungen hinzuweisen. Abgesehen von immer effektiver werdenden völkerrechtlichen Durchsetzungsmechanismen, wie denen des Investitionsschutzrechts und sich verstärkender handelspolitischer Verflechtungen,[610] wurde auf Art. 216 Abs. 2 AEUV hingewiesen. Nach dieser Vorschrift kann im Zuständigkeitsbereich der EU, die aus einem Beschluss eines CETA-Ausschusses folgende völkerrechtliche Verpflichtung zu einer vor dem EuGH im Wege des Vertragsverletzungsverfahrens justiziablen europarechtlichen Verpflichtung der EU-Organe und der EU-Mitgliedstaaten werden.[611]

---

609 Siehe oben: Unterabschnitt D. VII. des vorliegenden Kapitels.

610 Siehe oben: Unterabschnitte E. I. bis IV. des vorliegenden Kapitels.

611 Siehe oben: Unterabschnitt E. V. des vorliegenden Kapitels.

Kapitel III: Funktionen der Delegation

Wie eingangs ausgeführt werden streng nutzenmaximierende Akteure nur dann Aufgaben delegieren, wenn sie sich hiervon einen funktionalen Vorteil versprechen. Ähnlich wie eine Gewinnerwartung einer Investition vorausgeht, verhält sich das antizipierte Potential zur Erledigung von Aufgaben zu einer möglichen Delegation an einen Agenten.[612] *„There is no single logic of delegation"* schrieb *G. Majone* in einem Beitrag aus dem Jahr 2001, in dem er auf unterschiedliche Betrachtungsweisen für die Funktion der Delegation von Aufgaben einging.[613] Im folgenden Kapitel werden zunächst in Abschnitt A. unterschiedliche Perspektiven der Motivation für die Übertragung politischer Befugnisse vorgestellt und für die weitere Untersuchung ein schwerpunktmäßig auf der Transaktionskostenproblematik basierender Ansatz gewählt. In Abschnitt B. wird auf die Behandlung der Transaktionskostenthematik durch die Ausschüsse des CETA eingegangen.

A. Logik der Delegation

Den Ausgangspunkt für Untersuchungen zur Funktion politischer Befugnisübertragungen bildete ursprünglich die theoretische Überlegung, dass jeder Entscheidungsprozess, jede Einigung und jede Umsetzung einer Lösung weiteren Aufwand, insbesondere in organisatorischer, zeitlicher und wirtschaftlicher Hinsicht verursacht. Da dies die Effizienz verfolgter Politiken und die Zufriedenstellung von Wählern und zwischengeschalteter Institutionen erschwert, wird angenommen, dass sich politische Amtsträger der Delegation von wahrzunehmenden Aufgaben als Lösungsstrategie bedienen. Aus dieser Perspektive ist das Motiv politischer Befugnisübertragungen in der Reduzierung von Transaktionskosten zu suchen.[614] Dieser Ansatz wird sogleich in Unterabschnitt I. behandelt.

Im eingangs genannten Beitrag wies *Majone* auf die Erzeugung glaubhafter Zusicherungen (Credible Commitment) durch die Beauftragung eines Agenten hin. Dieser Blickwinkel trete neben die Transaktionskostenproblematik.[615]

---

612 Vgl. Thatcher/Stone Sweet, West European Politics 2002, 1, 4; Pollack, International Organization 1997, 99, 102 unter Berufung auf: Keohane, After Hegemony, 1984, S. 80; Pollack, Delegation and discretion in the European Union, S. 167.

613 Majone, European Union Politics 2001, 103, 103.

614 Pollack, Delegation and discretion in the European Union, S. 167f.

615 Majone, European Union Politics 2001, 103, 105ff;

Insbesondere wenn die Fähigkeit eines oder mehrerer Prinzipale, eine (wirtschafts-)politische Strategie nachhaltig (und ggf. gemeinsam) zu verfolgen, für die beteiligten Prinzipale selbst sowie für Dritte als unglaubwürdig erscheine,[616] beruhe eine an weitere Akteure gerichtete glaubhafte Zusicherung gerade darauf, dass der Agent sich nicht stets den möglicherweise wechselnden Interessen des Prinzipals unterzuordnen habe, sondern sich hiervon unabhängig für die Schaffung und Erhaltung des zugesicherten Zustandes einsetze.[617] Diese Erwägung wird im Folgenden bei Unterabschnitt II. wieder aufgegriffen.

Weitere Untersuchungen widmen sich der Frage, inwieweit die Delegation von Aufgaben (auch) dazu dienen kann, die politische Verantwortung für unbeliebte Entscheidungen vom jeweiligen Prinzipal fern zu halten und an einen Agenten abzugeben („Blame Shifting“ bzw. „Blaming/Blame-Avoidance“).[618] Hinzu kommen Ansätze, die einen mit der Delegation politischer Aufgaben verfolgten Zweck darin sehen, die öffentliche Aufmerksamkeit auf kontroverse Themen zu lenken, um die Problemlösungskapazitäten der öffentlichen Debatte und der staatlichen Entscheidungsfindungsprozesse zu erhalten.[619] Derartigen Perspektiven widmet sich Unterabschnitt III.

I. Reduzierung von Transaktionskosten

Im folgenden Punkt 1. wird zunächst der Begriff der Transaktionskosten in theoretischer Hinsicht erörtert. Punkt 2. beschäftigt sich damit, wie eine aus den von Quantifizierungen geprägten Wirtschaftswissenschaften stammende Überlegung für eine europaverfassungsrechtliche Untersuchung nutzbar gemacht werden kann.

1. Begriff der Transaktionskosten

D. Epstein und *S. O'Halloran* beschreiben Transaktionskosten als quantitative Abweichung von einer “Coase‘schen Welt”. Dieses auf *R. Coase* zurückgehende

Zum Begriff der „glaubhaften Zusicherung“: Peukert/Windisch, „glaubhafte Zusicherungen“, in: Gabler Wirtschaftslexikon.

616 Vgl. Gatsios/Seabright, Oxford Review of Economic Policy 1989, Heft 2, 37, 48-52.

617 Miller, Annual Review of Political Science 2005, 203, 220-223; Majone, European Union Politics 2001, 103, 109-112 (mit mehreren Beispielen); vgl. auch: Pollack, West European Politics 2002, Issue 1, 200, 208f.

618 Überblicksweise: Mortensen, Public Administration 2016, 630, 632-634 m.w.N.; zum Begriff: ebd., S. 630f.; ebenso: Thatcher/Stone Sweet, West European Politics 2002, 1, 4.

619 Vgl. hierzu: Majone, Thoeries of regulation, S. 41 m.w.N.

Konzept besteht in einer gedanklichen Versuchsanordnung, in der Übereinkünfte ohne jeden denkbaren Verlust in zeitlicher, finanzieller oder sonst Ressourcen beanspruchender Hinsicht getroffen und durchgeführt werden können. Dies setzt insbesondere voraus, dass alle Akteure zu jeder Zeit über denselben Stand an Informationen verfügen und sich an getroffene Vereinbarungen unter allen Umständen halten.[620] Die Theorie der komparativen Kostenvorteile von *D. Ricardo*, als prominentes Plädoyer für eine internationale Arbeitsteilung zwischen den Volkswirtschaften der Welt, würde unter dieser Prämisse einwandfrei funktionieren. Demnach könnten etwa zwei Volkswirtschaften, mit unterschiedlich ausgeprägten und verteilten Produktionsfaktoren, erheblich von miteinander getroffenen Vereinbarungen profitieren und insgesamt einen höheren Wohlstand erzielen. Sie könnten sich auf ihre jeweiligen Stärken spezialisieren und die Güter oder Dienstleistungen, bei deren Erzeugung sie im Nachteil sind, aus dem Ausland zukaufen.[621] Verfügt etwa das Flächenland K über im globalen Maßstab erhebliche und mit relativ geringem Aufwand förderbare Erzvorkommen und das Industrieland D über eine weltweit führende Automobilindustrie (aber kaum förderbare Erzvorkommen), ist es für beide Volkswirtschaften sinnvoll, wenn die jeweiligen wirtschaftspolitischen Entscheidungsträger Maßnahmen vereinbaren und durchführen, die es Unternehmen aus D ermöglichen, Rohstoffe aus K zu importieren und Kraftfahrzeuge nach K zu exportieren. In der Realität müssen zur Verhandlung, Durchführung und nötigenfalls Durchsetzung derartiger Vereinbarungen jedoch Ressourcen in zeitlicher, finanzieller oder anderer Form aufgewendet werden. Diese immer in Relation mit den Vorteilen einer Vereinbarung stehenden Aufwendungen werden als Transaktionskosten bezeichnet.[622]

Solche Kosten können etwa auftreten, wenn zwischen mehreren Prinzipalen Informationsasymmetrien bestehen, während sie versuchen auf Dauer miteinander zu kooperieren. Auch die getroffenen Vereinbarungen selbst können sich als unvollständig und auslegungsbedürftig erweisen. Hinzu kommt die Gefahr einer Lähmung der Bemühungen um eine Zusammenarbeit mehrerer Prinzipale, der mittels eines geordneten Agenda-Settings und mit Hilfe von Mechanismen zur Streitbeilegung begegnet werden kann. Darüber hinaus kann

620 Epstein/O'Halloran, Delegating Powers, S. 35f.

621 Vgl. Ricardo, On the Principles of Political Economy and Taxation, S. 146ff., insb. S. 156ff.

622 Epstein/O'Halloran, Delegating Powers, S. 35f.; North, Journal of Institutional and Theoretical Economics 1993, 11, 18.

die Einschaltung von Agenten auch dazu beitragen, die Verfügbarkeit des zur Bearbeitung hochkomplexer Sachmaterien erforderlichen Wissensstandes zu gewährleisten. Schließlich können Agenten auch in die Beilegung von Streitigkeiten eingebunden werden oder die Implementation getroffener Vereinbarungen (mit) übernehmen.[623]

2. *Anwendung des Transaktionskostenbegriffs auf Hoheitsrechtsübertragungen*

Die Herkunft des Transaktionskostenbegriffes aus den Wirtschaftswissenschaften führt zu der Frage nach seiner Übertragbarkeit auf politische Prozesse. Dabei ist zunächst zu betonen, dass es hierbei nicht um Transaktionskosten geht, die auf den privatwirtschaftlichen Märkten durch politische (Regulierungs-)Maßnahmen entstehen, sondern um solche, die zwischen den politischen Akteuren entstehen.[624] Nun verläuft die Aufgabenverteilung im politischen Prozess jedenfalls grundsätzlich nicht nach marktwirtschaftlichen Gesetzmäßigkeiten. Effizienz kann also nicht in pekuniärer Hinsicht quantifiziert werden. Vorgeschlagen wurde in dieser Hinsicht insbesondere darauf abzustellen, ob eine institutionelle Gestaltung der Wiederwahl der hierüber entscheidenden Mandatsträger förderlich ist.[625] Für die vorliegende Untersuchung erscheint es allerdings als sinnvoll ein weiteres Kriterium zu entwickeln. Die hier untersuchten Delegationsketten verlaufen über eine Mehrzahl politischer Instanzen, welche erst in ihrem Zusammenwirken im Europäischen Mehrebenensystem die Aushandlung, den Beschluss, die unionale und nationale Umsetzung und schließlich die Implementation komplexer Regulierungsvereinbarungen mit Kanada bewerkstelligen. Hinzu kommt die der EU eigene Mediatisierung der politischen Institutionen ihrer Mitgliedstaaten, welche im Rat bei zahlreichen Entscheidungen überstimmt werden können und denen unterhalb der Schwelle einer Primärrechtsänderung auf die EU-Kommission nur indirekt politischer Einfluss zukommt. So tritt neben den Aspekt, dass politische Amtsträger auf allen Ebenen regelmäßig an der Steigerung ihrer Wiederwahlchancen interessiert sein werden, das gemeinsame Interesse aller beteiligten politischen Akteure, die Durchführung

---

623 Pollack, International Organization 1997, 99, 104; Ders., Delegation and discretion in the European Union, S. 168f.; Bradley/Kelley, Law and Contemporary Problems 2008, 1, 10-17.

624 Epstein/O'Halloran, Delegating Powers, S. 44.

625 Epstein/O'Halloran, Delegating Powers, S. 44.

des Abkommens auf die Dauer zu gewährleisten, ohne dass es hierbei zur Überlastung einzelner Instanzen oder zu politischem Stillstand kommt.

Ein weiteres Problem bei der Übertragung des Prinzipal-Agenten-Konzepts auf politische Prozesse liegt in dem bereits skizzierten Gedanken der „make or buy-decision". Der Vergleich einer politischen Instanz mit einem Privatunternehmen, das als (künftiger) Prinzipal entscheiden muss, ob es ein benötigtes Wirtschaftsgut selbst herstellt oder auf dem Markt zukauft, ist nicht bloß unter den beschriebenen marktwirtschaftlichen Gesichtspunkten problematisch. So kann ein Privatunternehmen expandieren, um seine Kapazitäten, ein Wirtschaftsgut selbst herzustellen, zu erweitern. Gerade den für die Delegationskette des hiesigen Prinzipal-Agenten-Modells zentralen Parlamenten ist es dagegen nur schwer möglich, etwa die eigene Mitgliederzahl zu erweitern, um, beispielsweise eine regulierungsrechtliche Aufgabe selbst wahrzunehmen.[626] Darüber hinaus ist es gerade dem deutschen Bundestag und dem Bundesrat nicht möglich, umfassend in Befugnisse der Exekutiv- und Judikativorgane der Bundesrepublik einzugreifen, die verfassungsunmittelbar vorgesehen sind. Soweit das Grundgesetz andere Staatsorgane als den Bundestag und den Bundesrat zur eigenständigen Ausübung von Hoheitsgewalt beruft – wie dies etwa im Bereich der auswärtigen Gewalt und der Integrationsverantwortung der Bundesregierung der Fall ist – kennt das Grundgesetz keinen umfassenden Parlamentsvorbehalt.[627] Allerdings bestehen zwischen der Situation einer privatwirtschaftlichen „make or buy-decision", welche schließlich zu einem, als Delegationsakt zu charakterisierenden, privatrechtlichen Vertrag führt und einer hoheitlichen Befugnisübertragung, gewichtige theoretische Ähnlichkeiten. So wird durch eine hoheitliche Befugnisübertragung – etwa qua Gesetz, Verwaltungsakt oder schlicht hoheitliches Handeln – festgelegt, welche Aufgabe an den Empfänger der Delegation übertragen wird und mit welchen Verpflichtungen dies verbunden ist. Die Rechte und Pflichten des Empfängers der Aufgabenübertragung, wie auch diejenigen des delegierenden Organs im Anwendungsbereich des delegierenden Rechtsakts, werden bestimmt (auch wenn sie sich vom Inhalt eines privatrechtlichen Vertrags unterscheiden mögen). Ferner wird auch das mögliche Eingreifen entsprechend autorisierter dritter Instanzen (wie etwa einem Gericht) zur Durchsetzung der enthaltenen Vorgaben geregelt.[628]

---

626 Epstein/O'Halloran, Delegating Powers, S. 44f.

627 Grzeszick, in: Dürig/Herzog/Scholz, Grundgesetz, Bd. III, 98. EL 2022, Art. 20 GG, Rn. 125; vgl. hierzu auch Kapitel II Unterabschnitt B. II. Unterpunkt 1. a.

628 Epstein/O'Halloran, Delegating Powers, S. 34; ebd. S. 45f.

II. Glaubhafte Zusicherungen

Im folgenden Punkt 1. werden der Begriff und mögliche Gegenstände einer glaubhaften Zusicherung für die Zwecke der vorliegenden Prinzipal-Agenten-Untersuchung erörtert. Da bei der Erzeugung glaubhaften Zusicherungen der Grad der Unabhängigkeit des Agenten vom Prinzipal von größerer Bedeutung ist, als bei der Reduzierung von Transaktionskosten, ist in Punkt 2. die Frage nach einer möglichen konzeptionellen Grenze aufzuwerfen, ab der nicht mehr von einer Delegation ausgegangen werden kann, sondern ab der vielmehr ein Treuhandverhältnis entsteht.

1. Begriff der glaubhaften Zusicherung

Wirtschaftspolitische Strategien stehen grundsätzlich in Konfrontation mit dem Problem der „time inconsistency". Wirtschaftliche und politische Rahmenbedingungen ändern sich in der zwischen der politischen Entscheidung und der praktischen Implementation einer Strategie vergehenden Zeit. Auch während der Implementation bleiben die Bedingungen nicht gleich. Da die Wirtschaftsteilnehmer möglicherweise Anpassungen der verfolgten Strategie antizipieren, wird deren sinnvolle Verfolgung weiter erschwert.[629] Durch die Einrichtung einer gemeinsamen und unparteilichen Instanz, die in der Lage ist, gut informiert und sachkundig die Zusammenarbeit mehrerer Prinzipale auf Dauer zu ermöglichen, wird die glaubhafte Zusicherung erzeugt, eine verlässliche Zusammenarbeit zum gemeinsamen Nutzen werde dauerhaft gewährleistet.[630] Hierzu gehört zunächst die Installation von Mechanismen zur Gewährleistung einer verlässlichen Implementation der getroffenen Vereinbarungen[631] in Gestalt einer hinreichend informierten und sachkundigen Entscheidungsfindung sowie einer gemeinsamen und neutralen Vertragsdurchführung und Konfliktbearbeitung. Hinzu kommt die Ausstattung der durch die Prinzipale gemeinsam eingerichteten Instanzen mit einer verstärkten institutionellen Kontinuität. Der deutlichste Fall einer solchen Zusicherung ist die Einrichtung und die Beauftragung von Instanzen, die mit einer (gewissen) Unabhängigkeit von der nationalen Legislativen und Exekutiven ausgestattet werden um Bereiche, die eine besondere Sachkunde erfordern, gegenüber kurzfristigen Kurswechseln in den (nationalen)

629 Majone, Theories of regulation, S. 41-44; Majone, European Union Politics 2001, 103, 105-107.

630 Vgl. Pollack, The Engines of European Integration, S. 24.

631 Gatsios/Seabright, Oxford Review of Economic Policy 1989, Heft 2, 37, 46.

politischen Systemen zu stabilisieren.[632] Typische Beispiele hierfür sind Gerichte und Notenbanken.[633] Jedoch sind auch andere „Non-Majoritarian Institutions" („NMI")[634] oder „Mehrheitsbrechende Institutionen",[635] wie etwa die Europäische Kommission[636] oder die WTO nicht direkt gegenüber gewählten Politikern oder gar einem Wahlvolk selbst verantwortlich.[637] Der Grad des dem Agenten eingeräumten Ermessens bei der inhaltlichen Ausübung der delegierten Aufgabe entscheidet dabei über dessen Unabhängigkeit vom Prinzipal. Adressaten der glaubhaften Zusicherung sind nicht nur die beteiligten Staaten untereinander, sondern auch andere Akteure wie Drittstaaten oder private Unternehmen. Diesen gegenüber wird nicht nur die Zusammenarbeit in einem bestimmten institutionellen Rahmen signalisiert, sondern auch die hierbei verfolgten Ziele.[638]

2. *Abgrenzung zwischen Delegation und Treuhandverhältnis*

Mit zunehmender Unabhängigkeit des Agenten vom Prinzipal stellt sich zunehmend die Frage nach einer begrifflichen Abgrenzung zwischen Delegations- und Treuhandverhältnissen. So hat insb. *G. Majone* 2001 die Frage gestellt, ob noch von einem Prinzipal-Agenten-Verhältnis gesprochen werden kann, wenn die Partei die für die andere eine Aufgabe wahrnimmt, von dieser unabhängig ist.[639] Entsprechende Instanzen werden errichtet um der Gefahr zu begegnen, dass ein (regelmäßig kurz- oder mittelfristig) nutzenmaximierendes Verhalten der Befugnisse übertragenden Entität selbst oder einem Gesamtgefüge dem diese angehört, längerfristig schadet.[640] Dies ist insbesondere der Fall, wenn die Befugnisübertragung auf eine unabhängige Instanz gegenüber Dritten

---

632 Pollack, The Engines of European Integration, S. 20f.; Majone, Theories of regulation, S. 40f.

633 Zur Europäischen Zentralbank: Majone, Theories of regulation, S. 40; vertiefend hierzu: Heldt/Mueller, Journal of European Integration 2021, 83ff.; Heldt/Müller, Journal of European Integration 2022, 837ff.; Heldt/Herzog, Government and Opposition 2022, 217ff.

634 Majone, Introduction, in: Ders (Hrsg.), Regulating Europe, S. 4.

635 Vgl. Mayer, Sueddeutsche Zeitung, 07.05.2020.

636 Vgl. zur Delegation von Vertragsverhandlungskompetenzen an die Europäische Kommission: Kerremans, Proactive policy entrepreneur or risk minimizer?, S. 174.

637 Majone, Introduction, in: Ders (Hrsg.), Regulating Europe, S. 4f.

638 Gatsios/Seabright, Oxford Review of Economic Policy 1989, Heft 2, 37, 48f.

639 Majone, European Union Politics 2001, 103, 116f.

640 Miller, Annual Review of Political Science 2005, 203, 220; Pollack, West European Politics 2002, Issue 1, 200, 208f.

vertrauensbildend wirken soll.[641] Entsprechend unabhängige Empfänger von Befugnisübertragungen sollen aufgrund der bei ihnen konzentrierten Expertise im Rahmen eines langfristig vorgegebenen und vom (politischen) Tagesgeschäft unbeeinflussten Mandats tätig werden. Hiermit ist regelmäßig ein hohes Maß an Vertrauen verbunden.[642] Beispiele hierfür sind insbesondere (zahlreiche) Zentralbanken und sog. „Independent Regulatory Agencies" („IRA").[643] Allerdings wird die aufgeworfene Abgrenzungsfrage laut *M.A. Pollack* dadurch relativiert, dass in der empirischen Realität Beispiele für eine vollkommene Unabhängigkeit politischer Institutionen zumindest sehr selten sind.[644] Anstatt Untersuchungsgegenstände auf die Frage „Delegation oder Treuhandverhältnis?"[645] zuzuspitzen, erscheint es deshalb im Ergebnis als zielführender, die Unterscheidung zwischen beiden Ordnungsprinzipien als Kontinuum zu begreifen an dessen Endpunkt keine Delegation mehr vorliegt, sondern ein Treuhandverhältnis.[646]

III. Weitere Delegationsmotive

Eine weitere in der Literatur zur Prinzipal-Agenten-Theorie angesprochene Frage ist, inwieweit die Delegation von Aufgaben dazu dienen kann, die politische Verantwortung für unbeliebte Entscheidungen vom jeweiligen Prinzipal fern zu halten und an einen Agenten abzugeben („Blame Shifting" bzw. „Blaming/Blame-Avoidance").[647] Dazu kann versucht werden, die Konsequenzen solcher Entscheidungen verschwimmen zu lassen („regulatory lottery"), die Verantwortung hierfür weiterzureichen und sie auf diese Weise insbesondere von den direkt gewählten Vertretern der Legislativen fern zu halten („protection

---

641 Majone, European Union Politics 2001, 103, 104; diesen Aspekt vertiefend: ebd. S. 110-112 u. Miller, Annual Review of Political Science 2005, 203, 220-223.

642 Maggetti/Papadopoulos, Political Studies Review 2018, 172, 173.

643 Maggetti/Papadopoulos, Political Studies Review 2018, 172, 173; Miller, Annual Review of Political Science 2005, 203, 220.

644 So in kritischer Auseinandersetzung mit Majone: Pollack, Brugges Political Research Papers, No. 2, S. 9-13.

645 Zu dieser Unterscheidung: Majone, European Union Politics 2001, 103, 103; vertiefend: ebd. S. 112-116.

646 Vgl. Pollack, Bruges Political Research Papers, No. 2, S. 9-13; siehe auch: Ders, Delegation and discretion in the European Union, S. 172-189 („hypothesis (H4)").

647 Überblicksweise: Mortensen, Public Administration 2016, 630, 632-634 m.w.N.; zum Begriff: ebd., S. 630f.; ebenso: Thatcher/Stone Sweet, West European Politics 2002, 1, 4.

racket").[648] Da die vorliegende Untersuchung die Perspektive einnimmt, inwieweit die Interessen der höchstrangigen Prinzipale der EU bzw. derer Mitgliedstaaten mittels des im CETA vorgesehenen Ausschusssystems verfolgt werden, erscheint eine derartige Delegationslogik als problematisch. Auch wenn die Verschiebung oder Verschleierung politischer Verantwortung der Funktionsfähigkeit eines politischen Systems zuträglich sein kann, liegen entsprechende Praktiken dennoch unmittelbar im Eigeninteresse einzelner politischer Instanzen begründet, die an ihrer Position innerhalb der Delegationskette Aufgaben weiterübertragen können. Aus Sicht des höchstrangigen Prinzipals birgt eine solche Gestaltung der Weiterdelegation Risiken bis hin zu einer Verhaltensweise der weiterdelegierenden Instanz, die den Interessen des höchstrangigen Prinzipals zuwiderlaufen kann. Was für die zwischengeschaltete Instanz ein Motiv für die Gestaltung ihr eingeräumter Weiterdelegation sein kann, kann sich damit für den höchstrangigen Prinzipal als sog. „agency slack" herausstellen, worauf im Kapitel IV eingegangen wird.

Gleiches gilt für Ansätze, die einen mit der Delegation politischer Aufgaben verfolgten Zweck darin sehen, die öffentliche Aufmerksamkeit auf kontroverse Themen zu lenken, um die Problemlösungskapazitäten der öffentlichen Debatte und der staatlichen Entscheidungsfindungsprozesse zu erhalten.[649] Da derartige Verhaltensweisen auf eine Beeinflussung des höchstrangigen Prinzipals hinauslaufen und so den bei diesem verbliebenen Kontrollrechten entgegenwirken, können derartige Gestaltungen innerhalb der Delegationskette ebenfalls eine mögliche Form von „agency slack" darstellen.

IV. Zwischenergebnis zu Abschnitt A.

Im vorangegangenen Abschnitt wurden unterschiedliche Funktionen der Delegation politischer Aufgaben aufgezeigt. Hierbei wurde zunächst der Umgang mit Transaktionskosten aufgrund von Informationsasymmetrien, unvollständigen Verträgen, Agenda-Setting-Erfordernissen und ähnlichen Problemkreisen thematisiert. Diese Kategorisierung wird im weiteren Verlauf des Kapitels weiter auszubauen sein, da sie zu einer konzeptionellen Einordnung der im CETA vorgesehenen Ausschusskompetenzen anhand ihrer politischen Funktionen als besonders geeignet erscheint. Neben der Transaktionskostenproblematik kommt auch der Erzeugung glaubhafter Zusicherungen eine ergänzende Bedeutung zu,

---

648 Vgl. eine (kritische) Zusammenfassung bei: Epstein/O'Halloran, Delegating Powers, S. 29-33.

649 Vgl. hierzu: Majone, Theories of regulation, S. 41 m.w.N.

soweit das gemeinsame Interesse der Vertragsparteien an der Zusicherung der institutionellen Kontinuität der Durchführung des Abkommens sowie an seiner informierten, sachkundigen und neutralen Implementation hervortritt. Die mögliche Funktion von Delegationen, die politische Funktionsfähigkeit des mit dem CETA errichteten Rechtsrahmens für die transatlantischen Handelsbeziehungen durch die Verschiebung oder Verschleierung politischer Verantwortung oder durch die Einflussnahme auf die politische Debatte zu unterstützen, scheiden als Delegationsmotive, aus den in Unterabschnitt III. genannten Gründen, aus der Betrachtung aus.

B. Kompetenzen der Ausschüsse im CETA und Transaktionskosten

Wie bereits angesprochen, treten Transaktionskosten in unterschiedlichen Erscheinungsformen auf. Im Folgenden werden die, durch das CETA-Ausschusssystem bearbeiteten, Formen von Transaktionskostenproblemen jeweils zunächst in theoretischer Hinsicht erörtert und danach praktisch im CETA verortet. Wie im vorangegangenen Abschnitt A. ausgeführt wurde, ist die Relevanz glaubhafter Zusicherungen zusätzlich zu berücksichtigen. Da die Erleichterung einer dauerhaft verlässlichen Zusammenarbeit zwischen den Vertragsparteien den theoretischen Ausgangspunkt des Prinzipal-Agenten-Ansatzes bildet, wird in Unterabschnitt I. mit der Thematik der Zusammenarbeit bei unvollständiger Information begonnen. Unterabschnitt II. behandelt die Durchführung des CETA als „unvollständigem Vertrag" („Incomplete Contract"). Unterabschnitt III. befasst sich mit der hiermit verwandten, aber nicht identischen Thematik des Agenda-Settings. Unterabschnitt IV. widmet sich schließlich der Frage, inwieweit Regelungen im CETA, die eine Einbindung der im Abkommen vorgesehenen Ausschüsse in Streitbeilegungsverfahren ermöglichen, eine Sonderrolle zukommen kann. Unterabschnitt V. beinhaltet diejenigen Ausschusskompetenzen, die der Gewährleistung ausreichender Expertise zur sachgerechten Umsetzung des Abkommens dienen sollen. Unterabschnitt VI. befasst sich mit denjenigen Ausschusskompetenzen, welche die direkte Übernahme von Implementationsaufgaben durch die Ausschüsse des CETA vorsehen. Unterabschnitt VII. beschäftigt sich schließlich mit denjenigen Ausschusskompetenzen, die aufgrund ihrer offenen Formulierung keiner bestimmten Funktion zugeordnet werden können.

I. Zusammenarbeit bei unvollständiger Information

Als strikte Nutzenmaximierer definierte Akteure stehen vielfach vor dem Problem, dass sie durch Kooperation untereinander mittel- bis langfristig einen höheren Nutzen erreichen können, als wenn sich jeder allein „durchschlägt". Hierbei entstehen jedoch unterschiedliche Probleme hinsichtlich der *Kooperation* der Akteure, sowie deren *Koordination*. Diese werden in den folgenden drei Punkten 1. bis 3. erläutert, bevor die gewonnenen Erkenntnisse in Punkt 4. auf die hierzu einschlägigen und im CETA vorgesehenen Ausschusskompetenzen angewendet werden.

1. Kooperationsprobleme

Die Etablierung eines mittel- bis langfristig für alle Beteiligten vorteilhaften freien Handels droht häufig von einzelnen Beteiligten sabotiert zu werden, die sich durch kurzfristige und ggf. verdeckte Verweigerung der Zusammenarbeit einen noch weitergehenden Vorteil auf Kosten ihrer Partner verschaffen wollen. Dieses *Kooperations*problem zwischen einer mittel- bis langfristig vorteilhaften Kooperation und einem kurzfristig noch vorteilhafteren Bruch getroffener Vereinbarungen wird in einem als „Gefangenendilemma" („Prisoners Dilemma") bezeichneten Gedankenexperiment verdeutlicht:

Hierbei werden zwei Gefangene, die untereinander nicht kommunizieren können, vor die Wahl gestellt zu gestehen, gemeinsam ein schweres Verbrechen begangen zu haben oder zu schweigen. Außerdem kann ihnen ein weniger schwerwiegendes Vergehen nachgewiesen werden. Wenn beide Gefangenen das Verbrechen gestehen, werden sie – angesichts ihrer Kooperation mit den Behörden – zu einer Haftstrafe von 3 Jahren verurteilt. Wenn beide Gefangenen schweigen, erhalten sie für das leichtere Vergehen lediglich 1 Jahr Haft. Gesteht nur einer der beiden Gefangenen, kommt dieser in den Genuss einer Kronzeugenregelung und wird sofort auf freien Fuß gesetzt. Den anderen hingegen trifft die volle Härte des Strafgesetzes und er verbringt die nächsten 10 Jahre im Gefängnis.[650]

Vor eine solche Wahl gestellt bedarf es eines sehr tiefen Vertrauens und einer enormen Verbundenheit oder Abhängigkeit der Gefangenen untereinander,

650 Hawkins/Lake/Nielson/Tierney, Delegation under anarchy, S. 15f.; Laursen, Dalhousie EUCE Occasional Paper No. 2 (2007), S. 4-6; Martin, International Organization 1992, 765, 768f. m.w.N.; vgl. eine ausführliche Einführung bei: Kuhn, "Prisoner's Dilemma", in: Zalta (Hrsg.), The Stanford Encyclopedia of Philosophy.

damit keiner der beiden der Versuchung eines Geständnisses erliegt. Tatsächlich würden sehr viele Menschen wohl versuchen in den Genuss der verführerischen Kronzeugenregelung zu kommen. Das Problem ist: Staaten oder Handelsblöcke wie die EU bzw. deren politische Führungen stehen, wenn es um internationale Handelsvereinbarungen geht, häufig vor ähnlichen Dilemmata. Angesichts kurzfristiger Einbußen bei der Implementierung internationaler Vereinbarungen (beide schweigen → 1 Jahr) und dem Risiko betrogen zu werden (nur der andere gesteht → 10 Jahre), ist die Versuchung oftmals groß, geschlossene Abkommen zu verletzen, zu umgehen oder auszuhöhlen.[651]

Die Lösung liegt darin das beschriebene Dilemma aufzuheben, indem die Versuchsanordnung verändert wird: Nun kommt den Gefangenen ein Agent zur Hilfe. Diesen können die (nun als Prinzipale im oben beschriebenen Sinne fungierenden) Gefangenen etwa damit beauftragen, das Verhalten des jeweils anderen Gefangenen zu überwachen und Bericht zu erstatten. Möglicherweise kann der Agent auch den Behörden eine von beiden Gefangenen unterzeichnete Erklärung übergeben, dass sie nichts zu den Vorwürfen sagen werden, was zur für beide Gefangenen insgesamt effizientesten Lösung führt (beide 1 Jahr Gefängnis). Letztlich erhält der Agent die Aufgabe, beiden Prinzipalen eine verlässliche Kooperation zu ermöglichen und ihnen die Nachteile unkooperativen Verhaltens so schwerwiegend zu machen, dass beide Prinzipale die Zusammenarbeit im eigenen (auch kurz- bis mittelfristigen) Interesse vorziehen.[652]

2. *Koordinationsprobleme*

Jedoch können auch *Koordinations*probleme zwischen zwei Prinzipalen bestehen, die eine mehr oder weniger große Schnittmenge an gemeinsamen Interessen haben, hierüber aber nicht kommunizieren können. Dies wird zunächst mit dem Gedankenexperiment „Kampf der Geschlechter" („Battle of the Sexes") verdeutlicht:

Ein Paar steht vor der Frage, wie es den Abend verbringen möchte. Beide müssen direkt von ihrer Arbeitsstelle aus aufbrechen und haben keine Möglichkeit

---

651 Zur Anwendung der Kooperationsproblematik auf Staaten: Gatsios/Seabright, Oxford Review of Economic Policy 1989, Heft 2, 37, 40-42; Laursen, Dalhousie EUCE Occasional Paper No. 2 (2007), S. 5f.

652 Vgl. Hawkins/Lake/Nielson/Tierney, Delegation under anarchy, S. 16; Laursen, Dalhousie EUCE Occasional Paper No. 2 (2007), S. 4-6; Martin, International Organization 1992, 765, 769f. m.w.N.; Gatsios/Seabright, Oxford Review of Economic Policy 1989, Heft 2, 37, 40-42.

miteinander zu kommunizieren. Um die Handlung zu Demonstrationszwecken möglichst klischeehaft zu gestalten, stehen eine Ballettvorstellung und ein Boxkampf zur Wahl. Sowohl die Frau als auch der Mann möchten den Abend auf jeden Fall zusammen verbringen. Allerdings würde die Frau die Ballettvorstellung vorziehen. Der Boxkampf wäre für sie nur eine Notlösung. Für den Mann verhält es sich andersherum. Beide wissen um die Präferenzen des jeweils anderen. Da der Boxkampf und die Ballettvorstellung zeitgleich und weit voneinander entfernt stattfinden, ist eine nachträgliche Korrektur der jeweils zu treffenden Entscheidung nicht möglich. Da die Beteiligten nicht miteinander kommunizieren können, spielt es keine Rolle, ob sie auf ihrer eigenen Präferenz beharren oder dem anderen entgegenkommen. In jedem Fall laufen sie Gefahr, dass sie sich verfehlen und der Abend für beide völlig misslingt.[653]

Auch vor einer solchen Problematik können die, die Handelspolitik gestaltenden Instanzen der unterschiedlichen Staaten stehen. Besteht etwa Einigkeit darüber, dass es praktisch effektiver ist, bei dem Ersatz eines Produktes oder eines Energieträgers durch eine umweltschonendere Alternative an einem Strang zu ziehen, kann es dennoch sein, dass in der einen Volkswirtschaft eine neue umweltfreundlichere Lösung durch Subventionen oder regulierungsrechtliche Lockerungen gefördert wird, während in der anderen Volkswirtschaft der

653 Hawkins/Lake/Nielson/Tierney, Delegation under anarchy, S. 15; Martin, International Organization 1992, 765, 775f.; Laursen, Dalhousie EUCE Occasional Paper No. 2 (2007), S. 6f.; genaue Erläuterung mit theoretischer Herleitung bei: Luce/Raiffa, Games and Decisions, S. 90-94;
Eine weitere Konstellation wird in folgendem, unter dem Titel „Game of Chicken" bekannten, Gedankenexperiment verdeutlicht: Hierbei fahren zwei Autofahrer, mit voller Geschwindigkeit, frontal aufeinander zu. Abgesprochen ist eine Mutprobe, bei der derjenige, der zuerst abdreht oder bremst verliert. Versuchen beide die Mutprobe zu gewinnen, werden beide schwer verunglücken (vgl. die Beschreibung bei: Russel, Common Sense and Nuclear Warfare, S. 30; vgl. ferner: Poundstone, Prisoner's Dilemma, S. 197-201). Wie auch beim „Kampf der Geschlechter" liegt Unterschied zum „Gefangenendilemma" darin, dass die weiterhin rational handelnden Akteure immerhin ein gemeinsames Interesse am Ausbleiben eines Ereignisses identifizieren können, was Vorrang vor allen anderen möglichen Ausgängen hat. So ist das Vermeiden des Unfalls bzw. das Vermeiden des einander Verfehlens vorrangig, vor dem Sieg in der Mutprobe bzw. dem Besuch der bevorzugten Veranstaltung (Hawkins/Lake/Nielson/Tierney, Delegation under anarchy, S. 15f.).

umgekehrte Weg gewählt und das herkömmliche Produkt stärker besteuert oder reguliert wird.[654]

3. *Aufhebung von Informationsasymmetrien*

Das wichtigste was der Agent in den beschriebenen Konstellationen zu bewirken hat ist, für die Prinzipale Klarheit über die Präferenzen und insbesondere das Verhalten des jeweils anderen zu schaffen. Dies wird als Aufhebung von Informationsasymmetrien bezeichnet. Gerade wenn Akteure (die späteren Prinzipale) in einer Situation sind, in der es sinnvoll ist, miteinander zu kooperieren, aber notwendiger Informationsaustausch aufwendig ist oder die Situation eine gemeinsame, zwischengeschaltete Institution erfordert, kommt die Bewerkstelligung eines institutionalisierten Informationsaustauschs durch die Delegation hiermit verbundener Aufgaben in Betracht.[655]

Diese Schaffung von Transparenz zwischen den Prinzipalen schafft unter diesen einen höheren Grad an Sicherheit. Doch auch andere interessierte Parteien, wie insbesondere privatwirtschaftliche Akteure, erhalten durch die Einbindung gemeinsamer Agenten durch die miteinander kooperierenden Prinzipale ein höheres Maß an Sicherheit hinsichtlich der vereinbarten Kooperation. Die Aufhebung von Informationsasymmetrien durch gemeinsame Agenten stellt damit auch eine zwischen den kooperierenden Prinzipalen als auch gegenüber Dritten eine glaubhafte Zusicherung dar, mittels der die künftige Kooperation auf sachlich informierte und neutrale Art und Weise implementiert wird.[656]

4. *Anwendungsfälle im CETA*

Anwendungsfälle für Ausschusskompetenzen zur Überwachung der Vertragsdurchführung sind sowohl beim Gemischten CETA-Ausschuss als auch bei den Sonderausschüssen zu finden. Hierbei sind ausdrücklich diejenigen Kompetenzen von Interesse, durch die den im CETA vorgesehenen Ausschüssen die Aufgabe übertragen wird, Informationsasymmetrien zwischen den Vertragsparteien des Abkommens, also zwischen den Völkerrechtssubjekten Kanada, EU und den Mitgliedstaaten der EU, zu beseitigen.

---

654 Zur Anwendung der Koordinationsproblematik auf Staaten: Gatsios/Seabright, Oxford Review of Economic Policy 1989, Heft 2, 37, 42-45.

655 Vgl. Pollack, The Engines of European Integration, S. 21f.; Bradley/Kelley, Law and Contemporary Problems 2008, 1, 12f.

656 Hierzu siehe oben: Unterabschnitt A. II.

a. Implementationsüberwachung durch den Gemischten CETA-Ausschuss

Zur Reduzierung von Informationsasymmetrien kommt dem Gemischten CETA-Ausschuss eine Reihe von Kompetenzen zu. Dies entspricht der zentralen Rolle des Gremiums, in dem nach Art. 26.1 Abs. 1 CETA Vertreter der EU und Kanadas unter dem gemeinsamen Vorsitz des für Handel zuständigen EU-Kommissars und des kanadischen Ministers for International Trade (oder ihren Vertretern) zusammenkommen. Nach der Dokumentation zum ersten Zusammentreten des Gremiums am 26. September 2018 waren von EU-Seite die damals amtierende Handelskommissarin mit Angehörigen ihres Kabinetts, die Generaldirektorin für Handel sowie die Vertretung der EU in Kanada anwesend. Außerdem waren Vertreter der diplomatischen und konsularischen Vertretungen mehrerer EU-Mitgliedstaaten in Kanada (darunter auch Deutschlands) anwesend.[657] Das 26. Kapitel, welches die allgemeinen institutionellen Bestimmungen des CETA enthält, sieht in Art. 26.1 Abs. 4 lit. a CETA diese Implementationsüberwachungszuständigkeit des Gremiums vor. Im 25., 28., 29. und 30. Kapitel sind weitere speziellere Kompetenzen vorgesehen, mittels derer der Gemischte CETA-Ausschuss seiner Aufgabe zur Sicherung des Informationsflusses zwischen den Vertragsparteien nachkommen kann.

aa. Art. 26.1 Abs. 4 lit. a CETA – Überwachung und Unterstützung der Vertragsimplementation

Art. 26.1 Abs. 4 lit. a CETA lautet:

> Der Gemischte CETA-Ausschuss
>
> [...] überwacht und unterstützt die Umsetzung und Anwendung dieses Abkommens und die Verwirklichung seiner allgemeinen Ziele,

Aufgrund ihrer äußerst allgemeinen Formulierung wirft diese Vorschrift als erstes die Frage auf, ob es sich überhaupt um eine eigenständige Ausschusskompetenz handelt. Dies wird durch ihren Standort im Katalog des Art. 26.1 Abs. 4

---

657 EU-Kommission, Report, Meeting of the CETA Joint Committee, Montreal, 26.09.2018, S. 3; in der Dokumentation zum zweiten Treffen am 25. März 2021, ist (ohne weitere Spezifikation) von Angehörigen der EU-Kommission, Angehörigen der Regierung von Kanada, beiden diplomatischen Vertretungen sowie Repräsentanten der EU-Mitgliedstaaten und der Regierungen der Provinzen und Territorien Kanadas die rede (EU-Kommission, Joint Report, 2nd Meeting of the CETA Joint Committee, 25.03.2021, S. 7).

CETA verstärkt, der zum Beispiel in lit. e auch bloß die Möglichkeit der Fassung von Beschlüssen nach Art. 26.3 Abs. 2 S. 1 CETA auflistet. Da die Kataloge in Art. 26.1 Abs. 4 und 5 CETA jedoch auch Punkte enthalten, die eindeutig einen Kompetenztitel darstellen (so etwa Art. 26.1 Abs. 4 lit. d und Abs. 5 lit. a, g und h CETA, auf die noch zurückzukommen sein wird), kommt es auf die Formulierung der einzelnen aufgeführten Punkte an. Bei Art. 26.1 Abs. 4 lit. a CETA bestehen jedenfalls keine durchgreifenden Bedenken, hier von einem Kompetenztitel auszugehen. Dieser ist zwar als Querschnittskompetenz sehr weit formuliert, ermöglicht jedoch auch keine weitreichenden, insbesondere keine rechtsverbindlichen Entscheidungen. Die Vorschrift positioniert den Gemischten CETA-Ausschuss als Lenkungsgremium, welches bei der Anwendung des Abkommens den Bezug zu dessen allgemeinen Zielen gewährleisten soll. Dies setzt einen fortwährenden Informationsaustausch zwischen den im Gemischten CETA-Ausschuss zusammentretenden Amtsträgern unter dem gemeinsamen Vorsitz des kanadischen Ministers for International Trade und dem jeweils für Handel zuständigen EU-Kommissar voraus (Art. 26.1 Abs. 1 CETA). Da die sich hieran auf Grundlage speziellerer Kompetenztitel anschließenden Entscheidungen des Gremiums gem. Art. 26.3 Abs. 3 CETA einvernehmlich getroffen werden müssen, kommt dem Gemischten CETA-Ausschuss die Aufgabe zu, eine andauernde Kooperation der Vertragsparteien im Sinne ihrer ursprünglichen Zustimmung zu ermöglichen.[658]

bb. Art. 25.1 Abs. 3 CETA – Überwachung bilateraler Dialoge

Das 25. Kapitel des CETA regelt die Einberufung bilateraler Dialoge zwischen der EU nebst ihren Mitgliedstaaten einerseits und Kanadas andererseits hinsichtlich Fragen zu Wissenschaft, Technik, Forschung, Innovation und insbesondere zum Biotechnologiemarkt, zu forstwirtschaftlichen Erzeugnissen sowie zur Rohstoffwirtschaft[659] (Art. 25.1 Abs. 1 CETA). In <u>Art. 25.1 Abs. 3 CETA</u> wird der Informationsfluss zwischen auf Grundlage des Kapitels eingerichteten bilateralen Dialogen und dem Gemischten CETA-Ausschuss festgelegt:

> [1]Die Kovorsitzenden eines bilateralen Dialogs teilen dem Gemischten CETA-Ausschuss rechtzeitig vor den Sitzungen die Termine und die jeweilige Tagesordnung mit. [2]Die Kovorsitzenden eines bilateralen Dialogs erstatten dem Gemischten CETA-Ausschuss

---

658 Vgl. in diesem Sinne: Mendes, European Papers 2017, 489, 497.

659 Sowie gem. Art. 25.1 Abs. 5 CETA zu anderen Themen, was aber eine Zustimmung des Gemischten CETA-Ausschusses voraussetzt (dazu sogleich Unterabschnitt B. II. Unterpunkt 4. a. bb. (1) (b)).

> soweit angezeigt beziehungsweise auf dessen Ersuchen Bericht über die Ergebnisse und Schlussfolgerungen eines Dialogs. [3]Die Aufnahme oder das Bestehen eines Dialogs hindert die Vertragsparteien nicht daran, den Gemischten CETA-Ausschuss unmittelbar mit einer Angelegenheit zu befassen.

Dies hat zur Folge, dass die im Gemischten CETA-Ausschuss vertretenen (Spitzen-)Politiker stets über den aktuellen Stand der tagenden bilateralen Dialoge in Kenntnis gesetzt werden können, z.B. um das Entstehen von Zielkonflikten zwischen mehreren Politikfeldern zu vermeiden und um die Arbeit der bilateralen Dialoge in einen weiter gefassten politischen Kontext einordnen zu können.

cc. Art. 28.5 Abs. 6 und Abs. 7 CETA – Konsultationen bei Kapitalverkehrsbeschränkungen

Das 28. Kapitel des CETA enthält eine Reihe von Bestimmungen, die Ausnahmen von den mit dem Abkommen eingegangenen Verpflichtungen ermöglichen. Art. 28.5 CETA erlaubt es dabei Kanada und denjenigen EU-Mitgliedstaaten, die nicht der Europäischen Währungsunion angehören, auf schwerwiegende Zahlungsbilanz- und Außenfinanzierungsschwierigkeiten mit Kapitalverkehrsbeschränkungen zu reagieren (Art. 28.5 Abs. 1 CETA). Um die Einhaltung der hierfür geltenden Bedingungen überwachen zu können sieht <u>Art. 28.5 Abs. 6 CETA</u> vor:

> [1]Werden Beschränkungen nach diesem Artikel eingeführt oder beibehalten, so konsultieren die Vertragsparteien einander unverzüglich im Gemischten CETA-Ausschuss, sofern die entsprechenden Konsultationen nicht in einem Rahmen außerhalb dieses Abkommens geführt werden. [2]Bei den Konsultationen nach diesem Absatz werden die Zahlungsbilanz- oder Außenfinanzierungsschwierigkeiten bewertet, die zur Ergreifung der betreffenden Maßnahmen geführt haben, wobei unter anderem folgenden Faktoren Rechnung getragen wird:
> a) der Art und dem Ausmaß der Schwierigkeiten,
> b) der Außenwirtschafts- und -handelslage oder
> c) der Verfügbarkeit alternativer Korrekturmaßnahmen.

Anschließend in <u>Abs. 7</u> wird geregelt:

> [1]Bei den Konsultationen nach Absatz 6 wird geprüft, ob die Beschränkungen den Bedingungen der Absätze 1 bis 4 gerecht werden. [2]Die Vertragsparteien akzeptieren alle statistischen und sonstigen Feststellungen des Internationalen Währungsfonds (IWF) in Bezug auf Devisen, Währungsreserven und Zahlungsbilanzen, ferner stützen sie ihre Schlussfolgerungen auf die Beurteilung der Zahlungsbilanz- oder Außenfinanzierungssituation der betroffenen Vertragspartei durch den IWF.

dd. Kapitel 29 CETA – Einbindung in die Beilegung von Streitigkeiten zwischen den Vertragsparteien

Der Gemischte CETA-Ausschuss ist auch in die Überwachung der Umsetzung von Schiedssprüchen eingebunden, die im Rahmen des in Kapitel 29 vorgesehenen Verfahrens zur Beilegung von Streitigkeiten zwischen den Vertragsparteien ergehen. Dazu erhält das Gremium nach Art. 29.10 Abs. 2 CETA den am Ende eines Schiedsverfahrens stehenden Schlussbericht:

> Das Schiedspanel legt den Vertragsparteien und dem Gemischten CETA-Ausschuss innerhalb von 30 Tagen nach dem Zwischenbericht einen Schlussbericht vor.

Nach Art. 29.12 CETA ist der Gemischte CETA-Ausschuss auch über die Vollzugsabsichten der Vertragsparteien zu informieren:

> [1]Die ersuchte Vertragspartei ergreift alle Maßnahmen, die zum Vollzug des Panelschlussberichts erforderlich sind. [2]Spätestens 20 Tage nach Eingang des Panelschlussberichts bei den Vertragsparteien benachrichtigt die ersuchte Vertragspartei die andere Vertragspartei und den Gemischten CETA-Ausschuss über ihre Vollzugsabsichten.

Gleiches gilt nach Art. 29.13 Abs. 5 CETA für die letztendlich ergriffenen Vollzugsmaßnahmen:

> Vor Ablauf der angemessenen Frist unterrichtet die ersuchte Vertragspartei die andere Vertragspartei und den Gemischten CETA-Ausschuss über die Maßnahmen, die sie zum Vollzug des Panelschlussberichts ergriffen hat.

Auch wenn die zum Ergreifen einer Maßnahme verpflichtete Vertragspartei einen zeitlichen Aufschub benötigt oder wenn es Meinungsverschiedenheiten über die Vollzugsfrist gibt, wird der Gemischte CETA-Ausschuss informiert, wie Art. 29.13 Abs. 1 und Abs. 2 CETA vorsehen:

> (1) Ist der unverzügliche Vollzug nicht möglich, so teilt die ersuchte Vertragspartei der ersuchenden Vertragspartei und dem Gemischten CETA-Ausschuss spätestens 20 Tage nach Eingang des Schlussberichts bei den Vertragsparteien mit, welche Frist sie zum Vollzug benötigt.
>
> (2) [1]Bei Meinungsverschiedenheiten zwischen den Vertragsparteien über die angemessene Frist für den Vollzug des Panelschlussberichts wendet sich die ersuchende Vertragspartei innerhalb von 20 Tagen nach Erhalt der von der ersuchten Vertragspartei nach Absatz 1 vorgelegten Mitteilung schriftlich an das Schiedspanel und ersucht dieses, die angemessene Frist festzulegen. [2]Dieses Ersuchen ist der anderen Vertragspartei und dem Gemischten CETA-Ausschuss zeitgleich zuzustellen. [3]Innerhalb von 30 Tagen nach Stellung des Ersuchens gibt das Schiedspanel den Vertragsparteien und dem Gemischten CETA-Ausschuss seinen Spruch bekannt.

Kommt es nach dem Schlussbericht des Panels zusätzlich zu Streitigkeiten über den Vollzug notwendiger Maßnahmen, können die Parteien Verpflichtungen aus dem Abkommen nach Art. 29.14 CETA aussetzen. Hierüber ist der Gemischte CETA-Ausschuss nach Art. 29.14 Abs. 2 CETA vorab zu informieren:

> Bevor die ersuchende Vertragspartei Verpflichtungen aussetzt, teilt sie der ersuchten Vertragspartei und dem Gemischten CETA-Ausschuss ihre diesbezügliche Absicht mit und gibt an, in welcher Höhe sie Verpflichtungen auszusetzen gedenkt.

Auch im weiteren Verfahren ist der Gemischte CETA-Ausschuss stets zu informieren, was sich aus Art. 29.15 Abs. 1 und Abs. 2 CETA ergibt:

> (1) Ergreift die ersuchte Vertragspartei, nachdem die ersuchende Vertragspartei Verpflichtungen ausgesetzt hat, Maßnahmen zum Vollzug des Panelschlussberichts, so meldet die ersuchte Vertragspartei dies der anderen Partei und dem Gemischten CETA-Ausschuss und fordert die ersuchende Vertragspartei auf, die Aussetzung der Verpflichtungen zu beenden.
> (2) [1]Erzielen die Vertragsparteien innerhalb von 60 Tagen nach Eingang der Meldung keine Einigung über die Vereinbarkeit der gemeldeten Maßnahme mit Artikel 29.2, so ersucht die ersuchende Vertragspartei das Schiedspanel schriftlich, über diese Fragen zu befinden. [2]Dieses Ersuchen ist der anderen Vertragspartei und dem Gemischten CETA-Ausschuss zeitgleich zuzustellen. [3]Der Panelschlussbericht wird den Vertragsparteien und dem Gemischten CETA-Ausschuss innerhalb von 90 Tagen nach Stellung des Ersuchens zugestellt. [4]Befindet das Schiedspanel, dass eine Vollzugsmaßnahme mit Artikel. 29.1 vereinbar ist, so wird die Aussetzung der Verpflichtungen beendet.

Wird das Schiedspanel im Zuge von Vollzugsstreitigkeiten erneut einberufen, ergibt sich die Einbindung des Gemischten CETA-Ausschusses aus Art. 29.14 Abs. 6 und Abs. 7 CETA:

> (6) [1]Eine Vertragspartei kann das Schiedspanel erneut einberufen, indem sie ein schriftliches Ersuchen an das Schiedspanel, die andere Vertragspartei und den Gemischten CETA-Ausschuss richtet. [2]Bei einem Vollzugsdissens ist die erneute Einberufung des Schiedspanels von der ersuchenden Vertragspartei zu veranlassen. [3]Bei einem Gleichwertigkeitsdissens ist die erneute Einberufung des Schiedspanels von der ersuchten Vertragspartei zu veranlassen. [4]Betrifft die Meinungsverschiedenheit sowohl den Vollzug als auch die Gleichwertigkeit, so befindet das Schiedspanel zunächst über den Vollzugsdissens und dann erst über den Gleichwertigkeitsdissens.
> (7) Das Schiedspanel stellt den Vertragsparteien und dem Gemischten CETA-Ausschuss einen Spruch innerhalb der nachstehenden Fristen zu:
> a) bei einem Vollzugsdissens innerhalb von 90 Tagen nach dem Ersuchen um erneute Einberufung des Schiedspanels,
> b) bei einem Gleichwertigkeitsdissens innerhalb von 30 Tagen nach dem Ersuchen um erneute Einberufung des Schiedspanels,

c) bei einem Vollzugs- und Gleichwertigkeitsdissens innerhalb von 120 Tagen nach dem ersten Ersuchen um erneute Einberufung des Schiedspanels

Schließlich ist der Gemischte CETA-Ausschuss nach Art. 29.19 CETA auch zu informieren, wenn die Vertragsparteien eine Streitigkeit einvernehmlich beenden:

> [1]Die Vertragsparteien können sich jederzeit einvernehmlich auf die Lösung einer unter dieses Kapitel fallenden Streitigkeit verständigen. [2]Diese Lösung melden Sie dem Gemischten CETA-Ausschuss und dem Schiedspanel. [3]Wird eine einvernehmliche Lösung gemeldet, so beendet das Schiedspanel seine Arbeit, und das Verfahren wird eingestellt.

ee. Art. 30.9 Abs. 1 CETA – Information über die Kündigung des Abkommens

Auch wenn sich eine Vertragspartei zu einer Kündigung des Abkommens entschließen sollte, ist der Gemischte CETA-Ausschuss nach Art. 30.9 Abs. 1 CETA hiervon zu unterrichten:

> [1]Eine Vertragspartei kann dieses Abkommen kündigen, indem sie dem Generalsekretariat des Rates der Europäischen Union und dem Department of Foreign Affairs, Trade and Development of Canada beziehungsweise deren Rechtsnachfolgern eine entsprechende Note zustellt. [2]180 Tage nach dieser Notifikation tritt dieses Abkommen außer Kraft. Die kündigende Vertragspartei stellt außerdem dem Gemischten CETA-Ausschuss eine Kopie der Note zu.

ff. Zwischenergebnis zu Unterpunkt a.

Zusammenfassend lässt sich festhalten, dass der Gemischte CETA-Ausschuss zunächst allgemein durch die Querschnittskompetenz nach Art. 26.1 Abs. 4 lit. a CETA zur Überwachung der Durchführung des Abkommens befugt ist. Diese Norm ist allerdings aufgrund ihrer Allgemeinheit stets in Verbindung mit anderen Kompetenztiteln zu lesen, was dazu führt, dass den Aktivitäten des Gemischten CETA-Ausschusses oftmals die Komponente der Überwachung der Durchführung des Abkommens gemäß seiner allgemeinen Ziele zukommen wird. Darüber hinaus ist das Gremium auch in einer Reihe im Abkommen genau definierter Konstellationen, insbesondere bei möglichen oder bereits entstandenen Konflikten, hinzuzuziehen, um dort die Einbindung der Organe der Vertragsparteien auf Regierungs- bzw. Kommissionsebene zu gewährleisten. Besonders ausdifferenziert ist hierbei die Einbindung des Gemischten CETA-Ausschusses in die Beilegung von Streitigkeiten mittels des Schiedsmechanismus nach Kapitel 29 des Abkommens.

b. *Implementationsüberwachung durch den Ausschuss für Warenhandel*

Der Ausschuss für Warenhandel ist nach der allgemein für sämtliche Sonderausschüsse des Abkommens geltenden Regelung des Art. 26.2 Abs. 5 CETA mit Vertretern der für die Gegenstände der jeweiligen Sitzung zuständigen, betroffenen oder sachkompetenten Behörden der Vertragsparteien zu besetzen. Dies waren für die EU beim ersten und zweiten Treffen des Gremiums jeweils der Leiter des Referats F3 „Legal aspects of trade and sustainable development and investment“[660] der Generaldirektion für Handel als Kovorsitzender sowie weitere Vertreter der Generaldirektionen für Handel, Justiz und Verbraucherschutz, für Gesundheit und Lebensmittelsicherheit, für Binnenmarkt, Industrie, Unternehmertum und KMU sowie für Landwirtschaft und Ländliche Entwicklung. Hinzu kam die Vertretung der EU in Kanada.[661] Bereits bei seiner Errichtung durch Art. 26.2 Abs. 1 lit. a CETA werden die Aufgaben des Gremiums grundlegend umrissen und insbesondere seine Rolle als Forum zum Informationsaustausch bei der Implementation der auf den Warenhandel bezogenen Teile des Abkommens beschrieben:

> Folgende Sonderausschüsse werden eingesetzt beziehungsweise – im Falle des unter Buchstabe c genannten Gemischten Ausschusses für die Zusammenarbeit im Zollbereich – ermächtigt, unter Aufsicht des Gemischten CETA-Ausschusses tätig zu werden:
>
> [...] der Ausschuss für Warenhandel, der sich mit Fragen befasst, die den Warenhandel, Zolltarife, technische Handelshemmnisse, das Protokoll über die gegenseitige Anerkennung der Ergebnisse von Konformitätsbewertungen und Rechte des geistigen Eigentums im Zusammenhang mit Waren betreffen. Auf Ersuchen einer Vertragspartei oder aufgrund einer Vorlage des zuständigen Sonderausschusses oder zur Vorbereitung der Erörterungen im Gemischten CETA-Ausschuss kann sich der Ausschuss für Warenhandel auch mit Fragen beschäftigen, die sich in den Bereichen Ursprungsregeln, Ursprungsverfahren, Zoll und Handelserleichterungen und Grenzmaßnahmen, gesundheitspolizeiliche und pflanzenschutzrechtliche Maßnahmen, öffentliche

660 Vgl. auf den Internetseiten der EU-Kommission zum Download bereitstehende Organigramm: Europäische Kommission, Trade – Organisation chart, URL: https://commission.europa.eu/about-european-commission/departments-and-executive-agencies/trade_en (Stand: 11.12.2022).

661 EU-Kommission, Report, Meeting of the Trade in Goods Committee, 29.11.2018, S. 5f.; EU-Kommission, Report, Meeting of the Trade in Goods Committee, 11.12.2019, S. 4; bei den späteren Treffen am 21. Januar 2021 und 03. März 2022 kamen Vertreter weiterer Untergliederungen der EU-Kommission hinzu, vgl.: EU-Kommission, Report, Meeting of the Trade in Goods Committee, 21.01.2021, S. 5; EU-Kommission, Report, Meeting of the Trade in Goods Committee, 08.03.2022, S. 7.

> Beschaffungen oder Zusammenarbeit in Regulierungsfragen stellen, sofern es dadurch leichter wird, Lösungen in Fällen zu finden, die der zuständige Sonderausschuss selbst nicht lösen kann. [...]

Konkretere Befugnisse zur Überwachung der Implementation des CETA durch die Vertragsparteien kommen dem Ausschuss für Warenhandel in Kapitel 4 und dem Protokoll über die gegenseitige Anerkennung der Ergebnisse von Konformitätsbewertungen zu. Somit ist das Gremium zentral für die Reduzierung von Informationsasymmetrien im Bereich der technischen Handelshemmnisse zuständig. Nach Art. 4.7 Abs. 1 S. 2 lit. a CETA verwaltet der Ausschuss für Warenhandel die Durchführung des Kapitels für Warenhandel (Kapitel 4). Nach Art. 4.7 Abs. 1 S. 2 lit. b CETA befasst sich das Gremium mit Fragen der Vertragsparteien im Zusammenhang mit unterschiedlichen Maßnahmen zur Regulierung des Warenhandels. Führt eine Vertragspartei eine Risiko- und Gefahrenbewertung im Bereich des Warenhandels durch, kann gem. Art. 4.7 Abs. 1 S. 2 lit. c CETA eine andere Vertragspartei den Ausschuss ersuchen, deren Erörterung zu unterstützen. Nach Art. 4.7 Abs. 1 S. 2 lit. e CETA gibt das Gremium auch Informationen weiter die Normen, technische Vorschriften oder Verfahren zur Konformitätsbewertung betreffen. Dies erfasst auch solche von Dritten oder internationalen Einrichtungen. Gem. Art. 4.7 Abs. 1 S. 2 lit. h CETA erstattet der Ausschuss für Warenhandel auch Bericht an den Gemischten CETA-Ausschuss.

> [1]Die Vertragsparteien kooperieren in Fragen, die unter dieses Kapitel fallen. [2]Die Vertragsparteien kommen überein, dass der nach Art. 26.2 Absatz 1 Buchstabe a eingesetzte Ausschuss für Warenhandel
>
> a) die Durchführung dieses Kapitels verwaltet,
> b) sich unverzüglich mit einer Frage befasst, welche eine Vertragspartei im Zusammenhang mit der Ausarbeitung, Verabschiedung, Anwendung oder Durchsetzung von Normen, technischen Vorschriften oder Konformitätsbewertungsverfahren vorbringt,
> c) auf Ersuchen einer Vertragspartei die Erörterung der von der anderen Vertragspartei durchgeführten Risiko- oder Gefahrenbewertung erleichtert,
>
> [...]
>
> e) Informationen über Normen, technische Vorschriften oder Konformitätsbewertungsverfahren, auch denen von Dritten oder internationalen Einrichtungen, weitergibt, wenn ein beiderseitiges Interesse daran besteht,
>
> [...]
>
> h) dem Gemischten CETA-Ausschuss soweit angezeigt Bericht über die Durchführung dieses Kapitels erstattet.

Über die genannten Kompetenzen im Kapitel 4 des CETA hinaus, hat der Ausschuss für Warenhandel auch die Aufgabe, die Umsetzung des Protokolls über die gegenseitige Anerkennung der Ergebnisse von Konformitätsbewertungen, einem der dem eigentlichen Vertragstext nach Art. 30.1 CETA gleichgestellten Bestandteile des Abkommens, zu verwalten, was die Überwachung seiner Einhaltung und den damit einhergehenden Informationsaustausch miteinschließt. Hierüber hat der Sonderausschuss auch Bericht an den Gemischten CETA-Ausschuss zu erstatten, wenn es als zweckmäßig erscheint, Fragen der Umsetzung des Protokolls auf dessen Ebene zu heben. So lauten Art. 18 lit. a und lit. e des Protokolls über die gegenseitige Anerkennung der Ergebnisse von Konformitätsbewertungen:

> Für die Zwecke dieses Protokolls nimmt der nach Artikel 26.2 Absatz 1 Buchstabe a (Sonderausschüsse) eingesetzte Ausschuss für Warenhandel folgende Aufgaben wahr:
>
> a) Verwaltung der Umsetzung dieses Protokolls,
>
> [...]
>
> e) sofern zweckmäßig, Berichterstattung an den Gemischten CETA-Ausschuss über die Umsetzung dieses Protokolls.

c. *Implementationsüberwachung durch den Landwirtschaftsausschuss*

Der in Art. 26.2 Abs. 1 lit. a CETA eingesetzte und dem Ausschuss für Warenhandel unterstellte Landwirtschaftsausschuss ist nach Art. 26.2 Abs. 5 CETA ebenfalls mit Vertretern der für die Gegenstände der jeweiligen Sitzung zuständigen, betroffenen oder sachkompetenten Behörden der Vertragsparteien zu besetzen. Aus der Dokumentation über die bisherigen Treffen des Gremiums geht hervor, dass die EU durch Angehörige der Generaldirektionen für Landwirtschaft und Ländliche Entwicklung, Handel sowie Gesundheit und Lebensmittelsicherheit sowie durch die Vertretung der EU in Kanada vertreten wurde.[662] Dem Ausschuss kommt nach Ziff. 19 lit. a Anhang 2-A die Überwachung des gemeinsamen Vorgehens bei der Nichtausschöpfung von Zollkontingenten des CETA[663] zu:

> Für die in den Absätzen 12, 13, 15, 16 und 17 ausgeführten Zollkontingente gilt:

662 EU-Kommission, Report, Meeting of the Agriculture Committee, 19.09.2018, S. 3; EU-Kommission, Report, Meeting of the Agriculture Committee, 23.09.2019, S. 5; EU-Kommission, Report, Meeting of the Agriculture Committee, 21.-22.09.2020, S. 6; EU-Kommission, Report, Meeting of the Agriculture Committee, 15.11.2021 S. 7.

663 Der Anhang 2-A ist gem. Art. 30.1 CETA dem Vertragstext als Bestandteil des Abkommens gleichgestellt.

[...] Wird ein Zollkontingent nicht ausgeschöpft (was so definiert ist, dass in einem bestimmten Jahr weniger als 75 % der Jahresgesamtmenge im Rahmen des Zollkontingents tatsächlich in die Vertragspartei eingeführt werden), treten die Vertragsparteien auf Antrag einer Vertragspartei im Rahmen des mit Artikel 26.2 Absatz 1 Buchstabe a (Sonderausschüsse) eingerichteten Landwirtschaftsausschusses zusammen, um die Ursachen, die der Nichtausschöpfung zugrunde liegen, oder etwaige andere Schwierigkeiten bei der ordnungsgemäßen Verwaltung des Zollkontingents umgehend zu beseitigen.

d. Implementationsüberwachung durch den Ausschuss für Dienstleistungen und Investitionen

Die Rolle des in Art. 26.2 Abs. 1 lit. b CETA errichteten Ausschusses für Dienstleistungen und Investitionen als Forum für den Austausch von Informationen zwischen den Vertragsparteien ist sehr allgemein gehalten. Wie bei einem Großteil der übrigen Sonderausschüsse stellt das CETA nur nach der allgemeinen Regel des Art. 26.2 Abs. 5 CETA Anforderungen an die Besetzung des Gremiums.[664] Darüber hinaus sind auch die Kompetenzen im Bereich der Implementationsüberwachung wenig spezifisch. So sieht Art. 26.2 Abs. 1 lit. b CETA vor:

Folgende Sonderausschüsse werden eingesetzt beziehungsweise – im Falle des unter Buchstabe c genannten Gemischten Ausschusses für die Zusammenarbeit im Zollbereich – ermächtigt, unter Aufsicht des Gemischten CETA-Ausschusses tätig zu werden:

[...] der Ausschuss für Dienstleistungen und Investitionen, der sich mit Fragen befasst, die den grenzüberschreitenden Dienstleistungshandel, Investitionen, die vorübergehende Einreise, den elektronischen Geschäftsverkehr und Rechte des geistigen Eigentums im Zusammenhang mit Dienstleistungen betreffen. Auf Ersuchen einer Vertragspartei oder aufgrund einer Vorlage des zuständigen Sonderausschusses oder zur Vorbereitung der Erörterungen im Gemischten CETA-Ausschuss kann sich der Ausschuss für Dienstleistungen und Investitionen auch mit Fragen beschäftigen, die sich in den Bereichen Finanzdienstleistungen oder öffentliche Beschaffung stellen, sofern es dadurch leichter wird, Lösungen in Fällen zu finden, die der zuständige Sonderausschuss selbst nicht lösen kann. [...]

---

664 Auch aus den bisher veröffentlichten Dokumenten zum ersten Treffen des Gremiums lassen sich keine Rückschlüsse auf die personelle Zusammensetzung ziehen (siehe: EU-Kommission, Joint Report, Meeting of the Committee on Services and Investment, 18.09.2018; EU-Kommission, Agenda, Meeting of the Committee on Services and Investment, 18.09.2018).

Hinzu kommt in dieser Hinsicht Art. 8.44 Abs. 1 lit. a CETA, der speziell für das Investitionskapitel nochmals den Informationsaustausch im Rahmen des Ausschusses für Dienstleistungen und Investitionen vorsieht:

> Der Ausschuss für Dienstleistungen und Investitionen dient den Vertragsparteien als Forum für die Erörterung von Fragen im Zusammenhang mit diesem Kapitel, unter anderem
>
> [...] von etwaigen Schwierigkeiten, die sich bei der Durchführung dieses Kapitels ergeben,

e. *Implementationsüberwachung durch den Gemischten Ausschuss für die gegenseitige Anerkennung von Berufsqualifikationen (MRA-Ausschuss)*

Der in Art. 26.2 Abs. 1 lit. b CETA eingerichtete und dem Ausschuss für Dienstleistungen und Investitionen unterstellte Gemischte Ausschuss für die gegenseitige Anerkennung von Berufsqualifikationen (auch MRA-Ausschuss) ist primär für die Durchführung des in Art. 11.3 CETA vorgesehenen Verfahrens zur Aushandlung von Abkommen über die gegenseitige Anerkennung von Berufsqualifikationen zuständig. Anders als bei einem Großteil der Sonderausschüsse des Abkommens ergeben sich nicht nur aus Art. 26.2 Abs. 5 CETA Anforderungen an die Zusammensetzung des Gremiums, sondern auch aus Art. 11.5 lit. a CETA. Danach setzt sich der Ausschuss aus Vertretern Kanadas und der EU zusammen. Hierbei darf es sich weder um Vertreter der zuständigen Behörden noch um Vertreter von Berufsorganisationen handeln. Die EU wurde etwa im zweiten Treffen des Gremiums am 24. November 2020 von Angehörigen der Generaldirektion für Handel und der Generaldirektion für Binnenmarkt, Industrie, Unternehmertum und KMU vertreten.[665] Nach Art. 11.5 lit. d bis f CETA kommen dem Ausschuss in diesem Zusammenhang jedoch auch Aufgaben zur Förderung des Informationsflusses zu:

> Der für die Durchführung des Artikels 11.3 zuständige MRA-Ausschuss
> [...]
> d) erleichtert den Austausch von Informationen über Gesetze, sonstige Vorschriften, politische Maßnahmen und das Vorgehen in Bezug auf Normen oder Kriterien für die Genehmigung, Zulassung oder Zertifizierung reglementierter Berufe,
> e) macht Informationen über die Aushandlung und Umsetzung von Abkommen über gegenseitige Anerkennung öffentlich zugänglich,

665 EU-Kommission, Joint Report, 2nd Meeting of the Joint Committee on Mutual Recognition of Professional Qualifications, 24.11.2020, S. 2.

f) erstattet dem Gemischten CETA-Ausschuss Bericht über die Fortschritte bei der Aushandlung und der Umsetzung von Abkommen über gegenseitige Anerkennung [...].

f. Implementationsüberwachung durch den Gemischten Ausschuss für die Zusammenarbeit im Zollbereich (JCCC)

Der Gemischte Ausschuss für die Zusammenarbeit im Zollbereich (auch JCCC) stellt insoweit eine Besonderheit dar, als dass er aus einem bereits existierenden Abkommen übernommen wurde und im CETA mit weiteren Aufgaben ausgestattet wird. Das Gremium setzt sich nach Art. 6.14 Abs. 2 CETA „nach dem Ermessen jeder Vertragspartei aus Vertretern von Zoll-, Handels- oder anderen zuständigen Behörden zusammen". Nach Art. 6.14 Abs. 3 CETA haben die Vertragsparteien die erforderliche Sachkenntnis der entsandten Vertreter zu gewährleisten. In Art. 26.2 Abs. 1 lit. c CETA wird zunächst auch das Kompetenzspektrum des Ausschusses insbesondere hinsichtlich des Austauschs der für die gemeinsame Implementation des Abkommens notwendigen Informationen zwischen den Vertragsparteien umrissen:

> Folgende Sonderausschüsse werden eingesetzt beziehungsweise – im Falle des unter Buchstabe c genannten Gemischten Ausschusses für die Zusammenarbeit im Zollbereich – ermächtigt, unter Aufsicht des Gemischten CETA-Ausschusses tätig zu werden:
>
> [...] der Gemischte Ausschuss für die Zusammenarbeit im Zollbereich (Joint Customs Cooperation Committee – JCCC), der gemäß dem am 4. Dezember 1997 in Ottawa unterzeichneten *Abkommen zwischen der Europäischen Gemeinschaft und Kanada über Zusammenarbeit und gegenseitige Amtshilfe im Zollbereich* [kursiv im Original] von 1998 eingesetzt wurde und sich mit Fragen des vorliegenden Abkommens befasst, die Ursprungsregeln, Ursprungsverfahren, Zoll und Handelserleichterungen Fragen des vorliegenden Abkommens befasst, die Ursprungsregeln, Ursprungsverfahren, Zoll und Handelserleichterungen, Grenzmaßnahmen und die vorübergehende Aussetzung einer Zollpräferenzbehandlung betreffen,

Ähnlich allgemein sind auch die in Art. 6.14 Abs. 1 und 4 CETA vorgesehene Kompetenzen gehalten:

> (1) [1]Der Gemischte Ausschuss für Zusammenarbeit im Zollbereich, der als Sonderausschuss nach Art. 26.2 (Sonderausschüsse) Absatz 1 Buchstabe c ermächtigt ist, unter Aufsicht des Gemischten CETA-Ausschusses tätig zu werden, stellt das ordnungsgemäße Funktionieren dieses Kapitel, des Protokolls über Ursprungsregeln und Ursprungsbestimmungen sowie des Artikels 20.43 (Geltungsbereich der Grenzmaßnahmen) und des Art. 2.8 (Vorübergehende Aussetzung der Zollpräferenzbehandlung) sicher. [2]Der Gemischte Ausschuss für Zusammenarbeit im Zollbereich geht allen Fragen nach, die sich aus ihrer Anwendung im Einklang mit den Zielen dieses Abkommens ergeben.
>
> [...]

(4) Der Gemischte Ausschuss für Zusammenarbeit im Zollbereich darf Entschließungen verabschieden, Empfehlungen aussprechen und Stellungnahmen abgeben sowie dem Gemischten CETA-Ausschuss Beschlussentwürfe vorlegen, die ihm zum Erreichen der gemeinsamen Ziele und zum reibungslosen Funktionieren der mit diesem Kapitel, dem Protokoll über Ursprungsregeln und Ursprungsbestimmungen sowie Artikel 20.43 (Geltungsbereich der Grenzmaßnahmen) und Artikel 2.8 (Vorübergehende Aussetzung der Zollpräferenzbehandlung) notwendig erscheinen.

g. *Implementationsüberwachung durch den Gemischten Verwaltungsausschuss für gesundheitspolizeiliche und pflanzenschutzrechtliche Maßnahmen (SPS-Ausschuss)*

Der in Art. 26.2 Abs. 1 lit. d CETA eingerichtete Gemischte Verwaltungsausschuss für gesundheitspolizeiliche und pflanzenschutzrechtliche Maßnahmen (auch SPS-Ausschuss) hat in Kapitel 5 des CETA vielfältige Aufgaben zur Gewährleistung einer gegenseitigen Information der Vertragsparteien im Zusammenhang mit den dortigen gesundheitspolizeilichen und pflanzenschutzrechtlichen Vereinbarungen auszuführen. Nach Art. 5.14 Abs. 1 CETA umfasst das Gremium „Vertreter der Regulierungs- und der Handelsseite jeder Vertragspartei mit Zuständigkeit für SPS-Maßnahmen." Nach der Dokumentation des ersten Zusammentretens des Gremiums am 26/27. März 2018 wurde die EU durch mehrere Angehörige der Generaldirektion für Gesundheit und Lebensmittelsicherheit, der Generaldirektion für Handel und der EU-Vertretung in Kanada vertreten. Ebenfalls anwesend waren Vertreter der französischen Botschaft in Kanada sowie der für Landwirtschaft bzw. Lebensmittelsicherheit zuständigen Ministerien aus Irland, den Niederlanden und Italien.[666] Der in Art. 5.14 Abs. 2 CETA aufzufindende Kompetenzkatalog enthält in seinen lit. a, e, f und g die Aufgaben des SPS-Ausschusses zur Gewährleistung eines ausreichenden Informationsflusses zwischen den Vertragsparteien:

Der Gemischte Verwaltungsausschuss hat unter anderem die Aufgabe,

666 EU-Kommission, Report, Sanitary and Phytosanitary Measures Joint Management Committee, 26-27.03.2018, S. 8; Vertreter mehrerer EU-Mitgliedstaaten waren laut den öffentlich zugänglichen Dokumentationen auch beim zweiten und dritten Zusammentreffen anwesend: EU-Kommission, Final Minutes, Sanitary and Phytosanitary Measures Joint Management Committee, 25-27.02.2019, S. 1; EU-Kommission, Report, Sanitary and Phytosanitary Measures Joint Management Committee, 16-19.11.2020, S. 1.

a) die Durchführung dieses Kapitels zu überwachen und sich mit allen Fragen zu befassen, die mit diesem Kapitel zusammenhängen und sich aus seiner Durchführung ergeben,

[...]

e) die Umsetzung eines Beschlusses nach Buchstabe d und den Vollzug von Maßnahmen nach Buchstabe d zu überwachen,
f) eine ständige Plattform anzubieten, auf der Informationen über das Regulierungssystem jeder Vertragspartei ausgetauscht werden können, unter Einschluss der Wissenschafts- und Risikobewertungsgrundlage für eine SPS-Maßnahme, [...]
g) ein Dokument zu erstellen und auf dem neusten Stand zu halten, in welchem der genaue Stand der Erörterungen zwischen den Vertragsparteien über ihre Arbeiten zur Anerkennung der Gleichwertigkeit bestimmter SPS-Maßnahmen festgehalten ist.

Nach Art. 5.14 Abs. 9 CETA ist der SPS-Ausschuss darüber hinaus gegenüber dem Gemischten CETA-Ausschuss jährlich berichtspflichtig:

> Der Gemischte Verwaltungsausschuss erstattet dem Gemischten CETA-Ausschuss jährlich Bericht über seine Tätigkeit und sein Arbeitsprogramm.

h. Implementationsüberwachung durch den Ausschuss für das öffentliche Beschaffungswesen

Der in Art. 26.2 Abs. 1 lit. e CETA eingerichtete Ausschuss für das öffentliche Beschaffungswesen besteht nach Art. 19.19 Abs. 1 CETA aus Vertretern der Vertragsparteien. Weitere Anhaltspunkte für seine Zusammensetzung sind im Abkommen außerhalb von Art. 26.2 Abs. 5 CETA nicht zu finden. Aus der Dokumentation zum zweiten, dritten und vierten Zusammentreten des Ausschusses geht hervor, dass die EU dort insbesondere durch Angehörige der Generaldirektion für Handel, aber auch Vertreter anderer Ressorts der EU-Kommission sowie der EU-Vertretung in Kanada vertreten wurde.[667] Das Gremium ist in seinem Zuständigkeitsbereich ein besonders deutliches Beispiel für eine Einrichtung, welche die Reduzierung von Informationsasymmetrien zur Aufgabe hat. Art. 19.19 Abs. 1 Alt. 1 CETA enthält eine sehr allgemeine Kompetenz in diesem Sinne:

---

667 EU-Kommission, Report, 2nd Meeting of the Committee on Government Procurement, 22.02.2019, S. 1; EU-Kommission, Joint Report, 3rd Meeting of the Committee on Government Procurement, 25-26-11-2020, S. 1; EU-Kommission, Report, 4th Meeting of the Committee on Government Procurement, 14.12.2021, S. 1.

> Der nach Art. 26.2 Abs. 1 Buchstabe e eingesetzte Ausschuss für das öffentliche Beschaffungswesen, der sich aus Vertretern der Vertragsparteien zusammensetzt, tritt bei Bedarf zusammen, um den Vertragsparteien die Möglichkeit zu bieten, über Fragen im Zusammenhang mit dem Funktionieren dieses Kapitels oder der Förderung der Ziele dieses Kapitels zu beraten [...]

In Art. 19.19 Abs. 2 lit. b und c CETA wird der Informationsaustausch durch den Ausschuss für das öffentliche Beschaffungswesen weiter geregelt:

> Der Ausschuss für das öffentliche Beschaffungswesen tritt auf Ersuchen einer Vertragspartei zusammen und hat folgende Befugnisse:
> [...]
> b) Informationsaustausch über Beschaffungsmöglichkeiten in jeder Vertragspartei,
> c) Erörterung sonstiger Fragen im Zusammenhang mit dem Funktionieren dieses Kapitels [...].

Art. 19.15 Abs. 4 bis Abs. 6 CETA verpflichtet die Vertragsparteien zur Abgabe jährlicher Berichte zur statistischen Erfassung ihrer öffentlichen Beschaffungspraxis:

> (4) [1]Jede Vertragspartei erstellt Statistiken über ihre erfassten Beschaffungen und legt dem Ausschuss für das öffentliche Beschaffungswesen einen entsprechenden Bericht vor. [2]Die Berichte decken jeweils ein Jahr ab, sind innerhalb von zwei Jahren nach Ablauf des Berichtszeitraums einzureichen und müssen Folgendes enthalten: [...].
> (5) Veröffentlicht eine Vertragspartei ihre Statistiken auf einer offiziellen Website in einer Form, die den Anforderungen des Absatzes 4 entspricht, so kann sie anstelle der Berichterstattung an den Ausschuss für das öffentliche Beschaffungswesen einen Link zu der Website angeben, gegebenenfalls mit den Erläuterungen, die zum Zugriff auf die Statistiken und zu ihrer Nutzung erforderlich sind.
> (6) Schreibt eine Vertragspartei die elektronische Veröffentlichung von Bekanntmachungen über vergebene Aufträge nach Absatz 2 vor und sind diese Bekanntmachungen über eine einzige Datenbank öffentlich zugänglich in einer Form, die eine Analyse der erfassten Aufträge ermöglicht, so kann die betreffende Vertragspartei anstelle der Berichterstattung an den Ausschuss für das öffentliche Beschaffungswesen einen Link zu der Website angeben, gegebenenfalls mit den Erläuterungen, die zum Zugriff auf die Daten und zu ihrer Nutzung erforderlich sind.

Diese Berichte sind dem Ausschuss für das öffentliche Beschaffungswesen nach Art. 19.19 Abs. 3 CETA jährlich vorzulegen:

> Jede Vertragspartei legt dem Ausschuss für das öffentliche Beschaffungswesen jährlich im Einklang mit Art. 19.15 statistische Daten zu von diesem Kapitel erfassten Beschaffungen vor.

Schließlich sind dem Ausschuss nach Art. 19.5 Abs. 3 CETA auch sämtliche Änderungen der in Anhang 19-8 gesammelten Veröffentlichungsmedien für amtliche Bekanntmachungen unverzüglich mitzuteilen:

> Jede Vertragspartei teilt dem Ausschuss für das öffentliche Beschaffungswesen unverzüglich jedwede Änderung der in Anhang 19-8 enthaltenen Angaben mit.

i. Implementationsüberwachung durch den Ausschuss für Finanzdienstleistungen

Der nach Art. 26.2 Abs. 1 lit. f CETA eingesetzte Ausschuss für Finanzdienstleistungen setzt sich nach Art. 13.18 Abs. 1 CETA aus Vertretern „der für Finanzdienstleistungspolitik zuständigen Behörden mit Fachkenntnissen auf dem [von Kapitel 13 des CETA] erfassten Gebiet" zusammen. Aus der Dokumentation des zweiten, dritten und vierten Treffens des Gremiums geht hervor, dass für die EU-Kommission, insbesondere die Generaldirektion für Finanzstabilität, Finanzdienstleistungen und Kapitalmarktunion, teilweise auch die Generaldirektion für Handel teilnahmen. Darüber hinaus waren der Ausschuss für die einheitliche Abwicklung (Single Resolution Board – SRB), die Europäische Zentralbank sowie die Delegation der EU in Kanada vertreten. Beim dritten Treffen waren auch Vertreter weiterer Europäischer Aufsichtsbehörden anwesend.[668]

Das Gremium hat zwei Aufgaben, die sich mit der Bearbeitung des Problems der Zusammenarbeit bei unvollständiger Information befassen. Nach Art. 13.18 Abs. 3 lit. a und b CETA obliegt ihm allgemein die Überwachung der Durchführung des 13. Kapitels (Finanzdienstleistungen):

> Der Ausschuss für Finanzdienstleistungen tritt einmal jährlich oder gemäß anderslautender, von ihm getroffener Vereinbarung zusammen und
> a) überwacht die Durchführung dieses Kapitels,
> b) führt einen Dialog über die Regulierung des Finanzdienstleistungssektors, um die gegenseitige Kenntnis der jeweiligen Regulierungssysteme der Vertragsparteien zu verbessern und bei der Entwicklung internationaler Standards zusammenzuarbeiten, wie dies in der Vereinbarung über den Dialog über die Regelung des Sektors Finanzdienstleistungen in Anhang 13-C zum Ausdruck kommt, und [...]

668 EU-Kommission, Joint Report, Meeting of the Financial Services Committee, 12.06.2019, S. 1; EU-Kommission, Joint Report, Meeting of the Financial Services Committee, 24-25.06.2020, S. 1; EU-Kommission, Joint Report, 4th Meeting of the Financial Services Committee, 17./22.06.2021, S. 1.

j. *Implementationsüberwachung durch den Ausschuss für Handel und nachhaltige Entwicklung*

Der in Art. 26.2 Abs. 1 lit. g CETA vorgesehene Ausschuss für Handel und nachhaltige Entwicklung besteht nach Art. 22.4 Abs. 1 CETA „aus hochrangigen Vertretern der Vertragsparteien", die für die Sachgebiete der Kapitel 22, 23 und 24 des CETA (Handel und nachhaltige Entwicklung, Arbeit und Umwelt) zuständig sind. Zu Fragen der Kapitel 23 und 24 des CETA kann der Ausschuss auch Fachsitzungen einberufen und hierbei Personen hinzuziehen, die für die jeweiligen Fragen zuständig sind. So waren etwa beim zweiten Treffen des Gremiums am 13. November 2019 für die EU-Seite Vertreter der Generaldirektionen für Handel, für Umwelt, für Klimapolitik, für Beschäftigung, Soziales und Integration sowie der Vertretung der EU in Kanada anwesend. Als Teil einer „CETA Domestic Advisory Group" waren außerdem Gewerkschaftsvertreter und andere Vertreter der Zivilgesellschaft zu gegen.[669] Das Gremium dient der Überwachung der Durchführung der Kapitel 23 (Handel und Arbeit) und 24 (Handel und Umwelt) und somit der Zusammentragung von Informationen über die Auswirkungen des Abkommens.[670] Seine Rolle als Forum zum Informationsaustausch wird in Art. 22.4 Abs. 1 CETA grundlegend ausgestaltet:

> [1]Der nach Art. 26.2 (Sonderausschüsse) Absatz 1 Buchstabe g eingesetzte Ausschuss für Handel und nachhaltige Entwicklung setzt sich aus hochrangigen Vertretern der Vertragsparteien zusammen, die für von diesem Kapitel und den Kapiteln dreiundzwanzig (Handel und Arbeit) und vierundzwanzig (Handel und Umwelt) erfasste Fragen zuständig sind. [2]Der Ausschuss für Handel und nachhaltige Entwicklung überwacht die Durchführung der genannten Kapitel, einschließlich der Kooperationstätigkeiten und der Überprüfung der Auswirkungen dieses Abkommens auf die nachhaltige Entwicklung, und befasst sich – nach einem integrierten Ansatz – mit Fragen, die in Bezug auf die Schnittstelle zwischen wirtschaftlicher Entwicklung, sozialer Entwicklung und Umweltschutz für die Vertragsparteien von beiderseitigem Interesse sind. [3]Zu den Kapiteln dreiundzwanzig (Handel und Arbeit) und vierundzwanzig (Handel und Umwelt) kann der Ausschuss für Handel und nachhaltige Entwicklung in Wahrnehmung seiner

---

669 EU-Kommission, Joint Report, Meeting of the Committee on Trade and Sustainable Development, 13.11.2019, S. 5;
Beim dritten und vierten Treffen, waren dieselben EU-Einrichtungen, jedoch keine Gewerkschafts-, Wirtschafts-, oder Zivilgesellschaftsvertreter anwesend (EU-Kommission, Joint Report, Meeting of the Committee on Trade and Sustainable Development, 10-11.12.2020, S. 5; EU-Kommission, Joint Report, Meeting of the Committee on Trade and Sustainable Development, 09-10.02.2022, S. 3).

670 Nettesheim, Umfassende Freihandelsabkommen und Grundgesetz, S. 27.

> Aufgaben auch Fachsitzungen einberufen, zu denen Personen hinzugezogen werden, die für Fragen im Zusammenhang mit dem jeweiligen Kapitel zuständig sind.

Die Kompetenz der Überwachung der Durchführung von Kapitel 23 ist in Art. 23.8 Abs. 3 lit. a CETA nochmals geregelt:

> Der nach Artikel 26.2 (Sonderausschüsse) Absatz 1 Buchstabe g eingesetzte Ausschuss für Handel und nachhaltige Entwicklung nimmt im Rahmen seiner ordentlichen Sitzungen oder von Fachsitzungen, zu denen Personen hinzugezogen werden, die für Fragen im Zusammenhang mit diesem Kapitel zuständig sind, folgende Aufgaben wahr:
>
> [...] Überwachung der Durchführung dieses Kapitels und Prüfung der dabei erzielten Fortschritte, unter anderem in Bezug auf seine Funktionsweise und Wirksamkeit [...]

Eine Parallelregelung für Kapitel 24 findet sich in Art. 24.13 Abs. 3 lit. a CETA:

> Der nach Art. 26.2 (Sonderausschüsse) Absatz 1 Buchstabe g eingesetzte Ausschuss für Handel und nachhaltige Entwicklung nimmt im Rahmen seiner ordentlichen Sitzungen oder seiner Fachsitzungen, zu denen Personen hinzugezogen werden, die für Fragen im Zusammenhang mit diesem Kapitel zuständig sind, folgende Aufgaben wahr:
>
> [...] Überwachung der Durchführung dieses Kapitels und Prüfung der dabei erzielten Fortschritte,

Hinsichtlich Kapitel 23 sieht das Abkommen in Art. 23.11 Abs. 3 CETA außerdem die fortwährende Erörterung der Wirksamkeit der Durchführung dieses Kapitels im Ausschuss für Handel und nachhaltige Entwicklung vor:

> [1]Die Vertragsparteien kommen überein, dass die Verpflichtungen aus diesem Kapitel bindend und im Wege der Streitbeilegungsverfahren nach Artikel 23.10 durchsetzbar sind. [2]In diesem Zusammenhang erörtern die Vertragsparteien im Rahmen der Sitzungen des Ausschusses für Handel und nachhaltige Entwicklung die Wirksamkeit der Durchführung dieses Kapitels, die politischen Entwicklungen auf Seiten der Vertragsparteien, die Entwicklungen bei internationalen Übereinkünften und die von den Interessenträgern dargelegten Standpunkte sowie eine etwaige Überprüfung der in Artikel 23.10 vorgesehenen Streitbeilegungsverfahren.

Bezüglich Kapitel 24 regelt das Abkommen dagegen nur die fallweise Erörterung im Ausschuss für Handel und nachhaltige Entwicklung. So lautet Art. 24.14 Abs. 4 CETA:

> [1]Ist eine Vertragspartei der Auffassung, dass eine Frage der weiteren Erörterung bedarf, so kann sie bei der Kontaktstelle der anderen Vertragspartei schriftlich darum ersuchen, dass der Ausschuss für Handel und nachhaltige Entwicklung einberufen wird, um diese Frage zu prüfen. [2]Der Ausschuss für Handel und nachhaltige Entwicklung tritt umgehend zusammen und bemüht sich um eine Lösung. [3]Gegebenenfalls konsultiert er

im Rahmen der Konsultationsmechanismen nach Artikel 24.13 Absatz 5 die zivilgesellschaftlichen Organisationen der Vertragsparteien.

Weiter hat der Ausschuss für Handel und nachhaltige Entwicklung nach Art. 22.4 Abs. 4 lit. b CETA die Aufgabe, ein mit Art. 22.5 CETA eingerichtetes Zivilgesellschaftliches Forum über alle Fragen zum 22. Kapitel (Handel und nachhaltige Entwicklung) auf dem Laufenden zu halten:

[1]Der Ausschuss für Handel und nachhaltige Entwicklung setzt sich für Transparenz und die Einbeziehung der Öffentlichkeit ein. [2]Deshalb gilt Folgendes:

[...] Der Ausschuss für Handel und nachhaltige Entwicklung hält das Zivilgesellschaftliche Forum nach Art. 22.5 über alle Fragen zu diesem Kapitel auf dem Laufenden, insbesondere über Fragen der Durchführung dieses Kapitels. Standpunkte oder Stellungnahmen des Zivilgesellschaftlichen Forums werden Vertragsparteien direkt oder über die in Artikel 23.8 (Institutionelle Mechanismen) Absatz 3 und Artikel 24.13 (Institutionelle Mechanismen) genannten Konsultationsmechanismen übermittelt. Der Ausschuss für Handel und nachhaltige Entwicklung erstattet jährlich Bericht über die Folgemaßnahmen zu diesen Mitteilungen.

Schließlich ist der Ausschuss für Handel und nachhaltige Entwicklung noch gem. Art. 23.10 Abs. 12 und 13 CETA in das Verfahren zur Beilegung von Streitigkeiten zum 23. Kapitel mittels der Einsetzung einer Sachverständigengruppe eingebunden. Hier überwacht er insbesondere die von den Vertragsparteien zu ergreifenden, im Abschlussbericht angeführten Folgemaßnahmen, die Empfehlungen der Sachverständigengruppe und nimmt gegebenenfalls die Mitteilung einer einvernehmlichen Lösung von den Vertragsparteien entgegen:

(12) [1]Gelangt die Sachverständigengruppe in ihrem Abschlussbericht zu dem Schluss, dass eine Vertragspartei ihren Verpflichtungen aus diesem Kapitel nicht nachgekommen ist, nehmen die Vertragsparteien Gespräche auf und bemühen sich, innerhalb von drei Monaten nach Vorlage des Abschlussberichts geeignete Maßnahmen zu erarbeiten oder gegebenenfalls einen für beide Seiten zufriedenstellenden Aktionsplan zu beschließen. [2]Bei ihren Erörterungen berücksichtigen die Vertragsparteien den Abschlussbericht. [3]Die ersuchte Vertragspartei teilt ihren Beratungsgruppen für Arbeit und nachhaltige Entwicklung sowie der ersuchenden Vertragspartei rechtzeitig mit, zu welchen Vorgehensweisen oder Maßnahmen sie sich entschlossen hat. [4]Die ersuchende Vertragspartei unterrichtet ihre Beratungsgruppen für Arbeit und nachhaltige Entwicklung sowie die ersuchte Vertragspartei rechtzeitig über etwaige andere Vorgehensweisen oder Maßnahmen, die sie möglicherweise als Folgemaßnahmen zum Abschlussbericht zu beschließen beabsichtigt, um zu einer Lösung zu gelangen, die mit diesem Abkommen vereinbar ist. [5]Der Ausschuss für Handel und nachhaltige Entwicklung überwacht die Folgemaßnahmen zum Abschlussbericht und zu den Empfehlungen der Sachverständigengruppe. [6]Die von den Vertragsparteien eingesetzten Beratungsgruppen für Arbeit und nachhaltige Entwicklung und das Zivilgesellschaftliche Forum können dem

Ausschuss für Handel und nachhaltige Entwicklung diesbezügliche Stellungnahmen übermitteln.
(13) [1]Wenn die Vertragsparteien nach Einsetzung einer Sachverständigengruppe zu einer einvernehmlichen Lösung gelangen, teilen sie diese dem Ausschuss für Handel und nachhaltige Entwicklung und der Sachverständigengruppe mit. [2]Mit dieser Mitteilung ist das Sachverständigenverfahren abgeschlossen.

Ein solches Verfahren sieht das CETA ebenfalls im 24. Kapitel vor, wo der Ausschuss für Handel und nachhaltige Entwicklung gem. Art. 24.15 Abs. 11 und 12 CETA in gleicher Art und Weise eingebunden ist:

(11) [1]Gelangt die Sachverständigengruppe in ihrem Abschlussbericht zu dem Schluss, dass eine Vertragspartei ihren Verpflichtungen aus diesem Kapitel nicht nachgekommen ist, nehmen die Vertragsparteien Gespräche auf und bemühen sich, innerhalb von drei Monaten nach Vorlage des Abschlussberichts eine geeignete Maßnahme zu erarbeiten oder gegebenenfalls einen für beide Seiten zufriedenstellenden Aktionsplan zu beschließen. [2]Bei ihren Erörterungen berücksichtigen die Vertragsparteien den Abschlussbericht. [3]Die ersuchte Vertragspartei teilt ihren zivilgesellschaftlichen Organisationen – über die in Artikel 24.13 Absatz 5 genannten Konsultationsmechanismen – sowie der ersuchenden Vertragspartei rechtzeitig mit, zu welcher Vorgehensweise oder Maßnahme sie sich entschlossen hat. [4]Der Ausschuss für Handel und nachhaltige Entwicklung überwacht die Folgemaßnahmen zum Abschlussbericht und zu den Empfehlungen der Sachverständigengruppe. [5]Die Organisationen der Zivilgesellschaft und das Zivilgesellschaftliche Forum können dem Ausschuss für Handel und nachhaltige Entwicklung diesbezügliche Stellungnahmen übermitteln, wobei Erstere dies über die in Artikel 24.13 Absatz 5 genannten Konsultationsmechanismen tun.
(12) [1]Wenn die Vertragsparteien nach Einsetzung einer Sachverständigengruppe zu einer einvernehmlichen Lösung gelangen, teilen sie diese dem Ausschuss für Handel und nachhaltige Entwicklung und der Sachverständigengruppe mit. [2]Mit dieser Mitteilung ist das Sachverständigenverfahren abgeschlossen.

k. *Implementationsüberwachung durch das Forum für die Zusammenarbeit in Regulierungsfragen*

Das in Kapitel Art. 26.2 Abs. 1 lit. h CETA vorgesehene Forum für die Zusammenarbeit in Regulierungsfragen tagt nach Art. 21.6 Abs. 3 CETA unter dem gemeinsamen Vorsitz eines kanadischen „Deputy Minister" und eines Generaldirektors der EU-Kommission oder eines gleichrangigen Vertreters. Weiter setzt es sich aus „maßgeblichen Beamten jeder Vertragspartei" zusammen. Weiter können „interessierte Kreise" im „gegenseitigen Einvernehmen" der Vertragsparteien hinzugezogen werden. Bei den ersten beiden Treffen des Gremiums wurden von EU-Seite entsprechend hochrangige Vertreter der Generaldirektion für Binnenmarkt, Industrie, Unternehmertum und KMU entsandt. Hinzu kamen weitere Vertreter dieser Generaldirektion, sowie der Generaldirektionen für Handel, für Gesundheit und Lebensmittelsicherheit, für Kommunikationsnetze, Inhalte und Technologien, für Justiz und Verbraucherschutz, der EU-Vertretung in Kanada, der Europäischen Arzneimittel-Agentur (EMA) sowie des Europäischen Komitees für Normung (CEN).[671] Außerdem wurden Vertreter unterschiedlicher Gruppierungen aus der Zivilgesellschaft und der Wirtschaft hinzugezogen.[672] Dieses Bild setzte sich im Wesentlichen in der Zusammensetzung des dritten und vierten Treffens fort.[673] Das Forum hat gem. Art. 21.6 Abs. 1 CETA die Aufgabe, die im 21. Kapitel des Abkommens vereinbarte Regulierungszusammenarbeit zu unterstützen:

> Es wird nach Artikel 26.2 (Sonderausschüsse) Absatz 1 Buchstabe h ein Forum für die Zusammenarbeit in Regulierungsfragen (im Folgenden „Forum") eingesetzt, das zur Aufgabe hat, die Regulierungszusammenarbeit zwischen den Vertragsparteien im Einklang mit diesem Kapitel zu erleichtern und zu fördern.

Dies geschieht nach dem Aufgabenkatalog in Art. 21.6 Abs. 4 CETA überwiegend durch rein organisatorische Aufgaben. Allerdings sorgt das Forum nach Art. 21.6 Abs. 4 lit. c CETA auch für Transparenz, indem es den Gemischten CETA-Ausschuss über die Durchführung des 21. Kapitels unterrichtet:

> Das Forum hat folgende Aufgaben:
>
> [...] es unterrichtet den Gemischten CETA-Ausschuss soweit angebracht über die Durchführung dieses Kapitels.

5. *Zwischenergebnis zu Unterabschnitt I.*

Als Ergebnis zu der vorangegangenen Untersuchung ist festzustellen, dass das CETA ein ganzes Netz an Informationskanälen etabliert, wobei die im Abkommen

---

671 EU-Kommission, Report, 1st Meeting of the CETA Regulatory Cooperation Forum, 14.12.2018, S. 6; EU-Kommission, Joint Report, 2nd Meeting of the CETA Regulatory Cooperation Forum, 03-04.02.2020, S. 5.

672 EU-Kommission, List of Participants, 1st Meeting of the CETA Regulatory Cooperation Forum, 14.12.2018; EU-Kommission, List of Participants, 2nd Meeting of the CETA Regulatory Cooperation Forum, 03-04.02.2020.

673 EU-Kommission, Joint Report, 3rd Meeting of the CETA Regulatory Cooperation Forum, 09-10.02.2021, S. 5; EU-Kommission, List of Participants, 3rd Meeting of the CETA Regulatory Cooperation Forum, 09-10.02.2021; EU-Kommission, Joint Report, 4th Meeting of the CETA Regulatory Cooperation Forum, 03.05.2022, S. 5f.; EU-Kommission, List of Participants, 4th Meeting of the CETA Regulatory Cooperation Forum, 03-04.05.2022.

vorgesehenen Ausschüsse Informationen zu ihrem jeweiligen Zuständigkeitsbereich über die Durchführung des Abkommens sammeln und entweder nur über die im jeweiligen Ausschuss versammelten Vertreter der EU, ihrer Mitgliedstaaten und Kanadas in die nationalen politischen Systeme weiterleiten oder über den Gemischten CETA-Ausschuss auf die Regierungs- bzw. Kommissionsebene verbringen. Den hierzu im CETA enthaltenen Ermächtigungen der Ausschüsse kommt somit die Funktion zu, zwischen den Staats- bzw. Unionsorganen der Vertragsparteien drohenden Informationsasymmetrien entgegenzuwirken und somit einen Rahmen zu schaffen in dem die oben beschriebenen Kooperations- und Koordinationsprobleme weniger wahrscheinlich werden bzw. sich effektiver lösen lassen.

II. Unvollständige Verträge

Wie im Rahmen der theoretischen Grundlegung in Punkt 1. ersichtlich werden wird, stellt sich die Problematik unvollständiger Verträge bei (nahezu) allen denkbaren Gegenständen einer rechtswissenschaftlichen Untersuchung. Punkt 2. thematisiert die mit der geordneten Durchführung eines als unvollständigen Vertrag zu verstehenden Abkommens einhergehende politische Stabilisierung der künftigen politischen Zusammenarbeit. In Punkt 3. folgt eine weitere Untergliederung möglicher Ausschusskompetenzen zur Unterstützung der Durchführung des CETA als unvollständigen Vertrag nach ihrer jeweiligen rechtlichen Tragweite. In Punkt 4. wird schließlich das entstandene Schema auf die hierzu einschlägigen, im CETA vorgesehenen Ausschusskompetenzen übertragen.

1. Begriff des unvollständigen Vertrages

Unter einem unvollständigen Vertrag wird in den Wirtschaftswissenschaften und insbesondere den Politikwissenschaften eine Vereinbarung verstanden, die nicht alle möglicherweise in der Zukunft eintretenden Eventualitäten mit einbezieht, sondern einen Rahmen für die zukünftig erfassten Beziehungen der Parteien errichtet.[674] Das Konzept erfasst praktisch alle denkbaren Vereinbarungen zwischen privaten wie staatlichen Akteuren, da eine erschöpfende Regelung aller für eine eingegangene (Rechts-)Beziehung potentiell und zukünftig relevanten Fragen in aller Regel praktisch unmöglich wäre oder einen unverhältnismäßig hohen Aufwand erfordern würde.[675] Der durch den unvollständigen

674 Milgrom/Roberts, Bargaining costs, influence costs, and the organization of economic activity, S. 62.

675 Pollack, The Engines of European Integration, S. 22f.

Vertrag geschaffene Rahmen kann insbesondere Vereinbarungen über generelle Erwartungen sowie Entscheidungsfindungs- und Konfliktlösungsprozesse enthalten.[676] Die Durchführung eines solchen Vertrages erfordert dauerhafte Interaktionen und entsprechenden Aufwand durch die Parteien.[677] Um dies zu erleichtern, können entsprechende Aufgaben delegiert werden, wodurch eine Prinzipal-Agent-Beziehung entsteht.[678] Bei der Durchführung eines unvollständigen Vertrages erhalten die eingeschalteten Agenten oftmals auch die Aufgabe, die Vereinbarungen innerhalb des vorgegebenen Rahmens inhaltlich zu konkretisieren.[679] In diesem Sinne ist das Recht der europäischen Integration, von den Anknüpfungspunkten im Grundgesetz, über das Europäische Primärrecht, bis in die spezialisiertesten Gebiete des Europarechts, geprägt von der Problematik des Umgangs mit dem, was in den Wirtschaftswissenschaften und in den Politikwissenschaften als unvollständiger Vertrag bezeichnet wird. Gleiches gilt für von der Union (mit-)abgeschlossene Abkommen. Insbesondere wenn ein größerer Integrationsfortschritt beabsichtigt ist, kann ein großer Teil der von dem Abkommen in seiner auf Jahrzehnte angelegten Anwendung erfassten Entwicklungen nicht im Detail geregelt werden.[680] So besteht bei unvollständigen Verträgen in erster Linie das Bedürfnis nach fortlaufender Auslegung, Ergänzung und der Beilegung von Streitigkeiten im Zusammenhang mit der getroffenen Vereinbarung. Darüber hinaus kann auch die zukünftige Anpassung des Abkommens durch weitere Konkretisierungen oder gar durch die Reformierung von dessen inhaltlichen oder institutionellen Regelungen übertragen werden.

2. *Stabilisierung der Regulierungszusammenarbeit*

Um diesen Problemen zu begegnen werden Abkommen, wie das CETA auch als „living agreement“[681] ausgestaltet. Die in den errichteten Vertragsgremien

676 Pollack, International Organization 1997, 99, 103f.; Kassim/Menon, Journal of European Public Policy 2003, 121, 123.

677 Epstein/O’Halloran, Delegating Powers, S. 38.

678 Pollack, International Organization 1997, 99, 104; Ders., The Engines of European Integration, S. 23.

679 Am Beispiel der EU-Organe: Pollack, International Organization 1997, 99, 106; speziell zur Rolle der EU-Kommission beim Handeln der EU gegenüber anderen Völkerrechtssubjekten: Kerremans, Proactive policy entrepreneur or risk minimizer?, S. 174.

680 Vgl. in diesem Sinne: BVerfGE 123, 267, 351f., Rn. 237.

681 Vgl. zum Begriff: Stoll/Holterhus/Gött, Die geplante Regulierungszusammenarbeit zwischen der EU und Kanada sowie den USA nach den Entwürfen von CETA und TTIP, S. 24.

vertretenen Regierungen und die EU-Kommission müssen sich, auch im Fall personeller Veränderungen, für politische Kurswechsel gegenüber den jeweiligen Vertragspartnern rechtfertigen. So wird die im internationalen Abkommen vereinbarte Regulierungskooperation institutionell verstetigt. Dies kann, abhängig von der auf die Ausschüsse gerichteten internen Entscheidungsfindung der Vertragsparteien, auch zu einer gewissen Immunisierung der vereinbarten Regulierungskooperation gegen innenpolitisch veranlasste Richtungswechsel führen.[682] Dies dient einerseits einer Reduzierung der mit der Durchführung eines unvollständigen Vertrages entstehenden Transaktionskosten und führt andererseits zur glaubhaften Zusicherung der politischen Kontinuität vereinbarter Regulierungszusammenarbeit zwischen den Vertragsparteien und gegenüber Dritten.[683]

3. *Kategorisierung nach rechtlicher Reichweite*

Die Ausschusskompetenzen, die eine fortlaufende Implementation und Weiterentwicklung des CETA als unvollständigem Vertrag gewährleisten sollen, unterscheiden sich hinsichtlich des Gegenstandes sowie der Reichweite der ermöglichten Regelungen. So können die im Abkommen vorgesehenen Kompetenzen einen Ausschuss zur weiteren Konkretisierung mittels aus dem Abkommen abgeleiteten und dann ggf. aus sich heraus einseitig verbindlichen Sekundärvertragsrechts[684] oder sogar zur Ergänzung und Weiterentwicklung durch die Änderung des Abkommens und seiner Anhänge ermächtigen. In inhaltlicher Hinsicht ist demgegenüber zwischen materiellen Eingriffen und institutionellen Eingriffen zu unterscheiden. Bei materiellen Eingriffen wird das Abkommen in seinem Regelungsgehalt konkretisiert oder modifiziert. Bei institutionellen Eingriffen werden die im Abkommen angelegten organisatorischen Strukturen einschließlich des Ausschusswesens selbst, aber auch bezüglich der

---

682 Zum hierdurch begünstigten Kooperationsdruck gegenüber dem nationalen und unionalen Gesetzgeber siehe bereits: Kapitel II Unterabschnitte E. III. und E. IV. der vorliegenden Untersuchung; grundlegend zur hieran geäußerten Kritik: Nettesheim, Umfassende Freihandelsabkommen und Grundgesetz, S. 21f.; Weiß, Demokratische Legitimation und völkerrechtliche Goverancestrukturen, S. 154ff.; vgl. auch bereits Kapitel I Abschnitt A der vorliegenden Untersuchung.

683 Pollack, The Engines of European Integration, S. 20f.

684 Dies ist in dem Sinne zu verstehen, wie der Begriff des „sekundären Kooperationsrechts" bei Appel, Das Internationale Kooperationsrecht der EU, S. 31f. und bei: von Bogdandy/Bast/Arndt, ZaöRV 2002, 77, 146.

Kanäle für die Kommunikation zwischen den Vertragsparteien und der übrigen vorgesehenen Gremien, wie insbesondere den Streitbeilegungsmechanismen, konkretisiert und fortentwickelt. Die Unterscheidung, ob eine materielle oder eine institutionelle Modifikation vorliegt, beinhaltet an sich nicht unbedingt eine Aussage über deren rechtliche Tragweite. So kann etwa eine materielle Ergänzung der Verpflichtung zur gerechten und billigen Behandlung ausländischer Investoren nach Art. 8.10 CETA deutlich weitreichendere Folgen haben als geringfügige Anpassungen der Kompetenzen, eines der in Art. 26.2 Abs. 1 CETA errichteten Sonderausschüsse, nach Art. 26.1 Abs. 5 lit. a, g und h CETA. Andersherum können Eingriffe in die institutionelle Struktur des Ausschusswesens nach Art. 26.1 Abs. 5 lit. a, g und h CETA auch wesentlich umfassender sein als eine materielle Änderung. Für die Mitwirkung der EU an Ausschussbeschlüssen ist die Unterscheidung dennoch bedeutsam, da Art. 218 Abs. 9 Alt. 2 AEUV nach dem Wortlaut der Norm nicht als Verfahren zur unionsinternen Willensbildung in Frage kommt, wenn eine Änderung des institutionellen Rahmens des jeweiligen Vertragsgremiums beschlossen werden soll. Innerhalb der Gruppe der institutionellen Konkretisierungen und Modifikationen ist weiterhin eine Unterscheidung zwischen Gremienentscheidungen möglich, und zwar einerseits solchen, die nur die innenrechtliche Ausgestaltung eines Gremiums betreffen (beispielsweise eine Geschäftsordnung) und andererseits solchen, die auch die (Rechts-)Wirkungen gegenüber staatlichen oder privaten Akteuren außerhalb des Kreises der durch CETA geschaffenen Institutionen entfalten.[685]

4. *Anwendungsfälle im CETA*

Anknüpfend an die in Punkt 3. vorangegangenen Ausführungen werden die im CETA vorgesehenen Ausschusskompetenzen zur Durchführung und Weiterentwicklung des Abkommens als unvollständiger Vertrag nun primär anhand der Reichweite der ermöglichten Regelungen eingeordnet.[686] Begonnen wird in Unterpunkt a. mit Kompetenzen zur Schaffung von Sekundärvertragsrecht, um das Abkommen weiter zu konkretisieren und umzusetzen. In Unterpunkt b. werden Ausschusskompetenzen behandelt, die eine Ergänzung oder Änderung des Abkommenstextes selbst oder der diesem nach Art. 30.1 CETA gleichgestellten Bestandteile, insbesondere seiner Protokolle und Anhänge, ermöglichen.

685 Zu dieser Unterscheidung: Frenzel, Sekundärrechtsetzungsakte internationaler Organisationen, S. 14.

686 Rein exekutive Umsetzungsaufgaben, die keinerlei Rechtsetzung beinhalten, folgen bei Unterabschnitt B.VI. des vorliegenden Kapitels.

Innerhalb der Unterpunkte, wird weiter zwischen materiellen Modifikationen sowie institutionellen Modifikationen mit und ohne Außenwirkung differenziert.

a. *Konkretisierung und Umsetzung des CETA durch Abkommenssekundärrecht*

Das CETA beinhaltet eine ganze Reihe von Kompetenztiteln, die es den in Art. 26.1 und Art. 26.2 CETA vorgesehenen Ausschüssen ermöglichen, das Abkommen durch Beschlüsse nachträglich zu konkretisieren und seine Umsetzung zu erleichtern. Diese Beschlüsse werden nicht nach Art. 30.1 CETA zum Bestandteil des Abkommens selbst, sondern bilden Sekundärvertragsrecht zum CETA, bzw. CETA-Sekundärrecht. Vorgesehen sind sowohl materiell-rechtliche Konkretisierungen bzw. Modifikationen des Inhalts des CETA (Unterpunkt aa.) als auch dessen institutioneller Vorschriften mit Wirkung gegenüber den nationalen bzw. unionalen Institutionen der Vertragsparteien und dort beheimateter Privater (Unterpunkt bb.). Hinzu kommen schließlich Konkretisierungen hinsichtlich der internen Prozesse der im Abkommen vorgesehenen Instanzen (Unterpunkt cc.).

aa. *Materielle Modifikationen*

Kompetenzen zur inhaltlichen Konkretisierung, Umsetzung und auch Anpassung durch CETA-Sekundärrecht kommen sowohl dem Gemischten CETA-Ausschuss (1), als auch dem Ausschuss für Warenhandel (2), der Gemischten Sektorgruppe für Arzneimittel (3) sowie dem Gemischten Ausschuss für die Zusammenarbeit im Zollbereich (4) zu.

(1). Gemischter CETA-Ausschuss

So hat der Gemischte CETA-Ausschuss nach Art. 30.10 Abs. 4 CETA die Aufgabe, im Fall des Beitritts eines weiteren Staates zur EU etwaige Auswirkungen auf das Abkommen zu prüfen und gegebenenfalls notwendige Anpassungs- oder Übergangsmaßnahmen zu erlassen:

> Rechtzeitig vor dem Beitritt eines Landes zur Europäischen Union prüft der Gemischte CETA-Ausschuss alle etwaigen Auswirkungen des Beitritts auf dieses Abkommen und entscheidet über notwendige Anpassungs- oder Übergangsmaßnahmen.

Da hier von einer „Entscheidung" des Ausschusses die Rede ist, ist davon auszugehen, dass sowohl unverbindliche Empfehlungen als auch rechtverbindliche Beschlüsse möglich sind (vgl. Art. 26.3 Abs. 3 CETA). Eine Änderung des Abkommens selbst ist jedoch nicht vorgesehen, so dass anzunehmen ist, dass ein auf Art. 30.10 Abs. 4 CETA gestützter Beschluss nicht den Rang eines

Bestandteils des Abkommens nach Art. 30.1 CETA haben wird, sondern als Sekundärvertragsrecht angesehen werden muss.

(2) Ausschuss für Warenhandel

Art. 21.7 Abs. 4 CETA sieht einen Informationsaustausch zwischen den Vertragsparteien zur Sicherheit von Konsumgütern vor. Die hierzu von den Vertragsparteien zu treffenden Maßnahmen bedürfen jedoch Art. 21.7 Abs. 5 und Abs. 6 CETA vorab der Billigung durch den Ausschuss für Warenhandel. Dies gilt nach Art. 21.7 Abs. 7 CETA auch für nachträgliche Änderungen des Verfahrens:

> (5) [1]Vor dem ersten Informationsaustausch der Vertragsparteien nach Absatz 4, tragen sie dafür Sorge, dass der Ausschuss für Warenhandel die Maßnahmen zur Durchführung dieses Austauschs billigt. [2]Die Vertragsparteien stellen sicher, dass in diesen Maßnahmen die Art der auszutauschenden Informationen und die Austauschmodalitäten spezifiziert werden, ferner die Geltung des Vertraulichkeitsgrundsatzes und der Regeln zum Schutz personenbezogener Daten.
> (6) Der Ausschuss für Warenhandel billigt die Maßnahmen nach Absatz 5 innerhalb eines Jahres nach Inkrafttreten dieses Abkommens, es sei denn, die Vertragsparteien beschließen eine Verlängerung dieser Frist.
> (7) Die Vertragsparteien können die in Absatz 5 erwähnten Maßnahmen ändern. Der Ausschuss für Warenhandel billigt etwaige Änderungen der Maßnahmen.

Der Informationsaustausch nach Art. 21.7 Abs. 4 CETA hat insbesondere den Zugang kanadischer Stellen zu dem mit der Richtlinie 2001/95/EG errichteten RAPEX-Schnellwarnsystem zur Sicherheit von Konsumgütern zum Gegenstand. Ob die Ausgestaltung des Informationsaustauschs und Änderungen hieran bei den Vertragsparteien selbst verbleiben oder ob diese im Ausschuss für Warenhandel ausgehandelt werden, bleibt nach der Formulierung des Art. 21.7 Abs. 5 CETA unklar. Allerdings müssen der Umfang und die Modalitäten des Informationsaustauschs durch die Vertreter der Vertragsparteien im Ausschuss für Warenhandel gemeinsam verabschiedet werden,[687] was dazu führt, dass dem Gremium die letztendliche Entscheidung über die Ausgestaltung des Informationsaustausches zukommt. Die hierbei entstehende Regelung über die detailliertere Ausgestaltung der von den Vertragsparteien im Rahmen des

687 Weiß, Demokratische Legitimation und völkerrechtliche Governancestrukturen, S. 188f.; Ders., Kann Freihandel Demokratie und Rechtsstaat gefährden, S. 49f.; Ders., EuConst 2018, 532, 561; Ders., The role of Treaty Committees in CETA and other recent EU free trade agreements, S. 2; Nettesheim, Umfassende Freihandelsabkommen und Grundgesetz, S. 26.

Informationsaustauschs zu ergreifenden Maßnahmen hat nicht den Rang eines Bestandteils des Abkommens nach Art. 30.1 CETA. Es handelt sich somit um eine vertragssekundärrechtliche Regelung zur materiellen Konkretisierung des Art. 21.7 Abs. 4 CETA.

(3) Gemischte Sektorgruppe für Arzneimittel

Die Gemischte Sektorgruppe für Arzneimittel, ist einer der nach Art. 26.2 Abs. 1 lit. a CETA dem Ausschuss für Warenhandel nachgeordneten Sonderausschüsse. Ihre Zusammensetzung bleibt unter Maßgabe des Art. 26.2 Abs. 5 CETA den dorthin entsandten Vertretern der Vertragsparteien überlassen, wie Art. 15 Abs. 1 und 2 des Protokolls über die gegenseitige Anerkennung des Programms für die Befolgung und Durchsetzung der Guten Herstellungspraxis für pharmazeutische Erzeugnisse bestimmt. Aus der Dokumentation über die erste Sitzung der Gemischten Sektorgruppe wird ersichtlich, dass die EU-Seite durch Angehörige des Referats B4 (Medizinprodukte: Qualität, Sicherheit, Innovation) der Generaldirektion für Gesundheit und Lebensmittelsicherheit sowie der Europäischen Arzneimittel-Agentur (EMA) vertreten war.[688] Gemäß Art. 15 Abs. 3 lit. b und lit. d bis g des Protokolls über die gegenseitige Anerkennung des Programms für die Befolgung und Durchsetzung der Guten Herstellungspraxis für pharmazeutische Erzeugnisse schließt die Gemischte Sektorgruppe eine Verwaltungsvereinbarung ab, die gegenseitige Warnungen, den systematischen Austausch von Informationen, die gemeinsame Sicherstellung der Einhaltung einer Guten Herstellungspraxis für Pharmazeutika, die Bewertung neuer Regulierungsbehörden und die gemeinsamen Anstrengungen zur Aufrechterhaltung einer gleichwertigen Regulierung des Pharmasektors regelt:

> Die Gemischte Sektorgruppe schließt eine Verwaltungsvereinbarung über die GMP ab, um eine wirksame Umsetzung dieses Protokolls zu ermöglichen. Diese Verwaltungsvereinbarung über die GMP umfasst Folgendes:
>
> [...]
>
> b) das Programm für die gegenseitige Warnung,
>
> [...]
>
> d) die Elemente des Verfahrens für den Informationsaustausch,
> e) die Elemente eines GMP-Einhaltungsprogramms,
> f) das Verfahren zur Bewertung neuer Regulierungsbehörden und
> g) das Programm zur Aufrechterhaltung der Gleichwertigkeit.

688 Rat der EU, WK 15073/2018 INIT, S. 4.

Diese Verwaltungsvereinbarung wird nicht als Anhang oder ähnliches zum CETA selbst oder zum Protokoll über die gegenseitige Anerkennung des Programms für die Befolgung und Durchsetzung der Guten Herstellungspraxis für pharmazeutische Erzeugnisse bezeichnet. Somit handelt es sich nicht um einen Bestandteil des Abkommens nach Art. 30.1 CETA, sondern um CETA-Sekundärrecht.

Zur Aufrechterhaltung der gleichwertigen Pharmaregulierung ist nach Art. 13 Abs. 1 des Protokolls über die gegenseitige Anerkennung des Programms für die Befolgung und Durchsetzung der Guten Herstellungspraxis für pharmazeutische Erzeugnisse ein verwaltungstechnisches Programm zu entwickeln, nach dem die Vertragsparteien die Gleichwertigkeit der Verfahren ihrer für pharmazeutische Erzeugnisse zuständigen Regulierungsbehörden gegenseitig überwachen können:

> Die Gemischte Sektorgruppe erarbeitet ein Programm zur Aufrechterhaltung der Gleichwertigkeit, das Teil der Verwaltungsvereinbarung über die GMP nach Artikel 15 Absatz 3 ist, damit die Gleichwertigkeit der Regulierungsbehörden aufrechterhalten werden kann. Die Vertragsparteien gehen anhand dieses Programms vor, wenn sie darüber entscheiden, ob der Gleichwertigkeitsstatus einer Regulierungsbehörde abzuändern ist.

Nach Art. 15 Abs. 4 des Protokolls über die gegenseitige Anerkennung des Programms für die Befolgung und Durchsetzung der Guten Herstellungspraxis für pharmazeutische Erzeugnisse kann die Gemischte Sektorgruppe die Verwaltungsvereinbarung jederzeit ändern, sofern sie Bedarf für eine Anpassung sieht.

> Die Gemischte Sektorgruppe kann die Verwaltungsvereinbarung über die GMP ändern, wenn sie dies für erforderlich hält.

(4) Gemischter Ausschuss für die Zusammenarbeit im Zollbereich (JCCC)

Der Gemischte Ausschuss für die Zusammenarbeit im Zollbereich hat nach Art. 20.49 Abs. 3 CETA die Kompetenz, sekundärvertragsrechtliche Verfahren zur Zusammenarbeit der Zollbehörden der Vertragsparteien im Zusammenhang mit Grenzmaßnahmen einzuführen:

> Die Zusammenarbeit nach diesem Abschnitt erfolgt im Einklang mit einschlägigen internationalen Übereinkünften, die für beide Parteien bindend sind. Der Gemischte Ausschuss für die Zusammenarbeit im Zollbereich nach Artikel 6.14 (Gemischter Ausschuss für die Zusammenarbeit im Zollbereich) wird die Prioritäten setzen und geeignete Verfahren zur Zusammenarbeit der zuständigen Behörden der Vertragsparteien nach Maßgabe dieses Abschnitts einführen.

(5) Zwischenergebnis zu Unterpunkt aa.

Das CETA sieht Kompetenzen der Sonderausschüsse zur Schaffung von inhaltlichem Vertragssekundärrecht im Bereich des Informationsaustausches zur Produktsicherheit, der Guten Herstellungspraxis für pharmazeutische Erzeugnisse und der behördlichen Zusammenarbeit bei zollrechtlichen Grenzmaßnahmen vor. Hinzu kommt die Zuständigkeit des Gemischten CETA-Ausschusses zu Übergangs- und Anpassungsmaßnahmen beim Beitritt weiterer Staaten zur EU. Den Kompetenzen ist gemeinsam, dass das CETA kaum Vorgaben an den Inhalt des zu erlassenden Vertragssekundärrechts stellt.

bb. Institutionelle Modifikationen mit Außenwirkung

Neben den inhaltlichen Konkretisierungen durch CETA-Sekundärrecht ermöglicht das Abkommen auch die sekundärrechtliche Ausgestaltung einiger institutionalisierter Mechanismen durch den Gemischten CETA-Ausschuss (1), die Gemischte Sektorgruppe für Arzneimittel (2), sowie den Ausschuss für Dienstleistungen und Investitionen (3).

(1) Gemischter CETA-Ausschuss

In diesem Rahmen ist der Gemischte CETA-Ausschuss für die Änderung der Arbeitsweise der Rechtsbehelfsinstanz des Investitionsgerichts (a), für die Entscheidung über die Einleitung, Auflösung und über die Aufgaben bilateraler Dialoge nach Kapitel 25 des Abkommens (b), sowie über institutionelle Übergangsregelungen im Fall des Beitritts weiterer Staaten zur EU (c) zuständig.

(a) Regelung der Arbeitsweise der Rechtsbehelfsinstanz des Investitionsgerichts

Die Kompetenz des Gemischten CETA-Ausschusses zur Regelung der Arbeitsweise der Rechtsbehelfsinstanz des Investitionsstreitbeilegungssystems in Kapitel 8 ergibt sich aus Art. 8.28 Abs. 7 CETA:

> Der Gemischte CETA-Ausschuss fasst umgehend einen Beschluss, in dem folgende administrative und organisatorische Aspekte der Arbeitsweise der Rechtsbehelfsinstanz geregelt werden:
>
> [...]
>
> b) Verfahren für die Einleitung und Durchführung von Rechtsbehelfen sowie Verfahren für etwaige Zurückverweisungen an das Gericht zwecks Anpassung des Urteilsspruchs,
>
> c) Verfahren zur Besetzung von Vakanzen in der Rechtsbehelfsinstanz und in einer für einen Fall gebildeten Kammer der Rechtsbehelfsinstanz,

> [...]
> e) Bestimmungen zu den Kosten von Rechtsbehelfen,
>
> [...]
> g) sonstige Aspekte, die er für das wirksame Funktionieren der Rechtsbehelfsinstanz für erforderlich erachtet.

Die im Katalog des Art. 8.28 Abs. 7 CETA enthaltenen Gesichtspunkte stellen einen Auftrag an den Gemischten CETA-Ausschuss zum Erlass einer Verfahrensordnung für die Rechtsbehelfsinstanz des Investitionsschutzkapitels des Abkommens dar.[689] Dies betrifft zunächst die administrative Unterstützung der Rechtsbehelfsinstanz (lit. a). Weiter sind die prozessualen Regeln zur Einleitung und Durchführung des Rechtsbehelfsverfahrens sowie zur Zurückverweisung an das Investitionsgericht zu bestimmen (lit. b). Nach lit. c ist das Verfahren für die spätere (Nach-)Besetzung vakanter Richterpositionen während einer laufenden Streitbeilegung auszugestalten. Nach lit. e werden die für die Rechtsbehelfe einschlägigen Kostenregelungen durch den Gemischten CETA-Ausschuss formuliert. Lit. g enthält schließlich eine Generalkompetenz zum Erlass sonstiger für die Funktionsfähigkeit der Rechtsbehelfsinstanz nach Ansicht des Gemischten CETA-Ausschusses erforderlicher Regelungen. Im Ergebnis wird dem Gemischten CETA-Ausschuss in Art. 8.28 Abs. 7 CETA die vollständige Formulierung der Verfahrensordnung der im Investitionsschutzkapitel vorgesehenen Rechtsbehelfsinstanz überantwortet. Die Verfahrensordnung wird in Form eines Beschlusses des Gremiums ergehen, welcher als CETA-Sekundärrecht einzuordnen ist.[690] Nachträgliche Änderungen des Beschlusses ermöglicht Art. 8.28 Abs. 8 S. 2 CETA:

> Der Gemischte CETA-Ausschuss kann den nach Absatz 7 gefassten Beschluss erforderlichenfalls abändern.

---

689 Krajewski, Stellungnahme der Bundestagsfraktion Bündnis 90/Die Grünen in den Verfahren 2 BvR 1368/16 u.a. vor dem Bundesverfassungsgericht, S. 20 (= S. 144); Nettesheim, Umfassende Freihandelsabkommen und Grundgesetz, S. 24; Kempen, Verfassungsbeschwerdeschrift in dem Verfahren 2 BvR 1482/16 vor dem Bundesverfassungsgericht, S. 19; Weiß, Kann Freihandel Demokratie und Rechtsstaat gefährden?, S. 50f.; Ders., Demokratische Legitimation und völkerrechtliche Governancestrukturen, S. 189f.

690 Vgl. in diesem Sinne: Weiß, Kann Freihandel Demokratie und Rechtsstaat gefährden?, S. 27f., Fn. 29; Weiß, Demokratische Legitimation und völkerrechtliche Governancestrukturen, S. 165, Fn. 50.

(b) *Entscheidung über die Einleitung, Auflösung und die Aufgaben bilateraler Dialoge*

Eine zentrale Rolle nimmt der Gemischte CETA-Ausschuss auch hinsichtlich der im 25. Kapitel vorgesehenen bilateralen Dialoge ein, über deren Einleitung er nach Art. 25.1 Abs. 2 CETA entscheidet:

> [1]Sofern in diesem Abkommen nichts anderes bestimmt ist, werden bilaterale Dialoge ohne ungebührliche Verzögerung auf Ersuchen einer Vertragspartei oder des Gemischten CETA-Ausschusses eingeleitet. [2]Der Vorsitz bei den Dialogen wird von Vertretern Kanadas und der Europäischen Union gemeinsam geführt. [3]Sitzungskalender und Tagesordnungen werden von den Kovorsitzenden einvernehmlich festgelegt.

Nach der Einleitung eines solchen bilateralen Dialogs sind die Vertragsparteien auch zur Teilnahme an diesem verpflichtet.[691] Es handelt sich bei dem entstehenden Dialogforum um eine aufgabenbezogene Form der Zusammenarbeit, aber soweit ersichtlich nicht um eine dauerhafte Ergänzung der mit dem CETA geschaffenen Institutionen. Der Beschluss, nach dem ein solches Forum errichtet wird, ist mithin als CETA-Sekundärrecht zu qualifizieren. Nach Art. 25.1 Abs. 4 CETA kann der Gemischte CETA-Ausschuss die einem bilateralen Dialog übertragene Aufgabe auch nachträglich per Beschluss abändern, selbst übernehmen oder ein solches Forum auflösen:

> Der Gemischte CETA-Ausschuss kann beschließen, die einem Dialogforum übertragene Aufgabe abzuändern oder selbst zu übernehmen oder ein Dialogforum aufzulösen.

Art. 25.1 Abs. 5 CETA überträgt darüber hinaus die Entscheidung zur Einrichtung weiterer bilateraler Dialoge als denjenigen, welche in Kapitel 25 bereits vorgesehen sind, dem Gemischten CETA-Ausschuss:

> Mit Zustimmung des Gemischten CETA-Ausschusses können die Vertragsparteien auch in anderen von diesem Abkommen erfassten Bereichen eine bilaterale Zusammenarbeit eingehen.

(c) *Entscheidung zu Übergangsregelungen bei künftigen EU-Beitritten*

Hinzu kommt die Befugnis des Gemischten CETA-Ausschusses im Fall des Beitritts weiterer Staaten zur EU CETA-sekundärrechtliche Übergangsregelungen und Anpassungen nach dem bereits genannten Art. 30.10 Abs. 4 CETA zu

---

691 Kempen, Verfassungsbeschwerdeschrift in dem Verfahren 2 BvR 1482/16 vor dem Bundesverfassungsgericht, S. 103f.

beschließen. Hiervon können nicht nur inhaltliche Fragen betroffen sein,[692] sondern auch Aspekte der institutionellen Ausgestaltungen des CETA.

(d) Zwischenergebnis zu Unterpunkt (1)

Das CETA sieht für den Gemischten CETA-Ausschuss mithin in vier Gebieten Kompetenzen zur weiteren institutionellen Ausgestaltung im Wege der Schaffung von Vertragssekundärrecht vor. Dabei sticht die Kompetenz zur Operationalisierung der Verfahrensordnung für die Rechtsbehelfsinstanz des Investitionsstreitbeilegungsmechanismus gemäß Art. 8.28 Abs. 7 CETA insofern heraus, als dass diese auch einen konkreten (allerdings inhaltlich nicht besonders detaillierten) Rechtssetzungsauftrag enthält. Die übrigen Kompetenzen stehen dem Gemischten CETA-Ausschuss dagegen anlassbezogen zur Verfügung.

(2) Gemischte Sektorgruppe für Arzneimittel

Im Rahmen des Abschlusses der Verwaltungsvereinbarung, welche die Gemischte Sektorgruppe nach Art. 15 Abs. 3 des Protokolls über die gegenseitige Anerkennung des Programms für die Befolgung und Durchsetzung der Guten Herstellungspraxis für pharmazeutische Erzeugnisse abzuschließen hat, spezifiziert diese nach lit. a des genannten Artikels auch ihr eigenes Mandat, was institutionelle Ausgestaltungen beinhaltet. Hinzu kommt nach lit. c die Erstellung der Liste der bei den Vertragsparteien für die Kommunikation über Fragen des Protokolls zuständigen Kontaktstellen:

> Die Gemischte Sektorgruppe schließt eine Verwaltungsvereinbarung über die GMP ab, um eine wirksame Umsetzung dieses Protokolls zu ermöglichen. Diese Verwaltungsvereinbarung über die GMP umfasst Folgendes:
>
> a) das Mandat der Gemischten Sektorgruppe,
>
> [...]
>
> c) die Liste der Kontaktstellen, die für unter dieses Protokoll fallende Fragen zuständig sind,
>
> [...]

Die Regelung des Mandats nach lit. a ist auch einer nachträglichen Änderung nach Art. 15 Abs. 4 Protokoll über die gegenseitige Anerkennung des Programms für die Befolgung und Durchsetzung der Guten Herstellungspraxis für pharmazeutische Erzeugnisse zugänglich.

692 Siehe Unterabschnitt B. II. Unterpunkt 4. a. aa. (1).

(3) *Ausschuss für Dienstleistungen und Investitionen*

Dem Ausschuss für Dienstleistungen und Investitionen kommen im Investitionsschutzkapitel des CETA eine Reihe von Kompetenzen zur Regelung institutioneller Fragen mittels Abkommenssekundärrechts zu (a). Hinzu kommt auch eine Kompetenz zur Entwicklung von Vorschlägen an den Gemischten CETA-Ausschuss zur Anpassung von dessen nach Art. 8.28 Abs. 7 und Abs. 8 CETA aufzustellenden und zu pflegenden Regelungen zur Arbeitsweise der Rechtsbehelfsinstanz für Investitionsschutzverfahren (b).

(a) *Regelung institutioneller Fragen des Investitionsschutzkapitels durch den Ausschuss für Dienstleistungen und Investitionen*

So hat der Ausschuss für Dienstleistungen und Investitionen nach Art. 8.44 Abs. 2 CETA die Aufgabe einen Verhaltenskodex für die Mitglieder des in Kapitel 8 des Abkommens errichteten Investitionsgerichts zu beschließen. Aus diesem Regelwerk sollen sich Offenlegungspflichten, Anforderungen an die Unabhängigkeit und Unparteilichkeit und Vertraulichkeitsvorschriften ergeben:[693]

Art. 8.44 Abs. 2 CETA

> Der Ausschuss für Dienstleistungen und Investitionen legt im Einvernehmen mit den Vertragsparteien, nachdem diese ihre jeweiligen internen Vorschriften erfüllt und ihre jeweiligen internen Verfahren abgeschlossen haben, einen Verhaltenskodex für die Mitglieder des Gerichts fest, der bei Streitigkeiten im Zusammenhang mit diesem Kapitel Anwendung findet, die geltenden Vorschriften ersetzen oder ergänzen kann und unter anderem folgende Aspekte betreffen kann:
> a) Offenlegungspflichten,
> b) Unabhängigkeit und Unparteilichkeit der Mitglieder des Gerichts und
> c) Vertraulichkeit.
>
> Die Vertragsparteien bemühen sich nach besten Kräften um eine Festlegung des Verhaltenskodexes bis spätestens zum ersten Tag der vorläufigen Anwendung beziehungsweise des Inkrafttretens dieses Abkommens, in jedem Fall aber bis spätestens zwei Jahre nach diesem Zeitpunkt.

---

693 Nettesheim, Umfassende Freihandelsabkommen und Grundgesetz, S. 24; Krajewski, Stellungnahme der Bundestagsfraktion Bündnis 90/Die Grünen in den Verfahren 2 BvR 1368/16 u.a. vor dem Bundesverfassungsgericht, S. 20 (= S. 144); Weiß, The role of Treaty Committees in CETA and other recent EU free trade agreements, S. 2; Weiß, Demokratische Legitimation und völkerrechtliche Governancestrukturen, S. 165, Fn. 50; Weiß, Kann Freihandel Demokratie und Rechtsstaat gefährden?, S. 27f.

Hinzu kommen nach Art. 8.44 Abs. 3 CETA die Aufgabe, die Streitbeilegungsregelungen und die Transparenzregeln für das Investitionsgericht zu ergänzen oder zu ändern (lit. b)[694] sowie die Regeln für ein Mediationsverfahren zu beschließen (lit. c):

> Der Ausschuss für Dienstleistungen und Investitionen kann im Einvernehmen mit den Vertragsparteien, nachdem diese ihre jeweiligen internen Vorschriften erfüllt und die internen Verfahren abgeschlossen haben,
>
> [...]
>
> b) Regeln zur Ergänzung der geltenden Streitbeilegungsregeln annehmen und ändern und die geltenden Transparenzregeln ändern. Diese Regeln und Änderungen sind für das nach diesem Abschnitt eingesetzte Gericht bindend,
>
> c) Mediationsregeln festlegen, die von den Streitparteien gemäß Artikel 8.20 anzuwenden sind,
>
> [...]

Die nach Art. 8.44 Abs. 3 lit. b CETA zu erlassenden Transparenzregeln sowie Ergänzungen bereits bestehender Streitbeilegungsregeln sind CETA-Sekundärrecht mit bindender Wirkung gegenüber dem in Kapitel 8 errichteten Investitionsgericht und somit mit indirekter Wirkung gegenüber den Vertragsparteien und klagewilligen Investoren.[695] Gleiches gilt für die Festlegung der Mediationsregeln nach Art. 8.44 Abs. 3 lit. c CETA, für das fakultative (Investitions-)Mediationsverfahren nach Art. 8.20 CETA und für den Verhaltenskodex für die Richter des Investitionsgerichts nach Art. 8.44 Abs. 2 CETA. Alle drei Kompetenzen stehen unter dem Vorbehalt einer Zustimmung der Vertragsparteien nach deren internen Anforderungen und Verfahren.[696] Weitere

694 Krajewski, Stellungnahme der Bundestagsfraktion Bündnis 90/Die Grünen in den Verfahren 2 BvR 1368/16 u.a. vor dem Bundesverfassungsgericht, S. 20 (= S. 144); Weiß, The role of Treaty Committees in CETA and other recent EU free trade agreements, S. 2; Weiß, Kann Freihandel Demokratie und Rechtsstaat gefährden?, S. 27f.

695 Vgl.: Grzeszick, Stellungnahme des Deutschen Bundestages in den Verfahren 2 BvR 1368/16 u.a. vor dem Bundesverfassungsgericht, S. 41; Weiß, Demokratische Legitimation und völkerrechtliche Governancestrukturen, S. 165, Fn. 50.

696 Zu solchen Anforderungen an Beschlüsse der Sonderausschüsse: Weiß, Demokratische Legitimation und völkerrechtliche Goverancestrukturen, S. 170; Weiß, Kann Freihandel Demokratie und Rechtsstaat gefährden?, S. 30.
Zu den internen Verfahren der EU siehe Kapitel II Unterabschnitte D. III. bis VI. (dort zum vereinfachten Verfahren nach Art. 218 Abs. 9 Alt. 2 AEUV, Unterabschnitt D. IV.).

Anforderungen an diese Zustimmung werden durch das Abkommen nicht gestellt. Vielmehr bleibt die Ausgestaltung der internen Anforderungen und Verfahren eine Frage des Unionsrechts bzw. nationalen Rechts der übrigen Vertragsparteien. Die inhaltliche Gestaltung des durch Beschluss des Ausschusses für Dienstleistungen und Investitionen geschaffenen CETA-Sekundärrechts verbleibt aber trotz des Zustimmungsvorbehalts bei dem Vertragsgremium, da dort der in die nationalen bzw. unionalen Entscheidungsfindungsprozesse zum Zwecke der Zustimmung zurückzuspielende Beschluss inhaltlich zumindest fixiert wird. Damit stellt der Zustimmungsvorbehalt das „Ob" der Delegation von Rechtssetzungsbefugnissen an das Gremium nicht in Frage. Wie sich der Zustimmungsvorbehalt auf die Delegation von Rechtssetzungsbefugnissen an den Ausschuss auswirkt, hängt nicht vom CETA als Abkommen ab, sondern von den nach dem Innenrecht der CETA-Vertragsparteien vorgesehenen Verfahren.[697] Somit wird die durch die genannten Kompetenznormen geschaffene Delegation von Rechtssetzungen an den Ausschuss durch den Zustimmungsvorbehalt für sich genommen weder in Frage gestellt noch inhaltlich begrenzt.

Das hier ein Sonderausschuss und nicht der übergeordnete Gemischte CETA-Ausschuss selbst für die Entwicklung der genannten Regelwerke zuständig ist, mag in systematischer Hinsicht verwundern.[698] In funktionaler Hinsicht dürfte die Ansiedelung beim Ausschuss für Dienstleistungen und Investitionen allerdings zur Flexibilisierung der übertragenen Aufgaben und zur Konkretisierung des CETA beitragen. So ist der Ausschuss für Dienstleistungen und Investitionen nicht zwingend mit Regierungs- bzw. Kommissionsmitgliedern oder deren Stellvertretern zu besetzen, was ein häufigeres und flexibleres Zusammentreten ermöglicht, als es beim Gemischten CETA-Ausschuss der Fall ist.

(b) Vorschläge für eine Überarbeitung des Verfahrensrechts der Rechtsbehelfsinstanz für Investitionsschutzsachen

Nach Art. 8.44 Abs. 3 lit. e CETA kann der Ausschuss an den Gemischten CETA-Ausschuss Empfehlungen zur Arbeitsweise der Rechtsbehelfsinstanz für investitionsschutzrechtliche Streitigkeiten richten:

---

697 Vgl. hierzu ausführlich: Kapitel II, Unterabschnitt D. II. der vorliegenden Untersuchung.

698 Zumindest bei Art. 8.44 Abs. 2 und Abs. 3 lit. b CETA (Nettesheim, Umfassende Freihandelsabkommen und Grundgesetz, S. 138).

> Der Ausschuss für Dienstleistungen und Investitionen kann im Einvernehmen mit den Vertragsparteien, nachdem diese ihre jeweiligen internen Vorschriften erfüllt und die internen Verfahren abgeschlossen haben,
>
> [...]
>
> e) nach Artikel 8.28 Absatz 8 Empfehlungen zur Arbeitsweise der Rechtsbehelfsinstanz an den Gemischten CETA-Ausschuss richten.

Diese Regelung wird im Sinne einer fortlaufenden Weiterentwicklung der Rechtsbehelfsinstanz durch Art. 8.28 Abs. 8 S. 1 CETA ergänzt:

> Der Ausschuss für Dienstleistungen und Investitionen überprüft in regelmäßigen Abständen die Arbeitsweise der Rechtsbehelfsinstanz und kann einschlägige Empfehlungen an den Gemischten CETA-Ausschuss richten.

Diese Zuständigkeit stellt einen Sonderfall dar, da zunächst „nur" das Verfahren des Gemischten CETA-Ausschusses nach Art. 8.28 Abs. 7 bzw. Abs. 8 S. 2 CETA durch eine bloße Empfehlung vorbereitet wird.[699] So wäre es naheliegend, diese Zuständigkeit für sich genommen, nicht als Kompetenz zur Konkretisierung und Weiterentwicklung des CETA als unvollständigem Vertrag zu behandeln, sondern nur als ein Verfahren zur Gewährleistung hinreichender Expertise für die anschließende Entscheidung des Gemischten CETA-Ausschusses.[700] Allerdings kann im Fall des Art. 8.44 Abs. 3 lit. e i.V.m. Art. 8.28 Abs. 8 S. 1 CETA bereits die an den Gemischten CETA-Ausschuss zu übermittelnde Empfehlung durch eine Zustimmung der Vertragsparteien fixiert werden, da der Chapeau des Art. 8.44 Abs. 3 CETA ein Einvernehmen mit den Vertragsparteien nach der Erfüllung derer interner Vorschriften und Verfahren voraussetzt. Wie bei Art. 8.44 Abs. 3 lit. b und c CETA, wird dieser Vorbehalt nicht weiter ausgeführt, so dass das weitere Vorgehen dem Verfahrensrecht der EU, ihrer Mitgliedstaaten und Kanadas überlassen bleibt.[701] Allerdings führt der Vorbehalt einer Zustimmung der Vertragsparteien – soweit diese nach unionalen bzw. nationalen Recht notwendig ist – dazu, dass mit dem Abschluss des Entwurfsstadiums im Ausschuss für Dienstleistungen und Investitionen bereits eine Entscheidung getroffen wird, die das weitere Vorgehen im Gemischten CETA-Ausschuss erheblich

---

699 Zu Empfehlung und Beschluss bei Sonderausschüssen: Weiß, Demokratische Legitimation und völkerrechtliche Governancestrukturen, S. 170; Weiß, Kann Freihandel Demokratie und Rechtsstaat gefährden?, S. 30.

700 Zu solchen Kompetenzen siehe unten Unterabschnitt B. V.

701 Siehe hierzu ausführlich: Kapitel II, Unterabschnitt D. II. der vorliegenden Untersuchung.

vorstrukturieren kann und somit über die bloße Gewährleistung hinreichenden Sachverstandes hinausgeht.

(c) Zwischenergebnis zu Unterpunkt (3)

Somit erhält der Ausschuss für Dienstleistungen und Investitionen nach Art. 8.44 Abs. 2 sowie nach Art. 8.44 Abs. 3 lit. b, lit. c und lit. e CETA die Kompetenz, unterschiedliche verfahrensrechtliche Ausgestaltungen des Investitionsschutzmechanismus des CETA mittels Vertragssekundärrechts vorzunehmen oder – im Fall des Art. 8.44 Abs. 3 lit. e CETA – eine solche Ausgestaltung dem Gemischten CETA-Ausschuss vorzuschlagen und damit inhaltlich vorzuprägen. Alle vier der genannten Kompetenzen unterliegen einem Zustimmungsvorbehalt, wobei die Vertragsparteien bei ihrer Zustimmung ihre jeweiligen internen Anforderungen und Verfahren einhalten müssen.

(4) Forum für die Zusammenarbeit in Regulierungsfragen

Schließlich enthält auch Art. 21.6 Abs. 4 lit. a CETA, der die innenrechtliche Ausgestaltung des Forums für die Zusammenarbeit in Regulierungsfragen regelt, einen inhaltlich sehr vagen Hinweis dahingehend, dass dieses Gremium sein „Mandat" und somit zumindest die verfahrensmäßigen Grundlagen seiner Arbeit[702] jedenfalls zu einem gewissen Grad selbst festlegen kann:

> Das Forum hat folgende Aufgaben:
>
> a) es legt auf seiner ersten Sitzung nach Inkrafttreten dieses Abkommens sein Mandat, seine Verfahren und seinen Arbeitsplan fest, [...]

(5) Zwischenergebnis zu Unterpunkt bb.

Institutionelle Konkretisierungen und Ausgestaltungen mittels CETA-Sekundärrecht sind hauptsächlich hinsichtlich des Investitionsstreitbeilegungsmechanismus in Kapitel 8 des Abkommens vorgesehen, wo sie durch den Gemischten CETA-Ausschuss und den Ausschuss für Dienstleistungen und Investitionen wahrgenommen werden. Bei der Ausgestaltung der Arbeitsweise der Rechtsbehelfsinstanz nach Art. 8.28 Abs. 7 und Abs. 8 S. 2 CETA ergibt sich ein Zusammenwirken beider Ausschüsse, wobei zunächst der Ausschuss für Dienstleistungen und Investitionen nach Art. 8.44 Abs. 3 lit. e und Art. 8.28 Abs. 8 S. 1 CETA einen Vorschlag erarbeitet, der dann unter dem Vorbehalt der Zustimmung der Vertragsparteien nach deren internen Anforderungen und

---

702 So die Bundesregierung: BT-Drs. 18/10725, S. 7 (Antwort auf Frage 15).

Verfahren dem Gemischten CETA-Ausschuss zur eigentlichen Beschlussfassung zugeleitet wird.

Außerhalb des Investitionsschutzkapitels sind weitere institutionelle Konkretisierungen des Abkommens mittels Vertragssekundärrechts hinsichtlich der Arbeit Bilateraler Dialogforen nach Kapitel 25, für den Fall des Beitritts weiterer Staaten zur EU (beides Gemischter CETA-Ausschuss) sowie in Form einer Verwaltungsvereinbarung zur Gleichwertigen Durchsetzung der Guten Herstellungspraxis für pharmazeutische Erzeugnisse (Gemischte Sektorgruppe für Arzneimittel) vorgesehen. Darüber hinaus erhält das Forum für die Zusammenarbeit in Regulierungsfragen eine inhaltlich unbestimmte Kompetenz zur Festlegung ihres Mandats.

cc. Institutionelle Modifikationen ausschließlich innenrechtlicher Natur

Weiter sieht das CETA vielfältige Ausschusskompetenzen zu sekundärvertragsrechtlichen institutionellen Konkretisierungen und Ausgestaltungen vor, welche rein innenrechtlicher Natur sind. Diese beschränken sich anders als die zuvor beschriebenen Kompetenzen auf Rechtsetzungen, die nur innerhalb der durch das CETA eingesetzten Gremien (insbesondere Ausschüsse oder Streitbeilegungsinstanzen) und gegenüber den dorthin entsandten Amtsträgern (insbesondere Ausschussmitglieder oder Investitionsrichter) Wirkungen entfalten, nicht jedoch gegenüber den Organen und sonstigen Institutionen der Vertragsparteien oder gegenüber privaten Rechtsträgern (insbesondere Investoren).[703] Kompetenzen zur ausschließlich innenrechtlichen Ausgestaltung erhält der Gemischte CETA-Ausschuss (1), die Gemischte Sektorgruppe für Arzneimittel (2), der Gemischte Ausschuss für die gegenseitige Anerkennung von Berufsqualifikationen (3), der Gemischte Verwaltungsausschuss für gesundheitspolizeiliche und pflanzenschutzrechtliche Maßnahmen (4) sowie das Forum für die Zusammenarbeit in Regulierungsfragen (5).

(1) Gemischter CETA-Ausschuss

Rein innenrechtliche, mittels Abkommenssekundärrechts erfolgende, institutionelle Ausgestaltungen kommen dem Gemischten CETA-Ausschuss hinsichtlich seiner eigenen Geschäftsordnung sowie bezüglich des Investitionsgerichts und der dazugehörigen Rechtsbehelfsinstanz zu.

703 Vgl. zur insoweit gleichgelagerten Frage der (fehlenden) Außenwirkung von Rechtssetzungsakten internationaler Organisationen: Frenzel, Sekundärrechtsakte Internationaler Organisationen, S. 14.

Der Beschluss der Geschäftsordnung inklusive Entscheidungsfindungsprozessen und weiterem internen Verfahrensrecht[704] ist auf Art. 26.1 Abs. 4 lit. d CETA zu stützen:

> Der Gemischte CETA-Ausschuss
>
> [...]
> d) gibt sich eine Geschäftsordnung,
>
> [...]

Hinsichtlich des in Kapitel 8 errichteten Investitionsgerichts kann der Gemischte CETA-Ausschuss auch nach Art. 8.27 Abs. 3 CETA die Anzahl der dortigen Richter nachträglich um eine durch drei teilbare Zahl erhöhen oder senken:

> [1]Der Gemischte CETA-Ausschuss kann beschließen, die Anzahl der Mitglieder des Gerichts um eine durch drei teilbare Zahl zu erhöhen oder zu verringern. [2]Zusätzliche Ernennungen erfolgen auf derselben Grundlage wie die Ernennungen nach Absatz 2.

Art. 8.28 Abs. 7 lit. a, lit. d und lit. f CETA übertragen dem Gremium die Konkretisierung der administrativen Ausgestaltung, der Vergütung sowie der Anzahl der Mitglieder der Rechtsbehelfsinstanz:

> Der Gemischte CETA-Ausschuss fasst umgehend einen Beschluss, in dem folgende administrative und organisatorische Aspekte der Arbeitsweise der Rechtsbehelfsinstanz geregelt werden:
> a) administrative Unterstützung,
>
> [...]
> d) Vergütung der Mitglieder der Rechtsbehelfsinstanz,
>
> [...]
> f) Anzahl der Mitglieder der Rechtsbehelfsinstanz und
>
> [...]

Über die Höhe und den Modus der Grundvergütung der Mitglieder des Investitionsgerichts selbst entscheidet der Gemischte CETA-Ausschuss schließlich gem. Art. 8.27 Abs. 12 und Abs. 14 bis 15 CETA:[705]

---

704 Mendes, European Papers 2017, 489, 510; Kawharu, Journal of International Economic Law 2017, 87, 108.

705 Kempen, Verfassungsbeschwerdeschrift in dem Verfahren 2 BvR 1482/16 vor dem Bundesverfassungsgericht, S. 104; Weiß, Kann Freihandel Demokratie und Rechtsstaat gefährden?, S. 27; Ders., EuConst 2018, 532, 535; Ders., Demokratische Legitimation und völkerrechtliche Governancestrukturen, S. 165.

Art. 8.27 Abs. 12

Zur Gewährleistung ihrer Verfügbarkeit wird den Mitgliedern des Gerichts eine monatliche Grundvergütung gezahlt, deren Höhe vom Gemischten CETA-Ausschuss festgesetzt wird.

Abs.8.27 Abs. 14

Sofern der Gemischte CETA-Ausschuss keinen Beschluss nach Absatz 15 fasst, fallen – über die in Absatz 12 genannten Kosten hinaus – für Vergütungen und Auslagen der Mitglieder des Gerichts, die in eine mit einem Fall zu befassende Kammer berufen werden, Kosten in einer Höhe an, die nach Vorschrift 14 Absatz 1 der Verwaltungs- und Finanzordnung des ICSID-Übereinkommens in der zum Zeitpunkt der Klageeinreichung geltenden Fassung festgesetzt und vom Gericht im Einklang mit Artikel 8.39 Absatz 5 unter den Streitparteien aufgeteilt werden.

Art. 8.27 Abs. 15

Der Gemischte CETA-Ausschuss kann im Wege eines Beschlusses die Grundvergütung und sonstige Vergütungen und Auslagen in ein reguläres Gehalt umwandeln und die jeweiligen Modalitäten und Bedingungen festlegen.

(2) Gemischte Sektorgruppe für Arzneimittel

Die Gemischte Sektorgruppe für Arzneimittel legt nach Art. 15 Abs. 2 Protokoll über die gegenseitige Anerkennung des Programms für die Befolgung und Durchsetzung der Guten Herstellungspraxis für pharmazeutische Erzeugnisse ebenfalls ihre eigene innenrechtliche Ausgestaltung fest:

Die Gemischte Sektorgruppe legt ihre Zusammensetzung sowie ihre Vorschriften und Verfahren fest.

(3) Gemischter Ausschuss für die gegenseitige Anerkennung von Berufsqualifikationen (MRA-Ausschuss)

Der Gemischte Ausschuss für die gegenseitige Anerkennung von Berufsqualifikationen gibt sich nach Art. 11.5 lit. c CETA seine Geschäftsordnung ebenso selbst:

Der für die Durchführung des Artikels 11.3 zuständige MRA-Ausschuss
[...] gibt sich selbst eine Geschäftsordnung,

(4) *Gemischter Verwaltungsausschuss für gesundheitspolizeiliche und pflanzenschutzrechtliche Maßnahmen (SPS-Ausschuss)*

Kompetenzen zur Festlegung des eigenen Verfahrensrechts finden sich auch beim Gemischten Verwaltungsausschuss für gesundheitspolizeiliche und pflanzenschutzrechtliche Maßnahmen. So bestimmt Art. 5.14 Abs. 7 CETA:

> Sofern die Vertragsparteien nichts anderes beschließen, tritt der Gemischte Verwaltungsausschuss spätestens 180 Tage nach Inkrafttreten dieses Abkommens zusammen und legt sein Arbeitsprogramm fest; seine Geschäftsordnung gibt er sich spätestens ein Jahr nach Inkrafttreten dieses Abkommens.

Art. 5.14 Abs. 8 CETA lautet:

> Nach seiner Eröffnungssitzung tritt der Gemischte Verwaltungsausschuss nach Bedarf zusammen, in der Regel jährlich. Der Gemischte Verwaltungsausschuss kann beschließen, Sitzungen per Videokonferenz oder Telekonferenz abzuhalten; ferner kann er Fragen außerhalb der Sitzungen auch im schriftlichen Verfahren behandeln.

(5) *Forum für die Zusammenarbeit in Regulierungsfragen*

Schließlich nimmt auch das Forum für die Zusammenarbeit in Regulierungsfragen nach dem bereits in anderem Zusammenhang erwähnten Art. 21.6 Abs. 4 lit. a CETA seine innenrechtlichen Ausgestaltungen selbst vor.

(6) *Zwischenergebnis zu Unterpunkt cc.*

Zusammenfassend sind der Gemischte CETA-Ausschuss, die Gemischte Sektorgruppe für Arzneimittel, der Gemischte Ausschuss für die gegenseitige Anerkennung von Berufsqualifikationen, der Gemischte Verwaltungsausschuss für gesundheitspolizeiliche und pflanzenschutzrechtliche Maßnahmen sowie das Forum für die Zusammenarbeit in Regulierungsfragen ermächtigt, ihre eigene Verfahrensordnung selbst festzulegen. Beim Gemischten CETA-Ausschuss kommt noch die Regelung einiger innenrechtlicher Aspekte der Arbeitsweise des Investitionsgerichts und der zugehörigen Rechtsbehelfsinstanz hinzu.

dd. Zwischenergebnis zu Unterpunkt a.

Wie aufgezeigt werden konnte, sieht das CETA eine Reihe von Kompetenzen zur Schaffung von Vertragssekundärrecht vor, welche dazu dienen können, das Abkommen als unvollständigen Vertrag weiter zu konkretisieren und zukünftige Ergänzungen unterhalb der Schwelle einer Änderung der Bestandteile des Abkommens selbst vorzunehmen. Hierzu zählen Kompetenzen zur Schaffung materiellen Abkommenssekundärrechts, welches sich auf die im CETA geregelten Inhalte bezieht. Darüber hinaus sind auch institutionelle Konkretisierungen und Ausgestaltungen mittels CETA-Sekundärrechts möglich. Mit Wirkung für Institutionen und Personen außerhalb der durch das Abkommen eingesetzten Gremien ist dies insbesondere hinsichtlich des Investitionsstreitbeilegungsmechanismus der Fall, durch den der Gemischte CETA-Ausschuss und der Ausschuss für Dienstleistungen und Investitionen weitreichende verfahrensrechtliche Gestaltungen vornehmen können. Hinzukommen Kompetenzen zur Ausgestaltung rein innenrechtlicher Aspekte der Arbeit der im CETA berufenen Gremien, etwa durch die Festlegung der Geschäftsordnungen oder sonstige Ausgestaltungen von deren Arbeitsweise. Den Kompetenzen ist gemein, dass das CETA kaum Anforderungen an den Inhalt des zu erlassenden Vertragssekundärrechts stellt.

b. Fortentwicklung der Bestandteile des Abkommens

Das CETA beinhaltet ferner umfangreiche Kompetenzen zur nachträglichen Ergänzung oder gar Änderung der in Art. 30.1 CETA definierten Bestandteile des Abkommens. So können hauptsächlich der Gemischte CETA-Ausschuss aber ebenso die Sonderausschüsse materiellrechtliche Änderungen am Abkommenstext sowie an dessen Anhängen und Protokollen vornehmen (Unterpunkt aa.). Ferner kann der Gemischte CETA-Ausschuss auch in die institutionelle Struktur des Abkommens eingreifen (Unterpunkt bb.).

aa. Materielle Modifikationen

Wie bereits angemerkt kommt dem Gemischten CETA-Ausschuss der größte Teil der Kompetenzen zu materiellen Modifikationen am Abkommen selbst sowie seiner Anhänge und Protokolle zu (1). Allerdings erhalten auch die Sonderausschüsse unterschiedliche Kompetenzen zu materiellen Ergänzungen und Änderungen, welche teilweise von durchaus erheblicher Tragweite und Umfang sind (2).

(1) Gemischter CETA-Ausschuss

Dem Gemischten CETA-Ausschuss steht nach Art. 26.1 Abs. 5 lit. c CETA die Kompetenz zur Änderung des Abkommens zu, wenn dies dort an anderer Stelle vorgesehen ist. In diesem Zusammenhang besteht zunächst eine Querschnittskompetenz zu Änderungen der Protokolle und Anhänge des CETA nach Art. 30.2 Abs. 2 CETA. Hinzu kommt eine ganze Reihe spezieller Kompetenzen zur Änderung einzelner Bestandteile des Vertragstextes, welche sich gem.

Art. 26.1 Abs. 5 lit. c CETA aus den Normen des Abkommens ergeben, die eine Änderung durch den Gemischten CETA-Ausschuss vorsehen oder voraussetzen.

Im Folgenden wird in Unterpunkt (a) zunächst auf die Änderung der Protokolle und Anhänge des Abkommens nach Art. 30.2 Abs. 2 CETA eingegangen. In Unterpunkt (b) folgen die übrigen an Art. 26.1 Abs. 5 lit. c CETA anknüpfenden Kompetenzen zu Änderungen.

(a) Änderung der Protokolle und Anhänge des CETA

Eine Vielzahl möglicher inhaltlicher Änderungen der Protokolle und Anhänge des Abkommens durch Beschluss des Gemischten CETA-Ausschusses ermöglicht Art. 30.2 Abs. 2 CETA:

> [1]Ungeachtet des Absatzes 1 kann der Gemischte CETA-Ausschuss beschließen, die Protokolle und Anhänge dieses Abkommens zu ändern. [2]Die Vertragsparteien können den Beschluss des Gemischten CETA-Ausschusses im Einklang mit ihren zum Inkrafttreten der Änderung erforderlichen internen Anforderungen und Verfahren billigen. [3]Der Beschluss tritt an dem von den Vertragsparteien vereinbarten Tag in Kraft. [4]Dieses Verfahren gilt nicht für Änderungen der Anhänge I, II und III und für Änderungen der Anhänge der Kapitel acht (Investitionen), neun (Grenzüberschreitender Dienstleistungshandel), zehn (Vorübergehende Einreise und vorübergehender Aufenthalt von Geschäftszwecke verfolgenden natürlichen Personen) und dreizehn (Finanzdienstleistungen), ausgenommen Anhang 10-A (Liste der Kontaktstellen der Mitgliedstaaten der Europäischen Union).

Die Ausschusskompetenz nach Art. 30.2 Abs. 2 CETA zur Änderung der Anhänge und Protokolle des CETA stellt ein gegenüber dem allgemeinen Verfahren zur Änderung des Abkommens durch die Vertragsparteien nach Art. 30.2 Abs. 1 CETA vereinfachtes Verfahren dar. Art. 30.2 Abs. 2 S. 1 CETA besagt, dass der Gemischte CETA-Ausschuss „die Protokolle und Anhänge dieses Abkommens“ ändern kann. Wie in Kapitel II der vorliegenden Untersuchung ausgeführt wurde, ist im Rahmen dieses Verfahrens nach Art. 30.2 Abs. 2 S. 2 und S. 3 CETA eine Billigung des Ausschussbeschlusses durch die Vertragsparteien vorgesehen. Wie beim parallel geltenden Art. 26.3 Abs. 2 S. 1 CETA[706] knüpft der Zustimmungsvorbehalt an den „erforderlichen internen Anforderungen und Verfahren“ der Vertragsparteien an. Wie sich der Zustimmungsvorbehalt auf die Delegation von Rechtssetzungsbefugnissen an den Ausschuss auswirkt, hängt also nicht vom CETA selbst ab, sondern von den nach dem Innenrecht der CETA-Vertragsparteien vorgesehenen Verfahren. Somit hindert der

---

706 Siehe hierzu in Kapitel II der vorliegenden Untersuchung den Unterabschnitt D. II.

Zustimmungsvorbehalt für sich genommen nicht die durch die genannten Kompetenznormen geschaffene Delegation von Rechtssetzungen an den Ausschuss.

Satz 4 nimmt die Anhänge I bis III sowie die Anhänge der Kapitel 8 (Investitionsschutz), 9 (Dienstleistungshandel), 10 (Geschäftsreisende)[707] und 13 (Finanzdienstleistungen) von „Diese[m] Verfahren" aus. Dieser Wortlaut lässt zwei Interpretationen zu, die sich erheblich auf den Inhalt der Ausschusskompetenz des Art. 30.2 Abs. 2 CETA auswirken. So wird argumentiert, ein entsprechender Beschluss sei nicht verbindlich, solange er von den Vertragsparteien nicht „nach deren internen Anforderungen und Verfahren" gebilligt worden sei. Dass der Beschluss nach S. 3 an dem von den Vertragsparteien vereinbarten Tag in Kraft trete, spräche dabei für das Erfordernis der Billigung durch die Vertragsparteien. Zu einer solchen Billigung seien die Vertragsparteien völkerrechtlich jedoch nicht verpflichtet. Außerdem sei in Art. 30.2 Abs. 2 S. 4 CETA eine Reihe von Anhängen des Abkommens von der Änderungskompetenz des Gemischten CETA-Ausschusses ausgeschlossen (und könnten somit nur nach dem allgemeinen Änderungsverfahren des Art. 30.2 Abs. 1 CETA geändert werden).[708]

Dem wird jedoch entgegengehalten, dass die Regelung des Art. 30.2 Abs. 2 S. 4 CETA auch als Ausschluss vom Zustimmungsvorbehalt des Satzes 2 gelesen werden könne. In der Konsequenz könnten sämtliche Anhänge und Protokolle gem. Art. 30.2 Abs. 2 CETA durch den Gemischten CETA-Ausschuss geändert werden. Bei den in Satz 4 genannten Anhängen wäre keine weitere Billigung der Vertragsparteien notwendig. Bei allen übrigen Anhängen und Protokollen hinge die Wirksamkeit der Änderung von der Billigung der Vertragsparteien ab.[709] Hiergegen wird wiederum eingewandt, eine solche Lesart des Satzes 4 verkehre diesen unter Missachtung seines Wortlautes, seiner Systematik und seines Telos in sein Gegenteil. Die verbleibende Unklarheit wird mit der Unterschiedlichkeit der Rechtsordnungen der am CETA beteiligten Vertragsparteien erklärt, die eine bestimmtere Formulierung verhindere.[710]

---

707 Anhang 10-A (Liste der Kontaktstellen der EU-Mitgliedstaaten) ist nicht erfasst.

708 Krajewski, Stellungnahme der Bundestagsfraktion Bündnis 90/Die Grünen in den Verfahren 2 BvR 1368/16 u.a. vor dem Bundesverfassungsgericht, S. 18f. (= S. 142f.); Grzeszick, Stellungnahme des Deutschen Bundestages in den Verfahren 2 BvR 1368/16 u.a. vor dem Bundesverfassungsgericht, S. 39f.; Grzeszick, NVwZ 2016, 1753, 1756.

709 Weiß, EuZW 2016, 286, 286, Fn. 11.

710 Grzeszick, Stellungnahme des Deutschen Bundestages in den Verfahren 2 BvR 1368/16 u.a. vor dem Bundesverfassungsgericht, S. 39f.; ebd. S. 42; Grzeszick, NVwZ 2016, 1753, 1756.

Würde der Ausschluss des Satz 4 für die Sätze 1 bis 3 gelten, würde das vereinfachte Änderungsverfahren, das auf den Gemischten CETA-Ausschuss delegiert ist, für sämtliche Anhänge und Protokolle des CETA, mit Ausnahme der in Satz 4 genannten, zur Verfügung stehen. Die Sätze 2 und 3 wären bei jeder der ermöglichten Änderungen einschlägig. Würde Satz 4 nur für die Sätze 2 und 3 gelten, könnte der Gemischte CETA-Ausschuss dagegen sämtliche Anhänge und Protokolle des CETA ändern, wäre hierbei aber dem Vorbehalt der Sätze 2 und 3 unterworfen, soweit keiner der in Satz 4 genannten Anhänge geändert wird.

Wird der Inhalt der in Satz 4 ausgeschlossenen Anhänge in die Betrachtung mit einbezogen, kann ein weiteres Argument für die Ansicht gewonnen werden, Satz 4 beziehe sich auf die Sätze 1 bis 3 und ordne damit einen Ausschluss der dort genannten Anhänge vom gesamten vereinfachten Änderungsverfahren nach Art. 30.2 Abs. 2 CETA an. Satz 4 schließt insbesondere die Anhänge I, II und III des CETA aus. Diese enthalten von der EU und Kanada als Vertragsparteien des CETA angebrachte Vorbehalte nach Abschnitt 2, bzw. Art. 19 bis 23 der Wiener Vertragsrechtskonvention. Derartige Vorbehalte werden von den hohen Vertragsparteien eines völkerrechtlichen Vertrages einseitig im Rahmen des völkerrechtlichen Vertragsschlusses erklärt (vgl. Art. 2 lit. d Wiener Vertragsrechtskonvention). Es erscheint somit als schwer zu erklären, warum der Gemischte CETA-Ausschuss nach Art. 30.2 Abs. 2 CETA eine Zuständigkeit für die Änderung derjenigen Anhänge des Abkommens haben sollte, die die einseitig erklärten Vorbehalte der Vertragsparteien enthalten. Soweit es um die Streichung von Vorbehalten geht, könnte man annehmen, dass die CETA-Vertragsparteien hier von Art. 22 Abs. 1 der Wiener Vertragsrechtskonvention, bzw. dem dort kodifizierten Völkergewohnheitsrecht, abweichen wollten. Demnach wäre das Zurückziehen eines Vorbehalts nicht wie im Grundsatz jederzeit und einseitig möglich, sondern bedürfte einer gem. Art. 26.3 Abs. 3 CETA einvernehmlichen Entscheidung des Gemischten CETA-Ausschusses nach Art. 30.2 Abs. 2 CETA. Durch eine nachträgliche Erweiterung der Anhänge I, II und III des CETA im Verfahren nach Art. 30.2 Abs. 2 CETA würde aber der Charakter dieser Anhänge grundlegend verändert. Außerdem finden sich anders als bei den nicht in Art. 30.2 Abs. 2 S. 4 CETA genannten Anhängen nahezu keine weiteren Einzelkompetenzen des Gemischten CETA-Ausschusses oder der Sonderausschüsse zu punktuellen Änderungen.[711] Die einzige Ausnahme hierzu stellt die Kompetenz des Ausschusses für Finanzdienstleistungen nach Ziff. 9 des Anhangs 13-B dar, die dort enthaltene Vereinbarung über die Anwendung des

711 Vgl. zu diesen Änderungskompetenzen in Unterabschnitt B.II. den Unterpunkt 4.b.aa.

Art. 13.16 Abs. 1 und des Art. 13.21 des CETA zu ändern. Auch dieses nahezu vollständige Fehlen weiterer Änderungskompetenzen spricht für die Annahme, die in Satz 4 des Art. 30.2 Abs. 2 CETA aufgezählten Anhänge des Abkommens sollten von dem dort in den Sätzen 1 bis 3 geregelten vereinfachten Änderungsverfahren ausgeschlossen sein.

Das Vorgehen des Gemischten CETA-Ausschusses sowie eine eventuelle Vorbereitung durch die im Abkommen vorgesehenen Sonderausschüsse wird im Abkommenstext selbst sowie in den einzelnen Protokollen weiter konkretisiert.[712] In den folgenden Unterpunkten (aa) bis (ee) soll daher ein sich bereits aus diesen Konkretisierungen des Art. 30.2 Abs. 2 CETA ergebender Überblick über die Tragweite der Kompetenz des Gemischten CETA-Ausschusses zur Änderung der Protokolle und Anhänge des Abkommens gegeben werden.

(aa) Beschleunigung des Zollabbaus nach Art. 2.4 Abs. 4 CETA

Nach Art. 2.4 Abs. 4 CETA kann der Gemischte CETA-Ausschuss den Anhang 2-A des Abkommens dahingehend ändern, dass er die dort getroffenen Vereinbarungen über die Senkung von Warenzöllen ersetzt:

> [1]Auf Ersuchen einer Vertragspartei können die Vertragsparteien Konsultationen führen, um eine Beschleunigung und einen erweiterten Umfang des Abbaus der Zölle auf die Einfuhren zwischen den Vertragsparteien zu prüfen. [2]Ein Beschluss des Gemischten CETA-Ausschusses über einen beschleunigten Abbau oder die Beseitigung eines Warenzolls ersetzt den Zollsatz oder die Abbaustufe, der beziehungsweise die nach dem Stufenplan der betreffenden Vertragspartei in Anhang 2-A für die entsprechende Ware festgelegt wurde, sofern jede Vertragspartei dem im Einklang mit ihren geltenden Rechtsverfahren zugestimmt haben.

Solche Änderungen werden durch den Ausschuss für Warenhandel nach Art. 2.13 Abs. 1 lit. a i.V.m. Art. 2.13 Abs. 2 CETA vorbereitet.[713]

(bb) Änderungen an der Liste geschützter geografischer Angaben in Anhang 20-A

Nach Art. 20.22 Abs. 1 CETA ist der Gemischte CETA-Ausschuss dafür verantwortlich, die in Anhang 20-A des Abkommens enthaltene Liste geschützter geografischer Angaben zu ändern, was der nachträglichen Anpassung des mit dem CETA etablierten Schutzmechanismus für geografische Herkunftsangaben

---

712 Kempen, Verfassungsbeschwerdeschrift in dem Verfahren 2 BvR 1482/16 vor dem Bundesverfassungsgericht, S. 21f.

713 Siehe Unterabschnitt B. V. Punkt 2.

dient. Der Beschluss wird durch eine Empfehlung eines hierfür verantwortlichen Sonderausschusses für geografische Angaben vorbereitet:

> Der nach Artikel 26.1 (Gemischter CETA-Ausschuss) eingesetzte Gemischte CETA-Ausschuss kann auf Empfehlung des CETA-Ausschusses für geografische Angaben einvernehmlich beschließen, Anhang 20-A zu ändern, indem er geografische Angaben einfügt oder geografische Angaben streicht, die an ihrem Ursprungsort nicht mehr geschützt oder nicht mehr gebräuchlich sind.

(cc) *Änderungen in Anhang 5-A zum Protokoll über Ursprungsregeln und Ursprungsbestimmungen*

Der Anhang 5-A des Protokolls über Ursprungsregeln und Ursprungsbestimmungen enthält weitere Ausführungen zu einer möglichen Erhöhung der Ursprungskontingentmengen für Zuckerwaren und Schokoladenzubereitungen (Tabelle A.2) sowie für verarbeitete Lebensmittel (Tabelle A.3), welche aus Kanada in die EU eingeführt werden sollen. Dort heißt es jeweils unter Ziff. 4:

> Diese Überprüfung wird vom Landwirtschaftsausschuss vorgenommen. Alle Empfehlungen des Landwirtschaftsausschusses zur Erhöhung der Ursprungskontingentsmenge werden nach Artikel 30.2 Absatz 2 dem Gemischten CETA-Ausschuss zur Entscheidung vorgelegt.

(dd) *Erweiterung des Anwendungsbereichs des Protokolls über die gegenseitige Anerkennung der Ergebnisse von Konformitätsbewertungen*

Art. 2 Abs. 4 Protokoll über die gegenseitige Anerkennung der Ergebnisse von Konformitätsbewertungen sieht vor, dass sein Anwendungsbereich durch einen Beschluss des Gemischten CETA-Ausschusses nach Art. 30.2 Abs. 2 CETA erweitert werden kann, nachdem die Vertragsparteien sich in Konsultationen hierüber geeinigt haben:

> Entscheiden die Vertragsparteien nach Absatz 2 oder 3, zusätzliche Warenkategorien in Anhang 1 aufzunehmen, ersuchen sie den Ausschuss für Warenhandel nach Artikel 18 Buchstabe c darum, Empfehlungen zur Änderung von Anhang 1 an den Gemischten CETA-Ausschuss zu richten.

(ee) *Änderungen der Anhänge des Protokolls über die gegenseitige Anerkennung des Programms für die Befolgung und Durchsetzung der Guten Herstellungspraxis für pharmazeutische Erzeugnisse*

Art. 15 Abs. 5 des Protokolls über die gegenseitige Anerkennung des Programms für die Befolgung und Durchsetzung der Guten Herstellungspraxis für pharmazeutische Erzeugnisse regelt, dass der Gemischte CETA-Ausschuss über Änderungen der Anhänge des Protokolls zu entscheiden hat:

> Die Gemischte Sektorgruppe überprüft auf Antrag der Vertragsparteien die Anhänge dieses Protokolls und erarbeitet Empfehlungen für deren Änderung, die vom Gemischten CETA-Ausschuss geprüft werden.

Nach dem Abs. 6 derselben Norm gilt dies insbesondere für die Aufnahme weiterer Arzneimittel in den Anwendungsbereich des Protokolls:

> Gemäß Absatz 5 überprüft die Gemischte Sektorgruppe den operativen Geltungsbereich der Arzneimittel nach Anhang 1 Absatz 2 im Hinblick auf eine Aufnahme der in Anhang 1 Absatz 1 aufgeführten Arzneimittel.

(b) Änderungen des CETA-Vertragstexts

Art. 26.1 Abs. 5 lit. c CETA sieht vor, dass der Gemischte CETA-Ausschuss Änderungen am Abkommen prüfen und beschließen kann, soweit dies vorgesehen ist:

> Der Gemischte CETA-Ausschuss kann
> [...]
> c) soweit in diesem Abkommen vorgesehen, Änderungen prüfen oder beschließen, [...]

Dies ist bereits nach dem Wortlaut keine eigenständige Kompetenz. Vielmehr wird der Gemischte CETA-Ausschuss nur dann zu einer Änderung des Abkommens ermächtigt, wenn dies an anderer Stelle im CETA entweder ausdrücklich vorgesehen oder vorausgesetzt wird.[714] Dabei liegt das Augenmerk auf dem CETA-Vertragstext selbst sowie auf den von Art. 30.2 Abs. 2 CETA möglicherweise wegen dessen S. 4 nicht erfassten Anhängen und Protokollen. In diesen sind jedoch keine Vorschriften zu finden, welche eine Änderung durch den Gemischten CETA-Ausschuss vorsehen oder voraussetzen. Anders ist dies im CETA-Vertragstext:

(aa) Änderungen des Harmonisierten Systems

Art. 2.13 Abs. 1 lit. b CETA setzt die Möglichkeit von Änderungen oder Ergänzungen des im CETA vorgesehenen Harmonisierten Systems zur Bezeichnung und Codierung von Waren[715] voraus:

---

714 Vgl. Mayer, Stellungnahme der Bundesregierung in den Verfahren 2 BvR 1368/16 u.a. vor dem Bundesverfassungsgericht, S. 6; Weiß, The role of Treaty Committees in CETA and other recent EU free trade agreements, S. 2; Weiß, EuZW 2016, 286, 286.

715 Begriffsbestimmung in Art. 1.1 CETA.

> Der nach Artikel 26.2 (Sonderausschüsse) Absatz 1 Buchstabe a eingesetzte Ausschuss für Warenhandel hat unter anderem folgende Aufgaben:
> [...]
> b) er empfiehlt dem Gemischten CETA-Ausschuss Änderungen oder Ergänzungen von Bestimmungen dieses Abkommens, die das Harmonisierte System betreffen, [...]

(bb) Änderungen an Kapitel 4 zu technischen Handelshemmnissen

In Art. 4.7 Abs. 1 S. 2 lit. f CETA wird dem Gemischten CETA-Ausschuss die Aufgabe übertragen, das Kapitel 4 des Abkommens im Hinblick auf zukünftige Entwicklungen des WTO-Rechts im Bereich der technischen Handelshemmnisse (namentlich, Ergebnisse der Arbeit des entsprechenden WTO-Ausschusses und Entwicklungen im Bereich des TBT-Übereinkommens) weiterzuentwickeln und somit einem Auseinanderfallen von Verpflichtungen im Rahmen des CETA und der WTO entgegenzuwirken:[716]

> Die Vertragsparteien kooperieren in Fragen, die unter dieses Kapitel fallen. Die Vertragsparteien kommen überein, dass der nach Artikel 26.2 Absatz 1 Buchstabe a eingesetzte Ausschuss für Warenhandel
> [...]
> f) dieses Kapitel im Lichte von Entwicklungen im Rahmen des WTO-Ausschusses für technische Handelshemmnisse oder des TBT-Übereinkommens überarbeitet und erforderlichenfalls Empfehlungen für Änderungen an diesem Kapitel erarbeitet, die vom Gemischten CETA-Ausschuss geprüft werden, [...]

(cc) Änderungen am 23. Kapitel (Handel und Arbeit)

Einen Sonderfall stellt Art. 23.11 Abs. 5 CETA dar, der das Verfahren des Art. 30.2 CETA auf Änderungen am Vertragstext für anwendbar erklärt:[717]

> Der Ausschuss für Handel und nachhaltige Entwicklung kann dem Gemischten CETA-Ausschuss Änderungen der einschlägigen Bestimmungen dieses Kapitels nach den in Artikel 30.2 (Änderungen) festgelegten Verfahren empfehlen.

Wird ausschließlich auf den Wortlaut des Art. 23.11 Abs. 5 CETA abgestellt, ermöglicht diese Norm Änderungen am gesamten 23. Kapitel (Handel und

---

716 Weiß, Demokratische Legitimation und völkerrechtliche Governancestrukturen, S. 199.

717 Weiß, Kann Freihandel Demokratie und Rechtsstaat gefährden?, S. 28, Fn. 30; vgl. auch: Nettesheim, Umfassende Freihandelsabkommen und Grundgesetz, S. 25.

Arbeit).[718] Dies ist nach hier vertretender Ansicht allerdings dahingehend einzuschränken, dass es zuvor zu einer Meinungsverschiedenheit über eine im 23. Kapitel enthaltene Vorschrift gekommen sein muss, die dann zum Gegenstand von Streitbeilegungsbemühungen nach Art. 23.11 Abs. 1 bis 3 i.V.m. Art. 23.10 CETA geworden ist. Auch denkbar ist eine Änderung des in Art. 23.10 CETA vorgesehenen Streitbeilegungsverfahrens auf Art. 23.11 Abs. 5 CETA zu stützen, da sich Art. 23.10 Abs. 4 CETA mit Meinungsverschiedenheiten zu Art. 23.11 Abs. 3 und Art. 23.10 CETA befasst. Für die Beschränkung des Anwendungsbereichs von Art. 23.11 Abs. 5 CETA auf Normen, die Gegenstand eines Streitbeilegungsverfahrens nach Art. 23.11 Abs. 3 i.V.m. Art. 23.10 CETA geworden sind sowie auf Änderungen an diesem Streitbeilegungsverfahren selbst, spricht die Position des Art. 23.11 Abs. 5 CETA innerhalb des Art. 23.11 CETA, der sich in seinen ersten vier Absätzen mit der Beilegung von Streitigkeiten im Zusammenhang mit dem Kapitel befasst. Hierzu passt auch der Wortlaut des Art. 23.11 Abs. 5 CETA, der von „Änderungen der *einschlägigen* Bestimmungen dieses Kapitels" spricht, was so verstanden werden kann, dass die in Abs. 5 enthaltene Änderungskompetenz einen Konnex zu den übrigen Absätzen des Art. 23.11 CETA voraussetzt. Demnach ermöglicht Art. 23.11 Abs. 5 erst i.V.m. Abs. 1 bis 3 CETA die Änderung materieller Vorschriften innerhalb des Kapitel 23 des Abkommens.

Ein weiteres Problem, welches der Wortlaut des Art. 23.11 Abs. 5 CETA aufwirft, ist die Frage, welches Änderungsverfahren hier überhaupt für anwendbar erklärt werden soll. Der genannte Art. 30.2 CETA enthält nämlich zwei unterschiedliche Änderungsverfahren: Das bereits angesprochene Verfahren zur Änderung eines Großteils der Protokolle und Anhänge durch den Gemischten CETA-Ausschuss in Abs. 2 und das Verfahren zur Änderung des Abkommens selbst durch die Vertragsparteien nach Abs. 1. Da keines der Verfahren tatbestandlich passt, kann Art. 23.11 Abs. 5 CETA nur funktionieren, indem er einen der beiden Absätze des Art. 30.2 CETA modifiziert. Im Ergebnis wird Art. 23.11 Abs. 5 CETA allerdings in jedem Fall darauf hinauslaufen dass die ermöglichte Änderung des 23. Kapitels des Abkommens durch den Gemischten CETA-Ausschuss und nicht durch die Vertragsparteien vorgenommen wird.[719]

718 So: Nettesheim, Umfassende Freihandelsabkommen und Grundgesetz, S. 25; Weiß, Kann Freihandel Demokratie und Rechtstaat gefährden?, S. 28, Fn. 30; ebd. S. 55; Weiß, EuConst 2018, 532, 534.

719 Weiß, Verfassungsprobleme des Abschlusses und der vorläufigen Anwendung des CETA Freihandelsabkommens mit Kanada, S. 15.

Die „internen Anforderungen und Verfahren“ der Vertragsparteien werden dabei entweder nach Art. 30.2 Abs. 2 CETA oder falls dieser nicht entsprechend angewendet werden sollte, nach Art. 26.3 Abs. 2 S. 1 CETA zu beachten sein.[720] Da jedoch auch hier zumindest eine inhaltliche Fixierung der Änderung des 23. Kapitels durch einen Beschluss des Gemischten CETA-Ausschusses stattfinden muss bevor diese „internen Anforderungen und Verfahren“ zur Anwendung kommen können, verbleibt die inhaltliche Entscheidung jedenfalls insoweit bei dem Vertragsgremium. Somit stellt auch dieser Zustimmungsvorbehalt das „Ob“ der Delegation von Rechtssetzungsbefugnissen an den Gemischten CETA-Ausschuss nicht in Frage. Wie er sich schließlich auf die Delegation von Änderungen an Kapitel 23. des CETA auswirkt, hängt auch hier vom Innenrecht der CETA-Vertragsparteien ab.

(dd) Erweiterung des Begriffes „Rechte des geistigen Eigentums“ mit Bindungswirkung für das Investitionsgericht

Vier Kompetenzen zur fortlaufenden inhaltlichen Weiterentwicklung des CETA-Vertragstextes durch den Gemischten CETA-Ausschuss stehen im Zusammenhang mit dem Investitionsschutzmechanismus des Abkommens. Die erste findet sich in Art. 8.1 CETA (Begriffsbestimmungen):

> Für die Zwecke dieses Kapitels bezeichnet der Ausdruck [...]
>
> ***Rechte des geistigen Eigentums*** Urheberrechte und verwandte Schutzrechte, Markenrechte, Rechte an geografischen Angaben, Rechte an gewerblichen Mustern, Patentrechte, Rechte am Layout-Design integrierter Schaltkreise, Rechte in Bezug auf den Schutz nicht offengelegter Informationen, Sortenschutzrechte und, sofern solche Rechte nach dem Recht einer Vertragspartei vorgesehen sind, Gebrauchsmusterrechte. Der Gemischte CETA-Ausschuss kann durch einen Beschluss weitere Kategorien von geistigem Eigentum in diese Begriffsbestimmung aufnehmen, [...]

(ee) Erweiterung der Verpflichtung der „Gerechten und billigen Behandlung“ ausländischer Investoren

Eine gewisse Innovation des Investitionsschutzkapitels im Vergleich zu bisherigen Investitionsschutzabkommen stellt die Herangehensweise an die Verpflichtung der „Gerechten und Billigen Behandlung“ ausländischer Investoren dar („Fair and Equitable Treatment“, oder „FET“). Wurde diese bisher meist nicht weiter definiert, blieb die Bestimmung ihres Inhalts den oftmals privaten

720 Vgl. hierzu auch: Kapitel II der vorliegenden Untersuchung (dort den Unterabschnitt E. I.).

Schiedsgerichten überlassen, die bei Streitigkeiten angerufen werden können.[721] Art. 8.10 Abs. 2 CETA geht hier den Weg eines Katalogs an Merkmalen, die zur Annahme eines Verstoßes gegen die Verpflichtung zur Gerechten und Billigen Behandlung eines ausländischen Investors führen sollen:[722]

> Eine Vertragspartei verstößt gegen die Verpflichtung zu der in Absatz 1 genannten gerechten und billigen Behandlung, wenn eine Maßnahme oder Reihe von Maßnahmen Folgendes darstellt:
> a) eine Rechtsverweigerung in straf-, zivil- oder verwaltungsrechtlichen Verfahren,
> b) eine grundlegende Verletzung rechtsstaatlichen Verfahrens, einschließlich einer grundlegenden Verletzung der Pflicht zur Transparenz, in Gerichts- und Verwaltungsverfahren,
> c) offenkundige Willkür,
> d) gezielte Diskriminierung aus offenkundig ungerechtfertigten Gründen wie Geschlecht, Rasse oder religiöser Überzeugung,
> e) missbräuchliche Behandlung von Investoren wie Nötigung, Zwang und Schikane oder
> f) einen Verstoß gegen etwaige weitere von den Vertragsparteien nach Absatz 3 festgelegte Bestandteile der Verpflichtung zur gerechten und billigen Behandlung.

Deutlich wird durch die Formulierung „Maßnahme oder Reihe von Maßnahmen" zunächst, dass Verstöße gegen die Verpflichtung der Gerechten und Billigen Behandlung ausländischer Investoren sowohl durch exekutives und judikatives als auch durch legislatives Handeln erfasst werden sollen.[723] Ob dieser Katalog abschließend ist, wird aus dem Wortlaut zunächst nicht klar.[724] Allerdings deutet der Entwurf für eine Auslegungsentscheidung des Gemischten CETA-Ausschusses nach Art. 8.31 Abs. 3 CETA hierauf hin.[725] Wie lit. f jedoch

721 Vgl. hierzu: Kempen, Verfassungsbeschwerdeschrift in dem Verfahren 2 BvR 1482/16 vor dem Bundesverfassungsgericht, S. 52; EU-Kommission, CETA – Summary of the final negotiating results, S. 11; vertiefend zu dieser Entwicklung: Ernst, Kritische Vierteljahresschrift für Gesetzgebung und Rechtswissenschaft 2015, 406, 411-413.

722 Schill, ZaöRV 2018, 33, 62;
Kritisch zur praktischen Tauglichkeit des Ansatzes: Ernst, Kritische Vierteljahresschrift für Gesetzgebung und Rechtswissenschaft 2015, 406, 413f.; Kempen, Verfassungsbeschwerdeschrift in dem Verfahren 2 BvR 1482/16 vor dem Bundesverfassungsgericht, S. 52f.; vgl. auch: Nettesheim, Umfassende Freihandelsabkommen und Grundgesetz, S. 120.

723 Schill, ZaöRV 2018, 33, 59.

724 Van Harten, University of Bologna Law Review 2016, 138, 156.

725 Gemischter CETA-Ausschuss, Draft Decision of the CETA Joint Committee. Decision No X/2022 of the CETA Joint Committee on the interpretation of certain terms in

offenbart, kann jedenfalls der Gemischte-CETA Ausschuss weitere Verpflichtungen ergänzen. Art. 8.10 Abs. 3 CETA ermöglicht dem Gemischten CETA-Ausschuss eine entsprechende nachträgliche Weiterentwicklung:

> [1]Die Vertragsparteien überprüfen regelmäßig oder auf Ersuchen einer Vertragspartei den Inhalt der Verpflichtung zur gerechten und billigen Behandlung. [2]Der nach Artikel 26.2 (Sonderausschüsse) Absatz 1 Buchstabe b eingesetzte Ausschuss für Dienstleistungen und Investitionen kann diesbezügliche Empfehlungen erarbeiten und sie dem Gemischten CETA-Ausschuss zur Beschlussfassung vorlegen.

Hierunter fallen zunächst Erweiterungen der in Art. 8.10 Abs. 2 CETA festgelegten Verpflichtungen.[726] Möglich erscheint es jedoch auch, eine zukünftige erweiternde Auslegung des Art. 8.10 Abs. 2 CETA durch das Investitionsgericht mittels Ausschussbeschlüssen nach Art. 8.10 Abs. 3 CETA zu begrenzen.[727] Durch die Befugnis zur inhaltlichen Bestimmung des Schutzstandards erhält der Gemischte CETA-Ausschuss innerhalb des Investitionsschutzmechanismus des CETA eine Bestimmungshoheit über den Begriff der gerechten und billigen Behandlung.[728] (Was an das Diktum *Julius von Kirchmanns* erinnert, nach dem „drei berichtigende Worte des Gesetzgebers [...] ganze Bibliotheken [...] zu Makulatur" machen können[729]). Ein nach Art. 8.10 Abs. 3 CETA ergehender Beschluss würde zur Abänderung der im CETA vorgesehenen Verpflichtungen der EU sowie ihrer Mitgliedstaaten gegenüber kanadischen Investoren führen (und umgekehrt). Im Ergebnis handelt es sich auch hier um eine Kompetenz zur Weiterentwicklung der im CETA getroffenen Investitionsschutzvereinbarungen im Lichte zukünftiger Entwicklungen, die die Vertragsparteien zum Zeitpunkt des Vertragsschlusses noch nicht übersehen können.

Article 8.10, Annex 8-A and Article 8.39, S. 1 (es handelt sich um eine nicht autorisierte Veröffentlichung).

726 Kempen, Verfassungsbeschwerdeschrift in dem Verfahren 2 BvR 1482/16 vor dem Bundesverfassungsgericht, S. 53f.; Weiß, Kann Freihandel Demokratie und Rechtsstaat gefährden?, S. 52f.; Schill, ZaöRV 2018, 33, 76f.

727 Schill, ZaöRV 2018, 33, 76; Weiß, Kann Freihandel Demokratie und Rechtsstaat gefährden?, S. 57; vgl. auch: Ernst, Kritische Vierteljahresschrift für Gesetzgebung und Rechtswissenschaft 2015, 406, 417f.

728 Weiß, Kann Freihandel Demokratie und Rechtsstaat gefährden?, S. 52f.

729 von Kirchmann, Die Werthlosigkeit der Jurisprudenz als Wissenschaft, S. 23.

(ff) Sonderfall: Für das Investitionsgericht verbindliche Vertragsauslegung

Die dritte und vierte der im Zusammenhang mit dem Investitionsschutzmechanismus stehenden Kompetenzen, die dem Gemischten CETA-Ausschuss eine inhaltliche Änderung des Abkommens ermöglichen können, sind mit Blick auf andere jüngere völkerrechtliche Abkommen zwar keine völligen Neuerungen, aber dennoch Sonderfälle. Es handelt sich um die Kompetenzen des Gemischten CETA-Ausschusses zur Annahme von Auslegungen des Abkommens, die für das im 8. Kapitel vorgesehene Investitionsgericht in zukünftigen Fällen verbindlich sind.

Im Kapitel zu den institutionellen Bestimmungen legt Art. 26.1 Abs. 5 lit. e Alt. 1 CETA fest:

> Der Gemischte CETA-Ausschuss kann
> [...]
> e) Auslegungen der Bestimmungen dieses Abkommens vornehmen, die für die nach Kapitel acht Abschnitt F (Beilegung von Investitionsstreitigkeiten zwischen Investoren und Staaten) [...] eingesetzten Gerichte bindend sind, [...]

Im Investitionsschutzkapitel befindet sich mit Art. 8.31 Abs. 3 CETA eine sehr ähnliche Kompetenz:

> [1]Bei ernsthaften Bedenken in Bezug auf Auslegungsfragen, die sich auf Investitionen auswirken können, kann der Ausschuss für Dienstleistungen und Investitionen dem Gemischten CETA-Ausschuss nach Artikel 8.44 Absatz 3 Buchstabe a die Annahme von Auslegungen dieses Abkommens empfehlen. [2]Eine vom Gemischten CETA-Ausschuss angenommene Auslegung ist für das nach diesem Abschnitt eingesetzte Gericht bindend. [3]Der Gemischte CETA-Ausschuss kann beschließen, dass eine Auslegung ab einem bestimmten Zeitpunkt bindende Wirkung hat.

Obwohl Art. 26.1 Abs. 5 lit. e und Art. 8.31 Abs. 3 CETA sich zu überschneiden scheinen und erstere Vorschrift Teil des bereits angesprochenen Katalogs des Art 26.1 Abs. 5 CETA ist, ist davon auszugehen, dass es sich um zwei eigenständige Vorschriften handelt.[730] Hierfür spricht, dass Art. 26.1 Abs. 5 lit. e CETA außerhalb der Streitbeilegung um Investitionen auch verbindliche Auslegungen

730 Vgl.: Kempen, Verfassungsbeschwerdeschrift in dem Verfahren 2 BvR 1482/16 vor dem Bundesverfassungsgericht, S. 53; Weiß, Kann Freihandel Demokratie und Rechtsstaat gefährden?, S. 53f.; Weiß, Demokratische Legitimation und völkerrechtliche Governancestrukturen, S. 195.

für die nach Kapitel 29 des CETA eingesetzten Streitbeilegungsmechanismen ermöglicht.[731]

Eine Auslegung, die aufgrund eines bestimmten Verfahrens, nachdem sie zustande kommt, im Abkommen als völkerrechtlich verbindliche Äußerung der Vertragsparteien erklärt wird,[732] ist nicht immer trennscharf von einer inhaltlichen Änderung des Abkommens zu unterscheiden.[733] Obwohl formal keine Änderung des Vertragstextes vorgenommen wird, kann einer authentischen Vertragsauslegung im Ergebnis die Bindungswirkung einer völkervertraglichen Bestimmung zukommen.[734] Aus dem Wortlaut ergibt sich für beide Normen, dass grundsätzlich alle im Abkommen enthaltenen Bestimmungen der Auslegungskompetenz des Gemischten CETA-Ausschusses zugänglich sind.[735] Eine gewisse Beschränkung des Anwendungsbereichs beider Kompetenztitel ergibt sich aber in praktischer Hinsicht daraus, dass sich die zu klärenden Auslegungsfragen auf Investitionen auswirken können müssen. Die beiden Kompetenztitel unterscheiden sich dadurch, dass bei Art. 8.31 Abs. 3 CETA zunächst das Tätigwerden des Ausschusses für Dienstleistungen und Investitionen nach Art. 8.44 Abs. 3 lit. a CETA aufgrund ernsthafter Bedenken in Bezug auf Auslegungsfragen notwendig ist, während der Gemischte CETA-Ausschuss nach Art. 26.1 Abs. 5 lit. e Alt. 1 CETA von Amts wegen tätig werden kann.[736]

---

731 Die vollständige Vorschrift lautet: „Auslegungen der Bestimmungen dieses Abkommens vornehmen, die für die nach Kapitel acht Abschnitt F (Beilegung von Investitionsstreitigkeiten zwischen Investoren und Staaten) und nach Kapitel neunundzwanzig (Streitbeilegung) eingesetzten Gerichte bindend sind".

732 Hierzu: Schöneweiß, Die Parlamentarische Kontrolle der authentischen Vertragsauslegung im Völkerrecht, S. 26.

733 So: Weiß, Verfassungsprobleme des Abschlusses und der vorläufigen Anwendung des CETA Freihandelsabkommens mit Kanada, S. 17; Ders., Demokratische Legitimation und völkerrechtliche Governancestrukturen, S. 195-197; Ders., Kann Freihandel Demokratie und Rechtsstaat gefährden?, S. 53-55; Sur, L'Interprétation en Droit International Public, S. 199-200; Nettesheim, Umfassende Freihandelsabkommen und Grundgesetz, S. 141; vgl. auch: Schöneweiß, Die Parlamentarische Kontrolle der authentischen Vertragsauslegung im Völkerrecht, S. 18.

734 Schöneweiß, Die Parlamentarische Kontrolle der authentischen Vertragsauslegung im Völkerrecht, S. 26.

735 Weiß, Demokratische Legitimation und völkerrechtliche Governancestrukturen, S. 195; Ders., Kann Freihandel Demokratie und Rechtsstaat gefährden?, S. 54; a.A. Krajewski, Stellungnahme der Bundestagsfraktion Bündnis 90/Die Grünen in den Verfahren 2 BvR 1368/16 u.a. vor dem Bundesverfassungsgericht, S. 19f. (= S. 143f.).

736 Kempen, Verfassungsbeschwerdeschrift in dem Verfahren 2 BvR 1482/16 vor dem Bundesverfassungsgericht, S. 53; Weiß, Kann Freihandel Demokratie und Rechtsstaat

(gg) Sonderfall: Im Streitbeilegungsverfahren nach Kapitel 29 verbindliche Vertragsauslegung

Eine vergleichbare Kompetenz beinhaltet der bereits zitierte Art. 26.1 Abs. 5 lit. e Alt. 2 CETA, wonach der Gemischte CETA-Ausschuss das Abkommen mit Bindungswirkung für die im 29. Kapitel vorgesehenen Instanzen zur Beilegung von Streitigkeiten zwischen den Vertragsparteien auslegen kann.

> Der Gemischte CETA-Ausschuss kann
> [...]
> e) Auslegungen der Bestimmungen dieses Abkommens vornehmen, die für die [...] nach Kapitel neunundzwanzig (Streitbeilegung) eingesetzten Gerichte bindend sind, [...]

(hh) Zwischenergebnis zu Unterpunkt (b)

Zusammenfassend sieht das CETA fünf Kompetenzen zu materiellen Änderungen des Vertragstextes durch den Gemischten CETA-Ausschuss vor. Solche Änderungen nach Art. 26.1 Abs. 5 lit. c CETA sind möglich hinsichtlich des harmonisierten Systems nach Kapitel 2 (Inländergleichbehandlung und Marktzugang für Waren), zur Reaktion auf Entwicklungen im Welthandelsrecht zu technischen Handelshemmnissen nach Kapitel 4 (Technische Handelshemmnisse), zur Erweiterung des Begriffes der Rechte des geistigen Eigentums und der Verpflichtung zur Gerechten und Billigen Behandlung im Sinne des Kapitels 8 (Investitionen) sowie als Reaktion auf beigelegte Meinungsverschiedenheiten zu Kapitel 23 (Handel und Arbeit).

(c) Zwischenergebnis zu Unterpunkt (1)

Nach den vorstehenden Ausführungen ergeben sich sämtliche Kompetenzen des Gemischten CETA-Ausschuss zu Änderungen an den Protokollen und Anhängen des CETA nach Art. 26.1 Abs. 5 lit. c CETA aus Art. 30.2 Abs. 2 CETA. Dieser steht gegebenenfalls in Verbindung mit weiteren Normen wie Art. 2.4 Abs. 4 CETA oder Art. 20.22 Abs. 1 CETA, die das Verfahren nach Art. 30.2 Abs. 2 CETA jedoch nur hinsichtlich der Vorbereitung der jeweiligen Entscheidungen des Gemischten CETA-Ausschusses durch einen der Sonderausschüsse modifizieren. Kompetenzen zu einer Änderung am CETA-Vertragstext selbst sind nur innerhalb der Kapitel 2, 4, 8 und 23 vorgesehen. Einen Sonderfall stellt Art. 23

---

gefährden?, S. 53f.; Weiß, Demokratische Legitimation und völkerrechtliche Governancestrukturen, S. 195.

Abs. 11 Abs. 5 CETA dar, der für seinen Anwendungsbereich das Verfahren nach Art. 30.2 Abs. 2 CETA für anwendbar erklärt.

(2) Gemischter Verwaltungsausschuss für gesundheitspolizeiliche und pflanzenschutzrechtliche Maßnahmen (SPS-Ausschuss)

Auch dem Gemischten Verwaltungsausschuss für gesundheitspolizeiliche und pflanzenschutzrechtliche Maßnahmen (SPS-Ausschuss) kommen zwei Kompetenzen zur nachträglichen inhaltlichen Vervollständigung und Weiterentwicklung des Abkommens zu. Hinsichtlich des in Art. 5.11 Abs. 1 bis Abs. 2 CETA vorgesehenen Notifikationsverfahren zur Übermittlung bestimmter Informationen zu gesundheitspolizeilichen und pflanzenschutzrechtlichen Maßnahmen (SPS-Maßnahmen) an die WTO sieht Art. 5.11 Abs. 3 CETA vor, dass der SPS-Ausschuss Änderungen vornehmen kann:

> Sofern der Gemischte Verwaltungsausschuss nichts anderes beschließt, gilt Folgendes: Wurden die Informationen nach Absatz 1 oder 2 an das zentrale Notifikationsregister der WTO oder an das zuständige internationale Normungsgremium nach dessen einschlägigen Vorschriften übermittelt, so wurden die für diese Informationen geltenden Anforderungen der Absätze 1 und 2 erfüllt.

Nach Art. 5.14 Abs. 2 lit. d CETA kommt dem Gemischten Verwaltungsausschuss für gesundheitspolizeiliche und pflanzenschutzrechtliche Maßnahmen außerdem die Aufgabe zu, mindestens jährlich die Anhänge des 5. Kapitels des Abkommens zu überprüfen und gegebenenfalls zu aktualisieren:

> Der Gemischte Verwaltungsausschuss hat unter anderem die Aufgabe,
> [...]
> d) mindestens einmal jährlich die Anhänge dieses Kapitels zu überprüfen, insbesondere unter Berücksichtigung der Fortschritte, die in den nach diesem Abkommen vorgesehenen Konsultationen erzielt wurden. Nach der Überprüfung kann der Gemischte Verwaltungsausschuss beschließen, die Anhänge dieses Kapitels zu ändern. Die Vertragsparteien können den Beschluss des Gemischten Verwaltungsausschusses genehmigen, und zwar im Einklang mit ihren jeweiligen für das Inkrafttreten der Änderung erforderlichen Verfahren. Der Beschluss tritt an dem von den Vertragsparteien vereinbarten Tag in Kraft, [...]

Auch hier besteht aufgrund des Vorbehalts der Genehmigung durch die Vertragsparteien eine Parallele zu der Kompetenz des Ausschusses für Dienstleistungen und Investitionen nach Art. 8.44 Abs. 3 lit. e CETA. So ist davon auszugehen, dass die von den Vertragsparteien des Abkommens zu genehmigende Entscheidung zuvor im Ausschuss zumindest inhaltlich fixiert wird, so dass die Änderung eines Anhangs zum 5. Kapitel jedenfalls insoweit der inhaltlichen Gestaltung durch das Vertragsgremium unterliegt. Damit findet mit Art. 5.14 Abs. 2 lit. d CETA trotz des Genehmigungsvorbehalts dem Grunde nach eine Delegation von Rechtssetzungsbefugnissen statt.[737] Der Genehmigungsvorbehalt bildet hierbei eine Schnittstelle zum internen Recht der CETA-Vertragsparteien.[738]

(3) Ausschuss für Finanzdienstleistungen

Die Vereinbarung über die Anwendung der Artikel 13.16 Absatz 1 und 13.21, welche als Anhang 13-B gem. Art. 30.1 CETA einen Teil des Abkommens bildet, kann nach ihrer Ziff. 9 durch den Ausschuss für Finanzdienstleistungen jederzeit geändert werden:

> Der Ausschuss für Finanzdienstleistungen kann diese Vereinbarung mit Zustimmung beider Vertragsparteien jederzeit ändern. Der Ausschuss für Finanzdienstleistungen überprüft diese Vereinbarung wenigstens alle zwei Jahre.
>
> In diesem Zusammenhang kann der Ausschuss für Finanzdienstleistungen auf der Grundlage der Gespräche und Erörterungen im Ausschuss über konkrete Streitfälle unter Berücksichtigung den Vertragsparteien gemeinsamer internationaler aufsichtsrechtlicher Verpflichtungen eine gemeinsame Auffassung über die Anwendung von Artikel 13.16 Absatz 1 entwickeln.

Anhang 13-B enthält insbesondere einen Katalog an Grundsätzen (Ziff. 8), die für die Bestimmung der nach Art. 13.16 Abs. 1 CETA[739] zulässigen

---

737 Siehe hierzu bereits: Unterabschnitt B. II. Unterpunkt 4.a.bb.(3)(a) des vorliegenden Kapitels.
Zum insoweit gleichgelagerten Art. 8.44 Abs. 3 lit. e CETA siehe bereits: Unterabschnitt B. II. Unterpunkt 4.a.bb.(3)(b) des vorliegenden Kapitels.

738 Zu derartigen Vorbehalten für die Wirksamkeit von CETA-Ausschussbeschlüssen, siehe bereits: Kapitel II, Unterabschnitt D. II. der vorliegenden Untersuchung.

739 Art. 13.16 Abs. 1 CETA:
Dieses Abkommen hindert eine Vertragspartei nicht daran, aus aufsichtsrechtlichen Gründen angemessene Maßnahmen einzuführen oder aufrechtzuerhalten, einschließlich
a) Maßnahmen zum Schutz von Investoren, Einlegern, Versicherungsnehmern oder Personen, denen gegenüber ein Finanzinstitut, ein grenzüberschreitend tätiger Finanzdienstleister oder ein anderer Finanzdienstleister treuhänderische Pflichten hat,
b) Maßnahmen zur Wahrung der Sicherheit, Solidität, Integrität oder finanziellen Verantwortlichkeit eines Finanzinstituts, grenzüberschreitend tätigen Finanzdienstleisters oder eines anderen Finanzdienstleisters oder
c) Maßnahmen zur Gewährleistung der Integrität und Stabilität des Finanzsystems einer Vertragspartei.

finanzaufsichtsrechtlichen Ausnahmen wesentlich sind. Die Einschlägigkeit einer solchen Ausnahme kann nach Art. 13.21 CETA eine Investorenklage ganz oder teilweise zu Fall bringen. Somit hat der Ausschuss für Finanzdienstleistungen bei der Ausübung dieser Kompetenz inhaltlichen Einfluss auf die Erfolgsaussichten zukünftiger Klagen vor dem mit Kapitel 8 installierten Investitionsgericht. Hinsichtlich des enthaltenen Zustimmungsvorbehaltes gelten die Ausführungen zu Art. 8.44 Abs. 3 lit. e CETA und Art. 5.14 Abs. 2 lit. d CETA entsprechend.[740]

(4) Ausschuss für Dienstleistungen und Investitionen

Einen Sonderfall stellt die Kompetenz des Ausschusses für Dienstleistungen und Investitionen nach Art. 8.44 Abs. 3 lit. d CETA dar:

> Der Ausschuss für Dienstleistungen und Investitionen kann im Einvernehmen mit den Vertragsparteien, nachdem diese ihre jeweiligen internen Vorschriften erfüllt und die internen Verfahren abgeschlossen haben,
>
> [...]
>
> d) dem Gemischten CETA-Ausschuss nach Artikel 8.10 Absatz 3 die Festlegung etwaiger weiterer Bestandteile der Verpflichtung zur Gewährung einer gerechten und billigen Behandlung empfehlen [...]

Wie im Fall des bereits angesprochenen Art. 8.44 Abs. 3 lit. e CETA wird hier zwar zunächst „nur" ein Beschlussfassungsverfahren im Gemischten CETA-Ausschuss vorbereitet. Die vom Ausschuss für Dienstleistungen und Investitionen zu leistende Aufgabe erschöpft sich allerdings nicht in der bloßen Gewährleistung hinreichenden Sachverstands. Da der Chapeau des Art. 8.44 Abs. 3 CETA bereits den Vorbehalt der Zustimmung der Vertragsparteien nach deren jeweiligen internen Vorschriften und Verfahren enthält, wird mit der Entscheidung über den an den Gemischten CETA-Ausschuss zur Abstimmung nach Art. 8.10 Abs. 3 CETA zuzuleitenden Entwurf eine vorläufige Entscheidung über die Weiterentwicklung der in Art. 8.10 Abs. 2 CETA enthaltenen Verpflichtung zur Gerechten und Billigen Behandlung ausländischer Investoren getroffen.[741]

Ähnlich verhält es sich im Fall des Art. 8.44 Abs. 3 lit. a CETA, welcher parallel ausgestaltet ist und dem Ausschuss für Dienstleistungen und Investitionen

---

740 Siehe zu Art. 8.44 Abs. 3 lit. e CETA Unterabschnitt B. II. Unterpunkt 4.a.bb.(3)(b) und zu Art. 5.14 Abs. 2 lit. d CETA Unterabschnitt B. II. Unterpunkt 4.b.aa.(2) des vorliegenden Kapitels.

741 Siehe hierzu bereits Unterabschnitt B. II. Unterpunkt 4.a.bb.(3)(b) des vorliegenden Kapitels.

die Aufgabe überträgt, dem Gemischten CETA-Ausschuss verbindliche Vertragsauslegungen nach Art. 8.31 Abs. 3 CETA zu empfehlen:

> Der Ausschuss für Dienstleistungen und Investitionen kann im Einvernehmen mit den Vertragsparteien, nachdem diese ihre jeweiligen internen Vorschriften erfüllt und die internen Verfahren abgeschlossen haben,
> a) dem Gemischten CETA-Ausschuss nach Artikel 8.31 Absatz 3 die Annahme von Auslegungen dieses Abkommens empfehlen, [...]

Auch in diesen beiden Fällen führt der Vorbehalt einer Zustimmung der Vertragsparteien,[742] soweit diese nach unionalen bzw. nationalen Recht notwendig ist, nicht dazu, dass dem Ausschuss für Dienstleistungen und Investitionen gar keine Befugnis zur Mitwirkung an Rechtssetzungen übertragen wurde. Wie oben bereits für andere Fälle des Art. 8.44 Abs. 3 CETA ausgeführt wurde, wird der Inhalt der in die nationalen bzw. unionalen Entscheidungsfindungsprozesse zum Zwecke der Zustimmung zurückzuspielenden Entscheidung im Ausschuss für Dienstleistungen und Investitionen inhaltlich zumindest fixiert. Damit stellt der Zustimmungsvorbehalt das „Ob" der Delegation einer Mitwirkung am Rechtssetzungsprozess nicht in Frage. Wie er sich hinsichtlich des einzuhaltenden Verfahrens auf die Delegation auswirkt, hängt nicht vom CETA selbst, sondern von den nach dem Innenrecht der CETA-Vertragsparteien vorgesehenen Verfahren ab.[743]

(5) Gemischter Ausschuss für die gegenseitige Anerkennung von Berufsqualifikationen (MRA-Ausschuss)

Ein Grenzfall der materiellen Modifikation des Abkommens bzw. seiner Anhänge ist im Zuständigkeitsbereich des Gemischten Ausschusses für die gegenseitige Anerkennung von Berufsqualifikationen zu finden. Nach Art. 11.5 lit. g Alt. 2 CETA hat dieser Ausschuss unter anderem die Aufgabe, die in Anhang 11-A des Abkommens enthaltenen Leitlinien für Abkommen über die gegenseitige Anerkennung von Berufsqualifikationen zu ergänzen:

> Der für die Durchführung des Artikels 11.3 zuständige MRA-Ausschuss
> [...] stellt Informationen bereit und ergänzt die Leitlinien in Anhang 11-A, soweit dies angezeigt ist. [Hervorhebung durch Verfasser]

742 Zu derartigen Vorbehalten für die Wirksamkeit von CETA-Ausschussbeschlüssen, siehe bereits: Kapitel II, Unterabschnitt D. II. der vorliegenden Untersuchung.

743 Hierzu bereits: Unterabschnitt B. II. Unterpunkt 4.a.bb.(3).

Da es sich bei den Leitlinien in Anhang 11-A nach Art. 30.1 CETA um einen Bestandteil des Abkommens handelt, stellt eine entsprechende Entscheidung des Gremiums eine inhaltliche Änderung dar. Allerdings kommen dieser keine direkten rechtlichen Wirkungen zu. Es verbleibt allerdings die Charakterisierung als „Soft Law", mit den ihm eigenen Wirkungsmechanismen.[744] So können Änderungen der Leitlinien (respektive die Modifizierung von Begriffsbestimmungen sowie von Vorschlägen zu Forum und Inhalt) die Gestaltung zukünftiger Abkommen der CETA-Vertragsparteien zur gegenseitigen Anerkennung von Berufsqualifikationen in praktischer Hinsicht beeinflussen.[745]

(6) Gemischter Ausschuss nach Art. 27 des Abkommens zwischen der Europäischen Gemeinschaft und Kanada über den Handel mit Wein und Spirituosen

Einen weiteren Sonderfall stellt der Gemischte Ausschuss nach Art. 27 des Abkommens zwischen der Europäischen Gemeinschaft und Kanada über den Handel mit Wein und Spirituosen von 2003 dar. Dieser wird in Abschnitt F lit. a Anhang 30-B des CETA zum Beschluss von Änderungen der Anhänge des Abkommens zwischen der Europäischen Gemeinschaft und Kanada über den Handel mit Wein und Spirituosen ermächtigt:

> Artikel 27 (Gemischter Ausschuss) Absatz 3 erster Gedankenstrich erhält folgende Fassung: „Änderungen der Anhänge dieses Abkommens im Wege eines Beschlusses anzunehmen;"[746]

Das Abkommen aus dem Jahr 2003 wird nach Art. 30.8 Abs. 3 CETA durch Anhang 30-B des CETA geändert und in das CETA integriert. An die Besetzung dieses Ausschusses stellen weder das CETA mit seinen Anhängen noch das genannte Abkommen aus dem Jahr 2003 weitergehende Anforderungen. Nach Art. 27 Abs. 1 des Abkommens aus dem Jahr 2003 besteht der Ausschuss aus „Vertreter[n] der Gemeinschaft und Kanadas".

---

744 Vgl. hierzu: Thürer, Soft Law, in: MPEPIL, § 26-31.

745 Zu dem hiermit einhergehenden informellen Agenda-Setting, siehe unten Unterabschnitt B. III. Punkt 2.

746 Art. 27 Abs. 3 des Abkommens zwischen der Europäischen Gemeinschaft und Kanada über den Handel mit Wein und Spirituosen lautet in seiner bisherigen Fassung:

> Der Gemischte Ausschuss wacht über das ordnungsgemäße Funktionieren dieses Abkommens und prüft alle Fragen, die sich bei seiner Anwendung und seinem Funktionieren ergeben können. Insbesondere ist er verantwortlich dafür,
> - Änderungen der Anhänge gemäß diesem Abkommen zu empfehlen [...]

(7) Zwischenergebnis zu Unterpunkt aa.

Neben dem umfangreichen System an Kompetenzen des Gemischten CETA-Ausschusses nach Art. 26.1 Abs. 5 lit. c CETA und Art. 30.2 Abs. 2 CETA, inhaltliche Änderungen am Vertragstext selbst und an den gem. Art. 30.1 CETA ebenfalls einen Bestandteil des Abkommens bildenden Protokollen und Anhängen zu beschließen, erhalten auch die Sonderausschüsse eine ganze Reihe von Kompetenzen zu inhaltlichen Änderungen. Diese reichen von Änderungen an ausdrücklich unverbindlichen Leitlinien bei Art. 11.5 lit. g Alt. 2 CETA, bis hin zur umfassenden Änderungskompetenz hinsichtlich der Anhänge des SPS-Kapitels nach Art. 5.14 Abs. 2 lit. d CETA.

bb. Institutionelle Modifikationen mit Außenwirkung

Neben seinen Möglichkeiten zu inhaltlichen Änderungen am CETA sowie seinen Anhängen und Protokollen wird dem Gemischten CETA-Ausschuss auch die Befugnis zu institutionellen Änderungen an den Bestandteilen des Abkommens übertragen. Dies betrifft zunächst den bereits hinsichtlich inhaltlicher Änderungen der Anhänge und Protokolle thematisierten Art. 30.2 Abs. 2 CETA und die ebenfalls bereits angesprochenen Art. 23.11 Abs. 5 i.V.m. Art. 30.2 CETA, welche auch institutionelle Änderungen an Kapitel 23 ermöglichen.

(1) Änderungen am Ausschusssystem des CETA

Der potenziell weitreichendste Komplex an Zuständigkeiten zu solchen institutionellen Änderungen ist in <u>Art. 26.1 Abs. 5 lit. a, lit. g und lit. h CETA</u> zu finden:

> Der Gemischte CETA-Ausschuss kann
> a) Zuständigkeiten an die nach Artikel 26.2 eingesetzten Sonderausschüsse delegieren,
>
> [...]
> g) die Aufgaben, die den nach Artikel 26.2 eingesetzten Sonderausschüssen übertragen wurden, abändern oder selbst übernehmen oder Sonderausschüsse auflösen,
> h) Sonderausschüsse und bilaterale Dialogforen einrichten, die ihn bei der Wahrnehmung seiner Aufgaben unterstützen, [...]

Nach Art. 26.1 Abs. 5 lit. a CETA kann der Gemischte CETA-Ausschuss Zuständigkeiten an die übrigen im Rahmen des Abkommens eingesetzten Sonderausschüsse delegieren. Gem. Art. 26.1 Abs. 5 lit. g CETA ist das Gremium befugt Aufgaben, die an die ihm untergeordneten Sonderausschüsse übertragen wurden, abzuändern oder selbst zu übernehmen. Der Gemischte CETA-Ausschuss kann auch Sonderausschüsse auflösen. Art. 26.1 Abs. 5 lit. h CETA erlaubt es dem Gemischten CETA-Ausschuss außerdem Sonderausschüsse und bilaterale

Dialogforen einzurichten. Ermächtigungen zu einer derartig tiefgreifenden Umgestaltung können den Vertragsparteien bzw. ihrer gubernativen Gewalt dazu dienen, nachträglich als notwendig oder sinnvoll erscheinende Modifikationen des Ausschusssystems bis hin zu dessen Reform ohne ein formelles Vertragsänderungsverfahren zu beschließen. Dies kann auch hilfreich sein, um ggf. in den nationalen politischen Systemen der beteiligten Staaten begründete Reformblockaden zu lösen und eine mittel- bis langfristig auf informellem Weg sich vollziehende und damit wesentlich schwerer zu beherrschende Veränderung des mit dem Abkommen etablierten Freihandelsregimes zu verhindern. Gerade wenn den Vertragsparteien im Nachhinein keine ausreichenden Instrumente zum Umbau eines Vertragswerkes zur Verfügung stehen, ist in der Praxis der internationalen Politik oftmals die Einführung zusätzlicher Vereinbarungen neben einem Abkommen oder über dieses hinaus (sog. „Layering") zu beobachten. Auch eine Veränderung der praktischen Bedeutung eines Vertragswerkes und der durch dieses etablierten Institutionen (sog. „Drift") kann die Folge sein, wenn die Vertragsparteien nicht adäquat auf Veränderungen der Umwelt der Übereinkunft reagieren (können).[747]

(2) Überführung des Investitionsstreitbeilegungsmechanismus in ein multilaterales Investitionsschutzabkommen

In Art. 8.29 CETA bekräftigen die Vertragsparteien ihre Bestrebungen zur Errichtung eines multilateralen Investitionsgerichtshofs mit Rechtsbehelfsinstanz. In S. 2 erhält der Gemischte CETA-Ausschuss – gewissermaßen „auf Vorrat" – den Auftrag, die Überführung des im CETA vorgesehenen Investitionsschutzsystems in einen multilateralen Investitionsschutzmechanismus zu beschließen und geeignete Übergangsregelungen zu treffen. Voraussetzung für die Aktivierung dieser Kompetenz ist, dass sämtliche Vertragsparteien des CETA einem Abkommen, welches einen multilateralen Streitbeilegungsmechanismus für Investitionsschutzangelegenheiten etabliert, beitreten. Außer dass eine Rechtsbehelfsinstanz vorgesehen sein muss, liegen Bedingungen für die Ablösung des im CETA vorgesehenen Investitionsschutzsystems im Ermessen des Gemischten CETA-Ausschusses:[748]

> [1]Die Vertragsparteien streben für die Beilegung von Investitionsstreitigkeiten gemeinsam mit anderen Handelspartnern die Errichtung eines multilateralen

---

747 Zur informellen Veränderung internationaler Übereinkünfte bzw. Institutionen im Fall von Reformblockaden: Hanrieder, Politics 2014, 324, 326f.

748 Weiß, Kann Freihandel Demokratie und Rechtsstaat gefährden?, S. 49.

Investitionsgerichtshofs mit Rechtsbehelfsinstanz an. [2]Bei Errichtung eines solchen multilateralen Mechanismus erlässt der Gemischte CETA-Ausschuss einen Beschluss, dem zufolge Entscheidungen in von diesem Abschnitt erfassten Investitionsstreitigkeiten in Anwendung des multilateralen Mechanismus getroffen werden, und legt geeignete Übergangsregelungen fest.

5. *Zwischenergebnis zu Unterabschnitt II.*

Im Rahmen der vorangegangenen Ausführungen zur Problematik des CETA als unvollständigem Vertrag wurden diejenigen Ausschusskompetenzen aufgezeigt und weiter systematisiert, welche zur fortlaufenden Anwendung und Weiterentwicklung des Abkommens dienen können. Da das CETA notwendigerweise nicht alle für seine dauerhafte Implementierung erforderlichen Regelungen selbst treffen kann, sondern vielmehr einen Rahmen für die gemeinsame Gestaltung der Handelsbeziehungen zwischen der EU und Kanada setzt, liegt die Berufung von Ausschussgremien mit entsprechenden Kompetenzen zur Konkretisierung und Weiterentwicklung durchaus nahe. Allerdings geht das CETA in einer Reihe verliehener Befugnisse so weit, dass umfassende Überarbeitungen der institutionellen Strukturen des Abkommens und andere vergleichbar tiefgreifende Veränderungen ermöglicht werden.

Die im CETA enthaltenen Kompetenzen zur Konkretisierung, Ergänzung, Ausgestaltung und Weiterentwicklung des durch das Abkommen geschaffenen Rechtsrahmens lassen sich in mehrere Klassen unterteilen. Wie aufgezeigt werden konnte, sieht das CETA sowohl Ausschusskompetenzen zur Schaffung von Vertragssekundärrecht vor als auch solche zur Änderung des Abkommenstextes selbst sowie seiner Protokolle und Anhänge. In Bezug auf die Frage, was konkretisiert, ergänzt, ausgestaltet oder geändert wird, ist zwischen inhaltlich/materiellen und institutionellen Modifikationen zu unterscheiden. Zur Schaffung von CETA-Sekundärrecht erhalten sowohl der Gemischte CETA-Ausschuss als auch die Sonderausschüsse vielfältige Kompetenzen sowohl zu inhaltlichen/materiellen als auch zu institutionellen Konkretisierungen und Ergänzungen. Ebenso werden bei Kompetenzen zur Änderung des Abkommens und seiner Bestandteile sowohl der Gemischte CETA-Ausschuss als auch einige Sonderausschüsse zu inhaltlichen/materiellen Modifikationen ermächtigt. Institutionelle Änderungen am Abkommen selbst bleiben dagegen dem Gemischten CETA-Ausschuss vorbehalten. Gemeinsam ist praktisch allen hier untersuchten Kompetenzübertragungen, dass das CETA kaum Anforderungen an den Inhalt der zu erlassenden Beschlüsse stellt.

III. Agenda-Setting

Eine weitere Problematik liegt in der möglichen Lähmung zukünftiger politischer Prozesse aufgrund der ungeordneten Diskussion von inhaltlich und prozessual unbegrenzten Vorschlägen durch eine große Zahl vorschlagsberechtigter Akteure. Dem kann mit einer Festlegung und Delegation der Bestimmung der Tagesordnung („Agenda-Setting") begegnet werden. Unter dem Begriff Agenda-Setting werden in der politikwissenschaftlichen Literatur sowohl formelle als auch informelle Mechanismen behandelt, die darauf abzielen, kollektive Entscheidungsprozesse inhaltlich zu stabilisieren.[749] Die Adressaten eines solchen Mechanismus sind dabei die zur eigentlichen politischen Entscheidung berufenen Stellen bzw. Organe eines Staates oder der EU. Dies sind zuvorderst die Organe der jeweiligen Legislativen. Soweit das jeweils dazugehörige politische System wiederum eine Weiterdelegation politischer Entscheidungen und insbesondere von Rechtssetzungen vorsieht,[750] kann auch die jeweilige Exekutive zum Adressaten eines Agenda-Settings werden. Bei der mit dieser Delegation verbundenen Institutionalisierung kommt es über die bloße Reduzierung von Transaktionskosten hinaus zu einer glaubhaften Zusicherung der institutionellen Kontinuität sowie der informierten, sachkundigen und neutralen Durchführung des Agenda-Settings. Wie bereits bei der Durchführung unvollständiger Verträge spielt auch hier eine gewisse Absicherung des Agenda-Settings gegenüber dem innenpolitischen Diskurs der Vertragsparteien eine Rolle.

In den folgenden Unterpunkten soll der Begriff des Agenda-Settings für die weitere Untersuchung operationalisiert werden. Dabei wird dieser Terminus in einem ersten Schritt von der Übertragung eigener Entscheidungsgewalt an einen Agenten abgegrenzt (Punkt 1.). In einem zweiten Schritt wird auf den Unterschied zwischen formellem und informellem Agenda-Setting eingegangen und begründet, warum die vorliegende Untersuchung sich für die Zwecke der Typisierung der im CETA vorgesehenen Ausschusskompetenzen auf die Thematik des formellen Agenda-Settings konzentriert (Punkt 2.). In einem dritten Schritt wird die Vorgehensweise nochmals hinsichtlich der Adressaten eines formellen Agenda-Settings, durch die im CETA vorgesehenen Ausschüsse präzisiert (Punkt

---

749 Hawkins/Lake/Nielson/Tierney, Delegation under anarchy, S. 16f.; Pollack, International Organization 1997, 99, 121-128; Ders., The Engines of European Integration, S. 47-56.

750 So etwa im Fall der Bundesrepublik Deutschland beim Vorliegen einschlägiger Verordnungsermächtigungen nach Art. 80 GG oder im Fall der EU beim Vorliegen einschlägiger Ermächtigungen nach Art. 290 oder Art. 291 AEUV.

3.). Im vierten und letzten Schritt werden die unterschiedlichen Mechanismen dargelegt, durch die ein formelles Agenda-Setting durch die CETA-Ausschüsse Wirkungen gegenüber den Legislativorganen der EU und der Bundesrepublik entfalten kann (Punkt 4).

1. Agenda-Setting und Entscheidungsgewalt

Im Sinne einer negativen Abgrenzung ist eine Kompetenz erst dann nicht mehr als Agenda-Setting zu betrachten, wenn dem Agenten die Befugnis übertragen wird, eine Entscheidung selbst vorzunehmen.[751] Dies wäre zunächst im Fall der Errichtung internationaler Instanzen der Fall, wenn diesen Befugnisse zur supranationalen Rechtsetzung eingeräumt würden, so dass ihre Entscheidungen unmittelbar und ohne die Notwendigkeit eines Anwendungsbefehls im unionalen oder innerstaatlichen Recht in dieses hindurchgreifen. Auf unionaler und nationaler Ebene würde dann nur noch die Umsetzung durch weiter konkretisierende oder exekutive Rechtsetzung, administrativen Rechtsvollzug sowie judikative Rechtsauslegung erfolgen. Das deutlichste Beispiel für eine supranationale Rechtsetzung lässt sich allerdings nicht aus einem völkerrechtlichen Regelungsmechanismus wie dem CETA entnehmen, sondern aus dem Verhältnis der EU zu ihren Mitgliedstaaten: Die Verordnung i.S.v. Art. 288 Abs. 2 AEUV.[752] Allerdings gibt es auch Beispiele für völkerrechtliche Entscheidungsmechanismen, die Sekundärrecht mit supranationaler Durchgriffswirkung für die EU und ihre Mitgliedstaaten hervorbringen. Die Rede ist hier von denjenigen Assoziierungsabkommen, die die EU bzw. ihre Rechtsvorgänger mit einzelnen Drittstaaten geschlossen haben und denen eine entsprechende supranationale Wirkung zukommt. Dabei wird regelmäßig zur Verwirklichung der Ziele des jeweiligen Abkommens ein Assoziationsrat installiert, der befugt ist, Beschlüsse zur Implementation des Abkommens zu fassen. Ein besonders prominentes Beispiel hierfür ist der Assoziationsrat nach dem Assoziationsabkommen mit der Türkei.[753] Über die Verpflichtung der Vertragsparteien zur Umsetzung solcher Beschlüsse

---

751 Pollack, International Organization 1997, 99, 121;
Begrifflich noch umfasst ist dagegen die Befugnis den eigentlichen Entscheidungsträger zur Beschäftigung mit einem Problem, Thema oder anderen Entscheidungsgegenstand zu verpflichten, vgl. Bradley/Kelley, Law and Contemporary Problems 2008, 1, 14f.

752 Vgl. Weiß, Demokratische Legitimation und völkerrechtliche Governancestrukturen, S. 213.

753 Weiß, EuZW 2016, 286, 286.

(z.B. in Art. 22 Abs. 1 des Assoziationsabkommens mit der Türkei[754]) hinaus kann den Beschlüssen solcher Assoziationsräte, nach der Rechtsprechung des EuGH, auch eine direkte Durchgriffswirkung zukommen, wenn das zugrundeliegende Abkommen nach seinem Wortlaut und Telos eine klare, eindeutige sowie ohne weitere (Rechts-)Akte vollziehbare Verpflichtung enthält und der (auf eine solche Verpflichtung bezogene) Beschluss diese Voraussetzungen ebenfalls erfüllt.[755]

Diese Intensität wird durch die Beschlüsse der im CETA vorgesehenen Ausschüsse jedoch aufgrund von Art. 30.6 CETA nicht erreicht. Auf diese auch als „grundlegendes Merkmal" des Abkommens bezeichnete[756] Vorschrift wurde bereits in Kapitel II eingegangen. Wie dort dargestellt wurde, schließt sie sowohl die unmittelbare Anwendung des CETA selbst, seiner nach Art. 30.1 CETA gleichgestellten Bestandteile (wie Anhänge, Protokolle usw.), als auch des von den im Abkommen vorgesehenen Ausschüssen geschaffene CETA-Sekundärrecht aus.

Allerdings bedarf es nicht immer der Durchgriffswirkung eines Gremienbeschlusses in die unionale oder die nationalen Rechtsordnungen hinein, um den Gestaltungsspielraum der unionalen oder nationalen Rechtssetzungsinstanzen soweit zu reduzieren, dass nicht mehr von der Befugnis zum Agenda-Setting, sondern vielmehr von der Übertragung von Entscheidungsgewalt gesprochen werden kann. Art. 30.2 Abs. 2 CETA ermöglicht Änderungen der Protokolle und Anhänge des Abkommens durch den Gemischten CETA-Ausschuss, die unter Umständen unverändert in die Rechtsordnungen der EU und ihrer Mitgliedstaaten implementiert werden müssen, wenn keine Verpflichtung aus dem Abkommen verletzt werden soll. Inhaltlich besonders wenig Spielraum erhalten die auf unionaler Ebene zur Umsetzung befugten Stellen insbesondere bei einer nach Art. 2.4 Abs. 4 i.V.m. Art. 30.2 Abs. 2 CETA beschlossenen Zollsatzsenkung durch Änderung des Anhangs 2-A, die sie nur noch auf unionsrechtlicher Ebene nachzuvollziehen haben. Auch eine Änderung der in Anhang 20-A enthaltenen Liste geschützter geografischer Angaben nach Art. 20.22 Abs. 1 i.V.m. Art. 30.2 Abs. 2 CETA gibt den auf unionaler und nationaler Ebene hierfür inhaltlich

---

754 Abkommen zur Gründung einer Assoziation zwischen der Europäischen Wirtschaftsgemeinschaft und der Republik Türkei, ABl. Nr. 217 vom 29.12.1964, S. 3687-3688.

755 Schiffbauer, DÖV 2016, 551, 582f.; EuGH, Rs. C-192/89 (Sevince), Rn. 13-15; EuGH, Rs. C-12/86 (Demirel), Rn. 13f.

756 Mayer, Stellungnahme der Bundesregierung in den Verfahren 2 BvR 1368/16 u.a. vor dem Bundesverfassungsgericht, S. 73; siehe auch: Grzeszick, Stellungnahme des Deutschen Bundestages in den Verfahren 2 BvR 1368/16 u.a. vor dem Bundesverfassungsgericht, S. 32.

verantwortlichen Stellen keinen eigenen Gestaltungsspielraum mehr. Dasselbe gilt für Erhöhungen der Ursprungskontingentmengen in Anhang 5-A des Protokolls über Ursprungsregeln und Ursprungsbestimmungen, welche durch die zuständigen Stellen der EU und ihrer Mitgliedstaaten nur noch nachvollzogen werden können und müssen. Entsprechendes findet sich auch bei den Sonderausschüssen. So kommt dem Ausschuss für Warenhandel durch den bereits oben thematisierten Art. 21.7 Abs. 5 bis 7 CETA die Kompetenz über den – jedenfalls den finalen – Beschluss eines Informationsaustauschs zur Sicherheit von Konsumgütern zu. Dabei wird den mit der Umsetzung des Informationsaustauschs betrauten Stellen der EU und ihrer Mitgliedstaaten ein so geringer Gestaltungsspielraum überlassen, dass hier ebenfalls nicht mehr von Agenda-Setting gesprochen werden kann. Ähnlich gestaltet sich die Kompetenz des Gemischten Verwaltungsausschusses für gesundheitspolizeiliche und pflanzenschutzrechtliche Maßnahmen nach Art. 5.11 Abs. 3 CETA. Danach kann das Gremium die Anforderungen an einen in Art. 5.11 Abs. 1 bis 2 CETA vorgesehenen Informationsaustausch zu gesundheitspolizeilichen und pflanzenschutzrechtlichen Maßnahmen verändern, wobei den innerhalb der EU und ihrer Mitgliedstaaten mit der Durchführung dieses Informationsaustauschs betrauten Stellen kaum ein eigener Entscheidungsspielraum bei der Implementation zukommen wird.

2. *Formelles und informelles Agenda-Setting*

Eine Befugnis zum formellen Agenda-Setting ermöglicht es einem Akteur, einen legislativen Entscheidungsfindungsprozess durch verfahrensrechtliche Mittel zu gestalten und für die anderen Beteiligten (rechts-)verbindlich vorzugeben. Ein bloßes Vorschlagsrecht reicht hierfür nicht. Vielmehr ist der Agenda-Setter in der Lage, die legislative Bearbeitung bestimmbarer Sachfragen herbeizuführen und möglicherweise auch zu kontrollieren oder zu verhindern. Informelles Agenda Setting bezeichnet dagegen die Fähigkeit, die inhaltliche Tagesordnung einer Entscheidungsinstanz durch das Aufwerfen von Problemen und die Vorstellung von Lösungsvorschlägen zu beeinflussen. Eine Person oder sonst abgrenzbare Entität, die auf diese Weise versucht, bei politischen Entscheidungsträgern für eine Position zu werben, wird auch als „Policy Entrepreneur“ bezeichnet.[757]

---

757 Pollack, International Organization 1997, 99, 104; 121; Ders., The Engines of European Integration, S. 47; Bradley/Kelley, Law and Contemporary Problems 2008, 1, 14f.; Majone, The European Commission as a regulator, S. 74-78 m.w.N.
Vgl. folgende Untersuchung zum policy entrepreneurship durch die Berichterstatter im Europäischen Parlament: Thierse, Journal of European Public Policy 2019, 267.

Ein nicht unerheblicher Teil der im CETA vorgesehenen Ausschusskompetenzen ermöglicht weder auf der Ebene des Völkerrechts noch auf der Ebene des Europarechts das Setzen von Rechtsfolgen. Stattdessen können die CETA-Ausschüsse in diesen Fällen nur „Empfehlungen"[758] formulieren. Eine solche Kompetenz ermöglicht es dem jeweiligen Ausschuss nicht, eine völkerrechtliche oder europarechtliche Verpflichtung der Legislativorgane der EU und ihrer Mitgliedstaaten zur Bearbeitung bestimmter Sachfragen auszulösen oder diese zu kontrollieren. Vielmehr wird lediglich auf die inhaltliche Tagesordnung der unionalen und nationalen Legislativorgane Einfluss genommen. Es liegt nach der oben vorgestellten Abgrenzung also ein Fall des informellen Agenda-Settings durch die jeweils die Empfehlungen formulierenden Ausschüsse vor. Gleiches gilt für die Kompetenz nach Art. 11.5 lit. g Alt. 2 CETA, die es dem Gemischten Ausschuss für die gegenseitige Anerkennung von Berufsqualifikationen ermöglicht, die in Anhang 11-A enthaltenen Leitlinien zu ändern.[759] Zwar handelt es sich in diesem Sonderfall um einen Beschluss, der an sich völkerrechtliche Verbindlichkeit erlangen könnte und über Art. 216 Abs. 2 AEUV auch die EU-Organe und EU-Mitgliedstaaten unionsrechtlich binden würde. Allerdings sind die hier zu ändernden Leitlinien ihrerseits nach ihrem Wortlaut ausdrücklich unverbindlich.

Auch wenn eine völkerrechtlich zunächst unverbindliche Entscheidung eines internationalen Vertragsgremiums aufgrund dynamischer Verweisungen im Unionssekundärrecht Rechtswirkungen innerhalb der Unionsrechtsordnung entfalten kann, wie in der Rechtssache „Rebe und Wein" vor dem EuGH,[760] liegt kein formelles Agenda-Setting vor. Auch in diesem Fall zieht der Beschluss des internationalen Vertragsgremiums nicht notwendig einen Entscheidungsfindungsprozess der unionalen oder nationalen Legislativorgane nach sich, da die Umsetzung des Beschlusses durch bereits vorhandenes Recht geschieht. Sieht sich der unionale oder nationale Gesetzgeber aufgrund eines solchen Beschlusses eines internationalen Vertragsgremiums dennoch zum Handeln veranlasst,

758 Vgl. Art. 26.3 Abs. 2 S. 2 CETA für den Gemischten CETA-Ausschuss; für die Sonderausschüsse sind entsprechende Kompetenzen gem. Art. 26.2 Abs. 3 CETA in den jeweils einschlägigen Vorschriften des Abkommens und seiner Protokolle festgelegt.

759 Zu dieser Kompetenz siehe oben: Unterabschnitt B. II. Unterpunkt 4. b. aa. (5).

760 EuGH, Rs. C-399/12 (Rebe und Wein), Rn. 57-66;
Auf diese Rechtsprechung wird in Kapitel IV der vorliegenden Untersuchung zurückzukommen sein.

kann „nur“ von einem inhaltlichen Einfluss auf dessen Tagesordnung und damit von einem informellen Agenda-Setting gesprochen werden.

Da die vorliegende Untersuchung auf eine Auswertung der im CETA enthaltenen Vereinbarungen abzielt, die die dort errichteten Ausschüsse hinsichtlich eines bestimmten Tätigwerdens ermächtigen, ist in puncto der Thematik des Agenda-Settings zunächst dessen formelle Ausprägung von Interesse. Aus diesem Grund werden im Folgenden diejenigen im CETA enthaltenen Kompetenznormen herausgearbeitet und untersucht, die einen der CETA-Ausschüsse zu formellen Agenda-Setting ermächtigen. Der Begriff des informellen Agenda-Settings geht darüber hinaus, da zu einer hierunter fallenden Tätigkeit nicht unbedingt eine ausdrückliche Ermächtigung notwendig ist.[761] Vielmehr kann es sich auch um eine faktische Form der Einflussnahme auf den Rechtsetzungsprozess im zu untersuchenden System handeln, die vor dem Hintergrund der Rechtslage von Anfang an oder auch erst nach und nach entstehen kann.[762] So muss die Fähigkeit oder das Bestreben zu informellem Agenda-Setting auch nicht direkt mit einer Befugnis des Akteurs zu formellem Agenda-Setting zusammenhängen. Informelles Agenda-Setting kann auch in Beratungssituationen entstehen, in denen ein dem Entscheidungsträger zuarbeitender Akteur diesen kraft überlegener Sachkenntnis in eine bestimmte Richtung „lenkt“. Der informelle Agenda-Setter kann auch eine sachlich fundierte Lösung vorschlagen, deren zu erwartendes Ergebnis seinen eigenen Präferenzen entspricht und den Entscheidungsträger damit vor die Wahl stellet, entweder diesem Vorschlag zu folgen oder die mit einer weniger fundierten Lösung verbundenen Risiken einzugehen.[763] Dementsprechend können die im CETA vorgesehenen Ausschüsse auch durch die bloße Formulierung von „Empfehlungen“ (vgl. Art. 26.3 Abs. 2 S. 2 und Abs. 3 Alt. 2 CETA) dazu genutzt werden, dem Europäischen Parlament und den Legislativorganen der Mitgliedstaaten eine bestimmte (Entscheidungs-) Richtung vorzugeben, auch wenn nach dem CETA gar kein (rechts-)verbindlicher Beschluss zu fassen ist. Dies ist jedoch eine indirekte und nicht zwingend an jeder Stelle intendierte Folge der Ausstattung der CETA-Ausschüsse mit ganz

761 Vgl. Pollack, International Organization 1997, 104, 124-128 m.w.N; Pollack, The Engines of European Integration, S. 49-58 m.w.N.

762 Vgl. Bradley/Kelley, Law and Contemporary Problems 2008, 1, 15; Bocquillon/Dobbels, Journal of European Public Policy 2014, 20, 21.

763 Vgl. Hirsch/Shotts, Journal of Politics 2018, 1339, 1340; ebd. S. 1352; Vgl. auch die folgende Untersuchung zum Verhältnis zwischen (informellen) Agenda-Setting und fachlicher Expertise: Altfeld/Miller, Journal of Conflict Resolution 1984, 701.

unterschiedlichen Kompetenzen. Im Folgenden wird der Aspekt des informellen Agenda-Settings also nicht als Beweggrund für die mit dem CETA stattfindende Aufgabendelegation an die dort vorgesehenen Ausschüsse verstanden, sondern als zu erwartende Folge. Da die Möglichkeit zum informellen Agenda-Setting sich auch erst nachträglich durch die praktische Anwendung des Abkommens entwickelt, kann die vorliegende Untersuchung hierüber auch kein abschließendes Bild abgeben.

3. *Abgrenzung: Agenda-Setting innerhalb des Ausschusssystems und Agenda-Setting gegenüber den Legislativorganen der EU und ihrer Mitgliedstaaten*

Das CETA-Ausschusssystem sieht nicht nur Ausschussentscheidungen vor, die nachfolgend in den politischen Systemen der EU und der beteiligten Staaten „weiterverarbeitet" werden. Wie im Folgenden zu zeigen sein wird, sind bei den Sonderausschüssen auch Kompetenzen vorgesehen, die vorbereitende Beschlüsse oder Empfehlungen ermöglichen, die zumeist dem Gemischten CETA-Ausschuss unterbreitet werden. Diese Form der vorbereitenden Zuarbeit ist von den Kompetenzen zu einem Agenda-Setting gegenüber den Legislativorganen der EU, Kanadas und der EU-Mitgliedstaaten zu unterscheiden. Als Beispiel für derartige Kompetenzen ist etwa Art. 2.13 Abs. 1 lit. a CETA zu nennen, nach dem der Ausschuss für Warenhandel Konsultationen durchführen kann, um Erörterungen für den Gemischten CETA-Ausschuss vorzubereiten. Gemäß Art. 2.13 Abs. 2 und Art. 2.4 Abs. 4 CETA betrifft dies insbesondere Konsultationen zu einer möglichen Beschleunigung des im CETA vorgesehenen Zollabbaus durch einen Beschluss des Gemischten CETA-Ausschusses. Ein weiteres Beispiel stellt Art. 20.22 Abs. 1 CETA dar, nach dem der CETA-Ausschuss für geografische Herkunftsangaben dem Gemischten CETA-Ausschuss Vorschläge zu Änderungen der Liste geschützter geografischer Herkunftsangaben unterbreiten kann. Die Bedeutung derartiger Kompetenzen liegt jedoch hauptsächlich in der Gewährleistung ausreichender fachlicher Expertise im Rahmen der Ausschussarbeit und wird deshalb unten unter Punkt V. aufgegriffen und weiter erörtert.

4. *Steuerungsintensität formellen Agenda-Settings gegenüber unionalen und nationalen Legislativorganen*

Im Folgenden sind die Mechanismen zu erörtern, die zu einer mehr oder weniger starken Beeinflussung der Legislativorgane der EU und ihrer Mitgliedstaaten durch wirksam gefasste Beschlüsse und Empfehlungen der im CETA vorgesehenen Ausschüsse führen können. So werden nachfolgend die unterschiedlichen rechtlichen Wirkungsmechanismen betrachtet, durch die Beschlüsse der CETA-Ausschüsse auf den Ebenen des Völkerrechts und des Unionsrechts Wirkungen entfalten können. Für die Frage, auf welchen Wegen Beschlüsse der im CETA vorgesehenen Ausschüsse auf die EU und die Bundesrepublik Deutschland einwirken und so zu einem Agenda-Setting gegenüber den jeweiligen Legislativorganen führen können, kommt der Charakter des CETA als gemischtes Abkommen zum Tragen. Im Singapur-Gutachten hat der EuGH den größten Teil des EUSFTA im (ausschließlichen) Kompetenzbereich der EU verortet, was auch für das CETA gelten dürfte. So fallen diejenigen Teile des CETA in zwischen der EU und ihrer Mitgliedstaaten geteilte Kompetenz nach Art. 4 Abs. 1; Abs. 2 lit. a AEUV, welche sich mit ausländischen Portfolioinvestitionen befassen.[764] Zweifelhaft bleibt nach den Entscheidungen des Bundesverfassungsgerichts in Sachen CETA vom 13. Oktober 2016 und vom 09. Februar 2022 jedoch insbesondere die genaue Kompetenzlage hinsichtlich ausländischer Direktinvestitionen, soweit die Eigentumsordnungen der EU-Mitgliedstaaten berührt werden. Gleiches gilt für Ausschusskompetenzen im Zusammenhang mit der grenzüberschreitenden Anerkennung von Berufsqualifikationen von Unionsbürgern (siehe oben: Kapitel II, Abschnitt A, Unterabschnitt I, Punkt 1.)

Im Folgenden werden zunächst die allgemeinen völkerrechtlichen Mechanismen thematisiert, welche zu einer Verpflichtung und Haftung der Bundesrepublik, als gegenüber der EU eigenständiges Völkerrechtssubjekt, führen können (Unterpunkt a.). Daneben tritt die Haftung der Bundesrepublik und der EU in ihren jeweiligen Zuständigkeitsbereichen gegenüber in Kanada beheimateten Investoren aufgrund einer Verletzung der mit dem Investitionsschutzkapitel eingegangenen Verpflichtungen (Unterpunkt b.). Für den Kompetenzbereich der EU sind darüberhinausgehend die Umsetzungs- und Durchsetzungsmechanismen zu untersuchen, die sich aus dem Europäischen Primärrecht ergeben (Unterpunkt c.). Im Rahmen der Ausführungen in den Unterpunkten a. bis c. erfolgt überdies eine Einordnung der jeweils betroffenen Kompetenzen der CETA-Ausschüsse.

Gerade hinsichtlich der kompetenzrechtlich umstrittenen Anerkennung von Berufsqualifikationen bei Nicht-EU-Bürgern enthält das Abkommen in Art. 11.3 CETA einen Sonderfall. Dort ist das Verfahren für die Aushandlung eines neben das CETA tretenden Abkommens zur gegenseitigen Anerkennung von Berufsqualifikationen geregelt. In dieses ist der Gemischte Ausschuss für die gegenseitige Anerkennung von Berufsqualifikationen (MRA-Ausschuss) dergestalt

764 EuGH, Gutachten 2/15 (Singapur), Rn. 78-110; ebd. Rn. 225-256.

eingebunden, dass er gegenüber den jeweils zuständigen Stellen der EU und ihrer Mitgliedstaaten unterschiedliche Formen formellen Agenda-Settings ausüben kann (Unterpunkt d.).

a. Allgemeine völkerrechtliche Haftung für die Umsetzung von Beschlüssen

Auf der völkerrechtlichen Ebene können Vertragsverletzungen einer Vertragspartei nach Kapitel 29 des CETA (Streitbeilegung) sanktioniert werden. Ein im Falle einer möglichen Verletzung des CETA oder eines rechtswirksamen Ausschussbeschlusses in Gang gesetztes Schiedsverfahren endet mit einem Schlussbericht nach Art. 29.10 CETA. Wird dieser nicht umgesetzt, kann die andere streitbeteiligte Vertragspartei, bzw. die anderen Vertragsparteien nach Art. 29.14 Abs. 1 CETA ihrerseits die Erfüllung von Verpflichtungen aus dem Abkommen aussetzen oder Ersatz der „zunichtegemachten oder geschmälerten" Vorteile verlangen. Ein Instrument zur unmittelbaren Erzwingung ist allerdings nicht vorgesehen.[765]

So sind völkerrechtlich verbindliche Vereinbarungen zunächst nur durch gegenseitigen politischen Druck durchsetzbar. Auch nach dem Grundgesetz ergibt sich diesbezüglich kein Automatismus, der zu einer unbedingten Befolgung führen würde.[766] Trotzdem können auch völkerrechtlich wirksame Beschlüsse von Vertragsgremien aufgrund immer stärkerer handelspolitischer Verflechtungen eine erhebliche politische Steuerungsintensität gegenüber der innerstaatlichen Rechtsetzung entfalten.[767] So können auch Beschlüsse der CETA-Ausschüsse auf der Ebene des Völkerrechts nur politischen Druck gegenüber den Legislativorganen der EU und der Bundesrepublik zu einer unionalen bzw. nationalen Umsetzung erzeugen. Dies kann allerdings bereits ausreichen, um die Legislativorgane der Vertragsparteien zur Kooperation zu bewegen.[768] Daraus folgt für praktisch alle Ausschusskompetenzen, deren Ausübung zur Entstehung völkerrechtlicher Verpflichtungen der EU und der Bundesrepublik

765 Grzeszick, Stellungnahme des Deutschen Bundestages in den Verfahren 2 BvR 1368/16 u.a. vor dem Bundesverfassungsgericht, S. 42f.; Grzeszick, NVwZ 2016, 1753, 1756f.

766 Vgl. hierzu bereits die Ausführungen in Kapitel II Unterabschnitt E. IV.

767 Weiß, Parlamentarische Herausforderungen im Völkerrecht der Globalisierung angesichts internationalisierter Regelsetzung, S. 39; vgl. ferner: Nettesheim, Umfassende Freihandelsabkommen und Grundgesetz, S. 112; relativierend und im Ergebnis a.A.: Grzeszick, AVR 2020, 123, 166-171.

768 Hierzu: Kapitel II Unterabschnitt E. IV.

Deutschland gegenüber Kanada führen kann, ein durch (hauptsächlich) politischen Konformitätsdruck wirkendes Agenda-Setting gegenüber den unionalen und den nationalen Legislativorganen.

b. Haftung durch das internationale Investitionsschutzrecht

Einen erhöhten Umsetzungsdruck können Beschlüsse des Gemischten CETA-Ausschusses auslösen, wenn sie inhaltlichen Einfluss auf den Ausgang zukünftiger Investitionsschutzverfahren vor dem Investitionsgericht nach Kapitel 8 des Abkommens nehmen.[769] Dies betrifft die bereits vorgestellten Kompetenzen zur authentischen Auslegung des CETA nach Art. 8.31 Abs. 3 CETA und Art. 26.1 Abs. 5 lit. e Alt. 1 CETA, die nachträgliche Erweiterung des Grundsatzes der gerechten und billigen Behandlung nach Art. 8.10 Abs. 3 CETA,[770] die nachträgliche Erweiterung des Begriffs des Geistigen Eigentums nach Art. 8.1 CETA sowie gegebenenfalls auch die Kompetenz nach Art. 8.29 S. 2 CETA zur Überführung des im CETA vorgesehenen Investitionsschutzmechanismus in ein multilaterales Vertragswerk nebst dabei zu erlassenden Übergangsregelungen. Auch die Kompetenz des Ausschusses für Finanzdienstleistungen, die Vereinbarung über die Anwendung der Artikel 13.16 Absatz 1 und 13.21 in Anhang 13-B zum CETA jederzeit zu ändern (Ziff. 9 Abs. 1 Anhang 13-B), fällt in diese Kategorie. Entscheidungen des Investitionsgerichts und der angeschlossenen Rechtsbehelfsinstanz sind nach Art. 8.41 CETA i.V.m. Art. 54 ICSID im nationalen Recht der beteiligten Staaten vollstreckbar. Hierbei sind die Entscheidungen des CETA-Investitionsgerichts ohne inhaltliche Prüfung durch die nationalen Gerichte umzusetzen.[771] Im Prozessrecht der Bundesrepublik Deutschland richtet sich eine entsprechende Vollstreckungsmaßnahme nach Art. 2 InvStreitBeilG.[772] Auch wenn die genannten Kompetenzen des Gemischten CETA-Ausschusses an und für sich zunächst nach Art. 30.6 CETA keine innerhalb der Rechtsordnungen der EU und ihrer Mitgliedstaaten direkt anwendbaren Beschlüsse ermöglichen, können sie spätere Entscheidungen des

769 Siehe hierzu bereits die Ausführungen in Kapitel II Unterabschnitt E. III.

770 Weiß, Demokratische Legitimation und völkerrechtliche Governancestrukturen, S. 194.

771 Weiß, Demokratische Legitimation und völkerrechtliche Governancestrukturen, S. 212f., Fn. 145.

772 Gesetz zu dem Übereinkommen vom 18. März 1965 zur Beilegung von Investitionsstreitigkeiten zwischen Staaten und Angehörigen anderer Staaten, vom 25. Februar 1969, BGBl. II S. 369, geändert durch Art. 2 § 11 Schiedsverfahrens-Neuregelungsgesetz vom 22.12.1997, BGBl. I S. 3224.

CETA-Investitionsgerichts inhaltlich beeinflussen.[773] Dieser Vollzugsmechanismus ist angesichts des ausdrücklichen Wortlautes von Art. 8.41 Abs. 1 und Abs. 4 CETA nicht von der Sperre des Art. 30.6 CETA erfasst. Auch wenn er nur *inter partes* die Vollstreckung von Ansprüchen nach einzelnen Schiedsverfahren ermöglicht, erhöht er wesentlich den Handlungsdruck der Legislativorgane der EU und ihrer Mitgliedstaaten, da die finanziellen Risiken einer unterbliebenen Anpassung des Europarechts oder des nationalen Rechts hier erheblich sind. So ermöglichen die genannten Kompetenzen dem Gemischten CETA-Ausschuss in einem begrenzten Sachbereich ein besonders mächtiges Agenda-Setting gegenüber den Legislativorganen der EU und der beteiligten Staaten.

c. Agenda-Setting im Zuständigkeitsbereich der EU

Für die in den Zuständigkeitsbereich der EU fallenden Beschlüsse der CETA-Ausschüsse sind zunächst dieselben völkerrechtlichen Durchsetzungsmechanismen einschlägig, wie für diejenigen Beschlüsse, die eine Sachfrage zum Gegenstand haben, welche in der nationalen Zuständigkeit der EU-Mitgliedstaaten verblieben ist. Dies gilt sowohl für die oben dargestellte allgemeine völkerrechtliche Haftung als auch für die Besonderheiten des Internationalen Investitionsschutzrechts. Hinzu kommt jedoch ein in Art. 216 Abs. 2 AEUV geregelter Wirkungs- und Durchsetzungsmechanismus. Dieser ist geeignet, eine von der EU eingegangene völkerrechtliche Verpflichtung zugleich zu einer europarechtlichen Verpflichtung der EU-Mitgliedstaaten gegenüber der Union zu machen. Im Folgenden wird zunächst auf die Anwendung des Art. 216 Abs. 2 AEUV auf die Beschlüsse der im CETA vorgesehenen Ausschüsse und deren Folgen für die Legislativorgane der EU und ihrer Mitgliedstaaten eingegangen (Unterpunkt aa.). So dann werden diejenigen Ausschusskompetenzen herausgearbeitet, welche die Fassung von Beschlüssen ermöglichen, die nach Art. 216 Abs. 2 AEUV zu einem Teil des Unionsrechts werden und auf diese Art zu einem Agenda-Setting gegenüber der Legislativen der EU und ihrer Mitgliedstaaten führen (Unterpunkt bb.).

aa. Ausschussbeschlüsse als Teil des EU-Rechts nach Art. 216 Abs. 2 AEUV

Der bereits in Kapitel II angesprochene Art. 216 Abs. 2 AEUV geht über eine ausschließlich völkerrechtliche Wirksamkeit hinaus und kann die in Art. 30.6

773 Schill, ZaöRV 2018, 33, 76f.

CETA angeordnete Trennung von Völkerrecht und nationalem bzw. unionalem Recht zu einem gewissen Grad durchbrechen. Von internationalen Vertragsgremien, wie den CETA-Ausschüssen, geschaffenes völkerrechtliches Sekundärvertragsrecht fällt nach der ständigen Rechtsprechung des EuGH ebenfalls unter Art. 216 Abs. 2 AEUV, wenn es in einem „unmittelbaren Zusammenhang" mit dem jeweiligen Abkommen steht.[774] Wie in Kapitel II Unterabschnitt E. V. der vorliegenden Untersuchung dargelegt wurde, führt Art. 216 Abs. 2 AEUV zwar nicht zu einer umfassenden unionsrechtlichen Bindung der EU-Organe und der EU-Mitgliedstaaten an die von der EU eingegangenen völkerrechtlichen oder sekundärvertragsrechtlichen Verpflichtungen.[775] Allerdings nimmt der EuGH im Vertragsverletzungsverfahren nach Art. 258 bis Art. 260 AEUV für sich die Befugnis zur Überwachung der Einhaltung völkerrechtlicher Verpflichtungen durch die EU-Mitgliedstaaten in Anspruch, wenn ein Völkerrechtsverstoß eines Mitgliedstaates eine völkerrechtliche Haftung der EU auslösen könne.[776] Wie bereits aufgezeigt werden konnte, steht im Fall des CETA eine solche völkerrechtliche Haftung im Verhältnis zu Kanada als Drittstaat oder in einigen Fällen auch gegenüber kanadischen Investoren im Raum. Entsprechende Ausschussbeschlüsse sind also im Vertragsverletzungsverfahren als Verpflichtung der Unionsorgane und der Organe der EU-Mitgliedstaaten justiziabel.[777]

774 EuGH, Rs. C-30/88, Rn. 13; EuGH, Rs. C-192/89 (Sevince), Rn. 9; EuGH, Rs. C-7/10 (Inan und Kahveci), Rn. 23; Appel, Das Internationale Kooperationsrecht der EU, S. 338; zur vorangegangenen Rspr.: Appel, Das Internationale Kooperationsrecht der EU, S. 331-338.

775 So sind nach der Rechtsprechung des EuGH zur Prüfung sekundären Unionsrechts am Maßstab des GATT und des Seerechtsübereinkommens der Vereinten Nationen in den prozessualen Situationen der Nichtigkeitsklage und der Vorabentscheidung nur innerhalb der Unionsrechtsordnung vollzugsfähige Völkerrechtsakte heranzuziehen: Grzeszick, Stellungnahme des Deutschen Bundestages in den Verfahren 2 BvR 1368/16 u.a. vor dem Bundesverfassungsgericht, S. 93; Proeßl, ZEuS 2016, 401, 405; EuGH, Rs. C-9/73, Rn. 27; EuGH, Rs. C-149/96, Rn. 35ff.; EuGH, Rs. C-377/02 (Van Parys), Rn. 53; EuGH, Rs. C-308/06 (Intertanko), Rn. 53f.

776 EuGH, Rs. C-66/18, Rn. 84-86.
Auch wenn er hinsichtlich seiner Zuständigkeit zum selben Ergebnis kam, ging der Gerichtshof auf die übrige Argumentation der Generalanwältin nicht im Detail ein.

777 Kapitel II Unterabschnitt E. V.

bb. Betroffene Ausschusskompetenzen im CETA

Beschlussfassungskompetenzen des Gemischten CETA-Ausschusses und der diesem nachgeordneten Sonderausschüsse können in unterschiedlicher Hinsicht zu einem Agenda-Setting gegenüber den Legislativorganen der EU und ihrer Mitgliedstaaten führen. Ebenfalls betroffen sind Beschlussfassungskompetenzen, die im Rechtssystem der EU oder ihrer Mitgliedstaaten keinen Entscheidungsprozess der jeweiligen Legislativorgane in Gang setzen, sondern einen solchen innerhalb der jeweiligen Exekutive, wenn letztere mit der Umsetzung der jeweiligen völkerrechtlichen bzw. europarechtlichen Verpflichtungen betraut ist (etwa durch eine Verordnungsermächtigung nach Art. 80 Abs. 1 GG in Deutschland oder durch Ermächtigungen nach Art. 290 und Art. 291 AEUV im Europarecht).

Im Fall des Gemischten CETA-Ausschusses können hauptsächlich dessen Kompetenzen zur inhaltlichen Änderung des Abkommenstextes selbst (vgl. Art. 26.1 Abs. 5 lit. c, Art. 4.7 Abs. 1 S. 2 lit. f und Art. 23.11 Abs. 5 CETA) sowie seiner Protokolle und Anhänge (vgl. Art. 30.2 Abs. 2 CETA) zu einem formellen Agenda-Setting gegenüber den Legislativorganen der EU und ihrer Mitgliedstaaten führen. Besonders ausgeprägt ist der Aspekt des formellen Agenda-Settings bei der Kompetenz des Gemischten CETA-Ausschusses nach Art. 8.29 CETA zur Überführung des CETA-Investitionsschutzmechanismus in ein zukünftiges multilaterales Investitionsschutzabkommen, die umfangreiche gesetzgeberische Entscheidungen auf den Ebenen der EU und ihrer Mitgliedstaaten notwendig machen kann. Auch Änderungen und Übergangsregelungen nach Art. 30.10 Abs. 4 CETA oder Erweiterungen nach Art. 8.1 und Art. 8.10 Abs. 3 CETA können zur Notwendigkeit von Anpassungen innerhalb der Rechtsordnungen der EU und der EU-Mitgliedstaaten führen. Gleiches gilt für die Kompetenzen des Gemischten CETA-Ausschusses nach Art. 26.1 Abs. 5 lit. e und Art. 8.31 Abs. 3 CETA zur Annahme von authentischer Vertragsauslegungen, welche ebenfalls den Inhalt völkerrechtlicher Verpflichtungen, die im Europarecht nach Art. 216 Abs. 2 AEUV zu befolgen sind, beeinflussen können.

Der Gemischte Verwaltungsausschuss für gesundheitspolizeiliche und pflanzenschutzrechtliche Maßnahmen ist nach Art. 5.14 Abs. 2 lit. d CETA ermächtigt, die Anhänge des Kapitels 5 des Abkommens zu ändern. Eine Änderung der Anhänge des Kapitels zur gesundheitspolizeilichen und pflanzenschutzrechtlichen Regulierung kann ein erhebliches Bedürfnis zur Umsetzung im unionalen und im nationalen Recht der EU-Mitgliedstaaten auslösen.

Die Kompetenz des Ausschusses für Finanzdienstleistungen nach Ziff. 9 Abs. 1 des Anhangs 13-B zum CETA, die im selben Anhang enthaltene Vereinbarung über die Anwendung der Artikel 13.16 Absatz 1 und 13.21 jederzeit zu ändern, wurde bereits unter dem Gesichtspunkt der speziellen völkerrechtlichen Durchsetzbarkeit von Verpflichtungen im Bereich des internationalen Investitionsschutzrechts thematisiert. Neben dem Umsetzungsdruck, der sich aus möglichen zukünftigen Verurteilungen der EU und ihrer Mitgliedstaaten zu Schadensersatzzahlungen gegenüber kanadischen Investoren ergeben kann, können solche Beschlüsse des Ausschusses für Finanzdienstleistungen auch über Art. 216 Abs. 2 AEUV und den Grundsatz der loyalen Zusammenarbeit zu einem unionsrechtlich induzierten Umsetzungsdruck[778] für die Gesetzgeber der Union und ihrer Mitgliedstaaten führen.

d. Sonderfall: Art. 11.3 CETA

Einen Sonderfall eines formellen Agenda-Settings gegenüber mehreren zur Rechtssetzung berufenen Stellen der EU und ihrer Mitgliedstaaten stellt die Rolle des Gemischten Ausschusses für die gegenseitige Anerkennung von Berufsqualifikationen (MRA-Ausschuss) nach Art. 11.3 CETA dar. Das in Art. 11.3 CETA etablierte vereinfachte Verfahren zur Aushandlung und zum Abschluss künftiger Abkommen zur gegenseitigen Anerkennung von Berufsqualifikationen ist durch ein mehrstufiges Zusammenwirken des MRA-Ausschusses mit den jeweils befugten Stellen der Vertragsparteien gekennzeichnet, an dessen Ende eine Annahme des neuen Abkommens durch die Vertragsparteien steht.[779] Überdies ist die Kompetenzabgrenzung zwischen der EU und ihren Mitgliedstaaten im Bereich der Anerkennung von Berufsqualifikationen bei Nicht-EU-Bürgern und damit die Einschlägigkeit von Art. 216 Abs. 2 AEUV nicht abschließend geklärt.[780]

Nach Art. 11.3 Abs. 1 CETA unterbreiten die für Fragen der gegenseitigen Anerkennung von Berufsqualifikationen zuständigen Behörden und Berufsorganisationen dem MRA-Ausschuss Vorschläge für ein mögliches Abkommen der gegenseitigen Anerkennung:

> Die Vertragsparteien halten ihre zuständigen Behörden beziehungsweise Berufsorganisationen dazu an, gemeinsame Empfehlungen zu vorgeschlagenen Abkommen über gegenseitige Anerkennung auszuarbeiten und dem nach Artikel 26.2 Absatz 1 Buchstabe b eingesetzten Gemischten Ausschuss für die gegenseitige Anerkennung von Berufsqualifikationen (im Folgenden „MRA-Ausschuss") zu unterbreiten.

---

778 Hierzu: Kapitel II Unterabschnitt E. V.

779 Vgl. Weiß, EuZW 2016, 286, 286; Weiß, EuConst 2018, 532, 535.

780 Siehe oben: Kapitel II Unterabschnitt B. I.

Ist diese Empfehlung nach Auffassung des MRA-Ausschusses mit dem 11. Kapitel des CETA vereinbar, legt er nach Art. 11.3 Abs. 3 CETA das Verfahren für die Aushandlung eines entsprechenden Abkommens fest:

> [1]Innerhalb einer angemessenen Frist prüft der MRA-Ausschuss die Empfehlung, um sicherzustellen, dass sie mit den Anforderungen dieses Kapitels vereinbar ist. [2]Sind diese Anforderungen erfüllt, legt der MRA-Ausschuss die Schritte fest, die für die Aufnahme von Verhandlungen erforderlich sind, und jede Vertragspartei unterrichtet ihre jeweils zuständigen Behörden über diese Schritte.

Bereits hierin liegt ein erstes formelles Agenda-Setting durch den MRA-Ausschuss gegenüber den jeweils zuständigen Stellen der EU und ihrer Mitgliedstaaten. Nach Art. 11.3 Abs. 4 und Abs. 5 CETA legen die Vertragsparteien einen Entwurf für das in der Aushandlung befindliche Abkommen zur Prüfung vor. Nach Art. 11.3 Abs. 6 CETA nimmt der MRA-Ausschuss das Abkommen durch Beschluss an, wenn er zu dem Ergebnis kommt, dass dieses mit dem CETA vereinbar ist:

> [1]Ist nach Auffassung des MRA-Ausschusses das Abkommen über gegenseitige Anerkennung mit diesem Abkommen vereinbar, so nimmt der MRA-Ausschuss das Abkommen über gegenseitige Anerkennung durch einen Beschluss an, der an die Bedingung geknüpft ist, dass jede Vertragspartei dem MRA-Ausschuss anschließend die Erfüllung ihrer jeweiligen internen Anforderungen meldet. [2]Mit der Meldung jeder Vertragspartei an den MRA-Ausschuss wird der Beschluss für die Vertragsparteien verbindlich.

In diesem Schritt liegt schließlich ein weiteres formelles Agenda-Setting durch den MRA-Ausschuss gegenüber den für die Zustimmung zum neuen Abkommen und seine Umsetzung zuständigen Instanzen der EU und der EU-Mitgliedstaaten.

5. *Zwischenergebnis zu Unterabschnitt III.*

Beschlussfassungskompetenzen welche ein formelles Agenda-Setting, gegenüber den Legislativorganen oder nachgeordneten zur Rechtssetzung ermächtigten Stellen der EU und ihrer Mitgliedstaaten, ermöglichen wirken auf verschiedenen Wegen unterschiedlich stark auf die jeweiligen Rechtssetzungsinstanzen ein. Soweit die EU nach dem Europäischen Primärrecht für das jeweils betroffene Sachgebiet zuständig ist, kommt den vorstehend thematisierten Ausschussbeschlüssen aufgrund der Anwendbarkeit von Art. 216 Abs. 2 AEUV und dem Grundsatz der loyalen Zusammenarbeit ein erheblicher Umsetzungsdruck zu, soweit neue völkerrechtliche Verpflichtungen der EU und ihrer Mitgliedstaaten begründet werden. Insbesondere Beschlüsse des Gemischten CETA-Ausschusses nach Art. 30.2 Abs. 2 CETA zur Änderung der Anhänge und Protokolle des

Abkommens, aber auch Beschlüsse nach anderen Ausschusskompetenzen, soweit sie zum Entstehen weiterer völkerrechtlicher Verpflichtungen der Union und ihrer Mitgliedstaaten führen, sind somit auch auf der unionsrechtlichen Ebene verpflichtend und im Vertragsverletzungsverfahren nach Art. 258 AEUV vor dem EuGH justiziabel.

Fällt ein Ausschussbeschluss dagegen in einen Sachbereich, für den die EU-Mitgliedstaaten keine Kompetenz an die EU übertragen haben, bleibt es zunächst bei den völkerrechtlichen Durchsetzungsmechanismen. Hierbei kommt zunächst das zwischenstaatliche Schiedsverfahren nach Kapitel 29 des CETA in Betracht, welches zwar keine rechtlich zwingenden Durchsetzungsmechanismen vorsieht, aber zu erheblichen wirtschaftspolitischen Druck führen kann. In praktischer Hinsicht sind es vor allem die Kompetenzen des MRA-Ausschusses nach Art. 11.3 Abs. 3 und Abs. 6 CETA, welche (soweit sie nicht in die sachliche Zuständigkeit der EU fallen) nur auf diesem Weg „sanktionierbar" sind. Soweit es um Ausschussbeschlüsse geht, die Einfluss auf die Erfolgsaussichten zukünftiger Investorenklagen zum in Kapitel 8 vorgesehenen Investitionsgericht haben, kommen die Durchsetzungsmechanismen des internationalen Investitionsschutzrechts und insbesondere der ICSID hinzu, welche erhebliche finanzielle Risiken durch Schadensersatzansprüche ausländischer Investoren mit sich bringen.

Zusammenfassend ist anzumerken, dass eine ganze Reihe der im CETA vorgesehenen Ausschusskompetenzen ein formelles Agenda-Setting gegenüber den Legislativorganen oder von diesen zur Rechtssetzung ermächtigten Instanzen der EU und ihrer Mitgliedstaaten ermöglichen. Dabei handelt es sich um Ausschusskompetenzen, welche zwar zu zusätzlichen völkerrechtlichen Verpflichtungen der EU und ihrer Mitgliedstaaten führen oder solche Verpflichtungen modifizieren, die aber den jeweils mit der Umsetzung befassten Instanzen noch einen praktischen Gestaltungsspielraum einräumen. Diejenigen Agenda-Setting-Kompetenzen, die in die sachliche Zuständigkeit der EU fallen, erhalten durch die europarechtliche Verpflichtung zur Einhaltung völkerrechtlicher Verpflichtungen nach Art. 216 Abs. 2 AEUV sowie durch den Grundsatz der loyalen Zusammenarbeit eine erhöhte Wirkungskraft. Gleiches gilt für diejenigen Agenda-Setting-Kompetenzen, die den Ausgang zukünftiger Investorenklagen beeinflussen können.

IV. Konfliktmanagement und Streitbeilegung

Neben den oben beschriebenen Delegationsfunktionen können Agenten, welche in internationalen Ausschüssen eingesetzt werden, auch Aufgaben zur

Streitbeilegung oder – allgemeiner – zur Behandlung von Konflikten zwischen den Vertragsparteien (den Prinzipalen) wahrnehmen. Dies beinhaltet die Vornahme von Entscheidungen in konkreten Streitfällen oder zumindest die Unterstützung eines konkreten Streitbeilegungsprozesses. An einen Agenten übertragene Befugnisse, die zwar generell mit einem Konfliktlösungsmechanismus zusammenhängen, bei deren Ausübung sich aber kein Bezug zu einem einzelnen Anwendungsfall ergeben soll oder kann, fallen nicht unter diese Delegationsfunktion. Nicht zwingend ist dagegen, dass die Entscheidung eines Agenten rechtliche Bindungswirkung haben muss. Vielmehr kann es sich auch um informelle Mediationsverfahren, Schiedsverfahren ohne rechtsverbindlichen Schiedsspruch oder Gutachterverfahren handeln.[781] Zunächst sind internationale Spruchkörper, insbesondere (Schieds-)Gerichte und deren Mitglieder naheliegende Gegenstände von Untersuchungen zur Delegation von Konfliktmanagement-Aufgaben.[782] Allerdings können auch die hier behandelten Vertragsgremien einzelne Aufgaben im Rahmen der Beilegung von Streitigkeiten zwischen den Vertragsparteien des CETA wahrnehmen, insbesondere indem sie die dort vorgesehenen Streitbeilegungsmechanismen organisatorisch unterstützen oder deren Entscheidungen inhaltlich vorbereiten. Derartige Kompetenzen überschneiden sich teilweise mit den hier bereits untersuchten Kategorien. Sobald einem Ausschuss die Kompetenz eingeräumt wird, inhaltlich in die Streitbeilegung einzugreifen, kann sein Tätigwerden auch als Durchführung des Vertragswerks als unvollständiger Vertrag[783] oder auch als Agenda-Setting begriffen werden. Auch wenn ein Ausschuss speziell für die Beilegung einer bestimmten Streitigkeit ein Ad-hoc-Gremium einberuft, kann hierin die Durchführung eines unvollständigen Vertrages oder ein Akt der Streitbeilegung gesehen werden. Gerade die Umsetzung eines unvollständigen Vertrages und der Aspekt der Streitbeilegung hängen oftmals sehr eng zusammen und lassen sich in vielen Fällen kaum trennen. Auch wenn Ausschüsse in die Umsetzung des Ergebnisses einer Streitbeilegung eingebunden werden, stellt sein Tätigwerden

---

781 Bradley/Kelley, Law and Contemporary Problems 2001, 1, 11.

782 Vgl: Bradley/Kelley, Law and Contemporary Problems 2001, 1, 11; vgl. als Beispiele: Elsig/Pollack, European Journal of International Relations 2014, 391ff.; Tallberg, Journal of European Public Policy 2000, 104ff.

783 Vgl. Pollack, International Organization 1997, 99, 103f.; Pollack, The Engines of European Integration, S. 22f.; Milgrom/Roberts, Bargaining costs, influence costs, and the organization of economic activity, S. 62 wo derartige Tätigkeiten eines Agenten auch unter dem Gesichtspunkt der Durchführung unvollständiger Verträge betrachtet werden.

zugleich eine Implementationsüberwachung dar. Bei rein organisatorischen Aufgaben dient der Ausschuss zugleich der Implementation des Abkommens. Besonders deutliche Überschneidungen zeigen sich bei den Ausschusskompetenzen zur Implementation des in Kapitel 8 vorgesehenen Investor-Staat-Streitbeilegungsmechanismus. Auch hier werden die Ausschüsse stets zugleich im Rahmen der Implementationsüberwachung, der Behandlung unvollständiger Verträge, des formellen Agenda-Settings und verwaltungstechnischer Implementierung des CETA tätig.

Demnach werden im Folgenden die im CETA vorgesehenen Ausschusskompetenzen zu unterschiedlichen Aspekten der dort vorgesehenen Streitbeilegungsmechanismen nochmals hinsichtlich ihrer diesbezüglichen Funktionalität thematisiert. Dabei ist zu unterscheiden zwischen rein organisatorischem bzw. prozessualem Konfliktmanagement (Punkt 1.) und Ausschusskompetenzen zu inhaltlichen Aspekten der Streitbeilegung (Punkt 2.).

1. Organisatorisches Konfliktmanagement

Organisatorische Unterstützung bei der Beilegung von Streitigkeiten können vor allem der Gemischte CETA-Ausschuss, aber auch der Ausschuss für Handel und nachhaltige Entwicklung in mehrerlei Hinsicht leisten. Dies dient zum einen der Reduzierung des Aufwandes, der zu betreiben wäre, um die inhaltliche Lösung von Meinungsverschiedenheiten zwischen den Vertragsparteien in jedem Einzelfall gesondert zu organisieren. Außerdem wird auch hier glaubhaft gemacht, dass jedenfalls die Abwicklung der Konfliktlösung auf neutrale Art und Weise erfolgt. Zu diesen Kompetenzen gehört zunächst die Einsetzung von Ad-hoc-Facharbeitsgruppen durch den Gemischten CETA-Ausschuss (Unterpunkt a.) und die (Not-)Besetzung von Schiedspanels nach Kapitel 29 (Unterpunkt b.) durch den Gemischten CETA-Ausschuss, bzw. dessen Vorsitzende. Die fortlaufende Überwachung der Neutralität unterschiedlicher zur Beilegung von Streitigkeiten im Rahmen des Abkommens berufenen Personen (Unterpunkt c.) sowie die Amtsenthebung von Investitionsrichtern (Unterpunkt d.) fallen ebenfalls in den Zuständigkeitsbereich des Gremiums.

Hinzu kommen für den Gemischten CETA-Ausschuss Aufgaben im Rahmen der organisatorischen Begleitung des zwischenstaatlichen Schiedsverfahrens (Unterpunkt e.) und des zwischenstaatlichen Mediationsverfahrens (Unterpunkt f.) nach Kapitel 29. Die in Kapitel 23 (Handel und Arbeit) und Kapitel 24 (Handel und Umwelt) vorgesehene Streitbeilegung durch Sachverständigengruppen wird dagegen durch den Ausschuss für Handel und nachhaltige Entwicklung organisatorisch begleitet (Unterpunkt g.).

a. *Einsetzung von Ad-hoc-Facharbeitsgruppen*

Im Rahmen der in Kapitel 4 (Technische Handelshemmnisse) eingegangenen Verpflichtungen der Vertragsparteien zur Zusammenarbeit hinsichtlich technischer Vorschriften kann der Gemischte CETA-Ausschuss nach Art. 4.7 Abs. 2 CETA eine Ad-hoc-Facharbeitsgruppe einsetzen, wenn sich die Vertragsparteien über eine Sachfrage[784] in diesem Zusammenhang nicht einigen können:[785]

> [1]Sind die Vertragsparteien nicht in der Lage, eine unter dieses Kapitel fallende Angelegenheit durch den Ausschuss für Warenhandel zu lösen, so kann der Gemischte CETA-Ausschuss auf Ersuchen einer Vertragspartei eine Ad-hoc-Facharbeitsgruppe einsetzen, die Lösungen zur Erleichterung des Handels finden soll. [2]Stimmt eine Vertragspartei dem Ersuchen der anderen Vertragspartei um Einsetzung einer Facharbeitsgruppe nicht zu, so muss sie auf Ersuchen die Gründe für ihre Entscheidung angeben. [3]Die Vertragsparteien leiten die Facharbeitsgruppe.

In der verfassungsrechtlichen Diskussion um das Abkommen wird diese Zuständigkeit des Gemischten CETA-Ausschusses zumeist als institutionelle Änderung diskutiert.[786] So stellt sich auch für die vorliegende Untersuchung die Frage, ob der in Art. 4.7 Abs. 2 CETA enthaltene Kompetenztitel zur Einberufung einer Ad-hoc-Facharbeitsgruppe nicht eher die Umsetzung des CETA als unvollständigen Vertrag betrifft. Allerdings trifft die Einordnung des Art. 4.7 Abs. 2 CETA als organisatorische Kompetenz zur Einleitung eines Streitbeilegungsverfahrens, jedenfalls für die hiesige Untersuchung, stärker zu. Wie bereits dargestellt wurde, hängen die Umsetzung eines unvollständigen Vertrages und der Aspekt der Streitbeilegung oftmals sehr eng zusammen und lassen sich in vielen Fällen kaum trennen. Allerdings werden die nach Art. 4.7 Abs. 2 CETA einzuberufenden Ad-hoc-Facharbeitsgruppen nur für die Klärung einer bestimmten Streitfrage einberufen. Über diesen Aspekt der Organisation eines Streitbeilegungsverfahrens hinausgehende Beschlüsse wären (zusätzlich) auf andere Kompetenzen des Gemischten CETA-Ausschusses zu stützen (insbesondere nach Art. 26.1 Abs. 5 lit. h und lit. a CETA).

---

784 Vor dem Hintergrund des WTO-Rechts wird es hierbei um Streitfragen gehen, die die Umsetzung des CETA betreffen (Bautze, Kritische Justiz 2017, 404, 411).

785 Bautze, Kritische Justiz 2017, 404, 412.

786 Kempen, Verfassungsbeschwerdeschrift in dem Verfahren 2 BvR 1482/16 vor dem Bundesverfassungsgericht, S. 103f.; Nettesheim, Umfassende Freihandelsabkommen und Grundgesetz, S. 24; ebd. S. 137, Fn. 219; Weiß, EuZW 2016, 286, 288 Fn. 25; Weiß, Demokratische Legitimation und völkerrechtliche Governancestrukturen, S. 166.

b. Besetzung eines Schiedspanels

Kommt es im Rahmen der Einleitung eines Schiedsverfahrens nach Kapitel 29 zwischen den im Streit liegenden Vertragsparteien zu keiner Einigung über die Besetzung des Schiedspanels, kommt den Vorsitzenden des Gemischten CETA-Ausschusses die Kompetenz einer Notbesetzung des Panels nach Art. 29.7 Abs. 3 und Abs. 4 CETA zu:

> (3) [1]Sollten die Vertragsparteien sich innerhalb der Frist nach Absatz 2 nicht auf die Zusammensetzung des Schiedspanels verständigen können, so kann jede Vertragspartei den Vorsitz des Gemischten CETA-Ausschusses oder dessen Stellvertretung ersuchen, die Schiedsrichter per Losentscheid anhand der nach Artikel 29.8 erstellten Liste zu bestimmen. [...]
> (4) [1]Der Vorsitz des Gemischten CETA-Ausschusses oder dessen Stellvertretung bestimmt die Schiedsrichter schnellstmöglich, auf jeden Fall aber innerhalb von fünf Arbeitstagen, nachdem eine Vertragspartei das Ersuchen nach Absatz 3 gestellt hat. [2]Der Vorsitz oder seine Stellvertretung gibt Vertretern aller Vertragsparteien ausreichend Gelegenheit, bei der Auslosung anwesend zu sein. [3]Eine der Vorsitzpersonen kann die Auswahl per Losentscheid alleine tätigen, sofern der anderen Tag, Uhrzeit und Ort der Auslosung mitgeteilt wurden und diese ihre Teilnahme nicht innerhalb von fünf Arbeitstagen nach Stellung des Ersuchens nach Absatz 3 zugesagt hat.

c. Überwachung des Verhaltens von Amtsträgern der im CETA vorgesehenen Streitbeilegungsmechanismen

Der Anhang 29-B zum CETA enthält einen „Verhaltenskodex für Schiedsrichter und Mediatoren", welcher nach seiner Ziff. 1 insbesondere für die Mitglieder der nach Art. 29.7 CETA eingesetzten Schiedspanels sowie für Personen, die hierzu berufen werden können gilt. Gemäß Ziff. 5 und Ziff. 6 desselben Anhangs 29-B haben diese Personen dem Gemischten CETA-Ausschuss fortlaufend über Tatsachen, zu unterrichten, welche einen Verstoß gegen den Verhaltenskodex darstellen können oder ihre Neutralität gefährden:

> 5. Die Kandidaten und Schiedsrichter informieren den Gemischten CETA-Ausschuss über Sachverhalte im Zusammenhang mit tatsächlichen oder potenziellen Verstößen gegen diesen Verhaltenskodex, damit sie von den Vertragsparteien geprüft werden können.
> 6. Nach ihrer Bestellung unternehmen die Schiedsrichter weiterhin alle zumutbaren Anstrengungen, um Kenntnis von Interessen, Beziehungen und Angelegenheiten im Sinne des Absatzes 3 zu erlangen, und legen diese offen. Die Offenlegungspflicht besteht fort; sie verpflichtet die Schiedsrichter dazu, etwaige Interessen, Beziehungen und Angelegenheiten offenzulegen, die sich in irgendeiner Phase des Verfahrens ergeben. Die Schiedsrichter legen derartige Interessen, Beziehungen und Angelegenheiten offen, indem sie dem Gemischten CETA-Ausschuss unverzüglich eine entsprechende

schriftliche Mitteilung zwecks Prüfung des Sachverhalts durch die Vertragsparteien vorlegen.

Diese Offenlegungspflichten nach Ziff. 5 gelten zwar generell und unabhängig von einzelnen Streitfällen. Dennoch können meldepflichtige bzw. offen zu legende Tatsachen auch erst im Zusammenhang mit einem bestimmten Streitfall auftreten. Ziff. 6 wird erst im Zusammenhang mit einzelnen Streitfällen relevant, da die Bestellung zum Schiedsrichter nach Art. 29.7 CETA erst im Rahmen der Einleitung des Schiedsverfahrens erfolgt.

d. *Amtsenthebung von Investitionsrichtern*

Nach Art. 8.30 Abs. 4 CETA beschließt der Gemischte CETA-Ausschuss über die Abberufung von Richtern am Investitionsgericht.[787] Dies kann sowohl unabhängig von einzelnen Verfahren als auch wegen eines Verhaltens im Zusammenhang mit einem einzelnen Verfahren geschehen:

> Auf begründete Empfehlung des Präsidenten des Gerichts oder auf ihre gemeinsame Initiative hin können die Vertragsparteien im Wege eines Beschlusses des Gemischten CETA-Ausschusses ein Mitglied vom Gericht ausschließen, wenn dessen Verhalten nicht den in Absatz 1 genannten Anforderungen entspricht und mit einer weiteren Zugehörigkeit zum Gericht unvereinbar ist.

e. *Begleitung des zwischenstaatlichen Schiedsverfahrens nach Kapitel 29*

Auch der bereits unter dem Gesichtspunkt der Implementationsüberwachung behandelten Überwachung der Umsetzung von Schiedssprüchen durch den Gemischten CETA-Ausschuss kommt eine funktionale Relevanz hinsichtlich einzelner Streitfälle zu, die im Rahmen des in Kapitel 29 vorgesehenen Schiedsverfahrens behandelt werden. Hierunter fallen die Vorlage des Schlussberichts nach Art. 29.10 Abs. 2 CETA, die Information über die Vollzugsabsichten der Vertragsparteien nach Art. 29.12 CETA sowie der letztendlich ergriffenen Vollzugsmaßnahmen nach Art. 29.13 Abs. 5 CETA. Ferner ist das Gremium im Fall von Schwierigkeiten und Meinungsverschiedenheiten hinsichtlich des Vollzugs nach Art. 29.13 Abs. 1 und 2, Art. 29.14 Abs. 2 CETA, Art. 29.15 Abs. 1 und 2 CETA sowie Art. 29.14 Abs. 6 und 7 CETA fortlaufend zu unterrichten. Schließlich ist der Gemischte CETA-Ausschuss nach Art. 29.19 CETA auch zu informieren, wenn die Vertragsparteien eine Streitigkeit einvernehmlich beenden.

---

787 Kempen, Verfassungsbeschwerdeschrift in dem Verfahren 2 BvR 1482/16 vor dem Bundesverfassungsgericht, S. 104; Nettesheim, Umfassende Freihandelsabkommen und Grundgesetz, S. 26.

f. Begleitung von Mediationsverfahren zwischen den Vertragsparteien

Nach Art. 4 Abs. 6 der in Anhang 29-C enthaltenen Mediationsordnung für Streitigkeiten zwischen den Vertragsparteien (vgl. Art. 29.5 CETA) werden im Wege der Mediation gefundene Einigungen durch Beschluss des Gemischten CETA-Ausschusses angenommen und veröffentlicht:

> Die Lösung kann durch Beschluss des gemischten CETA-Ausschusses angenommen werden. Einvernehmliche Lösungen werden der Öffentlichkeit zugänglich gemacht. Die gegenüber der Öffentlichkeit offengelegte Fassung darf allerdings keine Informationen enthalten, die eine Vertragspartei als vertraulich eingestuft hat.

g. Begleitung der Streitbeilegung durch Sachverständigengruppen

Die Verfahren zur Beilegung von Streitigkeiten durch eine Sachverständigengruppe, die im 23. Kapitel (Handel und Arbeit) sowie im 24. Kapitel (Handel und Umwelt) vorgesehen sind, enden mit einem von der eingesetzten Sachverständigengruppe zu erstattendem Abschlussbericht. Nach Art. 23.10 Abs. 12 CETA überwacht der Ausschuss für Handel und nachhaltige Entwicklung die Folgemaßnahmen zu dem Abschlussbericht:

> (12) Gelangt die Sachverständigengruppe in ihrem Abschlussbericht zu dem Schluss, dass eine Vertragspartei ihren Verpflichtungen aus diesem Kapitel nicht nachgekommen ist, nehmen die Vertragsparteien Gespräche auf und bemühen sich, innerhalb von drei Monaten nach Vorlage des Abschlussberichts geeignete Maßnahmen zu erarbeiten oder gegebenenfalls einen für beide Seiten zufriedenstellenden Aktionsplan zu beschließen. Bei ihren Erörterungen berücksichtigen die Vertragsparteien den Abschlussbericht. Die ersuchte Vertragspartei teilt ihren Beratungsgruppen für Arbeit und nachhaltige Entwicklung sowie der ersuchenden Vertragspartei rechtzeitig mit, zu welchen Vorgehensweisen oder Maßnahmen sie sich entschlossen hat. Die ersuchende Vertragspartei unterrichtet ihre Beratungsgruppen für Arbeit und nachhaltige Entwicklung sowie die ersuchte Vertragspartei rechtzeitig über etwaige andere Vorgehensweisen oder Maßnahmen, die sie möglicherweise als Folgemaßnahmen zum Abschlussbericht zu beschließen beabsichtigt, um zu einer Lösung zu gelangen, die mit diesem Abkommen vereinbar ist. Der Ausschuss für Handel und nachhaltige Entwicklung überwacht die Folgemaßnahmen zum Abschlussbericht und zu den Empfehlungen der Sachverständigengruppe. Die von den Vertragsparteien eingesetzten Beratungsgruppen für Arbeit und nachhaltige Entwicklung und das Zivilgesellschaftliche Forum können dem Ausschuss für Handel und nachhaltige Entwicklung diesbezügliche Stellungnahmen übermitteln.

Dasselbe gilt laut Art. 24.15 Abs. 11 CETA für die Überwachung von Folgemaßnahmen auf den Abschlussbericht am Ende des Verfahrens im 24. Kapitel:

(11) Gelangt die Sachverständigengruppe in ihrem Abschlussbericht zu dem Schluss, dass eine Vertragspartei ihren Verpflichtungen aus diesem Kapitel nicht nachgekommen ist, nehmen die Vertragsparteien Gespräche auf und bemühen sich, innerhalb von drei Monaten nach Vorlage des Abschlussberichts eine geeignete Maßnahme zu erarbeiten oder gegebenenfalls einen für beide Seiten zufriedenstellenden Aktionsplan zu beschließen. Bei ihren Erörterungen berücksichtigen die Vertragsparteien den Abschlussbericht. Die ersuchte Vertragspartei teilt ihren zivilgesellschaftlichen Organisationen — über die in Artikel 24.13 Absatz 5 genannten Konsultationsmechanismen — sowie der ersuchenden Vertragspartei rechtzeitig mit, zu welcher Vorgehensweise oder Maßnahme sie sich entschlossen hat. Der Ausschuss für Handel und nachhaltige Entwicklung überwacht die Folgemaßnahmen zum Abschlussbericht und zu den Empfehlungen der Sachverständigengruppe. Die Organisationen der Zivilgesellschaft und das Zivilgesellschaftliche Forum können dem Ausschuss für Handel und nachhaltige Entwicklung diesbezügliche Stellungnahmen übermitteln, wobei Erstere dies über die in Artikel 24.13 Absatz 5 genannten Konsultationsmechanismen tun.

Kommen die Parteien zu einer einvernehmlichen Lösung, nachdem eine Sachverständigengruppe eingesetzt wurde, können sie diese Einigung dem Ausschuss für Handel und nachhaltige Entwicklung mitteilen und das Sachverständigenverfahren damit beenden. Dies ergibt sich für Kapitel 23 aus Art. 23.10 Abs. 13 CETA und für Kapitel 24 aus Art. 24.15 Abs. 12 CETA. Beide Normen lauten gleich:

Wenn die Vertragsparteien nach Einsetzung einer Sachverständigengruppe zu einer einvernehmlichen Lösung gelangen, teilen sie diese dem Ausschuss für Handel und nachhaltige Entwicklung und der Sachverständigengruppe mit. Mit dieser Mitteilung ist das Sachverständigenverfahren abgeschlossen.

h. Zwischenergebnis zu Punkt 1.

Wie anhand der hierzu im CETA vorgesehenen Ausschusskompetenzen aufgezeigt werden konnte, fällt die organisatorische Unterstützung der Beilegung von Streitigkeiten vor allem in den Zuständigkeitsbereich des Gemischten CETA-Ausschusses. Dieser begleitet in unterschiedlicher Hinsicht und im unterschiedlichen Ausmaß die Tätigkeit fast aller im Abkommen vorgesehenen Verfahren zur Beilegung von Streitigkeiten zwischen den Vertragsparteien. Hervorzuheben ist hierbei die Einsetzung von Ad-hoc-Facharbeitsgruppen nach Art. 4.7 Abs. 2 CETA, welche bereits eine gewisse funktionale Nähe zu den an anderer Stelle behandelten Kompetenzen zur Einrichtung neuer Gremien haben, jedoch aufgrund der Anlassbezogenheit der Errichtung von Ad-hoc-Facharbeitsgruppen für konkrete Streitfälle unter dem Gesichtspunkt der Streitbeilegung zu behandeln waren. Neben dem Gemischten CETA-Ausschuss erhält auch der Ausschuss für Handel und nachhaltige Entwicklung Aufgaben der organisatorischen

Begleitung von Konfliktlösungsmaßnamen. Dies gilt hinsichtlich der in Kapitel 23 (Handel und Arbeit) und Kapitel 24 (Handel und Umwelt) vorgesehenen Streitbeilegung durch Sachverständigengruppen.

2. *Inhaltliche Streitbeilegung*

Hinsichtlich inhaltlicher Kompetenzen im Zusammenhang mit Streitbeilegungen ist grundlegend zu unterscheiden zwischen der Beilegung von Streitigkeiten zwischen den Vertragsparteien und der Beilegung von Streitigkeiten zwischen einer Vertragspartei und einem in der Rechtsordnung einer anderen Vertragspartei beheimateten Investor. Im Rahmen einer Prinzipal-Agenten-Untersuchung bedeutet das, dass auch die Funktionen einer Delegation in derartig unterschiedlichen Streitbeilegungstätigkeiten verschiedenartig sind. Auch wenn die durch die Delegation der im Folgenden zu untersuchenden Kompetenzen in beiden Fällen hauptsächlich eine gemeinsame, neutrale, informierte und sachkundige Streitbeilegung zugesichert wird,[788] dient die Streitbeilegung zwischen den Vertragsparteien hauptsächlich der Ausräumung von Konflikten zwischen mehreren Prinzipalen, welche einen oder mehrere Agenten hierzu bestellen. Im Fall der Beilegung von Streitigkeiten zwischen Staaten und Investoren dient die Mitwirkung eines als Agenten fungierenden Ausschusses dagegen mehr der gemeinsamen Vertragsdurchführung und deren Überwachung. So wird im Folgenden die Streitbeilegung zwischen den Vertragsparteien in Unterpunkt a. behandelt, während die Beilegung von Streitigkeiten zwischen Investoren und Vertragsparteien des CETA in Unterpunkt b. zur Sprache kommt.

a. *Streitbeilegung zwischen den Vertragsparteien*

An der Beilegung von Streitigkeiten zwischen den Vertragsparteien sind der Ausschuss für Warenhandel (Unterpunkt aa.), der Gemischte Ausschuss für die Zusammenarbeit im Zollbereich (Unterpunkt bb.), der Ausschuss für Handel und nachhaltige Entwicklung (Unterpunkt cc.) sowie die Gemischte Sektorgruppe für Arzneimittel (Unterpunkt dd.) mit sehr spezifischen Zuständigkeiten beteiligt.

---

788 Zu glaubhaften Zusicherungen: Unterabschnitt A. II. Punkt 1. des vorliegenden Kapitels.

aa. Ausschuss für Warenhandel

So obliegt es dem Ausschuss für Warenhandel nach den bereits thematisierten Art. 26.2 Abs. 1 lit. a CETA sowie Art. 4.7 Abs. 1 lit. b und lit. c CETA sich auf Ersuchen einer Vertragspartei mit Fragen im Zusammenhang mit regulierungsrechtlichen Maßnahmen im Bereich des Warenhandels (lit. b) und mit Risiko- oder Gefahrenbewertungen (lit. c) zu beschäftigen. Nach dem ebenfalls bereits behandelten Art. 4.7 Abs. 2 CETA kann der Gemischte CETA-Ausschuss eine Ad-hoc-Facharbeitsgruppe einsetzen, wenn eine Streitbeilegung durch die Konsultationen im Ausschuss für Warenhandel nicht erfolgreich ist.

bb. Gemischter Ausschuss für die Zusammenarbeit im Zollbereich (JCCC)

Der Gemischte Ausschuss für die Zusammenarbeit im Zollbereich (JCCC) hat nach Art. 2.8 Abs. 3 bis Abs. 5 CETA i.V.m. Art. 6.14 Abs. 4 CETA die Aufgabe Konfliktlösungen zu entwickeln, wenn er von einer Vertragspartei wegen eines (mutmaßlichen) Zollrechtsverstoßes einer anderen Vertragspartei hierzu angerufen wird.[789] Kommt das JCCC binnen 60 Tagen zu keinem für die Vertragsparteien akzeptablen Ergebnis, kann die Vertragspartei, die den Verstoß ursprünglich gerügt hat, die im CETA vorgesehenen Zollpräferenzbehandlungen im entsprechenden Produktbereich aussetzen. Während der Aussetzung finden im JCCC regelmäßige Konsultationen statt.

> (3) Gelangen die Behörden nicht binnen 30 Tagen zu einer für beide Seiten annehmbaren Lösung, befasst die Vertragspartei, welche die Feststellung getroffen hat, den Gemischten Ausschuss für die Zusammenarbeit im Zollbereich mit der Angelegenheit.
> (4) [1]Findet der Gemischte Ausschuss für die Zusammenarbeit im Zollbereich binnen 60 Tagen keine Lösung, darf die Vertragspartei, welche die Feststellung getroffen hat, die nach diesem Abkommen gewährte Zollpräferenzbehandlung für die in Rede stehende Ware der betreffenden Person der anderen Vertragspartei vorübergehend aussetzen. [2]Die vorübergehende Aussetzung gilt nicht für Waren, die sich am Tag des Inkrafttretens der vorübergehenden Aussetzung bereits im Transit zwischen den Vertragsparteien befinden.
> (5) [1]Die Vertragspartei, welche von der vorübergehenden Aussetzung nach Absatz 1 Gebrauch macht, wendet sie nur während eines Zeitraums an, der den Auswirkungen der nach Absatz 1 festgestellten Situation auf die finanziellen Interessen dieser Vertragspartei angemessen ist, höchstens jedoch während 90 Tagen. [2]Hat die betreffende Vertragspartei – auf der Grundlage objektiver, zuverlässiger und nachprüfbarer

---

789 Nettesheim, Umfassende Freihandelsabkommen und Grundgesetz, S. 27; Weiß, EuConst 2018, 532, 535.

> Informationen – berechtigten Grund zu der Annahme, dass sich die Umstände, die zu der Aussetzung geführt hatten, nach Ablauf des Zeitraums von 90 Tagen nicht geändert haben, kann die betreffende Vertragspartei die Aussetzung um einen weiteren Zeitraum von höchstens 90 Tagen verlängern. [3]Die ursprüngliche Aussetzung und etwaige Verlängerungen sind Gegenstand regelmäßiger Konsultationen im Rahmen des Gemischten Ausschusses für die Zusammenarbeit im Zollbereich.

Nach Art. 29 Abs. 12 und 13 des Protokolls über Ursprungsregeln und Ursprungsbestimmungen kann das JCCC auch im Fall von Differenzen zwischen den Zollbehörden der Vertragsparteien über eine Überprüfung der Ursprungseigenschaft gehandelter Erzeugnisse eingeschaltet werden:

> (12) Kommt es zu Differenzen zwischen der die um Überprüfung ersuchende Zollbehörde und der für die Überprüfung zuständigen Zollbehörde, was die Überprüfungsverfahren dieses Artikels oder die Auslegung der Ursprungsregeln bezüglich der Ursprungseigenschaft eines Erzeugnisses betrifft, und können sie diese Differenzen nicht durch Konsultationen ausräumen, und beabsichtigt ferner die Zollbehörde der Einfuhrvertragspartei, eine Ursprungsbestimmung vorzunehmen, die mit dem schriftlichen Bericht der Zollbehörde der Ausfuhrvertragspartei nach Absatz 8 Buchstabe a nicht im Einklang ist, notifiziert die Einfuhrvertragspartei dies der Ausfuhrvertragspartei binnen 60 Tagen nach Erhalt des schriftlichen Berichts.
> (13) Auf Ersuchen einer Vertragspartei nehmen die Vertragsparteien binnen 90 Tagen nach dem Tag der Notifikation nach Absatz 12 Konsultationen auf und bringen sie zum Abschluss, um diese Differenzen auszuräumen. [...] Die Vertragsparteien dürfen diese Meinungsverschiedenheiten auch dem in Artikel 34 genannten Gemischten Ausschuss für die Zusammenarbeit im Zollwesen vorlegen.

cc. Ausschuss für Handel und nachhaltige Entwicklung

Nach Art. 23.9 Abs. 4 CETA kann der Ausschuss für Handel und nachhaltige Entwicklung zur Erörterung und Lösung von Streitfragen im Zusammenhang mit dem 23. Kapitel des CETA (Handel und Arbeit) einberufen werden:

> [1]Ist eine Vertragspartei der Auffassung, dass eine Frage der weiteren Erörterung bedarf, so kann sie bei der Kontaktstelle der anderen Vertragspartei schriftlich darum ersuchen, dass der Ausschuss für Handel und nachhaltige Entwicklung einberufen wird, um diese Frage zu prüfen. [2]Der Ausschuss für Handel und nachhaltige Entwicklung tritt umgehend zusammen und bemüht sich um eine Lösung. [3]Gegebenenfalls konsultiert er im Rahmen der Konsultationsmechanismen nach Artikel 23.8 die von den Vertragsparteien eingesetzten innerstaatlichen Beratungsgruppen für Arbeit oder nachhaltige Entwicklung.

Eine parallele Vorschrift, die im Bereich des 24. Kapitels des CETA (Handel und Umwelt) die Einberufung des Ausschusses für Handel und nachhaltige Entwicklung ermöglicht, findet sich dort in Art. 24.14 Abs. 4 CETA:

Ist eine Vertragspartei der Auffassung, dass eine Frage der weiteren Erörterung bedarf, so kann sie bei der Kontaktstelle der anderen Vertragspartei schriftlich darum ersuchen, dass der Ausschuss für Handel und nachhaltige Entwicklung einberufen wird, um diese Frage zu prüfen. Der Ausschuss für Handel und nachhaltige Entwicklung tritt umgehend zusammen und bemüht sich um eine Lösung. Gegebenenfalls konsultiert er im Rahmen der Konsultationsmechanismen nach Artikel 24.13 Absatz 5 die zivilgesellschaftlichen Organisationen der Vertragsparteien.

dd. Gemischte Sektorgruppe für Arzneimittel

Nach Art. 12 Abs. 4 und Abs. 5 des Protokolls über die gegenseitige Anerkennung des Programms für die Befolgung und Durchsetzung der Guten Herstellungspraxis für pharmazeutische Erzeugnisse kann die Gemischte Sektorgruppe für Arzneimittel hinzugezogen werden, wenn zwischen den Vertragsparteien Differenzen über die Anerkennung neuer Arzneimittelregulierungsbehörden als gleichwertig bestehen:

(4) Stellt die bewertende Vertragspartei nach Beendigung ihrer Bewertung fest, dass die neue Regulierungsbehörde nicht gleichwertig ist, übermittelt sie der beantragenden Vertragspartei eine schriftliche Begründung, in der sie belegt, dass sie triftige Gründe dafür hat, die neue Regulierungsbehörde nicht als gleichwertig anzuerkennen. Auf Antrag der beantragenden Vertragspartei untersucht die in Artikel 15 genannte Gemischte Sektorgruppe für Arzneimittel („Gemischte Sektorgruppe“) die Ablehnung der bewertenden Vertragspartei, die neue Regulierungsbehörde als gleichwertig anzuerkennen, und sie kann Empfehlungen aussprechen, um die beiden Vertragsparteien bei der Problemlösung zu unterstützen.
(5) Stellt die bewertende Vertragspartei nach Beendigung ihrer Prüfung fest, dass die neue Regulierungsbehörde nur in einem engeren Bereich gleichwertig ist, als er von der beantragenden Vertragspartei vorgeschlagen wurde, übermittelt sie der beantragenden Vertragspartei eine schriftliche Begründung, in der sie belegt, dass sie triftige Gründe dafür hat, die neue Regulierungsbehörde nur in diesem engeren Bereich als gleichwertig anzuerkennen. Auf Antrag der beantragenden Vertragspartei untersucht die Gemischte Sektorgruppe die Ablehnung der bewertenden Vertragspartei, die neue Regulierungsbehörde als gleichwertig anzuerkennen, und sie kann Empfehlungen aussprechen, um die beiden Vertragsparteien bei der Problemlösung zu unterstützen.

ee. Zwischenergebnis zu Unterpunkt a.

Hinsichtlich der Beilegung konkreter Streitigkeiten zwischen den Vertragsparteien mag es nach dem bisher entstandenen Bild durchaus überraschen, dass dem Gemischten CETA-Ausschuss keine – jedenfalls keine im Abkommen ausdrücklich vorgesehenen – Kompetenzen zukommen. Stattdessen bestehen spezifische Zuständigkeiten des Ausschusses für Warenhandel, des Gemischten Ausschusses für die Zusammenarbeit im Zollbereich, des Ausschusses für Handel und nachhaltige Entwicklung sowie der Gemischten Sektorgruppe für Arzneimittel.

b. Investor-Staat-Streitbeilegung

Im Rahmen der Investor-Staat-Streitbeilegung hinsichtlich Investitionen im Finanzdienstleistungssektor besteht die Besonderheit, dass eine beklagte Vertragspartei die Investorenklage ganz oder teilweise zu Fall bringen kann, wenn sie sich nach Art. 13.21 Abs. 3 und 4 CETA erfolgreich auf eine Ausnahmeregelung nach Art. 13.16 Abs. 1 CETA beruft. Der in Art. 13.16 Abs. 1 CETA[790] vorgesehene „Prudential Carve-Out" erlaubt es den Vertragsparteien eine Reihe umfangreicher finanzaufsichtsrechtlicher Maßnahmen zu ergreifen oder aufrechtzuerhalten, um die Integrität und Stabilität des Finanzsystems zu schützen. Der Einwand, den eine Vertragspartei nach Art. 13.21 Abs. 3 CETA im Fall einer Investorenklage erheben kann, dient der prozessualen Absicherung des Art. 13.16 Abs. 1 CETA. Hierüber entscheidet allerdings nicht das Investitionsgericht, sondern gem. Art. 13.21 Abs. 3 bis Abs. 5 CETA der Ausschuss für Finanzdienstleistungen im Zusammenwirken mit dem Gemischten CETA-Ausschuss:[791]

> (3) [1]Der Beklagte kann den Ausschuss für Finanzdienstleistungen schriftlich mit der Angelegenheit befassen und ihn um eine Entscheidung darüber ersuchen, ob und gegebenenfalls inwieweit die Ausnahmeregelung nach Artikel 13.16 Absatz 1 einen stichhaltigen Einwand gegen die Klage darstellt. [2]Die Befassung des Ausschusses ist nur bis zu dem Tag möglich, den das Gericht für die Übermittlung der Klageerwiderung des Beklagten festgesetzt hat. [3]Befasst der Beklagte nach diesem Absatz den Ausschuss für Finanzdienstleistungen mit der Angelegenheit, so werden die Fristen oder Verfahren

---

790 Art. 13.16 Abs. 1 CETA:
Dieses Abkommen hindert eine Vertragspartei nicht daran, aus aufsichtsrechtlichen Gründen angemessene Maßnahmen einzuführen oder aufrechtzuerhalten, einschließlich
a) Maßnahmen zum Schutz von Investoren, Einlegern, Versicherungsnehmern oder Personen, denen gegenüber ein Finanzinstitut, ein grenzüberschreitend tätiger Finanzdienstleister oder ein anderer Finanzdienstleister treuhänderische Pflichten hat,
b) Maßnahmen zur Wahrung der Sicherheit, Solidität, Integrität oder finanziellen Verantwortlichkeit eines Finanzinstituts, grenzüberschreitend tätigen Finanzdienstleisters oder eines anderen Finanzdienstleisters oder
c) Maßnahmen zur Gewährleistung der Integrität und Stabilität des Finanzsystems einer Vertragspartei.

791 Schill, ZaöRV 2018, 33, 73; Weiß, Demokratische Legitimation und völkerrechtliche Governancestrukturen, S. 186.

> nach Kapitel acht Abschnitt F (Beilegung von Investitionsstreitigkeiten zwischen Investoren und Staaten) ausgesetzt.
> (4) [1]Bei einer Befassung nach Absatz 3 kann der Ausschuss für Finanzdienstleistungen beziehungsweise der Gemischte CETA-Ausschuss eine gemeinsame Feststellung zu der Frage treffen, ob und inwieweit sich aus Artikel 13.16 Absatz 1 ein stichhaltiger Einwand gegen die Klage ergibt. [2]Der Ausschuss für Finanzdienstleistungen beziehungsweise der Gemischte CETA-Ausschuss übermittelt eine Kopie der gemeinsamen Feststellung an den Investor und das Gericht, sofern es bereits eingesetzt ist. [3]Lautet das Ergebnis der gemeinsamen Feststellung, dass sich aus Artikel 13.16 Absatz 1 ein stichhaltiger Einwand gegen alle Teile der Klage in ihrer Gesamtheit ergibt, so gilt die Klage des Investors als zurückgezogen und das Verfahren wird nach Artikel 8.35 (Einstellung des Verfahrens) eingestellt. [4]Kommt die gemeinsame Feststellung zu dem Schluss, dass sich aus Artikel 13.16 Absatz 1 nur für Teile der Klage ein stichhaltiger Einwand ergibt, so ist die gemeinsame Feststellung für das Gericht für diese Teile der Klage bindend. [5]Die Aussetzung der Fristen oder Verfahren nach Absatz 3 findet dann keine Anwendung mehr, und der Investor kann die Klage in den übrigen Teilen weiterverfolgen.
> (5) Hat der Gemischte CETA-Ausschuss binnen drei Monaten, nachdem er vom Ausschuss für Finanzdienstleistungen mit der Angelegenheit befasst wurde, noch keine gemeinsame Feststellung getroffen, so findet die Aussetzung der Fristen oder Verfahren nach Absatz 3 keine Anwendung mehr und der Investor kann seine Klage weiterverfolgen.

Die Durchführung dieses Entscheidungsprozesses obliegt nach Art. 13.18 Abs. 3 lit. c CETA dem Ausschuss für Finanzdienstleistungen:

> Der Ausschuss für Finanzdienstleistungen tritt einmal jährlich oder gemäß anderslautender, von ihm getroffener Vereinbarung zusammen und
>
> [...] führt Artikel 13.21 durch.

c. *Zwischenergebnis zu Punkt 2.*

Wie auf den vorangegangenen Seiten aufgezeigt werden konnte sieht das CETA Ausschusskompetenzen zur inhaltlichen Entscheidung von Streitfragen vor. Diese sind im Vergleich zu den übrigen bislang thematisierten Zuständigkeiten der CETA-Ausschüsse deutlich enger gefasst. Hinsichtlich Streitigkeiten zwischen den Vertragsparteien überträgt das Abkommen einigen Sonderausschüssen inhaltliche Entscheidungsbefugnisse. Anlässlich der Beilegung von Streitigkeiten zwischen einer Vertragspartei und einem Investor aus dem Finanzdienstleistungsbereich arbeiten der Gemischte CETA-Ausschuss und der Ausschuss für Finanzdienstleistungen gemeinsam dem Investitionsgericht bei der Anwendung des Art. 13.21 CETA zu.

3. Zwischenergebnis zu Unterabschnitt IV.

So ergibt sich insgesamt das Bild, dass die organisatorische Begleitung von Konfliktlösungsverfahren hauptsächlich dem Gemischten CETA-Ausschuss (und im geringeren Ausmaß den Ausschuss für nachhaltige Entwicklung) überantwortet ist, während hinsichtlich der inhaltlichen Beteiligung an Streitbeilegungen den Sonderausschüssen eine größere Rolle zukommt.

V. Vorbereitung hochkomplexer Sachentscheidungen

Ein weiterer Grund für die Delegation von Aufgaben an internationale Ausschussgremien kann in der Verminderung von Transaktionskosten durch die sachkundige und informierte Vorbereitung hochkomplexer Sachentscheidungen liegen. Zu den hiermit verbundenen Aufgaben gehört die Sammlung von Informationen, die Ausarbeitung von Empfehlungen oder Expertisen sowie die Beteiligung von an der jeweiligen Sachfrage interessierten Personenkreisen. Derartige Delegationen ermächtigen nicht zu rechtsverbindlichen Beschlüssen,[792] können aber auch der Vorbereitung von Beschlüssen dienen.[793] Dieses Delegationsmotiv weist gewisse Überschneidungen mit der Behandlung unvollständiger Verträge auf zu der, wie aufgezeigt, auch deren Auslegung und die Ausarbeitung von Fortentwicklungen gehört. Allerdings rechtfertigt sich die Einführung einer zusätzlichen Kategorie von Delegationslogiken dadurch, dass sich ein großer Teil der im CETA vorgesehenen Ausschusskompetenzen in der Organisation hinreichender Expertise und der Beteiligung interessierter bzw. relevanter Dritter erschöpft, ohne dass eine verbindliche Entscheidung über eine Auslegung oder eine Weiterentwicklung des CETA sowie seiner Protokolle und Anhänge getroffen werden kann. Ähnlich verhält es sich im Verhältnis zur Thematik des formellen Agenda-Settings. Kompetenzen, die auf die Vorbereitung hochkomplexer Sachentscheidungen beschränkt sind, können oftmals als Formen informellen Agenda-Settings charakterisiert werden, da der Agent durch die bei seiner Arbeit vorgenommene Schwerpunktsetzung zu einem gewissen Grad die vorbereiteten Entscheidungen beeinflussen kann. So kann er etwa eine Entscheidungsoption deutlich fundierter ausarbeiten als eine andere.[794] Gerade

---

792 Bradley/Kelley, Law and Contemporary Problems 2008, 1, 15.

793 Vgl. Mayer, Stellungnahme der Bundesregierung in den Verfahren 2 BvR 1368/16 u.a. vor dem Bundesverfassungsgericht, S. 7.

794 Vgl. Hirsch/Shotts, Journal of Politics 2018, 1339, 1340; ebd. S. 1352.

bei diesen Kompetenzen kommt auch dem Aspekt der glaubhaften Zusicherung informierter und sachkundiger Entscheidungsfindung erhöhte Bedeutung zu.

Im Folgenden werden diejenigen im CETA vorgesehenen Ausschusskompetenzen aufgeführt, die schwerpunktmäßig der Gewährleistung hinreichender Sachkenntnis für die im Rahmen der Durchführung des Abkommens zu treffenden Entscheidungen dienen. Dabei werden die jeweils tätigen Ausschüsse im Einzelnen behandelt. Da der Gemischte CETA-Ausschuss nach Art. 26.1 Abs. 5 lit. b CETA „mit allen interessierten Parteien kommunizieren [kann], auch mit Organisationen des Privatsektors und der Zivilgesellschaft“, spielt bei der Ausübung praktisch aller Kompetenzen dieses Gremiums die Gewährleistung hinreichenden Sachverstandes eine Rolle. Allerdings wird diese Funktion bei zahlreichen Kompetenzen durch die oben bereits thematisierten Aspekte der Implementationsüberwachung, der Durchführung des CETA als unvollständigem Vertrag, des Agenda-Settings oder der Streitbeilegung überlagert. Entsprechendes gilt auch für zahlreiche Kompetenzen der Sonderausschüsse, bei deren Sitzungen nach Art. 26.2 Abs. 5 CETA zu gewährleisten ist, dass die jeweils zuständigen Stellen der Vertragsparteien durch sachkundiges Personal vertreten werden. Im bisherigen Verlauf dieses Kapitels wurden bereits Ausführungen zur Besetzung einzelner Ausschüsse gemacht. Hinsichtlich der Sonderausschüsse wurden hierbei über die allgemeine Vorschrift des Art. 26.2 Abs. 5 CETA hinausgehende Spezifizierungen aufgegriffen und Hinweise aus der öffentlich zugänglichen Dokumentation der bisherigen Sitzungen der Ausschüsse verarbeitet. Dabei fällt auf, dass das CETA keine über die in Art. 26.2 Abs. 5 CETA hinausgehenden systematisierbaren Anforderungen an die Besetzung der Ausschüsse, bzw. insbesondere der Sonderausschüsse zu enthalten scheint. Auch Regelungen zur Anzahl der Mitglieder und zur Vertretung der EU-Mitgliedstaaten sind nicht zu finden.[795]

1. Gemischter CETA-Ausschuss

Wie bereits beschrieben wurde, handelt es sich beim Gemischten CETA-Ausschuss um das zentrale Ausschussgremium des Abkommens, was sich auch an seiner Besetzung durch Vertreter der EU und Kanadas unter dem gemeinsamen Vorsitz des für Handel zuständigen EU-Kommissar und dem kanadischen Minister for International Trade (oder deren Vertretern) zeigt (vgl. Art. 26.1

795 Bautze, Kritische Justiz 2017, 404, 408; Kempen, Verfassungsbeschwerdeschrift in dem Verfahren 2 BvR 1482/16 vor dem Bundesverfassungsgericht, S. 22; Weiß, The role of Treaty Committees in CETA and other recent EU free trade agreements, S. 2f.

Abs. 1 CETA). Nach der Dokumentation zur ersten Sitzung des Ausschusses waren von EU-Seite neben der damals amtierenden Handelskommissarin und Angehörigen ihres Kabinetts auch Vertreter der Generaldirektion für Handel und der in Kanada stationierten diplomatischen Vertretungen der EU sowie mehrerer EU-Mitgliedstaaten (darunter auch Deutschlands) anwesend.[796]

Die Mobilisierung ausreichender Expertise bildet für das Aufgabenspektrum des Gremiums etwa im Rahmen der Überwachung und Unterstützung der Vertragsdurchführung nach Art. 26.1 Abs. 4 lit. a CETA, hinsichtlich des Beschlusses von Änderungen nach Art. 26.1 Abs. 5 lit. c (ggf. i.V.m. Art. 30.2) CETA und bezüglich verbindlichen Auslegungen nach Art. 26.1 Abs. 5 lit. e CETA einen gewichtigen Teilaspekt. Auch Anpassungen des Abkommens durch die Einberufung weiterer Gremien nach Art. 26.1 Abs. 5 lit. h CETA sowie im Bereich von Ausgestaltungen und Fortentwicklungen des Investitionsschutzmechanismus nach Art. 8.27 bis 8.29 CETA dienen – neben anderen Aspekten – der Qualifizierung von Entscheidungsfindungs- und Streitbeilegungsprozessen. Auch bei Beschlüssen oder Konsultationen in Einzelfragen, wie nach Art. 13.21 Abs. 3 bis 5 CETA (finanzaufsichtsrechtlicher Einwand gegen Investorenklage) oder nach Art. 28.5 Abs. 6 bis 7 (Zahlungsbilanzschwierigkeiten), wird sich die Einschaltung des Gemischten CETA-Ausschusses auch durch das Bestreben nach einer möglichst sachkundigen Entscheidung rechtfertigen.

Darüber hinaus bestehen jedoch auch Ausschusskompetenzen des Gemischten CETA-Ausschusses, bei denen die Vorbereitung möglichst sachkundiger Entscheidungen entweder durch andere im CETA vorgesehene Gremien oder durch Organe der Vertragsparteien im Vordergrund steht. Besonders deutlich wird dies bei der Kompetenz nach Art. 26.1 Abs. 5 lit. f CETA, die die Formulierung von (an die Vertragsparteien gerichteten) Empfehlungen zur Förderung von Handel und Investitionen vorsieht:

> Der Gemischte CETA-Ausschuss kann
>
> [...] Empfehlungen zur Förderung von Handel und Investitionen nach Maßgabe dieses Abkommens formulieren,

Weiter kommen dem Gremium Kompetenzen zu, die zwar nicht die Formulierung von Empfehlungen i.S.v. Art. 26.3 Abs. 3 Alt. 2 CETA vorsehen, aber

796 EU-Kommission, Report, Meeting of the CETA Joint Committee, Montreal, 26.09.2018, S. 3; siehe zur Besetzung auch den Anfang von Unterabschnitt B. I. Unterpunkt 4. a. des vorliegenden Kapitels.

dennoch dem (rechtlich unverbindlichen) Herangehen an unterschiedliche Fragestellungen dienen. So sehen Art. 26.1 Abs. 4 lit. c und f CETA vor:

> Der Gemischte CETA-Ausschuss
> [...]
> c) sucht – unbeschadet der Kapitel acht (Investitionen), zweiundzwanzig (Handel und nachhaltige Entwicklung), dreiundzwanzig (Handel und Arbeit), vierundzwanzig (Handel und Umwelt) und neunundzwanzig (Streitbeilegung) – nach geeigneten Wegen und Methoden, um Probleme zu vermeiden, die sich in den von diesem Abkommen erfassten Bereichen ergeben könnten, oder um Streitigkeiten zu schlichten, die bei der Auslegung oder Anwendung dieses Abkommens auftreten könnten,
>
> [...]
> f) prüft alle Fragen, die für die von diesem Abkommen erfassten Bereiche von Interesse sind.

Auch nach Art. 26.1 Abs. 5 lit. d CETA kann der Gemischte CETA-Ausschuss:

> [...] die Entwicklung des Handels zwischen den Vertragsparteien untersuchen und erwägen, wie die Handelsbeziehungen zwischen den Vertragsparteien intensiviert werden können,

Eine speziellere Befassung des Gremiums ist – außerhalb der Kataloge des Art. 26.1 Abs. 4 und Abs. 5 CETA – noch in Art. 8.39 Abs. 6 CETA vorgesehen:

> [1]Der Gemischte CETA-Ausschuss prüft die Einführung ergänzender Vorschriften zur Verringerung der finanziellen Belastung für Kläger, bei denen es sich um natürliche Personen oder um kleine und mittlere Unternehmen handelt. [2]Mit entsprechenden ergänzenden Vorschriften kann insbesondere den finanziellen Ressourcen solcher Kläger und der Höhe des geforderten Schadensersatzes Rechnung getragen werden.

Nach Art. 8.39 Abs. 6 CETA erhält der Gemischte CETA-Ausschuss die Aufgabe, sich mit der Entwicklung ergänzender Vorschriften zur Verringerung der finanziellen Belastung bei Investorenklagen durch natürliche Personen oder kleine und mittlere Unternehmen zu befassen. Dies dient der Erhöhung der Zugänglichkeit des Investitionsgerichtes im Hinblick auf potenzielle Kläger, die aufgrund ihres Unvermögens, die Verfahrenskosten nach Art. 8.39 Abs. 5 CETA zu tragen, dazu bewogen würden, die in Kapitel 8 des CETA vorgesehenen Rechtsbehelfe nicht wahrzunehmen.[797] Dementsprechend thematisiert auch die beim Ratsbeschluss über die Unterzeichnung des CETA abgegebene Erklärung Nr. 36 die Bemühungen der Kommission und des Rates, die „Annahme ergänzender

797 EuGH, Gutachten 1/17, Rn. 205-216.

Vorschriften durch den gemischten Ausschuss gemäß Artikel 8.39 Abs. 6 des CETA zur Verringerung der finanziellen Belastung für Kläger, bei denen es sich um natürliche Personen oder um kleine und mittlere Unternehmen handelt" voranzutreiben, „sodass diese ergänzenden Vorschriften so rasch wie möglich angenommen werden können". Darüber hinaus werden in derselben Erklärung „angemessene Maßnahmen zur öffentlichen (Ko-)finanzierung" sowie die Bereitstellung technischer Hilfe in Aussicht gestellt.[798] Nach dem Gutachten, das der EuGH nach Art. 218 Abs. 11 AEUV zum CETA erstattet hat, sind Art. 8.39 Abs. 6 CETA und die hierauf gerichtete genannte Erklärung Nr. 36 vor dem Hintergrund des Art. 47 der Charta der Grundrechte der Europäischen Union von zentraler Bedeutung. So setzt Art. 47 Abs. 3 der Charta Maßnahmen zur Prozesskostenhilfe für Personen voraus, die nicht über ausreichende finanzielle Mittel verfügen, um einen wirksamen Rechtsbehelf zu verfolgen.[799]

Die vorgenannten Empfehlungen oder die Prüfung zusätzlicher Vorschriften ist neben der Schaffung sachgerechter Entscheidungsgrundlagen auch dazu geeignet, die inhaltliche Tagesordnung der Entscheidungsinstanzen der EU und ihrer Mitgliedstaaten zu beeinflussen. An anderer Stelle des vorliegenden Kapitels ist dies bereits als informelles Agenda-Setting bezeichnet worden. Dabei steht nicht die ausdrückliche Ermächtigung zur Ausübung eines solchen inhaltlichen Einflusses im Vordergrund, sondern die faktische Einflussnahme auf den (späteren) Rechtsetzungsprozess.[800] Hierbei kann der Gemischte CETA-Ausschuss, bzw. die dort vertretenen Amtsträger, etwa durch Empfehlungen nach Art. 26.1 Abs. 5 lit. d, bzw. nach Art. 26.1 Abs. 5 lit. f CETA, oder durch die Entwicklung zusätzlicher Vorschriften nach Art. 8.39 Abs. 6 CETA Entscheidungen innerhalb der politischen Systeme der EU und ihrer Mitgliedstaaten bereits durch die Auswahl der ausgearbeiteten Empfehlungen beeinflussen.[801]

2. *Ausschuss für Warenhandel*

Auch bei dem von EU-Seite mit Vertretern mehrerer Generaldirektionen der Kommission besetzten Ausschuss für Warenhandel spielt die Gewährleistung

798 Rat der EU, Erklärungen für das Ratsprotokoll, ABl. EU, 14.01.2017, L 11/9, Ziff. 36.

799 EuGH, Gutachten 1/17, Rn. 217-222.

800 Vgl. Bocquillon/Dobbels, Journal of European Public Policy 2014, 20, 21; Pollack, International Organization 1997, 104, 124-128 m.w.N; Pollack, The Engines of European Integration, S. 49-56 m.w.N; Bradley/Kelley, Law and Contemporary Problems 2008, 1, 15.

801 Vgl. Hirsch/Shotts, Journal of Politics 2018, 1339, 1340; ebd. S. 1352.

eines hinreichenden Maßes an Sachverstand angesichts einiger Kompetenzen zwar eine Rolle,[802] diese tritt jedoch neben die bereits oben behandelten Funktionen. So verhält es sich etwa mit den Kompetenzen zur Erörterung unterschiedlicher Sachfragen in Art. 26.2 Abs. 1 lit. a und nach Art. 4.7 Abs. 1 lit. c CETA.

Auffällig ist, dass dem Ausschuss für Warenhandel einige Zuständigkeiten zur Erarbeitung von Empfehlungen an den Gemischten CETA-Ausschuss zukommen. So dienen Art. 2.13 Abs. 1 lit. a und Art. 2.13 Abs. 2 CETA der Vorbereitung des Verfahrens zur Beschleunigung des in dem Abkommen vereinbarten Zollabbaus durch einen Beschluss des Gemischten CETA-Ausschusses nach Art. 2.4 Abs. 4 CETA. Art. 2.13 Abs. 1 lit. a CETA lautet:

> Der nach Artikel 26.2 (Sonderausschüsse) Absatz 1 Buchstabe a eingesetzte Ausschuss für Warenhandel hat unter anderem folgende Aufgaben:
>
> [...] er fördert den Warenhandel zwischen den Vertragsparteien, unter anderem durch Konsultationen über die Beschleunigung des Zollabbaus im Rahmen dieses Übereinkommens sowie gegebenenfalls über andere Fragen,

Hieran knüpft Art. 2.13 Abs. 2 CETA an:

> Der Ausschuss für Warenhandel kann dem Gemischten CETA-Ausschuss Beschlussentwürfe zum beschleunigten Abbau oder zur Beseitigung des auf eine Ware erhobenen Zolls vorlegen.

Ähnlich vorbereitenden Charakter haben die bereits angesprochenen Art. 2.13 Abs. 1 lit. b CETA (Erarbeitungen möglicher Änderungen des Harmonisierten Systems) und Art. 4.7 Abs. 1 S. 2 lit. f CETA (Erarbeitung möglicher Änderungen des vierten Kapitels 4 zu technischen Handelshemmnissen).

Allgemeinere Kompetenzen zur Erörterung von Sachfragen ergeben sich hinsichtlich Kapitel 2 (Warenhandel) nach Art. 2.13 Abs. 1 lit. c CETA:

> Der nach Artikel 26.2 (Sonderausschüsse) Absatz 1 Buchstabe a eingesetzte Ausschuss für Warenhandel hat unter anderem folgende Aufgaben:
>
> [...] er befasst sich unverzüglich mit Fragen, welche die Beförderung von Waren durch die Eingangshäfen der Vertragsparteien betreffen.

Auch die Protokolle und Anhänge sehen ähnliche Kompetenzen zur Befassung mit Sachfragen vor. So enthält Anhang 5-A zum Protokoll über Ursprungsregeln und Ursprungsbestimmungen unter seinen Tabellen C.1 bis C.4

---

802 Siehe zur Besetzung auch den Anfang von Unterabschnitt B. I. Unterpunkt 4. b. des vorliegenden Kapitels.

(Kontingentszuteilungen für Kleidung und Spinnstoffe) jeweils eine gleichlautende Bestimmung zur Überprüfung der jeweiligen Aus- bzw. Einfuhrkontingente:

> Auf Antrag einer Vertragspartei treffen die Vertragsparteien zusammen, um die abgedeckten Erzeugnisse und die Mengen der Kontingentszuteilungen anhand der Entwicklungen der relevanten Märkte und Sektoren zu überprüfen. Die Vertragsparteien können dem Ausschuss für Warenhandel die Durchführung von Überprüfungen empfehlen.

Schließlich enthält auch das Protokoll über die gegenseitige Anerkennung der Ergebnisse von Konformitätsbewertungen mehrere Zuständigkeiten des Ausschusses für Warenhandel zur Erörterung von Sachfragen, die mit dem Protokoll im Zusammenhang stehen. Art. 18 lit. b und lit. c des Protokolls über die gegenseitige Anerkennung der Ergebnisse von Konformitätsbewertungen lauten:

> Für die Zwecke dieses Protokolls nimmt der nach Artikel 26.2 Absatz 1 Buchstabe a (Sonderausschüsse) eingesetzte Ausschuss für Warenhandel folgende Aufgaben wahr:
> [...]
> b) Behandlung jeder Frage, die eine Vertragspartei im Zusammenhang mit diesem Protokoll aufwirft,
> c) Entwicklung vom Gemischten CETA-Ausschuss zu prüfender Empfehlungen für Änderungen dieses Protokolls, [...]

An Art. 18 lit. c anknüpfend lauten Art. 2 Abs. 2 bis Abs. 4 des Protokolls über die gegenseitige Anerkennung der Ergebnisse von Konformitätsbewertungen:

> (2) Die Vertragsparteien beraten binnen drei Jahren nach Inkrafttreten dieses Abkommens über eine Erweiterung des Anwendungsbereichs dieses Protokolls durch eine Änderung von Anhang 1 zwecks Aufnahme zusätzlicher Warenkategorien, für die eine Vertragspartei vor oder mit Inkrafttreten dieses Abkommens nicht-staatliche Stellen für die Bewertung der Konformität dieser Waren mit den technischen Vorschriften dieser Vertragspartei anerkannt hat. Vorrangig zu berücksichtigende Warenkategorien sind in Anhang 2 aufgeführt.
> (3) Die Vertragsparteien prüfen wohlwollend, ob sie dieses Protokoll auf zusätzliche Warenkategorien anwendbar machen, die einer Konformitätsbewertung durch Dritte nach Maßgabe von durch eine Vertragspartei nach Inkrafttreten dieses Abkommens erlassenen technischen Vorschriften unterzogen werden können, und zwar durch anerkannte nicht-staatliche Stellen. Die Vertragspartei notifiziert dazu umgehend der anderen Vertragspartei schriftlich jede nach Inkrafttreten dieses Abkommens erlassene derartige technische Vorschrift. Zeigt sich die andere Vertragspartei daran interessiert, eine neue Warenkategorie in Anhang 1 aufzunehmen, stimmt die notifizierende Vertragspartei dem jedoch nicht zu, nennt die notifizierende Vertragspartei der anderen Vertragspartei auf Verlangen die Gründe für ihre Ablehnung einer Erweiterung des Anwendungsbereichs dieses Protokolls.
> (4) Entscheiden die Vertragsparteien nach Absatz 2 oder 3, zusätzliche Warenkategorien in Anhang 1 aufzunehmen, ersuchen sie den Ausschuss für Warenhandel nach Artikel

18 Buchstabe c darum, Empfehlungen zur Änderung von Anhang 1 an den Gemischten CETA-Ausschuss zu richten.

Ähnlich wie beim Gemischten CETA-Ausschuss sind die hier genannten Konsultationen und Empfehlungen dazu geeignet, die Arbeit der Entscheidungsinstanzen der EU und ihrer Mitgliedstaaten inhaltlich zu beeinflussen, was sie zu Formen informellen Agenda-Settings macht. Einige der hier behandelten Empfehlungen des Ausschusses für Warenhandel sind hingegen nicht an die Organe der EU und ihre Mitgliedstaaten gerichtet, sondern an den Gemischten CETA-Ausschuss. Diese Kompetenzen dienen der Erarbeitung sachgerechter Empfehlungen an den Gemischten CETA-Ausschuss, die dieser im Anschluss in einem nach Art. 26.3 Abs. 2 S. 1 CETA rechtsverbindlichen Beschluss umsetzen kann.

3. *Landwirtschaftsausschuss*

Hinsichtlich der Kompetenz des Landwirtschaftsausschusses zur Untersuchung und zum Beschluss von Maßnahmen bei Nichtausschöpfung von Zollkontingenten nach Ziff. 19 lit. a Anhang 2-A spielt die Gewährleistung hinreichender Sachkenntnis eine Nebenrolle. Der Kompetenzschwerpunkt des ebenfalls mit Vertretern der jeweils zuständigen Behörden besetzten Gremiums[803] dürfte, wie oben aufgezeigt, auf der Handhabung des Anhangs 2-A als unvollständigem Vertrag liegen.

Eigenständige Bedeutung kommt hingegen der Beschaffung von Fachexpertise gemäß Art. 2.13 Abs. 3 lit. b CETA zu:[804]

> Der nach Art. 26.2 (Sonderausschüsse) Absatz 1 Buchstabe a eingesetzte Landwirtschaftsausschuss
>
> [...] dient den Vertragsparteien als Forum für die Erörterung von Fragen im Zusammenhang mit landwirtschaftlichen Erzeugnissen, die von diesem Abkommen erfasst werden, [...]

Ähnlich wie der Ausschuss für Warenhandel, hat auch der Landwirtschaftsausschuss an einer Stelle die Aufgabe, eine Entscheidung des Gemischten CETA-Ausschusses fachlich vorzubereiten. Nach der bereits im Zusammenhang mit einer Änderung des Anhangs 5-A des Protokolls über Ursprungsregeln und Ursprungsbestimmungen durch den Gemischten CETA-Ausschuss

803 Siehe zur Besetzung auch den Anfang von Unterabschnitt B. I. Unterpunkt 4. c. des vorliegenden Kapitels.

804 Art. 2.13 Abs. 3 lit. c CETA ermöglicht es auch eine Angelegenheit an den Ausschuss für Warenhandel weiterzugeben.

thematisierten, jeweils gleichlautenden Ziff. 4 unter dessen Tabellen A.2 und A.3, kann der Landwirtschaftsausschuss dem Gemischten CETA-Ausschuss Erhöhungen der Ursprungskontingentmengen für bestimmte Lebensmittel vorschlagen. Nach der abweichend formulierten Ziff. 4 zur Tabelle A.1 des Anhangs 5-A zum Protokoll über Ursprungsregeln und Ursprungsbestimmungen hingegen nehmen die Vertragsparteien nach der Überprüfung durch den Landwirtschaftsausschuss etwaige Erhöhungen der in dieser Tabelle geregelten Ursprungskontingente[805] selbst vor:

> Diese Überprüfung wird vom Landwirtschaftsausschuss vorgenommen. Nach der Überprüfung notifizieren die Parteien einander schriftlich eine etwaige Erhöhung des Ursprungskontingents nach Absatz 2 sowie den Tag, ab dem die Erhöhung nach Absatz 3 gilt. Die Vertragsparteien gewährleisten, dass eine Erhöhung des Ursprungskontingents sowie der Tag des Inkrafttretens veröffentlicht werden.

4. *Gemischte Sektorgruppe für Arzneimittel*

Auch den bereits genannten Kompetenzen der Gemischten Sektorgruppe für Arzneimittel nach Art. 15 des Protokolls über die gegenseitige Anerkennung des Programms für die Befolgung und Durchsetzung der Guten Herstellungspraxis für pharmazeutische Erzeugnisse ist der Aspekt einer möglichst sachgerechten Umsetzung des Protokolls durch die in dem Gremium vertretenen Amtsträger und Beamten inhärent.[806]

5. *Ausschuss für Dienstleistungen und Investitionen*

Beim Ausschuss für Dienstleistungen und Investitionen[807] spielt der Gesichtspunkt der Gewährleistung von Sachkenntnis bereits bei den Kompetenzen nach Art. 26.2 Abs. 1 lit. b CETA (schwerpunktmäßig Implementationsüberwachung) und Art. 8.44 Abs. 2 (Verhaltenskodex für die Mitglieder des Investitionsgerichts) eine Rolle.

---

805 „Erzeugnisse mit hohem Zuckeranteil" die aus Kanada in die EU ausgeführt werden.

806 Siehe zur Besetzung auch den Anfang von Unterabschnitt B. II. Unterpunkt 4. a. aa. (3) des vorliegenden Kapitels.

807 Aus den bisher veröffentlichten Dokumenten zum ersten Treffen des Gremiums lassen sich keine Rückschlüsse auf die personelle Zusammensetzung des Ausschusses für Dienstleistungen und Investitionen ziehen (siehe: EU-Kommission, Joint Report, Meeting of the Committee on Services and Investment, 18.09.2018; EU-Kommission, Agenda, Meeting of the Committee on Services and Investment, 18.09.2018).

Nach dem schon oben thematisierten Art. 8.44 Abs. 3 lit. a, lit. d und lit. e (letzterer i.V.m. Art. 8.28 Abs. 8) CETA kann der Ausschuss für Dienstleistungen und Investitionen Empfehlungen zur Ausübung mehrerer Kompetenzen des Gemischten CETA-Ausschusses erarbeiten. Da hier schon im Empfehlungsstadium ein Vorbehalt der Zustimmung der Vertragsparteien nach deren internen Anforderungen und Verfahren enthalten ist, bedeutet die Entscheidung über die Empfehlung des Ausschusses für Dienstleistungen und Investitionen bereits eine inhaltliche Festlegung, so dass auch bei diesen Kompetenzen der Schwerpunkt mehr auf die Weiterentwicklung des CETA als unvollständigem Vertrag liegt, als auf dem – gleichwohl relevanten – Aspekt der Gewährleistung einer sachkundigen Entscheidungsfindung.

Eine Kompetenz des Ausschusses für Dienstleistungen und Investitionen, bei der der Aspekt der Sachkunde allein im Vordergrund steht, ist dagegen in Art. 8.44 Abs. 1 lit. b CETA zu finden:

> Der Ausschuss für Dienstleistungen und Investitionen dient den Vertragsparteien als Forum für die Erörterung von Fragen im Zusammenhang mit diesem Kapitel, unter anderem
>
> [...] von möglichen Verbesserungen dieses Kapitels, insbesondere im Lichte der Erfahrungen und Entwicklungen in anderen internationalen Foren und im Rahmen anderer von den Vertragsparteien getroffener Übereinkünfte.

6. *Gemischter Ausschuss für die Gegenseitige Anerkennung von Berufsqualifikationen (MRA-Ausschuss)*

Die Rolle des Gemischten Ausschusses für die Gegenseitige Anerkennung von Berufsqualifikationen im Rahmen des Verfahrens nach Art. 11.3 CETA zur Aushandlung von Anerkennungsabkommen wurde bereits unter dem hierfür dominanten Gesichtspunkt des Agenda-Settings behandelt. Neben die Funktion des Ausschusses als Agenda-Setter gegenüber den jeweils für die Aushandlung derartiger Abkommen verantwortlichen Stellen Kanadas, der EU und ihrer Mitgliedstaaten, tritt insbesondere hinsichtlich Art. 11.3 Abs. 4 und Abs. 5 CETA die Vornahme einer rechtlich-fachlichen Prüfung des entstandenen Abkommensentwurfs:

> (4) Im Anschluss führen die Verhandlungsinstanzen die Verhandlungen und legen dem MRA-Ausschuss einen Entwurf für das Abkommen über gegenseitige Anerkennung vor.
> (5) Der MRA-Ausschuss prüft daraufhin den MRA-Entwurf, um seine Vereinbarkeit mit diesem Abkommen zu gewährleisten.

Nach Art. 11.5 lit. a CETA setzt sich das Gremium aus Vertretern Kanadas und der EU zusammen, wobei es sich weder um Vertreter der zuständigen Behörden noch um Vertreter von Berufsorganisationen handeln darf. Es steht also die Beschaffung von Expertise aus den jeweils relevanten Fachgebieten anstatt einer arbeitsmarktpolitischen Sichtweise im Vordergrund. Wie bereits ausgeführt, wurde die EU etwa im zweiten Treffen des Ausschusses am 24. November 2020 von Angehörigen der Generaldirektion für Handel und der Generaldirektion für Binnenmarkt, Industrie, Unternehmertum und KMU vertreten.[808]

7. *Gemischter Ausschuss für die Zusammenarbeit im Zollbereich (JCCC)*

Der Gemischte Ausschusses für die Zusammenarbeit im Zollbereich (JCCC) wird in Art. 6.14 Abs. 2 und 3 CETA bereits von seiner Besetzung her in höherem Maße als Expertengremium charakterisiert als die meisten anderen CETA-Ausschüsse.[809] Die bereits behandelten Zuständigkeiten des Ausschusses nach Art. 26.2 Abs. 1 lit. c, Art. 6.14 Abs. 1, Abs. 4 und Art. 20.49 Abs. 3 CETA sowie gemäß Art. 29 Abs. 13 des Protokolls über Ursprungsregeln und Ursprungsbestimmungen sind neben ihren jeweiligen Hauptfunktionen geprägt von der Logik der Gewährleistung eines hinreichenden fachlichen Niveaus bei der Durchführung des CETA. Stärker im Vordergrund steht dies jedoch bei Art. 34 des Protokolls über Ursprungsregeln und Ursprungsbestimmungen:

> Der Gemischte Ausschuss für Zusammenarbeit im Zollwesen (im Folgenden „Zollausschuss"), der nach Artikel 26.2 Ziffer 1 (Sonderausschüsse) ermächtigt ist, unter Aufsicht des Gemischten CETA-Ausschusses tätig zu werden, darf dieses Protokoll überarbeiten und dem Gemischten CETA-Ausschuss Änderungen daran empfehlen. Der Zollausschuss bemüht sich um Entscheidungen über
> a) die einheitliche Verwaltung der Ursprungsregeln einschließlich der zolltariflichen Einreihung und der Zollwertfragen im Zusammenhang mit diesem Protokoll,
> b) Fach-, Auslegungs- und Verwaltungsfragen im Zusammenhang mit diesem Protokoll
> c) die Prioritäten bezüglich der Ursprungskontrollen und anderer, sich aus den Ursprungskontrollen ergebender Fragen.

---

808 EU-Kommission, Joint Report, 2nd Meeting of the Joint Committee on Mutual Recognition of Professional Qualifications, 24.11.2020, S. 2; siehe zur Besetzung auch den Anfang von Unterabschnitt B. I. Unterpunkt 4. e. des vorliegenden Kapitels.

809 Siehe zur Besetzung auch den Anfang von Unterabschnitt B. I. Unterpunkt 4. f. des vorliegenden Kapitels.

Insgesamt hat auch der Gemischte Ausschuss für die Zusammenarbeit im Zollbereich kraft der genannten Kompetenzen die Möglichkeit, die Entscheidungsfindung auf den Ebenen der EU inhaltlich zu beeinflussen, was die Kompetenzen zu Formen informellen Agenda-Settings macht. Die Kompetenzen nach Art. 34 des Protokolls über Ursprungsregeln und Ursprungsbestimmungen dienen auch der Erarbeitung sachgerechter Empfehlungen an den Gemischten CETA-Ausschuss.

8. *Gemischter Verwaltungsausschuss für gesundheitspolizeiliche und pflanzenschutzrechtliche Maßnahmen (SPS-Ausschuss)*

Hinsichtlich des Gemischten Verwaltungsausschusses für gesundheitspolizeiliche und pflanzenschutzrechtliche Maßnahmen (SPS-Ausschuss)[810] wurde bereits dessen Zuständigkeit nach Art. 5.14 Abs. 2 lit. d CETA angesprochen, die Anhänge des 5. Kapitels zu überprüfen und zu ändern. Dies dient einerseits der Sicherstellung der dauerhaften Durchführbarkeit des CETA als unvollständigem Vertrag und setzt andererseits die Mobilisierung ausreichender Expertise voraus. Dem entspricht auch die in Art. 5.14 Abs. 1 CETA vorausgesetzte Zusammensetzung aus Vertretern „der Regulierungs- und der Handelsseite jeder Vertragspartei mit Zuständigkeit für SPS-Maßnahmen." Innerhalb des Art. 5.14 CETA sind noch weitere Kompetenzen des SPS-Ausschusses vorgesehen, welche diesem ebenfalls die Funktion zuweisen, für eine fachlich ausreichend fundierte Durchführung des Abkommens hinsichtlich seiner gesundheitspolizeilichen und pflanzenschutzrechtlichen Regelungen zu sorgen. So sehen Art. 5.14 Abs. 2 lit. b und lit. c CETA vor:

> Der Gemischte Verwaltungsausschuss hat unter anderem die Aufgabe,
> [...]
> b) Orientierung bei der Ermittlung, Priorisierung, Behandlung und Lösung von Fragen zu geben,
> c) sich mit dem Ersuchen einer Vertragspartei um Änderung einer Einfuhrkontrolle zu befassen, [...]

Weitere Regelungen dieser Art sind in Art. 5.14 Abs. 3 lit. b und lit. d CETA enthalten:

> Der Gemischte Verwaltungsausschuss kann unter anderem
> [...]

810 Siehe zur Besetzung auch den Anfang von Unterabschnitt B. I. Unterpunkt 4. g. des vorliegenden Kapitels.

b) frühzeitig eine Änderung oder einen Vorschlag zur Änderung einer in Erwägung befindlichen SPS-Maßnahme erörtern,

[...]

d) frühzeitig Vorhaben ermitteln und erörtern, die eine SPS-Komponente aufweisen und bei denen eine Zusammenarbeit von Vorteil wäre.

Auch Art. 5.14 Abs. 5 und Abs. 6 CETA übertragen dem SPS-Ausschuss die Aufgabe, den Vertragsparteien als Beratungsgremium zur Verfügung zu stehen und Fragen, deren Behandlung seine Kapazitäten überschreiten, auf die – hinsichtlich des politischen Rangs der Mitglieder – höhere Ebene des Gemischten CETA-Ausschusses weiterzugeben:

(5) [1]Eine Vertragspartei kann den Gemischten Verwaltungsausschuss mit SPS-Fragen befassen. [2]Der Gemischte Verwaltungsausschuss sollte die Frage so zügig wie möglich behandeln.
(6) Kann der Gemischte Verwaltungsausschuss eine Frage nicht zügig behandeln, so erstattet er dem Gemischten CETA-Ausschuss auf Ersuchen einer Vertragspartei umgehend Bericht.

Problematischer hinsichtlich der funktionalen Einordnung in das vorliegende Prinzipal-Agenten-Modell ist dagegen Art. 5.14 Abs. 4 CETA, der die Einrichtung von Arbeitsgruppen aus Sachverständigen durch den SPS-Ausschuss zur Befassung mit bestimmten SPS-Fragen ermöglicht:

Der Gemischte Verwaltungsausschuss kann Arbeitsgruppen aus Sachverständigen der Vertragsparteien einsetzen, die sich mit bestimmten SPS-Fragen befassen.

Einerseits wird mit der Einrichtung einer solchen Arbeitsgruppe zwar ein weiteres (temporäres) Gremium geschaffen.[811] Andererseits ist nach Art. 5.14 Abs. 4 CETA das Mandat einer solchen Arbeitsgruppe auf bestimmte SPS-Fragen zu begrenzen und schließt keine Kompetenz zur Begründung weiterer völkervertragsrechtlicher Rechte und Pflichten mit ein. Vielmehr dient die Einrichtung dieser Arbeitsgruppe der Beschaffung und Bündelung der für die sachgerechte Behandlung komplexer Fachfragen notwendigen Expertise, die gerade im Bereich der gesundheitspolizeilichen und pflanzenschutzrechtlichen Regulierung auch von den im SPS-Ausschuss nach Art. 5.14 Abs. 1 CETA versammelten Fachvertretern nicht unbedingt aufgebracht werden kann.

Weiter kann es sowohl in Folge der Ausübung der Kompetenz nach Art. 5.14 Abs. 4 CETA als auch im Rahmen der übrigen genannten Kompetenzen zu

---

811 Vgl. in diesem Sinne: Weiß, EuZW 2016, 286, 288, Fn. 25.

einem informellen Agenda-Setting kommen, falls die Sitzungsergebnisse des Ausschusses oder der Arbeitsgruppen inhaltlichen Einfluss auf die Entscheidungsfindung auf den Ebenen der EU oder derer Mitgliedstaaten haben können.

9. Ausschuss für das öffentliche Beschaffungswesen

Auch dem Ausschuss für das öffentliche Beschaffungswesen kommt die Funktion zu, für eine in fachlicher Hinsicht ausreichende Befassung mit Sachfragen in seinem Verantwortungsbereich zu sorgen.[812] Dies spiegelt sich zum einen im bereits im Zusammenhang mit der Reduzierung von Informationsasymmetrien behandelten Art. 19.19 Abs. 2 lit. c CETA wieder. Besonders deutlich wird diese Funktion jedoch in Art. 19.19 Abs. 2 lit. a CETA:

> Der Ausschuss für das öffentliche Beschaffungswesen tritt auf Ersuchen einer Vertragspartei zusammen und hat folgende Befugnisse:
>
> [...] Befassung mit Fragen der öffentlichen Beschaffung, die ihm von einer Vertragspartei vorgelegt werden,

10. Ausschuss für Finanzdienstleistungen

Hinsichtlich des Ausschusses für Finanzdienstleistungen[813] ist die Gewährleistung ausreichender Expertise insbesondere bei den bereits in anderem Zusammenhang erwähnten Zuständigkeiten nach Art. 13.18 Abs. 3 lit. b CETA, nach Art. 13.18 Abs. 3 lit. c i.V.m. Art. 13.21 CETA sowie gemäß Ziff. 9 des Anhangs 13-B von Gewicht. Dies entspricht auch der in Art. 13.18 Abs. 1 CETA vorausgesetzten Zusammensetzung des Gremiums aus Vertretern „der für Finanzdienstleistungspolitik zuständigen Behörden mit Fachkenntnissen auf dem [von Kapitel 13 des CETA] erfassten Gebiet“.

11. Ausschuss für Handel und nachhaltige Entwicklung

Der Ausschuss für Handel und nachhaltige Entwicklung besteht nach Art. 22.4 Abs. 1 CETA „aus hochrangigen Vertretern der Vertragsparteien“, die für die Sachgebiete der Kapitel 22, 23 und 24 des CETA (Handel und nachhaltige Entwicklung, Arbeit und Umwelt) zuständig sind. Hinzu treten im Rahmen von

---

812 Siehe zur Besetzung auch den Anfang von Unterabschnitt B. I. Unterpunkt 4. h. des vorliegenden Kapitels.

813 Siehe zur Besetzung auch den Anfang von Unterabschnitt B. I. Unterpunkt 4. i. des vorliegenden Kapitels.

Fachsitzungen weitere fachkompetente Personen. So wurde etwa beim zweiten Treffen des Gremiums auf der Seite der EU eine „CETA Domestic Advisory Group“ aus Vertretern von Gewerkschaften und anderen zivilgesellschaftlichen Gruppen hinzugezogen.[814]

Der Ausschuss für Handel und nachhaltige Entwicklung ist in mehrerlei Hinsicht für die Gewährleistung ausreichenden Sachverstands für die Durchführung der Kapitel 22 (Handel und nachhaltige Entwicklung), 23 (Handel und Arbeit) und 24 (Handel und Umwelt) verantwortlich. Dies ist bereits bei den in anderem Zusammenhang behandelten Kompetenzen nach Art. 22.4 Abs. 1 und Art. 23.9 Abs. 4 CETA ersichtlich. Auch die Zuständigkeiten zur Überprüfung des Kapitels 23 nach Art. 23.11 Abs. 3 CETA und zur Erarbeitung diesbezüglicher Änderungsvorschläge für den Gemischten CETA-Ausschuss gemäß Art. 23.11 Abs. 5 CETA versetzen den Ausschuss für Handel und nachhaltige Entwicklung in die Rolle eines Beratungsgremiums.

Dies ergibt sich auch aus Art. 24.10 Abs. 3 CETA. Danach wird eine Reihe von Verpflichtungen, die die Vertragsparteien nach Abs. 2[815] des Artikels hinsichtlich

---

814 EU-Kommission, Joint Report, Meeting of the Committee on Trade and Sustainable Development, 13.11.2019, S. 5; siehe zur Besetzung auch den Anfang von Unterabschnitt B. I. Unterpunkt 4. j. des vorliegenden Kapitels.

815 Art. 24.10 Abs. 1 und Abs. 2 CETA
(1) Die Vertragsparteien erkennen an, welche Bedeutung zum einen der Erhaltung und nachhaltigen Bewirtschaftung der Wälder für die Gewährleistung der Umweltfunktionen und für die Schaffung wirtschaftlicher und sozialer Chancen für heutige und künftige Generationen und zum anderen dem Marktzugang für im Einklang mit den Rechtsvorschriften des Erntelands produzierte forstwirtschaftliche Erzeugnisse aus nachhaltig bewirtschafteten Wäldern zukommt.
(2) Zu diesem Zweck verpflichten sich die Vertragsparteien — im Einklang mit ihren internationalen Verpflichtungen zu Folgendem:
a) Förderung des Handels mit forstwirtschaftlichen Erzeugnissen aus nachhaltig bewirtschafteten Wäldern, in denen der Holzeinschlag im Einklang mit den Rechtsvorschriften des Erntelands erfolgt,
b) Informationsaustausch und gegebenenfalls Zusammenarbeit bei Initiativen zur Förderung einer nachhaltigen Waldbewirtschaftung, einschließlich Initiativen zur Bekämpfung des illegalen Holzeinschlags und des damit verbundenen Handels,
c) Förderung der wirksamen Anwendung des am 3. März 1973 in Washington beschlossenen Übereinkommens über den internationalen Handel mit gefährdeten Arten freilebender Tiere und Pflanzen im Hinblick auf Holzarten, die als bedroht eingestuft sind, und
d) gegebenenfalls Zusammenarbeit im Rahmen internationaler Gremien, die sich mit der Erhaltung und nachhaltigen Bewirtschaftung der Wälder befassen.

des Handels mit forstwirtschaftlichen Erzeugnissen eingehen, im Ausschuss für Handel und nachhaltige Entwicklung erörtert:

> Die Vertragsparteien erörtern die in Absatz 2 genannten Themen je nach Zuständigkeit im Ausschuss für Handel und nachhaltige Entwicklung oder im Rahmen des nach Kapitel fünfundzwanzig (Bilateraler Dialog und Zusammenarbeit) eingerichteten Bilateralen Dialogs über forstwirtschaftliche Erzeugnisse.

Art. 23.8 Abs. 3 lit. b CETA enthält eine weitere – allerdings sehr allgemeine – Kompetenz, die den Ausschuss für Handel und nachhaltige Entwicklung zu einem Beratungsgremium hinsichtlich des Kapitels 23 (Handel und Arbeit) macht:

> Der nach Artikel 26.2 (Sonderausschüsse) Absatz 1 Buchstabe g eingesetzte Ausschuss für Handel und nachhaltige Entwicklung nimmt im Rahmen seiner ordentlichen Sitzungen oder von Fachsitzungen, zu denen Personen hinzugezogen werden, die für Fragen im Zusammenhang mit diesem Kapitel zuständig sind, folgende Aufgaben wahr:
>
> [...] Erörterung sonstiger im Rahmen dieses Kapitels zu behandelnder Fragen.

Gleiches gilt in Kapitel 24 für Art. 24.13 Abs. 3 lit. b und lit. c CETA:

> Der nach Artikel 26.2 (Sonderausschüsse) Absatz 1 Buchstabe g eingesetzte Ausschuss für Handel und nachhaltige Entwicklung nimmt im Rahmen seiner ordentlichen Sitzungen oder seiner Fachsitzungen, zu denen Personen hinzugezogen werden, die für Fragen im Zusammenhang mit diesem Kapitel zuständig sind, folgende Aufgaben wahr:
>
> [...]
> b) Erörterung von Fragen von gemeinsamem Interesse
> c) Erörterung sonstiger im Rahmen dieses Kapitels zu behandelnder Fragen auf gemeinsamen Beschluss der Vertragsparteien.

Aufgrund der genannten Kompetenzen hat auch der Ausschuss für Handel und nachhaltige Entwicklung die Möglichkeit, inhaltlichen Einfluss auf die Entscheidungsprozesse auf den Ebenen der EU und derer Mitgliedstaaten inhaltlich zu beeinflussen, was zu einem informellen Agenda-Setting führen kann.

12. Forum für die Zusammenarbeit in Regulierungsfragen

Das Forum für die Zusammenarbeit in Regulierungsfragen dient hinsichtlich des Kapitels 21 zur Regulierungszusammenarbeit ebenfalls als Beratungsgremium, was bereits bei der Überwachung der Implementation des Kapitels nach Art. 21.6 Abs. 1 CETA eine Rolle spielt. Wie bereits beschrieben, tagt das Forum nach Art. 21.6 Abs. 3 CETA unter dem gemeinsamen Vorsitz eines kanadischen „Deputy Minister“ und eines Generaldirektors der EU-Kommission oder gleichrangiger Vertreter. Weiter setzt es sich aus „maßgeblichen Beamten jeder

Vertragspartei" und im „gegenseitigen Einvernehmen" hinzugezogener „interessierter Kreise" zusammen. Wie oben dargestellt, wurde die EU bei den ersten beiden Treffen des Forums von entsprechend breit zusammengesetzten Delegation aus Vertretern unterschiedlicher Generaldirektionen und Agenturen sowie Gruppierungen aus Zivilgesellschaft und Wirtschaft repräsentiert.[816]

Art. 21.6 Abs. 2 lit. a und lit. c CETA sehen speziellere Prüfungskompetenzen für das Gremium vor:

> Das Forum hat folgende Funktionen
> a) es soll eine Plattform bieten, auf der die Vertragsparteien regelungspolitische Fragen von beiderseitigem Interesse erörtern können, auf welche die Vertragsparteien unter anderem bei Konsultationen nach Art. 21.8 gestoßen sind,
>
> [...]
> c) es soll laufende oder zu erwartende Regelungsvorhaben prüfen, aus denen sich nach Auffassung einer Vertragspartei Zusammenarbeitsmöglichkeiten ergeben können. Die Prüfungstätigkeit, die im Benehmen mit Regulierungsstellen und -instanzen erfolgen wird, sollte die Durchführung dieses Kapitels fördern, [...]

Gerade lit. c erscheint als geeignet, dem Forum einen inhaltlichen Einfluss auf die Politik der EU und ihrer Mitgliedstaaten zu geben, was die Vorschrift auch zu einem Instrument zum informellen Agenda-Setting macht. So könnten in diesem Rahmen Regelungsvorhaben auf einer intergouvernementalen Ebene thematisiert werden, um in Politikfeldern, zu denen CETA noch keine Regelung trifft, zukünftig weitere Regulierungen (informell) vorzubereiten und in den unionalen bzw. nationalen Rechtsetzungsprozess einzuspeisen.[817] Mit Art. 21.6 Abs. 2 lit. a i.V.m. Art. 21.8 CETA öffnet der Mechanismus der gemeinsamen Formulierung von Regulierungsvorhaben darüber hinaus den Einfluss nichtstaatlicher Akteure wie „Vertreter[n] der Wissenschaftsgemeinde, Think-Tanks, Nichtregierungsorganisationen, Unternehmen, Verbrauchern und anderen Organisationen". In Art. 21.8 CETA auf welchen Art. 21.6 Abs. 2 lit. a CETA verweist, werden Konsultationen mit diesen Gruppen ermöglicht um regulationspolitische Fragen i.S.d. Art. 21.6 Abs. 2 lit. a CETA zu identifizieren.[818]

---

816 Siehe zur Besetzung auch den Anfang von Unterabschnitt B. I. Unterpunkt 4. k. des vorliegenden Kapitels.

817 In diesem Sinne etwa: Forum Umwelt und Entwicklung, et. al, Lebensmittelsicherheit, Landwirtschaft und Zusammenarbeit in Regulierungsfragen im Umfassenden Wirtschafts- und Handelsabkommen zwischen Kanada und der EU (CETA), S. 16f.

818 Mendes, European Papers 2017, 489, 511.

13. CETA-Ausschuss für geografische Angaben

Der CETA-Ausschuss für geografische Angaben hat nach Art. 20.22 Abs. 1 CETA die primäre Aufgabe, für den Gemischten CETA-Ausschuss Vorschläge zur Aktualisierung der in Anhang 20-A enthaltenen Liste der nach dem CETA geschützten geografischen Angaben auszuarbeiten. Dies könnte sich zu einem der in der Vertragspraxis bedeutsamsten Beispiele für das im CETA an mehreren Stellen vorgesehene zweistufige Zusammenwirken zwischen einem Sonderausschuss als vorbereitendes Expertengremium und dem Gemischten CETA-Ausschuss als letztendlich entscheidendes politisches Gremium entwickeln. Auch der CETA-Ausschuss für geografische Angaben besteht nach Art. 26.2 Abs. 5 CETA aus Beamten der für die jeweils zu behandelnden Sachfragen zuständigen Behörden. Aus der Dokumentation über das zweite, dritte und vierte Treffen des Gremiums geht hervor, das auf Seite der EU Angehörige der Generaldirektionen für Handel sowie für Landwirtschaft und ländliche Entwicklung, sowie der EU-Vertretung in Kanada anwesend waren.[819]

14. Zwischenergebnis zu Punkt V.

Sowohl der Gemischte CETA-Ausschuss als auch die Sonderausschüsse haben in mehreren Bereichen die Aufgabe zu einer sachgerechten Vorbereitung politischer Entscheidungen beizutragen. Dies soll nach Art. 26.1 Abs. 5 lit. b CETA für den Gemischten CETA-Ausschuss und nach Art. 26.2 Abs. 5 CETA für die Sonderausschüsse durch eine entsprechende Präsenz von Personen gewährleistet werden, die für die jeweils behandelten Sachfragen die erforderliche Fachkunde besitzen. Zum Teil werden im Rahmen der Mobilisierung des notwendigen Sachverstandes auch Mechanismen zu informellem Agenda-Setting entstehen. Bei den Sonderausschüssen fällt an mehreren Stellen auf, dass diese als eine Art Vorbereitungsstufe für die anschließende Beschlussfassung im Gemischten CETA-Ausschuss fungieren.[820] Dies ist insbesondere beim Ausschuss für Warenhandel, beim Landwirtschaftsausschuss, beim Ausschuss für Dienstleistungen und Investitionen sowie beim CETA-Ausschuss für geografische Angaben der Fall.

---

819 EU-Kommission, Report, Meeting of the Committee on Geographical Indications, 26.11.2019, S. 3; EU-Kommission, Report, Meeting of the Committee on Geographical Indications, 22.10.2020, S. 3; EU-Kommission, Report, Meeting of the Committee on Geographical Indications, 06.07.2022, S. 3.

820 Vgl. insoweit: Mayer, Stellungnahme der Bundesregierung in den Verfahren 2 BvR 1368/16 u.a. vor dem Bundesverfassungsgericht, S. 7.

VI. Implementation

Eine weitere Delegationslogik liegt schließlich in der Übertragung von Aufgaben, die schlicht der Ausführung von Bestimmungen des Abkommens dienen. Dies beinhaltet zunächst sowohl die Ausführung festgelegter Vorhaben als auch die Wahrnehmung interner Verwaltungstätigkeiten der mit dem jeweiligen Vertragswerk geschaffenen Instanzen. Darin enthalten sein können auch Kompetenzen zur Verteilung und zum Einsatz von Ressourcen, die von den Vertragsparteien (den Prinzipalen) zusammengelegt wurden.[821] Neben der Reduzierung von Transaktionskosten manifestiert sich so auch das Bestreben der Vertragsparteien, das Abkommen neutral und gemeinsam durchzuführen.[822] Im Folgenden werden derartige Kompetenzen zusammengetragen, soweit sie nicht vorrangig einer oder mehrerer der bereits erläuterten Kategorien (insbesondere der Implementationsüberwachung und der Streitbeilegung) zuzuordnen sind.

1. Gemischter CETA-Ausschuss

Dem Gemischten CETA-Ausschuss kommen mehrere solcher Kompetenzen zur unmittelbaren Implementation des Abkommens zu. Mit Art. 26.1 Abs. 4 lit. b CETA bezieht sich die allgemeinste davon auf die Überwachung der Ausschussarbeit sowie der Tätigkeiten aller anderen Gremien, die durch das Abkommen errichtet werden:

> Der Gemischte CETA-Ausschuss
>
> [...] überwacht die Arbeit aller Sonderausschüsse und anderen im Rahmen dieses Abkommens eingesetzten Gremien,

Darüber hinaus obliegt die personelle Besetzung eines Teils der im CETA vorgesehenen Streitbeilegungsgremien dem Gemischten CETA-Ausschuss. Besonders ausgeprägt ist dies im Investitionsschutzkapitel. So obliegt dem Gremium nach Art. 8.27 Abs. 2 CETA die Besetzung des Investitionsgerichts:[823]

---

821 Bradley/Kelley, Law and Contemporary Problems 2008, 1, 16.

822 Zu glaubhaften Zusicherungen siehe Unterabschnitt A. II. Punkt 1. des vorliegenden Kapitels.

823 Dies stellt gegenüber bisherigen investitionsschutzrechtlichen Streitbeilegungsmechanismen, bei denen die Streitparteien zumeist für die jeweilige Streitigkeit ein Ad-hoc-Tribunal errichteten, eine wesentliche Innovation dar (vgl. Proeßl, ZEuS 2016, 401, 406; van Harten, University of Bologna Law Review 2016, 138, 143).

> [1]Bei Inkrafttreten dieses Abkommens ernennt der Gemischte CETA-Ausschuss fünfzehn Mitglieder des Gerichts. [2]Fünf Mitglieder des Gerichts müssen Staatsangehörige eines Mitgliedstaats der Europäischen Union sein, fünf Mitglieder Staatsangehörige Kanadas und fünf Mitglieder Staatsangehörige von Drittländern.

Gleiches gilt nach Maßgabe des Art. 8.28 Abs. 3 CETA für die Besetzung der Rechtsbehelfsinstanz:

> Die Mitglieder der Rechtsbehelfsinstanz werden im Wege eines Beschlusses des Gemischten CETA-Ausschusses ernannt, der gleichzeitig mit dem Beschluss nach Absatz 7 ergeht.

Die rotierenden Posten des Präsidenten und der Vizepräsidenten des Investitionsgerichts werden alle zwei Jahre nach Art. 8.27 Abs. 8 CETA per Losentscheid durch den Vorsitz des Gemischten CETA-Ausschusses bestimmt:[824]

> [1]Der Präsident und der Vizepräsident des Gerichts sind für organisatorische Fragen zuständig; sie werden für einen Zweijahreszeitraum ernannt und im Losverfahren aus dem Kreis der Mitglieder des Gerichts ausgewählt, die Staatsangehörige von Drittländern sind. [2]Sie üben ihr Amt unter Zugrundelegung eines Rotationsverfahrens aus und werden per Losentscheid durch den Vorsitz des Gemischten CETA-Ausschusses bestimmt. [3]Der Vizepräsident vertritt den Präsidenten, wenn dieser verhindert ist.

Außerhalb des Investitionsschutzmechanismus bestimmt der Gemischte CETA-Ausschuss auch über die Schiedsrichterliste für den Schiedsmechanismus für Streitigkeiten zwischen den Vertragsparteien nach Art. 29.8 Abs. 1 CETA:

> [1]Der Gemischte CETA-Ausschuss erstellt auf seiner ersten Sitzung nach Inkrafttreten dieses Abkommens eine Liste mit mindestens 15 Personen, die aufgrund ihrer Objektivität, Zuverlässigkeit und ihres guten Urteilsvermögens ausgewählt wurden und die willens und in der Lage sind, als Schiedsrichter zu fungieren. [2]Diese Liste setzt sich aus drei Teillisten zusammen: aus je einer Teilliste für jede Vertragspartei sowie einer Teilliste mit Personen, die keine Staatsangehörigen einer der Vertragsparteien sind und den Vorsitz übernehmen sollen. [3]Auf jeder Teilliste sind mindestens fünf Personen aufzuführen. [4]Der Gemischte CETA-Ausschuss kann die Liste jederzeit überarbeiten und stellt sicher, dass sie diesem Artikel entspricht.

Gleiches gilt für das spezielle Schiedsverfahren für Streitigkeiten zwischen den Vertragsparteien zu Kapitel 13 (Finanzdienstleistungen). So sieht Art. 13.20 Abs. 3 CETA vor:

> [1]Der Gemischte CETA-Ausschuss kann eine Liste mit mindestens 15 Personen erstellen, die aufgrund ihrer Objektivität, Zuverlässigkeit und ihres guten Urteilsvermögens

824 Sardiha, ICSID Review 2017, 625, 635.

ausgewählt wurden und die willens und in der Lage sind, als Schiedsrichter zu fungieren. [2]Diese Liste setzt sich aus drei Teillisten zusammen: aus je einer Teilliste für jede Vertragspartei sowie einer Teilliste mit Personen, die keine Staatsangehörigen einer der Vertragsparteien sind und den Vorsitz übernehmen können. [3]Auf jeder Teilliste sind mindestens fünf Personen aufzuführen. [4]Der Gemischte CETA-Ausschuss kann die Liste jederzeit überarbeiten und stellt sicher, dass sie diesem Artikel entspricht.

2. *Ausschuss für Warenhandel*

Der Ausschuss für Warenhandel hat nach Art. 4.7 Abs. 1 S. 2 lit. d und lit. g CETA die Durchführung des der Thematik der technischen Handelshemmnisse gewidmeten Kapitels 4 zu fördern. Dies betrifft insbesondere die Zusammenarbeit der jeweils für die Normensetzung und Konformitätsbewertung zuständigen Stellen und die Umsetzung des TBT-Übereinkommens der WTO durch die Vertragsparteien:

> [1]Die Vertragsparteien kooperieren in Fragen, die unter dieses Kapitel fallen. [2]Die Vertragsparteien kommen überein, dass der nach Art. 26.2 Absatz 1 Buchstabe a eingesetzte Ausschuss für Warenhandel
> [...]
> d) die Zusammenarbeit zwischen den Normungsgremien und Konformitätsbewertungsstellen der Vertragsparteien fördert,
>
> [...]
> g) andere Schritte ergreift, die nach Ansicht der Vertragsparteien hilfreich sind, um diese bei der Umsetzung dieses Kapitels und des TBT-Übereinkommens zu unterstützen und den Handel zwischen den Vertragsparteien zu erleichtern, [...]

3. *Gemischte Sektorgruppe für Arzneimittel*

Die Gemischte Sektorgruppe nimmt gemäß dem Chapeau des Anhangs 2 zum Protokoll über die gegenseitige Anerkennung des Programms für die Befolgung und Durchsetzung der Guten Herstellungspraxis für pharmazeutische Erzeugnisse die schriftliche Mitteilung der für die Pharmaregulierung zuständigen Behörden einer Vertragspartei entgegen:

> Die Vertragsparteien erkennen die folgenden Einrichtungen oder ihre Nachfolgerinnen, die der Gemischten Sektorgruppe von einer Vertragspartei schriftlich mitgeteilt wurden, untereinander als Regulierungsbehörden an: [...]

4. *Gemischter Ausschuss für die gegenseitige Anerkennung von Berufsqualifikationen*

Auch die in Art. 11.5 lit. g Alt. 1 CETA vorgesehene Bereitstellung von Informationen zur gegenseitigen Anerkennung von Berufsqualifikationen durch den MRA-Ausschuss ist als unmittelbare Implementation des Abkommens durch diesen anzusehen:

> Der für die Durchführung des Artikels 11.3 zuständige MRA-Ausschuss [...] **stellt Informationen bereit** und ergänzt die Leitlinien in Anhang 11-A, soweit dies angezeigt ist.

5. *Gemischter Verwaltungsausschuss für gesundheitspolizeiliche und pflanzenschutzrechtliche Maßnahmen (SPS-Ausschuss)*

In Kapitel 5 (Gesundheitspolizeiliche und pflanzenschutzrechtliche Maßnahmen) sind nach Art. 5.14 Abs. 3 lit. a und lit. c CETA einige reine Implementationsmaßnahmen durch den SPS-Ausschuss vorgesehen:

> Der Gemischte Verwaltungsausschuss kann unter anderem
> a) Möglichkeiten für eine stärkere bilaterale Zusammenarbeit und engere Beziehungen ergründen, wozu auch ein Beamtenaustausch zählen kann,
>
> [...]
> c) das gegenseitige Verständnis der Vertragsparteien für die Durchführung des SPS-Übereinkommens erleichtern und verbessern und soweit angebracht die Zusammenarbeit der Vertragsparteien in SPS-Fragen fördern, die in multilateralen Foren wie dem WTO-Ausschuss für gesundheitspolizeiliche und pflanzenschutzrechtliche Maßnahmen und internationalen Normungsgremien erörtert werden, [...]

6. *Ausschuss für das öffentliche Beschaffungswesen*

Hinsichtlich des Kapitels 19 kommen dem Ausschuss für das öffentliche Beschaffungswesen nach Art. 19.19 Abs. 2 lit. d CETA mehrere Implementationsaufgaben zu:

> Der Ausschuss für das öffentliche Beschaffungswesen tritt auf Ersuchen einer Vertragspartei zusammen und hat folgende Befugnisse:
>
> [...] Prüfung der Förderung koordinierter Aktivitäten mit dem Ziel, Anbietern den Zugang zu Beschaffungsmöglichkeiten im Gebiet der jeweils anderen Vertragspartei zu erleichtern. In Betracht kommen unter anderem Aktivitäten wie Informationsveranstaltungen, insbesondere mit Blick auf eine Verbesserung des elektronischen Zugangs zu öffentlich verfügbaren Informationen über die jeweiligen Beschaffungssysteme der

Vertragsparteien, und Initiativen zur Erleichterung des Zugangs für kleine und mittlere Unternehmen.

7. *Ausschuss für Handel und nachhaltige Entwicklung*

Da die Tätigkeit des Ausschusses für Handel und nachhaltige Entwicklung zu großen Teilen in der Beratung von Fragen zu den Kapiteln 22 (Handel und nachhaltige Entwicklung), 23 (Handel und Arbeit) und 24 (Handel und Umwelt) liegt, spielt die Berichterstattung des Ausschusses über seine Arbeit und das Abhalten öffentlicher Sitzungen eine nicht unwesentliche Rolle für die Implementation der genannten Kapitel. So soll das Gremium nach Art. 22.4 Abs. 3 CETA über die teilweise Öffentlichkeit seiner Sitzungen entscheiden:

> Sofern die Vertragsparteien nichts anderes beschließen, umfasst jede ordentliche Sitzung und jede Fachsitzung des Ausschusses für Handel und nachhaltige Entwicklung einen öffentlichen Teil, in dessen Rahmen Fragen erörtert werden, welche die Durchführung der jeweiligen Kapitel betreffen.

Regelungen zur Berichterstattung durch den Ausschuss enthalten Art. 22.4 Abs. 4 lit. a und lit. c CETA:

> [1]Der Ausschuss für Handel und nachhaltige Entwicklung setzt sich für Transparenz und die Einbeziehung der Öffentlichkeit ein. [2]Deshalb gilt Folgendes:
>
> a) Alle Entscheidungen und Berichte des Ausschusses für Handel und nachhaltige Entwicklung werden der Öffentlichkeit zugänglich gemacht, es sei denn, der Ausschuss beschließt etwas anderes.
>
> [...]
>
> c) Der Ausschuss für Handel und nachhaltige Entwicklung erstattet jährlich über alle Angelegenheiten Bericht, mit denen er sich nach Artikel 24.7 (Information und Sensibilisierung der Öffentlichkeit) Absatz 3 oder Artikel 23.8 (Institutionelle Mechanismen) Absatz 4 befasst.

Als weitere Aufgaben zur unmittelbaren Implementation des Abkommens hat der Ausschuss für Handel und nachhaltige Entwicklung die Listen von Personen zu erstellen und zu pflegen, die als Sachverständige für Streitbeilegungen nach Art. 23.10 CETA und 24.15 CETA in Betracht kommen. Die wortgleichen Art. 23.10 Abs. 6 CETA und Art. 24.15 Abs. 6 CETA lauten:

> [1]Der Ausschuss für Handel und nachhaltige Entwicklung erstellt bei seiner ersten Sitzung nach Inkrafttreten dieses Abkommens eine Liste mit mindestens neun Personen, die aufgrund ihrer Objektivität, ihrer Zuverlässigkeit und ihres ausgezeichneten Urteilsvermögens ausgewählt wurden und willens und in der Lage sind, als Mitglieder der Sachverständigengruppe zu fungieren. [2]Jede Vertragspartei benennt mindestens drei Personen, die in die Liste der in Betracht kommenden Sachverständigen aufgenommen

werden. [3]Die Vertragsparteien benennen darüber hinaus mindestens drei Personen, die nicht die Staatsangehörigkeit einer Vertragspartei besitzen und die willens und in der Lage sind, den Vorsitz der Sachverständigengruppe zu führen. [4]Der Ausschuss für Handel und nachhaltige Entwicklung gewährleistet, dass die Liste stets auf diesem Stand gehalten wird.

8. *Forum für die Zusammenarbeit in Regulierungsfragen*

Schließlich kommt noch dem Forum für die Zusammenarbeit in Regulierungsfragen nach Art. 21.6 Abs. 2 lit. b und lit. d CETA eine Reihe reiner Implementationsaufgaben zu:

Das Forum hat folgende Funktionen:

[...]

b) es soll die einzelnen Regulierungsstellen darin unterstützen, potenzielle Partner für Kooperationstätigkeiten zu finden und ihnen diesbezüglich geeignete Instrumente an die Hand geben, zum Beispiel Muster für Vertraulichkeitsvereinbarungen,

[...]

d) es soll den Ausbau bilateraler Kooperationstätigkeiten im Sinne des Artikels 21.4 fördern und – gestützt auf Informationsmaterial der Regulierungsstellen und -instanzen – die Fortschritte, Errungenschaften und bewährten Verfahren überprüfen, die sich aus Vorhaben zur Regulierungszusammenarbeit in bestimmten Wirtschaftszweigen ergeben.

9. *Zwischenergebnis zu Unterabschnitt VI.*

Zuständigkeiten zur Ausführung festgelegter Vorhaben und zur Wahrnehmung interner Verwaltungstätigkeiten der im CETA eingerichteten Ausschüsse und Gremien erhalten sowohl der Gemischte CETA-Ausschuss als auch beinahe sämtliche Sonderausschüsse. Die aufgeführten Kompetenzen, die nicht den bereits erläuterten Kategorien zuzuordnen sind, unterscheiden sich dabei erheblich hinsichtlich ihrer inhaltlichen Begrenzung. So werden zum Teil schlicht „Maßnahmen" zur Unterstützung der Vertragsumsetzung ermöglicht. Zum Teil werden aber auch sehr spezifische Tätigkeiten übertragen, wie etwa die Organisation eines Beamtenaustausches durch den SPS-Ausschuss, die Berichterstattung über die eigenen Beratungen durch den Ausschuss für Handel und nachhaltige Entwicklung oder die Besetzung des Investitionsgerichts und der dazugehörigen Rechtsbehelfsinstanz durch den Gemischten CETA-Ausschuss.

VII. Weitere Ausschusskompetenzen

Über die oben zusammengetragenen Kompetenztitel hinaus enthält das CETA noch einige weitere Vorschriften, die aufgrund ihrer überaus offenen Formulierung keiner bestimmten Delegationsfunktion zugeordnet werden können.[825] Diese Zuständigkeiten können teilweise als Querschnittskompetenzen beschrieben werden. So lautet Art. 26.1 Abs. 3 CETA:

> Der Gemischte CETA-Ausschuss ist für alle Fragen zuständig, welche die Handels- und Investitionstätigkeit zwischen den Vertragsparteien und die Umsetzung und Anwendung dieses Abkommens betreffen. Die Vertragsparteien können den Gemischten CETA-Ausschuss mit allen Fragen der Durchführung und Auslegung dieses Abkommens und allen sonstigen Fragen befassen, welche die Handels- und Investitionstätigkeit zwischen den Vertragsparteien betreffen.

Ebenfalls für den Gemischten CETA-Ausschuss sieht Art. 26.1 Abs. 5 lit. i CETA vor:

> Der Gemischte CETA-Ausschuss kann
>
> in Wahrnehmung seiner Aufgaben andere von den Vertragsparteien beschlossene Maßnahmen ergreifen.

Ähnlich einzuordnen ist Art. 18 lit. d des Protokolls über die gegenseitige Anerkennung der Ergebnisse von Konformitätsbewertungen:

> Für die Zwecke dieses Protokolls nimmt der nach Artikel 26.2 Absatz 1 Buchstabe a (Sonderausschüsse) eingesetzte Ausschuss für Warenhandel folgende Aufgaben wahr:
> [...]
> d) Ergreifen aller anderen Maßnahmen, die nach Auffassung der Vertragsparteien bei der Umsetzung dieses Protokolls hilfreich sind, [...]

Der für den Ausschuss für das öffentliche Beschaffungswesen geltende Art. 19.19 Abs. 1 Alt. 2 CETA scheint über seine ähnlich offene Formulierung hinaus den Zuständigkeitsbereich des Gremiums für nachträgliche Kompetenzübertragungen durch die Vertragsparteien zu eröffnen, was dann allerdings eine

---

825 Wie in Kapitel 4 Abschnitt B. der vorliegenden Untersuchung deutlich werden wird, führt die Unbestimmtheit dieser Ausschusskompetenzen auch dazu, dass unionsrechtlichen Anforderungen an die diesbezügliche Mitwirkung der Unionsorgane erst anhand des jeweiligen Beschlussfassungsgegenstandes im Einzelfall und nicht bereits auf Grundlage des Vertragstextes bestimmt werden können.

nachträgliche Änderung des CETA durch die Vertragsparteien nach Art. 30.2 Abs. 1 CETA erfordern würde:[826]

> Der nach Artikel 26.2 Absatz 1 Buchstabe e eingesetzte Ausschuss für das öffentliche Beschaffungswesen, der sich aus Vertretern der Vertragsparteien zusammensetzt, tritt bei Bedarf zusammen, um den Vertragsparteien die Möglichkeit zu bieten, über Fragen im Zusammenhang mit dem Funktionieren dieses Kapitels oder der Förderung der Ziele dieses Kapitels zu beraten **und sonstige Aufgaben wahrzunehmen, die ihm gegebenenfalls von den Vertragsparteien übertragen werden.**

C. Zwischenergebnis zu Kapitel III

Im vorangegangenen Kapitel ist die Delegation von Befugnissen durch die Staatsorgane der Bundesrepublik Deutschland und die Institutionen der EU an das im CETA vorgesehene Ausschusssystem anhand eines Prinzipal-Agenten-Ansatzes untersucht worden. Dabei wurden unterschiedliche Funktionen thematisiert, die eine Befugnisübertragung für die übertragene Stelle haben kann. Aus dem theoretischen Blickwinkel des Umgangs mit Transaktionskosten wurde dabei ein Konzept erarbeitet, mit dem sich beinahe sämtliche Befugnisse der im CETA vorgesehenen Ausschussgremien erfassen und hinsichtlich ihrer konzeptionellen Funktionen einordnen lassen. Zwischen den untersuchten Kategorisierungen bestehen dabei oftmals erhebliche Überschneidungen. Dennoch lässt sich in den meisten Fällen ein Schwerpunkt ermitteln. Demnach hat die Untersuchung bisher ergeben, dass mittels eines Prinzipal-Agenten-Modells eine Kartographierung der in einem Abkommen wie dem CETA vorgesehenen Ausschusskompetenzen anhand einer Transaktionskostenlogik möglich ist. Mangels Quantifizierung des Nutzens, den die Vertragsparteien aus der Delegation von Aufgaben schöpfen, bleibt es zwar bei einer bloß konzeptionellen Kategorisierung. Dies kann zur Unterscheidung von Ausschusskompetenzen anhand funktionaler Kriterien jedoch ausreichend sein. Auf dieser Grundlage wird im folgenden Kapitel IV zu untersuchen sein, welche funktionalen Kategorien von delegierten Befugnissen welches Maß an demokratischer Rückbindung erfordern und zulassen.

---

826 Sollten bereits an einen der CETA-Ausschüsse übertragene Kompetenzen innerhalb des Ausschusssystems auf den Ausschuss für das öffentliche Beschaffungswesen weiterübertragen werden, wäre das Verfahren nach Art. 26.1 Abs. 5 lit. a CETA einschlägig.

Kapitel IV: Risiken der Delegation und Kontrollmechanismen

Damit die Delegation für den Prinzipal nützlich ist, muss dem Agenten ein Ermessen bei der Wahrnehmung seiner Befugnisse eingeräumt sein. Würde der Prinzipal jede Entscheidung des Agenten vorgeben oder überwachen, käme dies im Extremfall einer Rücknahme der Delegation gleich, bei der der Prinzipal die übertragene Aufgabe wieder selbst wahrnimmt.[827] Da sich die Interessenlage und der Stand verfügbarer Informationen zwischen dem Prinzipal und dem Agenten regelmäßig unterscheiden werden, können sogenannte „agency losses", bzw. ein sogenannter „agency slack", also Verluste in Folge der Delegation von Aufgaben entstehen. Diese stehen aus der Sicht des Prinzipals dem funktionalen Nutzen der Delegation gegenüber und schmälern diesen.[828] Die Problematik von zwischen Prinzipal und Agent ungleich verteilten Informationen führt auf Seiten des Prinzipals zu Unklarheiten hinsichtlich der Ziele und Fähigkeiten des Agenten. Insbesondere besteht für den Prinzipal das Risiko, dass sich der Agent im Eigeninteresse nicht dem Delegationsakt entsprechend verhält und der Prinzipal darüber im Dunklen bleibt.[829] Das folglich im Rahmen der Übertragung von Aufgaben an einen Agenten für den Prinzipal bestehende Dilemma zwischen dem Nutzen und den Risiken der Delegation bzw. der dem Agenten einzuräumenden Gestaltungsfreiheit und der Kontrolle des Agenten wird im vorliegenden Kapitel unter Abschnitt A. weiter erörtert.

Sowohl das Vorhandensein von Schwachstellen der Delegation von Aufgaben als auch deren Kompensation durch unterschiedliche Kontrollmechanismen, hängt direkt von der institutionellen Ausgestaltung der Prinzipal-Agenten-Beziehung ab. Wie in Kapitel II ausgeführt, werden die im CETA vorgesehenen

---

827 Tallberg, Journal of Common Market Studies 2000, 843, 845; Thatcher/Stone Sweet, West European Politics 2002, 1, 4; Damro, Journal of Common Market Studies 2007, 883, 885.

828 Pollack, International Organization 1997, 99, 108; Ders, The Engines of European Integration, S. 26; Thatcher/Stone Sweet, West European Politics 2002, 1, 4; Tallberg, European Governance and Supranational Institutions, S. 19.

829 Sobol, Governance 2016, 335, 338 m.w.N; Thompson, Principal Problems: UN Weapons Inspections in Iraq and Beyond, S. 7; Arrow, The Economics of Agency, S. 3; Pollack, The Engines of European Integration, S. 26f.; Kerremans, Proactive policy entrepreneur or risk minimizer?, S. 177.

Ausschüsse von Fall zu Fall durch Exekutivvertreter der Vertragsparteien besetzt. So bedeutet die Delegation von Aufgaben an die CETA-Ausschüsse immer zugleich eine Delegation an die Europäische Kommission, möglicherweise in einigen Fällen auch an die Bundesregierung.[830] Eine direkte Kontrolle der CETA-Ausschüsse durch die Parlamente der EU und ihrer Mitgliedstaaten ist *de lege lata* nicht vorgesehen. So erscheint es als sinnvollster Ansatzpunkt für die vorliegende Untersuchung, die im CETA vorgesehenen Ausschusskompetenzen mit ihrer institutionellen Rückbindung im europäischen Primärrecht und im deutschen Verfassungsrecht gegenüberzustellen und dabei nach unterschiedlichen Interessenlagen und möglichen Informationsasymmetrien zwischen den jeweiligen Exekutiv- bzw. Gubernativorganen und der jeweiligen Legislative zu suchen. Schließlich sind es die EU-Kommission und gegebenenfalls die Regierungen der EU-Mitgliedstaaten, die durch ihre Mitwirkung in einem der CETA-Ausschüsse eine Entscheidung herbeiführen, die auf den in den beiden vorangegangenen Kapiteln aufgezeigten Wegen auf unterschiedlichen Ebenen rechtliche Wirkungen für und gegen die EU und ihre Mitgliedstaaten auslösen. Vor diesem Hintergrund widmet sich der Abschnitt B. des vorliegenden Kapitels der Zuordnung der einzelnen, im Kapitel III aufgeführten Kompetenzen der CETA-Ausschüsse zu den jeweils für diese einschlägigen Entscheidungsfindungsverfahren im EUV/AEUV und im Grundgesetz.

Schließlich ist unter Zugrundelegung des in Kapitel II der vorliegenden Untersuchung entwickelten Delegationskettenmodells zu verorten, zwischen welchen Beteiligten auf der Ebene der EU und innerhalb des Staatsaufbaus der Bundesrepublik Deutschland es anlässlich der Arbeit der CETA-Ausschüsse zu einem agency slack kommen kann und welche Kontrollmechanismen hier jeweils *de lege lata* zur Verfügung stehen oder *de lege ferenda* zu erwägen sind. Dieser letzte Schritt der Untersuchung folgt in Abschnitt C.

A. Zielkonflikte bei der Delegation von Aufgaben

Bei der Delegation von Aufgaben durch einen Prinzipal an einen Agenten besteht also für den Prinzipal ein Dilemma zwischen dem Nutzen und den Risiken der Delegation. Um dieses als Grundlage für die weitere Untersuchung auszuführen,

830 Nochmals zur unklaren Lage hinsichtlich einer direkten Vertretung der EU-Mitgliedstaaten in den CETA-Ausschüssen: Krajewski, Stellungnahme der Bundestagsfraktion Bündnis 90/Die Grünen in den Verfahren 2 BvR 1368/16 u.a. vor dem Bundesverfassungsgericht, S. 22 (= S. 146).

wird im nun folgenden Unterabschnitt I. zunächst auf die dem in Kapitel III beschriebenen funktionalen Nutzen der Delegation entgegengesetzten Risiken eingegangen. Dabei wird deutlich werden, dass das Risiko eines agency slack mit dem Ausmaß der dem Agenten eingeräumten Gestaltungsfreiheit zunimmt. In Unterabschnitt II. wird auf die unterschiedlichen Formen denkbarer Kontrollmechanismen eingegangen, die der Autonomie entgegengesetzt wirken, um das Risiko eines agency slack für den Prinzipal zu verringern, die allerdings Ressourcen des Prinzipals binden und deshalb ihrerseits mit dem funktionalen Nutzen der Delegation abzuwägen sind.

I. Funktionaler Nutzen und Risiken der Delegation

Wie eingangs beschrieben, muss dem Agenten ein Ermessen bei der Wahrnehmung seiner Befugnisse eingeräumt sein, damit die Delegation für den Prinzipal nützlich ist.[831] Je nachdem, welcher Zweck mit der Delegation verfolgt wird, kommt dem Grad des eingeräumten Ermessens unterschiedliche Bedeutung zu. So kamen etwa *M. Gastinger* und *A. Dür* in einer empirischen Untersuchung zu dem Ergebnis, dass der Grad des der EU-Kommission für die Implementation eines internationalen Abkommens eingeräumten Ermessen mit wachsender Komplexität des betroffenen Vertragswerks ansteigt.[832] Wird ein Agent installiert, um glaubhafte Zusicherungen seines Prinzipals hinsichtlich einer bestimmten Sachpolitik zu ermöglichen, kann es darüber hinaus zweckdienlich sein, dem Agenten ein besonders weitgehendes, eventuell sogar zur sachpolitischen Unabhängigkeit führendes, Ermessen einzuräumen. Als praktisches Beispiel für einen solchen Agenten kann etwa die Europäische Zentralbank,[833] aber auch der

---

831 Tallberg, Journal of Common Market Studies 2000, 843, 845; Thatcher/Stone Sweet, West European Politics 2020, 1, 4; Damro, Journal of Common Market Studies 2007, 883, 885; vgl. die Anwendung dieser Erwägung auf die Delegation von Rechtsetzungsbefugnissen an die EU-Kommission im Rahmen des Komitologieverfahrens, bzw. nach Art. 290 und Art. 291 AEUV: Möllers/von Achenbach, EuR 2011, 39, 52f.

832 Dür/Gastinger, European Union Politics 2021, 611, 616; ebd. S. 624f.

833 Majone, European Union Politics 2001, 103, 104; vgl. auch: Pollack, The Engines of European Integration, S. 392-395 m.w.N; zur weitgehenden Unabhängigkeit der EZB auch: BVerfG, Urteil vom 05.05.2020, 2 BvR 859/15, Rn. 143; die Europäische Zentralbank als „mehrheitsbrechende“ Institution: Mayer, Sueddeutsche Zeitung, 07.05.2020; zur selbstständigen Verstärkung der an die EZB übertragenen politischen Gestaltungsmacht („self-enpowerment“): da Conceição-Heldt/Mueller, Journal of European Integration 2021, 83ff.

Europäische Rechnungshof oder der Europäische Bürgerbeauftragte[834] dienen. Diese Beispiele zeigen bereits, dass besonders weitreichende Delegationen im institutionellen Gefüge der Union eine Primärrechtsänderung und damit auch eine entsprechend intensive legislative Begleitung auf der Ebene der Bundesrepublik Deutschland[835] und der anderen EU-Mitgliedstaaten erfordern können. Wie im weiteren Verlauf des vorliegenden Kapitels deutlich werden wird, unterscheiden sich die Befugnisübertragungen an die im CETA vorgesehenen Ausschüsse, hinsichtlich des jeweils eingeräumten Ermessens erheblich.[836]

Aufgrund unterschiedlicher Interessen des Prinzipals und des Agenten sowie infolge zwischen beiden bestehender Informationsasymmetrien, kann es zu Verlusten wegen der Delegation von Aufgaben kommen.[837] Diese entstehen durch opportunistisches, auch als agency slack bezeichnetes Verhalten des Agenten, welches aus der Sicht des Prinzipals den funktionalen Nutzen der Delegation schmälert.[838] Agency slack kann auf unterschiedliche Art und Weise in der institutionellen Ausgestaltung der Delegation oder in sonstigen Rahmenbedingungen angelegt sein. So können Agenten etwa die Interessen ihrer Prinzipale zugunsten der Verfolgung ihrer eigenen Interessen vernachlässigen, was als „bureaucratic drift" bzw. „agency shirking" (Reduzierung der Bemühungen des Agenten, die Interessen seines Prinzipals zu verfolgen), oder als „agency slippage" (Abkehr

Ab einem gewissen Grad an Unabhängigkeit, den eine Institution genießt können durchaus Zweifel an der Anwendbarkeit des Prinzipal-Agenten-Ansatzes aufkommen; vgl. Maggetti/Papadopoulos, Political Studies Review 2018, 172, 178 m.w.N.

834 Hierzu und für weitere Beispiele: Pollack, The Engines of European Integration, S. 395f.; zu internationalen Gerichten vgl: Elsig/Pollack, European Journal of International Relations 2014, 391.

835 Vgl. Art. 23 Abs. 1 S. 3 GG.

836 Besonders weitreichende Ausschussbeschlüsse können wie eine Primärrechtsänderung zu behandeln sein. Dies gilt insbesondere für die Kompetenz des Gemischten CETA-Ausschusses nach Art. 8.29 CETA, auf den in Unterabschnitt B. VI. vertieft eingegangen wird.

837 Tallberg, European Governance and Supranational Institutions, S. 19; vgl. auch Lupia, Delegation and its Perils, S. 35f.; Heldt/Mello/Nonoselova/Serrano Oswald, Global Studies Quarterly 2022, Heft 3, 1, 2.

838 Pollack, International Organization 1997, 99, 108; Ders., The Engines of European Integration, S. 26; Kiewiet/McCubbins, The Logic of Delegation, S. 5; Thatcher/Stone Sweet, West European Politics 2002, 1, 4; Tallberg, European Governance and Supranational Institutions, S. 19; da Conceição-Heldt, Journal of Comparative Policy Analysis 2013, 21, 22; Heldt/Mello/Nonoselova/Serrano Oswald, Global Studies Quarterly 2022, Heft 3, 1, 2; Hawkins/Lake/Nielson/Tierney, Delegation under anarchy, S. 8.

des Agenten von der Verfolgung der Interessen des Prinzipals zu Gunsten seiner eigenen Interessen) bezeichnet wird.[839] Mit der Länge der Delegationskette nimmt agency slack tendenziell zu, da die über mehrere Prinzipal-Agenten-Beziehungen hinweg vermittelte politische Verantwortlichkeit von der Effektivität jedes einzelnen zwischengeschalteten Verantwortlichkeitsverhältnisses abhängt.[840] In der Praxis kann agency slack unterschiedliche Gestalten annehmen. So kann ein Agent, um relevante Informationen vor dem Prinzipal zu verbergen, Entscheidungen im eigenen Interesse treffen, die der Prinzipal bei der Delegation nicht intendiert hat, oder gar die übertragenen Befugnisse entgegen den Interessen des Prinzipals wahrnehmen.[841] Besteht eine Prinzipal-Agenten-Beziehung zwischen einem Agenten und mehr als einem Prinzipal („multiple principals") oder einem aus mehreren Akteuren zusammengesetzten Prinzipal („collective principal"), kann es auch zu Konstellationen kommen, in denen sich der Agent zwischen den Prinzipalen herrschende Interessengegensätze zu Nutze macht.[842]

Die Problematik der zwischen dem Prinzipal und dem Agenten bestehenden Informationsasymmetrien führt auf Seiten des Prinzipals dazu, dass dieser nicht vollständig über die Ziele und Fähigkeiten des Agenten im Bilde ist. Vor der eigentlichen Delegation kann ein Mangel an Information auf Seiten des Prinzipals dazu führen, dass für diesen Unklarheit über die Präferenzen, Fähigkeiten und das Engagement des Agenten besteht („adverse selection" oder „hidden information"). Nach der Delegation besteht für den Prinzipal das Risiko, dass sich der Agent im Eigeninteresse nicht dem Delegationsakt entsprechend verhält und der Prinzipal darüber im Dunklen bleibt („moral hazard" oder „hidden action").[843]

---

839 Pollack, International Organization 1997, 99, 108; Kiewiet/McCubbins, The Logic of Delegation, S. 5; Hawkins/Lake/Nielson/Tierney, Delegation under anarchy, S. 8; Epstein/O'Halloran, Delegating Powers, S. 25; Kerremans, Proactive policy entrepreneur or risk minimizer?, S. 175f.

840 Strøm, European Journal of Political Research 2000, 261, 277; Übertragung des Konzepts auf das Konzept der demokratischen Legitimationskette bei: von Achenbach, Demokratische Gesetzgebung in der EU, S. 404f.

841 Nielson/Tierney, International Organization 2003, 241, 246.

842 Sobol, Governance 2016, 335, 338; Nielson/Tierney, International Organization 2003, 241, 247.

843 Arrow, The Economics of Agency, S. 3; da Conceição-Heldt, Journal of European Public Policy 2011, 403, 405; Lupia, Delegation and its Perils, S. 41-44 m.w.N.; Thompson, Principal Problems: UN Weapons Inspections in Iraq and Beyond, S. 7; Pollack, The Engines of European Integration, S. 26f.

Dabei ist das Ausmaß der Informationsasymmetrie keine mit der ursprünglichen Delegation vorgegebene Größe, sondern kann sich durch das Verhalten des Agenten auch nachträglich noch verändern. So ist es möglich, dass der Agent seine Fähigkeiten, vorhandene Informationsasymmetrien zu seinem Vorteil zu nutzen, ausbaut oder die Informationsasymmetrie sogar noch erweitert.[844] Theoretische Beispiele für adverse selection- oder hidden information-Probleme ergeben sich etwa aus dem Behandlungsverhältnis zwischen Arzt und Patienten oder dem Verhältnis zwischen der Geschäftsführung und den Teilhabern eines Unternehmens. Theoretische Beispiele für moral hazard- oder hidden-action-Probleme hält insbesondere die Versicherungswirtschaft bereit.[845]

Sowohl die Informationsasymmetrien als auch die Interessenheterogenität zwischen Prinzipal und Agenten können durch die Einflussnahme Dritter auf den Agenten induziert oder verstärkt werden („agency capture"). So wird die Einflussnahme auf einen mit politischen Aufgaben betrauten Agenten regelmäßig auf eine Beeinflussung von dessen Präferenzen und dessen Informationsstandes abzielen. Dies geschieht mittels der direkten Einflussnahme auf Amtsträger, aber auch durch die Zurverfügungstellung von – im Sinne des Dritten ausgewählten und formulierten – Informationen und Kenntnissen.[846]

Zu einer der agency capture durch einen Dritten ähnlichen Diskrepanz zwischen den Interessen des Prinzipals und der durch den Agenten verfolgten Politik kann es auch bei Konstellationen kommen, in denen mehrere Prinzipale als zusammengesetzter multipler oder kollektiver Prinzipal einen Agenten beauftragen.[847] So kann es vorkommen, dass der Agent den Interessen eines der Prinzipale nähersteht als denen der übrigen, oder dass ein Prinzipal von den anderen Prinzipalen überstimmt wird. Hierbei kann auch die Frage, ob einzelne Prinzipale überstimmt werden können oder ob der Wille des multiplen bzw. des kollektiven Prinzipals nur einstimmig ermittelt werden darf, das Verhalten des Agenten beeinflussen. So kann der Agent die Abstimmungsregeln seines kollektiven oder multiplen Prinzipals antizipieren und berücksichtigen.[848]

---

844 Gastinger, Journal of European Public Policy 2016, 1367, 1371.

845 Zu diesen und weiteren theoretischen Beispielen: Arrow, The Economics of Agency, S. 3-5; vgl. auch: Miller, Annual Review of Political Science 2005, 203, 204f.; Lupia, Delegation and its Perils, S. 41-44 m.w.N.

846 Tai, Journal of Public Policy 2017, 261, 261f.

847 Speziell zum Verhältnis der EU-Kommission zum Rat: Deckarm, Journal of European Public Policy 2017, 447; Thomson, Comparative Political Studies 2008, 169.

848 Thomson, Comparative Political Studies 2008, 169, 187f.

Hierauf wird in Unterabschnitt C. II. Punkt 1. des vorliegenden Kapitels vertieft einzugehen sein.

II. Agentenautonomie und Kontrollmechanismen

Der Begriff des agency slack ist zwar in dem Sinne als wertfrei zu verstehen, als dass er nicht zwingend einen Missbrauch übertragener Kompetenzen oder Gestaltungsmacht bedeutet.[849] Dennoch bildet von den Erwartungen des Prinzipals abweichendes Verhalten eines Agenten zumindest einen ersten Anhaltspunkt hierfür und führt vor dem Hintergrund der hier eingenommenen Rousseau'schen Sichtweise auf demokratische Legitimation zur Notwendigkeit der Überwachung und gegebenenfalls Beeinflussung des Verhaltens eingeschalteter Agenten.[850] Um den mit der Delegation eingegangenen Risiken entgegenzuwirken, kann sich ein Prinzipal verschiedener Kontrollmechanismen bedienen, um zu verhindern, dass der drohende agency slack die funktionalen Vorteile der Delegation ganz oder teilweise aufhebt oder sogar Probleme schafft, die über den durch die Delegation erzielbaren Nutzen hinausgehen. Das dem Agenten eingeräumte Ermessen wird also einerseits durch die durch dem Prinzipal eingeräumte Gestaltungsmacht und andererseits die durch den Prinzipal eingesetzten Kontrollmechanismen bestimmt.[851] Außer dem Aspekt der Kontrolle des Agenten durch den Prinzipal kommt auch der Frage Bedeutung zu, wie weit sich die Interessen beider voneinander unterscheiden. Ist der Delegationsakt in einer Weise gestaltet, dass sich aus ihm sowie aus den (politischen) Rahmenbedingungen eine weitgehende Interessenkongruenz ergibt, sind aus Sicht des Prinzipals weniger aufwändige Kontrollmechanismen notwendig. Lassen sich die Interessen des Agenten und des Prinzipals dagegen nicht oder nur im geringen Maße durch die institutionelle Gestaltung in Einklang bringen, werden aufwändigere Kontrollmechanismen benötigt um agency slack zu vermeiden.[852] Gleiches gilt in Konstellationen, in denen mehrere Prinzipale mit unterschiedlichen

849 Heldt/Mello/Nonoselova/Serrano Oswald, Global Studies Quarterly 2022, Heft 3, 1, 13.

850 Siehe hierzu: Kapitel I, Abschnitt C.

851 Epstein/O'Halloran, American Journal of Political Science, 1994, 697, 699-701; Tallberg, European Governance and Supranational Institutions, S. 19; Dür/Elsig, Journal of European Public Policy 2011, 323, 329; vgl. auch: Thatcher/Stone Sweet, West European Politics 2002, 1, 5-7

852 Vgl. Cheibub/Martin/Rasch, West European Politics 2015, 969, 970; Tallberg, European Governance and Supranational Institutions, S. 20.

Interessen Aufgaben an einen Agenten delegieren.[853] So wie die Delegation dem Prinzipal funktionelle Vorteile bietet, welche durch möglichen agency slack geschmälert oder gar aufgehoben werden können, so stehen dem Prinzipal auch Kontrollmechanismen nicht ohne Einsatz von Ressourcen zur Verfügung. Dabei wird es sich für den Prinzipal kaum lohnen, jegliches Risiko eines agency slack zu unterbinden, da die hierfür notwendigen Kontrollmechanismen auch die mit der Delegation verbundenen Vorteile neutralisieren würden. So muss der Prinzipal stets einen sinnvollen Kompromiss zwischen möglichst wirksamer Delegation und möglichst geringem Risiko suchen.[854]

Die zur Eindämmung der mit der Delegation eingegangenen Risiken errichteten Kontrollmechanismen können also in unterschiedlichen Phasen der Delegation ansetzen und dort jeweils auftretende Informationsasymmetrien beseitigen oder reduzieren.[855] Hierbei sollen *ex ante* wirkende Kontrollmechanismen insbesondere verhindern, dass dem Prinzipal relevante Informationen über den Agenten und seine Präferenzen verborgen bleiben. *Ex post* wirkende Kontrollmechanismen sind insbesondere gegen verdeckte Verhaltensweisen des Agenten gerichtet.[856] Diese Aufteilung in ex ante und ex post wirkende Kontrollmechanismen kann oftmals allerdings nur als Kontinuum funktionieren, da eine Prinzipal-Agenten-Beziehung in der Praxis nicht nur aus in einem einmal geschlossenen Delegationsakt besteht, sondern in Gestalt der vorgesehenen Kontrollmechanismen weiter betrieben wird.[857] So liegt eine funktionale Betrachtung möglicher Kontrollmechanismen näher, als eine strickt an der Phase der Delegation (ex ante und ex post) orientierte. Trotzdem ist das beschriebene zwischen ex ante und ex post verlaufende Kontinuum mitzubedenken.

---

853 Pollack, West European Politics 2002, Issue 1, 200, 209.

854 Tallberg, European Governance and Supranational Institutions, S. 22f.; McCubbins/Noll/Weingast, Journal of Law, Economics, and Organization 1987, 243, 243f.; ebd. S. 247f.; Puccio/Harte, The European Parliament's Role in Monitoring the Implementation of EU Trade Policy, S. 390f.; Kerremans, Proactive policy entrepreneur or risk minimizer?, S. 177.

855 Damro, Journal of Common Market Studies 2007, 883, 886; vgl. zur Bedeutung dieses Aspekts: Gastinger, Journal of European Public Policy 2016, 1367, 1369f.; vgl. weiter: McCubbins/Noll/Weingast, Journal of Law, Economics, and Organization 1987, 243, 251f.

856 Cheibub/Martin/Rasch, West European Politics 2015, 968, 970; Lupia, Delegation and its Perils, S. 45.

857 Tallberg, European Governance and Supranational Institutions, S. 23.

In der Tat greifen einige Kontrollmechanismen bereits bei der Auswahl oder der Ausgestaltung eines Agenten sowie bei der inhaltlichen Gestaltung des Delegationsaktes. Bereits im Rahmen der Konzeption der Delegation kann der Prinzipal den Agenten auswählen oder als Entität neu schaffen, dabei überprüfen und nach seinen Interessen auswählen oder ausgestalten. Neben derartigen Investiturverfahren (auch: „screening and selection")[858] kann der Prinzipal auch bei der Festlegung der möglichen Aufgaben des Agenten sowie der diesem zur Verfügung zu stellenden (rechtlichen) Instrumente und Verfahren bereits versuchen, Potentiale für einen möglichen agency slack zu verringern oder auszuschließen. Dies schränkt allerdings von Anfang an die Handlungsfähigkeit des Agenten ein und ist entsprechend abzuwägen.[859]

Darüber hinaus kann der Prinzipal die Delegation so gestalten, dass für den Agenten Anreize zu regelkonformem Verhalten bestehen. Hieran anknüpfend kann sich der Prinzipal auch nachdem die Delegation erfolgt ist verschiedener Mechanismen bedienen, um den Agenten bei der Ausübung der übertragenen Aufgaben zu überwachen.[860] Entsprechende „oversight procedures" zur Überwachung des Agenten, zur Setzung positiver Anreize sowie zur Bereithaltung von Sanktionsmöglichkeiten, verringern Informationsasymmetrien und beeinflussen die Interessen des Agenten, nehmen aber auch Ressourcen des Prinzipals in Anspruch.[861] Eine innerhalb der Prinzipal-Agenten-Forschung klassische Unterscheidung ist die zwischen anlassloser Kontrolle des Agenten durch den Prinzipal selbst und anlassbezogener Kontrolle auf Betreiben Dritter. In der englischsprachigen Literatur wird ersteres auch bildhaft als „police-patrol oversight" und letzteres als „fire-alarm oversight" bezeichnet.[862]

Bei anlassloser und direkter Kontrolle des Agenten demonstriert der Prinzipal seine Präsenz und verringert damit die Anreize zu regelwidrigem Verhalten des Agenten, ähnlich einer Polizeistreife, die durch ihre bloße Sichtbarkeit das Verhalten potenzieller Delinquenten im Sinne der öffentlichen Sicherheit und Ordnung beeinflusst. Derartige „police-patrol oversight"-Mechanismen erfordern also ein regelmäßiges, direktes und durch den Agenten wahrnehmbares

---

858 Nielson/Tierney, International Organization 2003, 241, 246; Cheibub/Martin/Rasch, West European Politics 2015, 969, 970.

859 Pollack, International Organization 1997, 99, 108.

860 Nielson/Tierney, International Organization 2003, 241, 246.

861 Pollack, International Organization 1997, 99, 108f.; ebd. S. 110-113; Tallberg, European Governance and Supranational Institutions, S. 23.

862 McCubbins/Schwartz, American Journal of Political Science, 1984, 165, 166; da Conceição-Heldt, Journal of Comparative Policy Analysis 2013, 21, 26.

Tätigwerden des Prinzipals, etwa durch die Entgegennahme von Berichten oder die Durchführung von Studien, Untersuchungen und Anhörungen.[863]

Bei anlassbezogener Kontrolle des Agenten durch den Prinzipal kann es auch ein Dritter sein, der einen Hinweis auf einen agency slack meldet. Wie bei einem Feueralarm kann ein Zeuge (etwa eine zivilgesellschaftliche Gruppierung, die Medien oder wissenschaftliche Kreise) den Hinweis geben, dass Anlass zum Einschreiten besteht. Der Prinzipal macht sich bei derartigen „fire-alarm oversight"-Mechanismen nicht selbst andauernd auf die Suche nach Unregelmäßigkeiten, sondern unterhält Infrastrukturen, die es ihm ermöglichen, externen Hinweisen auf einen agency slack von Fall zu Fall nachzugehen.[864]

Schließlich kann der Prinzipal auch dafür sorgen, dass sich mehrere Agenten gegenseitig kontrollieren oder im Wettbewerb miteinander stehen. Auch hierdurch können Anreize zu regelkonformem Verhalten geschaffen werden.[865] Um der Aufdeckung eines agency slack auch Sanktionen folgen lassen zu können, stehen dem Prinzipal grundsätzlich mehrere Möglichkeiten zur Verfügung. Denkbare Sanktionsmechanismen umfassen grundlegende personelle Umbesetzungen, Budgetänderungen und die (nachträgliche) Abänderung von Entscheidungen des Agenten durch den Prinzipal.[866] So stehen etwa dem Europäischen Parlament gegenüber der EU-Kommission das Instrument des Misstrauensantrags nach Art. 17 Abs. 8 EUV i.V.m. Art. 234 AEUV als personelle Sanktion oder die Einleitung von Rechtsbehelfen vor dem EuGH zur (nachträglichen) inhaltlichen Abänderung von Verhandlungsergebnissen, die die Kommission in einem Vertragsgremium erreicht hat, zur Verfügung.[867] Ist das Regelverfahren zum Abschluss internationaler Übereinkünfte nach Art. 218 Abs. 1 bis 6 AEUV einschlägig[868] besteht nach Art. 218 Abs. 6 AEUV in vielen Fällen auch ein Veto-Recht, mit dem das Europäische Parlament eine durch die EU-Kommission ausgehandelte Einigung am Ende als Ganzes verhindern kann.[869]

863 McCubbins/Schwartz, American Journal of Political Science, 1984, 165, 166.
864 McCubbins/Schwartz, American Journal of Political Science, 1984, 165, 166.
865 Nielson/Tierney, International Organization 2003, 241, 246.
866 Pollack, The Engines of European Integration, S. 45-47.
867 Siehe sogleich bei Unterabschnitt C. I. Punkt 3.
868 Siehe ebenfalls Unterabschnitt C. I. Punkt 3.
869 Kerremans/Adriaensen/Colli/Coremans, Parliamentary scrutiny of trade policies across the western world, S. 14f.

III. Zwischenergebnis zu Abschnitt A.

Der für den Prinzipal aus der Delegation von Aufgaben zu ziehende Nutzen sowie die durch die Delegation eingegangenen Risiken entstehen in einem Spannungsfeld zwischen dem, dem Agenten eingeräumten Freiraum und dem Ausmaß der durch den Prinzipal eingerichteten und genutzten Kontrollmechanismen. Im Folgenden ist das Ausschusssystem des CETA und die hieran anschließenden institutionellen Vorkehrungen des europäischen Primärrechts und des deutschen Verfassungsrechts vor diesem Hintergrund zu untersuchen.

B. Entscheidungsfindungsverfahren und Kontrollmechanismen auf der Ebene der EU und der Bundesrepublik Deutschland

Auf der EU-Ebene sieht Art. 218 AEUV mehrere Verfahren vor, mittels derer die Unionsorgane die Mitwirkung der Union an Verhandlungen auf internationaler Ebene beschließen und inhaltlich gestalten können.[870] Im Folgenden werden die im CETA vorgesehenen Ausschusskompetenzen den jeweiligen auf der EU-Ebene und der Ebene der Bundesrepublik Deutschland zur Verfügung stehenden Verfahren zugeordnet.

Sofern nicht der Anwendungsbereich eines der Verfahren nach Art. 218 AEUV eröffnet ist, kann die Kommission gemäß ihrer Befugnis aus Art. 17 Abs. 1 S. 6 EUV die Union nach außen vertreten. Entsprechend ist die rechtliche Tragweite möglicher Entscheidungen eines Vertragsgremiums hier auch am geringsten. Dieser Fall wird in Unterabschnitt I. erläutert. In Unterabschnitt II. werden die auf der EU-Ebene unter das vereinfachte Verfahren nach Art. 218 Abs. 9 Alt. 2 AEUV fallenden Kompetenzen der CETA-Ausschüsse behandelt. Hierbei wird sich zeigen, dass Art. 218 Abs. 9 Alt. 2 AEUV den Regelfall bilden wird, wenn einer der CETA-Ausschüsse einen Beschluss mit rechtlichen Wirkungen fassen soll.[871] Das Verfahren zur Eingehung völkerrechtlicher Vereinbarungen

---

870 Weiß, EuConst 2018, 532, 537; Mögele, in: Streinz (Hrsg.), EUV/AEUV, 3. Auflage 2018, Art. 218 AEUV, Rn. 1.

871 Art. 218 AEUV als primärrechtlicher Ausgangspunkt für die Mitwirkung der EU-Organe in internationalen Institutionen und Gremien: Appel, Das Internationale Kooperationsrecht der EU, S. 288;
Innerhalb des Anwendungsbereichs des Art. 218 Abs. 9 Alt. 2 AEUV geht dieser dem allgemeineren Regelverfahren des Art. 218 Abs. 1 bis Abs. 6 AEUV vor: Weiß, Demokratische Legitimation und völkerrechtliche Goverancestrukturen, S. 174; ebd., S. 178; GA Cruz Villalón, SchlA, Rs. C-399/12 (Rebe und Wein), Rn. 79-82.

nach Art. 218 Abs. 1 bis 6 AEUV, welches Beschlüssen der CETA-Ausschüsse mit besonders intensiven Rechtsfolgen vorbehalten bleiben wird, ist in Unterabschnitt III. zu behandeln. In Unterabschnitt IV. folgt das vereinfachte Verfahren nach Art. 218 Abs. 7 AEUV, dessen Anwendbarkeit durch den Rat ausdrücklich beschlossen werden muss und dass aus diesem Grund – jedenfalls nach der Rechtslage zum Zeitpunkt der Abgabe der vorliegenden Dissertationsschrift – einen selten einschlägigen Ausnahmefall bilden wird.

Auf der Ebene der Bundesrepublik Deutschland ermöglichen ebenfalls mehrere Verfahren dem Bundestag und dem Bundesrat auf die inhaltliche Gestaltung europäischer und internationaler Verhandlungsprozesse Einfluss zu nehmen (Unterabschnitt V.).

Am Ende ist außerdem die Kompetenz des Gemischten CETA-Ausschusses gemäß Art. 8.29 CETA zur Überführung des im CETA errichteten Investitionsschutzsystems in einen zukünftigen multilateralen Investitionsstreitbeilegungsmechanismus zu erläutern, die aufgrund ihrer besonders weitreichenden und unbestimmten Gestaltungsmöglichkeiten einen von den übrigen an die CETA-Ausschüsse übertragenen Kompetenzen getrennt zu betrachtenden Sonderfall darstellt (Unterabschnitt VI.).

I. Entscheidungsfindung innerhalb der Europäischen Kommission unterhalb der Schwelle des Art. 218 Abs. 9 Alt. 2 AEUV

Im Folgenden sind die Entscheidungskompetenzen der CETA-Ausschüsse zu untersuchen, die im Vorfeld keines der in Art. 218 AEUV vorgesehenen Verfahren erfordern. Dies ist der Fall, wenn die Ausschussentscheidung für sich genommen keinen rechtswirksamen Akt darstellt. Die Anforderungen die an Entscheidungen der CETA-Ausschüsse zu stellen sind, damit die „Schwelle" eines „rechtswirksamen Aktes" i.S.v. Art. 218 Abs. 9 Alt. 2 AEUV überschritten wird wurden in Kapitel II der vorliegenden Untersuchung behandelt.[872] Liegt kein „rechtswirksamer Akt" in diesem Sinne vor, greift regelmäßig die Befugnis der Kommission zur Außenvertretung der EU nach Art. 17 Abs. 1 S. 6 EUV.[873]

---

872 Kapitel II Unterabschnitt D. IV. Punkt 1.

873 Siehe oben Kapitel II Unterabschnitt D. VI.; vgl. weiter: Lorenzmeier, in: Grabitz/Hilf/Nettesheim (Hrsg.), Das Recht der Europäischen Union, 76. EL 2022, Art. 218 AEUV, Rn. 63c und Kugelmann, in: Streinz (Hrsg.), EUV/AEUV, 3. Auflage 2018, Art. 17 EUV, Rn. 48f.

Im Folgenden widmet sich die Untersuchung den hiervon betroffenen Ausschusskompetenzen nach dem CETA.

1. *Gemischter CETA-Ausschuss*

Eine ganze Reihe der Kompetenzen des Gemischten CETA-Ausschusses ermöglicht keine rechtswirksamen Akte und bleibt damit unter der Schwelle für die Anwendbarkeit des Art. 218 Abs. 9 Alt. 2 AEUV. Hierunter fallen die allgemeinen Beratungskompetenzen nach Art. 26.1 Abs. 3, Abs. 4 lit. a, lit. c, lit. f, Abs. 5 lit. d und Art. 25.1 Abs. 3 CETA sowie die Kompetenz zur Überwachung der Arbeit der Sonderausschüsse nach Art. 26.1 Abs. 4 lit. b CETA.[874] Auch die nach Art. 30.9 Abs. 1 CETA vorgeschriebene Entgegennahme der Kopie einer Note zur möglichen Kündigung des Abkommens fällt in diese Kategorie.[875] Gleiches gilt für die nach Art. 28.5 Abs. 6 und Abs. 7 CETA vorgesehenen Konsultationen im Fall von Zahlungsbilanz- oder Außenfinanzierungsschwierigkeiten.[876]

Auch die in Art. 8.39 Abs. 6 CETA dem Gemischten CETA-Ausschuss übertragene Aufgabe, ergänzende Vorschriften zur Erleichterung von Investorenklagen durch natürliche Personen oder kleine und mittlere Unternehmen zu prüfen,[877] beinhaltet keine Möglichkeit ohne weitere Zwischenschritte inhaltlichen Einfluss auf die Rechtsordnung der EU zu nehmen.

Hinzu kommen die unterschiedlichen Kompetenzen des Gemischten CETA-Ausschusses im Zusammenhang mit der organisatorischen Durchführung von Schiedsverfahren nach Art. 29.10 Abs. 2, Art. 29.12, Art. 29.13 Abs. 1, 2 und 5, Art. 29.14 Abs. 2, Abs. 6 und 7, Art. 29.15 Abs. 1 und 2 sowie Art. 29.19 CETA,[878] wie auch von Mediationsverfahren zwischen den Vertragsparteien nach Art. 4 Abs. 6 Anhang 29-C.[879]

Schließlich fallen auch diejenigen Kompetenzen des Gemischten CETA-Ausschusses in den Bereich „unterhalb“ des Verfahrens nach Art. 218 Abs. 9 Alt. 2 AEUV, die mit der Auswahl der von Schiedsrichtern und anderen

---

874 Zu den genannten Ausschusskompetenzen: Kapitel III Unterabschnitt B. VII., Unterabschnitt B. I. Unterpunkte 4. a. aa. und bb.; Unterabschnitt B. V. Punkt 1; Unterabschnitt B. VI. Punkt 1.

875 Zu dieser Kompetenz: Kapitel III Unterabschnitt B. I. Unterpunkte 4. a. ee.

876 Hierzu: Kapitel III Unterabschnitt B. I. Unterpunkte 4. a. cc.

877 Hierzu Kapitel III Unterabschnitt B. V. Punkt 1.

878 Zu den genannten Kompetenzen nach Kapitel 29: Kapitel III Unterabschnitt B. I. Unterpunkt 4. a. dd. und Kapitel III Unterabschnitt B. IV. Unterpunkt 1. e.

879 Zu dieser Ausschusskompetenz: Kapitel III Unterabschnitt B. IV. Unterpunkt 1. f.

Richterpersonen für die im Abkommen vorgesehenen Schieds- und Investitionsschutzmechanismen sowie mit der allgemeinen Überwachung von deren Neutralität und Integrität im Zusammenhang stehen. Dies betrifft die Kompetenztitel nach Art. 8.27 Abs. 2, Art. 8.28 Abs. 3,[880] nach Art. 8.27 Abs. 8, nach Art. 29.8 Abs. 1,[881] nach Art. 13.20 Abs. 3 CETA,[882] nach Art. 29.7 Abs. 3 und 4[883] sowie nach Ziff. 5 und Ziff. 6 Anhang 29-B.[884]

Problematisch ist die Einordnung von Art. 26.1 Abs. 5 lit. f CETA,[885] der es dem Gremium ermöglicht „Empfehlungen zur Förderung von Handel und Investitionen" zu formulieren. Zwar sind Empfehlungen in diesem Sinne nach Art. 26.3 Abs. 2 CETA auf der völkerrechtlichen Ebene unverbindlich. Allerdings ist es denkbar, dass aufgrund künftiger dynamischer Verweise eine ähnliche Situation wie in der Rechtssache „Rebe und Wein" eintritt,[886] in der aufgrund einer dynamischen Verweisung im EU-Sekundärrecht einer Empfehlung des Gemischten CETA-Ausschusses auf Grundlage des Art. 26.1 Abs. 5 lit. f CETA ein inhaltlicher Einfluss auf Regelungen des Europarechts zukommt. Solange dies nicht der Fall ist, bedarf es zur Vorbereitung eines Beschlusses nach Art. 26.1 Abs. 5 lit. f CETA keines Ratsbeschlusses nach Art. 218 Abs. 9 Alt. 2 AEUV.

Art. 26.1 Abs. 5 lit. i CETA ermöglicht es dem Gemischten CETA-Ausschuss schließlich weitere Aufgaben wahrzunehmen, die ihm von den Vertragsparteien übertragen werden.[887] Hier ist zu unterscheiden zwischen dem Entschluss der CETA-Vertragsparteien, den Gemischten CETA-Ausschuss nach Art. 26.1 Abs. 5 lit. i CETA mit einer weiteren Kompetenz auszustatten und der nachgelagerten Betätigung einer solchen Kompetenz durch das Gremium. Ersteres wird je nach Tragweite der übertragenen Kompetenz und gewähltem Verfahren auf EU-Seite nach Art. 218 Abs. 9 Alt. 2, Abs. 7 oder Abs. 1 bis 6 AEUV vorzubereiten sein. Macht der Gemischte CETA-Ausschuss schließlich von einer ihm nach Art. 26.1 Abs. 5 lit. i CETA nachträglich übertragenen Kompetenz Gebrauch, kommt es auf deren Tragweite an. Wurden hierbei keine rechtswirksamen oder sich

880 Vgl. auch: Weiß, Demokratische Legitimation und völkerrechtliche Governancestrukturen, S. 165, Fn. 50.

881 Vgl. auch: Weiß, Demokratische Legitimation und völkerrechtliche Governancestrukturen, S. 165, Fn. 47.

882 Zu diesen Kompetenzen siehe: Kapitel III Unterabschnitt B. VI. Punkt 1.

883 Zu diesen Kompetenzen siehe: Kapitel III Unterabschnitt B. IV. Unterpunkt 1. b.

884 Zu diesen Kompetenzen siehe: Kapitel III Unterabschnitt B. IV. Unterpunkt 1. c.

885 Siehe zu dieser Ausschusskompetenz: Kapitel III Unterabschnitt B. V. Punkt 1.

886 Hierzu: Kapitel II Unterabschnitt D. IV. Punkt 1.

887 Hierzu: Kapitel III Unterabschnitt B. VII.

inhaltlich auf Regelungen des Europarechts auswirkende Regelungen ermöglicht,[888] wird ein entsprechender Beschluss des Gemischten CETA-Ausschusses unter der Schwelle des Art. 218 Abs. 9 Alt. 2 AEUV bleiben.

Die Zuständigkeit des Gemischten CETA-Ausschusses nach Art. 4.7 Abs. 2 CETA[889] wird in der verfassungsrechtlichen Diskussion um das Abkommen zumeist unter dem Gesichtspunkt einer institutionellen Änderung diskutiert.[890] Dies hätte zur Folge, dass ein Beschluss nach Art. 4.7 Abs. 2 CETA auf Seiten der EU wohl nach dem Regelverfahren zum Abschluss und zur Änderung völkerrechtlicher Abkommen gemäß Art. 218 Abs. 1 bis 6 und Abs. 8 AEUV vorzubereiten wäre. Hiergegen bestehen nach hier vertretener Ansicht jedoch Bedenken. So ermöglicht Art. 4.7 Abs. 2 CETA die Einberufung von Ad-hoc-Facharbeitsgruppen zur Klärung einer bestimmten Streitfrage, wobei kein in irgendeiner Form rechtsverbindlicher Streitentscheid vorgesehen ist. Der Ad-hoc-Charakter der Facharbeitsgruppe dürfte auch die im „Rebe und Wein"-Urteil problematisierte Möglichkeit einer indirekten Rechtswirkung vor deren Arbeitsergebnissen aufgrund EU-sekundärrechtlicher Verweisungen[891] praktisch ausräumen. So würde ein Beschluss nach Art. 4.7 Abs. 2 CETA noch nicht einmal das Bedürfnis nach einem Ratsbeschluss gemäß Art. 218 Abs. 9 Alt. 2 AEUV auslösen. Nur falls es zu einer Verstetigung einer nach Art. 4.7 Abs. 2 CETA eingerichteten Arbeitsgruppe kommen sollte, bestünde Anlass zum Streit über deren Rechtmäßigkeit. Zwar ist der Gemischte CETA-Ausschuss auch zur Einrichtung ständiger Gremien berechtigt. Sollte aus einer Ad-hoc-Facharbeitsgruppe ein über den einzelnen Streitfall hinaus tagendes Gremium hervorgehen, käme Art. 4.7 Abs. 2 CETA allerdings an eine Grenze und die Einrichtung des neuen Gremiums wäre auf Art. 26.1 Abs. 5 lit. h und lit. a CETA[892] zu stützen. Da der Gemischte CETA-Ausschuss, soweit ersichtlich, nicht verpflichtet ist, die Rechtsgrundlage für seine Beschlüsse ausdrücklich anzugeben, könnte ein Beschluss nach Art. 4.7 Abs. 2 CETA sogar nachträglich in einen solchen nach Art. 26.1 Abs. 5 lit. h und lit. a CETA umgedeutet werden. Allerdings bedarf es für einen

---

888 Zur diesem Maßstab zugrunde liegenden EuGH-Rechtsprechung in der Sache „Rebe und Wein" vgl. Kapitel II Unterabschnitt D. IV. Punkt 1.

889 Siehe zu dieser Ausschusskompetenz: Kapitel III Unterabschnitt B. IV. Unterpunkt 1. a.

890 Kempen, Verfassungsbeschwerdeschrift in dem Verfahren 2 BvR 1482/16 vor dem Bundesverfassungsgericht, S. 103f.; Nettesheim, Umfassende Freihandelsabkommen und Grundgesetz, S. 24; ebd. S. 137, Fn. 219; Weiß, EuZW 2016, 286, 288 Fn. 25; Weiß, Demokratische Legitimation und völkerrechtliche Governancestrukturen, S. 166.

891 Kapitel II Unterabschnitt D. IV. Punkt 1.

892 Zu dieser Problematik bereits: Kapitel III Unterabschnitt B. IV. Unterpunkt 1. a.

Beschluss des Gemischten CETA-Ausschusses nach Art. 26.1 Abs. 5 lit. h und lit. a CETA auf der Ebene des Europarechts zumindest eines Ratsbeschlusses nach Art. 218 Abs. 9 Alt. 2 AEUV, wenn nicht gar des Abschlusses des kompletten Vertragsschlussverfahrens nach Art. 218 Abs. 1 bis 6 und Abs. 8 AEUV. Solange die Grenzen des Anwendungsbereichs des Art. 4.7 Abs. 2 CETA jedoch gewahrt bleiben, kann nach hier vertretener Ansicht die Europäische Kommission die EU allein und ohne Einhaltung eines der in Art. 218 AEUV vorgesehenen Verfahren vertreten.

Zusammenfassend ist über die hier zusammengetragenen Kompetenzen des Gemischten CETA-Ausschusses anzumerken, dass ein Großteil unter ihnen nach den Ausführungen im vorangegangenen Kapitel III dieser Untersuchung der Überwachung der korrekten Implementation des CETA durch die Vertragsparteien und damit der Verringerung von zwischen diesen bestehenden Informationsasymmetrien dient. Weitere der hier genannten Kompetenzen ermöglichen dem Gemischten CETA-Ausschuss auch Teile des Abkommens zu implementieren oder die Beilegung von mit dem CETA zusammenhängenden Streitigkeiten organisatorisch zu unterstützen. Ein weiterer Teil der genannten Kompetenzen dient schließlich nach der in Kapitel III vorgenommenen Kategorisierung der sachgerechten Vorbereitung später vorzunehmender komplexer Entscheidungen. Die Rede ist diesbezüglich insbesondere von Art. 26.1 Abs. 4 lit. a, c und f, sowie Abs. 5 lit. d und f CETA.[893] Eine ähnliche Funktion kann auch der besonders allgemein gehaltene Art. 26.1 Abs. 3 CETA[894] haben.

2. *Gemischter Ausschuss für die gegenseitige Anerkennung von Berufsqualifikationen*

Beim Gemischten Ausschuss für die gegenseitige Anerkennung von Berufsqualifikationen ist, im Fall von dessen administrativen Kompetenzen nach Art. 11.5 lit. d bis f und lit. g Alt. 1 CETA,[895] kein vorheriges Verfahren nach Art. 218 Abs. 9 Alt. 2 AEUV notwendig. Diese Kompetenzen dienen der Überwachung der Vertragsparteien bei der Durchführung des Abkommens. Gleiches gilt bei Art. 11.5 lit. g Alt. 2 CETA, der es zwar ermöglicht, die in Anhang 11-A enthaltenen Leitlinien zu ergänzen und der damit der Fortentwicklung dieses

893 Siehe zu diesen Ausschusskompetenzen: Kapitel III Unterabschnitt B. I. Unterpunkt 4. a. aa. und Kapitel III Unterabschnitt B. V. Punkt 1.

894 Siehe hierzu: Kapitel III Unterabschnitt B. VII.

895 Siehe insb.: Kapitel III Unterabschnitt B. I. Unterpunkt 4. e. und Kapitel III Unterabschnitt B. VI. Punkt 4.

Anhangs als Teil eines unvollständigen Vertrages dient.[896] Allerdings sind die genannten Leitlinien ausdrücklich nicht rechtsverbindlich und beschäftigen sich ausschließlich mit der Aushandlung und formalen Gestaltung von später aufgrund des Kapitel 11 des CETA zu verhandelnden Abkommen über die gegenseitige Anerkennung von Berufsqualifikationen. Wie sogleich in Unterabschnitt B. II. Punkt 4. des vorliegenden Kapitels aufzuzeigen sein wird, ist damit nicht zu erwarten, dass ein Beschluss des Gremiums zur Änderung von Anhang 11-A rechtliche Bindungswirkungen im EU-Recht entwickeln könnte.

3. Gemischter Ausschuss für die Zusammenarbeit im Zollbereich

Auch dem Gemischten Ausschuss für die Zusammenarbeit im Zollbereich kommen mit Art. 26.2 Abs. 1 lit. c und Art. 6.14 Abs. 1 CETA allgemeine Kompetenzen zur Befassung mit Angelegenheiten seines Fachbereiches zu, die der Überwachung der Durchführung des Abkommens sowie der Unterstützung hochkomplexer Sachentscheidung dienen[897] und deren Wahrnehmung auf EU-Seite keine Vorbereitung nach Art. 218 Abs. 9 Alt. 2 AEUV erfordert. Gleiches gilt auch für die Befassung des Gremiums mit bestimmten inhaltlichen Streitfragen zwischen den Vertragsparteien nach Art. 2.8 Abs. 3 bis 5 CETA und Art. 29 Abs. 12 und 13 des Protokolls über Ursprungsregeln und Ursprungsbestimmungen.[898]

Problematisch sind in dieser Hinsicht dagegen die vorwiegend der Unterstützung hochkomplexer Sachentscheidungen dienenden Kompetenzen des Gremiums nach Art. 6.14 Abs. 4 CETA und nach Art. 34 des Protokolls über Ursprungsregeln und Ursprungsbestimmungen. Hiernach kann der Gemischte Ausschuss für die Zusammenarbeit im Zollbereich einerseits Empfehlungen für mögliche Beschlüsse des Gemischten CETA-Ausschusses verfassen,[899] die auf Seiten der EU an sich noch kein Verfahren nach Art. 218 Abs. 9 Alt. 2 AEUV erfordern. Gleiches gilt für bloße Stellungnahmen. Allerdings können auf Grundlage der beiden genannten Befugnisse durchaus Empfehlungen entstehen, die wie die Empfehlungen der OIV-Gremien in der Sache „Rebe und Wein" mittels dynamischer Verweisungen im europäischen Sekundärrecht inhaltlichen

896 Siehe hierzu: Kapitel III Unterabschnitt B. II. Unterpunkt 4. b. aa. (5).
897 Siehe hierzu: Kapitel III Unterabschnitt B. I. Unterpunkt 4. f.
898 Hierzu: Kapitel III Unterabschnitt B. IV. Unterpunkt 2. a. bb.
899 Hierzu: Kapitel III Unterabschnitt B. I. Unterpunkt 4. f. und Kapitel III Unterabschnitt B. V. Punkt 7.

Einfluss auf Normen des Europarechts entfalten können. In diesen Fällen wäre somit auch Art. 218 Abs. 9 Alt. 2 AEUV anzuwenden.[900]

4. *Gemischter Verwaltungsausschuss für gesundheitspolizeiliche und pflanzenschutzrechtliche Maßnahmen*

Der Gemischte Verwaltungsausschuss für gesundheitspolizeiliche und pflanzenschutzrechtliche Maßnahmen hat ebenfalls eine Reihe von Zuständigkeiten zur sachkompetenten Erörterung von Fragen und zur Überwachung der Implementation des CETA innerhalb seines Fachbereichs nach Art. 5.14 Abs. 2 lit. a bis c und lit. e bis g CETA,[901] deren Ausübung im Vorfeld keinen Beschluss nach Art. 218 Abs. 9 Alt. 2 AEUV erfordern. Dies gilt auch für die spezielleren, ebenfalls einer sachgerechten Implementation des CETA dienenden, Befassungskompetenzen nach Art. 5.14 Abs. 3 und 5 CETA. Weiter fallen die nach Art. 5.14 Abs. 6 CETA zur sachkompetenten Unterstützung des Gemischten CETA-Ausschusses sowie die nach Art. 5.14 Abs. 9 CETA zur Überwachung der Implementation des Abkommens vorgesehenen Berichte nicht unter Art. 218 Abs. 9 Alt. 2 AEUV. Hinzu kommt außerdem die Regelung der in Art. 5.14 Abs. 8 CETA genannten rein internen organisatorischen Fragen.[902]

5. *Ausschuss für Handel und nachhaltige Entwicklung*

Kompetenzen des Ausschusses für Handel und nachhaltige Entwicklung, die mangels eines hinreichend spezifischen inhaltlichen Einflusses der Beratungsergebnisse auf das EU-Recht keiner Behandlung im Rat nach Art. 218 Abs. 9 Alt. 2 AEUV bedürfen, sind insbesondere die vielfältigen Zuständigkeiten des Ausschusses zur Befassung zu unterschiedlichen Gegenständen der Kapitel 22

---

900 Siehe zur Sache „Rebe und Wein" Kapitel II Unterabschnitt D. IV. Punkt 1. Soweit keine derartige indirekte Rechtswirkung zu erwarten ist, ist auch das Fehlen weiterer Mitwirkung der EU-Mitgliedstaaten unbedenklich, vgl. dazu: Nettesheim, Umfassende Freihandelsabkommen und Grundgesetz, S. 142f.; vgl. für weitere Beispiele: Weiß, Demokratische Legitimation und völkerrechtliche Governancestrukturen, S. 165, Fn. 47; Weiß, EuZW 2016, 286, 286, Fn. 10.

901 Hierzu: Kapitel III Unterabschnitt B. I. Unterpunkt 4. g.

902 Zu den genannten Kompetenzen des Gemischten Verwaltungsausschusses für gesundheitspolizeiliche und pflanzenschutzrechtliche Maßnahmen siehe: Kapitel III Unterabschnitt B. I. Unterpunkt 4. g., Kapitel III Unterabschnitt B. II. Unterpunkt 4. a. cc. (4), Kapitel III Unterabschnitt B. V. Punkt 8 und Kapitel III Unterabschnitt B. VI. Punkt 5.

bis 24. Dies betrifft zunächst die Kompetenzen zur Unterstützung komplexer Sachentscheidungen und zur Implementationsüberwachung nach Art. 22.4 Abs. 1,[903] Art. 23.8 Abs. 3, Art. 23.11 Abs. 3, Art. 24.10 Abs. 3 und Art. 24.13 Abs. 3 CETA[904] sowie zur organisatorischen Begleitung der Beilegung von Streitigkeiten nach Art. 23.10 Abs. 12 und Art. 24.15 Abs. 11 CETA.[905] Gleiches gilt für die organisatorischen Kompetenzen des Gremiums im Rahmen der Implementation des CETA nach Art. 22.4 Abs. 3 und 4, Art. 23.10 Abs. 6 und Abs. 13, Art. 24.15 Abs. 6 und Abs. 12 CETA.[906] Auch die Kompetenzen des Ausschusses nach Art. 23.9 Abs. 4 und Art. 24.14 Abs. 4 CETA, die neben der Gewährleistung ausreichender Sachkenntnis und der Überwachung der Implementation des Abkommens auch die inhaltliche Beilegung von Streitigkeiten zwischen den Vertragsparteien zum Gegenstand haben,[907] erfordern auf der Seite der EU kein Verfahren nach Art. 218 Abs. 9 Alt. 2 AEUV, da sie keinen rechtsverbindlichen Streitentscheid ermöglichen. Hervorzuheben unter den Kompetenzen des Gremiums, deren Ausübung auf EU-Seite nicht nach Art. 218 Abs. 9 Alt. 2 AEUV vorzubereiten ist, ist schließlich auch Art. 23.11 Abs. 5 CETA, wonach der Ausschuss für Handel und nachhaltige Entwicklung Empfehlungen für Änderungen des 23. Kapitels an den Gemischten CETA-Ausschuss richten kann und somit dessen Beschluss durch seine inhaltliche Vorbereitung unterstützt.[908]

6. *Forum für die Zusammenarbeit in Regulierungsfragen*

Das Forum für die Zusammenarbeit in Regulierungsfragen verfügt nach Art. 21.6 Abs. 1, Abs. 2 und Abs. 4 lit. c CETA ebenfalls über eine Reihe an Beratungs-, Prüfungs-, Berichts- und Implementationskompetenzen,[909] deren Ausübung auf EU-Seite kein vorheriges Verfahren nach Art. 218 Abs. 9 Alt. 2 AEUV erfordert.

---

903 Vgl. auch: Nettesheim, Umfassende Freihandelsabkommen und Grundgesetz, S. 143.

904 Hierzu: Kapitel III Unterabschnitt B. I. Unterpunkt 4. j. und Kapitel III Unterabschnitt B. V. Punkt 11.

905 Hierzu: Kapitel III Unterabschnitt B. IV. Unterpunkt 1. g.

906 Hierzu: Kapitel III Unterabschnitt B. VI. Punkt 7. und auch Kapitel III Unterabschnitt B. IV. Unterpunkt 1. g.

907 Hierzu: Kapitel III Unterabschnitt B. IV. Unterpunkt 2. a. cc.

908 Hierzu: Kapitel III Unterabschnitt B. II. Unterpunkt 4. b. aa. (1) (b) (cc).

909 Zu den genannten Kompetenzen des Forums für die Zusammenarbeit in Regulierungsfragen: Kapitel III Unterabschnitt B. I. Unterpunkt 4. k., Kapitel III Unterabschnitt B. V. Punkt 12. und Kapitel III Unterabschnitt B. VI. Punkt 8.

7. *Ausschuss für Warenhandel*

Dem Ausschuss für Warenhandel kommen nach Art. 26.2 Abs. 1 lit. a, Art. 2.13 Abs. 1 lit. a und c, Art. 4.7 Abs. 1 S. 2 lit. a bis e und g bis h CETA, nach Art. 18 lit. a, b und e des Protokolls über die gegenseitige Anerkennung der Ergebnisse von Konformitätsbewertungen sowie nach der „Bestimmung über die Überprüfung" zu den Tabellen C.1 bis C.4 im Anhang 5-A zum Protokoll über Ursprungsregeln und Ursprungsbestimmungen unterschiedliche Aufgaben der Befassung, Überprüfung und Berichterstattung an den Gemischten CETA-Ausschuss zu, die der Überwachung und Unterstützung der Umsetzung des Abkommens sowie der Unterstützung komplexer Sachentscheidungen und der inhaltlichen Beilegung von Streitigkeiten zwischen den Vertragsparteien dienen.[910] Die Wahrnehmung dieser Kompetenzen erfordert für sich genommen auf Seiten der EU kein Verfahren nach Art. 218 Abs. 9 Alt. 2 AEUV.

Ebenfalls unterhalb der Schwelle der Anwendbarkeit des Art. 218 Abs. 9 Alt. 2 AEUV, aber dennoch hervorzuheben, sind einige Kompetenzen des Ausschusses für Warenhandel zur Erarbeitung sachlich qualifizierter Empfehlungen an den Gemischten CETA-Ausschuss. Eine solche Empfehlung kann der Ausschuss für Warenhandel nach Art. 2.13 Abs. 2 CETA[911] betreffs des beschleunigten Abbaus oder der Abschaffung von Warenzöllen an den Gemischten CETA-Ausschuss richten.[912] Entsprechendes gilt nach Art. 4.7 Abs. 1 S. 2 lit. f CETA für Empfehlungen zur Überarbeitung des 4. Kapitels des CETA (Technische Handelshemmnisse) im Lichte von Entwicklungen im WTO-Recht,[913] nach Art. 2.13 Abs. 1 lit. b CETA für Empfehlungen zur Überarbeitung des in Kapitel 2 des Abkommens geregelten Harmonisierten Systems[914] und zur Überarbeitung des Protokolls über die gegenseitige Anerkennung der Ergebnisse von Konformitätsbewertungen nach dessen Art. 18 lit. c.[915]

Schließlich ist noch Art. 18 lit. d des Protokolls über die gegenseitige Anerkennung der Ergebnisse von Konformitätsbewertungen zu nennen, nach dem

910 Zu den genannten Kompetenzen des Ausschusses für Warenhandel: Kapitel III Unterabschnitt B. I. Unterpunkt 4. b., Kapitel III Unterabschnitt B. V. Punkt 2. und Kapitel III Unterabschnitt B. VI. Punkt 2.

911 Vgl. auch: Grzeszick, Stellungnahme des Deutschen Bundestages in den Verfahren 2 BvR 1368/16 u.a. vor dem Bundesverfassungsgericht, S. 62.

912 Hierzu: Kapitel III Unterabschnitt B. V. Punkt 2.

913 Hierzu: Kapitel III Unterabschnitt B. II. Unterpunkt 4. b. aa. (1) (b) (bb).

914 Hierzu: Kapitel III Unterabschnitt B. II. Unterpunkt 4. b. aa. (1) (b) (aa).

915 Hierzu: Kapitel III Unterabschnitt B. V. Punkt 2.

der Ausschuss für Warenhandel alle Maßnahmen ergreifen kann, die nach Auffassung der Vertragsparteien hilfreich sind, um das Protokoll umzusetzen.[916] Sollte der Ausschuss in diesem Rahmen keinen rechtswirksamen Akt nach Art. 218 Abs. 9 Alt. 2 AEUV erlassen, ist kein Verfahren nach Art. 218 AEUV erforderlich.

8. *Landwirtschaftsausschuss*

Für die der Überwachung der Implementation des Abkommens und der Vorbereitung späterer Sachentscheidungen dienenden Erörterungen des Landwirtschaftsausschusses, zu landwirtschaftlichen Erzeugnissen nach Art. 2.13 Abs. 3 lit. b und c CETA sowie zu Zollkontingenten nach Ziff. 19 lit. a Anhang 2-A und nach Ziff. 4 zur Tabelle A.1 des Anhangs 5-A zum Protokoll über Ursprungsregeln und Ursprungsbestimmungen,[917] ist auf EU-Seite ebenfalls kein Ratsbeschluss nach Art. 218 Abs. 9 Alt. 2 AEUV notwendig.

9. *Gemischte Sektorgruppe für Arzneimittel*

Die Gemischte Sektorgruppe für Arzneimittel ist laut dem Chapeau des Anhangs 2 zum Protokoll über die gegenseitige Anerkennung des Programms für die Befolgung und Durchsetzung der Guten Herstellungspraxis für pharmazeutische Erzeugnisse dafür zuständig, die schriftliche Mitteilung über die Zuständigkeit neuer Arzneimittelregulierungsbehörden entgegenzunehmen.[918] Nach Art. 12 Abs. 4 und 5 des Protokolls über die gegenseitige Anerkennung des Programms für die Befolgung und Durchsetzung der Guten Herstellungspraxis für pharmazeutische Erzeugnisse, kommt der Gemischten Sektorgruppe außerdem eine unterstützende Rolle bei Meinungsverschiedenheiten über die Gleichwertigkeit solcher Behörden zu.[919] Nach Art. 15 Abs. 5 und 6 desselben Protokolls kann die Gemischte Sektorgruppe auch Vorschläge an den Gemischten CETA-Ausschuss zur Änderung der Anhänge des Protokolls erarbeiten, um diesen bei der hiermit zusammenhängenden Entscheidungsfindung in sachlich-inhaltlicher Hinsicht zu unterstützen.[920] All diese Kompetenzen bedürfen auf EU-Seite vor ihrer Ausübung keiner Vorbereitung nach Art. 218 Abs. 9 Alt. 2 AEUV.

---

916 Hierzu: Kapitel III Unterabschnitt B. VII.

917 Zu den genannten Kompetenzen des Landwirtschaftsausschusses: Kapitel III Unterabschnitt B. V. Punkt 3.

918 Hierzu: Kapitel III Unterabschnitt B. VI. Punkt 3.

919 Hierzu: Kapitel III Unterabschnitt B. IV. Unterpunkt 2. a. dd.

920 Hierzu: Kapitel III Unterabschnitt B. II. Unterpunkt 4. b. aa. (1) (a) (ee).

10. Ausschuss für Dienstleistungen und Investitionen

Dem Ausschuss für Dienstleistungen und Investitionen kommen, zum Zwecke der Überwachung der Umsetzung des Abkommens und zur Unterstützung hierbei zu treffender Sachentscheidungen, mehrere Zuständigkeiten zur Befassung mit den Regelungsgegenständen des 8. Kapitels (Investitionsschutz) zu. Die Ausübung der entsprechenden Kompetenzen nach Art. 26.2 Abs. 1 lit. b und nach Art. 8.44 Abs. 1 CETA[921] setzt auf Seiten der EU keinen Ratsbeschluss nach Art. 218 Abs. 9 Alt. 2 AEUV voraus.

Problematisch ist die Einordnung der Kompetenzen des Gremiums nach Art. 8.44 Abs. 3 lit. a, lit. d und lit. e CETA (letztere i.V.m. Art. 8.28 Abs. 8 S. 1 CETA), namentlich zur Ausarbeitung von Empfehlungen an den Gemischten CETA-Ausschuss zur Annahme von authentischen Vertragsauslegungen, von Erweiterungen des Standards der Gerechten und billigen Behandlung ausländischer Investoren nach Art. 8.10 Abs. 2 CETA und zur Arbeitsweise der Investitionsschutz-Rechtsbehelfsinstanz. Hier sieht der Chapeau des Art. 8.44 Abs. 3 CETA vor, dass die Vertragsparteien vor der Betätigung der dort aufgezählten Kompetenzen „ihre jeweiligen internen Vorschriften erfüllt und die internen Verfahren abgeschlossen haben". Allerdings handelt es sich bei den Vorschlägen des Ausschusses für Dienstleistungen und Investitionen nach Art. 8.44 Abs. 3 lit. a, lit. d und lit. e CETA nicht um „rechtswirksame Akte" gemäß Art. 218 Abs. 9 Alt. 2 AEUV.[922] Das CETA sieht jedoch, mit dem Erfordernis der Erfüllung der internen Vorschriften und Verfahren, bereits im Stadium eines dem Gemischten CETA-Ausschusses zuzuleitenden Beschlussentwurfes, eine inhaltliche Festlegung vor. Deshalb dienen die genannten Kompetenzen, nach der hiesigen funktionalen Einordnung, nicht bloß der inhaltlichen Vorbereitung einer späteren Entscheidung des Gemischten CETA-Ausschusses über materielle oder institutionelle Änderungen des Abkommens, sondern können eine solche unter Umständen vorwegnehmen (etwa falls die kanadische Exekutive sich bereits beim Beschluss eines Entwurfes nach Art. 8.44 Abs. 3 lit. a, lit. d oder

921 Hierzu: Kapitel III Unterabschnitt B. I. Unterpunkt 4. d. und Kapitel III Unterabschnitt B. V. Punkt 5.

922 Vgl.: Mayer, Stellungnahme der Bundesregierung in den Verfahren 2 BvR 1368/16 u.a. vor dem Bundesverfassungsgericht, S. 69; Zur Problematik der internen Vorschriften und Verfahren vgl. auch: Weiß, Demokratische Legitimation und völkerrechtliche Governancestrukturen, S. 191f.; zu diesen Kompetenzen des Ausschusses für Dienstleistungen und Investitionen: Kapitel III Unterabschnitt B. II. Unterpunkte 4. a. bb. (3) (b) und 4. b. aa. (4).

lit. e CETA gegenüber ihren Legislativorganen intern festlegen muss und deshalb bei den späteren Verhandlungen über den eigentlichen Beschluss im Gemischten CETA-Ausschuss keinen Spielraum mehr hat). Dadurch wird der Entwurf zwar noch nicht zu einem „rechtswirksamen Akt“ i.S.v. Art. 218 Abs. 9 AEUV, beeinflusst aber den späteren Beschluss des Gemischten CETA-Ausschusses (der wiederum einen solchen „rechtswirksamen Akt“ darstellt). Dies entspricht auch der durch den EuGH in der Sache Rebe und Wein vorgenommenen Wertung, wonach auch Akte, die zwar selbst nicht rechtswirksam i.S.d. Art. 218 Abs. 9 AEUV sind, unter die Norm fallen, falls sie eine Rechtssetzung inhaltlich beeinflussen.[923] Mithin ist nach hiesiger Auffassung, vor der Ausübung der Kompetenzen des Ausschusses für Dienstleistungen und Investitionen nach Art. 8.44 Abs. 3 lit. a, lit. d und lit. e CETA, auf Seite der EU das Verfahren nach Art. 218 Abs. 9 Alt. 2 AEUV durchzuführen.

11. Ausschuss für das öffentliche Beschaffungswesen

Auch die Ausübung der Kompetenzen des Ausschusses für das öffentliche Beschaffungswesen aus Art. 19.5 Abs. 3, aus Art. 19.15 Abs. 4 bis 6, aus Art. 19.19 Abs. 1 Alt. 1, aus Art. 19.19 Abs. 2 lit. a bis d sowie aus Art. 19.19 Abs. 3 CETA,[924] erfordert seitens der EU keinen vorherigen Ratsbeschluss nach Art. 218 Abs. 9 Alt. 2 AEUV. Auch diese Kompetenzen sind, nach der in Kapitel III vorgenommenen Kategorisierung, den Funktionen der Überwachung bzw. Unterstützung der Implementation des Abkommens oder der Vorbereitung komplexer Sachentscheidungen zuzuordnen.

12. Ausschuss für Finanzdienstleistungen

Gleiches gilt für die Kompetenzen des Ausschusses für Finanzdienstleistungen zur Überwachung der Implementation des 13. Kapitels des Abkommens nach Art. 13.18 Abs. 3 lit. a und b CETA.[925]

---

923 Kapitel II Unterabschnitt D. IV. Punkt 1.

924 Zu diesen Kompetenzen des Ausschusses für das öffentliche Beschaffungswesen: Kapitel III Unterabschnitt B. I. Unterpunkt 4. h., Kapitel III Unterabschnitt B. V. Punkt 9. und Kapitel III Unterabschnitt B. VI. Punkt 6.

925 Hierzu: Kapitel III Unterabschnitt B. I. Unterpunkt 4. i.

13. CETA-Ausschuss für geografische Angaben

Außerdem kann auch die, der Gewährleistung fachlich fundierter Entscheidungen dienende, Kompetenz des CETA-Ausschusses für geografische Angaben nach Art. 20.22 Abs. 1 CETA, dem Gemischten CETA-Ausschuss Vorschläge zu Änderungen an der Liste der durch das CETA geschützten geografischen Angaben zu unterbreiten,[926] ausgeübt werden, ohne dass zuvor auf Seiten der EU nach Art. 218 Abs. 9 Alt. 2 AEUV der Rat eingeschaltet werden müsste.

14. Zwischenergebnis zu Unterabschnitt I.

Zusammenfassend dient die größte Gruppe der im CETA vorgesehenen Ausschusskompetenzen, die auf der Ebene des Unionsrechts keiner Verfahrensweise nach Art. 218 Abs. 9 Alt. 2 AEUV oder sonst eines Verfahrens nach Art. 218 AEUV bedürfen, der Verringerung von zwischen den Vertragsparteien möglicherweise bestehenden Informationsasymmetrien bzw. der Überwachung der Implementation des Abkommens durch die Vertragsparteien.

Eine mit Blick auf den Ausbau des Systems der im CETA vorgesehenen Ausschusskompetenzen ähnlich gewichtige Funktion, unterhalb der Schwelle eines rechtswirksamen Aktes nach Art. 218 Abs. 9 Alt. 2 AEUV, liegt in der Vorbereitung komplexer Sachentscheidungen und hierbei der Gewährleistung eines möglichst hinreichenden Maßes an sachpolitischer Expertise. Hierbei fällt auf, dass eine ganze Reihe an Kompetenzen der unterschiedlichen im CETA errichteten Sonderausschüsse der Vorbereitung späterer Entscheidungen des Gemischten CETA-Ausschusses durch die Ausarbeitung entsprechender Beschlüsse dienen. Dies betrifft die Kompetenzen nach Art. 6.14 Abs. 4 CETA, Art. 34 Protokoll über Ursprungsregeln und Ursprungsbestimmungen (Gemischter Ausschuss für die Zusammenarbeit im Zollbereich), Art. 23.11 Abs. 5 CETA (Ausschuss für Handel und nachhaltige Entwicklung), Art. 2.13 Abs. 1 lit. b, Art. 2.13 Abs. 2 und Art. 4.7 Abs. 1 lit. f CETA, Art. 18 lit. c Protokoll über die gegenseitige Anerkennung der Ergebnisse von Konformitätsbewertungen (Ausschuss für Warenhandel), Art. 15 Abs. 5 und 6 Protokoll über die gegenseitige Anerkennung des Programms für die Befolgung und Durchsetzung der Guten Herstellungspraxis für pharmazeutische Erzeugnisse (Gemischte Sektorgruppe für Arzneimittel) und Art. 20.22 Abs. 1 CETA (CETA-Ausschuss für geografische Herkunftsangaben).

---

926 Hierzu: Kapitel III Unterabschnitt B. V. Punkt 13.

Weitere Kompetenzen der im CETA vorgesehenen Ausschüsse, die keine rechtswirksamen Akte im Sinne von Art. 218 Abs. 9 Alt. 2 AEUV ermöglichen und deshalb kein Verfahren nach dieser Norm erfordern, dienen der Unterstützung der Implementation des CETA selbst oder der organisatorischen Begleitung der dort vorgesehenen Streitbeilegungsverfahren. Eine kleinere Gruppe an Ausschusskompetenzen ermöglicht die inhaltliche Einschaltung des jeweiligen Gremiums in Streitigkeiten zwischen den Vertragsparteien, allerdings ohne einen rechtswirksamen Streitentscheid vorzusehen.

Einzelne der im CETA zu findenden Ausschusskompetenzen fallen, auf der Seite der EU, ebenfalls aus dem Anwendungsbereich des Verfahrens nach Art. 218 Abs. 9 Alt. 2 AEUV heraus, lassen sich jedoch keiner der oben genannten Kategorien zuordnen. Dies betrifft etwa Art. 5.14 Abs. 8 CETA, der den Erlass von nur innerhalb des Gemischten Verwaltungsausschusses für gesundheitspolizeiliche und pflanzenschutzrechtliche Maßnahmen verbindlichen Verfahrensregeln ermöglicht. Auch Art. 11.5 lit. g Alt. 2 CETA, der eine Änderung der in Anhang 11-A enthaltenen Leitlinien für die gegenseitige Anerkennung von Berufsqualifikationen ermöglicht, erfordert kein Verfahren nach Art. 218 Abs. 9 Alt. 2 AEUV, da diese sich mit dem Prozess der Aushandlung zukünftiger Abkommen zur gegenseitigen Anerkennung von Berufsqualifikationen und deren formaler Gestaltung befassen und dabei ausdrücklich nicht rechtsverbindlich sind.[927]

Außerdem ermöglichen die, besonders weit gefassten, Kompetenzen nach Art. 26.1 Abs. 3 CETA und Art. 18 lit. d des Protokolls über die gegenseitige Anerkennung der Ergebnisse von Konformitätsbewertungen Erörterungen und ähnliche Arbeiten im Gemischten CETA-Ausschuss bzw. im Ausschuss für Warenhandel, die auf EU-Seite keiner weiteren Vorbereitung außerhalb der internen Organisation der Europäischen Kommission bedürfen. Nämliches kann für Art. 26.1 Abs. 5 lit. i CETA gelten, soweit dem Gemischten CETA-Ausschuss nachträglich Aufgaben übertragen werden, deren Tragweite sich ebenfalls unterhalb der Schwelle des Art. 218 Abs. 9 Alt. 2 AEUV bewegt.

Im Ergebnis dienen die meisten der im CETA vorgesehenen Ausschusskompetenzen, die auf der Ebene des Unionsrechts keiner Verfahrensweise nach Art. 218 Abs. 9 Alt. 2 AEUV oder sonst eines Verfahrens nach Art. 218 AEUV bedürfen, der Implementationsüberwachung, der Vorbereitung komplexer Sachentscheidungen sowie der unmittelbaren Unterstützung der Implementation des CETA oder der dort vorgesehenen Streitbeilegungsverfahren. Hinzu kommen

927 Siehe sogleich: Unterabschnitt B. II. Punkt 4. des vorliegenden Kapitels.

Kompetenzen zur inhaltlichen Beilegung von Streitigkeiten zwischen den Vertragsparteien (ohne rechtswirksamen Streitentscheid) sowie einzelne weitere Kompetenzen zur Änderung von Leitlinien (gegenwärtig ohne inhaltlichen Einfluss auf Rechtsnormen des Europarechts), zu Erörterungen und ähnlichem.

II. Vereinfachtes Verfahren nach Art. 218 Abs. 9 Alt. 2 AEUV

Im Folgenden sind die Entscheidungskompetenzen der CETA-Ausschüsse zu erörtern, deren Betätigungen im Vorfeld auf Seite der EU nach dem in Art. 218 Abs. 9 Alt. 2 AEUV vorgesehenen Verfahren vorzubereiten sind. Dies ist der Fall, wenn die Ausschussentscheidung für sich genommen einen rechtswirksamen Akt darstellt,[928] keine Ergänzung oder Änderung des institutionellen Rahmens oder wesentlicher inhaltlicher Vorschriften des CETA stattfindet.[929] Vor diesem Hintergrund ist nun zu ermitteln, welche der im CETA vorgesehenen Ausschusskompetenzen, auf Seiten der EU, im Rahmen des Verfahrens nach Art. 218 Abs. 9 Alt. 2 AEUV, vor ihrer Ausübung den Beschluss eines gemeinsamen Unionsstandpunktes erfordern.

1. Gemischter CETA-Ausschuss

Der Gemischte CETA-Ausschuss verfügt über umfangreiche Kompetenzen, deren Ausübung auf Seiten der EU mittels des Verfahrens nach Art. 218 Abs. 9 Alt. 2 AEUV vorzubereiten sind.

Bereits oben in Unterabschnitt B. I. Punkt 1. des vorliegenden Kapitels angesprochen wurde Art. 26.1 Abs. 5 lit. f CETA, der es dem Gremium ermöglicht, „Empfehlungen zur Förderung von Handel und Investitionen" zu formulieren und damit Sachentscheidungen zu hochkomplexen Problemkreisen zu unterstützen. Hier ist es denkbar, dass aufgrund künftiger dynamischer Verweise im EU-Sekundärrecht solchen Empfehlungen ein inhaltlicher Einfluss auf Regelungen des Europarechts zukommt (vergleichbar wie in der Rechtssache „Rebe und Wein"),[930] so dass im Vorfeld ein Ratsbeschluss nach Art. 218 Abs. 9 Alt. 2 AEUV notwendig sein wird.

Art. 218 Abs. 9 Alt. 2 AEUV ist auf Seiten der EU auch anzuwenden, wenn der Gemischte CETA-Ausschuss sich nach Art. 26.1 Abs. 4 lit. d CETA eine Geschäftsordnung gibt[931] oder diese nachträglich ändert. Auch für Regelungen

---

928 Kapitel II Unterabschnitt D. IV. Punkt 1.

929 Kapitel II Unterabschnitt D. IV. Punkt 2.

930 Kapitel II Unterabschnitt D. IV. Punkt 1.

931 Hierzu: Kapitel III Unterabschnitt B. II. Unterpunkt 4. a. cc. (1).

zur Höhe und zu den Modalitäten der Vergütung der Mitglieder des CETA-Investitionsgerichts nach Art. 8.27 Abs. 12, Abs. 14 und 15 CETA sowie zu einer Erhöhung oder Senkung der Anzahl der Mitglieder nach Art. 8.27 Abs. 3 CETA[932] ist ein, vorher durch den Rat beschlossener, gemeinsamer Unionsstandpunkt notwendig, aber auch ausreichend.[933] Zwar geht es bei diesen Modifikationen des CETA als unvollständigem Vertrag um innenrechtliche Fragen der jeweiligen Gremien. Allerdings stellen auch diese einen rechtswirksamen Akt dar, da hier die Arbeitsweise des Gemischten CETA-Ausschusses sowie des Investitionsgerichts verbindlich und mit Bindungswirkung für die beteiligten Organe und Institutionen der Vertragspartei festgelegt wird.

Auch die Einleitung bilateraler Dialoge nach Art. 25.1 Abs. 2 und Abs. 5 CETA sowie die Abänderung und Übernahme von deren Aufgaben durch den Gemischten CETA-Ausschuss nach Art. 25.1 Abs. 4 CETA[934] sind auf Seite der EU nach Art. 218 Abs. 9 Alt. 2 AEUV vorzubereiten. Der Grund dafür liegt darin, dass mit den bilateralen Dialogen ein beratendes Vertragsorgan geschaffen wird, wobei den Organen der CETA-Vertragsparteien eine gewisse Verpflichtung, aber auch Berechtigung zur Zusammenarbeit zukommt. Allerdings sind die bilateralen Dialoge nach Kapitel 25 des CETA nicht dazu im Stande, ihrerseits rechtswirksame Akte i.S.v. Art. 218 Abs. 9 Alt. 2 AEUV zu erlassen, weshalb Beschlüsse des Gemischten CETA-Ausschusses nicht den institutionellen Rahmen des CETA berühren. Nach der im vorangegangenen Kapitel dieser Untersuchung entwickelten Typologie, handelt es sich bei diesen Ausschusskompetenzen um die Delegation der Weiterentwicklung des CETA als unvollständigem Vertrag, in Gestalt institutioneller Modifikationen, die über die bloße innenrechtliche Ausgestaltung betroffener Gremien hinausgehen.

Ein weiterer Fall einer Ausschusskompetenz, die der Vorbereitung nach Art. 218 Abs. 9 Alt. 2 AEUV unterliegt, ist Art. 2.4 Abs. 4 CETA, nach dem der Gemischte CETA-Ausschuss beschließen kann, den in Anhang 2-A des

---

Zur dahingehenden Praxis der EU, vgl.: Beschluss des Rates (EU) 2018/1062 vom 16.07.2018, ABl. EU, 27.07.2018, L 190/13; Gemischter CETA-Ausschuss, Decision 001/2018, 26.09.2018.

932 Hierzu: Kapitel III Unterabschnitt B. II. Unterpunkt 4. a. cc. (1).

933 Insbesondere bei Art. 8.27 Abs. 3 CETA, ist das Gremium an die hinreichend bestimmten Vorgaben des Art. 8.27 Abs. 3 S. 2 i.V.m. Abs. 2 CETA zur Besetzung des Investitionsgerichts gebunden (Grzeszick, Stellungnahme des Deutschen Bundestages in den Verfahren 2 BvR 1368/16 u.a. vor dem Bundesverfassungsgericht, S. 62).

934 Hierzu: Kapitel III Unterabschnitt B. II. Unterpunkt 4. a. bb. (1) (b).

Abkommens vereinbarten Zollabbau weiter zu beschleunigen.[935] Auch die in Anhang 5-A des Protokolls über Ursprungsregeln und Ursprungsbestimmungen genannten Kompetenzen des Gemischten CETA-Ausschuss, die dort in den Tabellen A.2 und A.3 genannten Ursprungskontingentmengen zu erhöhen, die Kompetenz zur Aufnahme zusätzlicher Warenkategorien in Anhang 1 des Protokolls über die gegenseitige Anerkennung der Ergebnisse von Konformitätsbewertungen gemäß dessen Art. 2 Abs. 4 sowie die in Art. 15 Abs. 5 und 6 des Protokolls über die gegenseitige Anerkennung des Programms für die Befolgung und Durchsetzung der Guten Herstellungspraxis für pharmazeutische Erzeugnisse genannten Änderungen von dessen Anhängen, fallen unter Art. 218 Abs. 9 Alt. 2 AEUV.[936] All diese Kompetenzen haben nach der in Kapitel III der vorliegenden Untersuchung entwickelten Typologie die Funktion, das CETA und seine in den genannten Anhängen und Protokollen ausgelagerten Bestandteile als unvollständige Verträge inhaltlich weiterzuentwickeln.

Art. 218 Abs. 9 Alt. 2 AEUV kann auch als Verfahren in Betracht kommen, wenn ein internationales Vertragsgremium eine Einzelfallentscheidung trifft. So ermöglicht die Kompetenz des Gemischten CETA-Ausschusses nach Art. 13.21 Abs. 3 bis 5 CETA (im Zusammenwirken mit dem Ausschuss für Finanzdienstleistungen) einen das Investitionsgericht bindenden Beschluss über die Einschlägigkeit eines finanzaufsichtsrechtlichen Einwandes i.S.v. Art. 13.16 Abs. 1 CETA, der ganz oder teilweise über die Erfolgsaussichten einer Investorenklage entscheidet und damit den investitionsschutzrechtlichen Streitbeilegungsmechanismus inhaltlich unterstützt.[937] Damit handelt es sich bei einem entsprechenden Beschluss des Gemischten CETA-Ausschusses um einen rechtswirksamen Akt i.S.v. Art. 218 Abs. 9 Alt. 2 AEUV, der jedoch aufgrund der hinreichend bestimmten Vorgaben des CETA nicht in dessen institutionelle Strukturen eingreifen kann.[938] Gleiches gilt auch für Art. 8.30 Abs. 4 CETA,

---

935 Die diesbezügliche unionale Willensbildung im Verfahren nach Art. 218 Abs. 9 Alt. 2 AEUV erscheint aufgrund der klaren Vorgaben des Art. 2.4 Abs. 4 CETA und des Anhangs 2-A als unbedenklich (Grzeszick, Stellungnahme des Deutschen Bundestages in den Verfahren 2 BvR 1368/16 u.a. vor dem Bundesverfassungsgericht, S. 62; i.E. zustimmend auch: Nettesheim, Umfassende Freihandelsabkommen und Grundgesetz, S. 142; Weiß, Kann Freihandel Demokratie und Rechtsstaat gefährden?, S. 56).

936 Zu diesen Kompetenzen: Kapitel III Unterabschnitt B. II. Unterpunkte 4. b. aa. (1) (a) (aa) und (cc) bis (ee).

937 Hierzu: Kapitel III Unterabschnitt B. IV. Unterpunkt 2. b.

938 Weiß, Demokratische Legitimation und völkerrechtliche Governancestrukturen, S. 186f.; Weiß, Kann Freihandel Demokratie und Rechtsstaat gefährden?, S. 48.

der den Ausschluss eines Mitglieds des CETA-Investitionsgerichts regelt[939] und der organisatorischen Unterstützung des investitionsschutzrechtlichen Streitbeilegungsverfahrens dient.

Ein besonders deutlicher Fall einer Ausschusskompetenz, die Eingriffe in die institutionelle Struktur des CETA ermöglicht und für deren Ausübung, auf Seiten der EU, ein vom Rat nach Art. 218 Abs. 9 Alt. 2 AEUV beschlossener, gemeinsamer Unionsstandpunkt oftmals nicht ausreichend sein wird, ergibt sich aus Art. 26.1 Abs. 5 lit. a, lit. g und lit. h CETA. Danach kann der Gemischte CETA-Ausschuss Zuständigkeiten an die Sonderausschüsse delegieren (lit. a), an die Sonderausschüsse übertragene Aufgaben abändern oder an sich ziehen (lit. g) und Sonderausschüsse (wie auch bilaterale Dialogforen) neu einrichten (lit. h).[940] Dabei können zwar keine Befugnisse übertragen werden, die nicht bereits im CETA vorgesehen sind.[941] Trotzdem dient diese Kompetenz des Gemischten CETA-Ausschuss der Fortentwicklung der institutionellen Vorschriften des CETA als unvollständigem Vertrag und kann über bloß innenrechtliche Ausgestaltungen der, von einem solchen Beschluss betroffenen, Gremien weit hinausgehen. Dabei werden insbesondere keinerlei Anforderungen an die Zusammensetzung neu geschaffener Gremien oder die Repräsentation der EU-Mitgliedstaaten in diesen gestellt.[942] Dies stellt jedenfalls dann einen Eingriff in die institutionelle Struktur des CETA dar, wenn eine erfolgende Änderung eine Ausschusskompetenz betrifft, die ihrerseits zum Erlass rechtswirksamer Akte nach Art. 218 Abs. 9 Alt. 2 AEUV ermächtigt. Eine Vorbereitung nach Art. 218 Abs. 9 Alt. 2 AEUV erscheint nur unterhalb dieser Schwelle als hinreichend.[943] Das CETA enthält – anders

In praktischer Hinsicht stellt sich hier auch die Frage, inwieweit hier durch die beteiligten Ausschüsse überhaupt eine inhaltlich eigenständige Entscheidung getroffen wird, da die Hürden für eine Ablehnung des Einwandes nach Art. 13.16 CETA i.V.m. Anhang 13-B sehr hoch sind (vgl. Schill, ZaöRV 2018, 33, 73).

939 Hierzu: Kapitel III Unterabschnitt B. IV. Unterpunkt 1. d.

940 Zu den Kompetenzen des Gemischten CETA-Ausschusses nach Art. 26.1 Abs. 5 lit. a, lit. g und lit. h CETA: Kapitel III Unterabschnitt B. II. Unterpunkt 4. b. bb. (1).

941 Mayer, Stellungnahme der Bundesregierung in den Verfahren 2 BvR 1368/16 u.a. vor dem Bundesverfassungsgericht, S. 7.

942 Nettesheim, Umfassende Freihandelsabkommen und Grundgesetz, S. 137.

943 Strenger, im Sinne eines gänzlichen Ausschlusses von Art. 218 Abs. 9 Alt. 2 AEUV bei Art. 26.1 Abs. 5 lit. a, g und h CETA: Weiß, Demokratische Legitimation und völkerrechtliche Governancestrukturen, S. 178f., Weiß, Kann Freihandel Demokratie und Rechtsstaat gefährden?, S. 42.

als das mit Singapur abgeschlossene EUSFTA – keine Regelung, die einen solchen Umbau der Kompetenzen der Sonderausschüsse durch den Gemischten CETA-Ausschuss ausschließen oder begrenzen würde.[944] Eine Grenze der nach Art. 26.1 Abs. 5 lit. a, lit. g und lit. h CETA an die Sonderausschüsse übertragbaren Kompetenzen, liegt so nur in dem Umfang der an den Gemischten CETA-Ausschuss übertragenen Kompetenzen und möglicherweise im Wortlaut des lit. h, welcher so verstanden werden kann, dass er bei *neu eingerichteten* Sonderausschüssen und Dialogforen nur die Übertragung von rein unterstützenden Aufgaben erlaube (was mit Blick auf lit. a, dann aber nicht für die bereits nach Art. 26.2 CETA eingerichteten Sonderausschüsse gelten dürfte).[945]

Nach Art. 8.28 Abs. 7 CETA ist der Gemischten CETA-Ausschuss auch dafür zuständig, die verfahrensrechtliche Ausgestaltung der Rechtsbehelfsinstanz für Investitionsschutzangelegenheiten auszugestalten, was im vorangegangenen Kapitel als deutlicher Fall einer Delegation der Fortentwicklung des CETA als unvollständigem Vertrag ausgemacht wurde. Hinsichtlich der verfahrensrechtlichen Anbindung dieser Ausschusskompetenzen auf der Seite der EU ergibt sich ein geteiltes Bild. So erscheint es als vertretbar, die rein innenrechtlichen Regelungen zur administrativen Unterstützung (lit. a), zur Vergütung der Mitglieder der Rechtsbehelfsinstanz (lit. d) und zu deren Anzahl (lit. f), auf Seiten der EU durch einen Ratsbeschluss nach Art. 218 Abs. 9 Alt. 2 AEUV vorzubereiten. Die übrigen vom Gemischten CETA-Ausschuss nach Art. 8.28 Abs. 7 CETA zu erlassenden Regelungen erfassen allerdings praktisch das gesamte Verfahrens- und Kostenrecht der Rechtsbehelfsinstanz (lit. b und lit. e) sowie das Verfahren zu deren Besetzung[946] (lit.

944 Hierzu: Weiß, EuR 2020, 407, 426, Fn. 76; a.A. Schroeder, EuR 2018, 119, 137, Fn. 111 (letztere Ansicht findet weder im Wortlaut des Art. 26.1 Abs. 5 CETA noch in der Systematik des Abkommens eine Stütze).

945 Insoweit auch: Mayer, Stellungnahme der Bundesregierung in den Verfahren 2 BvR 1368/16 u.a. vor dem Bundesverfassungsgericht, S. 7 (der allerdings hinzufügt: „Diese institutionellen Befugnisse des Gemischten Ausschusses sind indessen rein administrativer Natur". Jedenfalls hinsichtlich Art. 26.1 Abs. 5 lit. a CETA, den Meyer hier nicht ausdrücklich miteinschließt, ist dem allerdings der Umfang der dem Gemischten CETA-Ausschuss übertragenen Befugnisse und der offene Wortlaut des Art. 26.1 Abs. 5 lit. a CETA entgegenzuhalten, welcher einer Weiterübertragung von Befugnissen an die bereits nach Art. 26.2 CETA eingerichteten Sonderausschüsse keine weitergehenden Grenzen zu ziehen scheint.

946 Zum Vergleich: Beim Investitionsgericht ist das Verfahren zur Besetzung bereits im Vertragstext des CETA geregelt, weshalb dem Gemischten CETA-Ausschuss

c). Außerdem kann der Gemischte CETA-Ausschuss auch „sonstige Aspekte" regeln, „die er für das wirksame Funktionieren der Rechtsbehelfsinstanz für erforderlich erachtet" (lit. g).[947] Diese über die bloß innenrechtliche Ausgestaltung deutlich hinausgehenden Regelungen, ermöglichen eine Gestaltung fast der kompletten Struktur der Rechtsbehelfsinstanz und damit eines Teils des institutionellen Rahmens des CETA. Hinzu kommt, dass die dem Gremium gemachten Vorgaben so vage sind, dass es diesem im Ergebnis selbst obliegt, seinen Regelungsauftrag zu formulieren. Bereits dem Hintergrund des Gesetzesvorbehalts des Art. 52 Abs. 1 S. 1 GRCh, nach welchem Einschränkungen von Unionsgrundrechten aufgrund eines legislativen Basisrechtsakts in Zweck und Umfang vorhersehbar vorgegeben sein müssen,[948] reicht auf der Seite der EU das Verfahren nach Art. 218 Abs. 9 Alt. 2 AEUV nur für die Regelung technischer Fragen aus, die keine Individualrechte beeinträchtigen können. Dies ist auch im Hinblick auf das Prinzip der begrenzten Einzelermächtigung zu fordern, welches u.a. beinhaltet, dass sich die Zuständigkeit einer von den Legislativorganen der Union errichteten Organs anhand objektiver Umstände aus dessen Rechtsgrundlagen ergibt.[949] Über technische Fragen zur Arbeitsweise der Rechtsbehelfsinstanz hinausgehende Regelungsgegenstände eines vorbereitenden Beschlusses nach Art. 8.28 Abs. 7 CETA

---

hier eine deutlich stärker ausführende, als gestaltende Rolle zukommt, als bei der Rechtsbehelfsinstanz.

947 Zu den Kompetenzen des Gemischten CETA-Ausschusses nach Art. 8.28 Abs. 7 CETA: Kapitel III Unterabschnitt B. II. Unterpunkte 4. a. bb. (1) (a) und 4. a. cc. (1).

948 Nettesheim, in: Grabitz/Hilf/Nettesheim (Hrsg.), Das Recht der Europäischen Union, 76. EL 2022, Art. 290 AEUV, Rn. 42; Kingreen, in: Calliess/Ruffert (Hrsg.), EUV/AEUV, 6. Auflage 2022, Art. 52 GrCH, Rn. 62; Becker, Schwarze/Becker/Hatje/Schoo, EU-Kommentar, 4. Auflage 2019, Art. 52 GRC, Rn. 4; Schwerdtfeger, in: Meyer/Hölscheidt, Charta der Grundrechte der Europäischen Union, 5. Auflage 2019, Art. 52 GRCh, Rn. 31; vgl. bereits vor Inkrafttreten der Charta der Grundrechte der Europäischen Union: Ohler, JZ 2006, 359, 361; EuGH, Rs. C-46/87, Rn. 19;
Siehe hierzu weiter die Ausführungen bei: Kapitel II Unterabschnitt D. IV. Unterpunkt 2. b. bb. der vorliegenden Untersuchung.

949 Vgl. Ohler, JZ 2006, 359, 360; EuGH, Rs. C-178/03, Rn. 41; EuGH, Rs. C-45/86, Rn. 11; EuGH, Rs. C-300/89, Rn. 10; EuGH, Rs. C-268/94, Rn. 22; EuGH, Rs. C-84/94, Rn. 25; EuGH, Rs. C-176/03, Rn. 45; EuGH, Rs. C-336/00, Rn. 30; EuGH, Rs. C-269/97, Rn. 43; EuGH, Rs. C-42/97, Rn. 36; EuGH, Rs. C-271/94, Rn. 14; EuGH, Rs. C-22/96, Rn. 23;
Siehe hierzu weiter die Ausführungen bei: Kapitel II Unterabschnitt B. IV. Punkt 2 der vorliegenden Untersuchung.

sind damit nicht mehr von Art. 218 Abs. 9 Alt. 2 AEUV gedeckt, sondern bedürfen des für den Neuabschluss eines entsprechenden Abkommens vorgeschriebenen Verfahrens nach Art. 218 Abs. 1 bis 6 AEUV.[950]

Die Kompetenz des Gemischten CETA-Ausschusses zu Änderungen an einem großen Teil der Protokolle und Anhänge des Abkommens nach Art. 30.2 Abs. 2 CETA zählt ebenfalls zu den Delegationen, die dazu dienen sollen, das CETA als unvollständigem Vertrag inhaltlich, aber auch in institutioneller Hinsicht fortzuentwickeln. Außerdem ermöglicht sie dem Gemischten CETA-Ausschuss in vielfältiger Hinsicht ein formelles Agenda-Setting gegenüber den gesetzgebenden Instanzen der EU und ihrer Mitgliedstaaten.[951] Die in einigen, der von Art. 30.2 Abs. 2 CETA erfassten, Anhängen und Protokollen zu findenden Konkretisierungen, geben nur teilweise Aufschluss über die Intensität möglicher Änderungen.[952] So ist der Gebrauch der Kompetenz nach Art. 30.2 Abs. 2 CETA ebenfalls nur von Art. 218 Abs. 9 Alt. 2 AEUV gedeckt, wenn dabei keine Ausschusskompetenzen zum Erlass rechtswirksamer Akte neu geschaffen, geändert oder abgeschafft werden und wenn auch sonst keine für die grundsätzliche Ausrichtung des CETA wesentlichen Vorschriften betroffen sind.[953] Gleiches gilt

---

950 Appel, Das Internationale Kooperationsrecht der EU, S. 307f.; Weiß, EuR 2020, 407, 426f.; Weiß, Demokratische Legitimation und völkerrechtliche Governancestrukturen, S. 189-191; Weiß, Verfassungsprobleme des Abschlusses und der vorläufigen Anwendung des CETA Freihandelsabkommens mit Kanada, S. 34f.; Weiß, Kann Freihandel Demokratie und Rechtsstaat gefährden?, S. 50f.; vgl. dagegen: Grzeszick, Stellungnahme des Deutschen Bundestages in den Verfahren 2 BvE 3/16 u.a. vor dem Bundesverfassungsgericht, S. 42f.; ebd., S. 62.

951 Zur Kompetenz des Gemischten CETA-Ausschusses nach Art. 30.2 Abs. 2 CETA: Kapitel III Unterabschnitt B. II. Unterpunkt 4. b. aa. (1) (a) und Kapitel III Unterabschnitt B. III. Unterpunkt 4. c. bb.

952 Die teilweise Konkretisierung des Art. 30.2 Abs. 2 CETA durch die Protokolle und Anhänge selbst hervorhebend: Grzeszick, Stellungnahme des Deutschen Bundestages in den Verfahren 2 BvR 1368/16 u.a. vor dem Bundesverfassungsgericht, S. 63f.

953 Weiß, Demokratische Legitimation und völkerrechtliche Governancestrukturen, S. 203; Ders., Kann Freihandel Demokratie und Rechtsstaat gefährden?, S. 56 u. S. 58. Dies ist etwa bei der bereits behandelten Kompetenz zur Erhöhung der in den Tabellen A.2 und A.3 in Anhang 5-A des Protokolls über Ursprungsregeln und Ursprungsbestimmungen aufgeführten Ursprungskontingentmengen der Fall. Gleiches gilt für Änderungen des Protokolls über die gegenseitige Anerkennung der Ergebnisse von Konformitätsbewertungen nach dessen Art. 2 Abs. 4 und für die in Art. 15 Abs. 5 des Protokolls über die gegenseitige Anerkennung des Programms für die Befolgung und Durchsetzung der Guten Herstellungspraxis für pharmazeutische Erzeugnisse genannten Änderungen von dessen Anhängen.

für die Zuständigkeit des Gemischten CETA-Ausschusses nach Art. 30.10 Abs. 4 CETA im Fall eines weiteren EU-Beitritts, Anpassungs- und Übergangsmaßnahmen am CETA zu treffen.[954]

Problematisch sind auch andere Kompetenzen des Gemischten CETA-Ausschusses zur Fortentwicklung von inhaltlichen und institutionellen Regeln des Abkommens (und im Einzelfall eines mit einer inhaltlichen Änderung des CETA einhergehenden formellen Agenda-Settings gegenüber den Legislativorganen der EU und ihrer Mitgliedstaaten). So kann das Gremium, gemäß Art. 26.1 Abs. 5 lit. c i.V.m. Art. 2.13 Abs. 1 lit. b CETA, Änderungen an dem in Kapitel 2 (Warenhandel) geregelten Harmonisierten System vornehmen und nach Art. 26.1 Abs. 5 lit. c i.V.m. Art. 4.7 Abs. 1 S. 2 lit. f CETA Änderungen des Kapitels 4 (Technische Handelshemmnisse) beschließen, wenn Entwicklungen im WTO-Recht dies erforderlich machen. Auch die Art. 23.11 Abs. 5 i.V.m. Art. 30.2 Abs. 2 CETA ermöglichen Änderungen am Abkommenstext selbst, nämlich in Kapitel 23 (Handel und Arbeit).[955] Derartige Beschlüsse können auf Seite der EU nach Art. 218 Abs. 9 Alt. 2 AEUV vorbereitet werden, solange sie nicht die grundsätzliche Ausrichtung des CETA und der darin zum Ausdruck kommenden gemeinsamen Handelspolitik der EU ändern. Dies wird bei Änderungen am harmonisierten System nach Art. 26.1 Abs. 5 lit. c i.V.m. Art. 2.13 Abs. 1 lit. b CETA, welches nach Art. 1.1 CETA die Bezeichnung und Codierung von Waren regelt, kaum der Fall sein. Bei Änderungen des Kapitels 4 nach Art. 26.1 Abs. 5 lit. c i.V.m. Art. 4.7 Abs. 1 S. 2 lit. f CETA[956] und des Kapitels 23 nach Art. 23.11 Abs. 5 i.V.m. Art. 30.2 Abs. 2 CETA ist jedoch denkbar, dass der Anwendungsbereich des Art. 218 Abs. 9 Alt. 2 AEUV im Einzelfall überschritten wird.

Auch das Investitionsschutzkapitel des CETA enthält mehrere Kompetenzen des Gemischten CETA-Ausschusses zur inhaltlichen Weiterentwicklung des Abkommens als unvollständigem Vertrag und zu einem hiermit einhergehenden formellen Agenda-Setting gegenüber den Legislativorganen der EU und ihrer

954 Hierzu: Kapitel III Unterabschnitt B. II. Unterpunkt 4. a. aa. (1) und Kapitel III Unterabschnitt B. III. Unterpunkt 4. c. bb.

955 Zu den genannten Ausschusskompetenzen: Kapitel III Unterabschnitt B. II. Unterpunkte 4. b. aa. (1) (b) (aa) bis (cc).

956 Insbesondere wenn durch einen Beschluss des Gemischten CETA-Ausschusses nach Art. 26.1 Abs. 5 lit. c i.V.m. Art. 4.7 Abs. 1 S. 2 lit. f CETA auf der WTO-Ebene unverbindliche Empfehlungen für die CETA-Vertragsparteien zu verbindlichen Verpflichtungen werden (Weiß, Demokratische Legitimation und völkerrechtliche Governancestrukturen, S. 199f.).

Mitgliedstaaten. So wird dem Gemischten CETA-Ausschuss in Art. 8.1 CETA die Aufgabe übertragen, weitere – bisher im CETA noch nicht berücksichtigte – Kategorien von geistigem Eigentum in das Investitionsschutzkapitel aufzunehmen.[957] Eine entsprechende Erweiterung des Begriffs des geistigen Eigentums wäre in nachfolgenden Investitionsschutzverfahren vor dem im Abkommen vorgesehenen Investitionsgericht anzuwenden. Dabei ist problematisch, wie weit die Kompetenz des Gemischten CETA-Ausschuss geht, dem Begriff der Rechte des geistigen Eigentums weitere Kategorien hinzuzufügen. So wurde in den Verfahren um die das CETA betreffenden Organstreitverfahren und Verfassungsbeschwerden vor dem Bundesverfassungsgericht vorgebracht, die Einschränkung „sofern solche Rechte nach dem Recht einer Vertragspartei vorgesehen sind" beziehe sich auf sämtliche Erweiterungen des Begriffs. So müssten neu in das CETA-Investitionsschutzrecht einzuführende Kategorien geistigen Eigentums zumindest im nationalen Recht einer Vertragspartei anerkannt sein.[958] Diese Einschränkung findet jedoch weder im Wortlaut noch in der Systematik der Norm eine Stütze. Sowohl in der deutschen als auch in der englischen und der französischen Sprachfassung des CETA bezieht sich der Halbsatz „sofern solche Rechte nach dem Recht einer Vertragspartei vorgesehen sind" auf die Kategorie der Gebrauchsmusterrechte. Die im zweiten Satz enthaltene Ausschusskompetenz zur Aufnahme weiterer Kategorien von geistigem Eigentum enthält jedoch keinerlei Hinweis darauf, dass sie sich auf Gebrauchsmusterrechte beschränken könnte. Mithin ist entgegen der vorgenannten Ansicht davon auszugehen, dass sich die in Art. 8.1 CETA enthaltene Kompetenz zur Erweiterung des Begriffs der Rechte des geistigen Eigentums nicht auf solche Rechte beschränkt, welche bereits nach der Rechtordnung mindestens einer der Vertragsparteien des CETA anerkannt sind. Lediglich Gebrauchsmusterrechte müssen nach dem Recht einer Vertragspartei bereits vorgesehen sein. Diese Problematik wird allerdings dadurch relativiert, dass sich die Definition der Rechte des Geistigen Eigentums nach Art. 8.1 CETA für die Zwecke von dessen Kapitel 8 auf die

---

957 Kempen, Verfassungsbeschwerdeschrift in dem Verfahren 2 BvR 1482/16 vor dem Bundesverfassungsgericht, S. 22; ebd. S. 104; Nettesheim, Umfassende Freihandelsabkommen und Grundgesetz, S. 26f.; Weiß, Kann Freihandel Demokratie und Rechtsstaat gefährden?, S. 27f.; Weiß, EuConst 2018, 532, 534; Weiß, Demokratische Legitimation und völkerrechtliche Governancestrukturen, S. 165;
Zu Art. 8.1 CETA siehe auch: Kapitel III Unterabschnitt B. II. Unterpunkt 4. b. aa. (1) (b) (dd).

958 Grzeszick, Stellungnahme des Deutschen Bundestages in den Verfahren 2 BvR 1368/16 u.a. vor dem Bundesverfassungsgericht, S. 62.

Regelungen des Abkommens zu den Handelsbezogenen Rechten des Geistigen Eigentums (TRIPS) beziehen. Vor diesem Hintergrund vollzieht ein Beschluss des Gemischten CETA-Ausschusses nach Art. 8.1 CETA zusätzliche Kategorien Geistigen Eigentums in die dortige Definition mit aufzunehmen entweder eine von der EU und ihren Mitgliedstaaten bereits kraft ihrer WTO-Mitgliedschaft übernommene Verpflichtung nach oder läuft mangels Anschlussfähigkeit an das WTO-Recht in der Praxis leer. Zur eigenständigen Begründung weiterer völkerrechtlicher Verpflichtungen ist Art. 8.1 CETA damit nicht geeignet, weshalb die Anwendung des vereinfachten Verfahrens nach Art. 218 Abs. 9 Alt. 2 AEUV in diesem Fall unbedenklich ist.[959]

Art. 8.10 Abs. 3 CETA dagegen, der den Gemischten CETA-Ausschuss außerdem zu Erweiterungen der Verpflichtung zur gerechten und billigen Behandlung ausländischer Investoren ermächtigt,[960] wirft vor dem Hintergrund des Art. 218 Abs. 9 Alt. 2 AEUV mehr Probleme auf. So erhält der Ausschuss bei Erweiterungen des Schutzstandards der gerechten und billigen Behandlung eine Bestimmungshoheit über den Inhalt dieses Begriffes, ohne hierbei inhaltlichen Bindungen zu unterliegen. Eine Grenze wird erst erreicht, wenn das Gremium den Schutzstandard über seine begrifflichen Grenzen hinaus erweitert.[961] Der im Rahmen der CETA-Verfahren vor dem Bundesverfassungsgericht vorgebrachten Argumentation, die in Art. 8.10 Abs. 3 S. 2 CETA zu findende Kompetenz des Gemischten CETA-Ausschusses zur inhaltlichen Erweiterung der in Art. 8.10 Abs. 2 CETA definierten Verpflichtung der Vertragsparteien zur gerechten und billigen Behandlung von Investoren aus einer anderen Vertragspartei sei durch einen „Abgleich mit anderen Investitionsschutzverträgen oder dem entsprechenden völkergewohnheitsrechtlich etablierten Garantien" begrenzt und damit hinsichtlich ihrer fehlenden Bestimmtheit unbedenklich,[962] wird an dieser Stelle allerdings nicht gefolgt. Gerade das internationale Investitionsschutzrecht ist von einer schnellen und nicht immer widerspruchsfreien Entwicklung gekennzeichnet, was noch dadurch verschärft wird, dass längst nicht alle von regelmäßig privaten Schiedsgerichten gefällten Entscheidung veröffentlicht werden.

---

959 Weiß, Demokratische Legitimation und völkerrechtliche Governancestrukturen, S. 193f.; Weiß, Kann Freihandel Demokratie und Rechtsstaat gefährden?, S. 52.

960 Hierzu: Kapitel III Unterabschnitt B. II. Unterpunkt 4. b. aa. (1) (b) (ee).

961 Weiß, Demokratische Legitimation und völkerrechtliche Governancestrukturen, S. 194; Weiß, Kann Freihandel Demokratie und Rechtsstaat gefährden?, S. 52f.

962 Grzeszick, Stellungnahme des Deutschen Bundestages in den Verfahren 2 BvR 1368/16 u.a. vor dem Bundesverfassungsgericht, S. 63; vgl. auch: ebd., S. 116; ähnlich problematisch: Proeßl, ZEuS 2016, 401, 407f.

Darüber hinaus sehen sich sowohl die generellen Strukturen des internationalen Investitionsschutzrechts als auch die dort beteiligten Akteure regelmäßig harscher und zumindest teilweise auch kenntnisreicher Kritik, insbesondere hinsichtlich der Neutralität und Transparenz der durchgeführten Streitbeilegung, ausgesetzt.[963] Auch der Einwand, Art. 8.10 Abs. 3 CETA sei mit Art. 10 Abs. 1 und Art. 26 Abs. 3 des Energiechartavertrages vergleichbar,[964] hält einer näheren Betrachtung nicht stand: Art. 10 Abs. 1 Energiechartavertrag enthält eine Meistbegünstigungsklausel und keine Vorschrift zur nachträglichen Erweiterung der Verpflichtung zur gerechten und billigen Behandlung ausländischer Investoren. Eine Meistbegünstigungsklausel kann zwar im Einzelfall zu einem ähnlichen Ergebnis führen wie Art. 8.10 Abs. 3 CETA, da sie zur Anwendung von Verpflichtungen aus einem zwischen dem beklagten Staat und einem anderen Drittstaat geschlossenem Abkommen führen kann.[965] Allerdings wird eine Meistbegünstigungsklausel nicht zur Anwendung einer Verpflichtung führen, die die betroffene Vertragspartei weltweit mit keinem anderen Staat eingegangen ist. Dagegen kann der Gemischte CETA-Ausschuss nach Art. 8.10 Abs. 3 CETA praktisch jede, andernorts auf der Welt, zwischen Drittstaaten vereinbarte Regelung zur gerechten und billigen Behandlung ausländischer Investoren zum Bestandteil des CETA erklären – eine Entscheidung die, jedenfalls im Grundsatz, einer legislativen Grundlage im Einzelfall bedarf. Eine Ausnahme hiervon dürfte jenseits marginaler oder eher redaktioneller Veränderungen vorliegen, wenn der Gemischte CETA-Ausschuss die Kompetenz nach Art. 8.10 Abs. 3 CETA dazu nutzt, den Begriff der gerechten und billigen Behandlung in seiner Reichweite oder inhaltlich einzuschränken, um Fehlentwicklungen in der Spruchpraxis des Investitionsgerichts und seiner Rechtsbehelfsinstanz entgegenzuwirken.[966] Über diese Fälle hinaus ist ein Beschluss des Gemischten CETA-Ausschusses nach Art. 8.10 Abs. 3 CETA durch ein Verfahren gemäß Art. 218 Abs. 1 bis 6 und Abs. 8 AEUV vorzubereiten und zu begleiten.

Ähnlich sind die in Art. 26.1 Abs. 5 lit. e Alt. 1, Alt. 2 CETA und Art. 8.31 Abs. 3 CETA vorgesehenen Kompetenzen des Gemischten CETA-Ausschusses

963 Vgl. Kahale, Brooklyn Journal of International Law, 2018, 1.

964 Grzeszick, Stellungnahme des Deutschen Bundestages in den Verfahren 2 BvR 1368/16 u.a. vor dem Bundesverfassungsgericht, S. 63.

965 Allgemein zu Meistbegünstigungsklauseln: Rasulov/Geiß/Hilf, Most-Favoured-Nation Clause, in: MPEPIL, Rn. 1; zu Meistbegünstigungsklauseln in Investitionsschutzverträgen: Schreuer, Investments, International Protection, in: MPEPIL, Rn. 71-75.

966 Weiß, Demokratische Legitimation und völkerrechtliche Governancestrukturen, S. 194; Weiß, Kann Freihandel Demokratie und Rechtsstaat gefährden?, S. 53.

zur Annahme von Auslegungen des Abkommens mit Bindungswirkung für das CETA-Investitionsgericht und für die zugehörige Rechtsbehelfsinstanz bzw. die Streitbeilegungsinstanzen nach Kapitel 29 zu bewerten. Wie bereits in Kapitel III der vorliegenden Untersuchung[967] ausgeführt wurde, ist eine verbindliche Auslegung eines Abkommens als völkerrechtlich verbindliche Äußerung der Vertragsparteien kaum trennscharf von einer inhaltlichen Änderung des Abkommens zu unterscheiden.[968] Obwohl sich am Vertragstext nichts ändert, kann einer verbindlichen Vertragsauslegung im Ergebnis die Bindungswirkung einer völkervertraglichen Bestimmung zukommen.[969] Weiter ergibt sich für keine der drei genannten Auslegungskompetenzen eine Begrenzung ihres Anwendungsbereichs auf bestimmte Teile des CETA.[970] Lediglich das von der EU, ihren Mitgliedstaaten und Kanada festgelegte Gemeinsame Auslegungsinstrument äußert sich in Ziffer 6 e) dahingehend, dass mittels der bindenden Auslegungen gewährleistet werden soll, dass die Investitionsgerichte „die Absicht der Vertragsparteien, wie sie im Abkommen festgelegt ist, unter allen Umständen achten". Auch in methodischer Hinsicht enthält das CETA außer dem Wortlaut, nachdem eine „Auslegung" und keine „Ergänzung" oder „Änderung" möglich sein soll, keine weiteren Beschränkungen. Ob die einschlägigen Regelungen des Völkerrechts, also Art. 31ff. der Wiener Vertragsrechtskonvention und ggf. einschlägiges Völkergewohnheitsrecht, zu einer präzisen und zuverlässigen methodischen Einhegung der authentischen Vertragsauslegungen durch den Gemischten CETA-Ausschusses führen können, erscheint nach hiesiger Auffassung als problematisch.[971] Somit ist auch hier die Anwendung des Verfahrens

---

967 Vgl. dort: Unterabschnitt B. II. Unterpunkte 4. b. aa. (1) (b) (ff) und (gg).

968 So: Weiß, Verfassungsprobleme des Abschlusses und der vorläufigen Anwendung des CETA Freihandelsabkommens mit Kanada, S. 17; Ders., Demokratische Legitimation und völkerrechtliche Governancestrukturen, S. 195-197; Ders., Kann Freihandel Demokratie und Rechtsstaat gefährden?, S. 53-55; Sur, L'Interprétation en Droit International Public, S. 199-200; Nettesheim, Umfassende Freihandelsabkommen und Grundgesetz, S. 141; vgl. auch: Schöneweiß, Die Parlamentarische Kontrolle der authentischen Vertragsauslegung im Völkerrecht, S. 18.

969 Schöneweiß, Die Parlamentarische Kontrolle der authentischen Vertragsauslegung im Völkerrecht, S. 26.

970 Weiß, Demokratische Legitimation und völkerrechtliche Governancestrukturen, S. 195; Ders., Kann Freihandel Demokratie und Rechtsstaat gefährden?, S. 54; a.A. Krajewski, Stellungnahme der Bundestagsfraktion Bündnis 90/Die Grünen in den Verfahren 2 BvR 1368/16 u.a. vor dem Bundesverfassungsgericht, S. 19f. (= S. 143f.).

971 Vgl. Weiß, Kann Freihandel Demokratie und Rechtsstaat gefährden?, S. 54f.; a.A: Mayer, Stellungnahme der Bundesregierung in den Verfahren 2 BvR 1368/16 u.a. vor dem

nach Art. 218 Abs. 9 Alt. 2 AEUV kritisch zu betrachten, soweit die vorgenommenen Auslegungen nicht nur marginalen Einfluss auf die Auslegung des CETA haben oder nicht nur Teile des CETA ausgelegt werden, die nicht als wesentlich zu bezeichnen sind. Ansonsten ist auch ein solcher Beschluss des Gemischten CETA-Ausschusses nach Art. 218 Abs. 1 bis 6 und Abs. 8 AEUV vorzubereiten und zu begleiten (dazu sogleich bei Unterabschnitt B. III. Punkt 1. des vorliegenden Kapitels).

Der besonders offen formulierte Art. 26.1 Abs. 5 lit. i CETA ermöglicht es dem Gemischten CETA-Ausschuss schließlich weitere Aufgaben wahrzunehmen, die ihm von den Vertragsparteien übertragen werden.[972] Sofern eine solche Aufgabenübertragung an das Gremium zwar rechtswirksame oder sich auf EU-Rechtsakte in rechtserheblicher Weise auswirkende Entscheidungen beinhaltet, ihm aber nicht die Möglichkeit gibt, darüber hinaus weitere Kompetenzen zu rechtswirksamen Akten i.S.d. Art. 218 Abs. 9 Alt. 2 AEUV zu schaffen oder zu verändern und sich auch sonst nicht auf wesentliche Vorschriften des CETA auswirkt, unterliegt sie auf EU-Seite dem Verfahren nach Art. 218 Abs. 9 Alt. 2 AEUV.[973]

2. *Ausschuss für Warenhandel*

Die nach Art. 21.7 Abs. 5 und 6 CETA erforderliche Billigung des in Art. 21.7 Abs. 4 CETA vorgesehenen Informationsaustauschs zur Produktsicherheit setzt einen rechtswirksamen Beschluss des Ausschusses für Warenhandel voraus.[974] Ohne den Beschluss, mit dem die von den Vertragsparteien vorgesehenen Maßnahmen (einschließlich grundrechtsrelevanter Regelungen zum Datenschutz und zur Vertraulichkeit)[975] gebilligt werden, kann der Informationsaustausch nicht stattfinden. Der Beschluss hat die Funktion, die detailliertere Ausgestaltung des im Abkommen als unvollständigem Vertrag vorgesehenen Informationsaustauschs nach den Bedürfnissen der Vertragsparteien zu konkretisieren.

Bundesverfassungsgericht, S. 68f.; Grzeszick, Stellungnahme des Deutschen Bundestages in den Verfahren 2 BvR 1368/16 u.a. vor dem Bundesverfassungsgericht, S. 63.

972 Hierzu: Kapitel III Unterabschnitt B. VII.

973 Siehe hierzu die Ausführungen zu Art. 26.1 Abs. 5 lit. i CETA in Unterabschnitt B. I. Punkt 1. des vorliegenden Kapitels.

974 Hierzu: Kapitel III Unterabschnitt B. II. Unterpunkt 4. a. aa. (2).

975 Weiß, EuZW 2016, 286, 286; Ders., EuR 2020, 407, 426; Kempen, Verfassungsbeschwerdeschrift in dem Verfahren 2 BvR 1482/16 vor dem Bundesverfassungsgericht, S. 115; Nettesheim, Umfassende Freihandelsabkommen und Grundgesetz, S. 142.

Ob dabei im Ausschuss gemeinsame Regelungen formuliert werden oder die europäischen und kanadischen Regelungen nur gegenseitig gebilligt werden, geht aus Art. 21.7 Abs. 5 und Abs. 6 CETA nicht hervor.[976] In der bisherigen Praxis wurde ein Verwaltungsabkommen zwischen der Generaldirektion für Justiz und Verbraucherschutz bei der EU-Kommission und dem Kanadischen Gesundheitsministerium geschlossen und im Ausschuss für Warenhandel bei seinem ersten Treffen thematisiert.[977] Unabhängig davon steht kein Eingriff in die institutionellen Strukturen des Abkommens im Raum. Allerdings kann die unionsrechtliche Umsetzung eines Beschlusses nach Art. 21.7 Abs. 5 und 6 CETA datenschutz- und grundrechtsrelevante Änderungen der RAPEX-Richtlinie der EU[978] nach sich ziehen.[979] Eine Mitwirkung an einem solchen Ausschussbeschluss im vereinfachten Verfahren ohne aktive Mitwirkung des Europäischen Parlaments würde außerdem dem Rat und der Kommission politische Gestaltungsmöglichkeiten einräumen, die das Parlament bei der Zustimmung zum CETA nicht antizipieren konnte.[980] In Fällen, in denen eine derartige Tragweite des Ausschussbeschlusses abzusehen oder überwiegend wahrscheinlich ist, wird der Anwendungsbereich des Art. 218 Abs. 9 Alt. 2 AEUV überschritten.[981] Um in diesen Fällen nicht über den Umweg über ein völkerrechtliches Gremium Rechtssetzungen ohne aktive Mitwirkung des Europäischen Parlaments inhaltlich zu determinieren, an deren EU-sekundärrechtlichem Erlass das Europäische Parlament wiederum gemäß des ordentlichen Gesetzgebungsverfahrens zu beteiligen wäre, ist hier das Regelverfahren nach Art. 218 Abs. 1 bis 6 AEUV durchzuführen und das EU-Parlament nach Art. 218 Abs. 6 lit. a Ziff. v AEUV zu

---

976 Weiß, Kann Freihandel Demokratie und Rechtsstaat gefährden?, S. 49f.; Ders., Demokratische Legitimation und völkerrechtliche Governancestrukturen, S. 188f.

977 EU-Kommission, Report, Meeting of the Trade in Goods Committee, 29.11.2018, S. 1, § 2.

978 Richtlinie (EU) 2001/95 des Europäischen Parlaments und des Rates, ABl. EU L 11/4.

979 Weiß, EuR 2020, 407, 426.

980 Weiß, Verfassungsprobleme des Abschlusses und der vorläufigen Anwendung des CETA Freihandelsabkommens mit Kanada, S. 17; ebd. S. 34f.; Ders./Kempen, Ergänzung vom 09.10.2016 zu der Verfassungsbeschwerde 2 BvR 1823/16, S. 7.

981 Das bisher abgeschlossene Verwaltungsabkommen zwischen der EU-Kommission und dem Kanadischen Gesundheitsministerium ist nach seinem § 12 nicht rechtlich bindend, so dass eine Änderung von EU-Sekundärrecht, insb. der RAPEX-Richtlinie bislang nicht als notwendig erscheint. Dies kann sich mit künftigen Beschlüssen des Ausschusses für Warenhandel nach Art. 21.7 Abs. 5 und 6 CETA aber ändern.

beteiligen.[982] Gleiches gilt, wenn der Ausschuss für Warenhandel eine Änderung der Maßnahmen nach Art. 21.7 Abs. 7 CETA billigt.

Dem Art. 26.1 Abs. 5 lit. i CETA hinsichtlich der Offenheit seines Wortlauts ähnlich ist auch Art. 18 lit. d des Protokolls über die gegenseitige Anerkennung der Ergebnisse von Konformitätsbewertungen, nach dem der Ausschuss für Warenhandel alle Maßnahmen ergreifen kann, die nach Auffassung der Vertragsparteien hilfreich sind, um das Protokoll umzusetzen.[983] Sollte der Ausschuss in diesem Rahmen einen rechtswirksamen Akt nach Art. 218 Abs. 9 Alt. 2 AEUV erlassen, der nicht den institutionellen Rahmen des Protokolls berührt, ist ein entsprechender Beschluss durch einen gemeinsamen Unionsstandpunkt vorzubereiten.

3. *Gemischte Sektorgruppe für Arzneimittel*

Die Hauptaufgabe der Gemischten Sektorgruppe für Arzneimittel besteht in der Erarbeitung und Pflege einer Verwaltungsvereinbarung zur wirksamen Umsetzung des Protokolls über die gegenseitige Anerkennung des Programms für die Befolgung und Durchsetzung der Guten Herstellungspraxis für pharmazeutische Erzeugnisse. Diese hat nach der in Kapitel III der vorliegenden Untersuchung entwickelten Typisierung die Funktion der inhaltlichen und institutionellen Weiterentwicklung des einen Bestandteil des CETA bildenden Protokolls. Die Rechtsgrundlage hierfür bildet Art. 15 des genannten Protokolls. Hinsichtlich der in Art. 15 Abs. 3 lit. b bis lit. g genannten Regelungsinhalte[984] ist auf Seiten der EU der Beschluss eines gemeinsamen EU-Standpunktes nach Art. 218 Abs. 9 Alt. 2 AEUV notwendig.[985] Gleiches gilt für das nach Art. 13 Abs. 1 des Protokolls zu erarbeitende und einen Teil der Verwaltungsvereinbarung bildende Programm zur Aufrechterhaltung der Gleichwertigkeit, für nachträgliche Änderungen der Verwaltungsvereinbarung nach Art. 15 Abs. 4 des Protokolls sowie

---

982 Vgl. Weiß, Demokratische Legitimation und völkerrechtliche Governancestrukturen, S. 188f.; Ders., EuConst 2018, 532, 561.

983 Hierzu: Kapitel III Unterabschnitt B. VII.

984 Zu diesen: Kapitel III Unterabschnitt B. II. Unterpunkte 4. a. aa. (3) und 4. a. bb. (2).

985 Hinsichtlich Art. 15 Abs. 3 lit. a Protokoll über die gegenseitige Anerkennung des Programms für die Befolgung und Durchsetzung der Guten Herstellungspraxis für pharmazeutische Erzeugnisse ist auf Seiten der EU die Anwendung des Verfahrens nach Art. 218 Abs. 1 bis 6 und Abs. 8 AEUV notwendig. Siehe hierzu Unterabschnitt B. III. Punkt 2. d. des vorliegenden Kapitels.

für Art. 15 Abs. 2 des Protokolls, der der Gemischten Sektorgruppe aufträgt, ihre Zusammensetzung und ihre Vorschriften und Verfahren festzulegen.[986]

4. *Gemischter Ausschuss für die gegenseitige Anerkennung von Berufsqualifikationen*

Nach Art. 11.3 CETA kommt dem Gemischten Ausschuss für die gegenseitige Anerkennung von Berufsqualifikationen eine zentrale Rolle im Prozess der Aushandlung zwischen den CETA-Vertragsparteien von Abkommen zur gegenseitigen Anerkennung zu. In Kapitel III der vorliegenden Untersuchung wurde dem Gremium in diesem Rahmen die Funktion eines (formellen) Agenda-Setters gegenüber den Legislativorganen der Vertragsparteien zugeschrieben, der zugleich deren Entscheidungsfindung durch seine inhaltliche Mitarbeit unterstützt und vorbereitet.[987] Die hierbei vorgesehene Prüfung eines Entwurfs für ein entsprechendes Abkommen durch den Ausschuss nach Art. 11.3 Abs. 1 und Abs. 3 CETA sowie die Annahme erfolgreich ausgehandelter Abkommen nach Art. 11.3 Abs. 6 CETA sind rechtlich notwendige Schritte innerhalb dieses Aushandlungsprozesses. Somit ist auch davon auszugehen, dass die entsprechenden Kompetenzen aus Art. 11.3 Abs. 1, Abs. 3 und Abs. 6 CETA auf der Seite der EU eine verfahrensmäßige Begleitung nach Art. 218 Abs. 9 Alt. 2 AEUV erfordern.[988]

Der bei Unterabschnitt B. I. Punkt 2. des vorliegenden Kapitels bereits angesprochene Art. 11.5 lit. g Alt. 2 CETA fällt aus dem Anwendungsbereich des Verfahrens nach Art. 218 Abs. 9 Alt. 2 AEUV heraus. Die unionale Willensbildung über eine Änderung der in Anhang 11-A enthaltenen Leitlinien für die gegenseitige Anerkennung von Berufsqualifikationen, erfordert kein Verfahren nach Art. 218 Abs. 9 Alt. 2 AEUV, da sich die genannten Leitlinien mit dem Prozess der Aushandlung zukünftiger Abkommen zur gegenseitigen Anerkennung von Berufsqualifikationen und deren formaler Gestaltung befassen und dabei ausdrücklich nicht rechtsverbindlich sind. Somit ist – anders als im Sachverhalt

986 Hierzu: Kapitel III Unterabschnitt B. II. Unterpunkte 4. a. aa. (3) und 4. a. cc. (2).

987 Zu den unterschiedlichen Funktionen des Art. 11.3 CETA: Kapitel III Unterabschnitt B. III. Unterpunkt 4. d. und Kapitel III Unterabschnitt B. V. Punkt 6.

988 Das am Ende des Aushandlungsprozesses stehende Abkommen wird laut Art. 11.3 Abs. 6 CETA von den Vertragsparteien ratifiziert (vgl. Weiß, Demokratische Legitimation und völkerrechtliche Governancestrukturen, S. 198, insb. Fn. 110; Grzeszick, Stellungnahme des Deutschen Bundestages in den Verfahren 2 BvR 1368/16 u.a. vor dem Bundesverfassungsgericht, S. 40).

der Rechtssache „Rebe und Wein“[989] – nicht zu erwarten, dass ein Beschluss des Gremiums zur Änderung von Anhang 11-A rechtliche Bindungswirkungen im EU-Recht entwickeln könnte.

5. *Gemischter Ausschuss für die Zusammenarbeit im Zollbereich*

Die Kompetenz des Gemischten Ausschusses für die Zusammenarbeit im Zollbereich nach Art. 20.49 Abs. 3 CETA, namentlich Prioritäten und Verfahren zur Zusammenarbeit der für Grenzmaßnahmen zuständigen Behörden der Vertragsparteien einzuführen, ermöglicht den Erlass rechtsverbindlicher Sekundärakte zum CETA, ohne in dessen institutionelle Strukturen einzugreifen.[990] Damit fallen Beschlüsse des Ausschusses auf EU-Seite in den Anwendungsbereich des Art. 218 Abs. 9 Alt. 2 AEUV.

Empfehlungen aufgrund der bereits behandelten Kompetenzen des Gremiums nach Art. 6.14 Abs. 4 CETA und nach Art. 34 des Protokolls über Ursprungsregeln und Ursprungsbestimmungen, können ebenfalls Verfahren nach Art. 218 Abs. 9 Alt. 2 AEUV erfordern, falls ihnen aufgrund zum Zeitpunkt der Beschlussfassung geltender dynamischer Verweisungen im europäischen Sekundärrecht ein inhaltlicher Einfluss auf Normen des Europarechts zukommen sollte.[991]

6. *Gemischter Verwaltungsausschuss für gesundheitspolizeiliche und pflanzenschutzrechtliche Maßnahmen*

Hinsichtlich des Gemischten Verwaltungsausschusses für gesundheitspolizeiliche und pflanzenschutzrechtliche Maßnahmen kommt dem Verfahren nach Art. 218 Abs. 9 Alt. 2 AEUV in mehrerer Hinsicht Bedeutung zu. Nach Art. 5.14 Abs. 7 CETA legt der Ausschuss sein eigenes Arbeitsprogramm und seine Geschäftsordnung fest, was beides als rechtswirksamer Akt i.S.v. Art. 218 Abs. 9 Alt. 2 AEUV anzusehen ist und die Funktion hat, den betreffenden Teil des CETA als unvollständigen Vertrag fortwährend weiterzuentwickeln.[992] Für die Wahrnehmung der Kompetenz zur Einsetzung von Arbeitsgruppen aus Sachverständigen nach Art. 5.14 Abs. 4 CETA ist auf EU-Seite ebenfalls ein

---

989 Kapitel II Unterabschnitt D. IV. Punkt 1.

990 Hierzu: Kapitel III Unterabschnitt B. II. Unterpunkt 4. a. aa. (4).

991 Siehe zur Sache „Rebe und Wein“ auch Unterabschnitt B. I. Punkt 1. des vorliegenden Kapitels.

992 Hierzu: Kapitel III Unterabschnitt B. II. Unterpunkt 4. a. cc. (4).

gemeinsamer Standpunkt nach Art. 218 Abs. 9 Alt. 2 AEUV ausreichend, da einer solchen Arbeitsgruppe ihrerseits keine Befugnis zum Erlass rechtswirksamer Akte übertragen werden kann.[993]

Problematisch ist die Anwendung des vereinfachten Verfahrens des Art. 218 Abs. 9 Alt. 2 AEUV bei Beschlüssen nach Art. 5.11 Abs. 3 CETA und nach Art. 5.14 Abs. 2 lit. d CETA.[994] Art. 5.11 Abs. 3 CETA ermöglicht es dem Gemischten Verwaltungsausschuss für gesundheitspolizeiliche und pflanzenschutzrechtliche Maßnahmen die Anforderungen an einen in Art. 5.11 Abs. 1 und Abs. 2 CETA vorgesehenen Informationsaustausch zu gesundheitspolizeilichen und pflanzenschutzrechtlichen Maßnahmen zu verändern, um auf eine möglicherweise veränderliche Rechtslage bei der WTO reagieren zu können, indem die im CETA enthaltenen Regelungen als unvollständigen Vertrag entsprechend angepasst werden. Soweit sich dies in Modifikationen erschöpft, die nicht als wesentlich zu betrachten sind, ist eine Vorbereitung eines entsprechenden Ausschussbeschlusses nach Art. 218 Abs. 9 Alt. 2 AEUV unbedenklich.[995] Dies wäre etwa bei Modifikationen der Fall, die sich nicht, oder nur reflexhaft auf grundrechtlich geschützte Positionen auswirken, oder die bereits aus dem Vertragstext des CETA vorhersehbar sind.[996] Allerdings erscheint es jedenfalls nach dem Wortlaut des Art. 5.11 Abs. 3 CETA nicht als ausgeschlossen, dass der Ausschuss hier auch tiefergehende Veränderungen bis hin zur Schaffung eines mit der Durchführung des Informationsaustauschs betrauten Vertragsorgans vornehmen kann. In einem solchen Fall wäre auf EU-Seite das Verfahren nach Art. 218 Abs. 9 Alt. 2 AEUV nicht mehr ausreichend. Art. 5.14 Abs. 2 lit. d CETA ermöglicht die fortlaufende sachpolitische Bewertung und Weiterentwicklung des Kapitels 5 des CETA durch hieran per Ausschussbeschluss vorzunehmende Änderungen. Dies schließt unter Umständen in der Folge auch ein formelles Agenda-Setting gegenüber den Legislativorganen der Vertragsparteien mit ein. Art. 5.14 Abs. 2 lit. d CETA stellt auch einen der (seltenen) Fälle dar, in denen eine Beschlussfassungskompetenz eines der CETA-Sonderausschüsse

---

993 Hierzu: Kapitel III Unterabschnitt B. V. Punkt 8.

994 Zu diesen beiden Kompetenzen: Kapitel III Unterabschnitt B. II. Unterpunkt 4. b. aa. (2).

995 Vgl. insoweit: Weiß, Verfassungsprobleme des Abschlusses und der vorläufigen Anwendung des CETA Freihandelsabkommens mit Kanada, S. 35.

996 Zum Begriff der Wesentlichkeit in diesem Sinne, vgl. Kapitel II Unterabschnitt D. IV. Unterpunkt 2. b. bb. der vorliegenden Untersuchung.

ausdrücklich dem Vorbehalt der Genehmigung durch die Vertragsparteien nach deren internen Verfahren unterliegen soll.[997] Welches Verfahren hier auf EU-Seite einschlägig ist, wird sich auch hier nach dem Umfang im Einzelfall vorzunehmender Änderungen an Kapitel 5 des CETA richten. Soweit diese aber nicht wesentlich in dem Sinne sind, dass sie nach dem Vertragstext des CETA nicht vorhergesehen werden können, oder die grundsätzliche Ausrichtung des Kapitels betreffen[998] und keine Kompetenzen zum Erlass rechtswirksamer Akte verändert oder geschaffen werden,[999] wird das vereinfachte Verfahren nach Art. 218 Abs. 9 Alt. 2 AEUV auch hier ausreichen.[1000]

7. *Ausschuss für das öffentliche Beschaffungswesen*

Bei Art. 19.19 Abs. 1 Alt. 2 CETA, welcher vorsieht, dass die Vertragsparteien dem Ausschuss weitere Aufgaben übertragen können,[1001] kommt ebenfalls das Verfahren nach Art. 218 Abs. 9 Alt. 2 AEUV in Betracht, soweit es nicht um die Übertragung von Aufgaben geht, die ihrerseits den Erlass rechtswirksamer Akte einschließen oder sonst Änderungen vorgenommen werden, die im Vertragstext des CETA nicht bereits vorhersehbarerweise angelegt sind oder die Regelungsrichtung des Abkommens ändern.[1002]

8. *Gemischter Ausschuss nach Art. 27 des Abkommens zwischen der Europäischen Gemeinschaft und Kanada über den Handel mit Wein und Spirituosen*

Nach Abschnitt F lit. a Anhang 30-B des CETA wird Art. 27 Abs. 3 des Abkommens zwischen der Europäischen Gemeinschaft und Kanada über den Handel

997 Weiß, Verfassungsprobleme des Abschlusses und der vorläufigen Anwendung des CETA Freihandelsabkommens mit Kanada, S. 15; Weiß, Demokratische Legitimation und völkerrechtliche Governancestrukturen, S. 170, Fn. 59; Kempen, Verfassungsbeschwerdeschrift in dem Verfahren 2 BvR 1482/16 vor dem Bundesverfassungsgericht, S. 114; Grzeszick, NVwZ 2016, 1753, 1756.

998 Siehe zum Begriff der Wesentlichkeit: Kapitel II Unterabschnitt D. IV. Unterpunkt 2. b.

999 Siehe hierzu: Kapitel II Unterabschnitt D. IV. Unterpunkt 2. a.

1000 Bei darüberhinausgehenden Beschlüssen wird hingegen das Regelverfahren nach Art. 218 Abs. 1 bis 6 AEUV zur Anwendung kommen müssen, siehe unten Unterabschnitt B. III. Unterpunkt 2. f. des vorliegenden Kapitels.

1001 Hierzu: Kapitel III Unterabschnitt B. VII.

1002 Zu den Grenzen des Art. 218 Abs. 9 Alt. 2 AEUV insgesamt: Kapitel II Unterabschnitt D. IV. Unterpunkt 2.

mit Wein und Spirituosen von 2003 dergestalt geändert, dass der in Art. 27 des bereits 2003 geschlossenen Abkommens vorgesehene Gemischte Ausschuss dazu ermächtigt wird, Änderungen der Anhänge dieses Abkommens zu beschließen, anstatt (wie bisher) nur zu empfehlen.[1003] Diese Änderung ist als Teil des Anhangs 30-B zum CETA nach Art. 30.1 CETA ein Bestandteil desselben und gehört damit zum Erkenntnisgegenstand der vorliegenden Untersuchung. Durch die Änderung wird dem genannten Ausschuss die Aufgabe übertragen, die betroffenen Anhänge des Abkommens aus dem Jahr 2003 als unvollständigen Vertrag weiterzuentwickeln. Die von der Änderung betroffenen Anhänge des Abkommens aus dem Jahr 2003 treffen insbesondere Regelungen zur Zulassung önologischer Verfahren, zu Produktspezifikationen, zu geografischen Angaben, zur Etikettierung von Wein, zu den für die Regulierung des Handels mit Wein und Spirituosen zuständigen Stellen sowie zu einem auf den Handel mit Wein und Spirituosen zugeschnittenen Schlichtungsverfahren. Derartige Änderungen berühren nicht die grundsätzliche Ausrichtung des 2003 geschlossenen Abkommens, sind aber sehr wohl geeignet, Regelungen des Europarechts zu beeinflussen. Damit fallen entsprechende Beschlüsse des Gemischter Ausschusses nach Art. 27 des Abkommens zwischen der Europäischen Gemeinschaft und Kanada über den Handel mit Wein und Spirituosen zur Änderung der Anhänge dieses Abkommens auf Seiten der EU in den Anwendungsbereich des Art. 218 Abs. 9 Alt. 2 AEUV. Dies entspricht auch der internen Rechtssetzung der Union im Bereich des Weinrechts, durch die die Kommission durch Art. 227 bis Art. 229 der Verordnung über eine gemeinsame Marktorganisation für landwirtschaftliche Erzeugnisse[1004] und durch Art. 115 und Art. 116 der Verordnung über die Finanzierung, die Verwaltung und das Kontrollsystem der Gemeinsamen Agrarpolitik[1005] zum Erlass delegierter Rechtsakte nach Art. 290 AEUV und an mehreren Stellen innerhalb der genannten Verordnungen auch zum Erlass von Durchführungsrechtsakten nach Art. 291 AEUV[1006] ermächtigt

---

1003 Hierzu: Kapitel III Unterabschnitt B. II. Unterpunkt 4. b. aa. (6); siehe auch die bisherige Fassung von Art. 27 Abs. 3 Abkommen zwischen der Europäischen Gemeinschaft und Kanada über den Handel mit Wein und Spirituosen.

1004 Verordnung (EU) Nr. 1308/2013 des Europäischen Parlaments und des Rates, ABl. EU 2013 L 347/549.

1005 Verordnung (EU) Nr. 1306/2013 des Europäischen Parlaments und des Rates, ABl. EU 2013 L 347/671.

1006 So beispielsweise in Art. 80 Abs. 5 und Art. 91 lit. d Verordnung (EU) Nr. 1308/2013 des Europäischen Parlaments und des Rates, ABl. EU 2013 L 347/549

ist.[1007]

9. *Ausschuss für Dienstleistungen und Investitionen*

Der Ausschuss für Dienstleistungen und Investitionen hat nach Art. 8.44 Abs. 2 CETA die Aufgabe, einen Verhaltenskodex für die Mitglieder des im Abkommen vorgesehenen Investitionsgerichts festzulegen. Hinzu kommen die nachträgliche Ergänzung der Streitbeilegungsregeln und der Transparenzvorschriften für das Investitionsgericht nach Art. 8.44 Abs. 3 lit. b CETA sowie die Festlegung von Mediationsregeln für Streitigkeiten zu Auslandsinvestitionen nach Art. 8.44 Abs. 3 lit. c CETA.[1008] Auch diese Regelungen gehören zu denjenigen Kompetenztiteln der CETA-Sonderausschüsse, bei denen ausdrücklich ein Vorbehalt interner Anforderungen und Verfahren vorgesehen ist.[1009] Da es sich hier um die institutionelle Konkretisierung des als unvollständigen Vertrag zu verstehenden Abkommens handelt, erscheint eine Anwendung des vereinfachten Verfahrens nach Art. 218 Abs. 9 Alt. 2 AEUV als problematisch.[1010] So kann mit den ermöglichten Regelungen die institutionelle Struktur des CETA in einer Intensität fortgeschrieben werden, die einer Änderung von für die grundsätzliche inhaltliche Ausrichtung des Abkommens wesentlicher Vorschriften gleichkommt. Hinzu kommt, dass der Ausschuss kaum inhaltlichen Beschränkungen hinsichtlich der zu erlassenden Regelungen unterliegt. Dies macht vor dem Hintergrund des Demokratieprinzips, dem die deutsche Mitwirkung an der EU gemäß Art. 23 Abs. 1 i.V.m. Art. 79 Abs. 3 GG unterliegt, eine Einbindung des

---

(Durchführungsverordnung (EU) 2019/935 vom 16.04.2019, Abl. EU, 07.06.2019, L 149/53).

1007 Vgl. für weitere Rechtsakte zum EU-Weinrecht: Europäische Kommission, The EU wine legislation, URL: https://ec.europa.eu/info/food-farming-fisheries/plants-and-plant-products/plant-products/wine/eu-wine-legislation_de (Stand: 11.12.2022).

1008 Zu diesen Ausschusskompetenzen: Kapitel III Unterabschnitt B. II. Unterpunkt 4. a. bb. (3) (a).

1009 Kempen, Verfassungsbeschwerdeschrift in dem Verfahren 2 BvR 1482/16 vor dem Bundesverfassungsgericht, S. 115; Mayer, Stellungnahme der Bundesregierung in den Verfahren 2 BvR 1368/16 u.a. vor dem Bundesverfassungsgericht, S. 69.

1010 Zur Problematik vgl.: Weiß, Demokratische Legitimation und völkerrechtliche Governancestrukturen, S. 191f.; Ders., Kann Freihandel Demokratie und Rechtsstaat gefährden?, S. 51f.; Nettesheim, Umfassende Freihandelsabkommen und Grundgesetz, S. 101f., Fn. 168.

Europäischen Parlaments im Regelverfahren notwendig.[1011] Insbesondere den nach Art. 8.44 Abs. 2 und Abs. 3 lit. b CETA zu erlassenen Regelungen etwa zu Offenlegungspflichten, Vertraulichkeits- und Transparenzregeln kommt eine erhebliche Grundrechtsrelevanz gegenüber den Wirtschaftsbeteiligten zu.[1012]

Wie oben bereits ausführlich diskutiert wurde, fallen hingegen die Vorschlagskompetenzen des Gremiums gemäß Art. 8.44 Abs. 3 lit. a, lit. d und lit. e CETA (letztere i.V.m. Art. 8.28 Abs. 8 S. 1 CETA) nach hier vertretener Auffassung unter das Verfahren des Art. 218 Abs. 9 Alt. 2 AEUV, da bei ihnen in Anbetracht des vorgesehenen Vorbehalts der Zustimmung der Vertragsparteien bereits im Stadium des an den Gemischten CETA-Ausschuss zu übermittelnden Vorschlags eine inhaltliche Festlegung der Vertragsparteien stattfinden soll. Wie in Kapitel III dargelegt wurde, handelt es sich aus diesem Grund auch hier um Kompetenzen zur inhaltlichen oder institutionellen Konkretisierung des CETA als unvollständigem Vertrag. Die Möglichkeit eines Eingriffs in die institutionelle Struktur des CETA und seiner Bestandteile ist nicht ersichtlich.[1013]

10. Ausschuss für Finanzdienstleistungen

Die Kompetenz des Ausschusses für Finanzdienstleistungen im Zusammenwirken mit dem Gemischten CETA-Ausschusses nach Art. 13.21 Abs. 3 bis 5 i.V.m. Art. 13.18 Abs. 3 lit. c CETA, den Investitionsschutzmechanismus durch einen das Investitionsgericht bindenden Beschluss über die Einschlägigkeit eines finanzaufsichtsrechtlichen Einwands i.S.v. Art. 13.16 Abs. 1 CETA zu unterstützen, der ganz oder teilweise über die Erfolgsaussichten einer Investorenklage entscheidet,[1014] setzt vor ihrer Betätigung auf EU-Seite ebenfalls einen Ratsbeschluss nach Art. 218 Abs. 9 Alt. 2 AEUV voraus. Problematisch ist dies hingegen bei der Kompetenz des Gremiums nach Ziff. 9 der Vereinbarung über die Anwendung der Art. 13.16 Absatz 1 und Art. 13.21, diesen Anhang des CETA jederzeit zu ändern. Diese Kompetenz zur Weiterentwicklung der Vereinbarung als unvollständigem Vertrag kann,[1015] sofern sie nur für verfahrensmäßige

---

1011 Weiß, Demokratische Legitimation und völkerrechtliche Governancestrukturen, S. 191f.; Weiß, EuR 2020, 407, 427; Weiß, Verfassungsprobleme des Abschlusses und der vorläufigen Anwendung des CETA Freihandelsabkommens mit Kanada, S. 34f.

1012 Weiß, EuZW 2016, 286, 286; Weiß, EuR 2020, 407, 416.

1013 Zu den genannten Ausschusskompetenzen: Kapitel III Unterabschnitt B. II. Unterpunkte 4. a. bb. (3) (b) und 4. b. aa. (4).

1014 Hierzu: Kapitel III Unterabschnitt B. IV. Unterpunkt 2. b.

1015 Hierzu: Kapitel III Unterabschnitt B. II. Unterpunkt 4. b. aa. (3).

Änderungen und inhaltliche Präzisierungen gebraucht wird, die sich nicht auf die grundsätzliche Ausrichtung der Art. 13.16 Abs. 1 und Art. 13.21 CETA auswirken, auf EU-Seite noch unter Art. 218 Abs. 9 Alt. 2 AEUV fallen. In jedem Fall handelt es sich um eine der Kompetenzen eines Sonderausschusses für deren Betätigung eine Zustimmung der Vertragsparteien ausdrücklich vorgesehen ist.

11. Zwischenergebnis zu Punkt II.

Zusammenfassend dient die größte Gruppe der im CETA vorgesehenen Ausschusskompetenzen, deren Betätigung auf der Ebene des Unionsrechts eine Entscheidungsfindung nach Art. 218 Abs. 9 Alt. 2 AEUV erfordert, der fortwährenden Weiterentwicklung des CETA und seiner Bestandteile nach Art. 30.1 CETA. Nach der in Kapitel III der vorliegenden Untersuchung vorgenommenen Kategorisierung liegt das Bedürfnis der Vertragsparteien an der Delegation derartiger Aufgaben im Charakter des CETA als unvollständigem Vertrag begründet. Mit insbesondere Art. 30.2 Abs. 2, Art. 30.10 Abs. 4, Art. 2.13 Abs. 1 lit. b, Art. 4.7 Abs. 1 S. 2 lit. f und Art. 23.11 Abs. 5 CETA[1016] kommt ein Großteil dieser Kompetenzen dem Gemischten CETA-Ausschuss zu. Einzelne ähnlich gelagerte Kompetenzen haben der Gemischte Verwaltungsausschuss für gesundheitspolizeiliche und pflanzenschutzrechtliche Maßnahmen (Art. 5.11 Abs. 3 und Art. 5.14 Abs. 2 lit. d CETA) sowie der Gemischte Ausschuss nach Art. 27 des Abkommens zwischen der Europäischen Gemeinschaft und Kanada über den Handel mit Wein und Spirituosen (Abschnitt F lit. a Anhang 30-B). Nur im eingeschränkten Maße fällt außerdem die Kompetenz des Ausschusses für Finanzdienstleistungen nach Ziff. 9 der Vereinbarung über die Anwendung der Artikel 13.16 Absatz 1 und 13.21 zu Änderungen dieser Vereinbarung, unter Art. 218 Abs. 9 Alt. 2 AEUV.

Hinzu kommen auf der Ebene des CETA-Sekundärrechts einige Kompetenzen der Gemischten Sektorgruppe für Arzneimittel zum Beschluss und zur Fortentwicklung einer den Inhalt des Protokolls über die gegenseitige Anerkennung des Programms für die Befolgung und Durchsetzung der Guten Herstellungspraxis für pharmazeutische Erzeugnisse zu konkretisierenden Verwaltungsvereinbarung (Art. 15 Abs. 3 lit. b und lit. d bis lit. g, sowie Art. 13 Abs. 1 des Protokolls) und die Kompetenz des Gemischten Ausschusses für die gegenseitige Anerkennung von Berufsqualifikationen nach Art. 11.5 lit. c CETA zum Erlass seiner

---

1016 Bei Art. 8.10 Abs. 3, Art. 26.1 Abs. 5 lit. e und Art. 8.31 Abs. 3 CETA ist diese Einordnung dagegen – jenseits marginaler Änderungen – problematisch (siehe oben Punkt 1).

eigenen Geschäftsordnung. Die Befugnis des Ausschusses für Warenhandel nach Art. 21.7 Abs. 5 bis 7 CETA zum Erlass und zur nachträglichen Änderung eines Beschlusses über die Ausgestaltung eines nach Art. 21.7 Abs. 4 CETA vorgesehenen Informationsaustauschs zur Sicherheit von Konsumgütern fällt dagegen nur insoweit unter Art. 218 Abs. 9 Alt. 2 AEUV, als dass ein auf sie gestützter Beschluss des Ausschusses für Warenhandel keine Umsetzung in Gestalt einer grundrechtsrelevanten EU-Sekundärrechtssetzung erfordert.

Einem Teil dieser Kompetenzen wohnt überdies das Potential inne, gegenüber den Legislativorganen der Vertragsparteien des CETA zu einem formellen Agenda-Setting in dem in Kapitel III der vorliegenden Untersuchung beschriebenen Sinne zu führen. Dies betrifft jedoch in fast allen Fällen Ausschussbeschlüsse, bei denen im konkreten Fall fraglich sein kann, ob eine Entscheidung noch Anwendungsbereich des Art. 218 Abs. 9 Alt. 2 AEUV fällt. So kann sich bei Art. 30.2 Abs. 2, Art. 30.10 Abs. 4, Art. 4.7 Abs. 1 S. 2 lit. f, Art. 23.11 Abs. 5, Art. 8.1, Art. 8.10 Abs. 3, Art. 26.1 Abs. 5 lit. e, Art. 8.31 Abs. 3, Art. 8.44 Abs. 3 lit. a und lit. d, Art. 5.14 Abs. 2 lit. d CETA und bei Ziff. 9 der Vereinbarung über die Anwendung der Art. 13.16 Absatz 1 und Art. 13.21 im konkreten Fall die Frage stellen, ob zur unionalen Willensbildung vor einem Ausschussbeschluss nach diesen Vorschriften das vereinfachte Verfahren nach Art. 218 Abs. 9 Alt. 2 AEUV aufgrund von Auswirkungen auf den institutionellen Rahmen des CETA, aufgrund der Grundrechtsrelevanz oder der mangelnden Vorhersehbarkeit eines Ausschussbeschlusses oder gar aufgrund einer grundsätzlichen Änderung der ursprünglich vereinbarten Regelungsrichtung einer Vorschrift des Abkommens ausreicht.[1017] Eine Ausnahme stellt in dieser Hinsicht die Mitwirkung des Ausschusses für die gegenseitige Anerkennung von Berufsqualifikationen am Abschluss zukünftiger Abkommen zur gegenseitigen Anerkennung von Berufsqualifikationen nach Art. 11.3 CETA dar, da hier eine Behandlung der durch den Ausschuss geprüften Vorschläge durch die zuständigen Stellen der Vertragsparteien vorgesehen ist, die endgültige Entscheidung jedoch ausdrücklich bei diesen bleibt. So ist davon auszugehen, dass für die in Art. 11.3 CETA vorgesehene Form des formellen Agenda-Settings des im CETA vorgesehenen Ausschusses auf der Seite der EU eine verfahrensmäßige Begleitung nach Art. 218 Abs. 9 Alt. 2 AEUV ausreichend ist.

Die Kompetenzen des Gemischten CETA-Ausschusses nach Art. 26.1 Abs. 5 lit. f CETA, des Gemischten Ausschusses für die Zusammenarbeit im Zollbereich

1017 Zum Begriff der Wesentlichkeit einer Entscheidung, siehe Kapitel II Unterabschnitt D. IV. Unterpunkt 2. b. bb. der vorliegenden Untersuchung.

nach Art. 6.14 Abs. 4 CETA sowie des Ausschusses für Warenhandel nach Art. 34 des Protokolls über Ursprungsregeln und Ursprungsbestimmungen zur Formulierung unterschiedlicher Empfehlungen bzw. Leitlinien können, wie bereits an anderer Stelle angemerkt wurde, ebenfalls in den Anwendungsbereich des Art. 218 Abs. 9 Alt. 2 AEUV fallen, insbesondere wenn sie aufgrund von Regelungen im EU-Sekundärrecht, wie dynamischen Verweisungen, auf Normen des EU-Rechts einwirken sollten.

Eine weitere Gruppe von Ausschusskompetenzen, deren Betätigung auf der Seite der EU in den Anwendungsbereich des Art. 218 Abs. 9 Alt. 2 AEUV fällt, betrifft die Vornahme institutioneller Konkretisierungen, deren Wirkungen sich auf das Innenleben von durch das Abkommen errichteten Gremien beschränken. Dies betrifft insbesondere den Beschluss und die Änderung der Geschäftsordnung des Gemischten CETA-Ausschusses nach Art. 26.1 Abs. 4 lit. d CETA sowie eine Reihe von Ausschusskompetenzen im Bereich des Investitionsschutzes (Art. 8.27 Abs. 12 i.V.m. Art. 8.27 Abs. 14 und 15 CETA) und die Kompetenz des Gemischten Verwaltungsausschusses für gesundheitspolizeiliche und pflanzenschutzrechtliche Maßnahmen zur Regelung seines Arbeitsprogramms nach Art. 5.14 Abs. 7 CETA.

Eine Reihe weiterer Ausschusskompetenzen zur Vornahme institutioneller Konkretisierungen wirkt zwar nicht ausschließlich innerhalb der betroffenen Gremien, bleibt aber trotzdem hinter einer Änderung des institutionellen Rahmens des CETA zurück. Dies betrifft die Entscheidungen des Gemischten CETA-Ausschusses im Zusammenhang mit der Abhaltung bilateraler Dialoge nach Art. 25.1 Abs. 2, Abs. 4 und Abs. 5 CETA. Auch die Kompetenzen des Gemischten CETA-Ausschusses nach Art. 26.1 Abs. 5 lit. a, lit. g und lit. h, nach Art. 30.2 Abs. 2, nach Art. 30.10 Abs. 4 sowie nach Art. 23.11 Abs. 5 CETA können in engen Grenzen noch innerhalb des Anwendungsbereichs des Art. 218 Abs. 9 Alt. 2 AEUV ausgeübt werden, insbesondere wenn es dadurch nicht zu einer Veränderung von Kompetenztiteln zum Erlass „rechtswirksamer Akte" im Sinne dieser Norm kommt. Jenseits des Gemischten CETA-Ausschusses sind in diesem Zusammenhang auch die Kompetenzen der Gemischten Sektorgruppe für Arzneimittel nach Art. 15 Abs. 2 und Abs. 3 lit. c des Protokolls über die gegenseitige Anerkennung des Programms für die Befolgung und Durchsetzung der Guten Herstellungspraxis für pharmazeutische Erzeugnisse, die Kompetenzen des Ausschusses für Dienstleistungen und Investitionen nach Art. 8.44 Abs. 2 und Abs. 3 lit. b, lit. c und lit. e CETA sowie die Kompetenz des Gemischten Verwaltungsausschusses für gesundheitspolizeiliche und pflanzenschutzrechtliche Maßnahmen nach Art. 5.14 Abs. 4 CETA zu nennen.

Außerdem fallen noch einige weitere Kompetenzen der im CETA vorgesehenen Ausschüsse in den Anwendungsbereich des Art. 218 Abs. 9 Alt. 2 AEUV. Diese fallen in unterschiedliche Kategorien. So dient Art. 13.21 Abs. 3 bis 5 (ggf. i.V.m. Art. 13.18 Abs. 3 lit. c) CETA der Unterstützung der Beilegung von Streitigkeiten zwischen einer Vertragspartei und einem Investor aus einer Vertragspartei. Auch der Ausschluss eines Mitglieds des Investitionsgerichts nach Art. 8.30 Abs. 4 CETA wird als „rechtswirksamer Akt" i.S.d. Art. 218 Abs. 9 Alt. 2 AEUV ein Verfahren nach dieser Norm erfordern. Zu guter Letzt sind schließlich auch nach den besonders offen formulierten und deshalb schwerlich nach ihrer genauen Funktion kategorisierbaren Kompetenzen nach Art. 26.1 Abs. 5 lit. i, nach Art. 19.19 Abs. 1 Alt. 2 CETA sowie nach Art. 18 lit. d Protokoll über die gegenseitige Anerkennung der Ergebnisse von Konformitätsbewertungen „rechtswirksame Akte" nach Art. 218 Abs. 9 Alt. 2 AEUV denkbar.

Im Ergebnis dienen die meisten der im CETA vorgesehenen Ausschusskompetenzen, deren Ausübung auf der Ebene des Unionsrechts eines Verfahrens nach Art. 218 Abs. 9 Alt. 2 AEUV bedürfen, der fortwährenden Weiterentwicklung des CETA und seiner Bestandteile als unvollständigem Vertrag sowie der Setzung von CETA-Sekundärrecht. Ermöglicht werden jeweils sowohl inhaltliche bzw. materiellen Rechtsetzungen als auch institutionelle Modifikationen. Da sich beides unterhalb der Schwelle einer „Änderung des institutionellen Rahmens" des Abkommens i.S.v. Art. 218 Abs. 9 AEUV halten muss, gilt dies bei institutionellen Modifikationen jedoch nur insoweit, als dass sich die Wirkungen auf das organisatorische Innenleben der betroffenen Gremien beschränken. Materielle Rechtsetzungen dürfen nicht zu einer wesentlichen Änderung des CETA in dem Sinne führen, dass aufgrund der Grundrechtsrelevanz oder der mangelnden Vorhersehbarkeit, bis hin zu einer grundsätzlichen Änderung der Regelungsrichtung einer im Abkommen enthaltenen Vorschrift, eine Entscheidung des Europäischen Parlaments notwendig ist.[1018]

III. Regelverfahren nach Art. 218 Abs. 1 bis 6 AEUV

Zu behandeln sind nun die Entscheidungskompetenzen der CETA-Ausschüsse, die auf Seite der EU eine Begleitung nach dem Regelverfahren zur Eingehung völkerrechtlicher Verpflichtungen nach Art. 218 Abs. 1 bis 6 AEUV erfordern. Wenn eine Ausschussentscheidung für sich genommen nicht nur einen

---

1018 Vgl. zum Begriff der Wesentlichkeit in diesem Sinne: Kapitel II Unterabschnitt D. IV. Unterpunkt 2. b. bb. der vorliegenden Untersuchung.

rechtswirksamen Akt darstellt, sondern darüberhinausgehend zu einer Ergänzung oder Änderung des institutionellen Rahmens des CETA führt,[1019] ist dieses Verfahren anzuwenden. In Punkt 1. ist zunächst zu klären, wann eine Zustimmung des Europäischen Parlaments nach Art. 218 Abs. 6 AEUV erforderlich ist und ob auch eine bloße Anhörung der Volksvertretung der Unionsbürger in Betracht kommen kann. In Punkt 2. sind die betroffenen Ausschusskompetenzen aus dem CETA zusammenzutragen und einzuordnen.

1. Voraussetzungen für die Einbindung des Europäischen Parlaments nach Art. 218 Abs. 6 AEUV

Art. 218 Abs. 6 AEUV sieht zwei Formen der Parlamentsbeteiligung vor. In den in lit. a bestimmten Fällen ist eine Zustimmung des Europäischen Parlaments notwendig. Nach lit. b, genügt in den nicht unter lit. a fallenden Fällen eine Anhörung des Parlaments. Auch diese Anhörung ist als anlassloser und direkt auszuübender Kontrollmechanismus („police-patrol oversight") einzuordnen, da sie zur Schaffung von Transparenz dient und eine als wesentliches Formerfordernis i.S.v. Art. 263 Abs. 2 AEUV vom Rat zu berücksichtigende parlamentarische Stellungnahme ermöglicht.[1020] Allerdings dürfte sich die Frage nach einer bloßen Anhörung des Europäischen Parlaments nach Art. 218 Abs. 6 lit. b AEUV hinsichtlich der im CETA vorgesehenen Ausschusskompetenzen, bei denen das Regelverfahren nach Art. 218 Abs. 1 bis 6 AEUV anzuwenden ist, in der Praxis kaum stellen. Wie im Folgenden unter Punkt 2. näher ausgeführt wird, fallen die hierbei in Frage kommenden Kompetenzen, soweit dies aus heutiger Sicht abzusehen ist, auch bei einer restriktiven Handhabung der in Art. 218 Abs. 6 lit. a AEUV aufgeführten Tatbestände allesamt zumindest unter dessen Ziff. v. Teilweise kommt auch eine Anwendung von Ziff. iii. und Ziff. iv. in Betracht.

Zu betonen ist hierbei, dass es nicht darauf ankommt, ob beim Abschluss des CETA als völkerrechtlichen Vertrag die Voraussetzungen des Art. 218 Abs. 6 lit. a Ziff. iii bis v AEUV vorliegen, sondern ob der jeweilige Ausschussbeschluss im Einzelfall hierunter fällt. Die Anwendung des jeweils beim ursprünglichen Vertragsschluss geltenden Verfahrens ist als „Gleichlauf der Form"[1021] – jedenfalls für Änderungsverträge zu bestehenden völkerrechtlichen

---

1019 Siehe oben Unterabschnitt B. II. Punkt 1.

1020 Lorenzmeier, in: Grabitz/Hilf/Nettesheim (Hrsg.), Das Recht der Europäischen Union, 76. EL 2022, Art. 218 AEUV, Rn. 48a.

1021 GA Szpunar, SchlA, Rs. C-600/14, Rn. 55.

Abkommen – anerkannt.[1022] Nach der vertretenen und in Kapitel II grundgelegten Ansicht,[1023] kann Art. 218 Abs. 1 bis 6 AEUV auch auf die Beschlüsse von Ausschussgremien anwendbar sein, durch die eine Änderung des zugrundeliegenden Abkommens vereinbart wird. Dabei kommt es weniger auf die Bezeichnung oder die durch das genaue Verfahren geprägte Ausgestaltung eines solchen Aktes eines Vertragsgremiums an, sondern darauf, ob er auf der völkerrechtlichen Ebene einer Vertragsänderung gleichkommt oder aufgrund seines Einflusses auf die institutionelle Struktur des betreffenden Abkommens oder auf dessen wesentliche Regelungsinhalte nicht in den Anwendungsbereich des Art. 218 Abs. 9 Alt. 2 AEUV fällt. Einer Änderung eines völkerrechtlichen Abkommens in diesem Sinne gleichzusetzen sind auch Beschlüsse, durch die eine nähere Ausgestaltung „nachgeholt" wird, die im ursprünglichen Abkommen bewusst einem Vertragsgremium zur späteren Entscheidung übertragen wurden, die aber so wesentlich sind, dass sie aufgrund des Ausschlusses der „Ergänzung oder Änderung des institutionellen Rahmens" nicht nach Art. 218 Abs. 9 Alt. 2 AEUV behandelt werden können. Für eine Anwendung des Regelverfahrens auf solche Ausschussbeschlüsse spricht auch die Entstehungsgeschichte des Art. 218 Abs. 9 Alt. 2 AEUV. Dieser stellt eine Nachfolgeregelung des durch den Vertrag von Amsterdam eingeführten Art. 300 Abs. 2 UAbs. 2 EGV dar. Sinn und Zweck der mit Art. 300 Abs. 2 UAbs. 2 EGV und später mit Art. 218 Abs. 9 Alt. 2 AEUV eingeführten Verfahrenserleichterung war es gerade, die vorangegangene Problematik zu beenden, dass mangels eines speziellen Verfahrens sämtliche rechtsverbindliche Entscheidungen internationaler Foren und Gremien, an denen die EU bzw. vorher die EG mitgewirkt hatte, im Rahmen des allgemeinen Vertragsschlussverfahrens zu behandeln waren.[1024]

Ob es sich bei einer Übereinkunft nach Art. 218 Abs. 1 bis 6 AEUV nun um die Änderung des Abkommenstextes, die Änderung eines Anhangs bzw.

1022 Lorenzmeier, in: Grabitz/Hilf/Nettesheim (Hrsg.), Das Recht der Europäischen Union, 76. EL 2022, Art. 218 AEUV, Rn. 47b; Bungenberg, in: von der Groeben/Schwarze/Hatje (Hrsg.), Europäisches Unionsrecht, Band IV, 7. Auflage 2015, Art. 218 AEUV, Rn. 72; Mögele, in: Streinz (Hrsg.), EUV/AEUV, 3. Auflage 2018, Art. 218 AEUV, Rn. 23; GA Szpunar, SchlA, Rs. C-600/14, Rn. 55; zum systematischen Verständnis des Art. 218 AEUV, vgl. ebd. Rn. 54-57.

1023 Kapitel II Unterabschnitt D. III. Punkt 1.

1024 Weiß, EuConst 2018, 532, 544; insg. zur Entstehungsgeschichte: GA Cruz Villalón, SchlA, Rs. C-399/12 (Rebe und Wein), Rn. 39-52; Dashwood, EU Acts and Member State Acts in the Negotiation, Conclusion, and Implementation of International Agreements, S. 228-231.

Protokolls oder um einen neben den Vertrag tretenden (Sekundär-)Rechtsakt (etwa in Gestalt einer Verfahrensordnung für ein Vertragsorgan) handelt, hat zwar Indizwirkung, ist am Ende nicht allein entscheidend.[1025] Hilfreich für die Beurteilung ist demgegenüber die Frage, ob ein Rechtsakt eines Vertragsgremiums als „subsequent agreement" i.S.v. Art. 31 Abs. 3 lit. a und lit. b der Wiener Vertragsrechtskonvention zu betrachten ist.[1026] So ist bei Ausschussbeschlüssen, die im CETA als völkerrechtlich verbindliche Akte vorgesehen sind (insbesondere durch Art. 26.3 Abs. 2 CETA), von einem auf die Schaffung neuen Völkerrechts gerichteten Willen der Vertragsparteien auszugehen.[1027]

Hält man Art. 218 Abs. 1 bis 6 AEUV also auf Rechtsakte internationaler Vertragsgremien für anwendbar, die eine das zugrundeliegende Abkommen abändernde Wirkung haben und dabei in dessen „institutionellen Rahmen" i.S.d. Art. 218 Abs. 9 Alt. 2 AEUV eingreifen, stellt sich die Frage nach dem Tatbestand des Art. 218 Abs. 6 lit. a Ziff. v AEUV. Diese Vorschrift führt zu einer „Symmetrie zwischen dem Verfahren zum Erlass von Unionsmaßnahmen im Inneren und dem Verfahren zum Erlass internationaler Übereinkünfte",[1028] indem sie anordnet, dass sich die Einschlägigkeit des Verfahrens nach Art. 218 Abs. 1 bis 6 AEUV nach der materiellen Rechtsgrundlage des zum Gegenstand einer völkerrechtlichen Vereinbarung zu machenden Rechtsaktes richtet.[1029] Demnach kommt es bei Art. 218 Abs. 6 lit. a Ziff. v AEUV für Beschlüsse der CETA-Ausschüsse darauf an, ob diese Entscheidungen Sachfragen erfassen, die bei

1025 Nicht eindeutig in dieser Hinsicht ist etwa die Kommentierung von Bungenberg, der pauschal jeglichen Sekundärrechtsakt eines Vertragsgremiums, der nicht unter Art. 218 Abs. 9 AEUV fällt, von den übrigen Verfahren nach Art. 218 AEUV auszuschließen scheint: Bungenberg in: von der Groeben/Schwarze/Hatje (Hrsg.), Europäisches Unionsrecht, Band IV, 7. Auflage 2015, Art. 218 AEUV, Rn. 28.

1026 Vgl. hierzu: Nolte, Treaties Over Time In Particular: Subsequent Agreement And Practice, S. 367f., § 11.

1027 Appel, Das Internationale Kooperationsrecht der EU, S. 291f.; vertiefend zur Problematik der „subsequent agreements" im Zusammenhang mit als „living instrument" verstandenen völkerrechtlichen Vertragswerken: Nolte, Treaties Over Time In Particular: Subsequent Agreement And Practice, S. 366, § 7; ebd, S. 367-383; §§ 11-44.

1028 EuGH, Rs. C-658/11, Rn. 56.

1029 Lorenzmeier, in: Grabitz/Hilf/Nettesheim (Hrsg.), Das Recht der Europäischen Union, 76. EL 2022, Art. 218 AEUV, Rn. 47b; Bungenberg in: von der Groeben/Schwarze/Hatje (Hrsg.), Europäisches Unionsrecht, Band IV, 7. Auflage 2015, Art. 218 AEUV, Rn. 71; Mögele, in: Streinz (Hrsg.), EUV/AEUV, 3. Auflage 2018, Art. 218 AEUV, Rn. 19; EuGH, Rs. C-658/11, Rn. 56; GA Bot, SchlA, Rs. C-658/11, Rn. 30 u. 32.

einer internen Rechtsetzung dem ordentlichen Gesetzgebungsverfahren unterliegen würden. Dies ist nach Art. 294 Abs. 1 AEUV der Fall, wenn im EUV oder im AEUV auf das ordentliche Gesetzgebungsverfahren Bezug genommen wird. Eine solche Bezugnahme ist in Art. 207 Abs. 2 AEUV zu finden, wo das ordentliche Gesetzgebungsverfahren für Umsetzungsmaßnahmen der gemeinsamen Handelspolitik vorgesehen ist.

Daneben kommt bei einigen Beschlüssen der CETA-Ausschüsse auch die Anwendung von Art. 218 Abs. 6 lit. a Ziff. iii und iv AEUV in Betracht. Ziff. iii setzt die Schaffung eines besonderen institutionellen Rahmens in Form von Zusammenarbeitsverfahren voraus. Dies wird in der Unionspraxis restriktiv gehandhabt und dürfte nur bei der Errichtung von Organen und deren Ausstattung mit verbindlichen Beschlussfassungskompetenzen einschlägig sein.[1030] Wie bereits in Kapitel III der vorliegenden Untersuchung aufgezeigt wurde, sind derartig weitgehende Ausschusskompetenzen im CETA jedoch durchaus vorgesehen.

Ziff. iv setzt „erhebliche finanzielle Folgen für die Union" voraus, was zu unterschiedlichen Interpretationen Anlass gibt. Vertreten wird sowohl ein Abstellen auf den Gesamtaushalt der EU als auch eine Verknüpfung mit dem jeweils betroffenen Sektor des Gesamthaushaltes. Der EuGH setzt dagegen die Kosten während der gesamten Laufzeit des betreffenden Abkommens mit den Gesamtkosten der außenpolitischen Maßnahmen der EU oder des von dem Abkommen betroffenen Sektors im selben Zeitraum in Relation, ohne dabei jedoch einen prozentualen Richtwert vorzugeben.[1031] Hinsichtlich der CETA-Ausschüsse stehen jedenfalls bei Entscheidungen, die einen Einfluss auf den Ausgang nachfolgender Verfahren vor dem mit Kapitel 8 errichteten Investitionsgericht haben, erhebliche finanzielle Folgen für die Union im Raum.

1030 Lorenzmeier, in: Grabitz/Hilf/Nettesheim (Hrsg.), Das Recht der Europäischen Union, 76. EL 2022, Art. 218 AEUV, Rn. 47; in: von der Groeben/Schwarze/Hatje (Hrsg.), Europäisches Unionsrecht, Band IV, 7. Auflage 2015, Art. 218 AEUV, Rn. 69.

1031 Lorenzmeier, in: Grabitz/Hilf/Nettesheim (Hrsg.), Das Recht der Europäischen Union, 76. EL 2022, Art. 218 AEUV, Rn. 47a; Bungenberg, in: von der Groeben/Schwarze/Hatje (Hrsg.), Europäisches Unionsrecht, Band IV, 7. Auflage 2015, Art. 218 AEUV, Rn. 70; Mögele, in: Streinz (Hrsg.), EUV/AEUV, 3. Auflage 2018, Art. 218 AEUV, Rn. 19; EuGH, Rs. C-189/97, Rn. 31f.

2. *Ausschusskompetenzen mit Beteiligung des Europäischen Parlaments*

Im Folgenden ist nun zu ermitteln, welche der im CETA vorgesehenen Ausschusskompetenzen auf Seiten der EU dem Regelverfahren zum Abschluss völkerrechtlicher Verträge nach Art. 218 Abs. 1 bis 6 und Abs. 8 AEUV unterliegen.

a. *Gemischter CETA-Ausschuss*

Ein besonders deutlicher Fall einer Ausschusskompetenz, der Eingriffe in die institutionelle Struktur des CETA ermöglicht und deren Ausübung deshalb auf Seite der EU nach dem Regelverfahren für den Abschluss völkerrechtlicher Verträge gemäß Art. 218 Abs. 1 bis 6 und Abs. 8 AEUV vorzubereiten ist, ergibt sich aus dem bereits angesprochenen Art. 26.1 Abs. 5 lit. a, lit. g und lit. h CETA.[1032] Danach kann der Gemischte CETA-Ausschuss umfassende Änderungen an dem im Abkommen vorgesehenen Ausschusssystem vornehmen. Ein solcher Beschluss stellt jedenfalls dann einen Eingriff in die institutionelle Struktur des CETA dar, wenn eine erfolgende Änderung eine Ausschusskompetenz betrifft, die ihrerseits zum Erlass rechtswirksamer Akte nach Art. 218 Abs. 9 Alt. 2 AEUV ermächtigt. In diesem Fall ergibt sich die Beteiligung des Europäischen Parlaments bereits aus Art. 218 Abs. 6 lit. a Ziff. iii AEUV, da hier Regelungen zu einer verbindlichen Beschlussfassung eines völkerrechtlichen Gremiums erlassen oder geändert werden.[1033] Hinzu kommt eine Beteiligung des europäischen Parlaments nach Art. 218 Abs. 6 lit. a Ziff. v AEUV, da gemäß Art. 207 Abs. 2 AEUV bei europarechtlichen Umsetzungsakten im Bereich der Gemeinsamen Handelspolitik EU-intern das ordentliche Gesetzgebungsverfahren zu wahren ist.

Der für den Fall des EU-Beitritts weiterer Staaten vorgesehene Art. 30.10 Abs. 4 CETA ermöglicht ebenfalls Eingriffe in die institutionellen Strukturen und in wesentliche Vorschriften des CETA, indem er von „notwendige[n] Anpassungs- oder Übergangsmaßnahmen" spricht.[1034] Je nach Regelungsgehalt kann sich die Beteiligung des EU-Parlaments nach Art. 218 Abs. 6 lit. a Ziff. iii, iv oder v AEUV richten.

1032 Hierzu: Unterabschnitt B. II. Punkt 1. des vorliegenden Kapitels und Kapitel III Unterabschnitt B. II. Unterpunkt 4. b. bb. (1).

1033 Vgl. Lorenzmeier, in: Grabitz/Hilf/Nettesheim (Hrsg.), Das Recht der Europäischen Union, 76. EL 2022, Art. 218 AEUV, Rn. 47; Schmalenbach, in: Calliess/Ruffert (Hrsg.), EUV/AEUV, 6. Auflage 2022, Art. 218 AEUV, Rn. 23.

1034 Hierzu: Kapitel III Unterabschnitt B. II. Unterpunkt 4. a. aa. (1).

Die durch den Gemischten CETA-Ausschuss gemäß Art. 8.28 Abs. 7 CETA zu erlassenden Verwaltungsregelungen zur Rechtsbehelfsinstanz für Investitionsschutzangelegenheiten wurden bereits angesprochen und zum Teil bei den Ausführungen zu dem Verfahren nach Art. 218 Abs. 9 Alt. 2 AEUV eingeordnet. Wie dort beschrieben, hat der Gemischte CETA-Ausschuss gemäß Art. 8.28 Abs. 7 lit. b, lit. c, lit. e und lit. g CETA praktisch das gesamte Verfahrens- und Kostenrecht der Rechtsbehelfsinstanz und das Verfahren zu deren Besetzung[1035] zu beschließen. Darüber hinaus kann er auch „sonstige Aspekte" regeln, „die er für das wirksame Funktionieren der Rechtsbehelfsinstanz für erforderlich erachtet".[1036] Da diese Regelungen fast die kompletten Strukturen der Rechtsbehelfsinstanz und damit eines Teils des institutionellen Rahmens des CETA ausmachen, richtet sich das Verfahren auf der Seite der EU nach Art. 218 Abs. 1 bis 6 und Abs. 8 AEUV. Die Beteiligung des EU-Parlaments ergibt sich dabei aus Art. 218 Abs. 6 lit. a Ziff. iii und Ziff. v AEUV.

Die bereits angesprochene Kompetenz des Gemischten CETA-Ausschusses nach Art. 8.10 Abs. 3 CETA zu Erweiterungen der Verpflichtung zur gerechten und billigen Behandlung ausländischer Investoren gehört hierzu. Die Definition der „gerechten und billigen Behandlung" nach Art. 8.10 Abs. 2 CETA ist als wesentliche Vorschrift zu betrachten, die die grundsätzliche Ausrichtung des CETA mit festlegt. Nimmt der Gemischte CETA-Ausschuss Änderungen hieran vor, die nicht nur marginalen Ausmaßes sind, liegt es auf der Seite der EU besonders nahe, diesen Vorgang nach Art. 218 Abs. 1 bis 6 und Abs. 8 AEUV vorzubereiten und zu begleiten.[1037] Die Beteiligung des Europäischen Parlaments dürfte sich aufgrund der Zugehörigkeit des im EU-Zuständigkeitsbereich befindlichen Teils des Investitionsschutzrechts zur Gemeinsamen Handelspolitik wegen Art. 207 Abs. 2 AEUV nach Art. 218 Abs. 6 lit. a Ziff. v AEUV richten. Außerdem ist aufgrund der hohen finanziellen Risiken, denen die EU im

1035 Zum Vergleich: Beim Investitionsgericht ist das Verfahren zur Besetzung bereits im Vertragstext des CETA geregelt, weshalb dem Gemischten CETA-Ausschuss hier eine deutlich stärker ausführende, als gestaltende Rolle zukommt, als bei der Rechtsbehelfsinstanz.

1036 Zu den genannten Ausschusskompetenzen aus Art. 8.28 Abs. 7 CETA siehe Unterabschnitt B. II. Punkt 1. des vorliegenden Kapitels und Kapitel III Unterabschnitt B. II. Unterpunkt 4. a. bb. (1) (a).

1037 Hierzu siehe oben: Ausführungen zu Art. 8.10 Abs. 3 CETA in Unterabschnitt B. II. Punkt 1. des vorliegenden Kapitels und Kapitel III Unterabschnitt B. II. Unterpunkt 4. b. aa. (1) (b) (ee).

Fall einer erfolgversprechenden Investorenklage ausgesetzt sein kann, der Blick zusätzlich auf Art. 218 Abs. 6 lit. a Ziff. iv AEUV zu richten.

Auch die in Art. 26.1 Abs. 5 lit. e Alt. 1, Alt. 2 CETA und Art. 8.31 Abs. 3 CETA vorgesehenen Kompetenzen des Gemischten CETA-Ausschusses zur Annahme von Auslegungen des Abkommens mit Bindungswirkung für das CETA-Investitionsgericht und die dazugehörige Rechtsbehelfsinstanz bzw. die dazugehörigen Streitbeilegungsinstanzen nach Kapitel 29, können einen Eingriff in den institutionellen Rahmen des CETA sowie in dessen wesentliche Regelungen bedeuten. Wie bereits in Kapitel III und in diesem Kapitel der vorliegenden Untersuchung ausgeführt wurde,[1038] ist eine verbindliche Auslegung eines Abkommens als völkerrechtlich verbindliche Äußerung der Vertragsparteien schwerlich trennscharf von einer inhaltlichen Änderung des Abkommens zu unterscheiden.[1039] Vorliegend kommt verschärfend hinzu, dass sich für keine der drei genannten Auslegungskompetenzen eine Begrenzung ihres Anwendungsbereichs auf bestimmte Teile des CETA ergibt.[1040] Somit sind Beschlüsse nach Art. 26.1 Abs. 5 lit. e Alt. 1, Alt. 2 CETA und Art. 8.31 Abs. 3 CETA, die nicht nur marginalen Einfluss auf die Auslegung des CETA haben oder die nicht nur Teile des CETA auslegen, die nicht als wesentlich zu bezeichnen sind, nach Art. 218 Abs. 1 bis 6 und Abs. 8 AEUV vorzubereiten und zu begleiten. Die Beteiligung des Europäischen Parlaments kann sich hierbei wieder aus Art. 218 Abs. 6 lit. a Ziff. v (u. ggf. Ziff. iv) AEUV ergeben.

Eine weitere Kompetenz, die bereits angesprochen wurde,[1041] ist die in Art. 30.2 Abs. 2 CETA vorgesehene Zuständigkeit des Gemischten CETA-Ausschusses zur

---

1038 Vgl.: Unterabschnitt B. II. Punkt 1. des vorliegenden Kapitels und Kapitel III Unterabschnitt B. II. Unterpunkte 4. b. aa. (1) (b) (ff) und (gg).

1039 So: Weiß, Verfassungsprobleme des Abschlusses und der vorläufigen Anwendung des CETA Freihandelsabkommens mit Kanada, S. 17; Ders., Demokratische Legitimation und völkerrechtliche Governancestrukturen, S. 195-197; Ders., Kann Freihandel Demokratie und Rechtsstaat gefährden?, S. 53-55; Sur, L'Interprétation en Droit International Public, S. 199-200; Nettesheim, Umfassende Freihandelsabkommen und Grundgesetz, S. 141; vgl. auch: Schöneweiß, Die Parlamentarische Kontrolle der authentischen Vertragsauslegung im Völkerrecht, S. 18.

1040 Weiß, Demokratische Legitimation und völkerrechtliche Governancestrukturen, S. 195; Ders., Kann Freihandel Demokratie und Rechtsstaat gefährden?, S. 54; a.A. Krajewski, Stellungnahme der Bundestagsfraktion Bündnis 90/Die Grünen in den Verfahren 2 BvR 1368/16 u.a. vor dem Bundesverfassungsgericht, S. 19f. (= S. 143f.).

1041 So in Unterabschnitt B. II. Punkt 1. des vorliegenden Kapitels. Vgl. allgemein zu Art. 30.2 Abs. 2 CETA: Kapitel III Unterabschnitt B. II. Unterpunkt 4. b. aa. (1) (a).

Änderung von Protokollen und Anhängen des CETA und über Art. 23.11 Abs. 5 CETA auch die Befugnis zur Änderung von dessen 23. Kapitel zu Handel und Arbeit.[1042] Je nach dem Regelungsgegenstand eines solchen Beschlusses sind hierbei auch Veränderungen wesentlicher Vorschriften von Bestandteilen des CETA (vgl. 30.1 CETA) oder von dessen institutionellem Rahmen möglich. Die Beteiligung des Europäischen Parlaments kann sich hierbei nach Art. 218 Abs. 6 lit. a Ziff. iii, iv oder v AEUV richten. Ähnlich gelagert ist die Kompetenz des Gemischten CETA-Ausschusses nach Art. 26.1 Abs. 5 lit. c i.V.m. Art. 4.7 Abs. 1 S. 2 lit. f CETA, Änderungen des Kapitels 4 (Technische Handelshemmnisse) vorzunehmen, wenn Entwicklungen im WTO-Recht dies erforderlich machen. Derartige Beschlüsse können im Einzelfall die grundsätzliche Ausrichtung des CETA und der darin zum Ausdruck kommenden gemeinsamen Handelspolitik der EU berühren oder zu einer Modifikation des institutionellen Rahmens des Abkommens führen, so dass der Anwendungsbereich des Art. 218 Abs. 9 Alt. 2 AEUV im Einzelfall überschritten wird.[1043] Die Beteiligung des EU-Parlaments an dem in diesem Fall notwendigen Regelverfahren nach Art. 218 Abs. 1 bis 6 und Abs. 8 AEUV kann sich aus Art. 218 Abs. 6 lit. a Ziff. iii oder v AEUV ergeben.

Der besonders offen formulierte Art. 26.1 Abs. 5 lit. i CETA ermöglicht es dem Gemischten CETA-Ausschuss schließlich weitere Aufgaben wahrzunehmen, die ihm von den Vertragsparteien übertragen werden.[1044] Sofern eine solche Aufgabenübertragung eine weitere Kompetenz zu zur Veränderung des institutionellen Rahmens des CETA i.S.d. Art. 218 Abs. 9 Alt. 2 AEUV beinhaltet oder sonst eine wesentliche Vorschrift des CETA ändert, ist hierzu EU-intern das Verfahren nach Art. 218 Abs. 1 bis 6 und Abs. 8 AEUV zu durchlaufen, wobei sich die Mitwirkung des Europäischen Parlaments je nach dem Gegenstand einer solchen Befugnisübertragung nach Art. 218 Abs. 6 lit. a Ziff. iii, iv oder v AEUV richten wird.

b. Ausschuss für Warenhandel

Dem Art. 26.1 Abs. 5 lit. i CETA hinsichtlich der Offenheit seines Wortlauts ähnlich ist auch Art. 18 lit. d des Protokolls über die gegenseitige Anerkennung der

---

1042 Vgl. zu Art. 23.11 Abs. 5 CETA: Kapitel III Unterabschnitt B. II. Unterpunkt 4. b. aa. (1) (b) (cc).

1043 Unterabschnitt B. II. Punkt 1. des vorliegenden Kapitels und Kapitel III Unterabschnitt B. II. Unterpunkt 4. b. aa. (1) (b) (bb).

1044 Hierzu: Kapitel III Unterabschnitt B. VII.

Ergebnisse von Konformitätsbewertungen, nach dem der Ausschuss für Warenhandel alle Maßnahmen ergreifen kann, die nach Auffassung der Vertragsparteien hilfreich sind, um das Protokoll umzusetzen.[1045] Sollte diese Kompetenz von den Vertragsparteien im Sinne einer Ausweitung der Aufgaben des Ausschusses für Warenhandel zum Erlass von rechtswirksamen Akten i.S.d. Art. 218 Abs. 9 Alt. 2 AEUV angewendet werden oder sonst zu einem Beschluss genutzt werden, der eine wesentliche (bei Abschluss des CETA nicht vorherzusehende) Änderung des Protokolls bedeutet, ist auch hier auf EU-Seite das Verfahren nach Art. 218 Abs. 1 bis 6 und Abs. 8 AEUV zu durchlaufen. Hierbei wird sich die Mitwirkung des Europäischen Parlaments je nach dem Gegenstand einer solchen Befugnisübertragung nach Art. 218 Abs. 6 lit. a Ziff. iii oder v AEUV richten.

Die nach Art. 21.7 Abs. 5 und 6 CETA erforderliche Billigung des in Art. 21.7 Abs. 4 CETA vorgesehenen Informationsaustauschs zur Produktsicherheit sowie von Änderungen an diesem nach Art. 21.7 Abs. 7 CETA durch den Ausschuss für Warenhandel, kann eine unionsrechtliche Umsetzung durch Änderungen der RAPEX-Richtlinie der EU[1046] nach sich ziehen.[1047] Ist hierbei absehbar oder überwiegend wahrscheinlich, dass diese unionsrechtlich in grundrechtsrelevanter Weise determiniert wird, ist das Regelverfahren nach Art. 218 Abs. 1 bis 6 AEUV durchzuführen und das EU-Parlament nach Art. 218 Abs. 6 lit. a Ziff. v AEUV zu beteiligen.[1048]

c. *Ausschuss für das öffentliche Beschaffungswesen*

Auch der den Ausschuss für das öffentliche Beschaffungswesen betreffende Art. 19.19 Abs. 1 Alt. 2 CETA weist erhebliche Ähnlichkeit zu Art. 26.1 Abs. 5 lit. i CETA auf.[1049] Die dort vorgesehene Möglichkeit der Vertragsparteien, dem Gremium weitere Aufgaben zu übertragen kann daher ebenfalls unter das Verfahren nach Art. 218 Abs. 1 bis 6 und Abs. 8 AEUV fallen, soweit hierbei der institutionelle Rahmen des CETA geändert wird oder eine beim Abschluss des

---

1045 Siehe hierzu bereits: Unterabschnitt B. II. Punkt 2. des vorliegenden Kapitels und Kapitel III Unterabschnitt B. VII.

1046 Richtlinie 2001/95/EU des Europäischen Parlaments und des Rates vom 3. Dezember 2001 über die allgemeine Produktsicherheit, ABl. L 11 vom 15.01.2002, S. 4-17.

1047 Siehe hierzu bereits: Unterabschnitt B. II. Punkt 2. des vorliegenden Kapitels und Kapitel III Unterabschnitt B. II. 4. a. aa. (2).

1048 Vgl. Weiß, Demokratische Legitimation und völkerrechtliche Governancestrukturen, S. 188f.; Weiß, EuConst 2018, 532, 561.

1049 Siehe hierzu bereits: Unterabschnitt B. II. Punkt 7. des vorliegenden Kapitels und Kapitel III Unterabschnitt B. VII.

Abkommens nicht vorhersehbare Änderung materieller Vorschriften stattfindet. Die Beteiligung des EU-Parlaments in derartigen Fällen richtet sich nach Art. 218 Abs. 6 lit. a Ziff. iii oder v AEUV.

d. Gemischte Sektorgruppe für Arzneimittel

Art. 15 Abs. 3 lit. a des Protokolls über die gegenseitige Anerkennung des Programms für die Befolgung und Durchsetzung der Guten Herstellungspraxis für pharmazeutische Erzeugnisse eröffnet der Gemischten Sektorgruppe für Arzneimittel aufgrund seiner vagen Formulierung Spielräume für Beschlüsse, die als Modifikation des institutionellen Rahmens des CETA und seiner Anhänge[1050] nicht mehr unter Art. 218 Abs. 9 Alt. 2 AEUV fallen würden und somit auf EU-Seite nach Art. 218 Abs. 1 bis 6 AEUV zu behandeln wären. Die Norm ermöglicht es der Gemischten Sektorgruppe, ihr eigenes Mandat im Rahmen der von ihr abzuschließenden Verwaltungsvereinbarung festzulegen und ist damit zu den Delegationen zu zählen, die es ermöglichen, den entsprechenden Anhang des CETA als unvollständigen Vertrag weiterzuentwickeln.

e. Ausschuss für Dienstleistungen und Investitionen

Der Ausschuss für Dienstleistungen und Investitionen hat die oben bereits angesprochenen Kompetenzen nach Art. 8.44 Abs. 2 CETA zur Festlegung eines Verhaltenskodexes für die Mitglieder des im Abkommen vorgesehenen Investitionsgerichts, nach Art. 8.44 Abs. 3 lit. b CETA zur nachträglichen Ergänzung der Streitbeilegungsregeln und der Transparenzvorschriften für das Investitionsgericht sowie nach Art. 8.44 Abs. 3 lit. c CETA zur Festlegung von Mediationsregeln für Investitionsstreitigkeiten.[1051] Wie bereits angesprochen ermöglichten diese Kompetenzen intensive Änderungen der institutionellen Strukturen und materieller Inhalte des CETA. Da der Abkommenstext bei den genannten Kompetenztiteln kaum Beschränkungen der dem Ausschuss überantworteten Gestaltungsmöglichkeiten erkennen lässt, ist davon auszugehen, dass auch der Erlass von Regelungen möglich ist, deren Inhalt beim Abschluss des Abkommens noch nicht absehbar ist. Auch grundrechtsrelevante Ausgestaltungen des Investitionsschutzmechanismus, welche mangels hinreichender Bestimmtheit ihrer Grundlage im CETA nicht dem Gesetzesvorbehalt des Art. 52 Abs. 1 S. 1

1050 Hierzu: Kapitel III Unterabschnitt B. II. Unterpunkt 4. a. bb. (2).

1051 Siehe hierzu bereits: Unterabschnitt B. II. Punkt 10. des vorliegenden Kapitels und Kapitel III Unterabschnitt B. II. Unterpunkt 4. a. bb. (3) (a).

GRCh genügen, stehen hier im Raum.[1052] So unterliegt die Wahrnehmung dieser Kompetenzen dem Regelverfahren nach Art. 218 Abs. 1 bis Abs. 6 AEUV, als internem Verfahren der EU, wobei sich die Beteiligung des Europäischen Parlaments nach Art. 218 Abs. 6 lit. a Ziff. iii und Ziff. v AEUV richtet.[1053]

f. Gemischter Verwaltungsausschuss für gesundheitspolizeiliche und pflanzenschutzrechtliche Maßnahmen

Der bereits angesprochene Art. 5.11 Abs. 3 CETA ermöglicht es dem Gemischten Verwaltungsausschuss für gesundheitspolizeiliche und pflanzenschutzrechtliche Maßnahmen die Anforderungen an einen in Art. 5.11 Abs. 1 und 2 CETA vorgesehenen Informationsaustausch zu gesundheitspolizeilichen und pflanzenschutzrechtlichen Maßnahmen zu verändern.[1054] Soweit solche Modifikationen nicht von Art. 218 Abs. 9 Alt. 2 AEUV gedeckt sind, weil sie tiefergehende Veränderungen des Informationsaustausches wie etwa die Schaffung eines mit der Durchführung des Informationsaustauschs betrauten Vertragsorgans beinhalten, ist das Regelverfahren nach Art. 218 Abs. 1 bis Abs. 6 und Abs. 8 AEUV zur Änderung völkerrechtlicher Verfahren zu durchlaufen. In diesem Fall richtet sich die Beteiligung des EU-Parlaments nach Art. 218 Abs. 6 lit. a Ziff. iii oder Ziff. v AEUV. Im Fall des ebenfalls bereits angesprochenen Art. 5.14 Abs. 2 lit. d CETA wird bei Änderungen an Kapitel 5 des CETA, die in dessen ursprünglichen Vertragstext nicht angelegt sind oder die Kompetenzen zum Erlass rechtswirksamer Akte verändern oder neu begründen,[1055] auch das Verfahren nach Art. 218 Abs. 1 bis 6 und Abs. 8 AEUV zu durchlaufen sein,[1056] wobei sich die Beteiligung des Europäischen Parlaments nach Art. 218 Abs. 6 lit. a Ziff. iii, Ziff. iv oder Ziff. v AEUV richten kann.

1052 Siehe hierzu bereits: Kapitel II. Unterabschnitt D. IV. Unterpunkt 2. b. bb. der vorliegenden Untersuchung.

1053 Vgl. Weiß, Kann Freihandel Demokratie und Rechtsstaat gefährden?, S. 51f.; Weiß, Demokratische Legitimation und völkerrechtliche Governancestrukturen, S. 191f.

1054 Siehe hierzu bereits: Unterabschnitt B. II. Punkt 6. des vorliegenden Kapitels und Kapitel III Unterabschnitt B. II. Unterpunkt 4. b. aa. (2).

1055 Siehe hierzu bereits: Unterabschnitt B. II. Punkt 6. des vorliegenden Kapitels und Kapitel III Unterabschnitt B. II. Unterpunkt 4. b. aa. (2).

1056 Vgl. Weiß, Demokratische Legitimation und völkerrechtliche Governancestrukturen, S. 198, Fn. 110; siehe oben: Unterabschnitt B. II. Unterpunkt 6.

g. *Ausschuss für Finanzdienstleistungen*

Die Kompetenz des Ausschusses für Finanzdienstleistungen, die Vereinbarung über die Anwendung der Artikel 13.16 Absatz 1 und 13.21 (dort Ziff. 9) regelmäßig zu überprüfen und zu verändern, ermöglicht Ausschussbeschlüsse, mit erheblichem inhaltlichem Einfluss auf Art. 13.16 Abs. 1 CETA. Da dort die den Vertragsparteien erlaubten finanzaufsichtsrechtlichen Ausnahmeregelungen aufgeführt sind, die insbesondere nach Art. 13.21 CETA für den Ausgang von Investorenklagen bedeutsam sein können, ist ein entsprechender Beschluss je nach seinem konkreten Inhalt möglicherweise nicht mehr von Art. 218 Abs. 9 Alt. 2 AEUV erfasst.[1057] Die Beteiligung des Europäischen Parlaments richtet sich hier nach Art. 218 Abs. 6 lit a Ziff. iv oder v AEUV. Nach der in Kapitel III der vorliegenden Untersuchung vorgenommenen Kategorisierung dient die dieser Kompetenz des Ausschusses für Finanzdienstleistungen zugrunde liegende Delegation dazu, die als unvollständigen Vertrag zu verstehende Vereinbarung über die Anwendung der Artikel 13.16 Absatz 1 und 13.21 inhaltlich weiterzuentwickeln was - auch angesichts des besonderen Umsetzungsdrucks durch die Durchsetzungsmechanismen des Investitionsschutzkapitels des CETA - zu einem formellen Agenda-Setting gegenüber den Legislativorganen der Vertragsparteien führen kann.[1058]

3. *Zwischenergebnis zu Unterabschnitt III.*

Die im CETA vorgesehenen Ausschusskompetenzen, für deren Wahrnehmung auf Seiten der EU eine Einbindung des Europäischen Parlaments nach Art. 218 Abs. 6 AEUV notwendig ist, dienen nach der funktionalen Kategorisierung, welche in Kapitel III dieser Untersuchung vorgenommen wurde, hauptsächlich der Weiterentwicklung des CETA sowie seiner Protokolle und Anhänge als unvollständigen Vertrag. Die betroffenen Kompetenztitel ermöglichen sowohl Änderungen des institutionellen Rahmens des Abkommens als auch materielle Änderungen, welche einer Beteiligung des Europäischen Parlaments bedürfen, da sie im ursprünglichen Vertragstext nicht bereits angelegt sind.[1059] Führt die Änderung einer Vorschrift des CETA im Nachgang zu einer Umsetzungsverpflichtung der EU und ihrer Mitgliedstaaten in deren Rechtsordnungen, die dort

---

1057 Siehe hierzu bereits Unterabschnitt B. II. Punkt 10. des vorliegenden Kapitels.

1058 Hierzu: Kapitel III Unterabschnitt B. II. Unterpunkt 4. b. aa. (3) und Kapitel III Unterabschnitt B. III. Unterpunkte 4. b. und 4. c. bb.

1059 Zu solchen wesentlichen Entscheidungen, siehe: Kapitel II Unterabschnitt D. IV. Unterpunkt 2. b. der vorliegenden Untersuchung.

eine wesentliche Vorschrift berührt, ist außerdem von einem formellen Agenda-Setting gegenüber den unionalen und nationalen Legislativorganen auszugehen.

IV. Vereinfachtes Verfahren nach Art. 218 Abs. 7 AEUV

Die Kompetenz des Gemischten CETA-Ausschusses über die Annahme einer Änderung der Liste geschützter geografischer Herkunftsangaben (Anhang 20-A) nach Art. 20.22 Abs. 1 CETA wird im Rahmen der bisherigen vorläufigen Anwendung des CETA auf Seiten der EU nach Art. 218 Abs. 7 AEUV behandelt.[1060] In diesem Fall darf also die Vertretung der Kommission im entsprechenden Ausschuss eine wirksame Änderung des Abkommens bzw. hier des Anhangs 20-A zum CETA billigen und so unmittelbar die völkerrechtliche Wirkung für und gegen die EU und ihrer Mitgliedstaaten herbeiführen.[1061] Bei dieser Vorgehensweise handelt es sich dann auch um das für die Wirksamkeit von Beschlüssen nach Art. 20.22 CETA notwendige interne Verfahren gemäß Art. 26.3 Abs. 2 CETA.[1062] Aufgrund der detaillierten Anforderungen an die Ausübung dieser Kompetenz bestehen keine durchgreifenden Bedenken gegen diese Verfahrensweise.[1063] Die Ausschusskompetenz nach Art. 20.22 CETA ist in funktionaler Hinsicht als materielle Weiterentwicklung des als unvollständigen Vertrag verstandenen Anhangs 20-A einzuordnen.[1064]

V. Verfahren auf der Ebene der Bundesrepublik Deutschland

Soweit die Bundesregierung auf der EU-Ebene im Rat indirekt an der Gestaltung der Ausschussarbeit nach dem CETA mitwirkt, richtet sich das innerstaatliche Verfahren in Deutschland zunächst nach Art. 23 Abs. 2 bis 5 GG. Aufgrund der unklaren Regelungen des CETA zur Vertretung der EU-Mitgliedstaaten in den Ausschüssen[1065] und aufgrund der Rechtsprechung des EuGH in der Sache

---

1060 Art. 2 Beschluss des Rates (EU) 2017/38 vom 28.10.2016, ABl. EU vom 14.1.2017, L 11/1080; (vgl. dort auch den 5. Erwägungsgrund).

1061 Siehe Kapitel II, Unterabschnitt D. V.

1062 Weiß, Demokratische Legitimation und völkerrechtliche Governancestrukturen, S. 168; Weiß, Kann Freihandel Demokratie und Rechtsstaat gefährden?, S. 29.

1063 Grzeszick, Stellungnahme des Deutschen Bundestages in den Verfahren 2 BvR 1368/16 u.a. vor dem Bundesverfassungsgericht, S. 63f.; Weiß, Kann Freihandel Demokratie und Rechtsstaat gefährden?, S. 56f.; Weiß, Demokratische Legitimation und völkerrechtliche Governancestrukturen, S. 200.

1064 Hierzu: Kapitel III Unterabschnitt B. II. Unterpunkt 4. b. aa. (1) (a) (bb).

1065 BVerfG, Urteil vom 13. Oktober 2016, 2 BvR 1368/16 u.a., Rn. 62; Krajewski, Stellungnahme der Bundestagsfraktion Bündnis 90/Die Grünen in den Verfahren 2 BvR

C-600/14 „OTIF“ zur Außenvertretung der Union im Fall geteilter Zuständigkeit[1066] ist davon auszugehen, dass zwar bei einigen Ausschüssen eine ergänzende Präsenz von Vertretern der Bundesrepublik als Teil der europäischen Delegation möglich ist. Darüberhinausgehend wird die Bundesregierung die Bundesrepublik aber nur in schwer abzusehenden Ausnahmefällen, direkt und aktiv in den CETA-Ausschüssen vertreten.[1067] Hiervon scheinen auch der Rat und die Kommission in ihrer, anlässlich des Ratsbeschlusses zur Unterzeichnung und vorläufigen Anwendung des CETA, zum Ratsprotokoll abgegebenen gemeinsamen Erklärung Nr. 19 auszugehen. Dort wird darauf hingewiesen, „dass der von der Union und ihren Mitgliedstaaten im Gemischten CETA-Ausschuss einzunehmende Standpunkt zu einem Beschluss dieses Ausschusses, der in die Zuständigkeit der Mitgliedstaaten fällt, einvernehmlich festgelegt wird.“[1068] So geht die vorliegende Untersuchung davon aus, dass die Vertretung durch die Bundesregierung im Rat den absoluten Regelfall für Angelegenheiten der CETA-Ausschüsse darstellen wird.[1069]

Unabhängig davon, ob die Bundesregierung im Bereich der bei den EU-Mitgliedstaaten verbliebenen Zuständigkeiten die Bundesrepublik nun indirekt im Rat[1070] oder ausnahmsweise direkt in einem der CETA-Ausschüsse vertritt, hängt der verfassungsrechtliche Rahmen für die Einbindung des Bundestages und des Bundesrates jedoch von der bereits im Kapitel II aufgeworfenen Frage ab, ob zwischen den nicht in die Zuständigkeiten der EU fallenden Teilen des CETA und dem europäischen Primärrecht ein besonderes Ergänzungs- und

---

1368/16 vor dem Bundesverfassungsgericht, S. 21f. (= S. 145f.); Proeßl, ZEuS 2016, 401, 417; Kapitel II Unterabschnitt B. III. Punkt 1.

1066 Siehe hierzu die vorangegangenen Ausführungen zum Urteil des EuGH in der Sache C-600/14, in Kapitel II, Unterabschnitt B. I.

1067 Siehe hierzu bereits: Kapitel II Unterabschnitt B. III. Punkt 1.

1068 Rat der EU, Erklärungen für das Ratsprotokoll, ABl. EU, 14.01.2017, L 11/9, Ziff. 19.

1069 Vgl. weiter: Grzeszick, Stellungnahme des Deutschen Bundestages in den Verfahren 2 BvR 1368/16 u.a. vor dem Bundesverfassungsgericht, S. 71; Krajewski, Stellungnahme der Bundestagsfraktion Bündnis 90/Die Grünen in den Verfahren 2 BvR 1368/16 u.a. vor dem Bundesverfassungsgericht, S. 22 (= S. 146).

1070 Dies jedenfalls bei Beschlüssen des Gemischten CETA-Ausschusses abgesichert durch ein Einstimmigkeitserfordernis im Rat (Rat der EU, Erklärungen für das Ratsprotokoll, ABl. EU, 14.01.2017, L 11/9, Ziff. 19), vgl. weiter: Grzeszick, Stellungnahme des Deutschen Bundestages in den Verfahren 2 BvR 1368/16 u.a. vor dem Bundesverfassungsgericht, S. 71; Krajewski, Stellungnahme der Bundestagsfraktion Bündnis 90/Die Grünen in den Verfahren 2 BvR 1368/16 u.a. vor dem Bundesverfassungsgericht, S. 22 (= S. 146).

Näheverhältnis angenommen werden kann. In diesem Fall wären der Bundestag und der Bundesrat auch außerhalb des eigentlichen Kompetenzbereiches der EU nach Art. 23 Abs. 2 bis 5 GG in die deutsche Mitwirkung an der Ausschussarbeit nach CETA einzubinden.[1071] In Kapitel II Unterabschnitt B. III. Punkt 2. wurde bereits dargestellt, dass zwischen den Bestandteilen des CETA, für die der EU zuvor noch keine Kompetenzen übertragen worden sind und dem EU-Recht, von einem besonderen Ergänzungs- und Näheverhältnis auszugehen ist. Das muss insbesondere gelten, wenn sich die Bundesrepublik in einem der CETA-Ausschüsse auch in dem ihr verbliebenen Zuständigkeitsbereich zusammen mit den übrigen EU-Mitgliedstaaten durch die EU-Kommission vertreten lässt und nur indirekt im Rat mitwirkt.

Innerhalb des sogleich zu behandelnden Art. 23 GG kann die Möglichkeit einer Wahrnehmung der Rechte der Bundesrepublik durch einen Vertreter der Länder nach Art. 23 Abs. 6 GG für die vorliegende Untersuchung außer Betracht bleiben. Im Fall des CETA ist bisher nämlich nicht ersichtlich, dass eine Entscheidung eines der dort vorgesehenen Ausschüsse schwerpunktmäßig den Bereich der schulischen Bildung, der Kultur oder des Rundfunks betreffen könnte.

Im Folgenden wird zunächst untersucht, hinsichtlich welcher nach dem CETA vorgesehenen Ausschusskompetenzen eine Einbindung des Bundestages nach Art. 23 Abs. 2 und Abs. 3 GG stattfindet (Punkt 1.). Sodann wendet sich die Untersuchung der Einbindung des Bundesrates nach Art. 23 Abs. 2, Abs. 4 und 5 GG zu (Punkt 2.).

Fehlt der EU im Einzelfall die Kompetenz für einen Ausschussbeschluss, der zu einer Überschreitung der durch das CETA-Zustimmungsgesetz erteilten Ermächtigungen oder einer Änderung des Abkommens führt, kann wie in Kapitel II Unterabschnitt B. III. Unterpunkt 3. b. aufgezeigt wurde, zusätzlich ein Zustimmungsgesetz nach Art. 59 Abs. 2 S. 1 GG erforderlich sein.[1072] Sollte entgegen den Ausführungen in Kapitel II Unterabschnitt B. III. Punkt 2. nicht

1071 Darüber hinaus kann im Bereich der bei der Bundesrepublik als EU-Mitgliedstaat verbliebenen Zuständigkeiten auch ein Zustimmungsgesetz nach Art. 59 Abs. 2 S. 1 GG notwendig sein (hierzu: Kapitel II Unterabschnitt B. III. Unterpunkt 3. b. und Kapitel II Unterabschnitt C. IV. Punkt 2.). Zur ausnahmsweisen Anwendung von Art. 23 Abs. 1 S. 2 GG siehe Kapitel II Unterabschnitt B. III. Punkt 1.

1072 Nettesheim, in: Dürig/Herzog/Scholz, Grundgesetz, Bd. IV, 98. EL 2022, Art. 59 GG, Rn. 126b; Grzeszick, Stellungnahme des Deutschen Bundestages in den Verfahren 2 BvR 1368/16 u.a. vor dem Bundesverfassungsgericht, S. 66-68; Ders., AVR 2020, 123, 153-158; Proeßl, ZEuS 2016, 401, 417f.; Mayer, ZEuS 2016, 391, 398; Kapitel II Unterabschnitt B. III. Punkt 3 b.

von einem besonderen Nähe- und Ergänzungsverhältnis zwischen dem „Nicht-EU-Teil“ des CETA und dem Unionsrecht ausgegangen werden, wäre außerhalb des Zuständigkeitsbereichs der EU, mangels Anwendung von Art. 23 Abs. 2 bis 5 GG, eine aktive Mitwirkung von Bundestag und Bundesrat erst notwendig, wenn Art. 59 Abs. 2 S. 1 GG einschlägig ist. In engen Grenzen ist auch denkbar, dass ein Ausschussbeschluss zur Veränderung einer durch das CETA geschehenen Hoheitsrechtsübertragung und damit zu einer Regelung über die politischen Beziehungen des Bundes führen könnte, so dass Art. 59 Abs. 2 S. 1 i.V.m. Art. 24 Abs. 1 GG zur Anwendung käme (zu alldem Punkt 3). Ansonsten würde die Bundesregierung dagegen nur der allgemeinen parlamentarischen Kontrolle unterliegen (Punkt 4.).

1. *Verfahren zur Einbindung des Bundestages nach Art. 23 Abs. 2 und 3 GG*

Wie in Kapitel II dargestellt ist der Bundestag nach Art. 23 Abs. 2 GG i.V.m. § 3 EUZBBG in „Angelegenheiten der Europäischen Union [...] umfassend und zum frühestmöglichen Zeitpunkt zu unterrichten“.[1073] Dies gilt für sämtliche Vorgänge, in die die Bundesregierung als Vertreterin der Bundesrepublik Deutschland in den Gremien der EU eingebunden ist. Ob der Vorgang auf eine rechtsverbindliche Maßnahme abzielt ist unerheblich.[1074] Bei bevorstehenden Rechtsetzungsakten der Unionsorgane greift dagegen Art. 23 Abs. 3 GG, nach dem bei Verordnungen, Richtlinien und anderen durch die jeweils zuständigen Unionsorgane gefassten Beschlüssen mit materiell legislativem Gehalt dem Bundestag ein Stellungnahmerecht zukommt. Außer für die Zustimmung zu völkerrechtlichen Verträgen gilt dies auch für Beschlüsse der Unionsorgane, die die nationale Gesetzgebung verdrängen oder vorprägen können. Entscheidend ist dabei ihr Einfluss auf Gegenstände der Gesetzgebung.[1075] Im Folgenden wird

---

1073 Kapitel II Unterabschnitt B. II. Unterpunkt 1. b.

1074 Classen, in: von Mangoldt/Klein/Starck, Grundgesetz, Band II, 7. Auflage 2018, Art. 23 GG, Rn. 69f.; Scholz, in: Dürig/Herzog/Scholz, Grundgesetz, Bd. III, 98. EL 2022, Art. 23 GG, Rn. 147f.; Uerpmann-Wittzack, in: von Münch/Kunig, Grundgesetz, Band I, 7. Auflage 2021, Art. 23 GG, Rn. 116; Wollenschläger, in: Dreier (Hrsg.), Grundgesetz-Kommentar, 3. Auflage 2015, Art. 23 GG, Rn. 116.

1075 Uerpmann-Wittzack, in: von Münch/Kunig, Grundgesetz, Band I, 7. Auflage 2021, Art. 23 GG, Rn. 134; Möller/Limpert, ZParl 1993, 21, 27; Scholz, in: Dürig/Herzog/Scholz, Grundgesetz, Bd. III, 98. EL 2022, Art. 23 GG, Rn. 147f.; Classen, in: von Mangoldt/Klein/Starck, Grundgesetz, Band II, 7. Auflage 2018, Art. 23 GG, Rn. 78.

zunächst die Einbindung des Bundestages nach Art. 23 Abs. 3 GG in die auf die Ausschussarbeit nach dem CETA gerichtete Willensbildung skizziert, die hinsichtlich der Ausübung von Ausschusskompetenzen stattfindet, die in den Zuständigkeitsbereich der EU fallen (Unterpunkt a.). Sodann werden die Möglichkeiten einer Einbindung des Bundestages nach Art. 23 Abs. 2 und Abs. 3 GG bei Berührung einer nationalen Zuständigkeit der Bundesrepublik erörtert (Unterpunkt b.).

a. *Einbindung des Bundestages vor den Entscheidungsfindungsverfahren auf EU-Ebene nach Art. 218 AEUV*

Wie im Laufe dieses Kapitels bereits aufgezeigt wurde, erfordern Entscheidungen der CETA-Ausschüsse, die einen Einfluss auf die Gesetzgebung der Union und ihrer Mitgliedstaaten haben können, auf der EU-Ebene einen Ratsbeschluss nach Art. 218 Abs. 9 Alt. 2 AEUV oder darüberhinausgehend das komplette Verfahren nach Art. 218 Abs. 1 bis 6 und 8 AEUV. Letzteres ist der Fall, wenn der institutionelle Rahmen des CETA berührt wird oder eine Vorschrift des Abkommens in einer beim Abschluss nicht vorhersehbaren bzw. hinsichtlich der betroffenen Rechtspositionen wesentlichen Weise verändert wird.[1076] Demnach ist der Bundestag nach Art. 23 Abs. 3 GG bei allen Ratsbeschlüssen zu beteiligen, an denen die Bundesregierung im Rahmen der Art. 218 Abs. 9 Alt. 2 AEUV und Art. 218 Abs. 1 bis 6 AEUV mitwirkt. Dies betrifft diejenigen im CETA vorgesehenen Ausschusskompetenzen, welche oben unter B. II. und B. III. behandelt wurden. Die Ausschussbeschlüsse, an denen die Kommission nach Art. 218 Abs. 7 AEUV eigenständig mitwirken kann (siehe oben unter B. IV.), nehmen auf der Unionsebene eine Sonderrolle ein, da hier der Rat die Kommission zu zukünftigem Tätigwerden ermächtigt. Auf der Bundesebene gilt, dass der Bundestag nach Art. 23 Abs. 3 GG auch bei einem solchen Ausschussbeschluss durch die Bundesregierung einzubinden ist.[1077] Hinsichtlich künftiger Entscheidungen der EU-Kommission im Rahmen des nach Art. 218 Abs. 7 AEUV durch den Rat erteilten Mandats ist jedoch keine weitere Einbindung der mitgliedstaatlichen Parlamente vorgesehen (bis der Rat sich erneut mit dem Gegenstand des Beschlusses nach Art. 218 Abs. 7 AEUV befasst, diesen abändert oder zurücknimmt).

Wie bereits in Kapitel II Unterabschnitt B. II. Unterpunkt 1. b. der vorliegenden Untersuchung ausgeführt, besteht die Einbindung des Bundestages nach

1076 Hierzu: Kapitel II Unterabschnitt D. IV. Unterpunkt 2. b.

1077 Kapitel II Unterabschnitt B. II. Unterpunkt 1. b.

Art. 23 Abs. 3 GG i.V.m. § 8 Abs. 2 S. 1 EUZBBG zunächst in einem Stellungnahmerecht. Diese Stellungnahme ist von der Bundesregierung ihrer Verhandlungsposition „zugrunde zu legen", was in verfassungskonformer Auslegung des § 8 Abs. 2 S. 1 EUZBBG eine Berücksichtigung der Position des Bundestages bereits am Anfang des Willensbildungsprozesses zu verstehen ist, an dem sich die Bundesregierung auf EU-Ebene beteiligt. Ändert die Bundesregierung im Verhandlungsprozess ihre Position (etwa weil Kompromisse mit den Verhandlungspositionen Regierungen der übrigen EU-Mitgliedstaaten notwendig sind) kann der, nach § 8 Abs. 2 S. 2 EUZBBG fortlaufend unterrichtete, Bundestag seine Stellungnahme nach § 8 Abs. 3 EUZBBG anpassen. Erweist sich ein wesentlicher Belang, den der Bundestag in seiner Stellungnahme vertritt auf der EU-Ebene als undurchsetzbar muss die Bundesregierung gegenüber den anderen EU-Mitgliedstaaten § 8 Abs. 4 EUZBBG einen Parlamentsvorbehalt einlegen und sich „bemühen"[1078] ein Einvernehmen mit dem Bundestag zu erreichen. Auch dies führt jedoch nicht zu einer inhaltlichen Bindung der Bundesregierung an die Stellungnahme des Bundestages.[1079]

b. *Einbindung des Deutschen Bundestages bei Berührung von bei den EU-Mitgliedstaaten verbliebenen Zuständigkeiten*

Im Unterschied zu in den EU-Zuständigkeitsbereich fallenden Kompetenzen der CETA-Ausschüsse, kommt der bloßen Unterrichtung des Bundestages nach Art. 23 Abs. 2 S. 2 GG möglicherweise eine eigenständige Bedeutung zu, wenn ein Beratungsgegenstand in den bei den EU-Mitgliedstaaten verbliebenen Kompetenzbereich fällt. Sollte die Bundesregierung hier in den CETA-Ausschüssen selbst auftreten (wohl als Teil der Europäischen Delegation, neben der EU-Kommission und den Regierungen anderer Mitgliedstaaten), könnte sie auch an Beratungen der CETA-Ausschüsse mitwirken,[1080] die auf der EU-Ebene keines der Verfahren nach Art. 218 AEUV erfordern.[1081] Hierunter kann zunächst die in besonderem Maße allgemein gehaltene Kompetenz des Gemischten

1078 So der Gesetzestext des § 8 Abs. 4 EUZBBG.

1079 Streinz, in: Sachs, Grundgesetz, 9. Auflage 2021, Art. 23 GG, Rn. 114; Scholz, in: Dürig/Herzog/Scholz, Grundgesetz, Bd. III, 98. EL 2022, Art. 23 GG, Rn. 158f.; BT-Drs. 12/3896, S. 19.

1080 Hierzu: Krajewski, Stellungnahme der Bundestagsfraktion Bündnis 90/Die Grünen in den Verfahren 2 BvR 1368/16 u.a. vor dem Bundesverfassungsgericht, S. 22 (= S. 146).

1081 Zu diesen Ausschusskompetenzen siehe oben: Unterabschnitt B. I. des vorliegenden Kapitels.

CETA-Ausschusses nach Art. 26.1 Abs. 5 lit. i CETA[1082] fallen, bei der je nach dem Regelungsgehalt einer konkreten Ausschussentscheidung auf der Bundesebene praktisch jede Verfahrensart auf der Bundesebene einschlägig sein kann. Im Bereich des Investitionsschutzrechts wird Art. 23 Abs. 2 GG als Verfahrensweise ausreichend sein, wenn die Bundesregierung nach Art. 8.44 Abs. 1 lit. a CETA an Erörterungen des Ausschusses für Dienstleistungen und Investitionen[1083] zum Schutz von Portfolioinvestitionen oder investitionsschutzrechtlicher Fragen, die die Eigentumsordnung der Bundesrepublik berühren, teilnimmt. Mangels legislativen Gehaltes kann auch die Beteiligung des Gemischten CETA-Ausschusses und des Ausschusses für Finanzdienstleistungen an Investor-Staat-Streitbeilegungsverfahren durch die Klärung der (Auslegungs-)Frage, ob ein finanzaufsichtsrechtlicher Einwand nach Art. 13.16 Abs. 1 CETA vorliegt (Art. 13.21 Abs. 3-5 ggf. i.V.m. Art. 13.18 Abs. 3 lit. c CETA),[1084] unter Art. 23 Abs. 2 GG fallen.[1085] Im Kapitel 23 (Handel und Arbeit) ist eine bloße Unterrichtung von Bundestag und Bundesrat nach Art. 23 Abs. 2 GG etwa dann ausreichend, wenn die Bundesregierung an Erörterungen des Ausschusses für Handel und nachhaltige Entwicklung nach Art. 23.8 Abs. 3 CETA oder Art. 23.9 Abs. 4 CETA teilnimmt.[1086] Gleiches gilt für die Einbindung des genannten Ausschusses in die Streitbeilegung durch Sachverständigengruppen nach Art. 23.10 Abs. 12 und 13 CETA sowie für die Benennung entsprechender Sachverständiger nach Art. 23.10 Abs. 6 CETA, da die hierbei zu treffenden Entscheidungen keinen direkten Einfluss auf die nationale Gesetzgebung aufweisen.[1087] Im Bereich der gegenseitigen Anerkennung von Berufsqualifikationen wird im Fall der bloß ausführenden bzw. administrativen Zuständigkeiten des Gemischten Ausschusses für die gegenseitige Anerkennung von Berufsqualifikationen nach Art. 11.5

1082 Hierzu siehe oben: Unterabschnitt B. I. Punkt 1. des vorliegenden Kapitels und Kapitel III Unterabschnitt B. VII.

1083 Hierzu siehe oben: Kapitel III Unterabschnitt B. I. Unterpunkt 4. d.

1084 Hierzu siehe oben: Unterabschnitt B. II. Punkte 1. und 10. des vorliegenden Kapitels und Kapitel III Unterabschnitt B. IV. Unterpunkt 2. b.

1085 A.A. Nettesheim, Umfassende Freihandelsabkommen und Grundgesetz, S. 141.

1086 Zu diesen Ausschusskompetenzen siehe oben: Unterabschnitt B. I. Punkt 5. des vorliegenden Kapitels und Kapitel III Unterabschnitt B. I. Unterpunkt 4. j. sowie Kapitel III Unterabschnitt B. V. Punkt 11.

1087 Zu diesen Ausschusskompetenzen siehe oben: Unterabschnitt B. I. Punkt 5. des vorliegenden Kapitels und Kapitel III Unterabschnitt B. IV. Unterpunkt 1. g. und Kapitel III Unterabschnitt B. VI. Punkt 7.

lit. c bis lit. g CETA[1088] eine Unterrichtung von Bundestag und Bundesrat nach Art. 23 Abs. 2 GG genügen. Nach der in Kapitel III dieser Untersuchung vorgenommenen funktionalen Einteilung dienen diese Ausschusskompetenzen der Vorbereitung hochkomplexer Sachentscheidungen durch die Vertragsparteien des CETA, der Überwachung von dessen vereinbarungsgemäßer Implementation durch diese und teilweise auch der direkten Implementation. Bei Art. 23.9 Abs. 4 CETA nimmt der Ausschuss für Handel und nachhaltige Entwicklung zusätzlich inhaltlichen Einfluss auf die Klärung von Streitfragen zwischen den Vertragsparteien, ohne dabei jedoch einen rechtlich verbindlichen Streitentscheid vorzunehmen. Auch die Beteiligung des Gemischten CETA-Ausschusses und des Ausschusses für Finanzdienstleistungen an Verfahren vor dem Investitionsgericht nach Art. 13.21 Abs. 3-5 ggf. i.V.m. Art. 13.18 Abs. 3 lit. c CETA dient der inhaltlichen Unterstützung zur Lösung konkreter Streitfragen. Hinzu kommen nach Art. 11.5 lit. c und lit. g Alt. 2 CETA zwei Kompetenzen des Gemischten Ausschusses für die gegenseitige Anerkennung von Berufsqualifikationen, die der Fortentwicklung des 11. Kapitels und eines Anhangs desselben als unvollständige Verträge dienen, dabei allerdings nicht den Einfluss auf die nationale Gesetzgebung aufweisen, der eine Beteiligung des Bundestages nach Art. 23 Abs. 3 GG notwendig macht.

Unter den im CETA enthaltenen Ausschusskompetenzen, die eine der bei der Bundesrepublik als EU-Mitgliedstaat verbliebenen Zuständigkeiten berühren, erfordert eine weitere Gruppe aufgrund des möglichen materiellen Einflusses der vorgesehenen Ausschussbeschlüsse auf die nationale Gesetzgebung, die Beteiligung des Bundestages in Form des Rechts zu einer von der Bundesregierung in den Verhandlungen zu berücksichtigenden Stellungnahme nach Art. 23 Abs. 3 GG. Dies gilt sowohl im Fall der Mitwirkung der Bundesregierung an einem Beschluss des Rates im Rahmen der in Art. 218 AEUV vorgesehenen Verfahren als auch im Fall einer direkten Mitwirkung der Bundesregierung in einem CETA-Ausschuss. Die in besonderem Maße allgemein gehaltene Kompetenz des Gemischten CETA-Ausschusses nach Art. 26.1 Abs. 5 lit. i CETA kann je nach Regelungsgehalt hierunter fallen.[1089] Hinzu kommen die Kompetenzen

1088 Zu diesen Ausschusskompetenzen siehe oben: Unterabschnitt B. I. Punkt 2. und Unterabschnitt B. II. Punkt 4 des vorliegenden Kapitels sowie Kapitel III Unterabschnitt B. I. Unterpunkt 4. e., Kapitel III Unterabschnitt B. II. Unterpunkt 4. a. cc. (3), Kapitel III Unterabschnitt B. II. Unterpunkt 4. b. aa. (5); Kapitel III Unterabschnitt B. VI. Punkt 4.

1089 Hierzu siehe oben: Unterabschnitt B. I. Punkt 1. des vorliegenden Kapitels und Kapitel III Unterabschnitt B. VII.

des Gemischten CETA-Ausschusses zu Änderungen am Ausschusssystem nach Art. 26.1 Abs. 5 lit. a, g und h CETA,[1090] an den Protokollen und Anhängen des Abkommens nach Art. 30.2 Abs. 2 CETA[1091] sowie zum Erlass von Anpassungs- und Übergangsregelungen nach Art. 30.10 Abs. 4 CETA im Fall des Beitritts weiterer Staaten zur EU.[1092] Im Fall von Art. 26.1 Abs. 5 lit. a, lit. g und lit. h CETA kann sogar eine zusätzliche Übertragung von Hoheitsrechten im Raum, welche eine Zustimmung nach Art. 23 Abs. 1 S. 2 GG erfordert.[1093] Dies könnte zum Beispiel der Fall sein, wenn die Ausschusskompetenzen in Kapitel 8 des CETA mit Wirkung für Portfolioinvestitionen verändert werden. Eine große Gruppe von Ausschusskompetenzen des CETA, deren Ausübung auf der Bundesebene in Deutschland eine Beteiligung des Bundestages nach Art. 23 Abs. 3 GG erfordern, findet sich im Investitionskapitel. Einen entsprechenden Einfluss auf die nationale Gesetzgebung kann die Kompetenz des Gemischten CETA-Ausschusses nach Art. 8.39 Abs. 6 CETA zur Prüfung von Erleichterungen des Zugangs zum CETA-Investitionsschutzmechanismus für natürliche Personen sowie kleine und mittelständische Unternehmen aufweisen,[1094] da eine Trennung zwischen bloßen Vorarbeiten und anschließenden Bemühungen um konkrete Rechtsetzungen praktisch nur ex post möglich sein wird. Art. 23 Abs. 3 GG setzt jedoch voraus, dass dem Bundestag „vor" der Mitwirkung der Bundesregierung an Rechtssetzungsakten Gelegenheit zur Stellungnahme gegeben wird. Somit ist der Bundestag, soweit die nach Art. 8.39 Abs. 6 CETA zu prüfenden Zugangserleichterungen die Zuständigkeiten der Bundesrepublik für Portfolioinvestitionen (oder ggf. den Eigentumsschutz) berühren, von Anfang an nach Art. 23 Abs. 3 GG einzubinden. Gleiches gilt – ebenfalls unter Beachtung der Zuständigkeitsverteilung zwischen der EU und ihren Mitgliedstaaten – für die Kompetenzen des Gemischten CETA-Ausschusses und des Ausschusses für Dienstleistungen und Investitionen[1095] zur institutionellen Ausgestaltung im Investitionsschutzkapitel nach Art. 8.28 Abs. 7 und 8, Art. 8.44 Abs. 1 lit.

1090 Kapitel III Unterabschnitt B. II. Unterpunkt 4. b. bb. (1).

1091 Hierzu: Kapitel III Unterabschnitt B. II. Unterpunkt 4. b. aa. (1) (a).

1092 Hierzu: Kapitel III Unterabschnitt B. II. Unterpunkt 4. a. aa. (1).

1093 Siehe dazu: Kapitel II Unterabschnitt B. III. Punkt 1; vgl. Streinz, in: Sachs (Hrsg.), Grundgesetz, Art. 23 GG, 9. Auflage 2021, Rn. 56a.

1094 Zu dieser Ausschusskompetenz: Kapitel III Unterabschnitt B. V. Punkt 1.

1095 Auch bei Art. 8.44 Abs. 3 CETA wäre Art. 23 Abs. 3 GG die zu erfüllende interne Vorschrift bzw. das abzuschließende interne Verfahren, soweit der Ausschuss für Dienstleistungen und Investitionen im Zuständigkeitsbereich der Bundesrepublik aktiv wird.

b, Art. 8.44 Abs. 2 sowie Art. 8.44 Abs. 3 lit. b bis e CETA.[1096] Hinzu treten die Kompetenzen des Gemischten CETA-Ausschusses zu materiellen Erweiterungen am Begriff der „Rechte des geistigen Eigentums“ nach Art. 8.1 CETA und der Verpflichtung zur gerechten und billigen Behandlung ausländischer Investoren nach Art. 8.10 Abs. 3 CETA, soweit davon Portfolioinvestitionen (oder ggf. die Eigentumsordnung der Bundesrepublik) direkt betroffen sind. Auch die in Art. 26.1 Abs. 5 lit. e Alt. 1 und Art. 8.31 Abs. 3 CETA zu findenden Kompetenzen des Gemischten CETA-Ausschusses zum Beschluss authentischer Vertragsauslegungen für das Investitionsgericht sowie die Kompetenz des Ausschusses für Dienstleistungen und Investitionen nach Art. 8.44 Abs. 3 lit. a CETA lösen auf Seite der Bundesrepublik in deren verbliebenen Zuständigkeitsbereichen das Erfordernis einer Beteiligung des Bundestages nach Art. 23 Abs. 3 GG aus.[1097] Wie in Kapitel III Unterabschnitt B. II. Unterpunkt 4. b. aa. (1) (b) (ff) dargestellt wurde, kommt einer authentischen Vertragsauslegung jedenfalls potenziell eine Bedeutung zu, die mit einer formalen Vertragsänderung vergleichbar ist. Dementsprechend sind die vom Gemischten CETA-Ausschuss zu beschließenden authentischen Auslegungen des CETA von einer legislativen Qualität, die einer solchen Änderung des Abkommens gleichkommen kann. Da der Bundestag nach Art. 23 Abs. 3 GG von Anfang an zu beteiligen ist, ist seine Anwendung auf das Stadium eines Vorschlags durch den Ausschuss für Dienstleistungen und Investitionen nach Art. 8.44 Abs. 3 lit. a CETA auszudehnen. Schließlich fallen noch die Kompetenzen des Gemischten CETA-Ausschusses und des Ausschusses für Finanzdienstleistungen nach Art. 13.21 Abs. 3 bis 5 i.V.m. Art. 13.18 Abs. 3

1096 Am 8. November 2019 erfolgte durch BT-Drs. 19/14940, A.8 bis A.11 eine entsprechende Unterrichtung des Bundestages über mehrere nach Art. 218 Abs. 9 Alt. 2 AEUV im Rat zu beschließende Standpunkte. Aus dem Plenarprotokoll der Bundestagssitzung vom 13. März 2020 ergibt sich, dass der Ausschuss für Wirtschaft und Energie die vier zugeleiteten Dokumente zur Kenntnis genommen aber nicht beraten hat (BT-Plenarprotokoll 19/153, S. 19115).
Zu diesen Ausschusskompetenzen vgl. bereits: Kapitel III Unterabschnitt B. II. Unterpunkte 4. a. bb. (1) (a), (3) (a), (3) (b), Unterpunkt 4. b. aa. (4) und Unterabschnitt B. V. Punkt 5.

1097 Auch bei Art. 8.44 Abs. 3 CETA wäre Art. 23 Abs. 3 GG die zu erfüllende interne Vorschrift bzw. das abzuschließende interne Verfahren, soweit der Ausschuss für Dienstleistungen und Investitionen im Zuständigkeitsbereich der Bundesrepublik aktiv wird.
Zu diesen Ausschusskompetenzen vgl.: Kapitel III Unterabschnitt B. II. Unterpunkte 4. b. aa. (1) (b) (dd) bis (ff) und 4. b. aa. (4).

lit. c CETA zur Beurteilung des Vorliegens eines finanzaufsichtsrechtlichen Einwandes gegen eine Investorenklage sowie die Kompetenz zur Änderung diesbezüglicher Konkretisierungen durch den Ausschuss für Finanzdienstleistungen nach Ziff. 9 der Vereinbarung über die Anwendung der Artikel 13.16 Absatz 1 und 13.21 auf der Bundesebene unter Art. 23 Abs. 3 GG.[1098] Da diese Kompetenzen weitgehende Konkretisierungen des Art. 13.16 Abs. 1 CETA und damit der den CETA-Vertragsparteien erlaubten finanzaufsichtsrechtlichen Regulierungsmaßnahmen ermöglichen, kommt ihnen ein erhebliches legislatives Gewicht zu. Außerhalb des Investitionsschutzrechts fallen auch die in Art. 23.11 Abs. 3 und 5 i.V.m. Art. 30.2 Abs. 2 CETA vorgesehenen Mechanismen zu Änderungen des Kapitels 23 („Handel und Arbeit") durch den Gemischten CETA-Ausschuss gegebenenfalls auf Empfehlung des Ausschusses für Handel und nachhaltige Entwicklung unter Art. 23 Abs. 3 GG.[1099] Hinzu kommen die Kompetenzen des Gemischten Ausschusses für die gegenseitige Anerkennung von Berufsqualifikationen im Zusammenhang mit der Aushandlung von Abkommen über gegenseitige Anerkennungen von Berufsqualifikationen nach Art. 11.3 CETA.[1100]

Im Bereich der bei der Bundesrepublik Deutschland als EU-Mitgliedstaat verbliebenen Rechtsetzungsmaterien fallen somit insbesondere Kompetenzen der CETA-Ausschüsse unter Art. 23 Abs. 2 GG, die der administrativen Unterstützung der Durchführung des Abkommens oder der Vorbereitung hochkomplexer Sachentscheidungen durch Erörterungen und Konsultationen dienen. Gleiches gilt für die Einbindung in die Beilegung von Streitigkeiten, wobei es nicht darauf ankommt, ob die Ausschussgremien nur organisatorische Unterstützung leisten oder inhaltlich in die Konfliktlösung eingebunden sind. Mangels legislativen Gehaltes wird auch die Beteiligung des Gemischten CETA-Ausschusses und des Ausschusses für Finanzdienstleistungen an Investor-Staat-Streitbeilegungsverfahren wegen der Klärung der (Auslegungs-)Frage, ob ein finanzaufsichtsrechtlicher Einwand vorliegt soweit die Zuständigkeiten der Bundesrepublik reichen, unter Art. 23 Abs. 2 GG fallen. Unter die erweiterte Bundestagsbeteiligung nach Art. 23 Abs. 3 GG fallen dagegen die Querschnittskompetenzen zur Änderung eines Großteils der Anhänge und Protokolle des CETA nach Art. 30.2 Abs. 2

1098 Zu dieser Ausschusskompetenz siehe bereits: Kapitel III Unterabschnitt B. II. Unterpunkt 4. b. aa. (3).

1099 Zu dieser Ausschusskompetenz siehe bereits: Kapitel III Unterabschnitt B. II. Unterpunkt 4. b. aa. (1) (b) (cc) und Kapitel III Unterabschnitt B. I. Unterpunkt I. 4. j.

1100 Zu dieser Ausschusskompetenz siehe bereits: Kapitel III Unterabschnitt B. III. Unterpunkt 4. d.

CETA und zur Annahme von Anpassungs- und Übergangsvorschriften anlässlich zukünftiger EU-Beitritte nach Art. 30.10 Abs. 4 CETA. Hinzu kommen Kompetenzen zu materiellen Änderungen des Abkommens sowie zu authentischen Auslegungen mit bindender Wirkung für das Investitionsgericht. Wie bereits mehrfach aufgezeigt, kann die Ausübung dieser Kompetenzen neben ihrer Funktion der Weiterentwicklung des CETA als unvollständigem Vertrag auch zu einem formellen Agenda-Setting gegenüber der Legislative der Bundesrepublik führen. Im Zusammenwirken mit dem Ausschuss für Dienstleistungen und Investitionen kommt dem Gemischten CETA-Ausschuss überdies eine Reihe von Kompetenzen zu institutionellen Modifikationen am Nicht-EU-Teil des Investitionsschutzkapitels CETA als unvollständigem Vertrag zu. Da der Bundestag nach Art. 23 Abs. 3 GG bereits „vor" einem Rechtssetzungsakt durch die Bundesregierung einzubinden ist, hat seine Einschaltung bereits im Stadium eines Entwurfes durch den Ausschuss für Dienstleistungen und Investitionen zu erfolgen. Dies gilt auch für die Kompetenzen mehrerer Sonderausschüsse Vorschläge an den Gemischten CETA-Ausschuss zu übermitteln. Außerdem wird die Ausübung der Kompetenz des Gemischten CETA-Ausschusses nach Art. 8.39 Abs. 6 CETA sowie die Ausübung der Kompetenzen des Gemischten Ausschusses für die gegenseitige Anerkennung von Berufsqualifikationen nach Art. 11.3 CETA unter Art. 23 Abs. 3 GG fallen. Beim Ausschuss für Dienstleistungen und Investitionen ist weiter dessen Kompetenz nach Ziff. 9 der Vereinbarung über die Anwendung der Artikel 13.16 Absatz 1 und 13.21 hervorzuheben, die diesem die jederzeitige Änderung dieser Vereinbarung ermöglicht. Bei der besonders offen formulierten Kompetenz des Gemischten CETA-Ausschusses nach Art. 26.1 Abs. 5 lit. i CETA kann je nach Beschlussgegenstand Art. 23 Abs. 3 oder Abs. 2 GG einschlägig sein.

2. *Verfahren zur Einbindung des Bundesrates nach Art. 23 Abs. 2, 4 und 5 GG*

Die Beteiligung des Bundesrates an der Mitwirkung der Bundesregierung auf der EU-Ebene richtet sich, wie in Kapitel II ausgeführt, nach Art. 23 Abs. 2, 4 und 5 GG.[1101] Damit ist der Bundesrat, wie auch der Bundestag zunächst bei jeder „Angelegenheit der Europäischen Union", also bei allen Vorgängen, in die die Bundesregierung als Vertreterin der Bundesrepublik Deutschland in den Gremien der EU eingebunden ist, umfassend und frühestmöglich zu unterrichten.

1101 Kapitel II Unterabschnitt C. IV. Punkt 1.

Art. 23 Abs. 4 GG i.V.m. § 4 Abs. 1 EUZBLG sieht eine Beteiligung des Bundesrates in Form der Teilnahme von Landesvertretern an den Beratungen der Bundesregierung zur Festlegung der auf EU-Ebene zu verfolgenden Verhandlungspositionen vor.[1102] Art. 23 Abs. 5 GG sieht schließlich eine abgestufte Erweiterung der Mitwirkung des Bundesrates vor, falls durch eine Maßnahme der Unionsorgane Gesetzgebungsbefugnisse der Länder betroffen sind. Demnach ist eine Stellungnahme des Bundesrates durch die Bundesregierung zu berücksichtigen, wenn Interessen der Länder berührt sind oder wenn der Bund keine ausschließliche Gesetzgebungskompetenz i.S.v. Art. 71 GG hat. Sind im Schwerpunkt Gesetzgebungsbefugnisse der Länder betroffen hat die Bundesregierung eine Stellungnahme des Bundesrates „maßgeblich" zu berücksichtigen. Nach hier vertretener Auffassung hat die Stellungnahme des Bundesrates in keinem der genannten Fälle eine für die Bundesregierung letztverbindliche Bindungswirkung.[1103] Allerdings hat sich die Bundesregierung bereits im Fall der Berücksichtigung der Bundesratsstellungnahme nach Art. 23 Abs. 5 S. 1 GG mit deren Inhalt zu befassen und ihr eigenes Vorgehen gegenüber dem Bundesrat zu begründen.[1104] Im Fall der „maßgeblichen" Berücksichtigung der Stellungnahme des Bundesrats ordnet § 5 Abs. 2 S. 3 bis 5 EUZBLG ein Verfahren zur Herstellung eines Einvernehmens zwischen der Bundesregierung und vom Bundesrat benannter Ländervertreter an, bei dessen Scheitern der Bundesrat mit einer Zweidrittelmehrheit einen „maßgebenden" Beschluss zu seiner Position fassenden kann.[1105] Allerdings kann auch dieser Beschluss die Bundesregierung nicht auf eine bestimmte Verhandlungsposition ohne Ermessensspielräume festlegen,[1106] sondern legt dieser vielmehr, gesteigerte Sorgfalts- und Erklärungspflichten auf.[1107]

Wie beim Bundestag umfasst die bloße Unterrichtungspflicht nach Art. 23 Abs. 2 GG also diejenigen Kompetenzen der CETA-Ausschüsse, die auf der EU-Ebene ein Verfahren nach Art. 218 Abs. 9 Alt. 2 AEUV oder Art. 218 Abs. 1 bis

---

1102 Scholz, in: Dürig/Herzog/Scholz, Grundgesetz, Bd. III, 98. EL 2022, Art. 23 GG, Rn. 162.

1103 Insgesamt hierzu: Kapitel II Unterabschnitt C. IV. Punkt 1.

1104 Hierzu: Streinz, in: Sachs (Hrsg.), GG, Art. 23 GG, 9. Auflage 2021, Rn. 119.

1105 Scholz, in: Dürig/Herzog/Scholz, Grundgesetz, Bd. III, 98. EL 2022, Art. 23 GG, Rn. 162; Streinz, in: Sachs (Hrsg.), GG, Art. 23 GG, 9. Auflage 2021, Rn. 122f.

1106 Heintschel von Heinegg, in: Epping/Hillgruber, BeckOK Grundgesetz, 53. Edition 11.12.2022, Art. 23 GG, Rn. 46; Streinz, in: Sachs (Hrsg.), GG, Art. 23 GG, 9. Auflage 2021, Rn. 124.

1107 Insgesamt hierzu auch: Kapitel II Unterabschnitt C. IV. Punkt 1.

6 AEUV auslösen sowie auch die Übertragung der Vertretung der EU durch die Kommission im Rahmen des Verfahrens nach Art. 218 Abs. 7 AEUV. Anders als bei der Beteiligung des Bundestages kommt es für die weitergehenden Verfahren zur Beteiligung des Bundesrates nach Art. 23 Abs. 4 und Abs. 5 GG nicht auf den materiell rechtssetzenden Gehalt einer konkreten im Rat diskutierten Entscheidung an. Statt dessen ist darauf abzustellen, ob die Länder nach Art. 59 Abs. 2 S. 1 oder S. 2 GG zu beteiligen wären, wenn es um eine (hypothetische) internationale Vereinbarung mit einem anderen Staat ginge.[1108] Da schwer abzusehen ist, bei welchen der im CETA vorgesehenen Ausschusskompetenzen in der praktischen Anwendung Gesetzgebungskompetenzen der Länder oder zustimmungspflichtige Bundesgesetzgebungskompetenzen berührt sein werden, ist es in diesem Unterpunkt nicht möglich, eine Aufzählung mit Anspruch auf Vollständigkeit zu liefern. Allerdings können einige der Ausschusskompetenzen des CETA als Beispiele dafür dienen, wann die Beteiligung des Bundesrates nach Art. 23 Abs. 4 oder 5 GG ausgelöst werden kann.

Ein Beispiel für eine Ausschusskompetenz, die im erheblichen Maße Gesetzgebungskompetenzen der deutschen Bundesländer betreffen kann, ist die Befugnis des Gemischten CETA-Ausschusses nach Art. 8.10 Abs. 3 CETA, zum Beschluss von Erweiterungen der Verpflichtung zur gerechten und billigen Behandlung ausländischer Investoren.[1109] Zumindest ergibt sich hier aus der Relevanz der investitionsschutzrechtlichen Verpflichtungen aus Kapitel 8 des CETA die Notwendigkeit einer Zustimmung des Bundesrates nach Art. 74 Abs. 1 Nr. 25 i.V.m. Abs. 2 GG und nach Art. 84 Abs. 1 S. 6 GG.[1110] Auch im Rahmen eines Beschlusses zu Anpassungs- oder Übergangsmaßnahmen bei einem weiteren EU-Beitritt nach Art. 30.10 Abs. 4 CETA[1111] ist eine Berührung der Gesetzgebungskompetenzen der deutschen Bundesländer nicht auszuschließen. Diese Beispiele gelten sowohl für den Zuständigkeitsbereich der EU als auch für die bei den EU-Mitgliedstaaten verbliebenen Zuständigkeiten. Falls die Bundesregierung an der Arbeit des Gemischten CETA außerhalb des EU-Zuständigkeitsbereichs direkt mitwirken sollte, kommt eine Reihe von Ausschusskompetenzen als mögliche Anwendungsfälle einer bloßen Unterrichtung des Bundesrates nach Art. 23

1108 Hierzu: Kapitel II Unterabschnitt C. IV. Punkt 1.

1109 Zu dieser Ausschusskompetenz bereits: Kapitel III Unterabschnitt B. II. Unterpunkt 4. b. aa. (1) (b) (ee).

1110 Nettesheim, Umfassende Freihandelsabkommen und Grundgesetz, S. 128.

1111 Zu dieser Ausschusskompetenz: Kapitel III Unterabschnitt B. II. Unterpunkt 4. a. aa. (1).

Abs. 2 GG hinzu: Art. 26.1 Abs. 3, Abs. 4 lit. a, lit. c, lit. f, sowie Abs. 5 lit. d CETA.[1112]

3. *Verfahren nach Art. 59 Abs. 2 S. 1 und nach Art. 24 Abs. 1 GG*

Wie in Kapitel II bereits angesprochen wurde, ist es denkbar, dass einige Befugnisse der im „Nicht-EU-Teil" des CETA vorgesehenen Ausschüsse zu einer Überschreitung der im künftigen CETA-Zustimmungsgesetz zu erteilenden Ermächtigung der Bundesregierung führen können. Entsprechende Beschlüsse wären als nachträgliche Änderung des Abkommens oder als Abschluss eines zusätzlichen völkerrechtlichen Vertrages anzusehen, was den Anwendungsbereich des Art. 59 Abs. 2 S. 1 GG eröffnen würde.[1113] Akzeptiert man nicht das Vorliegen eines besonderen Ergänzungs- und Näheverhältnisses zwischen der Tätigkeit der im CETA vorgesehenen Ausschlüsse außerhalb des EU-Zuständigkeitsbereichs und dem Europarecht, läge die Schwelle für eine aktive Beteiligung des Bundestages praktisch bei der Einschlägigkeit des Verfahrens nach Art. 59 Abs. 2 S. 1 GG, da Art. 23 Abs. 2 und 3 GG keine Anwendung finden würden. Eine Beteiligung des Bundesrates könnte auch bereits nach Art. 59 Abs. 2 S. 2 GG in Betracht kommen.[1114] Darüber hinaus ist auch denkbar, dass ein Ausschussbeschluss zu einer Veränderung einer durch das CETA geschehenen Hoheitsrechtsübertragung führe. Wie in Kapitel II Unterabschnitt B. III. Unterpunkt 3. a. aufgezeigt, würde dies zugleich eine Regelung über die politischen Beziehungen des Bundes bedeuten, so dass Art. 59 Abs. 2 S. 1 i.V.m. Art. 24 Abs. 1 GG zur Anwendung käme.

Weiter ist die Folgefrage zu stellen, wie weit der Anwendungsbereich des Art. 59 Abs. 2 S. 1 GG im Verhältnis zu den Zuständigkeiten der EU reichen kann? So steht den Organen der EU die Entscheidung über eine Vertragsänderung

---

1112 Zu diesen Ausschusskompetenzen: Kapitel III Unterabschnitt B. I. Unterpunkt 4. a. aa. und Kapitel III Unterabschnitte B. V. sowie B. VII.

1113 Kapitel II Unterabschnitt B. III. Unterpunkt 3. b.; Nettesheim, in: Dürig/Herzog/Scholz, Grundgesetz, Bd. IV, 98. EL 2022, Art. 59 GG, Rn. 124f.; ebd. Rn. 126b; Streinz, in: Sachs, Grundgesetz, 9. Auflage 2021, Art. 59, Rn. 39 m.w.N.; Grzeszick, Stellungnahme des Deutschen Bundestages in den Verfahren 2 BvR 1368/16 u.a. vor dem Bundesverfassungsgericht, S. 66-68; Ders., AVR 2020, 123, 153-158; Proeßl, ZEuS 2016, 401, 417f.; Mayer, ZEuS 2016, 391, 398; BVerfGE 121, 135, 157f., Rn. 64f.; BVerfGE 118, 244, 259f., Rn. 44; BVerfGE 104, 151, 209, Rn. 152.

1114 Zu Art. 59 Abs. 2 S. 2 GG siehe Kapitel II Unterabschnitt C. IV. Punkt 2.; Streinz, in: Sachs, Grundgesetz, 9. Auflage 2021, Art. 59 GG, Rn. 79.

nach den Verfahren nach Art. 218 AEUV alleine zu, soweit die Zuständigkeiten der Union reichen.[1115] In dem im Rahmen des im Kapitel II dieser Untersuchung bereits thematisierten OTIF-Urteil aus dem Jahr 2016 nahm der EuGH für die Unionsorgane eine alleinige Vertragsschlusskompetenz nach Maßgabe des Art. 216 Abs. 1 AEUV in Anspruch, die unabhängig von der Unterscheidung zwischen ausschließlichen und geteilten Unionskompetenzen für alle der EU übertragenen Zuständigkeiten einschlägig sein könne.[1116] Eine hinreichend präzise Kompetenzabgrenzung wird in der Praxis der Ausschussarbeit oftmals auch nicht möglich sein, so dass von einer gewissen gegenseitigen Rücksichtnahmepflicht nach Art. 4 Abs. 3 EUV ausgegangen werden muss.[1117]

Einige der im CETA enthaltenen Ausschusskompetenzen, die eine der bei der Bundesrepublik als EU-Mitgliedstaat verbliebenen Zuständigkeiten berühren, können bei ihrer Ausübung auf der Bundesebene ein Zustimmungsgesetz nach Art. 59 Abs. 2 S. 1 GG erfordern. Auch hier sind zunächst die in besonderem Maße allgemein gehaltenen Kompetenzen des Gemischten CETA-Ausschusses nach Art. 26.1 Abs. 5 lit. i und Art. 30.10 Abs. 4 CETA zu nennen, wobei es wiederum auf den konkreten Regelungsgehalt ankommt.[1118] Hinzu kommen die Kompetenzen des Gemischten CETA-Ausschusses zur Änderung der Protokolle und Anhänge des Abkommens nach Art. 30.2 Abs. 2 CETA,[1119] zur Änderung des 23. Kapitels („Handel und Arbeit") nach Art. 23.11 Abs. 5 i.V.m. Art. 30.2 Abs. 2 CETA,[1120] zu Änderungen an der institutionellen Struktur des

---

1115 Nettesheim, in: Dürig/Herzog/Scholz, Grundgesetz, Bd. IV, 98. EL 2022, Art. 59 GG, Rn. 126a.

1116 EuGH, Rs. C-600/14 (OTIF), Rn. 48-50; siehe weiter: Kapitel II Unterabschnitt B. I.

1117 Nettesheim in: Dürig/Herzog/Scholz, Grundgesetz, Bd. IV, 98. EL 2022, Art. 59 GG, Rn. 126b f.

1118 Zu diesen beiden Ausschusskompetenzen: Kapitel III Unterabschnitte B. VII. und B. II. Unterpunkt 4. a. aa. (1).

1119 Setzt wie bei den anderen genannten Kompetenzen voraus, dass der konkrete Beschluss nach Art. 30.2 Abs. 2 CETA, wie vorstehend dargestellt, einer Änderung des CETA als gesetzesinhaltlichem Vertrag nach Art. 59 Abs. 2 S. 1 GG entspricht (vgl. hierzu: Krajewski, Stellungnahme der Bundestagsfraktion Bündnis 90/Die Grünen in in den Verfahren 2 BvR 1368/16 u.a. vor dem Bundesverfassungsgericht, S. 18f. (= S. 142f.); Mayer, Stellungnahme der Bundesregierung in den Verfahren 2 BvR 1368/16 u.a. vor dem Bundesverfassungsgericht, S. 67f.).
Zu dieser Ausschusskompetenz siehe: Kapitel III Unterabschnitt B. II. Unterpunkt 4. b. aa. (1) (a).

1120 Zu dieser Ausschusskompetenz siehe bereits: Kapitel III Unterabschnitt B. II. Unterpunkt 4. b. aa. (1) (b) (cc).

Ausschusssystems nach Art. 26.1 Abs. 5 lit. a, lit. g und lit. h CETA[1121] sowie zur institutionellen Ausgestaltung des im Investitionsschutzkapitels nach Art. 8.28 Abs. 7 und Abs. 8 CETA.[1122] Gleiches gilt für die Zuständigkeiten des Ausschusses für Dienstleistungen und Investitionen nach Art. 8.44 Abs. 2 sowie Abs. 3 lit. b und lit. c CETA.[1123] Insbesondere die bei einer Ausübung der Kompetenzen des Gemischten CETA-Ausschüsse zur institutionellen Weiterentwicklung nach Art. 26.1 Abs. 5 lit. a, lit. g und lit. h CETA kann im Einzelfall sogar Art. 24 Abs. 1 GG anzuwenden sein, wenn eine vorgenommene institutionelle Änderung so wesentlich oder grundrechtsrelevant ist, dass im Fall einer völkervertraglichen Neuregelung gleichen Inhalts von einer Übertragung von Hoheitsrechten auszugehen wäre.[1124]

Im Bereich des Investitionsschutzes ist es insbesondere die Erweiterung der Verpflichtung zur gerechten und billigen Behandlung ausländischer Investoren nach Art. 8.10 Abs. 3 CETA, die ein Zustimmungsgesetz nach Art. 59 Abs. 2 S. 1 GG erfordern kann, soweit der Schutz von Portfolioinvestitionen oder der Eigentumsschutz hiervon berührt ist.[1125] So kann es sich bei den betroffenen Fragestellungen nach Art. 74 Nr. 1 GG um Gegenstände der Bundesgesetzgebung i.S.v. Art. 59 Abs. 2 S. 1 GG handeln. Weiter kann auch eine Änderung der Vereinbarung über die Anwendung der Artikel 13.16 Absatz 1 und 13.21 nach deren Ziff. 9 durch den Ausschuss für Finanzdienstleistungen ein Zustimmungsgesetz nach Art. 59 Abs. 2 S. 1 GG erforderlich machen, um die

1121 Hierzu: Nettesheim, Umfassende Freihandelsabkommen und Grundgesetz, S. 137. Zu dieser Ausschusskompetenz siehe bereits: Kapitel III Unterabschnitt B. II. Unterpunkt 4. b. bb. (1).

1122 Zu diesen Ausschusskompetenzen siehe bereits: Kapitel III Unterabschnitt B. II. Unterpunkte 4. a. bb. (1) (a), (3) (b), 4. a. cc. (1) und 4. b. bb. (1).

1123 Letztere im Zusammenwirken mit dem Ausschuss für Dienstleistungen und Investitionen, wobei unklar bleibt, inwieweit der, nach Art. 8.44 Abs. 3 CETA bereits im Vorschlagsstadium vorgesehene, Vorbehalt interner Vorschriften und Verfahren der Vertragsparteien sich hier in praktischer Hinsicht auf das Verfahren nach Art. 59 Abs. 2 S. 1 GG beziehen kann.

1124 Kapitel II Unterabschnitt B. III. Unterpunkt 3. a.
Zur – ein besonderes Nähe- und Ergänzungsverhältnis zum EU-Primärrecht voraussetzenden – Anwendung von Art. 23 Abs. 1 S. 2 GG auf solche Fälle siehe Kapitel II Unterabschnitt B. III. Punkt 1.

1125 Zu dieser Ausschusskompetenz bereits: Kapitel III Unterabschnitt B. II. Unterpunkt 4. b. aa. (1) (b) (ee).

Übereinstimmung des deutschen Finanzaufsichtsrechts mit Art. 13.16 Abs. 1 CETA zu gewährleisten.[1126]

Problematisch ist eine Anwendung des Art. 59 Abs. 2 S. 1 GG auf die Ausübung der Kompetenzen des Gemischten CETA-Ausschusses zur authentischen Auslegung des Abkommens mit bindender Wirkung gegenüber dem Investitionsgericht nach Art. 26.1 Abs. 5 lit. e Alt. 1 und Art. 8.31 Abs. 3 CETA.[1127] Das Bundesverfassungsgericht hatte anlässlich von Weiterentwicklungen im Rahmen des Nordatlantikvertrages mehrfach Anlass zur Beschäftigung mit der Thematik einer Fortschreibung des Inhalts völkerrechtlicher Abkommen durch authentische Vertragsauslegungen. Hierbei urteilte es zunächst, dass eine erweiterte Anwendung des Art. 59 Abs. 2 S. 1 GG auf nichtförmliche Weiterentwicklungen eines Abkommens zu Rechtsunsicherheiten führt, „die außen- und sicherheitspolitische Handlungsfähigkeit der Bundesregierung ungerechtfertigt" beschneiden und auch hinsichtlich der Funktionen der Gewaltenteilung problematisch sind.[1128] Diese Feststellungen relativierte das Gericht später dahingehend, dass eine Fortentwicklung völkerrechtlicher Verträge, ohne deren formelle Änderung, insoweit ohne erneutes Verfahren nach Art. 59 Abs. 2 S. 1 GG zulässig sei, sofern es nicht um „wesentliche Strukturentscheidungen des Vertragswerks" handeln würde.[1129] Demnach wird ein Zustimmungsgesetz nach Art. 59 Abs. 2 S. 1 GG jedenfalls dann notwendig sein, wenn eine authentische Auslegung des CETA nach Art. 26.1 Abs. 5 lit. e Alt. 1 oder Art. 8.31 Abs. 3 CETA[1130] zu einer wesentlichen Neubewertung der, mit dem CETA eingegangenen, Verpflichtungen zum Schutz kanadischer Portfolioinvestitionen oder zum Schutz des Eigentums kanadischer Investoren in Deutschland führt.

1126 Zu dieser Ausschusskompetenz bereits: Kapitel III Unterabschnitt B. II. Unterpunkt 4. b. aa. (3).

1127 Zu dieser Ausschusskompetenz bereits: Kapitel III Unterabschnitt B. II. Unterpunkt 4. b. aa. (1) (b) (ff).

1128 BVerfGE 104, 151, 207, Rn. 149.

1129 Nettesheim, in: Dürig/Herzog/Scholz, Grundgesetz, Bd. IV, 98. EL 2022, Art. 59 GG, Rn. 131; BVerfGE 118, 244, 260f., Rn. 45.

1130 Auch hier bleibt unklar, inwieweit der nach Art. 8.44 Abs. 3 CETA bereits im Vorschlagsstadium vorgesehene Vorbehalt interner Vorschriften und Verfahren der Vertragsparteien sich in praktischer Hinsicht auf das Verfahren nach Art. 59 Abs. 2 S. 1 GG beziehen kann (vgl. hierzu: Weiß, Kann Freihandel Demokratie und Rechtstaat gefährden?, S. 53f.; Mayer, Stellungnahme der Bundesregierung in den Verfahren 2 BvR 1368/16 u.a. vor dem Bundesverfassungsgericht, S. 69).

Außerhalb des Investitionsschutzkapitels ist noch für die Annahme eines nach Art. 11.3 CETA ausgehandelten Abkommens zur gegenseitigen Anerkennung von Berufsqualifikationen nach Art. 11.3 Abs. 6 CETA ein Zustimmungsgesetz gemäß Art. 59 Abs. 2 S. 1 GG notwendig. Dies ist jedoch nicht Gegenstand eines Beschlusses des zuständigen Sonderausschusses, sondern ein nachgelagerter Verfahrensschritt.

Diejenigen Beschlüsse des Gemischten CETA-Ausschusses, die Teile des CETA betreffen, die nicht in die Zuständigkeit der EU fallen und die im Rahmen der Mitwirkung der Bundesrepublik Deutschland unter Umständen als gesetzesinhaltliche Verträge nach Art. 59 Abs. 2 S. 1 GG zu beurteilen sein können, oder gar in den Anwendungsbereich von Art. 24 Abs. 1 GG fallen können, ist gemeinsam, dass sie eine Änderung des Abkommens oder seiner nach Art. 30.1 CETA gleichgestellten Teile (insbesondere Protokolle und Anhänge) ermöglichen. So fällt insbesondere eine Reihe materieller Änderungen des Abkommens, aber möglicherweise auch institutionelle Modifikationen, in diese Kategorie. Zugleich werden derartige Beschlüsse oftmals auch als formelles Agenda-Setting gegenüber dem Bundestag zu bezeichnen sein. Betroffen sind hiervon Art. 30.2 Abs. 2, Art. 30.10 Abs. 4, Art. 23.11 Abs. 5, Art. 8.1, Art. 8.10 Abs. 3, Art. 26.1 Abs. 5 lit. e Alt. 1, Art. 8.31 Abs. 3 CETA.[1131] Soweit man künftig einen entsprechend weitreichenden Beschluss auf den besonders vage formulierten Art. 26.1 Abs. 5 lit. i CETA stützt,[1132] ist auch dieser umfasst. Außer dem Gemischten CETA-Ausschuss ist auch der Ausschuss für Dienstleistungen und Investitionen nach Ziff. 9 Vereinbarung über die Anwendung der Artikel 13.16 Absatz 1 und 13.21 mit einer entsprechend weitgehenden Änderungskompetenz ausgestattet.[1133]

1131 Zu diesen Ausschusskompetenzen siehe in Kapitel III Unterabschnitt B. II.:
zu Art. 30.2 Abs. 2 CETA: Unterpunkt 4. b. aa. (1) (a);
zu Art. 30.10 Abs. 4 CETA: Unterpunkt 4. a. aa. (1);
zu Art. 23.11 Abs. 5 CETA: Unterpunkt 4. b. aa. (1) (b) (cc);
zu Art. 8.1 CETA: Unterpunkt 4. b. aa. (1) (b) (dd);
zu Art. 8.10 Abs. 3 CETA: Unterpunkt 4. b. aa. (1) (b) (ee);
zu Art. 26.1 Abs. 5 lit. e Alt. 1 und Art. 8.31 Abs. 3 CETA: Unterpunkt 4. b. aa. (1) (b) (ff).

1132 Zu dieser Ausschusskompetenz: Kapitel III Unterabschnitte B. VII.

1133 Zu dieser Ausschusskompetenz: Kapitel III Unterabschnitt B. II. Unterpunkt 4. b. aa. (3).

4. *Allgemeine parlamentarische Kontrolle der Bundesregierung*

Wie in Kapitel II ausgeführt wurde, beschränkt sich die Kontrolle der Bundesregierung durch den Bundestag und den Bundesrat auf die Mechanismen zur allgemeinen parlamentarischen Kontrolle des auswärtigen Handelns der Bundesregierung, wenn zwischen den nicht in die Zuständigkeit der EU fallenden Teilen des CETA und dem europäischen Primärrecht kein besonderes Ergänzungs- bzw. Näheverhältnis angenommen wird und der Anwendungsbereich des Art. 59 Abs. 2 S. 1 GG nicht eröffnet ist. Die in diesem Fall einschlägigen Informationsmechanismen bleiben hinter den Informationspflichten nach Art. 23 Abs. 2 GG und den weitergehenden Mechanismen zur Beteiligung von Bundestag und Bundesrat nach Art. 23 Abs. 3 bis 5 GG zurück.[1134] Betroffen hiervon sind die im vorliegenden Unterabschnitt B. V. bei den Punkten 1. und 2. in die Verfahren nach Art. 23 Abs. 2 und Abs. 3 bis 5 GG eingeordneten Kompetenzen der CETA-Ausschüsse, solange sie nicht nach den Ausführungen in Punkt 3. in den Anwendungsbereich des Art. 59 Abs. 2 S. 1 GG fallen. Das sind insbesondere die in besonderem Maße allgemein gehaltenen Kompetenzen des Gemischten CETA-Ausschusses nach Art. 26.1 Abs. 5 lit. i CETA und Art. 30.10 Abs. 4 CETA, sowie dessen Zuständigkeit nach Art. 8.39 Abs. 6 CETA.[1135] Soweit eine verbindliche Auslegung des Abkommens durch das Gremium nach Art. 26.1 Abs. 5 lit. e Alt. 1 und Art. 8.31 Abs. 3 CETA[1136] nicht zu einer wesentlichen Neubewertung führt, können auch diese Kompetenzen aus dem Anwendungsbereich des Art. 59 Abs. 2 S. 1 GG herausfallen. Unter Umständen können auch die Kompetenzen des Gemischten CETA-Ausschusses und des Ausschusses für Finanzdienstleistungen nach Art. 13.21 Abs. 3 bis Abs. 5 i.V.m. Art. 13.18 Abs. 3 lit. c CETA[1137] außerhalb des Verfahrens des Art. 59 Abs. 2 S. 1 GG durch die Bundesregierung zu behandeln sein. Hinzutreten die Kompetenzen des Ausschusses für Dienstleistungen und Investitionen nach Art. 8.44 Abs. 1 und Abs. 3 lit. a, lit. d sowie lit. e CETA[1138] und die Kompetenzen des Ausschusses für Handel und

---

1134 Siehe oben Kapitel II Unterabschnitt B. III. Unterpunkt 3. c.

1135 Zu diesen Ausschusskompetenzen siehe bereits in Kapitel III: Unterabschnitt B. VII., Unterabschnitt B. II. Unterpunkt 4. a. aa. (1) und Unterabschnitt B. V. Punkt 1.

1136 Zu dieser Ausschusskompetenz siehe bereits: Kapitel III Unterabschnitt B. II. Unterpunkt 4. b. aa. (1) (b) (ff).

1137 Zu dieser Ausschusskompetenz siehe bereits: Kapitel III Unterabschnitt B. IV. Unterpunkt 2. b.

1138 Zu diesen Ausschusskompetenzen siehe bereits in Kapitel III: Unterabschnitt B. I. Unterpunkt 4. d., Unterabschnitt B. II. Unterpunkte 4. a. bb. (3) (b) sowie 4. b. aa. (4) und Unterabschnitt B. V. Punkt 5.

nachhaltige Entwicklung nach Art. 23.8 Abs. 3, Art. 23.9 Abs. 4 und Art. 23.10 Abs. 6, Abs. 12 sowie Abs. 13 CETA.[1139] Gleiches gilt für die Zuständigkeiten des Gemischten Ausschusses für die gegenseitige Anerkennung von Berufsqualifikationen nach Art. 11.5 lit. c bis f, sowie lit. g CETA.[1140] Auch die Begleitung des Verfahrens zum Abschluss zukünftiger Abkommen über die gegenseitige Anerkennung von Berufsqualifikationen nach Art. 11.3 CETA durch dieses Gremium fällt[1141] zunächst aus dem Anwendungsbereich des Art. 59 Abs. 2 S. 1 GG heraus. Nach der in Kapitel III der vorliegenden Untersuchung vorgenommenen funktionalen Einordnung handelt es sich hierbei hauptsächlich um Kompetenzen zur Überwachung und Unterstützung der Implementation des Abkommens, zur Bereitstellung der für die Bearbeitung hochkomplexer Sachentscheidungen erforderlichen Expertise sowie zur Konfliktbearbeitung. Soweit der Anwendungsbereich des Art. 59 Abs. 2 S. 1 GG auf der Ebene des Grundgesetzes nicht berührt wird, kann auch die Mitwirkung der Bundesregierung an der Durchführung des CETA als unvollständigem Vertrag lediglich der allgemeinen Parlamentarischen Kontrolle unterliegen.

5. *Zwischenergebnis zu Unterabschnitt V.*

Da die Bundesrepublik Deutschland an der Ausschussarbeit nach dem CETA im Zuständigkeitsbereich der EU durch die Mitwirkung der Bundesregierung an der unionalen Willensbildung im Rat beteiligt ist, ist der Bundestag und der Bundesrat nach Art. 23 Abs. 3 bis Abs. 5 GG bei allen Ratsbeschlüssen zu beteiligen, an denen die Bundesregierung im Rahmen der Art. 218 Abs. 9 Alt. 2 AEUV und Art. 218 Abs. 1 bis 6 AEUV mitwirkt. Dies betrifft diejenigen im CETA vorgesehenen Ausschusskompetenzen, welche oben unter B. II. und B. III. behandelt wurden. Kommt es im Fall der oben unter B. I. und B. IV. behandelten Ausschussbeschlüsse zu keinem Verfahren im Rat, findet auf der Ebene der Bundesrepublik keine aktive Beteiligung von Bundestag und Bundesrat statt. Auch der Information der beiden deutschen Legislativorgane durch die

1139 Zu diesen Ausschusskompetenzen siehe bereits in Kapitel III: Unterabschnitt B. I. Unterpunkt 4. j., Unterabschnitt B. IV. Unterpunkte 1. g. und 2. a. cc., Unterabschnitt B. V. Punkt 11. und Unterabschnitt B. VI. Punkt 7.

1140 Zu diesen Ausschusskompetenzen siehe bereits in Kapitel III: Unterabschnitt B. I. Unterpunkt 4. e., Unterabschnitt B. II. Unterpunkte 4. a. cc. (3) und 4. b. aa. (5) sowie Unterabschnitt B. VI. Punkt 4.

1141 Hierzu: Kapitel III Unterabschnitt B. III. Unterpunkt 4. d.

Bundesregierung nach Art. 23 Abs. 2 GG hat in diesem Fall keine gesicherte eigenständige Funktion.

Wird davon ausgegangen, dass zwischen der Übertragung von zuvor nicht an die EU übertragenen Hoheitsrechten an die CETA-Ausschüsse und dem EU-Recht ein besonderen Ergänzungs- und Näheverhältnis besteht, richtet sich die Beteiligung des Bundestages an der Vertretung der Bundesrepublik durch die Bundesregierung im Nicht-EU-Teil des Abkommens nach Art. 23 Abs. 2 und 3 GG. Dabei ist der Bundestag nach Art. 23 Abs. 2 GG praktisch über jeden Vorgang zu informieren in den die Bundesregierung eingebunden ist. Bei anstehenden Beschlüssen der CETA-Ausschüsse mit direktem Einfluss auf die nationale Gesetzgebung im oben beschriebenen Sinne ist nach Art. 23 Abs. 3 GG darüber hinaus eine Stellungnahme des Bundestages zu berücksichtigen. Auch der Bundesrat ist nach Art. 23 Abs. 2 GG über praktisch alle außerhalb des EU-Zuständigkeitsbereichs liegenden Befassungsgegenstände der CETA-Ausschüsse zu informieren, während sich seine weitergehende Beteiligung gemäß Art. 23 Abs. 4 und 5 GG nach der Zuständigkeitsverteilung zwischen Bund und Ländern richtet. Ein enger Kreis an Ausschusskompetenzen ermöglicht dagegen Beschlüsse, für die die Einbindung des Bundestages und des Bundesrates nach Art. 23 Abs. 2 bis 5 GG allein möglicherweise nicht ausreicht. Dies ist der Fall, wenn ein Ausschussbeschluss einem gesetzesinhaltlichen Änderungsvertrag zum CETA gleichkommt und ein Zustimmungsgesetz nach Art. 59 Abs. 2 S. 1 GG erfordert. Im Fall von Art. 26.1 Abs. 5 lit. a, lit. g und lit. h CETA steht in seltenen, aber als möglich erscheinenden, Fällen sogar eine zusätzliche Übertragung von Hoheitsrechten im Raum, welche bei Vorliegen eines besonderen Näheverhältnis zum EU-Primärrecht eine Zustimmung nach Art. 23 Abs. 1 S. 2 GG erfordert.[1142]

Wird das beschriebene Näheverhältnis zwischen der Übertragung von Hoheitsrechten an die CETA-Ausschüsse außerhalb des EU-Zuständigkeitsbereichs und dem EU-Recht nicht anerkannt, richtet sich die Mitwirkung der Bundesregierung nach den allgemeinen Regelungen zur Außenvertretung der Bundesrepublik. Dabei beschränkt sich die Kontrolle der Bundesregierung durch den Bundestag grundsätzlich auf die allgemeine parlamentarische Kontrolle im Bereich des auswärtigen Handelns. Dabei ist keine dem Art. 23 Abs. 2 oder gar Abs. 3 GG vergleichbare Einbindung des Bundestages vorgesehen. Für eine Einbindung der Länder über den Bundesrat existieren diesbezüglich auch keine mit

1142 Siehe dazu: Kapitel II Unterabschnitt B. III. Punkt 1; vgl. Streinz, in: Sachs (Hrsg.), Grundgesetz, Art. 23 GG, 9. Auflage 2021, Rn. 56a.

Art. 23 Abs. 2 oder Abs. 4 bis Abs. 5 GG vergleichbaren Instrumente. So ließe sich nur in besagtem engem Kreis von Ausschussbeschlüssen vertreten, diese als gesetzesinhaltlichen Änderungsvertrag zum CETA oder eine Änderung von mit dem Abkommen vorgenommenen Hoheitsrechtsübertragungen zu qualifizieren und entsprechend nach Art. 59 Abs. 2 S. 1 GG (im Fall des von Art. 26.1 Abs. 5 lit. a, g und h CETA möglicherweise sogar nach Art. 24 Abs. 1 GG) zu behandeln.

VI. Sonderfall des Art. 8.29 CETA

Die Kompetenz des Gemischten CETA-Ausschusses nach Art. 8.29 CETA, das in Kapitel 8 des Abkommens etablierte Investitionsschutzsystem in einen zukünftig zu gründenden multilateralen Investitionsstreitbeilegungsmechanismus zu überführen, stellt ein besonders deutliches Beispiel für eine Delegation der Fortentwicklung eines unvollständigen Vertrages dar. Darüber hinaus liegt es nahe, bei einem Beschluss nach Art. 8.29 CETA ein formales Agenda-Setting gegenüber den Legislativorganen der EU (und ihrer Mitgliedstaaten sowie Kanadas) anzunehmen, da sich hier mit hoher Wahrscheinlichkeit ein Bedarf nach einer Umsetzung im unionalen bzw. nationalen Recht ergibt.[1143] Die Kompetenz lässt sich allerdings nur erschwert in die beschriebenen verfahrensrechtlichen Systeme des europäischen Primärrechts und des Grundgesetzes einordnen, so dass im Folgenden gesondert zu klären sein wird, was im Fall des Art. 8.29 CETA unter den nach Art. 26.3 Abs. 2 S. 1 CETA zu erfüllenden internen Anforderungen und Verfahren der EU und der Bundesrepublik zu verstehen ist.

Zunächst liegt Art. 8.29 CETA wegen seiner Relevanz für den Schutz ausländischer Direktinvestitionen einerseits im Zuständigkeitsbereich der EU und andererseits im nationalen Zuständigkeitsbereich der EU-Mitgliedstaaten, soweit die Norm ausländische Portfolioinvestitionen betrifft oder sich auf die Zuständigkeiten nationaler Gerichte der EU-Mitgliedstaaten auswirkt. Nach der OTIF-Rechtsprechung des EuGH ist insoweit ein alleiniges Tätigwerden der EU-Institutionen nach Art. 216 Abs. 1 AEUV möglich. So kann der Beschluss nach Art. 8.29 CETA zum Beitritt zu einem künftigen multilateralen Investitionsschutzabkommen für die Erreichung der in den Verträgen festgesetzten Ziele erforderlich sein oder der unkoordinierte Beitritt einzelner EU-Mitgliedstaaten zu einem solchen Abkommen könnte Vorschriften des

---

1143 Zum Aspekt der Fortentwicklung eines unvollständigen Vertrages: Kapitel III Unterabschnitt B. II. Unterpunkt 4. b. bb. (2).
Zum Aspekt des formalen Agenda-Settings: Kapitel III Unterabschnitt B. III. Unterpunkt 4. c. bb.

EU-Rechts beeinträchtigen.[1144] Allerdings stellt sich bei Art. 8.29 CETA ein grundlegenderes Problem. Die Eingehung derartig weitgehender und unbestimmter völkerrechtlicher Verpflichtungen, wie sie durch einen nicht weiter reglementierten Beitritt zu einem in der Zukunft zu entwickelnden multilateralen Investitionsschutzabkommen entstehen können, kann einer Änderung der Modalitäten der Ausübung von an die EU übertragenen Kompetenzen gleichkommen. Ein solcher Schritt würde aber das Bedürfnis nach einer erneuten Legitimation nach Art. 23 Abs. 1 GG initiieren, und zwar unabhängig davon, ob nun ausschließliche oder mit den Mitgliedstaaten geteilte Unionskompetenzen betroffen sind. Dies bedeutet, dass die EU-Institutionen, auch soweit der EU-Zuständigkeitsbereich reicht, nicht einmal im Verfahren nach Art. 218 Abs. 1 bis 6 AEUV gegenüber den EU-Mitgliedstaaten berechtigt sind, ohne Beteiligung der mitgliedstaatlichen Legislativorgane über die Anwendung des Art. 8.29 CETA zu beschließen.[1145]

Im nationalen Zuständigkeitsbereich der EU-Mitgliedstaaten wäre im Fall der Bundesrepublik Deutschland ohnehin ein Verfahren nach Art. 23 Abs. 1 S. 2 GG, soweit man ein besonderes Nähe- und Ergänzungsverhältnis zum EU-Recht bejaht, oder sonst nach Art. 24 Abs. 1 GG notwendig. Vor dem Hintergrund der Volkssouveränität und den Grundregeln für die Ausübung von Staatsgewalt nach Art. 20 Abs. 2 GG kann dem Gemischten CETA-Ausschuss nicht pauschal die Befugnis übertragen werden, zu einem unbestimmten Zeitpunkt die Bundesrepublik der Entscheidungsgewalt eines auf einem multilateralen Abkommen basierenden Spruchkörpers zu unterwerfen, ohne dass der Bundestag dessen genauer Ausgestaltung zustimmt.[1146]

Auf der Ebene der deutschen Bundesländer würde eine auf einen Beschluss des Gemischten CETA-Ausschusses nach Art. 8.29 CETA gerichtete Entscheidungsfindung nach Art. 23 Abs. 1 S. 2 GG außerdem Beteiligungsrechte

---

1144 EuGH, Rs. C-600/14 (OTIF), Rn. 48-50; siehe hierzu: Kapitel II, Unterabschnitt B. I.

1145 Nettesheim, Umfassende Freihandelsabkommen und Grundgesetz, S. 139f.; ebd. S. 103; vgl. auch: Weiß, Kann Freihandel Demokratie und Rechtsstaat gefährden?, S. 49, Weiß, Demokratische Legitimation und völkerrechtliche Governancestrukturen, S. 187f.; ebd. S. 201; und: Weiß, EuR 2020, 407, 425f.;
Das Fehlen von über die allgemeine Vorschrift des Art. 26.3 Abs. 2 S. 1 CETA hinausgehenden Anforderungen an die Wirksamkeit des Beschlusses ist eine erhebliche Schwachstelle der durch Art. 8.29 CETA ausgestalteten Delegation. Auch Ziffer 6 i) des Gemeinsamen Auslegungsinstruments zum CETA führt nicht zu einer nennenswerten inhaltlichen, oder verfahrenstechnischen Präzisierung des Art. 8.29 CETA.

1146 Nettesheim, Umfassende Freihandelsabkommen und Grundgesetz, S. 139f.

verschiedener Landtage auslösen, wenn tatbestandlich eine Übertragung von Hoheitsrechten im Raum steht oder Gesetzgebungsbefugnisse der Bundesländer berührt werden. Wie in Kapitel II ausgeführt, gehören hierzu zunächst das Recht des Bayerischen Landtags ein Landesgesetz nach Art. 70 Abs. 4 S. 2 Bayerische Verfassung zu erlassen und das Recht des Baden-Württembergischen Landtags nach Art. 34a Abs. 2 Verfassung des Landes Baden-Württemberg zu einer die Landesregierung im Bundesrat bindenden Stellungnahme. Im Freistaat Bayern käme darüber hinaus eine direktdemokratische Bindung der Bayerischen Staatsregierung bei ihrem Abstimmungsverhalten im Bundesrat nach Art. 70 Abs. 4 S. 2 i.V.m. Art. 72 Abs. 1 Bayerische Verfassung in Betracht.[1147] Darüber hinaus können in den übrigen Bundesländern unterschiedliche Mechanismen ausgelöst werden, die bereits unterhalb der Schwelle einer Hoheitsrechtsübertragung anwendbar sind. Wie in Kapitel II ausführlich dargestellt wurde, relativiert sich auch dieser Gesichtspunkt erheblich. Die genannten Beteiligungsrechte der Landtage bedeuten zwar teilweise eine landesverfassungsrechtliche Bindung der jeweiligen Landesregierungen bei ihrer Abstimmung im Bundesrat. Auf der Bundesebene ist für die Wirksamkeit der Stimmabgabe einer Landesregierung im Bundesrat aber unerheblich, ob diese sich in ihrem Votum einer Weisung des Landesparlaments oder im Fall Bayerns auch einer direktdemokratischen Weisung widersetzt. Trotzdem kommt den genannten landesverfassungsrechtlichen Instrumenten aufgrund der, mit einem solchen weisungswidrigen Verhalten der Landesregierung verbundenen, landespolitischen Implikationen eine gewisse Kontrollwirkung zu, die den Willensbildungsprozess im Bundesrat zwar nicht rechtlich, aber dennoch politisch beeinflussen kann.

1147 Ob ein Volksentscheid nach Art. 70 Abs. 4 S. 2 i.V.m. Art. 72 Abs. 1 Bayerische Verfassung allerdings schnell genug zu einer gesetzlichen Bindung der Bayerischen Landesregierung führen kann um nicht durch eine zwischenzeitliche Abstimmung im Bundesrat nach Art. 23 Abs. 4 oder 5 GG in Sachen eines bevorstehenden Beschlusses des Gemischten CETA-Ausschusses nach Art. 8.29 CETA vorzeitig gegenstandslos zu werden erscheint als fraglich (vgl. Weiß, JuS 2019, 97, 103f.). Dem Volksbegehren an sich kommt jedenfalls keine zwischenzeitliche Sperrwirkung zu und der Erlass eines „Vorratsgesetzes" im Wege des Art. 70 Abs. 4 S. 2 i.V.m. Art. 72 Abs. 1 Bayerische Verfassung unterläge sehr hohen Bestimmtheitsanforderungen (Brechmann, in: Meder/Brechmann (Hrsg.), Die Verfassung des Freistaates Bayern, 6. Auflage 2020, Art. 70 BV, Rn. 35). Dem entsprechend hat auch der Bayerische Verfassungsgerichtshof die Nichtzulassung eines gegen das CETA-Abkommen gerichteten Volksbegehrens bestätigt (BayVerfGH, Urteil vom 15.02.2017, Vf. 60-IX-16, Rn. 57-64).

Somit handelt es sich nach hier vertretener Ansicht bei dem nach Art. 8.29 i.V.m. Art. 26.3 Abs. 2 S. 1 CETA auf Seiten der Bundesrepublik anzuwendenden Verfahrens um dasjenige nach Art. 23 Abs. 1 S. 2 GG. Dies gilt auch soweit ein Beschluss des Gemischten CETA-Ausschusses nach Art. 8.29 CETA in die Regelungskompetenzen fällt, die der EU bereits durch die Mitgliedstaaten übertragen wurden. Für den Fall, dass für den Zuständigkeitsbereich der Bundesrepublik kein besonderes Nähe- und Ergänzungsverhältnis zum Europarecht angenommen werden sollte, tritt Art. 24 Abs. 1 GG an die Stelle von Art. 23 Abs. 1 S. 2 GG. Eine Beschlussfassung der EU-Organe über den Beschluss des Gemischten CETA-Ausschusses nach Art. 8.29 CETA wäre vor diesen Hintergründen – jedenfalls aus Sicht der Bundesrepublik – nicht notwendig. Wird auf der EU-Ebene, mit Rücksicht auf andere Mitgliedstaaten, dennoch ein Verfahren zur Begleitung des Beschlusses des Gemischten CETA-Ausschusses nach Art. 8.29 CETA durchgeführt, müsste sich dieses nach Art. 218 Abs. 1 bis 6 AEUV richten, wobei sich die Notwendigkeit der Zustimmung durch das Europäische Parlament aus Art. 218 Abs. 6 lit. a Ziff. iii, Ziff. iv und Ziff. v AEUV ergäbe.

VII. Zwischenergebnis zu Abschnitt B.

Zur Willensbildung der EU als Vertragspartei des CETA durch die dort vorgesehenen Ausschüsse sind vier Verfahrensweisen festzustellen, die in einem Stufenverhältnis zueinanderstehen. Bei Aktivitäten der CETA-Ausschüsse, die keinen inhaltlichen Einfluss auf Rechtssetzungen der EU haben, obliegt es der Europäischen Kommission im Rahmen ihrer Befugnis zur Außenvertretung der EU, die Vorgehensweise inhaltlich allein zu bestimmen. Bei Beschlüssen und sonstigen Akten der CETA-Ausschüsse, die einen inhaltlichen Einfluss auf Rechtsnormen des Europarechts haben, greift das vereinfachte Verfahren nach Art. 218 Abs. 9 Alt. 2 AEUV, solange hierbei keine über die bloße innenrechtliche Ausgestaltung eines Vertragsgremiums hinausgehenden Eingriffe in die institutionelle Struktur des CETA oder in dessen wesentlichen materiellen Regelungsgehalte stattfinden. In diesen Fällen greift das Regelverfahren nach Art. 218 Abs. 1 bis 6 AEUV, wobei bei sämtlichen in diese Kategorie fallenden Ausschusskompetenzen eine Zustimmung des Europäischen Parlaments (zumeist nach Art. 218 Abs. 6 lit. a Ziff. v, aber teilweise auch nach Ziff. iii und Ziff. iv AEUV) erforderlich ist. Im Fall der Kompetenz des Gemischten CETA-Ausschusses nach Art. 20.22 Abs. 1 CETA hat der Rat die Kommission ermächtigt, die EU nach dem vereinfachten Verfahren nach Art. 218 Abs. 7 AEUV zu vertreten.

Den vereinfachten Verfahren nach Art. 218 Abs. 9 Alt. 2 und Art. 218 Abs. 7 AEUV ist gemeinsam, dass sie auf die im Regelverfahren nach Art. 218 Abs. 6

AEUV vorgesehene Einbindung des Europäischen Parlaments verzichten. Erhalten bleibt nur die Unterrichtung des Parlaments nach Art. 218 Abs. 10 AEUV. Dies wird in der Literatur auch treffend als „Verfahrensbeschleunigung durch fehlende Parlamentsbeteiligung“[1148] bezeichnet.

Auf der Ebene der Bundesrepublik Deutschland ist bei der Bestimmung der für die politische Willensbildung hinsichtlich der CETA-Ausschüsse einschlägigen Verfahren zunächst zwischen dem Zuständigkeitsbereich der EU und den Rechtssetzungskompetenzen zu unterscheiden, die die Bundesrepublik nicht an die EU übertragen hat. Im EU-Zuständigkeitsbereich richtet sich die Einbindung von Bundestag und Bundesrat in die Vertretung der Bundesrepublik im Rat nach Art. 23 Abs. 2 bis 5 GG. Dabei wird dem Verfahren nach Art. 23 Abs. 2 GG, das bei Vorgängen auf EU-Ebene, die keine legislative Qualität aufweisen, nur eine Information der Legislativorgane vorsieht, wenig eigenständige Bedeutung zukommen, da die Bundesregierung über den Rat ohnehin nur hier im Rahmen der Verfahren nach Art. 218 Abs. 9 Alt. 2 AEUV und Art. 218 Abs. 1 bis 6 AEUV an der Ausschussarbeit nach dem CETA beteiligt werden wird. Vorgänge, die eines dieser Verfahren bedürfen, sind auf der Bundesebene aber nach Art. 23 Abs. 3 bis 5 GG zu behandeln, was bedeutet, dass die Bundesregierung abgegebene Stellungnahmen des Bundestages und des Bundesrates im – wie oben aufgezeigt – unterschiedlichen Ausmaß zu berücksichtigen hat, womit jedoch keine inhaltliche Bindungswirkung verbunden ist.[1149]

Wird davon ausgegangen, dass zwischen der nicht in den Zuständigkeitsbereich der EU fallenden Teil des CETA betreffenden Ausschussarbeit und dem EU-Recht ein besonderes Nähe- und Ergänzungsverhältnis steht, richtet sich die Beteiligung der Legislativorgane der Bundesrepublik ebenfalls nach Art. 23 Abs. 2 bis 5 GG. Der nach Art. 23 Abs. 2 GG stets erforderlichen Information von Bundestag und Bundesrat kommt hier, im Gegensatz zum EU-Zuständigkeitsbereich, eigenständige Bedeutung zu, falls die Bundesregierung, z.B. durch die Entsendung eigener Vertreter, auch im Rahmen von Aktivitäten der CETA-Ausschüsse mitwirkt, welche nicht die für die Verfahren nach Art. 23 Abs. 3 bis 5 GG erforderliche legislative Qualität haben.[1150] Ein enger Kreis von

1148 Schmalenbach, in: Calliess/Ruffert (Hrsg.), EUV/AEUV, 6. Auflage 2022, Art. 218, Rn. 30; ebenso: Appel, Das Internationale Kooperationsrecht der EU, S. 149.

1149 Siehe oben die Ausführungen bei Unterabschnitt B. V. Punkte 1 und 2. des vorliegenden Kapitels.

1150 Wie oben dargelegt wurde, fallen Vorgänge in den CETA-Ausschüssen, die nicht zu einem rechtswirksamen Akt führen (können) auf der EU-Ebene nicht unter die in Art. 218 AEUV geregelten Entscheidungsverfahren, weshalb auch keine

Ausschusskompetenzen ermöglicht auch Beschlüsse, die ein Zustimmungsgesetz nach Art. 59 Abs. 2 S. 1 GG erfordern. Im Fall tiefgreifender Änderungen am Ausschusssystem nach Art. 26.1 Abs. 5 lit. a, lit. g und lit. h CETA könnte sogar eine Zustimmung nach Art. 23 Abs. 1 S. 2 GG in Betracht kommen.

Wird das beschriebene Näheverhältnis zwischen der Übertragung von Hoheitsrechten an die CETA-Ausschüsse außerhalb des EU-Zuständigkeitsbereichs und des EU-Recht nicht anerkannt, beschränkt sich die Kontrolle der Bundesregierung durch den Bundestag grundsätzlich auf die allgemeine parlamentarische Kontrolle im Bereich des auswärtigen Handelns. Dabei ist keine mit Art. 23 Abs. 2 oder gar Abs. 3 GG vergleichbare Einbindung des Bundestages vorgesehen. Auch die Einbindung des Bundesrates würde nicht derjenigen nach Art. 23 Abs. 2 und Abs. 4 bis 5 GG entsprechen. Nur bei wenigen Ausschussbeschlüssen käme Art. 59 Abs. 2 S. 1 GG, bei Art. 26.1 Abs. 5 lit. a, g und h CETA sogar Art. 24 Abs. 1 GG in Betracht.

Beschlüsse des Gemischten CETA-Ausschusses nach Art. 8.29 CETA hingegen bedürfen nach hiesiger Ansicht sowohl für den Zuständigkeitsbereich der EU als auch im Hinblick auf die bei der Bundesrepublik verbliebenen Rechtsetzungskompetenzen eines Verfahrens nach Art. 23 Abs. 1 S. 2 GG. Falls man für einen Ausschussbeschluss betreffend den nicht in die Kompetenz der EU fallenden Teils des CETA kein besonderes Nähe- und Ergänzungsverhältnis zum Europarecht annehmen sollte, tritt Art. 24 Abs. 1 GG hier an die Stelle des Art. 23 Abs. 1 S. 2 GG.

C. Problemfelder der Ausschussarbeit nach dem CETA

Wie zu Beginn des vorliegenden Kapitels aufgezeigt, stellt sich die Frage nach einem möglichen agency slack begrifflich stets innerhalb von Prinzipal-Agenten-Beziehungen. So ist im nun folgenden Abschnitt unter Zugrundelegung des in Kapitel II entwickelten Delegationskettenmodells zu verorten, zwischen welchen Beteiligten innerhalb des europäischen Mehrebenensystems es anlässlich der Arbeit der CETA-Ausschüsse zu einem agency slack kommen kann. Zu betrachten sind auch *de lege lata* bereits vorhandene oder *de lege ferenda* zu erwägende Kontrollmechanismen, welche den jeweiligen Problemfeldern entgegengesetzt wirken können.

---

diesbezügliche Beschlussfassung im Rat stattfindet. Damit wird die Bundesregierung diesbezüglich auch nicht eingebunden, weshalb sich die Frage nach einer Information von Bundestag und Bundesrat nach Art. 23 Abs. 2 GG nicht stellt.

Die unionale Willensbildung im Vorfeld eines Vorgangs auf der Ebene der CETA-Ausschüsse unterliegt den bereits mehrfach angesprochenen Verfahren nach dem Europäischen Primärrecht (insbesondere nach Art. 218 AEUV). Die in den CETA-Ausschüssen auftretende EU-Kommission ist generell die Agentin der für die Zustimmung zu den völkervertraglichen Grundlagen der EU zuständigen Organe der Mitgliedstaaten, in Deutschland also des Bundestages und des Bundesrates. Diese kontrollieren die EU-Kommission allerdings nicht selbst, sondern haben die legislativen Kontrollaufgaben über die Kommission an das Europäische Parlament delegiert. So stellt sich zunächst die Frage nach potenziellem agency slack im Verhältnis zwischen der EU-Kommission und dem Europäischen Parlament. Da die Mitgliedstaaten ihre Interessenvertretung durch ihre Regierungen im Rat wahrnehmen, sind darüber hinaus Potentiale für agency slack zwischen der EU-Kommission und dem Rat feststellbar. Ohne die Interessenlage der Kommission im Rahmen der vorliegenden Untersuchung vertiefen und empirisch erforschen zu können, kann davon ausgegangen werden, dass jegliche zwischen der Kommission und dem Europäischen Parlament bestehende Differenzen *ceteris paribus* an Gewicht gewinnen, je mehr politischer Gestaltungsspielraum der Kommission zu kommt und je weniger Rechenschaft sie hierüber abzulegen hat. Dies gilt nicht nur für die Interessen, die innerhalb der Kommission formuliert werden. Auch die Tragweite einer agency capture, also der Beeinflussung der EU-Kommission durch Verbände und andere Interessengruppen etwa aus der Wirtschaft, dem Wissenschaftsbetrieb oder der Zivilgesellschaft, nimmt mit wachsender Unabhängigkeit der Kommission von den übrigen Unionsorganen (insbesondere dem Europäischen Parlament, aber auch dem Rat) zu. Diese Thematik, der je nach einschlägigen Verfahren unterschiedlichen Unabhängigkeit der EU-Kommission vom Europäischen Parlament und vom Rat im Rahmen der Arbeit der CETA-Ausschüsse wird im Folgenden in Unterabschnitt I. behandelt.

Weiter sehen die in Art. 218 AEUV vorgesehenen Verfahren zur unionalen Willensbildung in unterschiedlicher Weise die Delegation der Vertretung der EU im jeweiligen Einzelfall durch den Rat an die EU-Kommission vor. Der Rat agiert hier gegenüber der Kommission als kollektiver Prinzipal. Zusammengesetzt ist er aus Regierungsvertretern der EU-Mitgliedstaaten, was die deutsche Bundesregierung zu einem Teil dieses kollektiven Prinzipals macht. Dies führt zu der Frage nach möglichem agency slack im Verhältnis zwischen der Bundesregierung und der EU-Kommission. Diese Delegationsbeziehung zeichnet sich dadurch aus, dass die Bundesregierung hier zusammen mit den Regierungen der übrigen EU-Mitgliedstaaten im Rat einen Teil eines kollektiven Prinzipals bildet, was dazu führen kann, dass nicht nur die Kommission als Agentin von den durch die Bundesregierung im Rat vertretenen Interessen abweichen kann. Diese Problematik wird dadurch verschärft, dass die genannten EU-Institutionen bei ihrer Willensbildung zur Arbeit der CETA-Ausschüsse und ihrer Mitwirkung hieran, die bestehenden Unionskompetenzen schleichend erweitern können (sog. „competence creep“).[1151] Dieser Problemkreis wird in Unterabschnitt II. thematisiert.

I. Autonomie der Europäischen Kommission und Kontrolle durch das Europäische Parlament

Die Europäische Kommission ist in den unterschiedlichen auf EU-Ebene zur Verfügung stehenden Verfahren zur Willensbildung durch das Europäische Parlament in ungleichartigem Maße kontrollierbar. So unterscheiden sich auch die Potentiale eines anlässlich der Ausschussarbeit geschehenden agency slack (im Folgenden behandelt unter Punkt 1.) und einer möglichen agency capture (Punkt 2.). Zu betrachten sind auch diesen Problemfeldern entgegengesetzte Kontrollmechanismen, so wie sie *de lege lata* im europäischen Primärrecht angelegt sind und wie sie *de lege ferenda* erwogen werden (Punkt 3.).

1. Unterschiedliche Verfahrensweisen für die unionale Willensbildung zur Arbeit der CETA-Ausschüsse

Wie beschrieben sieht Art. 218 AEUV auf der EU-Ebene mehrere Verfahren vor, mittels derer die Unionsorgane die Mitwirkung der Union an Verhandlungen auf internationaler Ebene beschließen und inhaltlich gestalten können.[1152] Sofern nicht der Anwendungsbereich eines der Verfahren nach Art. 218 AEUV eröffnet ist, kann die Kommission gemäß ihrer Befugnis aus Art. 17 Abs. 1 S. 6 EUV die Union nach außen vertreten.[1153] Art. 218 AEUV sieht neben einem allgemeinen Verfahren zur Eingehung völkerrechtlicher Verträge durch die EU nach seinen Absätzen 1 bis 6, nach Art. 218 Abs. 9 und Abs. 7 AEUV zwei vereinfachte Verfahren vor. Beiden ist gemeinsam, dass sie keine aktive Beteiligung

---

1151 Nettesheim, Umfassende Freihandelsabkommen und Grundgesetz, S. 41; ebd. S. 84-86.

1152 Weiß, EuConst 2018, 532, 537; Mögele, in: Streinz (Hrsg.), EUV/AEUV, 3. Auflage 2018, Art. 218 AEUV, Rn. 1.

1153 Vgl. in diesem Sinne: Lorenzmeier, in: Grabitz/Hilf/Nettesheim (Hrsg.), Das Recht der Europäischen Union, 76. EL 2022, Art. 218 AEUV, Rn. 63c.

des Europäischen Parlaments vorsehen.[1154] Absatz 9 ermöglicht die Fassung eines gemeinsamen in ein völkerrechtliches Vertragsgremium einzubringenden Unionsstandpunktes per Ratsbeschluss. Absatz 7 vereinfacht die Entscheidung über das Verhandlungs- und Abstimmungsverhalten der EU in einem solchen Gremium noch weiter, in dem ermöglicht wird, diese für vorher zu bestimmende Angelegenheiten per Ratsbeschluss an die Kommission zu delegieren. So kann es im Rahmen der Regulierungskooperation mit Drittstaaten (wie im Fall des CETA Kanada) ohne aktive Beteiligung des EU-Parlaments zu Absprachen und völkerrechtlichen Vereinbarungen kommen, die geeignet sind Normen des EU-Rechts inhaltlich zumindest zu beeinflussen, möglicherweise sogar vorzugeben. Dies kann selbst dann gelten, wenn das Europäische Parlament im Fall des Erlasses eines EU-Sekundärrechtsaktes aktiv zu beteiligen wäre. Auch im Regelverfahren nach Art. 218 Abs. 1 bis Abs. 6 AEUV reduziert sich die Rolle des Europäischen Parlaments zunächst auf das Recht, die Zustimmung zu verweigern und das jeweilige Vorhaben als Ganzes zu kippen.[1155] Vor diesem Hintergrund liegt es beim Parlament selbst seine inhaltliche Mitwirkung und Verantwortlichkeit sicherzustellen.[1156] Wie sogleich in Punkt 3. dieses Unterabschnitts näher ausgeführt wird, nimmt das Europäische Parlament jedoch aktiv inhaltlichen Einfluss auf den Abschluss völkerrechtlicher Übereinkünfte nach Art. 218 Abs. 1 bis 6 AEUV. So wurde das in Art. 218 Abs. 10 AEUV nur sehr grundlegend ausgestaltete Informationsrecht des Europäischen Parlament durch eine interinstitutionelle Rahmenvereinbarung mit der Kommission näher ausgestaltet. Ein ständiger Dialog zu nach Art. 218 Abs. 6 lit. a AEUV zustimmungsbedürftigen völkerrechtlichen Verhandlungen findet insbesondere über den Ausschuss für internationalen Handel (INTA) statt.[1157] Je nach angewendetem Entscheidungsfindungsverfahren kann sich der Entscheidungsspielraum der Kommission und der im Rat versammelten nationalen Regierungen gegenüber den mitgliedstaatlichen Parlamenten in unterschiedlichem Maße vergrößern, da die Beteiligung des als institutionelles Gegengewicht zum Rat eingerichteten Europäischen Parlaments geschwächt wird.

1154 „Verfahrensbeschleunigung durch unterbleibende Parlamentsbeteiligung“: Schmalenbach, in: Calliess/Ruffert (Hrsg.), EUV/AEUV, 6. Auflage 2022, Art. 218, Rn. 30; ebenso: Appel, Das Internationale Kooperationsrecht der EU, S. 149.

1155 Nettesheim, Umfassende Freihandelsabkommen und Grundgesetz, S. 85f.

1156 Aus demokratietheoretischer Sicht: von Achenbach, Demokratische Gesetzgebung in der EU, S. 64.

1157 Weiß, EuR 2020, 407, 410f.; vgl. weiter: Unterabschnitt C. I. Punkt 3. des vorliegenden Kapitels.

Dementsprechend ist die Gefahr von Informationsasymmetrien zwischen der Europäischen Kommission einerseits und dem Rat sowie dem Europäischen Parlament andererseits bei den genannten Verfahrensweisen unterschiedlich ausgeprägt. Insbesondere wenn die Vertretung der Union in einem internationalen Vertragsgremium nicht auf eines der in Art. 218 AEUV vorgesehenen Verfahren zu stützen ist, sehen die Regelungen des AEUV kaum rechtlich abgesicherte Überwachungs- oder gar Einflussmöglichkeiten für den Rat und das Europäische Parlament vor. Anders als im Anwendungsbereich der in Art. 218 AEUV vorgesehenen Verfahrensweisen ist weder eine direkte Beteiligung des Rates nach Art. 207 Abs. 3 UAbs. 1 bis 2 i.V.m. Art. 218 AEUV, noch eine stetige Information des Europäischen Parlaments nach Art. 218 Abs. 10 AEUV vorgesehen. Dies betrifft Entscheidungen der CETA-Ausschüsse, die für sich genommen keinen rechtswirksamen Akt im Sinne von Art. 218 Abs. 9 Alt. 2 AEUV darstellen. Demnach wäre es der Kommission durchaus möglich, durch eine weite Auslegung der vorliegend oben unter B. I. eingeordneten Ausschusskompetenzen, außerhalb der Verfahren nach Art. 218 Abs. 9 Alt. 2 oder auch nach Art. 218 Abs. 1 bis 6 AEUV Verhandlungsgegenstände vorzuprägen und die anschließende Entscheidungsfindung in diesen Verfahren im Vorhinein zu beeinflussen. Ein solcher Vorsprung der Kommission bei der Entwicklung politischer Entscheidungen könnte den demokratischen Legitimationszusammenhang schwächen, wenn der Inhalt der späteren politischen Entscheidung intensiv genug vorgegeben wird.[1158] Da die spätere Änderung bereits vorformulierter internationaler Vereinbarungen oftmals erhöhte Transaktionskosten durch komplizierte Verhandlungen verursacht, kann es sogar zu einer gewissen „Kartellisierung" von auf internationaler Ebene ausgehandelten politischen Initiativen kommen.[1159] Hinzu kommt die Bildung und Vertiefung von Informationsasymmetrien zugunsten der an den – noch rechtlich unverbindlichen – Vorverhandlungen direkt beteiligten Exekutivvertreter[1160] und damit im vorliegenden Fall der Kommission. Derartige Vorgehensweisen haben die EU-Mitgliedstaaten im Rahmen der vergangenen Reformen des europäischen Primärrechts durch die Einführung regelmäßiger Treffen auf Ministerebene und

---

1158 Völlig unterbrochen wird der demokratische Legitimationszusammenhang allerdings erst, wenn die politische Entscheidung inhaltlich vorgegeben ist und sich die Entscheidung des Legislativorgans auf die Frage der Zustimmung oder Ablehnung reduziert: von Achenbach, Demokratische Gesetzgebung in der EU, S. 64.

1159 Hierzu: Moravcsik, Center for European Studies Workingpaper Series No. 52, S. 8-11.

1160 Moravcsik, Center for European Studies Workingpaper Series, No. 52, S. 12f.

die Einführung des Ausschusses für Handelspolitik (auch: „133er-Ausschuss“ oder „Trade Policy Committee“ bzw. „TPC“) eingeschränkt.[1161] Über den Wortlaut des Art. 207 Abs. 3 UAbs. 3 AEUV hinaus ist auch die Mitwirkung an internationalen Vertragsgremien, wie denjenigen nach dem CETA, über den Ausschuss für Handelspolitik rückgebunden.[1162] Trotzdem bleibt die Kommission außerhalb des Anwendungsbereichs der Verfahren nach Art. 218 AEUV weitgehend autonom vom Europäischen Parlament. Wie eingangs beschrieben, werden hierbei jegliche zwischen der Kommission einerseits und dem Europäischen Parlament andererseits bestehende inhaltliche Differenzen und damit das Potential für agency slack, an Gewicht gewinnen, je mehr politischer Gestaltungsspielraum der Kommission zu kommt und je weniger Rechenschaft sie hierüber abzulegen hat.

2. *Mögliche Einflussnahme Dritter auf die Europäische Kommission*

Agency slack zwischen der Kommission auf der einen Seite und dem Europäischen Parlament oder dem Rat auf der anderen Seite kann nicht nur auf Interessen beruhen, die innerhalb der Kommission formuliert werden. Auch die Tragweite einer agency capture, also der Beeinflussung der EU-Kommission durch Verbände und andere Interessengruppen etwa aus der Wirtschaft, dem Wissenschaftsbetrieb oder der Zivilgesellschaft, wird je nach anzuwendendem Verfahren mit dem Grad der Unabhängigkeit der Kommission von den übrigen Unionsorganen zu- oder abnehmen.

Möglichkeiten, Interessen in die CETA-Ausschüsse hineinzutragen, bestehen dabei nicht nur auf dem „Umweg“ über die jeweils zuständigen Abteilungen bei der EU-Kommission. Auch das CETA sieht an mehreren Stellen Mittel und Wege einer Öffnung des Ausschusssystems für private Akteure vor.[1163] So kann der Gemischte CETA-Ausschuss gemäß Art. 26.1 Abs. 5 lit. b CETA „mit allen interessierten Parteien kommunizieren, auch mit Organisationen des Privatsektors und der Zivilgesellschaft“. Dies betrifft alle Kompetenzen des Gremiums

---

1161 Einordnung des Ausschusses für Handelspolitik als Kontrollmechanismus: Kerremans, Proactive policy entrepreneur or risk minimizer?, S. 178; siehe weiter zur Rolle des Ausschusses für Handelspolitik bei Verhandlungen der EU mit Indien: Gastinger, Journal of European Public Policy 2016, 1367, 1378ff.

1162 Mayer, ZEuS 2016, 391, 397.

1163 Deren Nutzung in Ziffer 10 b) des Gemeinsamen Auslegungsinstruments zum CETA bekräftigt wird.

und damit auch alle auf den Ebenen der EU und der Bundesrepublik für die Willensbildung hinsichtlich der Ausschussarbeit vorgesehenen Verfahrensweisen.

Auch bei zwei Sonderausschüssen finden sich Vorschriften, die eine Öffnung für private Interessengruppen ermöglichen. So besteht der Gemischte Verwaltungsausschuss für gesundheitspolizeiliche und pflanzenschutzrechtliche Maßnahmen nach Art. 5.14 Abs. 1 CETA aus „Vertreter[n] der Regulierungs- und der Handelsseite jeder Vertragspartei mit Zuständigkeit für SPS-Maßnahmen." Wie oben beschrieben kommen dem Gemischten Verwaltungsausschuss für gesundheitspolizeiliche und pflanzenschutzrechtliche Maßnahmen sowohl Kompetenzen zu, bei deren Wahrnehmung auf EU-Seite kein Verfahren nach Art. 218 AEUV erforderlich ist (Art. 5.14 Abs. 2 lit. a bis lit. c und lit. e bis lit. g; Abs. 3, Abs. 5, Abs. 8 und Abs. 9 CETA),[1164] als auch solche Befugnisse, deren Ausübung auf EU-Seite ein Verfahren nach Art. 218 Abs. 9 Alt. 2 AEUV erfordert (Art. 5.14 Abs. 4 und Abs. 7 CETA).[1165] Die Wahrnehmung der Kompetenzen des Gremiums nach Art. 5.11 Abs. 3 sowie nach Art. 5.14 Abs. 2 lit. d CETA erfordert unter Umständen sogar eine Durchführung des Verfahrens nach Art. 218 Abs. 1 bis Abs. 6 AEUV.[1166]

Das Forum für die Zusammenarbeit in Regulierungsfragen besteht nach Art. 21.6 Abs. 3 CETA zwar aus „maßgeblichen Beamten jeder Vertragspartei", die unter dem Vorsitz „von einem hochrangigen Vertreter der Regierung Kanadas im Range eines „Deputy Minister" (gleichwertig oder designiert) sowie einem hochrangigen Vertreter der Europäischen Kommission im Range eines Generaldirektors (gleichwertig oder designiert)" tagen. Allerdings können die Vertragsparteien „in gegenseitigem Einvernehmen [...]andere interessierte Kreise zu den Sitzungen des Forums hinzuziehen." Dem Forum sind insbesondere die Kompetenzen nach Art. 21.6 Abs. 1, Abs. 2 und Abs. 4 lit. c CETA übertragen, die bei ihrer Betätigung auf Seiten der EU kein Verfahren nach Art. 218 AEUV erfordern.

Den genannten Mechanismen zur Öffnung mancher CETA-Ausschüsse für interessierte Gruppen kann allerdings zugutegehalten werden, dass hierdurch zugleich legitime Partizipationsmöglichkeiten für die Öffentlichkeit entstehen und die Transparenz der Ausschussarbeit erhöht wird. Dieser Vorteil kann allerdings durch eine unausgewogene Auswahl, der an der Ausschussarbeit

1164 Hierzu: Unterabschnitt B. I. Punkt 4. des vorliegenden Kapitels.

1165 Hierzu: Unterabschnitt B. II. Punkt 6. des vorliegenden Kapitels.

1166 Hierzu: Unterabschnitt B. III. Unterpunkt 2. f. des vorliegenden Kapitels.

zu beteiligenden Gruppen gefährdet werden.[1167] Dabei ist auch zu bedenken, dass die faktischen und wirtschaftlichen Möglichkeiten einer Interessengruppe, ihre Anliegen effektiv in Foren wie den genannten CETA-Ausschüssen anzubringen, nicht unbedingt ihrer gesamtgesellschaftlichen Bedeutung entsprechen müssen. Zur Auswahl der an der Ausschussarbeit zu beteiligenden Interessengruppen trifft das CETA auch keine Aussagen, die hinreichend detailliert wären, um hier eine ausgeglichene Praxis zu gewährleisten. Anders ist dies etwa bei Wirtschaftspartnerschaftsabkommen der EU mit Entwicklungsländern, die oftmals regelmäßige Einbindungen der Zivilgesellschaft vorsehen.[1168] So wird die Handhabung der Öffentlichkeitsbeteiligung von der Praxis der betroffenen Ausschüsse abhängen.[1169]

3. *Kontrollmechanismen*

Die zur Überwachung der Kommission als Agentin zur Verfügung stehenden Kontrollmechanismen, hängen stark von dem jeweils auf Seite der EU einschlägigen Entscheidungsverfahren ab. Im Anwendungsbereich aller in Art. 218 AEUV vorgesehenen Verfahren besteht zunächst die Berichtspflicht der Kommission gegenüber dem Europäischen Parlament nach Art. 218 Abs. 10 AEUV.[1170] Hiernach ist eine unverzügliche und umfassende Unterrichtung des Europäischen Parlaments in allen Phasen der Verfahren zu gewährleisten. Diese Form der direkten und anlasslosen Überwachung stellt ein Beispiel für die Formen von Kontrollmechanismen dar, die in der Prinzipal-Agenten-Literatur auch als „police-patrol oversight" bezeichnet werden.[1171] Da der Ratsbeschluss nach Art. 218 Abs. 9 Alt. 2 AEUV allerdings nur an die betroffenen Delegierten gerichtet ist, muss er nicht unbedingt nach Art. 297 Abs. 2 AEUV veröffentlicht werden.[1172]

1167 Allgemein zu unterschiedlichen Vorgehensweisen zivilgesellschaftlicher und privatwirtschaftlicher Interessengruppen: Crow/Albright/Koebele, State Politics & Policy Quarterly 2019, 208-235.

1168 Rudloff, Handeln für eine bessere EU-Handelspolitik, S. 20f.

1169 Zur Praxis der Einbindung der Zivilgesellschaft: Gastinger, Is civil society involved in the EU's trade policy? The case of CETA.

1170 Mayer, Stellungnahme der Bundesregierung in den Verfahren 2 BvR 1368/16 u.a. vor dem Bundesverfassungsgericht, S. 63 u. S. 65.

1171 Hierzu: McCubbins/Schwartz, American Journal of Political Science 1984, 165, 166.

1172 Weiß, EuConst 2018, 532, 540, Fn. 32; Ders., Kann Freihandel Demokratie und Rechtsstaat gefährden?, S. 31f., Fn. 43.

Im Fall der Ausschussbeschlüsse, die auf EU-Seite gemäß Art. 218 Abs. 1 bis Abs. 6 AEUV verfahrensrechtlich begleitet werden, hat das EU-Parlament – wie oben für die einzelnen betroffenen Kompetenzen der CETA-Ausschüsse aufgezeigt wurde – ein Vetorecht nach Art. 218 Abs. 6 lit. a AEUV. Dieses stellt einen potentiell besonders wirksamen Kontrollmechanismus dar, mittels dem das Parlament ein entsprechendes Vorhaben vollständig zum Scheitern bringen kann.[1173] Darüber hinaus sieht die, gemäß Art. 295 AEUV zwischen dem Europäischen Parlament und der Europäischen Kommission verbindliche,[1174] Rahmenvereinbarung[1175] in ihren Ziff. 23 und 24 sowie ihrem Anhang III eine umfassende Unterrichtung des Parlaments vor, die so rechtzeitig zu erfolgen hat, dass Standpunkte des Parlaments (zumindest des zuständigen Ausschusses) noch in die Verhandlungen einfließen können. Die Kommission hat nach Anhang III der interinstitutionellen Vereinbarung auch zu erläutern, ob und wie Anmerkungen des Parlaments Berücksichtigung gefunden haben. Wurden Anmerkungen nicht berücksichtigt, hat die Kommission dies gegenüber dem Parlament zu begründen.[1176] Das Europäische Parlament nutzt diese Informationsrechte und sein Vetorecht nach Art. 218 Abs. 6 lit. a AEUV, um insbesondere über den Parlamentsausschuss für internationalen Handel (INTA) Einfluss auf die durch die Kommission geführten Verhandlungen nehmen zu können.[1177] Nach Ziff. 25 Abs. 2 und 3 ist auch die Teilnahme von Mitgliedern des Europäischen Parlaments als Beobachter an internationalen Vertragsverhandlungen vorgesehen. Kommt die Kommission einem entsprechenden Ersuchen nicht

1173 Vgl. zur praktischen Handhabung: Kerremans/Adriaensen/Colli/Coremans, Parliamentary scrutiny of trade policies across the western world, S. 14f.

1174 Weiß, in: Grabitz/Hilf/Nettesheim (Hrsg.), Das Recht der Europäischen Union, 76. EL 2022, Art. 207 AEUV, Rn. 98.

1175 Rahmenvereinbarung über die Beziehungen zwischen dem Europäischen Parlament und der Kommission, ABl. EU 2018 L 45/46.

1176 Weiß, EuR 2020, 407, 410f.; Weiß, The European Parliament's Role in the Operation of Trade Agreements. Parliamentary control and Executive-Legislative Balance in External Action, S. 211f.; Kerremans/Adriaensen/Colli/Coremans, Parliamentary scrutiny of trade policies across the western world, S. 9; EuGH, Rs. C-658/11, Rn. 86; zum Umfang der Unterrichtungspflicht: EuGH, Rs. C-263/14, Rn. 76f.

1177 Weiß, EuR 2020, 407, 411; Weiß, The European Parliament's Role in the Operation of Trade Agreements. Parliamentary control and Executive-Legislative Balance in External Action, S. 211f.; Diese Entwicklung war bereits kurz nach Inkrafttreten des Vertrags von Lissabon erwartet worden, vgl. hierzu: Brok, integration 2010, 209; weiterführend zur Arbeitsweise des INTA: Kerremans/Adriaensen/Colli/Coremans, Parliamentary scrutiny of trade policies across the western world, S. 12f.

nach, hat sie auch dies nach Ziff. 25 zu begründen.[1178] Die parlamentarische Begleitung der Vertragsverhandlungen durch den INTA wird seit 2011 zusätzlich durch flexiblere „monitoring groups“ ergänzt. Diese tagen unter dem Vorsitz eines INTA-Mitglieds zu auf den Abschluss bestimmter bilateraler Handelsabkommen gerichteten Verhandlungen oder auch zu bestimmten Problemfeldern bis hin zu multilateralen Verhandlungen.[1179] In der Frühphase der Aushandlung von Übereinkünften nach Art. 218 Abs. 1 bis 6 AEUV, in der das Informationsrecht nach Art. 218 Abs. 10 AEUV noch nicht greift, macht das Europäische Parlament auch von (informellen) Kanälen zum Informationsaustausch Gebrauch und verabschiedet in manchen Einzelfällen sogenannte „early resolutions“, die zwar nicht rechtsverbindlich sind, die aber aus Sicht der Parlamentsmehrheit bestehende „rote Linien“ frühzeitig sichtbar werden lassen.[1180] Die Praxis, sich durch rechtlich nicht verbindliche Resolutionen in Sachfragen einzuschalten, führt das Europäische Parlament auch während laufender Verhandlungen weiter.[1181]

Hinsichtlich der vereinfachten Verfahren nach Art. 218 Abs. 9 Alt. 2 und Abs. 7 AEUV beansprucht das Europäische Parlament gemäß Art. 109 Abs. 2 seiner Geschäftsordnung ein Selbstbefassungsrecht.[1182] Von Ziff. 23 bis 25 der Rahmenvereinbarung mit der Kommission sind die beiden vereinfachten Verfahren jedoch (bisher) nicht erfasst.[1183] Zwar sieht Ziff. 26 der Rahmenvereinbarung vor, dass die Kommission das Parlament – über Art. 218 Abs. 10 AEUV hinausgehend – „systematisch über Sitzungen von Gremien unterrichtet, die aufgrund multilateraler internationaler Übereinkommen unter Einbeziehung der Union eingesetzt werden“. Weiter sagt die Kommission nach Ziff. 26 i.V.m. Ziff. 25 zu, Mitgliedern des EU-Parlaments den Zugang zu solchen Sitzungen als Beobachter zu erleichtern. Dazu muss das jeweilige Gremium dazu aufgerufen

---

1178 Weiß, EuR 2020, 407, 411.

1179 Kerremans/Adriaensen/Colli/Coremans, Parliamentary scrutiny of trade policies across the western world, S. 13; Puccio/Harte, The European Parliament's Role in Monitoring the Implementation of EU Trade Policy, S. 396; ebd. S. 400f. u. S. 405f.

1180 Kerremans/Adriaensen/Colli/Coremans, Parliamentary scrutiny of trade policies across the western world, S. 11f.

1181 Kerremans/Adriaensen/Colli/Coremans, Parliamentary scrutiny of trade policies across the western world, S. 14.

1182 Weiß, The European Parliament's Role in the Operation of Trade Agreements. Parliamentary control and Executive-Legislative Balance in External Action, S. 214.

1183 Kerremans/Adriaensen/Colli/Coremans, Parliamentary scrutiny of trade policies across the western world, S. 16.

sein, Beschlüsse zu fassen, die eine Zustimmung durch das EU-Parlament oder eine Umsetzung im ordentlichen Gesetzgebungsverfahren erfordern. Wie bei Art. 218 Abs. 1 bis 6 AEUV gilt auch hier, dass die Kommission eine Begründung abzugeben hat, wenn sie einem entsprechenden Ersuchen nicht nachkommt. Allerdings ist Ziff. 26 der interinstitutionellen Rahmenvereinbarung nur auf Gremien anwendbar, die auf *multilateralen* Verträgen beruhen.[1184]

Das Europäische Parlament wurde im Vertrag von Lissabon hinsichtlich seiner Rolle im internen Gesetzgebungsprozess und im Abschlussprozess für völkerrechtliche Abkommen zu einer zentralen, beinahe mit dem Rat gleichziehenden, Legislativinstanz ausgebaut. Dies zeigt sich im ordentlichen Gesetzgebungsverfahren nach Art. 294 AEUV und im Verfahren zum Abschluss völkerrechtlicher Verträge nach Art. 218 Abs. 1 bis 6 AEUV.[1185] Da die vereinfachten Verfahren nach Art. 218 Abs. 7 und Abs. 9 AEUV zur unionalen Willensbildung hinsichtlich der Teilnahme an internationalen Entscheidungen jedoch einen erheblichen Teil der hier angestrebten Verfahrensbeschleunigung schlicht durch den Verzicht auf eine aktive Parlamentsbeteiligung erreichen,[1186] entsteht hier ein Widerspruch zur institutionellen Stellung des EU-Parlaments im Übrigen, bzw. zu der durch Art. 218 Abs. 6 AEUV in das EU-Primärrecht eingeführten Verfahrenssymetrie, zwischen dem Erlass von Unionsmaßnahmen im Inneren und dem Abschluss internationaler Übereinkünfte.[1187] Um diesem Widerspruch beizukommen, bedarf es – wie die geltende interinstitutionelle Rahmenvereinbarung zeigt – nicht zwingend einer erneuten Reform des europäischen Primärrechts. Aktive

1184 Weiß, The European Parliament's Role in the Operation of Trade Agreements. Parliamentary control and Executive-Legislative Balance in External Action, S. 214.

1185 Hölscheidt, in: Grabitz/Hilf/Nettesheim (Hrsg.), Das Recht der Europäischen Union, 76. EL 2022, Art. 14 EUV, Rn. 27-30; Kluth, in: Calliess/Ruffert (Hrsg.), EUV/AEUV, 6. Auflage 2022, Art. 14 EUV, Rn. 11f.; von Achenbach, Demokratische Rechtssetzung in der EU, S. 194-198;
vgl. speziell zur Gemeinsamen Handelspolitik: Brok, integration 2010, 209, 216-219 m.w.N.;
vgl. zu Art. 218 Abs. 1 bis Abs. 6 AEUV nochmals: EuGH, Rs. C-658/11, Rn. 56; GA Bot, SchlA, Rs. C-658/11, Rn. 30-32: „Symmetrie zwischen dem Verfahren zum Erlass von Maßnahmen im Innen- und im Außenbereich".

1186 Schmalenbach, in: Calliess/Ruffert (Hrsg.), EUV/AEUV, 6. Auflage 2022, Art. 218, Rn. 30; ebenso: Appel, Das Internationale Kooperationsrecht der EU, S. 149.

1187 Weiß, EuR 2020, 407, 428f.; Weiß, The European Parliament's Role in the Operation of Trade Agreements. Non-Delegation and Parliamentary Control in External Action, S. 16; EuGH, Rs. C-658/11, Rn. 56; GA Bot, SchlA, Rs. C-658/11, Rn. 30-32.

Beteiligungsrechte des Europäischen Parlaments in den Verfahren nach Art. 218 Abs. 7 und Abs. 9 AEUV und eine systematische Unterrichtung über Vorgänge in den CETA-Ausschüssen, die kein Verfahren nach Art. 218 AEUV erfordern, könnten im Rahmen der endgültigen Ratifizierung durch die EU[1188] oder auch später durch eine interinstitutionelle Vereinbarung nach Art. 295 AEUV oder einen Gesetzgebungsakt nach Art. 207 Abs. 2 AEUV geschaffen werden.[1189] Eine Ausweitung der bestehenden Rahmenvereinbarung auf die Vertretung der EU in Vertragsorganen *bilateraler* Abkommen, wie dem CETA, erscheint als denkbare Möglichkeit, um die Kontrolle des Europäischen Parlaments über die Arbeitsweise der Europäischen Kommission zu erhöhen.[1190] Entsprechende Bestrebungen hat das Europäische Parlament hinsichtlich des zwischen der EU und dem Vereinigten Königreich geschlossenen Handels- und Kooperationsabkommens zum Ausdruck gebracht. So fordert das Parlament in Punkt 9 seiner Entschließung vom 28. April 2021 zu dem Ergebnis der Verhandlungen zwischen der EU und dem Vereinigten Königreich die zeitnahe Konsolidierung einer Reihe entsprechender Verpflichtungen der Kommission in einer interinstitutionellen Vereinbarung.[1191] So würde das Parlament sogar bei Beratungen in den

1188 Zum aktuellen Stand der Ratifizierung des CETA durch die EU und ihre einzelnen Mitgliedstaaten siehe: Rat der EU, URL: https://www.consilium.europa.eu/en/documents-publications/treaties-agreements/agreement/?id=2016017 (Stand: 11.12.2022).

1189 Weiß, EuR 2020, 407, 429; Weiß, The European Parliament's Role in the Operation of Trade Agreements. Non-Delegation and Parliamentary Control in External Action, S. 16.

1190 Weiß, EuR 2020, 407, 414f.; Weiß, The European Parliament's Role in the Operation of Trade Agreements. Non-Delegation and Parliamentary Control in External Action, S. 15f.

1191 Europäisches Parlament, Entschließung vom 28.04.2021, 2021/2658(RSP):

> „Das Europäische Parlament [...]
> 9. beharrt darauf, dass das Parlament im Einklang mit dem Schreiben von Parlamentspräsident Sassoli vom 5. Februar 2021 bei der Überwachung und Umsetzung des Abkommens eine umfassende Rolle spielen muss; begrüßt unbeschadet der bestehenden Verpflichtungen, die die jeweiligen Kommissionsmitglieder gegenüber den zuständigen Ausschüssen des Parlaments eingegangen sind, die Erklärung der Kommission zur Rolle des Parlaments bei der Umsetzung des Abkommens, wobei sie sich unter anderem verpflichtet hat,
> a) das Parlament unmittelbar und umfassend über die Tätigkeiten des Partnerschaftsrates und anderer gemeinsamer Gremien zu unterrichten;

CETA-Ausschüssen, die nicht unter eines der Verfahren nach Art. 218 AEUV fallen, von der Kommission informiert. Wie bei Ausschussbeschlüssen, denen das Parlament nach Art. 218 Abs. 6 lit. a AEUV zustimmen muss, wäre es möglich, einzelne Europaabgeordnete als Beobachter hinzuzuziehen. Dies könnten etwa die Berichterstatter im Fall eines sich später auf EU-Ebene möglicherweise im Rahmen einer EU-sekundärrechtlichen Umsetzung anschließenden Trilogs oder Mitglieder des EU-Parlamentsausschusses für internationalen Handel (INTA) bzw. der jeweils zuständigen „monitoring group" sein.[1192] Die Unterrichtung des Europäischen Parlaments nach Ziff. 26 der interinstitutionellen Rahmenvereinbarung entspricht einer „police-patrol oversight" im zu Beginn

---

b) das Parlament in wichtige Beschlüsse im Rahmen des Abkommens im Zusammenhang mit etwaigen einseitigen Maßnahmen der Union im Rahmen des Abkommens einzubeziehen und den Standpunkten des Parlaments weitestgehend Rechnung zu tragen und, falls sie den Standpunkten des Parlaments nicht folgen sollte, die Gründe dafür zu erläutern;
c) das Parlament rechtzeitig im Voraus einzubeziehen, wenn sie beabsichtigt, einen Vorschlag zur Beendigung oder Aussetzung von Teil Drei des Abkommens [Zusammenarbeit im Bereich der Strafverfolgung und Justiz hinsichtlich Strafsachen] durch die Union vorzulegen, falls das Vereinigte Königreich seinen Verpflichtungen aus der Europäischen Menschenrechtskonvention nicht nachkommen sollte;
d) das Parlament in das im Abkommen vorgesehene Verfahren zur Auswahl potenzieller Schiedsrichter und Panelmitglieder einzubeziehen;
e) dem Parlament alle Vorschläge für Gesetzgebungsakte zur Festlegung der Modalitäten für die Annahme der autonomen Maßnahmen, die die Union im Rahmen des Abkommens ergreifen darf, zu unterbreiten;
f) die Ansichten des Parlaments in Bezug auf die Umsetzung des Abkommens durch beide Parteien, auch in Bezug auf mögliche Verstöße gegen das Abkommen oder Ungleichgewichte bei den gleichen Ausgangsbedingungen, weitestgehend zu berücksichtigen und, falls sie dem Standpunkt des Parlaments nicht folgen sollte, ihre Gründe dafür zu erläutern;
g) das Parlament umfassend über die Bewertungen und Beschlüsse der Kommission in Bezug auf die Angemessenheit der Daten sowie über die Vorkehrungen für die Zusammenarbeit in Regulierungsfragen mit den Behörden des Vereinigten Königreichs im Bereich der Finanzdienstleistungen und die mögliche Gewährung von Äquivalenzen bei Finanzdienstleistungen auf dem Laufenden zu halten;
fordert, dass diese Verpflichtungen in einer möglichst bald auszuhandelnden interinstitutionellen Vereinbarung konsolidiert werden; [...]".

1192 Zu letzteren beiden: Weiß, EuR 2020, 407, 427.

des Kapitels beschriebenen Sinne. Gleiches gilt für die Entsendung von Europaabgeordneten mit Beobachterstatus zu den Sitzungen der CETA-Ausschüsse, was eine intensivere Kontrolle ermöglichen würde, jedoch auch engeren Voraussetzungen unterliegen dürfte. Über die Verringerung von Informationsasymmetrien zwischen der Kommission und dem Parlament hinaus werden jedoch keine Sanktionen ermöglicht, mit denen das Europäische Parlament den in seinem Rahmen aggregierten Interessen Nachdruck verleihen könnte.

So lange Vertragsgremien, wie diejenigen nach dem CETA, nicht in den Anwendungsbereich der Ziff. 23 bis 26 der interinstitutionellen Rahmenvereinbarung oder einer vergleichbar ausgestalteten Vereinbarung nach Art. 295 AEUV fallen, kann eine gewisse Einbindung des Europäischen Parlaments auch durch die Abgabe gemeinsamer Erklärungen hinsichtlich bestimmter, bei der Implementation eines einzelnen Abkommens relevanter Fragen durch Parlament und Kommission erreicht werden. Eine entsprechende gemeinsame Erklärung wurde etwa beim Freihandelsabkommen der EU mit Süd-Korea abgegeben, wobei sich die EU-Kommission verpflichtete gegenüber dem EU-Parlament auf Verlangen des zuständigen Parlamentsausschusses Bericht über die Implementation der Zusagen Süd-Koreas zu nicht-tarifären Handelshemmnissen und nachhaltiger Entwicklung zu erstatten.[1193]

Weiter erscheint auch eine im politischen Prozess informell von statten gehende[1194] direkte Einbindung des Europäischen Parlaments in die Vorbereitung der CETA-Ausschussarbeit nach Art. 218 Abs. 9 Alt. 2 oder Abs. 7 AEUV als denkbar. Erscheint absehbar oder zumindest wahrscheinlich, dass eine Entscheidung eines der im CETA eingerichteten Ausschüsse später auf der EU-Ebene einer Umsetzung im Rahmen des ordentlichen Gesetzgebungsverfahrens bedarf, kann es auch sinnvoll sein, einen später ohnehin einzuberufenden Trilog[1195] bereits im Stadium der unionalen Willensbildung zur Mitwirkung in einem der CETA-Ausschüsse vorzuziehen. So könnte die Kommission bereits, wenn in einem Sonderausschuss ein Entwurf für den Gemischten CETA-Ausschuss vorbereitet wird, den Rat und das EU-Parlament mit einbinden, um eine spätere Einigung über eine notwendige EU-sekundärrechtliche Umsetzung zu erleichtern. Auch

1193 Kerremans/Adriaensen/Colli/Coremans, Parliamentary scrutiny of trade policies across the western world, S. 16.

1194 Kann gegebenenfalls auch über eine Interinstitutionelle Vereinbarung nach Art. 295 AEUV rechtlich abgesichert werden, s.o.

1195 Zum Ablauf eines Trilogs vgl.: von Achenbach, Demokratische Gesetzgebung in der EU, S. 175-183 m.w.N.

im Stadium der Formulierung eines gemeinsamen Standpunktes nach Art. 218 Abs. 9 Alt. 2 AEUV wäre eine solche informelle Einbindung des Europäischen Parlaments mit dem gleichen Ziel denkbar. Hierzu können die Kommission und der Rat nach geltendem Recht nicht verpflichtet werden. Allerdings erscheint es sehr wohl denkbar, dass das EU-Parlament, etwa nachdem es im Wege des Art. 218 Abs. 10 AEUV über einen Entwurf für einen nach Art. 218 Abs. 9 Alt. 2 AEUV zu beschließenden gemeinsamen EU-Standpunkt Kenntnis erlangt hat, gegenüber der Kommission und dem Rat deutlich macht, dass es eine Vorziehung der informellen Verhandlungen über eine spätere EU-sekundärrechtliche Umsetzung im Rahmen des ordentlichen Gesetzgebungsverfahrens für sinnvoll hält. Die Kommission und der Rat könnten dann abwägen, ob sie sich für eine Vorziehung des Trilogs entscheiden, um eine konstruktive Zusammenarbeit mit dem Parlament zu erleichtern und um ansonsten eventuell drohende Blockaden zu verhindern. Dies setzt allerdings eine gesicherte Mehrheitsfähigkeit der aus dem Europäischen Parlament anlässlich des jeweiligen Einzelfalls vorgebrachten Positionen und eine fortlaufende Abstimmung der dortigen Fraktionen voraus.[1196] Zwar hat das Trilogverfahren eine Verstärkung der Charakterisierung des Europäischen Parlaments als Arbeitsparlament im Gegensatz zu einem Redeparlament zur Folge, was durchaus Anlass zur Kritik geben kann. So werden auch hier Rechtsetzungen im informellen Rahmen vorverhandelt und das Plenum wird mehr und mehr in die Rolle einer Versammlung zur bloßen Ratifikation gedrängt.[1197] Jedoch ermöglicht die Praxis informeller Verhandlungen zwischen Parlament, Rat und Kommission im ordentlichen Gesetzgebungsverfahren durchaus sachgerechte und zügige Entscheidungen, ohne das Parlament gänzlich zu umgehen, allerdings auch ohne es in seinen Arbeitskapazitäten zu überfordern. Steht bei einer anstehenden Beratung in einem der CETA-Ausschüsse oder bei einem Vorschlag für einen nach Art. 218 Abs. 9 Alt. 2 AEUV im Rat zu beschließenden gemeinsamen Standpunkt im Raum, dass der betreffende Vorgang am Ende zumindest mit einiger Wahrscheinlichkeit ohnehin in eine sekundärrechtliche Umsetzung durch ein ordentliches Gesetzgebungsverfahren münden wird, kann eine frühzeitige informelle Einbindung, aller drei später zu beteiligenden Organe, durchaus als sachgerecht erscheinen. Das Trilogverfahren, das bei seiner üblichen Anwendung im Rahmen des ordentlichen

---

1196 Vgl. zu dieser Notwendigkeit bei der Durchführung von Trilogen: BVerfGE 129, 300, 333f., Rn. 113f.

1197 Zu den innerinstitutionellen Auswirkungen der Trilogpraxis auf das Europäische Parlament: von Achenbach, Demokratische Gesetzgebung in der EU, S. 277-284 m.w.N.

Gesetzgebungsverfahrens eher zu einer Verringerung der parlamentarischen Einbindung führt, würde hierbei sogar zu deren Ausweitung beitragen. Auch an der Rolle der Kommission und des Rates im Verfahren nach Art. 218 Abs. 9 Alt. 2 AEUV ändert sich durch die Vorziehung des Trilogs zunächst nichts. Das Europäische Parlament wird im vereinfachten Verfahren nach Art. 218 Abs. 9 Alt. 2 AEUV aber bereits in einer Weise eingebunden, die ihm nach der aktuell geltenden Rechtslage erst in der nachgelagerten Phase einer möglicherweise notwendigen EU-sekundärrechtlichen Umsetzung des Beschlusses eines der CETA-Ausschüsse zukäme. Der größere organisatorische Aufwand der frühen Einbindung des Parlaments könnte durch eine weniger konfliktträchtige Zusammenarbeit im später durchzuführenden ordentlichen Gesetzgebungsverfahren kompensiert werden. Die beschriebene Vorgehensweise entspräche einer, die Aktivität der Kommission als Agentin begleitenden „police-patrol oversight", bei der die Kontrolle der Agentin direkt während der Wahrnehmung der delegierten Aufgaben – praktisch direkt am Verhandlungstisch – ausgeübt wird.[1198] Dieser Kontrollmechanismus kann der Kommission zwar nicht aufgezwungen werden. Die Agentin hat aber durchaus ein gewisses Eigeninteresse daran, bei der späteren Umsetzung im EU-Sekundärrecht ex ante drohende Sanktionen, bis hin zur Blockade durch das Parlament zu vermeiden. Wie im ordentlichen Gesetzgebungsverfahren auch wären die im Trilog zusammentretenden Vertreter des Europäischen Parlament, des Rats und der Kommission ebenfalls als Agenten der jeweils entsendenden Unionsorgane zu betrachten.[1199]

Weitere *de lege ferenda* zu verstehende Überlegungen in dieser Richtung beinhalten insbesondere die Etablierung von Rechtsbehelfen, mit denen das Parlament die Aussetzung eines Ausschussbeschlusses oder ganzer Teile des CETA begehren könnte. Auch die Einrichtung gemeinsamer parlamentarischer Versammlungen mit Parlamentsabgeordneten des jeweiligen Drittstaats werden vorgeschlagen, denen über den Austausch von Informationen und Stellungnahmen zu Beschlussentwürfen hinaus auch Aussetzungs- oder Vetorechte eingeräumt werden könnten.[1200]

Solange in den vereinfachten Verfahren nach Art. 218 Abs. 9 Alt. 2 und Abs. 7 AEUV die Parlamentsbeteiligung sich in der Unterrichtung nach Art. 218 Abs. 10

1198 Vgl. zu derartigen begleitenden Kontrollmechanismen: da Conceição-Heldt, Journal of Comparative Policy Analysis 2013, 21, 28f.

1199 Vgl. grundlegend: Delreux/Laloux, Journal of Common Market Studies 2018, 300ff.; vgl. weiter: Laloux/Delreux, Journal of European Public Policy 2018, 1049ff.

1200 Weiß, EuR 2020, 407, 427f.

AEUV erschöpft, beruht die input-orientierte demokratische Legitimation einseitig auf der Säule der durch die demokratisch verfassten EU-Mitgliedstaaten vermittelten Legitimation (vgl. Art. 10 Abs. 2 AEUV).[1201] Da das Bedürfnis nach demokratischer Legitimation mit dem delegierten politischen Entscheidungsspielraum zunimmt, ist im Sinne einer „(Nicht-)Delegationsdoktrin" des Europarechts[1202] als Minimalanforderung an die Willensbildung der EU in Sachen der CETA-Ausschüsse sicherzustellen, dass das jeweils einschlägige Verfahren Anwendung findet. Dies gilt insbesondere im Anwendungsbereich des Regelverfahrens nach Art. 218 Abs. 1 bis 6 AEUV, welches die weitestgehende Kontrolle der Kommission durch das Parlament und den Rat ermöglicht. Um zu gewährleisten, dass das Verfahren nach Art. 218 Abs. 1 bis Abs. 6 AEUV, wenn es einschlägig ist, zur Anwendung kommt erscheint es als sinnvoll bei denjenigen Ausschusskompetenzen die dieses Verfahren auf EU-Seite erfordern eine zusätzliche interinstitutionelle Vereinbarung zwischen dem Parlament und dem Rat zu treffen. Die nach den Ausführungen bei Unterabschnitt B. III. Punkt 2. des vorliegenden Kapitels in den Anwendungsbereich des Verfahrens nach Art. 218 Abs. 1 bis Abs. 6 AEUV fallenden Kompetenzen der CETA-Ausschüsse, umfassen insbesondere die Kompetenz des Gemischten CETA-Ausschusses zur Änderung der Protokolle und Anhänge nach Art. 30.2 Abs. 2 CETA sowie die Kompetenzen unterschiedlicher Sonderausschüsse nach Art. 8.44 Abs. 2, Art. 8.44 Abs. 3 lit. b und lit. c, Art. 5.14 Abs. 2 lit. d, Art. 21.7 Abs. 4 bis Abs. 6 CETA sowie nach Ziff. 9 der Vereinbarung über die Anwendung der Artikel 13.16 Absatz 1 und Art. 13.21, in denen ausdrücklich eine Zustimmung bzw. Billigung durch die Vertragsparteien gefordert wird. Auch wenn vorliegend die in Kapitel II Unterabschnitt D. II. begründete Auffassung vertreten wird, dass diese Zustimmungsvorbehalte einen bloßen Verweis auf das interne Verfahrensrecht der Vertragsparteien darstellen, ist zu bedenken, dass die an den Verhandlungen zum CETA beteiligten Personen gerade diejenigen Ausschusskompetenzen die einen (zusätzlichen) Zustimmungsvorbehalt enthalten offenbar für besonders bedeutsam gehalten haben.[1203] Dies spricht dafür jedenfalls für die genannten

1201 Weiß, EUConst 2018, 532, 551-553;
zum Begriff der input-orientierten Legitimation: Kapitel I Abschnitt C.
zur erforderlichen doppelseitigen Legitimation: Kempen, Verfassungsbeschwerdeschrift in dem Verfahren 2 BvR 1482/16 vor dem Bundesverfassungsgericht, S. 107.

1202 Weiß, EuR 2020, 407, 415; ebd. S. 424f.

1203 Nettesheim, Umfassende Freihandelsabkommen und Grundgesetz, S. 140.

Ausschusskompetenzen in einer interinstitutionellen Vereinbarung die Anwendung des Verfahrens nach Art. 218 Abs. 1 bis Abs. 6 AEUV vorzuschreiben.

Unabhängig von den in Art. 218 AEUV vorgesehenen Verfahrensweisen steht dem Europäischen Parlament eine Reihe an allgemeinen Kontrollmechanismen zur Verfügung. Hierzu gehören das von der Kommission gem. Art. 17 Abs. 1 S. 7 EUV jährlich vorgelegte Arbeitsprogramm,[1204] die Erörterung des jährlichen Gesamtberichts der Kommission nach Art. 233 und Art. 249 Abs. 2 AEUV[1205] sowie informelle Informationskanäle und informative Kontrollmöglichkeiten.[1206] Außerdem ist die ständige interparlamentarische Delegation für Kanada als möglicher Informationskanal zu erwähnen.[1207] Speziell hinsichtlich einer möglichen „agency capture" durch interessierte Gruppen aus der Privatwirtschaft, der Wissenschaft oder der Zivilgesellschaft stellt auch das Transparenzregister der Kommission[1208] einen direkten und anlasslosen Kontrollmechanismus dar. An indirekten und anlassbezogenen Kontrollmechanismen (auch: „fire-alarm oversight") stehen die Prüfung von Petitionen nach Art. 227 AEUV und die Institution des europäischen Bürgerbeauftragten nach Art. 228 AEUV zur Verfügung. Hinzu kommen das Fragerecht nach Art. 230 Abs. 2 AEUV, Untersuchungsausschüsse nach Art. 226 AEUV und Misstrauensanträge nach Art. 17 Abs. 8 EUV i.V.m. Art. 234 AEUV.[1209] Gerade Misstrauensanträge sind eine potenziell sehr scharfe Sanktion. Dafür bestehen für sie auch besonders hohe prozedurale Hürden. Insgesamt ist die Kontrolltätigkeit

---

1204 Martenczuk, in: Grabitz/Hilf/Nettesheim (Hrsg.), Das Recht der Europäischen Union, 76. EL 2022, Art. 17 EUV, Rn. 47f.

1205 Hölscheidt, in: Grabitz/Hilf/Nettesheim (Hrsg.), Das Recht der Europäischen Union, 76. EL 2022, Art. 14 EUV, Rn. 38.

1206 Roland/Bieber, in: von der Groeben/Schwarze/Hatje (Hrsg.), Europäisches Unionsrecht, Band I, 7. Auflage 2015, Art. 14 EUV, Rn. 35; Weiß, EuR 2020, 407, 413.

1207 Vgl. allgemein: Roland/Bieber, in: von der Groeben/Schwarze/Hatje (Hrsg.), Europäisches Unionsrecht, Band I, 7. Auflage 2015, Art. 14 EUV, Rn. 31; siehe für das CETA: https://www.europarl.europa.eu/delegations/de/d-ca/home (Stand: 11.12.2022)

1208 https://ec.europa.eu/transparencyregister/public/consultation/search.do?reset=&locale=de#de (11.12.2022).

1209 Hölscheidt, in: Grabitz/Hilf/Nettesheim (Hrsg.), Das Recht der Europäischen Union, 76. EL 2022, Art. 14 EUV, Rn. 34f.; Weiß, EuR 2020, 407, 415; Ders., The European Parliament's Role in the Operation of Trade Agreements: Parliamentary Control and Executive-Legislative Balance in External Action, S. 215.

des Europäischen Parlaments in diesem Bereich eher als „prüfendes Nachvollziehen“[1210] zu charakterisieren.

Stehen Rechtsverstöße im Raum, stehen den übrigen Unionsorganen auch Rechtsbehelfe vor dem EuGH offen.[1211] Eine Nichtigkeitsklage nach Art. 263 AEUV durch das Parlament ist gegen den nach Art. 218 Abs. 9 AEUV verabschiedeten gemeinsamen Standpunkt statthaft, nicht jedoch gegen den Ausschussbeschluss selbst. Dies liegt darin begründet, dass der EuGH nur innerhalb der Unionsrechtsordnung dazu befugt ist, Rechtsakte für nichtig zu erklären. So ist der im Rat beschlossene gemeinsame Standpunkt als unionsrechtlicher Verbindungsakt zu dem auf der völkerrechtlichen Ebene entstehenden Ausschussbeschluss Gegenstand des Verfahrens vor dem EuGH.[1212] Neben der Nichtigkeitsklage kommen für das Europäische Parlament auch die Möglichkeit eines Streitbeitritts nach Art. 40 EuGH-Satzung und das Auskunftsersuchen im Vorabentscheidungsverfahren[1213] nach Art. 24 EuGH-Satzung[1214] als Kontrollmechanismen in Betracht.

Ob das Gutachtenverfahren nach Art. 218 Abs. 11 AEUV auch in den vereinfachten Verfahren nach Art. 218 Abs. 9 und Abs. 7 AEUV zur Anwendung kommen kann, ist unklar. Zunächst scheint für die Anwendbarkeit des Gutachtenverfahrens zu sprechen, dass der EuGH in seiner (älteren) Rechtsprechung den Begriff des „Abkommens“, „in einem allgemeinen Sinne zu verstehen“ scheint, was bedeutet, dass „jede von Völkerrechtssubjekten eingegangene bindende Verpflichtung ungeachtet ihrer Form“ erfasst sein soll.[1215] Gleiches gilt

---

1210 Roland/Bieber, in: von der Groeben/Schwarze/Hatje (Hrsg.), Europäisches Unionsrecht, Band I, 7. Auflage 2015, Art. 14 EUV, Rn. 35; Weiß, EuR 2020, 407, 413. Seit 1979 wurden acht Misstrauensanträge gegen die Kommission gestellt, von denen bisher keiner erfolgreich war (Hölscheidt, in: Grabitz/Hilf/Nettesheim (Hrsg.), Das Recht der Europäischen Union, 76. EL 2022, Art. 14 EUV, Rn. 31; Ders., ebd., Art. 234 AEUV, Rn. 17).

1211 Hölscheidt, in: Grabitz/Hilf/Nettesheim (Hrsg.), Das Recht der Europäischen Union, 76. EL 2022, Art. 14 EUV, Rn. 40.

1212 Appel, Das Internationale Kooperationsrecht der EU, S. 425f.; ebd., S. 421f.; dies entspricht auch der Rechtsprechungspraxis des EuGH, vgl: EuGH, Rs. C-370/07.

1213 Zur Überprüfbarkeit von Beschlüssen internationaler Vertragsgremien im Vorabentscheidungsverfahren: Appel, Das Internationale Kooperationsrecht der EU, S. 409-418.

1214 Roland/Bieber, in: von der Groeben/Schwarze/Hatje (Hrsg.), Europäisches Unionsrecht, Band IV, 7. Auflage 2015, Art. 14 EUV, Rn. 46.

1215 EuGH, Gutachten 1/75, Leitsatz 1.

für den in der heutigen Vorschrift des Art. 218 Abs. 11 AEUV verwendeten Begriff der „Übereinkunft".[1216] Anders als die genaue Form eines Rechtsaktes ist jedoch zu beachten, ob dieser aus (mindestens) zwei aufeinander bezogenen, unter Völkerrechtssubjekten abgegebene Willenserklärungen besteht oder es sich um einen einseitigen Rechtsakt eines Völkerrechtssubjekts handelt.[1217] Wie in Kapitel II dargestellt, erhält die Delegation von Zuständigkeiten an internationale Vertragsgremien, soweit sie auf der Seite der EU unter Art. 218 Abs. 7 oder Abs. 9 Alt. 2 AEUV fällt, eine andere Qualität, als wenn die unionale Willensbildung in Bezug auf einen Ausschussbeschluss nach Art. 218 Abs. 1 bis 6 AEUV zu beurteilen ist. Da die vereinfachten Verfahren nach Art. 218 Abs. 7 und Abs. 9 Alt. 2 AEUV keine nachträgliche Ratifizierung oder sonstige Zustimmung des Ausschussbeschlusses durch die EU-Organe vorsehen, kommt einem einmal auf der Ebene des internationalen Vertragsgremiums gefassten Beschluss die Qualität eines eigenständigen und einseitigen Rechtsaktes auf der Ebene des Völkerrechts zu. Ob einseitige Rechtsakte internationaler Entitäten unter den Begriff der „Übereinkunft" i.S.v. Art. 218 AEUV fallen, wird vielfach bezweifelt.[1218] Für eine Begrenzung des Verfahrens nach Art. 218 Abs. 11 AEUV auf völkerrechtliche Regelungen mit Vertragscharakter und damit auf EU-Ebene auf das Verfahren nach Art. 218 Abs. 1 bis 6 AEUV spricht insbesondere der Telos des Art. 218 Abs. 11 AEUV. Der dort geregelte Rechtsbehelf hat nach seinem verfahrensmäßigen Ablauf erkennbar zum Ziel, mögliche Konflikte zwischen dem EU-Primärrecht und von der EU eingegangenen völkerrechtlichen Verpflichtungen zu verhindern, bevor sie durch das Wirksamwerden der letzteren entstehen. Das ist aber nur im Verfahren nach Art. 218 Abs. 1 bis 6 AEUV zu gewährleisten,

---

1216 Appel, Das Internationale Kooperationsrecht der EU, S. 407, Fn. 1954; Lorenzmeier, in: Grabitz/Hilf/Nettesheim (Hrsg.), Das Recht der Europäischen Union, 76. EL 2022, Art. 218 AEUV, Rn. 8.

1217 Appel, Das Internationale Kooperationsrecht der EU, S. 407; Lorenzmeier, in: Grabitz/Hilf/Nettesheim (Hrsg.), Das Recht der Europäischen Union, 76. EL 2022, Art. 218 AEUV, Rn. 9.

1218 Vgl. den sprachlich leider ungenauen Leitsatz des EuGH in: EuGH, Gutachten 1/75, Leitsatz 1.
Keine Anwendung des Begriffs der „Übereinkunft" i.S.v. Art. 218 AEUV auf einseitige Rechtsakte: Appel, Das Internationale Kooperationsrecht der EU, S. 407; Lorenzmeier, in: Grabitz/Hilf/Nettesheim (Hrsg.), Das Recht der Europäischen Union, 76. EL 2022, Art. 218 AEUV, Rn. 9 m.w.N; Bungenberg, in: von der Groeben/Schwarze/Hatje (Hrsg.), Europäisches Unionsrecht, Band IV, 7. Auflage 2015, Art. 218 AEUV, Rn. 25 m.w.N.

da nur hier auf der Unionsebene zu durchlaufende Verfahrensschritte zwischen der auf der völkerrechtlichen Ebene erzielten Einigung und der völkerrechtlichen Wirksamkeit der hierbei getroffenen Regelung normiert sind.[1219] Somit ist davon auszugehen, dass das Gutachtenverfahren nach Art. 218 Abs. 11 AEUV nur im Anwendungsbereich des Verfahrens nach Art. 218 Abs. 1 bis 6 AEUV als Kontrollmechanismus zur Verfügung steht.

4. *Zwischenergebnis zu Unterabschnitt I.*

Die Kontrollierbarkeit der Europäischen Kommission hinsichtlich der Mitwirkung in den CETA-Ausschüssen hängt von dem jeweils einschlägigen Entscheidungsfindungsverfahren auf der EU-Ebene ab. Unabhängig von der jeweils einschlägigen Verfahrensweise stehen mehrere allgemeine Kontrollmechanismen zur Verfügung, die allerdings eher ein „prüfendes Nachvollziehen"[1220] ermöglichen als eine aktive und rechtserhebliche Kontrolle. Kommt es zu einem Verfahren vor dem EuGH, stehen dem Parlament auch die Möglichkeit eines Streitbeitritts nach Art. 40 EuGH-Satzung und speziell im Vorabentscheidungsverfahren das Auskunftsersuchen nach Art. 24 EuGH-Satzung als Kontrollmechanismen offen.

Sobald sich die unionale Willensbildung nach einem der in Art. 218 AEUV vorgesehenen Verfahren richtet, besteht mit der Pflicht der Kommission zur unverzüglichen und umfassenden Unterrichtung des Parlaments nach Art. 218 Abs. 10 AEUV eine Form der „police-patrol oversight" in allen Phasen des Verfahrens. Darüber hinaus kann das EU-Parlament einen nach Art. 218 Abs. 9 AEUV verabschiedeten gemeinsamen Standpunkt auch mittels einer Nichtigkeitsklage zum EuGH nach Art. 263 AEUV angreifen.

Im Fall der Ausschussbeschlüsse, die auf EU-Seite nach Art. 218 Abs. 1 bis 6 AEUV vorbereitet werden, hat das EU-Parlament ein Vetorecht nach Art. 218 Abs. 6 lit. a AEUV, welches einen besonders wirksamen Kontrollmechanismus darstellt. Das Gutachtenverfahren vor dem EuGH nach Art. 218 Abs. 11 AEUV steht ebenfalls nur bei Ausschussbeschlüssen als Kontrollmechanismus

---

1219 Appel, Das Internationale Kooperationsrecht der EU, S. 408.

1220 Roland/Bieber, in: von der Groeben/Schwarze/Hatje (Hrsg.), Europäisches Unionsrecht, Band I, 7. Auflage 2015, Art. 14 EUV, Rn. 35; Weiß, EuR 2020, 407, 413. Seit 1979 wurden acht Misstrauensanträge gegen die Kommission gestellt, von denen bisher keiner erfolgreich war (Hölscheidt, in: Grabitz/Hilf/Nettesheim (Hrsg.), Das Recht der Europäischen Union, 71. EL August 2020, Art. 14 EUV, Rn. 31; ebd., Art. 234 AEUV, Rn. 17).

zur Verfügung, die auf der EU-Ebene die Durchführung eines Entscheidungsfindungsverfahren nach Art. 218 Abs. 1 bis 6 AEUV erfordern.

Erscheint absehbar oder zumindest als wahrscheinlich, dass eine Entscheidung eines der im CETA eingerichteten Ausschüsse später auf der EU-Ebene einer Umsetzung im Rahmen des ordentlichen Gesetzgebungsverfahrens bedarf, kann es auch sinnvoll sein, einen später ohnehin nach der einzuberufenden Trilog in das Stadium unionalen Willensbildung, um die Mitwirkung in einem der CETA-Ausschüsse vorzuziehen. Dies erscheint zunächst durch eine informelle-politische Lösung ohne rechtliche Änderungen als möglich, könnte aber auch durch eine interinstitutionelle Vereinbarung abgesichert werden.

Über diese Kontrollmechanismen hinaus sind *de lege ferenda* noch weitere Kontrollmechanismen denkbar. Wie oben dargestellt ist es nach dem Vorbild der Rahmenvereinbarung über die Beziehungen zwischen dem Europäischen Parlament und der Europäischen Kommission vorstellbar, eine systematische Unterrichtung des Parlaments über alle Sitzungen der CETA-Ausschüsse, an denen die Kommission teilnimmt, einzuführen. Darüber hinaus wäre es nach dem Vorbild derselben interinstitutionellen Vereinbarung möglich, bei Sitzungen der CETA-Ausschüsse, in denen Standpunkte nach Art. 218 Abs. 9 Alt. 2 AEUV einzubringen sind oder die auf EU-Seite sogar durch das Verfahren nach Art. 218 Abs. 1 bis 6 AEUV zu begleiten sind, Mitglieder des EU-Parlaments als Beobachter hinzuzuziehen. Beides entspräche einer „police-patrol oversight" im zu Beginn dieses Kapitels aufgezeigtem Sinne. Weitergehende Überlegungen beinhalten insbesondere die Schaffung einer Pflicht der Kommission, Empfehlungen des EU-Parlaments zu berücksichtigen und Abweichungen zu begründen, Rechtsbehelfe mit denen das Parlament die Aussetzung eines Ausschussbeschlusses oder ganzer Teile des CETA begehren könnte sowie die Einrichtung einer gemeinsamen parlamentarischen Versammlung mit Parlamentsabgeordneten Kanadas, denen auch Aussetzungs- oder Vetorechte zustehen.

II. Interessen der Bundesrepublik im Rat

Wie eingangs beschrieben nimmt der Rat im Rahmen der nach Art. 218 AEUV vorgesehenen Entscheidungsfindungsverfahren gegenüber der Kommission die Rolle eines kollektiven Prinzipals ein. Zusammengesetzt ist er aus Regierungsvertretern der EU-Mitgliedstaaten, was die deutsche Bundesregierung zu einem Teil dieses kollektiven Prinzipals macht. Hierbei kann es aus mehreren Gründen zu einer Abweichung des Verhaltens der Kommission von den durch die Bundesregierung im Rat vertretenen Interessen kommen (Punkt 1). Zu untersuchen sind dem entgegengesetzte Kontrollmechanismen, die zu einer funktionierenden

Kontrolle der Kommission durch den Rat beitragen und es mittelbar den deutschen Legislativorganen ermöglichen, durch die Kontrolle der Mitwirkung der Bundesregierung im Rat, Einfluss auf die Ausschussarbeit nach dem CETA zu nehmen. Im Zentrum dieser Erwägungen stehen die im Rat geltenden Mehrheitserfordernisse (Punkt 2.).

1. *Mediatisierung der Bundesrepublik durch die EU*

Im Folgenden wird zunächst die Rolle des Rates als kollektiven Prinzipal der EU-Kommission dargelegt (Unterpunkt a.). Sodann werden die im Rat, nach den Regelungen des EU-Primärrechts zunächst geltenden, Mehrheitserfordernisse untersucht und deren Einfluss auf die Kontrolle der Kommission durch den Rat sowie auf die, durch die im Rat versammelten nationalen Regierungen vermittelte, Einbindung der mitgliedstaatlichen Legislativen aufgezeigt (Unterpunkt b.). Schließlich wird thematisiert, inwieweit das expansive Verständnis der Unionsaußenkompetenzen nach Art. 216 Abs. 1 AEUV, welches der EuGH in seiner Rechtsprechung entwickelt hat, die Notwendigkeit einer wirksamen Vertretung der EU-Mitgliedstaaten im Rat verstärkt, wenn dort über die Mitwirkung an der Arbeit internationaler Vertragsgremien entschieden wird (Unterpunkt c.).

a. *Rat als kollektiver Prinzipal gegenüber der EU-Kommission als dessen Agentin*

In Abschnitt A. des vorliegenden Kapitels wurde ausgeführt, dass Prinzipale vor dem grundlegenden Problem stehen, dass die Einrichtung und der Einsatz von Kontrollmechanismen den mit der Delegation erreichbaren Nutzen teilweise aufheben können. Diese Problematik verschärft sich nochmals, wenn der Prinzipal nicht allein eine Delegationsbeziehung zu einem Agenten unterhält, sondern zusammen mit anderen Prinzipalen als Teil eines kollektiven Prinzipals, wobei die Interessen der Prinzipale sich möglicherweise unterscheiden. Dies kann dazu führen, dass die Kontrolle und Sanktionierung des Agenten durch einzelne Prinzipale erschwert oder blockiert wird. Weiter ist es möglich, dass die Interessen des Agenten und eines oder mehrerer seiner Prinzipale miteinander stärker zu vereinbaren sind als mit den Interessen der übrigen Prinzipale. Dies kann sich der Agent wiederum zu Nutze machen, indem er die unterschiedlichen Interessen seiner Prinzipale, deren Abhängigkeiten untereinander und die innerhalb des kollektiven Prinzipals geltenden Mehrheitserfordernisse in sein Verhalten mit einbezieht, um seinen Handlungsspielraum zu erweitern und seine eigenen Interessen zu fördern.[1221]

b. *Mehrheitserfordernisse im Rat als entscheidender Faktor für den Kontrolle der Ausschussarbeit durch die EU-Mitgliedstaaten*

Nach dem Vertragstext des CETA ist nicht gewährleistet, dass ein Vertreter der Bundesrepublik in einem der im CETA vorgesehenen Ausschüsse aktiv und rechtswirksam mitwirken kann.[1222] Stattdessen werden die EU-Mitgliedstaaten, jedenfalls aller in der Regel, gemeinsam durch die EU-Kommission vertreten.[1223] Der Rat ist hierbei als, aus den nationalen Regierungen der EU-Mitgliedstaaten zusammengesetzter, kollektiver Prinzipal der EU-Kommission zu betrachten. Vor diesem Hintergrund ist in der Vergangenheit beobachtet worden, dass die Kommission nicht unbedingt frei von Einflüssen durch einzelne Mitgliedstaaten ist. So finden sich innerhalb der Prinzipal-Agenten-Literatur zu den EU-Institutionen Untersuchungen, die Zusammenhänge zwischen den innerhalb einzelner Mitgliedstaaten diskutierten politischen Interessen und der Nationalität der jeweils zuständigen EU-Kommissare beobachtet haben.[1224] Dabei soll auch das Verhalten der Kommission von der Frage beeinflusst sein, ob im Rat eine qualifizierte Mehrheit genügt oder ob Einstimmigkeit erforderlich ist. Können einzelne Staaten überstimmt werden, tendiere die Kommission eher dazu, sich an den Interessen einzelner Mitgliedstaaten zu orientieren (insb. des Herkunftsstaates des zuständigen Kommissars). Bei Einstimmigkeit antizipiert die Kommission das Risiko im Rat zu scheitern und verfolgt eher eine Linie, bei der die Aussicht besteht, dass sie von allen Mitgliedstaaten mitgetragen wird.[1225] Dadurch verstärken sich die Folgen, die eine anstehende Mehrheitsentscheidung auf die demokratische Willensbildung im Vorfeld hat. Bereits das Wissen der später Abstimmenden um die Notwendigkeit einer Mehrheitsfindung kann dazu führen, dass im Vorfeld der Abstimmung eingebrachte Positionen ungleich behandelt oder gar marginalisiert werden können, wodurch sich die Vielfalt der diskutierten Positionen verringert.[1226] Weiter kann sich die skizzierte

---

1221 Pollack, The Engines of European Integration, S. 43f.; siehe auch: Dür/Gastinger, European Union Politics 2021, 611, 617f.; ebd. S. 622-625.

1222 BVerfG, Urteil vom 13.10.2016, 2 BvR 1368/16 u.a., Rn. 62.

1223 Kapitel II Unterabschnitt B. III. Punkt 1.

1224 Deckarm, Journal of European Public Policy 2017, 447, 462; Thomson, Comparative Political Studies 2008, 169, 185f.

1225 Thomson, Comparative Political Studies 2008, 169, 187f.

1226 von Achenbach, Demokratische Gesetzgebung in der EU, S. 445.

Wechselwirkung zwischen dem nutzenmaximierenden Handeln eines Agenten und dem internen Entscheidungsmodus seines kollektiven Prinzipals auch auf die politische Gestaltungsfreiheit des Agenten auswirken. So deutet auch ein empirischer Befund von *M. Gastinger* und *A. Dür*, auf einen Zusammenhang zwischen dem Ermessen der Kommission als Agentin und den Mehrheitserfordernissen im Rat als deren kollektiven Prinzipal.[1227]

Da in Art. 16 Abs. 3 EUV die Beschlussfassung im Rat mit qualifizierter Mehrheit vorgesehen ist, sind einstimmige Beschlüsse nur in denjenigen Fällen vorgesehen, die im Europäischen Primärrecht eigens benannt sind.[1228] Jedenfalls für das Regelverfahren zum Abschluss völkerrechtlicher Abkommen nach Art. 218 Abs. 1 bis 6 AEUV, sieht Art. 218 Abs. 8 UAbs. 1 AEUV das Erfordernis einer qualifizierten Mehrheit für die in Art. 218 AEUV geregelten Ratsbeschlüsse vor. Ein Einstimmigkeitserfordernis ergibt sich für das Regelverfahren nach Art. 218 Abs. 1 bis 6 AEUV jedoch aus Art. 218 Abs. 8 UAbs. 2 S. 1 Var. 1, Art. 207 Abs. 4 UAbs. 2 und UAbs. 3 AEUV.[1229] Nach Art. 207 UAbs. 2 AEUV ist im Rat einstimmig abzustimmen, wenn eine nach Art. 218 Abs. 1 bis 6 AEUV zu begleitende Änderung des CETA (auch in Form eines Ausschussbeschlusses) den Dienstleistungsverkehr, Handelsaspekte des geistigen Eigentums oder ausländische Direktinvestitionen betrifft und bei inhaltsgleicher EU-interner Rechtssetzung Einstimmigkeit erforderlich wäre. Hinsichtlich möglicher Ausschussbeschlüsse nach dem CETA wird dies aber vorwiegend eng umfasste Einzelfälle betreffen. Nach UAbs. 3 ist in bestimmten Fällen ebenfalls einstimmig abzustimmen, wenn der Handel mit kulturellen und audiovisuellen Dienstleistungen oder Dienstleistungen des Sozial-, Bildungs- und Gesundheitssektors betroffen sind. Weitergehende Voraussetzungen hierfür sind eine mögliche Beeinträchtigung der kulturellen und sprachlichen Vielfalt oder der einzelstaatlichen Organisation und Verantwortlichkeit.

Für das vereinfachte Verfahren nach Art. 218 Abs. 9 Alt. 2 AEUV ist dagegen bereits unklar, ob die Ausnahmen des Art. 218 Abs. 8 UAbs. 2 S. 1 Var. 1 AEUV; Art. 207 Abs. 4 UAbs. 2 und UAbs. 3 AEUV überhaupt gelten. Der Wortlaut des Art. 218 Abs. 8 AEUV knüpft Abstimmungen im Rat „während des gesamten Verfahrens" an die dort normierten Mehrheitserfordernisse. Art. 218 Abs. 9

1227 Dür/Gastinger, European Union Politics 2021, 611, 617f.; ebd. S. 622-625.

1228 Vgl. zu Art. 218 Abs. 9 Alt. 2 AEUV: Lorenzmeier, in: Grabitz/Hilf/Nettesheim, Das Recht der Europäischen Union, Art. 218 AEUV, 76. EL, Mai 2022, Rn. 63a.

1229 Dashwood, EU Acts and Member State Acts in the Negotiation, Conclusion, and Implementation of International Agreements, S. 226.

AEUV steht zwar hinter dieser Regelung. Allerdings wird zum Teil davon ausgegangen, dass Art. 218 Abs. 8 AEUV, wie im Übrigen der in „allen Phasen des Verfahrens“ geltende Art. 218 Abs. 10 AEUV, auf sämtliche der in Art. 218 AEUV vorgesehenen Verfahren anzuwenden ist.[1230] Die Rechtsprechung des EuGH zu Mehrheitserfordernissen im Rat bei Standpunkten nach Art. 218 Abs. 9 Alt. 2 AEUV, im Fall eines Assoziationsabkommens nach Maßgabe von Art. 218 Abs. 8 UAbs. 2 S. 1 Var. 2 AEUV lässt allerdings weitere Zweifel hieran aufkommen.[1231] So hatte der Gerichtshof anlässlich einer Streitigkeit um einen auf Art. 217 AEUV (Abschluss und Änderung von Assoziationsabkommen) zu stützenden in den EU-Türkei-Assoziationsrat einzubringenden Unionsstandpunktes zu entscheiden, ob dieser nach Art. 218 Abs. 8 UAbs. 2 S. 1 Var. 2 AEUV durch einen einstimmigen Ratsbeschluss zu verabschieden gewesen wäre. Den Schlussanträgen der Generalanwältin *Kokott* folgend urteilte der EuGH, dass aus der Einschlägigkeit der Kompetenznorm des Art. 217 AEUV nicht auf ein Einstimmigkeitserfordernis nach Art. 218 Abs. 8 UAbs. 2 S. 1 Var. 2 AEUV zu schließen sei. So greife das Einstimmigkeitserfordernis nach Art. 218 Abs. 8 UAbs. 2 S. 1 Var. 2 AEUV nur im Fall des Abschlusses eines neuen Assoziationsabkommens oder im Fall einer strukturellen Änderung an einem solchen. Hierfür gelte das vereinfachte Verfahren des Art. 218 Abs. 9 Alt. 2 AEUV aber ohnehin nicht.[1232] Dem wird insbesondere der Wortlaut des Art. 218 Abs. 8 UAbs. 2 S. 1 AEUV entgegengehalten, der ein Einstimmigkeitserfordernis „wenn die Übereinkunft einen Bereich betrifft, in dem für den Erlass eines Rechtsakts der Union Einstimmigkeit erforderlich ist, sowie bei Assoziierungsabkommen“ und nicht nur bei deren Neuabschluss oder Änderungen von deren institutionellen Rahmen vorsieht. Dies müsse in systematischer Hinsicht auch für das vereinfachte Verfahren gelten, da Art. 218 Abs. 8 AEUV nach seinem Wortlaut „während des gesamten Verfahrens“ anwendbar ist.[1233] Hinzu komme die Relevanz für

1230 Appel, Das Internationale Kooperationsrecht der EU, S. 149f.

1231 Dashwood, EU Acts and Member State Acts in the Negotiation, Conclusion, and Implementation of International Agreements, S. 231f.; eindeutig hierzu: Mögele, in: Streinz, EUV/AEUV, Art. 218 AEUV, 3. Auflage 2018, Rn. 33; Lorenzmeier, in: Grabitz/Hilf/Nettesheim, Das Recht der Europäischen Union, Art. 218 AEUV, 76. EL, Mai 2022, Rn. 63a.

1232 EuGH, Rs. C-81/13, Rn. 66; GA Kokott, SchlA, Rs. C-81/13, Rn. 97; Dashwood, EU Acts and Member State Acts in the Negotiation, Conclusion, and Implementation of International Agreements, S. 232.

1233 Dashwood, EU Acts and Member State Acts in the Negotiation, Conclusion, and Implementation of International Agreements, S. 233.

Grundrechte und Grundfreiheiten, sowie der weite politische Gestaltungsspielraum die Ausschussgremien wie dem Assoziierungsrat nach dem Abkommen mit der Türkei zukomme.[1234] Ob in Bezug auf das CETA eine Anwendung des Art. 218 Abs. 8 AEUV auf das vereinfachte Verfahren nach Art. 218 Abs. 9 Alt. 2 AEUV besonders bedeutsam wäre, erscheint allerdings als fraglich. Ähnlich wie oben bei Art. 207 Abs. 4 UAbs. 2 AEUV ausgeführt, werden auch hier vorwiegend eng umfasste Einzelfälle von dem Erfordernis der Einstimmigkeit betroffen sein. Ein solcher Einzelfall kann insbesondere die Entscheidung über das Vorliegen eines finanzaufsichtsrechtlichen Einwands gegen eine Investorenklage nach Art. 13.21 Abs. 3 bis 5 CETA sein, die möglicherweise Sachfragen berühren kann, bei denen nach Art. 64 Abs. 3 oder Art. 65 Abs. 4 S. 2 AEUV im Rat einstimmig zu beschließen ist.

Aufgrund der Rolle des Rates als kollektiver Prinzipal ist die Frage, nach den dort geltenden Mehrheitserfordernissen, nicht ohne Folgen für die input-orientierte Legitimation, der auf EU-Ebene fallenden Entscheidungen über die Arbeit der CETA-Ausschüsse.[1235] Wird eine völkerrechtliche Bindung eingegangen, muss für den höchstrangigen Prinzipal, das Wahlvolk, erkennbar sein, welche zwischengeschaltete Instanz hierfür verantwortlich ist. Da im Verfahren nach Art. 218 Abs. 9 Alt. 2 AEUV keine derartige Zurechnung über das Europäische Parlament möglich ist, bleiben nur der Rat und die dort versammelten mitgliedstaatlichen Regierungen als verantwortliche Instanz.[1236] Werden Beschlüsse nach Art. 218 Abs. 9 Alt. 2 AEUV im Rat aber nicht einstimmig gefasst, wird die deutsche Bundesregierung wie die nationalen Regierungen der anderen EU-Mitgliedstaaten auch, als Teil eines kollektiven Prinzipals mediatisiert. Da auch im Anschluss an den Ratsbeschluss nach Art. 218 Abs. 9 Alt. 2 AEUV und den Beschluss des jeweiligen CETA-Ausschusses keine weitere Mitwirkung eines in der Bundesrepublik demokratisch legitimierten Amtsträgers mehr erforderlich ist, um die völkerrechtliche Verbindlichkeit herbeizuführen, würde bei einer nicht-einstimmigen Abstimmung im Rat der demokratische Verantwortungszusammenhang jedenfalls hinsichtlich der aus Sicht des Grundgesetzes zentralen

---

1234 Dashwood, EU Acts and Member State Acts in the Negotiation, Conclusion, and Implementation of International Agreements, S. 233f.

1235 Zum vorliegend angewandten Legitimationsverständnis vgl. Kapitel I Abschnitt C.

1236 Kempen, Verfassungsbeschwerdeschrift in dem Verfahren 2 BvR 1482/16 vor dem Bundesverfassungsgericht, S. 108f.; von Achenbach, Demokratische Gesetzgebung in der EU, S. 440; BVerfG, Urteil vom 13.10.2016, 2 BvR 1368/16 u.a., Rn. 64.

input-orientierte Legitimation unterbrochen.[1237] Durch eine einstimmige Beschlussfassung wird den einzelnen im Rat versammelten Regierungsvertretern dagegen ein Vetorecht einräumt. Eine Mediatisierung der Regierungen der einzelnen Mitgliedstaaten und ihrer politischen Verantwortlichkeit gegenüber den nationalen Parlamenten wird auf diesem Wege vermieden.[1238] Da die bei Unterabschnitt B. V. des vorliegenden Kapitels behandelten Mechanismen zur Kontrolle des Bundestages und des Bundesrates (insbesondere diejenigen nach Art. 23 Abs. 2 bis Abs. 7 GG) auch zur Anwendung kommen, wenn auf der EU-Ebene das Verfahren nach Art. 218 Abs. 9 Alt. 2 AEUV durchgeführt wird, entscheiden die im Rat geltenden Mehrheitserfordernisse auch über die Wirksamkeit der auf nationaler Ebene bestehenden Kontrollmechanismen.[1239]

c. Problematik einer Ausweitung der Unionskompetenzen zu Lasten der EU-Mitgliedstaaten

Die Frage nach den Mehrheitserfordernissen im Rat stellt sich, bei Entscheidungsgegenständen die bei den EU-Mitgliedstaaten verbliebene Kompetenzen berühren können, mit besonderer Dringlichkeit. So besteht die Besorgnis, die EU könne im Bereich der gemeinsamen Handelspolitik ihre Tätigkeiten über die unmittelbare Regelung von Außenhandelsfragen hinaus, auf regulierungsrechtliche Fragen „hinter der Grenze“ ausweiten. Eine solche Kompetenzverschiebung durch die Hintertür oder auch „competence creep“ drohe die Grenzen der im Rahmen der Zustimmung des deutschen Gesetzgebers zum Vertrag von Lissabon, als dem aktuellen Stand des Europäischen Primärrechts, auf die EU übertragenen Befugnisse zu überschreiten.[1240] In den hiervon betroffenen Sachgebieten verlören die Mitgliedstaaten gegenüber der EU ihr Recht eigenständig gegenüber Drittstaaten zu handeln und würden insoweit durch die EU mediatisiert.[1241] Dem wird zwar richtigerweise entgegengehalten, dass die Ausdehnung der Regelungsgegenstände von Freihandelsabkommen auf die innerstaatliche Regulierung kein neues Phänomen sei und zum Zeitpunkt der EU-Primärrechtsreform, durch den Vertrag von Lissabon, seit Jahrzehnten eine,

---

1237 Vgl. Kempen, Verfassungsbeschwerdeschrift in dem Verfahren 2 BvR 1482/16 vor dem Bundesverfassungsgericht, S. 108-110.

1238 Vgl. Weiß, Demokratische Legitimation und völkerrechtliche Governancestrukturen, S. 218.

1239 Weiß, Kann Freihandel Demokratie und Rechtsstaat gefährden?, S. 32f.

1240 Nettesheim, Umfassende Freihandelsabkommen und Grundgesetz, S. 84-86.

1241 Nettesheim, Umfassende Freihandelsabkommen und Grundgesetz, S. 86.

von den nationalen Parlamenten, bei ihrer Zustimmung, zu berücksichtigende Realität war. Auch sind die Rechtsgrundlagen der gemeinsamen Handelspolitik gemäß Art. 205 und Art. 207 Abs. 1 S. 2 AEUV, vor dem Hintergrund des in Art. 21 Abs. 2 EUV verbindlich normierten politischen Programms anzuwenden. So ist es auch naheliegend umwelt-, arbeits- und sozialpolitische Aspekte mit Fragen des gemeinsamen Außenhandels zu verbinden und nicht komplett in der Verantwortung der EU-Mitgliedstaaten zu belassen.[1242] Allerdings kann die EU im Rahmen gemischter Abkommen wie dem CETA auf der völkerrechtlichen Ebene Haftungsgründe für die Mitgliedstaaten schaffen. Der Vertragspartner, bei CETA Kanada, braucht sich ohne eine ihm gegenüber völkerrechtlich verbindlichen Abgrenzung der Kompetenzbereiche der EU und ihrer Mitgliedstaaten nicht um diese unionsinternen Besonderheiten zu kümmern. Stattdessen ist die EU nach außen im vollen Umfang handlungsbefugt. Die Mitgliedstaaten hierbei können nur im Rahmen der EU-Gremien auf ein bestimmtes Verhalten der EU-Organe hinwirken. So ist es möglich, dass sich die EU nach außen Kompetenzen aneignet, die sie gegenüber den Mitgliedstaaten nicht hat. Dies führt auch zu einer Erweiterung der Handlungsmöglichkeiten der EU-Organe, da in ihren Gremien über den Auftritt in Angelegenheiten verhandelt wird, für die die EU nach dem AEUV nicht zuständig wäre.[1243] Dies scheint nach den Urteilen in den Rechtssachen Merck und Dior auch der Auffassung des EuGH zu entsprechen, der dort die Befugnis zur Auslegung von Bestimmungen des in geteilter Zuständigkeit durch die EG und ihre Mitgliedstaaten geschlossenen TRIPS-Abkommens beansprucht hat.[1244] Wie in Kapitel II der vorliegenden Untersuchung[1245] thematisiert wurde, hat der EuGH eine entsprechend weite Auslegung der EU-Außenkompetenzen in seiner jüngeren Rechtsprechung bestätigt und methodisch ausgestaltet. Bereits im Singapur-Gutachten und ausführlicher in der Rechtssache C-600/14 (OTIF) trennte der EuGH die Frage nach der inneren Zuständigkeitsverteilung zwischen der Union und den Mitgliedstaaten nach Art. 2 AEUV von der Frage nach der völkerrechtlichen Vertragsschlusskompetenz nach Art. 216 Abs. 1 AEUV. Letztere hänge

---

1242 Zusammenfassend hierzu: Krajewski, Stellungnahme der Bundestagsfraktion Bündnis 90/Die Grünen in den Verfahren 2 BvR 1368/16 u.a. vor dem Bundesverfassungsgericht, S. 12f. (= S. 136f.).

1243 Nettesheim, Umfassende Freihandelsabkommen und Grundgesetz, S. 92-94; ebd., S. 106f.; Schroeder, EuR 2018, 119, 134f.

1244 Nettesheim, Umfassende Freihandelsabkommen und Grundgesetz, S. 94; EuGH, Rs. C-431/05 (Merck), Rn. 33; EuGH, Rs. C-300/98 (Dior), Rn. 33.

1245 Dort Unterabschnitt B. I.

nicht direkt mit der innenrechtlichen Kompetenzverteilung nach Art. 2 AEUV zusammen, sondern richte sich nach den vier tatbestandlichen Varianten des Art. 216 Abs. 1 AEUV.[1246] Werden im Rat, der aufgezeigten Logik einer expansiven Handhabung von EU-Außen- bzw. Vertragsschlusskompetenzen folgend, verstärkt Beschlüsse zur Behandlung regulierungsrechtlicher Fragen in den CETA-Ausschüssen gefasst, stellt sich das Problem nach einer effektiven Mitwirkung der einzelnen mitgliedstaatlichen Regierungen umso drängender. So muss etwa der Deutsche Bundestag in die Lage versetzt sein, zu entscheiden ob ein konkreter Beschlussfassungsgegenstand eines CETA-Ausschusses einer parlamentarischen Mitwirkung, insbesondere nach Art. 23 Abs. 3 GG, bedarf ohne vor vollendeten Tatsachen zu stehen.[1247] Hier stellt sich verstärkt die Frage, wie der Rat als kollektiver Prinzipal der EU-Kommission die Interessen der in ihm repräsentierten EU-Mitgliedstaaten angemessen aggregieren kann.

d. *Zwischenergebnis zu Punkt 1.*

Wie bereits in Kapitel II aufgezeigt wurde, tritt der Rat bei der unionsinternen Willensbildung, hinsichtlich der Arbeit der CETA-Ausschüsse, als kollektiver Prinzipal der EU-Kommission auf. Zentral für die Fähigkeit des Rates hierbei agency slack durch die EU-Kommission zu begegnen sind die innerhalb des Rats geltenden Mehrheitserfordernisse. In diesem Sinne zwingt ein Einstimmigkeitserfordernis im Rat die Kommission bereits bei der Ausarbeitung eines Vorschlages dazu sämtliche durch die Regierungen der EU-Mitgliedstaaten in den Rat eingebrachten Interessen zu berücksichtigen. Vor dem Hintergrund einer expansiven Handhabung der von der EU nach Art. 216 Abs. 1 AEUV nach außen in Anspruch genommenen Vertragsschlusskompetenzen, welche über die der EU im Innenverhältnis zu den Mitgliedstaaten zustehenden Kompetenzen überschreiten kann, verschärft sich diese Problematik auch hinsichtlich der Mitwirkung der EU in internationalen Vertragsgremien, wie denjenigen nach dem CETA. Soll entlang der Delegationskette von den mitgliedstaatlichen Legislativorganen, über die mitgliedstaatlichen Regierungen und den Rat zur EU-Kommission eine sachgerechte Kontrolle der Mitwirkung der EU-Kommission in einem Vertragsgremium gewährleistet sein, stehen die im Rat geltenden

1246 EuGH, Gutachten 2/15 (Singapur), Rn. 171 u. Rn. 239; EuGH, Rs. C-600/14 (OTIF), Rn. 49.

1247 Weiß, Kann Freihandel Demokratie und Rechtsstaat gefährden?, S. 32f.; vgl. auch zum Verfahren auf Bundesebene: Mayer, ZEuS 2016, 391, 397f.

Mehrheitserfordernisse im Zentrum der sich anschließenden Diskussion um geeignete Kontrollmechanismen.

2. *Kontrollmechanismen auf der EU-Ebene*

Wie oben beschrieben ist die Kommission deutlich freier in ihrer politischen Gestaltung, wenn sie nicht auf alle im Rat geäußerten Positionen Rücksicht nehmen muss und zumindest einzelne davon übergehen kann. Besteht dagegen das Erfordernis einer einstimmigen Entscheidung, kann jeder einzelne EU-Mitgliedstaat durch die Verweigerung seiner Zustimmung den gesamten Entscheidungsprozess blockieren.[1248] Vor diesem Hintergrund ist auch der Einfluss des Deutschen Bundestages und des Bundesrates (insbesondere nach Art. 23 Abs. 2 bis 5 GG) auf die Arbeit der CETA-Ausschüsse im hohen Maße davon abhängig, ob die Bundesregierung im Rat überstimmt werden kann oder nicht. So können die in Unterabschnitt B. V. des vorliegenden Kapitels behandelten Mechanismen zur Kontrolle der Bundesregierung bei ihrer Mitwirkung im Rat weitgehend leerlaufen, wenn es dort zu einer Überstimmung der Bundesrepublik kommt.[1249]

So hat das Bundesverfassungsgericht in seinem Urteil vom 13. Oktober 2016 und seinem Beschluss vom 09. Februar 2022 in Sachen CETA verlangt, dass im Verfahren nach Art. 218 Abs. 9 AEUV nur einstimmig über Beschlüsse des Gemischten CETA-Ausschusses zur Änderung von Anhängen und Protokollen des Abkommens nach Art. 30.2 Abs. 2 CETA abzustimmen ist.[1250] Im Rahmen des Ratsbeschlusses über die Unterzeichnung und die vorläufige Anwendung des CETA im Namen der EU haben Rat und Kommission eine gemeinsame Erklärung abgegeben. Nach dem im Gemischten CETA-Ausschuss einzunehmende Standpunkte „zu einem Beschluss dieses Ausschusses, der in die Zuständigkeit der Mitgliedstaaten fällt, einvernehmlich“ festgelegt werden.[1251] Dies geht hinsichtlich der erfassten Ausschusskompetenzen über die Forderung des Bundesverfassungsgerichts hinaus. Da die Aussage des Bundesverfassungsgerichts ausdrücklich für die vorläufige Anwendung des Abkommens gilt,[1252]

1248 Kerremans, Proactive policy entrepreneur or risk minimizer?, S. 178.

1249 Weiß, Kann Freihandel Demokratie und Rechtsstaat gefährden?, S. 32f.

1250 BVerfG, Urteil vom 13.10.2016, 2 BvR 1368/16 u.a., Rn. 71; BVerfG, Beschluss vom 09.02.2022, 2 BvR 1368/16 u.a., Rn. 185; ebd. Rn. 191.

1251 Rat der EU, Erklärungen für das Ratsprotokoll, ABl. EU, 14.01.2017, L 11/9, Ziff. 19.

1252 „Einer etwaigen Berührung der Verfassungsidentität (Art. 79 Abs. 3 GG) durch Kompetenzausstattung und Verfahren des Ausschusssystems kann – jedenfalls im

bleibt außerdem für den Fall eines erneuten Verfahrens abzuwarten, ob das Bundesverfassungsgericht insoweit an ein Zustimmungsgesetz zum CETA einen strengeren Maßstab anlegen wird.[1253] Die Bundesregierung hat in der Entwurfsbegründung zum Zustimmungsgesetz angekündigt, sich um ein gleichlautendes Einstimmigkeitserfordernis, nach der vorläufigen Anwendung zu bemühen.[1254] Der Bundestag hat in einer bei Beschluss des Zustimmungsgesetzes zum CETA verabschiedeten Entschließung die Auffassung geäußert, dass sich besagte Erklärung ohnehin nicht nur auf die vorläufige Anwendung beziehe, sondern auch auf die Zeit ab dem vollständigen Inkrafttreten des CETA.[1255]

Im Hinblick auf die Absicherung input-orientierten Legitimation[1256] von Ausschussbeschlüssen im EU-Zuständigkeitsbereich und vor dem Hintergrund der vorstehend in Unterpunkt 1. c. skizzierten Problematik einer expansiven Auslegung von Art. 216 Abs. 1 AEUV, erscheint es allerdings auch als sinnvoll, ein Einstimmigkeitserfordernis im Verfahren nach Art. 218 Abs. 9 Alt. 2 AEUV auch auf weitere mögliche Beschlüsse der CETA-Ausschüsse auszudehnen, die nicht unter die Zuständigkeit der Mitgliedstaaten fallen. Zwar kann und sollte sich ein selbst auferlegtes Einstimmigkeitserfordernis des Rates bereits aus Gründen der Praktikabilität auf Kompetenzen der CETA-Ausschüsse und insbesondere des Gemischten CETA-Ausschusses beschränken, die aufgrund ihrer Beschlussfassungsgegenstände den Grenzen zwischen dem Anwendungsbereich des vereinfachten Verfahrens nach Art. 218 Abs. 9 Alt. 2 AEUV und des Regelverfahrens nach Art. 218 Abs. 1 bis Abs. 6 AEUV nahekommen. Neben Art. 30.2 Abs. 2 CETA kommt hierbei allerdings bereits eine erhebliche Menge Kompetenzen des Gemischten CETA-Ausschusses in Betracht, die jedenfalls in Teilen bereits nicht mehr unter Art. 218 Abs. 9 Alt. 2 AEUV fallen. Gerade bei Art. 26.1 Abs. 5 lit. a, lit. g, lit. h und lit. e, bei Art. 30.10 Abs. 4, bei Art. 8.28 Abs. 7, bei Art. 2.13 Abs. 1 lit. b, bei Art. 4.7 Abs. 1 S. 2 lit. f, bei Art. 8.10 Abs. 3, bei

---

Rahmen der vorläufigen Anwendung – auf unterschiedliche Weise begegnet werden. [...]": BVerfG, Urteil vom 13.10.2016, 2 BvR 1368/16 u.a., Rn. 71.

1253 So auch: Nettesheim, Umfassende Freihandelsabkommen und Grundgesetz, S. 131; vgl. auch: BVerfG, Beschluss vom 09.02.2022, 2 BvR 1368/16 u.a., Rn. 189f.; a.A. Grzeszick, Stellungnahme des Deutschen Bundestages in den Verfahren 2 BvR 1368/16 u.a. vor dem Bundesverfassungsgericht, S. 71 unter Berufung auf: BVerfG, Beschluss vom 07.12.2016, 2 BvR 1444/16 u.a., Rn. 30.

1254 BT-Drs. 20/3443, S. 8.

1255 BT-Drs. 20/4731, S. 7.

1256 Hierzu: Kapitel I Abschnitt C.

Art. 8.31 Abs. 3 und bei Art. 23.11 Abs. 5 CETA[1257] kann es sinnvoll sein, einen Beschluss, der noch keine Änderung des institutionellen Rahmens des CETA oder dessen wesentlicher Bestimmungen bedeutet, zwar nach Art. 218 Abs. 9 Alt. 2 AEUV vorzubereiten, hierbei aber eine einstimmige Entscheidung im Rat vorzusehen. Gleiches gilt für die Kompetenz des Ausschusses für Finanzdienstleistungen nach Ziff. 9 der Vereinbarung über die Anwendung der Art. 13.16 Absatz 1 und Art. 13.21 die dem Gremium erheblichen inhaltlichen Einfluss auf die Erfolgsaussichten zukünftiger Klagen vor dem mit Kapitel 8 installierten Investitionsgericht einräumt.[1258] Zu berücksichtigen sind hier auch die Kompetenzen des Ausschusses für Warenhandel nach Art. 21.7 Abs. 5 bis 7 CETA und nach Art. 18 lit. d des Protokolls über die gegenseitige Anerkennung der Ergebnisse von Konformitätsbewertungen.[1259] Hinzu kommen schließlich die Kompetenzen des Gemischten Verwaltungsausschusses für gesundheitspolizeiliche und pflanzenschutzrechtliche Maßnahmen nach Art. 5.11 Abs. 3 und nach Art. 5.14 Abs. 2 lit. d CETA.[1260]

Unabhängig von der Frage, ob die genannte Erklärung zum Ratsprotokoll[1261] nach dem vollständigen Inkrafttreten weiterhin gilt und welche Ausschusskompetenzen zusätzlich in ein Einstimmigkeitserfordernis mit einbezogen werden sollten, ist im Rat auch auf diesem Wege „ein bestimmender Einfluss eines jeden Mitgliedstaates im Gemeinsamen CETA-Ausschuss für die in nationaler Zuständigkeit liegenden Fragen“[1262] nicht unbedingt gesichert. Ob den Regierungen der EU-Mitgliedstaaten ein Veto-Recht im Rat zusteht oder ob sie die Positionen und Interessen des von ihnen vertretenen Staates in einem völkerrechtlichen

---

1257 Zur Einordnung dieser Kompetenzen des Gemischten CETA-Ausschusses zwischen Art. 218 Abs. 9 Alt. 2 AEUV und Art. 218 Abs. 1 bis Abs. 6 AEUV siehe Unterabschnitt B. II. Punkt 1. und Unterabschnitt B. III. Unterpunkt 2. a. des vorliegenden Kapitels.

1258 Vgl. hierzu: Kapitel III Unterabschnitt B. II. Unterpunkt 4. b. aa. (3).

1259 Hierzu: Kapitel III Unterabschnitt B. II. Unterpunkt 4. a. aa. (2) und Unterabschnitt B. VII.

1260 Zur Einordnung dieser Kompetenzen des Gemischten Verwaltungsausschusses für gesundheitspolizeiliche und pflanzenschutzrechtliche Maßnahmen zwischen Art. 218 Abs. 9 Alt. 2 AEUV und Art. 218 Abs. 1 bis Abs. 6 AEUV siehe Unterabschnitt B. II. Punkt 6. und Unterabschnitt B. III. Unterpunkt 2. f. des vorliegenden Kapitels.

1261 Rat der EU, Erklärungen für das Ratsprotokoll, ABl. EU, 14.01.2017, L 11/9, Ziff. 19.

1262 Grzeszick, Stellungnahme des Deutschen Bundestages in den Verfahren 2 BvR 1368/16 u.a. vor dem Bundesverfassungsgericht, S. 71.

Vertragsgremium selbst einbringen und damit den Inhalt der dort schließlich zu treffenden Entscheidung mitbestimmen können, ist für deren demokratische Rückbindung durchaus von Belang.[1263]

Eine gewisse inhaltliche, Kontrolle der Kommission durch die im Rat als kollektiven Prinzipal versammelten Regierungen der Mitgliedstaaten besteht jedenfalls bei der Verhandlung von Beschlüssen der CETA-Ausschüsse, die auf der EU-Ebene ein Verfahren nach Art. 218 Abs. 1 bis 6 AEUV erfordern. Hier hat die Kommission nach Art. 207 Abs. 3 UAbs. 3 AEUV im Benehmen und unter der Aufsicht des beim Rat angesiedelten Ausschusses für Handelspolitik[1264] zu führen. Dieser stellt in seinem Anwendungsbereich einen gemeinsamen Kontrollmechanismus der nationalen Regierungen der EU-Mitgliedstaaten gegenüber der Kommission dar. Zumindest eignet er sich zur Überwachung der Verhandlungsführung durch die EU-Kommission und zur Kommunikation der Interessen der von den einzelnen im Rat vertretenen nationalen Regierungen. Besteht im Rat Einigkeit in einer Sachfrage, kann der Ausschuss für Handelspolitik die gemeinsamen Interessen der EU-Mitgliedstaaten gegenüber der Kommission aggregieren.[1265]

In der Literatur ist auch der Vorschlag zu finden, auf der Ebene der Bundesrepublik im Begleitgesetz zum CETA, für Ausschusskompetenzen die den mitgliedstaatlichen Kompetenzbereich berühren können, zunächst eine Prüfung durch den jeweils zuständigen Bundestagsausschuss vorzusehen. Der Bundestagsausschuss müsste dann entscheiden, ob er ein Zustimmungserfordernis bejaht und er die Zustimmung erteilt oder verweigert.[1266] Auf der völkerrechtlichen Ebene wäre anlässlich der Unterzeichnung des CETA durch die Bundesrepublik ein Vorbehalt nach Art. 19 der Wiener Vertragsrechtskonvention anzubringen. Aus diesem müsste das Zustimmungserfordernis für Entscheidungen der

---

1263 Krajewski, Stellungnahme der Bundestagsfraktion Bündnis 90/Die Grünen in den Verfahren 2 BvR 1368/16 u.a. vor dem Bundesverfassungsgericht, S. 22 (= S. 146); vgl. weitergehend: von Achenbach, Demokratische Gesetzgebung in der EU, S. 64.

1264 Auch: „133er-Ausschuss" oder „Trade Policy Committee" bzw. „TPC" (siehe oben: Unterabschnitt C. I. Punkt 1.).

1265 Vgl. hierzu: Kerremans, Proactive policy entrepreneur or risk minimizer?, S. 178; siehe weiter: Gastinger, Journal of European Public Policy 2016, 1367, insb. S. 1380f., der diese Entwicklung anhand der mit Indien zwischen 1969 und 2014 ausgehandelten Abkommen Commercial Co-operation Agreement (CCA), Commercial and Economic Co-operation Agreement (CECA), Co-operation Agreement on Partnership and Development (CAPD) und dem Freihandelsabkommen von 2014 zeigt.

1266 Vgl. Nettesheim, Umfassende Freihandelsabkommen und Grundgesetz, S. 143f.

CETA-Ausschüsse hervorgehen, soweit der EU zwar nach Art. 216 Abs. 1 AEUV eine Außenzuständigkeit zukommt, im Innenverhältnis zu den Mitgliedstaaten jedoch die ausschließlichen oder mit den EU-Mitgliedstaaten geteilten Unionszuständigkeiten nicht ausreichen.[1267] Mit dem Beschluss des Zustimmungsgesetzes zum CETA im Deutschen Bundestag und den Bundesrat erscheint die Einführung eines solchen Kontrollmechanismus jedoch als höchst unwahrscheinlich. Auch wenn die Einbindung des jeweils zuständigen Bundestagsausschusses vor einer Entscheidung eines CETA-Ausschusses möglich bleibt, ist die völkerrechtliche Absicherung mittels eines Vorbehaltes deutlich erschwert. So ist es nach den Ausführungen der International Law Commission der Vereinten Nationen nur möglich, einen wirksamen Vorbehalt zeitlich nach dem eigenen Ratifizierungsakt abzugeben, wenn dies im Vertrag ausdrücklich vorgesehen ist oder wenn keine andere Vertragspartei innerhalb vom zwölf Monaten widerspricht.[1268]

Somit stellt ein Einstimmigkeitserfordernis im Rat den effektivsten Kontrollmechanismus dar, mit dem möglichem agency slack der EU-Kommission gegenüber dem Rat als kollektiven Prinzipal, bzw. den im Rat vertretenen mitgliedstaatlichen Regierungen, entgegengewirkt werden kann. Gemäß einer gemeinsamen Erklärung zum Ratsprotokoll, welche im Zuge der Ratsbeschlüsse zur Unterzeichnung und vorläufigen Anwendung des CETA abgegeben wurde, gilt ein solches Einstimmigkeitserfordernis gegenwärtig für Beschlüsse des Gemischten CETA-Ausschusses, welche unter eine mitgliedstaatliche Kompetenz fallen.[1269] Wie vorstehend näher begründet wurde, plädiert die vorliegende Untersuchung dafür, ein solches Einstimmigkeitserfordernis jedenfalls auch für eine Reihe von Kompetenzen des Gemischten CETA-Ausschusses, des Ausschusses für Finanzdienstleistungen, des Ausschusses für Dienstleistungen und Investitionen sowie des Gemischten Verwaltungsausschusses für gesundheitspolizeiliche und pflanzenschutzrechtliche Maßnahmen vorzusehen. Entscheidend für diese Einordnung ist, dass eine Kompetenz aufgrund ihrer Beschlussfassungsgegenstände den Grenzen zwischen dem Anwendungsbereich des vereinfachten Verfahrens nach Art. 218 Abs. 9 Alt. 2 AEUV und des Regelverfahrens nach Art. 218 Abs. 1 bis Abs. 6 AEUV so nahe, dass jedenfalls im

---

1267 Nettesheim, Umfassende Freihandelsabkommen und Grundgesetz, S. 143f.

1268 Giegerich, Threaties, Multilateral, Reservations to, in: MPEPIL, Rn. 12; Vereinte Nationen, Guide to Practice on Reservations to Treaties, Ziff. 2.3-2.3.2.

1269 Rat der EU, Erklärungen für das Ratsprotokoll, ABl. EU, 14.01.2017, L 11/9, Ziff. 19.

Einzelfall der Anwendungsbereich des Art. 218 Abs. 9 Alt. 2 AEUV überschritten werden kann.

3. *Zwischenergebnis zu Unterabschnitt II.*

Die im Rat geltenden Mehrheitserfordernisse sind entscheidend für die Fähigkeit des Rates als kollektiven Prinzipal die Kommission als seine Agentin zu kontrollieren. Dies wirkt sich indirekt auch auf die Möglichkeiten der deutschen Bundesregierung aus, die Politik der Kommission in den CETA-Ausschüssen über den Rat mitzugestalten, insbesondere da sie bei einem Einstimmigkeitserfordernis dort nicht überstimmt werden kann. Die EU-primärrechtlichen Regelungen zum Abstimmungsmodus im Rat erfordern jedoch in den meisten Fällen, insbesondere im Verfahren nach Art. 218 Abs. 9 Alt. 2 AEUV, nur eine qualifizierte Mehrheit. Ein Einstimmigkeitserfordernis existiert allerdings – jedenfalls für den Zeitraum der vorläufigen Anwendung des CETA – bereits gemäß einer gemeinsamen Erklärung zum Ratsprotokoll, für Ratsbeschlüsse zu Unionsstandpunkten, hinsichtlich Beschlussfassungsgegenständen des Gemischten CETA-Ausschusses, welche unter eine mitgliedstaatliche Kompetenz fallen.[1270] Eine darüber hinaus gehende Selbstbindung des Rates an ein Einstimmigkeitserfordernis für bestimmte Abstimmungen im Rahmen des Verfahrens nach Art. 218 Abs. 9 Alt. 2 AEUV wäre ein noch weiter gehender Kontrollmechanismus für den Rat als kollektiven Prinzipal der Kommission. Dieser Kontrollmechanismus wäre nicht nur für die Wirksamkeit der Kontrolle der EU-Kommission durch die im Rat versammelten mitgliedstaatlichen Regierungen relevant, sondern auf der Ebene der Bundesrepublik Deutschland auch für die Wirksamkeit der dortigen Einbindung von Bundestag und Bundesrat (insbesondere nach Art. 23 Abs. 2 bis 5 GG). Dennoch kann und sollte sich ein selbst auferlegtes Einstimmigkeitserfordernis des Rates unter Gesichtspunkten der Praktikabilität auf Kompetenzen der CETA-Ausschüsse und insbesondere des Gemischten CETA-Ausschusses beschränken, die aufgrund ihrer Beschlussfassungsgegenstände den Grenzen zwischen dem Anwendungsbereich des vereinfachten Verfahrens nach Art. 218 Abs. 9 Alt. 2 AEUV und des Regelverfahrens nach Art. 218 Abs. 1 bis 6 AEUV nahekommen.

1270 Rat der EU, Erklärungen für das Ratsprotokoll, ABl. EU, 14.01.2017, L 11/9, Ziff. 19.

III. Zwischenergebnis zu Abschnitt C.

Unter Zugrundelegung des in Kapitel II entwickelten Delegationskettenmodells kann es anlässlich der Arbeit der CETA-Ausschüsse in mehrerlei Hinsicht zu agency slack kommen. Die EU-Kommission tritt hierbei generell als Agentin der für die Zustimmung zum EU-Primärrecht zuständigen Organe der Mitgliedstaaten, in Deutschland also des Bundestages und des Bundesrates, in Erscheinung. Die Kommission wird hierbei jedoch nicht direkt durch die nationalen Legislativorgane überwacht, sondern durch das Europäische Parlament und den Rat.

Das Potential für agency slack im Verhältnis zwischen der EU-Kommission und dem Europäischen Parlament, hängt deutlich von dem jeweils auf der EU-Ebene einschlägigen Willensbildungsverfahren ab. Soweit allerdings nicht ausnahmsweise bei besonders weitreichenden Beschlüssen der CETA-Ausschüsse das Regelverfahren zum Abschluss völkerrechtlicher Abkommen nach Art. 218 Abs. 1 bis 6 CETA zur Anwendung kommt, reduziert sich die Rolle des EU-Parlaments auf ein „prüfendes Nachvollziehen“,[1271] die Betätigung unterschiedlicher Rechtsbehelfe zum EuGH und – soweit die vereinfachten Verfahren nach Art. 218 Abs. 9 Alt. 2 und Abs. 7 AEUV reichen – auf eine unverzügliche und umfassende Unterrichtung nach Art. 218 Abs. 10 AEUV. *De lege lata* ist als Minimalanforderung an die Mitwirkung der EU an der Arbeit der CETA-Ausschüsse im Sinne einer „(Nicht-)Delegationsdoktrin“ des Europarechts[1272] sicherzustellen, dass das jeweils einschlägige Verfahren Anwendung findet, insbesondere wenn ein Ausschussbeschluss über den Anwendungsbereich der vereinfachten Verfahren nach Art. 218 Abs. 9 Alt. 2 oder Abs. 7 AEUV hinausgeht und nach Art. 218 Abs. 1 bis 6 AEUV zu verfahren ist. Über den Buchstaben des europäischen Primärrechts hinausgehende Überlegungen beinhalten zunächst den vorzeitigen Beginn eines Trilogverfahrens, wenn absehbar ist, dass eine Entscheidung eines der im CETA eingerichteten Ausschüsse später auf der EU-Ebene einer Umsetzung im Rahmen des ordentlichen Gesetzgebungsverfahrens bedarf. Über diese informellen Kontrollmechanismen hinaus sind *de lege ferenda* noch weitere Kontrollmechanismen denkbar. So ist es denkbar nach

---

1271 Roland/Bieber, in: von der Groeben/Schwarze/Hatje (Hrsg.), Europäisches Unionsrecht, Band I, 7. Auflage 2015, Art. 14 EUV, Rn. 35; Weiß, EuR 2020, 407, 413. Seit 1979 wurden acht Misstrauensanträge gegen die Kommission gestellt, von denen bisher keiner erfolgreich war (Hölscheidt, in: Grabitz/Hilf/Nettesheim (Hrsg.), Das Recht der Europäischen Union, 71. EL August 2020, Art. 14 EUV, Rn. 31; ebd., Art. 234 AEUV, Rn. 17).

1272 Weiß, EuR 2020, 407, 415; ebd., S. 424f.

dem Vorbild der Rahmenvereinbarung über die Beziehungen zwischen dem Europäischen Parlament und der Europäischen Kommission oder auch über einen Sekundärrechtsakt, die Unterrichtung des EU-Parlaments weiter auszubauen und Europaabgeordneten einen Beobachterstatus bei den Sitzungen der CETA-Ausschüsse zu gewähren. Darüberhinausgehend könnte die Kommission verpflichtet werden, Empfehlungen des EU-Parlaments zu berücksichtigen und Abweichungen zu begründen. Hinzutreten Überlegungen zur Schaffung von Rechtsbehelfen, mit denen das Parlament die Aussetzung eines Ausschussbeschlusses oder ganzer Teile des CETA begehren könnte sowie die Einrichtung einer gemeinsamen parlamentarischen Versammlung mit Parlamentsabgeordneten Kanadas, denen auch Aussetzungs- oder Vetorechte zustehen.

Im Verhältnis der Kommission zum Rat besteht die zentrale Problematik in der Kontrolle der Kommission als Agentin durch den Rat als kollektiven Prinzipal. Wie in Unterabschnitt II. dargelegt wurde, sind hierbei die im Rat geltenden Mehrheitserfordernisse für eine wirksame Kontrolle der Kommission entscheidend. Indirekt ist davon auch die deutsche Bundesregierung betroffen, die bei einem Einstimmigkeitserfordernis im Rat nicht überstimmt werden kann. Ein solches Einstimmigkeitserfordernis existiert gegenwärtig – jedenfalls für den Zeitraum der vorläufigen Anwendung des CETA – gemäß einer gemeinsamen Erklärung zum Ratsprotokoll, für Ratsbeschlüsse zu Unionsstandpunkten hinsichtlich Beschlussfassungsgegenständen des Gemischten CETA-Ausschusses, welche unter eine mitgliedstaatliche Kompetenz fallen.[1273] Eine darüber hinaus gehende Selbstbindung des Rates an ein Einstimmigkeitserfordernis für bestimmte Abstimmungen im Rahmen des Verfahrens nach Art. 218 Abs. 9 Alt. 2 AEUV wäre ein noch weiter gehender Kontrollmechanismus für den Rat als kollektiven Prinzipal der Kommission.

D. Zwischenergebnis zu Kapitel IV

Für die hier untersuchte institutionelle Anbindung der CETA-Ausschüsse an das EU-Mehrebenensystem aus der Sicht der Bundesrepublik Deutschland ist eine Reihe von Problemfeldern von Belang. Dazu gehören zunächst Schwachstellen, wie sie typischerweise in (politisch-institutionellen) Delegationsbeziehungen auftreten, wie Informationsasymmetrien zwischen dem Agenten und dem Prinzipal oder die Möglichkeit einer Einflussnahme Dritter auf den Agenten. Unter Zugrundelegung des in Kapitel II entwickelten Delegationskettenmodells

1273 Rat der EU, Erklärungen für das Ratsprotokoll, ABl. EU, 14.01.2017, L 11/9, Ziff. 19.

kann es anlässlich der Arbeit der CETA-Ausschüsse insbesondere zwischen der EU-Kommission und dem Europäischen Parlament sowie zwischen der EU-Kommission und dem Rat als aus den mitgliedstaatlichen Regierungen zusammengesetzten kollektiven Prinzipal zu einem agency slack kommen.

Während die auf die Arbeit der CETA-Ausschüsse gerichtete Willensbildung der EU zunächst nach vier Verfahrensweisen verläuft, die in einem Stufenverhältnis zueinanderstehen, hängt auch die Einbindung des EU-Parlaments wesentlich vom jeweils einschlägigen Verfahren ab. Soweit nicht ausnahmsweise bei besonders weitreichenden Beschlüssen der CETA-Ausschüsse, die sich typischerweise mit einer Weiterentwicklung des CETA sowie seiner Protokolle und Anhänge als unvollständigem Vertrag befassen, das Regelverfahren zum Abschluss völkerrechtlicher Abkommen nach Art. 218 Abs. 1 bis 6 CETA zur Anwendung kommt, findet sich das Parlament in einer passiven Rolle wieder. *De lege lata* ist als Minimalanforderung an die Mitwirkung der EU an der Arbeit der CETA-Ausschüsse sicherzustellen, dass das jeweils einschlägige Verfahren Anwendung findet. Darüberhinausgehende Kontrollmechanismen können teilweise in informeller Weise geschaffen werden, teilweise auch durch eine nach Art. 295 AEUV verbindliche interinstitutionelle Vereinbarung oder durch einen EU-Sekundärrechtsakt, ohne dass es hierzu einer Reform der vertraglichen Grundlagen der EU bedarf. Hierbei wird es sich um eine, über Art. 218 Abs. 10 AEUV hinausgehende, systematische Unterrichtung des EU-Parlaments durch die Kommission über die Ausschussarbeit sowie um Aussetzungs- oder Vetorechte handeln.

Im Zusammenhang mit der Mediatisierung der EU-Mitgliedstaaten durch die Union entstehen darüber hinaus Problemstellungen, die in der Konstruktion des Rates als kollektiven Prinzipal begründet sind. Die im Rat geltenden Mehrheitserfordernisse sind hierbei für eine wirksame Kontrolle der Kommission entscheidend. Jedenfalls für den Zeitraum der vorläufigen Anwendung des CETA existiert auch bereits ein Einstimmigkeitserfordernis im Rat, wenn ein Beschlussfassungsgegenstand des Gemischten CETA-Ausschusses unter eine mitgliedstaatliche Kompetenz fällt.[1274] Im Hinblick auf eine Reihe an inhaltlich weitreichenden Beschlussfassungskompetenzen[1275] der CETA-Ausschüsse erscheint darüber hinaus, unabhängig von der Kompetenzabgrenzung der EU und ihrer Mitgliedstaaten, eine Selbstbindung des Rates an ein

1274 Rat der EU, Erklärungen für das Ratsprotokoll, ABl. EU, 14.01.2017, L 11/9, Ziff. 19.

1275 Für eine Aufzählung dieser Ausschusskompetenzen siehe oben: Unterabschnitt C. II. Punkt 2. des vorliegenden Kapitels.

Einstimmigkeitserfordernis im Verfahren nach Art. 218 Abs. 9 Alt. 2 AEUV als sinnvoll.

Auf der Ebene der Bundesrepublik Deutschland, ist für das weitere Verfahren zur Einbindung des Bundestages und des Bundesrates entscheidend, ob man zwischen dem CETA und den EU-Verträgen ein besonderes Nähe- und Ergänzungsverhältnis annimmt. Bejaht man dies mit der hier vertretenen Ansicht, richtet sich die Einbindung von Bundestag und Bundesrat, wie auch bei Beschlüssen der CETA-Ausschüsse im EU-Zuständigkeitsbereich, nach Art. 23 Abs. 2 bis 5 GG.[1276]

Eine Sonderstellung nimmt schließlich Art. 8.29 CETA ein, der es dem Gemischten CETA-Ausschuss ermöglicht, das in Kapitel 8 des CETA errichtete Investitionsschutzsystem in einen zukünftig durch ein multilaterales Abkommen zu errichtenden Investitionsstreitbeilegungsmechanismus zu überführen. Nach hiesiger Ansicht erfordert ein solcher Beschluss, sowohl für den Zuständigkeitsbereich der EU als auch für die bei der Bundesrepublik verbliebenen Rechtsetzungskompetenzen, eine erneute Übertragung von Hoheitsrechten. Sollte man annehmen, dass der aktuell noch nicht entstandene multilaterale Investitionsschutzmechanismus ebenfalls in einem besonderen Nähe- und Ergänzungsverhältnis zum EU-Recht stehen würde, bedeutet dies, dass sich in der Bundesrepublik Deutschland das durchzuführende Verfahren nach Art. 23 Abs. 1 S. 2 GG richten könnte. Falls man dieses besondere Nähe- und Ergänzungsverhältnis zum EU-Recht nicht annehmen sollte, tritt Art. 24 Abs. 1 GG an die Stelle des Art. 23 Abs. 1 S. 2 GG.

1276 Außerhalb des EU-Zuständigkeitsbereiches ist es darüber hinaus möglich, dass ein Ausschussbeschluss zusätzlich ein Zustimmungsgesetz nach Art. 59 Abs. 2 S. 1 GG erfordert, wenn er eine nachträgliche Änderung des CETA oder sonst eine Überschreitung der ursprünglich gegebenen Zustimmung bedeutet (siehe dazu: Kapitel II Unterabschnitt B. III. Unterpunkt 3. b.). Im Fall von Art. 26.1 Abs. 5 lit. a, lit. g und lit. h CETA kann in seltenen Fällen sogar eine zusätzliche Übertragung von Hoheitsrechten im Raum stehen, welche bei Vorliegen eines besonderen Näheverhältnis zum EU-Primärrecht eine Zustimmung nach Art. 23 Abs. 1 S. 2 GG erfordert (siehe dazu: Kapitel II Unterabschnitt B. III. Punkt 1.; vgl. Streinz, in: Sachs (Hrsg.), Grundgesetz, Art. 23 GG, 9. Auflage 2021, Rn. 56a).

Kapitel V: Fazit

Um die vorangegangene Untersuchung zu einem Abschluss zu führen, werden im Folgenden die in den vorangegangenen Kapiteln entwickelten Gedankengänge zu einem Fazit zusammengeführt. Dazu werden in Abschnitt A. zunächst einige methodische Aspekte des in Kapitel II der Arbeit konstruierten Prinzipal-Agenten Modells aufgegriffen. In Abschnitt B. wird die für die Struktur der vorliegenden Untersuchung bedeutsame Frage nach der Vertretung der EU-Mitgliedstaaten in den CETA-Ausschüssen behandelt. Abschnitt C. wendet sich den rechtlichen Wirkungen und den praktisch-politischen Funktionen der im CETA vorgesehenen Ausschussgremien zu. In Abschnitt D. werden die Ergebnisse zu den Kontrollmechanismen zusammengefasst, welche eine hinreichende demokratische Rückbindung der Arbeit der CETA-Ausschüsse gewährleisten sollen. Dabei werden auch Vorschläge zu möglichen zusätzlichen Vorkehrungen zusammengefasst.

A. Das in Kapitel II konstruierte Prinzipal-Agenten Modell

Zu Beginn der Untersuchung wurde in Kapitel II Unterabschnitt A. I. eine Mikroebene gewählt, die es ermöglicht, die Beziehungen der Unionsorgane und der Staatsorgane der Bundesrepublik Deutschland zu betrachten. Diese Herangehensweise entspricht dem zwischen der EU und ihren Mitgliedstaaten entstandenen Kompetenzgeflecht, in dem eine Betrachtung der einzelnen Mitgliedstaaten als nur von außen betrachteten Einheiten nicht ausreicht.

Wie in Unterabschnitt A. II. dargelegt wurde, geht die vorliegende Arbeit von einem Delegationsverständnis aus, in dem nach wie vor die Wahlvölker der jeweiligen EU-Mitgliedstaaten die höchstrangigen Prinzipale darstellen. Von diesen ausgehend, verlaufen unterschiedliche Delegationsketten zunächst auf die Ebene der jeweiligen nationalen Staatsorgane und von dort aus auf der Unionsebene weiter, über den Rat und die EU-Kommission, zu den durch das CETA eingerichteten Ausschussgremien. Die Unionsbürgerschaft und das aktive Wahlrecht zum Europäischen Parlament treten zwar neben die Staatsbürgerschaft und das Wahlrecht in den Mitgliedstaaten. Allerdings fehlt der EU nach wie vor die Fähigkeit, ihre völkervertraglichen Grundlagen selbsttätig zu reformieren, wie ein Staat dies nach seiner Verfassung könnte. Insbesondere ist die Union aufgrund des Grundsatzes der begrenzten Einzelermächtigung nicht dazu in der Lage, ihre hoheitlichen Zuständigkeiten selbst zu bestimmen. Somit erscheint auch das Europäische Parlament – trotz der direkten Wahl seiner Mitglieder – nicht als der direkte Agent der zu seiner Wahl berechtigten Unionsbürger.[1277] Vielmehr handelt es sich um ein Organ, das durch die Legislativorgane der EU-Mitgliedstaaten eingesetzt wurde und dass es deren Wahlvölkern ermöglicht, Volksvertreter zu wählen, die die Tätigkeit der Europäischen Kommission direkter und unmittelbarer kontrollieren können als die mitgliedstaatlichen Parlamente. Außerdem wird mit dem Europäischen Parlament ein durch direkte Wahl demokratisch legitimiertes institutionelles Gegengewicht zum mittelbar über die mitgliedstaatlichen Regierungen legitimierten Rat geschaffen. Aufgrund seiner direkten Anbindung an die, in ihrer Gesamtheit mit den Wahlvölkern der EU-Mitgliedstaaten personengleichen, Gemeinschaft der Unionsbürger trägt die institutionelle Ausgestaltung des Europäischen Parlaments dazu bei, die Interessen der souveränen Wahlvölker der EU-Mitgliedstaaten wesentlich direkter in den politischen Willensbildungsprozess auf der Unionsebene einzubeziehen.[1278]

Die eingangs gewählte Formulierung, dass die Wahlvölker der EU-Mitgliedstaaten im Rahmen des vorliegenden Delegationskettenmodells die höchstrangigen Prinzipale darstellen, muss für die Bundesrepublik Deutschland dahingehend modifiziert werden, dass deren Wahlvolk in zwei unterschiedlichen aber personell kongruenten Fragmentierungen vorliegt. Zum einen gibt es das Wahlvolk der Bundesrepublik Deutschland, zu dem alle bei den Wahlen zum Deutschen Bundestag aktiv wahlberechtigen (natürlichen) Personen gehören. Zum anderen gibt es die Wahlvölker der deutschen Bundesländer, die in ihrer Gesamtheit mit dem Wahlvolk der Bundesrepublik deckungsgleich, aber dennoch jeweils für sich genommen das Ende einer Delegationskette bilden.[1279]

Die von den Bundesländern ausgehenden Delegationsketten vereinen sich auf der Ebene des Bundesrates. Die so entstandene Delegationskette verschmilzt wiederum bei der Bundesregierung mit der vom Wahlvolk der Bundesrepublik als Ganzes ausgehenden und über den Bundestag verlaufenden Delegationskette.[1280] Von der Bundesregierung verläuft die Delegationskette weiter über den Rat zur Europäischen Kommission.[1281] Hinzu kommt eine Abzweigung der Delegationskette vom Bundestag und dem Bundesrat zum Europäischen Parlament und von dort aus wiederum weiter zur Kommission.[1282] Jedenfalls soweit

1277 Kapitel II Unterabschnitt A. II. Unterpunkt 3. a.
1278 Kapitel II Unterabschnitt A. II. Unterpunkt 3. b.
1279 Kapitel II Unterabschnitt A. II. Punkte 1. und 2.
1280 Vgl. Kapitel II Unterabschnitt C. IV.
1281 Kapitel II Unterabschnitt B. II. Punkt 1.
1282 Kapitel II Unterabschnitt B. II. Punkt 2.

die EU für die Gegenstände der Arbeit der CETA-Ausschüsse zuständig ist, ist es die Kommission die die Unionsvertreter in die Ausschüsse entsendet.[1283]

Durch die Inkraftsetzung des Ausschusssystems des CETA wird, nach dem geltenden EU-Primärrecht, gerade die Abzweigung der Delegationsketten über das Europäische Parlament geschwächt, da im Vorfeld der Arbeit der CETA-Ausschüsse die Willensbildung der Union großenteils im Rahmen des vereinfachten Verfahrens nach Art. 218 Abs. 9 Alt. 2 AEUV stattfindet. Hierbei wird das Europäische Parlament aber nicht aktiv eingebunden, sondern nur informiert. Dies gilt ohne Rücksicht darauf, ob das Europäische Parlament im Rahmen unionsinterner Rechtssetzungen über den gleichen Gegenstand aktiv (etwa im Rahmen des ordentlichen Gesetzgebungsverfahrens) zu beteiligen wäre oder bei der Umsetzung eines Beschlusses eines CETA-Ausschusses in das Unionsrecht zu beteiligen sein wird. Insoweit wirkt sich die Inkraftsetzung des CETA, bei allen dort vorgesehenen Ausschusskompetenzen, die auf der Unionsseite in den Anwendungsbereich des Art. 218 Abs. 9 Alt. 2 AEUV fallen, als Delegation von Befugnissen des Europäischen Parlaments an den Rat aus. Dies bedeutet indirekt auch eine Delegation von Befugnissen des Europäischen Parlaments an die mitgliedstaatlichen Regierungen (also auch der deutschen Bundesregierung) zur gemeinsamen Wahrnehmung im Rat.[1284]

B. Frage der Vertretung der EU-Mitgliedstaaten in den CETA-Ausschüssen

Soweit die EU-Mitgliedstaaten überhaupt noch für Gegenstände der Ausschussarbeit nach dem CETA zuständig sind, stellt sich die Frage nach deren direkter Vertretung in den CETA-Ausschüssen. In dieser Hinsicht ist das CETA jedoch äußerst vage ausgestaltet, was auch darin begründet liegt, dass das Abkommen zunächst als EU-Only-Abkommen ausgehandelt und konzipiert wurde.[1285] Nach der Rechtsprechung des EuGH im Rahmen des Gutachtens zum mit Singapur geschlossenen EUSFTA, sowie im OTIF-Urteil ist jedoch davon auszugehen, dass ohnehin äußerst wenig Raum für eine eigenständiges Auftreten der EU-Mitgliedstaaten in den CETA-Ausschüssen bestehen wird. Wie in Kapitel II Unterabschnitt B. I. ausführlich dargestellt wurde, kommt der EuGH in besagter Rechtsprechung zu dem Ergebnis, dass sich die Außenkompetenzen der

---

1283 Kapitel II Abschnitt D.

1284 Kapitel II Unterabschnitt B. I. und Unterabschnitt B. III. Punkt 1.

1285 Kapitel II Unterabschnitt B. I.

Union unabhängig vom Kompetenzgefüge gegenüber den Mitgliedstaaten nach Art. 216 Abs. 1 AEUV richten. Dies führe zu alleinigen Kompetenzen der Union zur Eingehung völkerrechtlicher Übereinkünfte. Eine solche Kompetenz der Union könne sich aus dem EUV, dem AEUV oder einem verbindlichen Rechtsakt der Union ergeben. Weiter könne sie auch bestehen, wenn sie zur Erreichung der in den Verträgen festgesetzten Zielen erforderlich sei. Schließlich könne eine Außenkompetenz der Union auch gegeben sein, wenn ein völkerrechtlicher Vertragsschluss einzelner EU-Mitgliedstaaten gemeinsame Vorschriften beeinträchtigen oder sich auf deren Anwendungsbereich auswirken könnte. Wird diese Rechtsprechung auf die im CETA vorgesehenen Ausschüsse übertragen, kann auch in Regelungsbereichen des Abkommens für die eine zwischen der Union und deren Mitgliedstaaten geteilte Zuständigkeit besteht, eine alleinige Außenkompetenz der Union vorliegen. Dies betrifft insbesondere den Schutz ausländischer Portfolioinvestitionen und die Einführung eines Investitionsstreitbeilegungsmechanismus, der – zwischen dem EuGH und dem Bundesverfassungsgericht unstreitig – in eine zwischen der Union und ihren Mitgliedstaaten geteilte Kompetenz fällt.

C. Wirkungen und Funktionen der Ausschussarbeit nach dem CETA

Nach der Behandlung der, bis zu den CETA-Ausschüssen verlaufenden, Delegationsketten wendet sich die vorliegende Untersuchung in Kapitel II Abschnitt E. und in Kapitel III der eigentlichen Ausschussarbeit nach dem CETA und deren rechtlichen Wirkungen (hier sogleich in Unterabschnitt I.), deren politisch-praktischen Funktionen (hier in Unterabschnitt II.) sowie den jeweils einschlägigen Entscheidungsfindungsverfahren auf der Unionsebene (hier in Unterabschnitt III.) und auf der Bundesebene (hier in Unterabschnitt IV.) zu.

I. Rechtliche Wirkungen der Arbeit der CETA-Ausschüsse

Grundlegend hinsichtlich der rechtlichen Wirkungen der Arbeit der CETA-Ausschüsse ist die strikte Unterscheidung zwischen der völkerrechtlichen Verbindlichkeit von Ausschussentscheidungen einerseits und einer denkbaren, im Fall des CETA aber ausdrücklich ausgeschlossenen, supranationalen Durchgriffswirkung andererseits. Art. 30.6 Abs. 1 CETA besagt: Weder das Abkommen selbst noch das von den Ausschüssen geschaffene CETA-Sekundärrecht sollen unmittelbar innerhalb der Rechtsordnungen der Vertragsparteien

Rechtswirkungen entfalten.[1286] Allerdings können bereits die auf der Ebene des Völkerrechts, ausschließlich gegenüber der EU und ihren Mitgliedstaaten als Völkerrechtssubjekten, wirkenden Durchsetzungsmechanismen sehr weitreichend sein. Das Instrumentarium der Beilegung zwischenstaatlicher Streitigkeiten mittels Schiedsverfahren und Durchsetzung von Schiedssprüchen mittels der Aussetzung völkervertraglicher Verpflichtungen und anderer zwischenstaatlicher Sanktionen[1287] kann angesichts intensiver und grenzüberschreitender wirtschaftlicher Verflechtungen bereits ausreichen, souveräne Staaten zur Umsetzung innenpolitisch schwer vermittelbarer Beschlüsse internationaler Vertragsgremien zu bewegen.[1288] Potentiell noch stärker wirken die Durchsetzungsmechanismen des internationalen Investitionsschutzrechts, zu dem auch das Kapitel 8 des CETA gehört. Wie in Kapitel II Unterabschnitt E. III. dargestellt können hierdurch Staaten Verpflichtungen zu Schadensersatzzahlungen gegenüber privaten Investoren auferlegt und durchgesetzt werden.

Ein potenziell besonders wirksamer Mechanismus zur Durchsetzung von Beschlüssen der im CETA vorgesehenen Ausschüsse ergibt sich nicht unmittelbar aus dem Abkommen selbst, sondern erst in Wechselwirkung zum AEUV. Art. 216 Abs. 2 AEUV erklärt von der Union eingegangene völkerrechtliche Verpflichtungen zum Bestandteil des Unionsrechts. Damit ist zunächst noch nicht viel über die praktische Justiziabilität von Beschlüssen der im CETA eingerichteten Ausschüsse gesagt. So hatte der EuGH es in der Vergangenheit abgelehnt, im Rahmen von Nichtigkeitsklagen und Vorabentscheidungsverfahren EU-Sekundärrecht am GATT und am Seerechtsübereinkommen der Vereinten Nationen zu messen. Dies führte dazu, dass sich sowohl Privatpersonen als auch EU-Mitgliedstaaten vor dem EuGH nicht auf diese völkerrechtlichen Verträge berufen konnten, um mittels diesen möglicherweise zu den Verträgen im Widerspruch stehende Sekundärrechtsakte der Unionsorgane anzugreifen. Nach der Rechtsprechung des EuGH in der Sache C-66/18 gilt das aber nicht, wenn die EU-Kommission im Rahmen eines Vertragsverletzungsverfahrens gegen die Verletzung einer völkervertraglichen Verpflichtung der EU und damit indirekt i.S.v. Art. 216 Abs. 2 AEUV gegen einen EU-Mitgliedstaat vorgeht.[1289] Wie in Kapitel II Unterabschnitt E. V. ausführlich dargelegt wurde, erscheint es in Folge der genannten Rechtsprechung also trotz Art. 30.6 Abs. 1 CETA möglich, dass die EU-Kommission im Rahmen eines auf Art. 216 Abs. 2 AEUV

1286 Kapitel II Unterabschnitt E. II.
1287 Siehe für das CETA dessen Kapitel 29.
1288 Vgl. Kapitel II Unterabschnitt E. IV.
1289 Kapitel II Unterabschnitt E. V.

gestützten Vertragsverletzungsverfahrens die Einhaltung des CETA oder des durch die dort vorgesehenen Ausschüsse geschaffenen CETA-Sekundärrechts durch die EU-Mitgliedstaaten erzwingen kann.

Um die beschriebenen völkerrechtlichen und unionsrechtlichen Durchsetzungsmechanismen auszulösen, bedarf es allerdings einer zunächst auf der völkerrechtlichen Ebene rechtsverbindlichen Entscheidung eines der im CETA vorgesehenen Ausschüsse. Art. 26.3 Abs. 2 CETA unterscheidet zunächst zwischen rechtsverbindlichen Beschlüssen und nicht rechtsverbindlichen Empfehlungen des Gemischten CETA-Ausschusses. Eine solche Unterscheidung wird hinsichtlich der im Abkommen vorgesehenen Sonderausschüsse zwar nicht getroffen. Allerdings ergibt sich auch aus der Formulierung einer Reihe an Kompetenzen der Sonderausschüsse, dass eine rechtsverbindliche Entscheidung möglich sein soll. Ist dies nicht der Fall haben die Entscheidungen bzw. Empfehlungen einiger Sonderausschüsse jedoch auch vorbereitenden Charakter für einen nachfolgenden rechtsverbindlichen Beschluss des Gemischten CETA-Ausschusses.[1290]

Hinsichtlich der Beschlüsse des Gemischten CETA-Ausschusses besagt Art. 26.3 Abs. 2 S. 1 CETA zunächst, dass diese unter dem Vorbehalt der Erfüllung interner Anforderungen und des Abschlusses interner Verfahren der Vertragsparteien völkerrechtlich wirksam werden. Wie in Kapitel II Unterabschnitt D. II. ausgeführt wurde, schließt sich die vorliegende Untersuchung hier der in der Diskussion um das CETA vertretenen Auffassung an, dass in diesem Vorbehalt zunächst „nur" ein Verweis in das Verfahrensrecht der Vertragsparteien des CETA zu sehen ist. An diesem Befund ändert sich auch nichts aufgrund von Ausschusskompetenzen wie insbesondere Art. 30.2 Abs. 2 CETA, die ein zusätzliches Erfordernis einer Zustimmung durch die Vertragsparteien vorsehen. Solange das EU-Primärrecht eine nachträgliche Zustimmung bzw. Ratifikation völkerrechtlicher Vereinbarungen nur im Anwendungsbereich des Art. 218 Abs. 1 bis 6 AEUV vorsieht, kommt diesen Zustimmungsvorbehalten keine gegenüber Art. 26.3 Abs. 2 S. 1 CETA eigenständige Funktion zu.

Anders gestaltet sich die Beurteilung von Zustimmungsvorbehalten bei Beschlussfassungskompetenzen der Sonderausschüsse, weil hier keine dem Art. 26.2 Abs. 3 S. 1 CETA entsprechende Querschnittsregelung besteht.[1291] Nach der in Kapitel III der vorliegenden Untersuchung vorgenommenen Analyse, sämtlicher im CETA vorgesehenen Ausschusskompetenzen fällt auf, dass nur ein Teil der Kompetenzen kraft derer die Sonderausschüsse rechtlich wirksame Entscheidungen treffen

1290 Vgl. Kapitel II Unterabschnitte D. I. und E. I.
1291 Kapitel II Unterabschnitt D. II.

können, einen Zustimmungsvorbehalt wie den in Art. 26.2 Abs. 3 S. 1 CETA vorsieht. Hierzu gehören die Kompetenzen des Ausschusses für Dienstleistungen und Investitionen zur Festlegung eines Verhaltenskodexes für die Mitglieder des Investitionsgerichts (Art. 8.44 Abs. 2 CETA), zur nachträglichen Ergänzung der Streitbeilegungsregeln und Transparenzvorschriften für das Investitionsgericht (Art. 8.44 Abs. 3 lit. b CETA) sowie zur Festlegung von Mediationsregeln für Streitigkeiten um Auslandsinvestitionen (Art. 8.44 Abs. 3 lit. c CETA). Gleiches gilt für die Kompetenz des Gemischten Verwaltungsausschusses für gesundheitspolizeiliche und pflanzenschutzrechtliche Maßnahmen zu Änderungen an Kapitel 5 des Abkommens (Art. 5.14 Abs. 2 lit. d CETA). Ebenso mit einem Zustimmungsvorbehalt versehen ist die Kompetenz des Ausschusses für Finanzdienstleistungen zur Änderung der Vereinbarung über die Anwendung der Art. 13.16 Absatz 1 und Art. 13.21 nach deren Ziff. 9. Bei der Kompetenz des Ausschusses für Warenhandel, den in Art. 21.7 Abs. 4 CETA vorgesehenen Informationsaustausch zu billigen, nachdem die Vertragsparteien sich über dessen Ausgestaltung verständigt haben (Art. 21.7 Abs. 5 und 6 CETA), kann je nach der praktischen Handhabung ebenso von einem Zustimmungserfordernis ausgegangen werden. Hinsichtlich dieser Zustimmungserfordernisse bleibt das CETA allerdings genauso vage wie bei Art. 26.3 Abs. 2 S. 1 CETA.

Einen Sonderfall, der im Rahmen der vorliegenden Untersuchung eine eigenständige Betrachtung erfordert hat, stellt Art. 11.3 CETA dar. Dort ist die verfahrensmäßige Begleitung und Unterstützung der Aushandlung künftiger Abkommen über die gegenseitige Anerkennung von Berufsqualifikationen durch den hierfür zuständigen Sonderausschuss geregelt. Das am Ende des in Art. 11.3 CETA geregelten Verhandlungsprozesses stehende Abkommen wird hierbei nicht durch den Ausschuss selbst beschlossen oder in seinem Forum geschlossen. Vielmehr handelt es sich um ein zusätzliches Abkommen, welches zwischen Kanada und der EU und, falls man der Auffassung des Bundesverfassungsgerichts zur geteilten Zuständigkeit in diesem Bereich folgt, gegebenenfalls[1292] auch der EU-Mitgliedstaaten geschlossen wird.[1293]

1292 Folgt man der Auffassung, dass für die Regelung der Anerkennung von Berufsqualifikationen bei Nicht-EU-Bürgern eine zwischen der EU und ihren Mitgliedstaaten geteilte Kompetenz besteht (BVerfG, Urteil vom 13.10.2016, 2 BvR 1368/16, Rn. 56), stellt sich die Frage ob im konkreten Einzelfall nach der OTIF-Rechtsprechung des EuGH aus Art. 216 Abs. 1 AEUV eine alleinige Außenkompetenz der EU zu schließen ist (EuGH, Rs. C-600/14 (OTIF), Rn. 46-50).

1293 Vgl. Kapitel III Unterabschnitt B. III. Unterpunkt 4. d.

Eine weitere Kategorie bilden die Kompetenzen des Ausschusses für Dienstleistungen und Investitionen zur Ausarbeitung von Empfehlungen für Beschlüsse des Gemischten CETA-Ausschusses nach Art. 8.44 Abs. 3 lit. a, lit. d und lit. e CETA. Wie in Kapitel IV Unterabschnitt B. I. Punkt 10. ausgeführt wurde, ist bei diesen Kompetenzen bereits im Empfehlungsstadium ein Zustimmungsvorbehalt vorgesehen. Das führt nach der hier vertretenen und in Kapitel IV näher begründeten Auffassung dazu, dass bei Empfehlungen des Ausschusses für Dienstleistungen und Investitionen an den Gemischten CETA-Ausschuss zur Annahme von authentischen Vertragsauslegungen mit Bindungswirkung für das Investitionsgericht (lit. a), zur Erweiterung des Standards der Gerechten und billigen Behandlung ausländischer Investoren (lit. d) und zur Arbeitsweise der Investitionsschutz-Rechtsbehelfsinstanz (lit. e) bereits im Entwurfsstadium auf der Seite der EU ein Beschluss nach Art. 218 Abs. 9 Alt. 2 AEUV notwendig ist.

Einen weiteren Sonderfall stellt das seitens der EU und der Bundesrepublik Deutschland als EU-Mitgliedstaat anzuwendende Verfahren im Hinblick auf die Kompetenz des Gemischten CETA-Ausschusses nach Art. 8.29 CETA zur Überführung des in Kapitel 8 des CETA vorgesehenen Investitionsschutzsystems in ein multilaterales Investitionsschutzabkommen dar. Da die EU nach der hier vertretenen und in Kapitel IV Unterabschnitt B. VI. näher begründeten Ansicht keine Kompetenz für diesen Schritt hat, stellt sich hier nicht die Frage nach einer diesbezüglichen Entscheidungsfindung auf EU-Ebene nach den in Art. 218 AEUV vorgesehenen Verfahren.[1294] Stattdessen bedarf der Gemischte CETA-Ausschuss der Zustimmung der einzelnen EU-Mitgliedstaaten, die sich im Fall der Bundesrepublik Deutschland nach dem Verfahren gemäß Art. 23 Abs. 1 S. 2 GG richtet.[1295]

1294 Sollte mit Rücksicht auf andere Mitgliedstaaten dennoch auf der EU-Ebene ein Verfahren zur Begleitung des Beschlusses des Gemischten CETA-Ausschusses nach Art. 8.29 CETA durchgeführt, müsste sich dieses nach Art. 218 Abs. 1 bis 6 AEUV richten.

1295 Falls entgegen der hier vertretenen Auffassung für die in den Zuständigkeitsbereich der Bundesrepublik fallenden Teile des CETA kein besonderes Nähe- und Ergänzungsverhältnis zum Europarecht angenommen werden sollte, träte Art. 24 Abs. 1 GG an die Stelle von Art. 23 Abs. 1 S. 2 GG.

II. Politisch-praktische Funktionen der Arbeit der CETA-Ausschüsse

Um den Sinn und Zweck der mit dem CETA erfolgenden Kompetenzübertragungen auf die dortigen Vertragsgremien zu untersuchen, wurde in Kapitel III Abschnitt A. eine am Konzept der Transaktionskosten orientierte Betrachtungsweise gewählt. Hierbei wurden die unterschiedlichen im CETA vorgesehenen Ausschusskompetenzen anhand ihrer zu erwartenden Funktionen in die folgenden Kategorien eingeteilt:

- Überwachung der Implementation des Abkommens und Reduzierung von Informationsasymmetrien (Kapitel III Unterabschnitt B. I.),
- Durchführung und Weiterentwicklung des CETA als unvollständiger Vertrag (Kapitel III Unterabschnitt B. II.),
- Formelles Agenda-Setting gegenüber den Legislativorganen der Vertragsparteien (Kapitel III Unterabschnitt B. III.),
- Konfliktmanagement und Streitbeilegung (Kapitel III Unterabschnitt B. IV.),
- Vorbereitung komplexer Sachentscheidungen und Gewährleistung eines hinreichenden Maßes an sachpolitischer Expertise bei der Durchführung des Abkommens (Kapitel III Unterabschnitt B. V.),
- Unterstützung der Implementation des Abkommens (Kapitel III Unterabschnitt B. VI.).

Eine kleine Gruppe an Ausschusskompetenzen ließ aufgrund ihrer besonders offenen Formulierung keine Einordnung zu (Kapitel III Unterabschnitt B. VII.).

III. Entscheidungsfindungsverfahren auf Unionsebene

Hieran anknüpfend wurde in Kapitel IV Abschnitt B. untersucht, welche der im CETA vorgesehenen Ausschusskompetenzen vor oder während ihrer Ausübung auf der Seite der EU welches Entscheidungsfindungsverfahren erfordern. Hierbei wurde festgestellt, dass zunächst die Ausschusskompetenzen zur Überwachung und zur Unterstützung der Implementation des Abkommens auf der EU-Ebene keines der in Art. 218 AEUV genannten Verfahren bedürfen. So kann die EU-Kommission hier eigenständig aufgrund ihrer Außenvertretungsbefugnis nach Art. 17 Abs. 1 S. 6 EUV tätig werden. Gleiches gilt innerhalb der Gruppe der Ausschusskompetenzen zu Konfliktmanagement und Streitbeilegung für die Zuständigkeiten der CETA-Ausschüsse zur organisatorischen Begleitung der im Abkommen vorgesehenen Streitbeilegungsverfahren und zu inhaltlichen Beratungen über einen Streitgegenstand, bei denen durch das betroffene Gremium kein rechtswirksamer Streitentscheid vorgenommen wird. Bei Ausschusskompetenzen zur Vorbereitung komplexer Sachentscheidungen ist im Grundsatz auch kein Verfahren nach Art. 218 Abs. 9 Alt. 2 AEUV notwendig. Diese Zuständigkeiten stellen großenteils die erste Stufe eines zweistufigen Verfahrens dar, in dem auf eine nicht rechtsverbindliche Empfehlung eines Sonderausschusses ein rechtsverbindlicher Beschluss des Gemischten CETA-Ausschusses folgt. Die in Art. 218 AEUV geregelten Entscheidungsfindungsverfahren auf der EU-Ebene werden dabei zumeist erst für den Beschluss des Gemischten CETA-Ausschusses durchzuführen sein.[1296] Eine Ausnahme hierzu stellen die bereits genannten Kompetenzen des Ausschusses für Dienstleistungen und Investitionen nach Art. 8.44 Abs. 3 lit. a, lit. d und lit. e CETA dar. Hier wird angesichts des im Chapeau von Art. 8.44 Abs. 3 AEUV enthaltenen Zustimmungsvorbehalts bereits im Stadium der an sich noch nicht rechtsverbindlichen Empfehlung das entsprechende Verfahren nach Art. 218 AEUV, nämlich nach dessen Abs. 9 Alt. 2, durchzuführen sein.[1297]

Diejenigen Ausschusskompetenzen, die auf der Ebene der EU ein Verfahren nach Art. 218 Abs. 9 Alt. 2 AEUV erfordern, dienen hauptsächlich der Durchführung und Weiterentwicklung des CETA als unvollständigem Vertrag. Soweit durch die Ausschüsse institutionelle Konkretisierungen vorgenommen werden sollen, ist auf der EU-Ebene das Verfahren nach Art. 218 Abs. 9 Alt. 2 AEUV insoweit unbedenklich, dass keine über das Innenleben der durch das CETA errichteten Gremien hinausgehenden Regelungen, wie etwa Geschäftsordnungen, getroffen werden. Die Grenze des Anwendungsbereichs des Art. 218 Abs. 9 Alt. 2 AEUV wird erst bei Änderungen des institutionellen Rahmens des CETA erreicht, wozu nach hiesiger Ansicht aber eine Veränderung oder Schaffung von Zuständigkeiten zum Erlass „rechtswirksamer Akte" im Sinne des Art. 218 Abs. 9 Alt. 2 AEUV erforderlich wäre. Weitere Ausschusskompetenzen, die auf der EU-Ebene ein Verfahren nach Art. 218 Abs. 9 Alt. 2 AEUV erfordern, dienen der Bewerkstelligung formellen Agenda-Settings gegenüber den Legislativorganen der Vertragsparteien, der Unterstützung von Streitbeilegungen zwischen Vertragsparteien und Finanzinvestoren oder auch der Entscheidung über den Ausschluss eines Mitglieds des Investitionsgerichts.[1298]

Die im CETA vorgesehenen Ausschusskompetenzen, für deren Wahrnehmung seitens der EU eine Einbindung des Europäischen Parlaments nach Art. 218 Abs. 6 AEUV notwendig ist, dienen hauptsächlich der Weiterentwicklung des CETA sowie seiner Protokolle und Anhänge als unvollständigem

1296 Kapitel IV Unterabschnitt B. I.

1297 Kapitel IV Unterabschnitt B. I. Punkt 9.

1298 Kapitel IV Unterabschnitt B. II.

Vertrag. Erfasst hiervon sind Ausschusszuständigkeiten, die Änderungen institutioneller Vorschriften und materielle Änderungen wesentlicher Vorschriften des Abkommens[1299] ermöglichen. Führt die Änderung einer Vorschrift des CETA im Nachgang zu einer Umsetzungsverpflichtung der EU und ihrer Mitgliedstaaten in deren Rechtsordnungen, die dort eine wesentliche Vorschrift berührt, ist außerdem von einem formellen Agenda-Setting gegenüber den unionalen und nationalen Legislativorganen auszugehen.[1300]

Die bereits in diesem Kapitel erwähnte Kompetenz des Gemischten CETA-Ausschusses nach Art. 8.29 i.V.m. Art. 26.3 Abs. 2 S. 1 CETA zur Überführung des in Kapitel 8 des CETA vorgesehenen Investitionsschutzsystems in ein multilaterales Investitionsschutzabkommen stellt ebenfalls ein Beispiel für die Weiterentwicklung eines Teils des CETA als unvollständigem Vertrag dar. Da diese Kompetenz allerdings, nach hier vertretener Ansicht, über den Zuständigkeitsbereich der EU hinausgeht, stellt sich hier weniger die Frage nach einer Entscheidungsfindung auf EU-Ebene nach den in Art. 218 AEUV vorgesehenen Verfahren, sondern vielmehr nach einer Entscheidung der nationalen Gesetzgeber der EU-Mitgliedstaaten (in Deutschland wohl nach Art. 23 Abs. 1 S. 2 GG).[1301]

IV. Entscheidungsfindungsverfahren auf der Bundesebene

Auf der Ebene der Bundesrepublik Deutschland sind zunächst in Art. 23 Abs. 2 bis 5 GG die Regelungen zur Einbindung des Bundestages und des Bundesrates in die Vertretung der Bundesrepublik durch die Bundesregierung in EU-Angelegenheiten vorgesehen. Soweit der EU im Einzelfall die Zuständigkeit für einen Ausschussbeschluss fehlen sollte, kommen auch die Verfahren zur Vertretung der Bundesrepublik im völkerrechtlichen Verkehr außerhalb der EU (insbesondere nach Art. 59 Abs. 2 GG) in Betracht.[1302] Hierbei sprechen, wie in Kapitel II Unterabschnitt B. III. Punkt 2. näher begründet wurde, gewichtige Argumente unter Beachtung der Rechtsprechung des EuGH zum ESM, zum Euro-Plus-Pakt und zum Einheitlichen Patentgericht für die Annahme, dass CETA stünde auch soweit es nicht in den Zuständigkeitsbereich der EU falle in einem besonderen Nähe- und Ergänzungsverhältnis zum europäischen Primärrecht. Dies würde

1299 Hierzu: Kapitel II Unterabschnitt D. IV. Unterpunkt 2. b. bb.

1300 Kapitel IV Unterabschnitt B. III. Punkt 2.

1301 Kapitel IV Unterabschnitt B. VI.

1302 Kapitel IV Unterabschnitt B. V. Punkte 1. und 2.

die Anwendung von Art. 23 Abs. 2 bis 5 GG auch auf Beschlüsse der CETA-Ausschüsse erfordern, für die die EU keine Zuständigkeit hat.

Im Zusammenhang mit der Einbindung des Bundesrates in die Mitwirkung der Bundesregierung in den Gremien der EU war auch die Frage nach einem möglichen Einfluss der Länderparlamente auf das Abstimmungsverhalten der jeweiligen Landesvertreter im Bundesrat zu stellen. Im Fall des Freistaates Bayern kam darüber hinaus sogar ein direktdemokratischer Eingriff in das Abstimmungsverhalten der bayerischen Landesvertreter im Bundesrat in Betracht. Allerdings steht den Länderparlamenten (bzw. dem Wahlvolk des Freistaats Bayern), unstreitig kein auf der Ebene des Grundgesetzes rechtsverbindliches Instrument zur Verfügung, um der jeweiligen Landesregierung ein bestimmtes Abstimmungsverhalten im Bundesrat rechtsverbindlich vorzuschreiben. Ein gewisser politischer Einfluss der Landeslegislativen auf das Geschehen im Bundesrat war bei einigen Bundesländern zwar zu bejahen. Dennoch ist im Ergebnis nicht von einer effektiven Einschaltung der Länderparlamente in die Angelegenheiten der CETA-Ausschüsse auszugehen.[1303]

D. Mechanismen zur demokratischen Kontrolle der CETA-Ausschüsse

In Kapitel IV Abschnitt C. wandte sich die Untersuchung den in der rechtswissenschaftlichen Diskussion zum Ausschusswesen nach dem CETA zu erkennenden Problemfeldern zu, um herauszuarbeiten, welche Mechanismen zur demokratischen Kontrolle der Ausschussarbeit nach den jeweiligen Verfahren *de lege lata* zur Verfügung stehen. Hierbei wurden auch Überlegungen zu *de lege ferenda* denkbaren zusätzlichen Kontrollmechanismen angestellt. Es wurden die folgenden zwei Problemfelder identifiziert:

- Demokratische Kontrolle der Europäischen Kommission durch das Europäische Parlament und den Rat bei der Vertretung der Union in den CETA-Ausschüssen (Kapitel IV Unterabschnitt C. I.),
- Konkurrierende Interessen der EU-Mitgliedstaaten im Rat bei ausweitender Handhabung der Außenzuständigkeiten der EU (Kapitel IV Unterabschnitt C. II.),

Mechanismen zur Kontrolle der Kommission bei der Vertretung der EU in den CETA-Ausschüssen können damit zunächst im Verhältnis zwischen der

1303 Kapitel II Abschnitt C.

Kommission einerseits und dem Europäischen Parlament bzw. dem Rat andererseits ansetzen.[1304] Bei der Kontrolle der Kommission durch den Rat sind weiter Mechanismen zu betrachten, die verhindern, dass die Kommission aufgrund von Interessenkonflikten innerhalb des Rates zusätzliche politische Gestaltungsspielräume gewinnt.[1305]

I. Kontrollmechanismen des Europäischen Parlaments gegenüber der EU-Kommission

Im weiteren Verlauf der Untersuchung wurde dargelegt, dass die zur Überwachung der Kommission als Agentin zur Verfügung stehenden Kontrollmechanismen stark von dem jeweils auf Seite der EU einschlägigen Entscheidungsverfahren abhängen. Im Anwendungsbereich des Art. 218 Abs. 1 bis Abs. 6 AEUV kommt dem Europäischen Parlament ein Vetorecht zu, wenn eine internationale Übereinkunft einen der in Art. 218 Abs. 6 lit. a AEUV aufgeführten Gegenstände berührt. Nach der gemäß Art. 295 AEUV zwischen dem Europäischen Parlament und der Europäischen Kommission verbindlichen Rahmenvereinbarung wird für das Verfahren nach Art. 218 Abs. 1 bis Abs. 6 AEUV die nach Art. 218 Abs. 10 AEUV bestehende Berichtspflicht der Kommission gegenüber dem Parlament weiter ausgebaut. So hat die Unterrichtung des Parlaments umfassend und so rechtzeitig zu erfolgen, dass Standpunkte des Parlaments (zumindest des zuständigen Ausschusses) noch in die Verhandlungen einfließen können. Die Kommission hat auch zu erläutern, ob und wie Anmerkungen des Parlaments Berücksichtigung gefunden haben. Wurden Anmerkungen nicht berücksichtigt, hat die Kommission dies gegenüber dem Parlament zu begründen. Vorgesehen ist auch die Teilnahme von Mitgliedern des Europäischen Parlaments als Beobachter an internationalen Vertragsverhandlungen. In der Praxis nimmt insbesondere der Parlamentsausschuss für internationalen Handel (INTA) auf dieser Grundlage Einfluss auf die von der Kommission geführten Verhandlungen. Darüber hinaus bedient sich das Europäische Parlament auch während und vor Verhandlungen nach Art. 218 Abs. 1 bis 6 AEUV einer Reihe informeller Instrumente, wie „monitoring groups", „early resolutions" und weiterer rechtlich nicht verbindlicher Resolutionen. Hinsichtlich möglicher Rechtsbehelfe ist davon auszugehen, dass das Gutachtenverfahren nach Art. 218 Abs. 11 AEUV

1304 Kapitel IV Unterabschnitt C. I. insb. Punkt 3.
1305 Kapitel IV Unterabschnitt C. II.

nur im Anwendungsbereich des Verfahrens nach Art. 218 Abs. 1 bis 6 AEUV als Kontrollmechanismus zur Verfügung steht.[1306]

In den Vereinfachten Verfahren nach Art. 218 Abs. 7 und Abs. 9 Alt. 2 AEUV besteht dagegen zunächst nur die Pflicht der Kommission zur unverzüglichen und umfassenden Unterrichtung des Europäischen Parlaments nach Art. 218 Abs. 10 AEUV, jedoch ohne die nähere Ausgestaltung durch die genannte interinstitutionelle Rahmenvereinbarung. Kann die Kommission, ohne eines der in Art. 218 AEUV vorgesehenen Verfahren beachten zu müssen, eigenständig aufgrund ihrer Außenvertretungsbefugnis nach Art. 17 Abs. 1 S. 6 EUV tätig werden, ist noch nicht einmal Art. 218 Abs. 10 AEUV einschlägig. Eine Ausweitung der Rahmenvereinbarung auf die Vertretung der EU in Vertragsorganen bilateraler Abkommen, wie dem CETA, erscheint als denkbare Möglichkeit, um die Kontrolle des Europäischen Parlaments über die Arbeitsweise der Europäischen Kommission zu erhöhen. So würde das Parlament sogar bei Beratungen in den CETA-Ausschüssen, die nicht unter eines der Verfahren nach Art. 218 AEUV fallen, von der Kommission informiert. Wie bei Ausschussbeschlüssen, denen das Parlament nach Art. 218 Abs. 6 lit. a AEUV zustimmen muss, wäre es möglich, einzelne Europaabgeordnete als Beobachter hinzuzuziehen. Ist eine entsprechende Rahmenvereinbarung zwischen dem Europäischen Parlament und der Europäischen Kommission nicht erreichbar, kann eine gewisse Einbindung des Parlaments auch durch die Abgabe gemeinsamer Erklärungen hinsichtlich bestimmter, bei der Implementation eines einzelnen Abkommens relevanter Fragen durch Parlament und Kommission erreicht werden. Ein Beispiel hierfür stellt eine hinsichtlich des Freihandelsabkommen der EU mit Süd-Korea abgegebene Erklärung dar, in der sich die Kommission verpflichtete gegenüber dem Parlament Bericht über die Implementation der Zusagen Süd-Koreas zu nicht-tarifären Handelshemmnissen und nachhaltiger Entwicklung zu erstatten. Erscheint absehbar oder zumindest wahrscheinlich, dass eine Entscheidung eines der im CETA eingerichteten Ausschüsse später auf der EU-Ebene einer Umsetzung im Rahmen des ordentlichen Gesetzgebungsverfahrens bedarf, kann es auch sinnvoll sein, einen später ohnehin einzuberufenden Trilog bereits im Stadium der unionalen Willensbildung zur Mitwirkung in einem der CETA-Ausschüsse vorzuziehen. Hat das EU-Parlament im Wege des Art. 218 Abs. 10 AEUV über einen Entwurf für einen nach Art. 218 Abs. 9 Alt. 2 AEUV zu beschließenden gemeinsamen EU-Standpunkt Kenntnis erlangt, könnte es gegenüber der Kommission und dem Rat deutlich machen,

1306 Kapitel IV Unterabschnitt C. I. Punkt 3.

dass es eine Vorziehung der informellen Verhandlungen über eine spätere EU-sekundärrechtliche Umsetzung im Rahmen des ordentlichen Gesetzgebungsverfahrens für sinnvoll hält. Die Kommission und der Rat könnten dann abwägen, ob sie sich für eine Vorziehung des Trilogs entscheiden, um eine konstruktive Zusammenarbeit mit dem Parlament zu erleichtern und um ansonsten eventuell drohende Blockaden zu verhindern. Das Trilogverfahren, das bei seiner üblichen Anwendung im Rahmen des ordentlichen Gesetzgebungsverfahrens eher zu einer Verringerung der parlamentarischen Einbindung führt, würde vor dem Hintergrund des vereinfachten Verfahrens nach Art. 218 Abs. 9 Alt. 2 AEUV sogar zu deren Ausweitung beitragen.[1307]

Da die demokratische Input-Legitimation der Ausschussarbeit nach dem CETA in den vereinfachten Verfahren nach Art. 218 Abs. 9 Alt. 2 und Abs. 7 AEUV einseitig auf der Säule der durch die demokratisch verfassten EU-Mitgliedstaaten vermittelten Legitimation beruht (vgl. Art. 10 Abs. 2 AEUV) und das Bedürfnis nach demokratischer Legitimation mit dem delegierten politischen Entscheidungsspielraum zunimmt, ist im Sinne einer „(Nicht-)Delegationsdoktrin" des Europarechts als Minimalanforderung an die Willensbildung der EU in Sachen der CETA-Ausschüsse sicherzustellen, dass das jeweils einschlägige Verfahren Anwendung findet. Neben möglichen Änderungen zur Einbindung des Europäischen Parlaments in die außerhalb des Verfahrens nach Art. 218 Abs. 1 bis Abs. 6 AEUV stattfindende Entscheidungsfindung hinsichtlich der CETA-Ausschüsse ist es ein zentrales Anliegen der vorliegenden Untersuchung, dass das Verfahren nach Art. 218 Abs. 1 bis Abs. 6 AEUV, wenn es einschlägig ist, zur Anwendung kommt. Um dies in der zukünftigen Praxis der Unionsorgane zu gewährleisten, erscheint es sinnvoll eine zusätzliche interinstitutionelle Vereinbarung zwischen dem Parlament und dem Rat zu treffen, welche vorsieht, dass diejenigen Ausschusskompetenzen, die vorliegend in Kapitel IV Thema des Unterabschnitts B. III. Punkt 2. waren, nach Art. 218 Abs. 1 bis 6 AEUV zu behandeln sind. Zumindest diejenigen Ausschusskompetenzen nach Art. 30.2 Abs. 2, Art. 5.14 Abs. 2 lit. d, Art. 21.7 Abs. 4 bis Abs. 6 CETA sowie nach Ziff. 9 der Vereinbarung über die Anwendung der Artikel 13.16 Absatz 1 und Art. 13.21, die ausdrücklich eine Zustimmung oder Billigung durch die Vertragsparteien vorsehen sowie beim ähnlich weitreichenden Art. 26.1 Abs. 5 lit. a, lit. g und lit. h CETA, erscheint eine interinstitutionelle Vereinbarung zur Anwendung des Verfahrens nach Art. 218 Abs. 1 bis 6 AEUV als sinnvoll.[1308]

1307 Kapitel IV Unterabschnitt C. I. Punkt 3.

1308 Kapitel IV Unterabschnitt C. I. Punkt 3.

II. Kontrollmechanismen des Rats gegenüber der EU-Kommission

Eine Mediatisierung der Regierungen der einzelnen Mitgliedstaaten und ihrer politischen Verantwortlichkeit gegenüber den nationalen Parlamenten würde durch ein Einstimmigkeitserfordernis im Rat vermieden. Wie in Kapitel IV Unterabschnitt C. II. Unterpunkt 1. b. ausgeführt, werden nach der gegenwärtigen Lage des EU-Primärrechts bei Anwendung des Regelverfahrens nach Art. 218 Abs. 1 bis 6 AEUV eng umfasste Einzelfälle gemäß Art. 218 Abs. 8 UAbs. 2 und 3 AEUV von dem Erfordernis der Einstimmigkeit betroffen sein. Im vereinfachten Verfahren nach Art. 218 Abs. 9 Alt. 2 AEUV sieht das EU-Primärrecht nach überwiegender und durch die Rechtsprechung des EuGH gestützter Auffassung kein Einstimmigkeitserfordernis. Es ist jedoch auch unterhalb der Schwelle des EU-Primärrechts möglich, eine einstimmige Beschlussfassung im Rat vorzusehen und so einen wirksamen Kontrollmechanismus für den Rat als kollektiven Prinzipal gegenüber der Kommission zu etablieren. Wie in Kapitel IV Unterabschnitt C. II. Punkt 2. dargestellt, hat das Bundesverfassungsgericht in seinem Urteil in Sachen CETA vom 13.10.2016 verlangt, dass im Verfahren nach Art. 218 Abs. 9 AEUV nur einstimmig über Beschlüsse des Gemischten CETA-Ausschusses zur Änderung von Anhängen und Protokollen des Abkommens nach Art. 30.2 Abs. 2 CETA abzustimmen ist. Im Rahmen des Ratsbeschlusses über die Unterzeichnung und die vorläufige Anwendung des CETA im Namen der EU haben Rat, Kommission und Mitgliedstaaten eine gemeinsame Erklärung für das Ratsprotokoll abgegeben, nach der im Gemischten CETA-Ausschuss einzunehmende Standpunkte „zu einem Beschluss dieses Ausschusses, der in die Zuständigkeit der Mitgliedstaaten fällt, einvernehmlich" festgelegt werden. In Kapitel IV Unterabschnitt C. II. Punkt 2. wurde dafür plädiert, ein solches selbst verordnetes Einstimmigkeitserfordernis im Verfahren nach Art. 218 Abs. 9 Alt. 2 AEUV auch auf weitere mögliche Beschlüsse der CETA-Ausschüsse auszudehnen. Dies gilt insbesondere für solche Ausschusskompetenzen die im Einzelfall auch Beschlüsse ermöglichen, die aufgrund eines Eingriffes in den institutionellen Rahmen oder in wesentliche Bestimmungen des Abkommens nicht mehr unter Art. 218 Abs. 9 Alt. 2 AEUV fallen. Um die Überschreitung der Grenzen des Art. 218 Abs. 9 Alt. 2 AEUV zu erschweren, kann es bei solchen Ausschusskompetenzen sinnvoll sein, eine einstimmige Entscheidung im Rat vorzusehen.

Die Frage der Mehrheitserfordernisse im Rat beim Beschluss eines gemeinsamen Standpunkts wirkt sich, in praktischer Hinsicht, auch auf die Beteiligungsverfahren für den Bundestag und den Bundesrat auf der Ebene der Bundesrepublik Deutschland aus. Diese richten sich nach Art. 23 Abs. 2 bis Abs. 5 GG sowie nach dem IntVG, dem EuZBBG und dem EuZBLG. Diese Mechanismen zur Kontrolle der Vertretung der Bundesrepublik im Rat durch die Bundesregierung wirken auch, wenn im Rat

Beschlüsse zur Arbeit der CETA-Ausschüsse, insbesondere nach Art. 218 Abs. 9 Alt. 2 AEUV gefasst werden. Allerdings wird jedes Eingreifen des Bundestages und des Bundesrates auf der EU-Ebene wirkungslos, wenn die deutsche Bundesregierung im Rat überstimmt wird.[1309]

1309 Kapitel IV Unterabschnitt C. II. Unterpunkt 1. c. (am Ende) und Punkt 2 (am Anfang).

Quellenverzeichnis

Literatur:

Achenbach, Jelena von, Demokratische Gesetzgebung in der Europäischen Union. Theorie und Praxis der dualen Legitimationsstruktur europäischer Hoheitsgewalt, in: Bogdandy, Armin von / Peters, Anne (Hrsg.), Beiträge zum ausländischen öffentlichen Recht und Völkerrecht, Band 248, Heidelberg 2014. (Zitiert als: von Achenbach, Demokratische Gesetzgebung in der EU).

Achenbach, Jelena von, Theoretische Aspekte des dualen Konzepts demokratischer Legitimation für die Europäische Union, in: Vöneky, Silja / Hagedorn, Cornelia / Clados, Miriam / von Achenbach (Hrsg.), Legitimation ethischer Entscheidungen im Recht. Interdisziplinäre Untersuchungen, in: von Bogdandy, Armin von / Wolfrum, Rüdiger (Hrsg.), Beiträge zum ausländischen öffentlichen Recht und Völkerrecht, Band 201, Berlin 2009, S. 191-208.(Zitiert als: von Achenbach, Theoretische Aspekte des dualen Konzepts demokratischer Legitimation für die EU).

Altfeld, Michael F. / Miller, Gary J., Sources of Bureaucratic Influence: Expertise and Agenda Control, in: Journal of Conflict Resolution, Jahrgang 28 (1984), Heft 4, S. 701-730.(Zitiert als: Altfeld/Miller, Journal of Conflict Resolution 1984, 701).

Andeweg, Rudy B., Ministers as double agents? The delegation process between cabinet and ministers, in: European Journal of Political Research, Jahrgang 37 (2000), Heft 3, S. 377-395.(Zitiert als: Andeweg, European Journal of Political Research 2000, 377).

Appel, Nicole, Das internationale Kooperationsrecht der Europäischen Union. Eine statistische und dogmatische Vermessung einer weithin unbekannten Welt, in: von Bogdandy, Armin / Peters, Anne (Hrsg.), Beiträge zum ausländischen öffentlichen Recht und Völkerrecht, Band 255, Berlin, Heidelberg 2016. (Zitiert als: Appel, Das internationale Kooperationsrecht der EU).

Arnauld, Andreas von, Beteiligung des Deutschen Bundestages an gemischten völkerrechtlichen Abkommen, in: Archiv des öffentlichen Rechts (AöR), Jahrgang 141 (2016), Heft 2, S. 268-282. (Zitiert als: von Arnauld, AöR 2016, 268).

Arndt, Hans-Wolfgang, Anmerkung zu: Staatsgerichtshof Baden-Württemberg, Urteil vom 18.03.1986, GR 1/85, in: Verwaltungsblatt Baden-Württemberg (BWVBl.), Jahrgang 13 (1986), Heft 11, S. 416-418. (Zitiert als: Arndt, BWVBl. 1986, 416)

Arrow, Kenneth J., The Economics of Agency, in: Stanford University, Institute for Mathematical Studies in the Social Sciences (Hrsg.), in: Technical report No. 451, 1984, URL: https://apps.dtic.mil/sti/pdfs/ADA151436.pdf (Stand: 11.12.2022). (Zitiert als: Arrow, The Economics of Agency)

Bast, Jürgen, Grundbegriffe der Handlungsformen der EU. Entwickelt am Beschluss als praxisgenerierter Handlungsform des Unions- und Gemeinschaftsrechts, in: von Bogdandy, Armin / Wolfrum, Rüdiger (Hrsg.), Beiträge zum ausländischen öffentlichen Recht und Völkerrecht, Band 184, Berlin, Heidelberg 2006. (Zitiert als: Bast, Grundbegriffe der Handlungsformen der EU).

Bautze, Kristina, Fragmentierung und „Regulatory Chill“ – über Transparenz, Legitimationsketten und Bürokratisierungstendenzen in CETA, in: Kritische Justiz, Jahrgang 50 (2017), Heft 4, S. 404-416. (Zitiert als: Bautze, Kritische Justiz 2017, 404).

Bergman, Torbjörn / Müller, Wolfgang C. / Strøm, Kaare, Introduction: Parliamentary democracy and the chain of delegation, in: European Journal of Political Research, Jahrgang 37 (2000), Heft, S. 255-260. (Zitiert als: Bergman/Müller/Strøm, European Journal of Political Research 2000, 255)

Bickenbach, Christian, Das Subsidiaritätsprinzip in Art. 5 EUV und seine Kontrolle, in: Europarecht (EuR), Jahrgang 48 (2013), Heft 5, S. 523-548. (Zitiert als: Bickenbach, EuR 2013, 523).

Bleckmann, Albert, Grundgesetz und Völkerrecht. Ein Studienbuch, Berlin 1975. (Zitiert als: Bleckmann, Grundgesetz und Völkerrecht).

Bocquillon, Pierre / Dobbels, Mathias, An elephant on the 13th floor of the Berlaymont? European Council and Commission relations in legislative agenda setting, in: Journal of European Public Policy, Jahrgang 21 (2014), Heft 1, S. 20-38. (Zitiert als: Bocquillon/Dobbels, Journal of European Public Policy 2014, 20).

Bogdandy, Armin von / Bast, Jürgen / Arndt, Felix, Handlungsformen im Unionsrecht – Empirische Analysen und dogmatische Strukturen in einem vermeintlichen Dschungel, in: Zeitschrift für ausländisches öffentliches Recht und Völkerrecht (ZaöRV), Jahrgang 62 (2002), Heft 1, S. 77-161. (Zitiert als: von Bogdandy/Bast/Arndt, ZaöRV 2002, 77).

Bogdandy, Armin von, Grundprinzipien, in: Ders./Bast (Hrsg.), Europäisches Verfassungsrecht. Theoretische und dogmatische Grundzüge, 2. Auflage, Berlin 2009. S. 13-71. (Zitiert als: von Bogdandy, Grundprinzipien, in: Ders./Bast (Hrsg.), Europäisches Verfassungsrecht, S. 13-71).

Bradley, Curtis A. / Kelley, Judith G., The concept of international Delegation, in: Law and Contemporary Problems Jahrgang 71 (2008), Heft 1, S. 1-36. (Zitiert als: Bradley/Kelley, Law and Contemporary Problems 2008, 1).

Brandsma Gijs Jan / Adriaensen, Johan, The Principal-Agent Model, Accountability and Democratic Legitimacy, in: Delreux, Tom / Adriaensen, Johan (Hrsg.), The Principal Agent Model and the European Union, London 2017, S. 35-54. (Zitiert als: Brandsma/Adriaensen, The Principal-Agent Model, Accountability and Democratic Legitimacy).

Brok, Elmar, Die neue Macht des Europäischen Parlaments nach ‚Lissabon' im Bereich der gemeinsamen Handelspolitik, in: integration, Jahrgang 33 (2010), Heft 3, S. 209-223. (Zitiert als: Brok, integration 2010, 209).

Buchanan, Allen / Keohane, Robert O., The Legitimacy of Global Governance Institutions, in: Ethics & International Affairs, Jahrgang 20 (2006), Heft 4, S 405-437. (Zitiert als: Buchanan/Keohane, Ethics & International Affairs 2006, 405)

Calliess, Christian / Ruffert, Matthias (Hrsg.), EUV/AEUV. Das Verfassungsrecht der Europäischen Union mit Europäischer Grundrechtecharta. Kommentar, 6. Auflage, München 2022. (Zitiert als: Bearbeiter, in: Calliess/Ruffert (Hrsg.), EUV/AEUV, 6. Auflage 2022, Art., Rn.).

Chamon, Merijn, EU Agencies: Does the Meroni Doctrine make sense?, in: Maastricht Journal of European and Comparative Law, Jahrgang 17 (2010), Heft 3, S. 281-305. (Zitiert als: Chamon, Maastricht Journal of European and Comparative Law 2010, 281).

Cheibub, José Antonio / Martin, Shane / Rasch, Bjorn Erik, Government Selection and Executive Powers: Constitutional Design in Parliamentary Democracies, in: West European Politics, Jahrgang 38 (2015), Heft 5, S. 969-996. (Zitiert als: Cheibub/Martin/Rasch, West European Politics 2015, 969).

Classen, Claus Dieter, Innere oder äußere Souveränität? – Zum Verständnis der Übertragung von Hoheitsrechten, in: Die öffentliche Verwaltung (DÖV), Jahrgang 71 (2018), Heft 7, S. 253-259. (Zitiert als: Classen, DÖV 2018, 253).

Classen, Claus Dieter, Das parlamentarische Regierungssystem und der Bundesrat – Entwicklungsstand und Reformbedarf -, Redebeitrag im Rahmen der Aussprache zum ersten Beratungsgegenstand Tagung der Vereinigung der Deutschen Staatsrechtslehrer 1998, in: Dolzer, Rudolf / Sachs, Michael / Würtenberger, Thomas / Haller, Herbert / Riedel, Eibe (Hrsg.), Das parlamentarische Regierungssystem und der Bundesrat – Entwicklungsstand und Reformbedarf. Rechtliche Optimierungsgebote oder Rahmensetzungen für das Verwaltungshandeln?. Berichte und Diskussionen auf der Tagung der Vereinigung der Deutschen Staatsrechtslehrer in Potsdam vom 7. bis 10. Oktober 1998, Veröffentlichungen der Vereinigung der Deutschen Staatsrechtslehrer, Band 58, Berlin 1999, S. 124-125. (Zitiert als: Classen, VVDStRL 1999, 124).

Conceição-Heldt, Eugénia da, Do Agents “Run Amok”? A Comparison of Agency Slack in the EU and US Trade Policy in the Doha Round, in: Journal of Comparative Policy Analysis: Research and Practice, Jahrgang 15, Heft 1, S. 21-36. (Zitiert als: da Conceição-Heldt, Journal of Comparative Policy Analysis 2013, 21).

Conceição-Heldt, Eugénia da, Multiple Principals' Preferences, Types of Control Mechanisms and Agent's Discretion in Trade Negotiations, in: Delreux, Tom / Adriaensen, Johan (Hrsg.), The Principal Agent Model and the European Union, London 2017, S. 203-226. (Zitiert als: da Conceição-Heldt, Multiple Principals' Preferences, Types of Control Mechanisms and Agent's Discretion in Trade Negotiations).

Conceição-Heldt, Eugénia da, Variation in EU member states' preferences and the Commission's discretion in the Doha Round, in: Journal of European Public Policy, Jahrgang 18 (2011), Heft 3, S. 403-419. (Zitiert als: da Conceição-Heldt, Journal of European Public Policy 2011, 403).

Crow, Deserai A. / Albright, Elizabeth A. / Koebele, Elizabeth A., Stakeholder Participation and Strategy in Rulemaking: A Comparative Analysis, in: State Politics & Policy Quarterly, Jahrgang 19 (2019), Heft 2, S. 208-235. (Zitiert als: Crow/Albright/Koebele, State Politics & Policy Quarterly 2019, 208).

Damro, Chad, EU Delegation and Agency in International Trade Negotiations: A Cautionary Comparison, in: Journal of Common Market Studies, Jahrgang 45 (2007), Heft 4, S. 883-903. (Zitiert als: Damro, Journal of Common Market Studies 2007, 883).

Dashwood, Alan, EU Acts and Member State Acts in the Negotiation, Conclusion, and Implementation of International Agreements, in: Cremona, Marise / Kilpatrick, Claire (Hrsg.), EU Legal Acts. Challenges and Transformations, Oxford 2018, S. 189-249. (Zitiert als: Dashwood, EU Acts and Member State Acts in the Negotiation, Conclusion, and Implementation of International Agreements).

Deckarm, Renke, The countries they know best: how national principals influence European commissioners and their cabinets, in: Journal of European Public Policy, Jahrgang 24 (2017), Heft 3, S. 447-466. (Zitiert als: Deckarm, Journal of European Public Policy 2017, 447).

Delreux, Tom / Adriaensen, Johan, Introduction. Use and Limitations of the Principal-Agent Model in Studying the European Union, in: Dies. (Hrsg.), The Principal Agent Model and the European Union, London 2017, S. 1-34. (Zitiert als: Delreux/Adriaensen, Introduction. Use and Limitations of the Principal-Agent Model in Studying the European Union).

Delreux, Tom / Adriaensen, Johan, Twenty years of principal-agent research in EU politics: how to cope with complexity?, in: European Political Science, Jahrgang 17 (2018), Heft 2, S. 258-275. (Zitiert als: Delreux/Adriaensen, European Political Science 2018, 258).

Delreux, Tom / Laloux, Thomas, Concluding Early Agreements in the EU: A Double Principal-Agent Analysis of Trilogue Negotiations, in: Journal of Common Market Studies, Jahrgang 56 (2018), Heft 2, S. 300-317. (Zitiert als: Delreux/Laloux, Journal of Common Market Studies 2018, 300).

Dolzer, Rudolf, Einleitung, in: Ders. / Sachs, Michael / Würtenberger, Thomas / Haller, Herbert / Riedel, Eibe (Hrsg.), Das parlamentarische Regierungssystem und der Bundesrat – Entwicklungsstand und Reformbedarf. Rechtliche Optimierungsgebote oder Rahmensetzungen für das Verwaltungshandeln?. Berichte und Diskussionen auf der Tagung der Vereinigung der Deutschen Staatsrechtslehrer in Potsdam vom 7. bis 10. Oktober 1998, Veröffentlichungen der Vereinigung der Deutschen Staatsrechtslehrer, Band 58, Berlin 1999, S. 8-34. (Zitiert als: Dolzer, VVDStRL 1999, 8).

Dreier, Horst (Hrsg.), Grundgesetz. Kommentar, Band II, 3. Auflage, Tübingen 2015. (Zitiert als: Bearbeiter, in: Dreier (Hrsg.), Grundgesetz, Band II, 3. Auflage 2015, Art., Rn.).

Dür, Andreas / Elsig, Manfred, Principals, agents, and the European Union's foreign economic policies, in: Journal of European Public Policy, Jahrgang 18 (2011), Heft 3, S. 323-338. (Zitiert als: Dür/Elsig, Journal of European Public Policy 2011, 323).

Dür, Andreas / Gastinger, Markus, Joint Bodies in the EU's International Agreements: Delegating Powers to the European Commission in EU External Relations, in: European Union Politics, Jahrgang 22 (2021), Heft 4, S. 611-630. (Zitiert als: Dür/Gastinger, European Union Politics 2021, 611).

Dürig, Günter / Herzog, Roman / Scholz, Rupert (Hrsg.), Grundgesetz. Kommentar, Band III, 98. Ergänzungslieferung, München 2022. (Zitiert als: Bearbeiter, in: Dürig/Herzog/Scholz, Grundgesetz, Bd. III, 98. EL 2022, Art., Rn.).

Dürig, Günter / Herzog, Roman / Scholz, Rupert (Hrsg.), Grundgesetz. Kommentar, Band IV, 98. Ergänzungslieferung, München 2022. (Zitiert als: Bearbeiter, in: Dürig/Herzog/Scholz, Grundgesetz, Bd. IV, 98. EL 2022, Art., Rn.).

Dürig, Günter / Herzog, Roman / Scholz, Rupert (Hrsg.), Grundgesetz. Kommentar, Band V, 98. Ergänzungslieferung, München 2022. (Zitiert als: Bearbeiter, in: Dürig/Herzog/Scholz, Grundgesetz, Bd. V, 98. EL 2022, Art., Rn.).

Elsig, Manfred / Pollack, Mark A., Agents, trustees, and international courts: The politics of judicial appointment at the World Trade Organization, in: European Journal of International Relations, Jahrgang 20 (2014), Heft 2, S. 391-415. (Zitiert als: Elsig/Pollack, European Journal of International Relations 2014, 391).

Epping, Volker / Hillgruber, Christian (Hrsg.), BeckOK Grundgesetz, 53. Edition, München 11.12.2022. (Zitiert als: Bearbeiter, in: Epping/Hillgruber, BeckOK Grundgesetz, 53. Edition 11.12.2022, Art., Rn.).

Epstein, David / O'Halloran, Sharyn, Delegating Powers. A Transaction Cost Politics Approach to Policy Making under Separate Powers, Cambridge 1999. (Zitiert als: Epstein/O'Halloran, Delegating Powers).

Epstein, David / O'Halloran, Sharyn, Administrative Procedures, Information, and Agency Discretion, in: American Journal of Political Science, Jahrgang 38 (1994), Heft 3, S. 697-722. (Zitiert als: Epstein/O'Halloran, American Journal of Political Science, 1994, 697).

Ernst, Lukas, „Fair and equitable treatment" im CETA – Innovation im Spannungsverhältnis zwischen Investor und Staat, in: Kritische Vierteljahresschrift für Gesetzgebung und Rechtswissenschaft, Jahrgang 98 (2015), Heft 4, S. 406-429. (Zitiert als: Ernst, Kritische Vierteljahresschrift für Gesetzgebung und Rechtswissenschaft 2015, 406).

Frenzel, Matthias, Sekundärrechtssetzungsakte internationaler Organisationen, Tübingen 2011. (Zitiert als: Frenzel, Sekundärrechtssetzungsakte internationaler Organisationen).

Friedrich, Manfred, Bundesrat und Landesparlamente, in: Zeitschrift für Parlamentsfragen (ZParl), Jahrgang 6 (1975), Heft 1, S. 48-76). (Zitiert als: Friedrich, ZParl 1975, 48).

Gastinger, Markus, Effects of Contestation Within a Collective Agent in EU Trade Policy-Making, in: Delreux, Tom / Adriaensen, Johan (Hrsg.), The Principal Agent Model and the European Union, London 2017, S. 181-202. (Zitiert als: Gastinger, Effects of Contestation Within a Collective Agent in EU Trade Policy-Making).

Gastinger, Markus, Is civil society involved in the EU's trade policy? The case of CETA, URL: https://blog.plus.ac.at/en/2022/08/23/is-civil-society-involved-in-the-eus-trade-policy-the-case-of-ceta/ (Stand: 11.12.2022). (Zitiert als: Gastinger, Is civil society involved in the EU's trade policy? The case of CETA).

Gastinger, Markus, The tables have turned on the European Commission: the changing nature of the pre-negotiation phase in EU bilateral trade agreements, in: Journal of European Public Policy, Jahrgang 23 (2016), Heft 9, S. 1367-1385. (Zitiert als: Gastinger, Journal of European Public Policy 2016, 1367).

Gatsios, Konstantine / Seabright, Paul, Regulation in the European Community, in: Oxford Review of Economic Policy, Jahrgang 5, Heft 2, S. 37-60. (Zitiert als: Gatsios/Seabright, Oxford Review of Economic Policy 1989, Heft 2, 37).

Giegerich, Thomas, Threaties, Multilateral, Reservations to, in: Max Planck Encyclopedia of Public International Law (MPEPIL), Oxford Public International Law, September 2020. (Zitiert als: Giegerich, Threaties, Multilateral, Reservations to, in: MPEPIL).

Grabitz, Eberhard / Hilf, Meinhard / Nettesheim, Martin (Hrsg.), Das Recht der Europäischen Union, EUV/AEUV, 76. Ergänzungslieferung, München, Mai 2022. (Zitiert als: Bearbeiter, in: Grabitz/Hilf/Nettesheim (Hrsg.), Das Recht der Europäischen Union, 76. EL 2022, Art., Rn.).

Griller, Stefan / Orator, Andreas, Everything under control? The "way forward" for European agencies in the footsteps of the Meroni doctrine, in: European Law Review (E.L. Rev.), Jahrgang 35 (2010), Heft 1, S. 3-35. (Zitiert als: Griller/Orator, E.L. Rev. 2010, 3).

Grimm, Christoph / Hummrich, Martin, Zum Einfluss der Landesparlamente auf die Stimmabgabe im Bundesrat im Falle der Übertragung von Länderkompetenzen, in: Die öffentliche Verwaltung (DÖV), Jahrgang 2005, Heft 7, S. 280-289. (Zitiert als: Grimm/Hummrich, DÖV 2005, 280).

Groeben, Hans von der / Schwarze, Jürgen / Hatje, Armin (Hrsg.), Europäisches Unionsrecht, Band I, 7. Auflage, Baden-Baden 2015. (Zitiert als: Bearbeiter, in: von der Groeben/Schwarze/Hatje (Hrsg.), Europäisches Unionsrecht, Band I, 7. Auflage 2015, Art., Rn.).

Groeben, Hans von der / Schwarze, Jürgen / Hatje, Armin (Hrsg.), Europäisches Unionsrecht, Band IV, 7. Auflage, Baden-Baden 2015. (Zitiert als: Bearbeiter, in: von der Groeben/Schwarze/Hatje (Hrsg.), Europäisches Unionsrecht, Band IV, 7. Auflage 2015, Art., Rn.).

Gröschner, Rolf, Das Zuwanderungsgesetz im Bundesrat, in: Juristenzeitung (JZ), Jahrgang 57 (2002), Heft 13, S. 621-627. (Zitiert als: Gröschner, JZ 2002, 621).

Grzeszick, Bernd, Die demokratische Kooperationsverantwortung des Deutschen Bundestages für völkerrechtliche Bindungen. Zur demokratischen Legitimation dynamischer völkerrechtlicher Bindungen am Beispiel beschließender Vertragsgremien, in: Archiv des Völkerrechts (AVR), Jahrgang 58 (2020), Heft 2, S. 123-189. (Zitiert als: Grzeszick, AVR 2020, 123).

Grzeszick, Bernd, Stellungnahme des Deutschen Bundestages in den Verfahren 2 BvE 3/16, 2 BvR 1368/16, 1444/16, 1482/16, 1823/16 vor dem Bundesverfassungsgericht, URL: https://www.mehr-demokratie.de/fileadmin/pdf/2017-09-27_Stellungnahme_von_Prof._Dr._Bernd_Grzeszick_im_Namen_der_Bundesregierung.pdf, S. 1-123 (Stand: 11.12.2022). (Zitiert als: Grzeszick, Stellungnahme des Deutschen Bundestages in den Verfahren 2 BvR 1368/16 u.a. vor dem Bundesverfassungsgericht).

Grzeszick, Bernd, Völkervertragsrecht in der parlamentarischen Demokratie. CETA als Präzedenzfall für die demokratischen Anforderungen an völkerrechtliche Verträge, in: Neue Zeitschrift für Verwaltungsrecht (NVwZ), Jahrgang (2016), Heft 24, S. 1753-1761. (Zitiert als: Grzeszick, NVwZ 2016, 1753).

Grzeszick, Bernd / Hettche, Juliane, Zur Beteiligung des Bundestages an gemischten völkerrechtlichen Abkommen. Internationale Freihandelsabkommen als Herausforderung des deutschen Europa- und Außenverfassungsrechts, in: Archiv des öffentlichen Rechts (AöR), Jahrgang 141 (2016), Heft 2, S. 225-267. (Zitiert als: Grzeszick/Hettche, AöR 2016, 225).

Hailbronner, Kay, Kontrolle der auswärtigen Gewalt in: Ders. / Wolfrum, Rüdiger / Wildhaber, Luzius / Öhlinger, Theo (Hrsg.), Kontrolle der auswärtigen Gewalt, in: Schmidt Preuß, Matthias / Di Fabio, Udo (Hrsg.), Verwaltung und Verwaltungsrecht zwischen gesellschaftlicher Selbstregulierung und staatlicher Steuerung. Rechtliche Optimierungsgebote oder Rahmensetzungen für das Verwaltungshandeln?. Berichte und Diskussionen auf der Tagung der Vereinigung der Deutschen Staatsrechtslehrer in Dresden vom 2. bis 5. Oktober 1996, Veröffentlichungen der Vereinigung der Deutschen Staatsrechtslehrer, Band 56, Berlin 1997, S. 7-34. (Zitiert als: Hailbronner, 56 VVDStRL (1997)).

Hall, Peter A. / Taylor, Rosemary C. R., Political Science and the Three New Institutionalisms, in: Political Studies, Jahrgang 44 (1996), Heft 5, S. 936-957. (Zitiert als: Hall/Taylor, Political Studies 1996, 936).

Hanrieder, Tine, Gradual Change in International Organisations: Agency Theory and Historical Institutionalism, in: Politics, Jahrgang 34 (2014), Heft 4, S. 324-333. (Zitiert als: Hanrieder, Politics 2014, 324).

Hawkins, Darren G. / Lake, David A. / Nielson, Daniel L. / Tierney, Michael J., Delegation under anarchy: states, international organizations, and principal-agent theory, in: Dies. (Hrsg.), Delegation and Agency in International Organizations, S. 3-38, Cambridge 2006. (Zitiert als: Hawkins/Lake/Nielson/Tierney, Delegation under anarchy).

Heldt, Eugénia C. / Herzog, Lisa, The Limits of Transparency: Expert Knowledge and Meaningful Accountability in Central Banking, in: Government and Opposition, Jahrgang 57 (2022), Heft 2, S. 217-232. (Zitiert als: Heldt/Herzog, Government and Opposition 2022, 217).

Heldt, Eugénia C. / Mello, Partick A. / Nonoselova, Anna / Serrano Oswald, Omar Ramon, When Do International Organizations Engage in Agency Slack? A Qualitative Comparative Analysis of United Nations Institutions, in: Global Studies Quarterly, Jahrgang 2 (2022), Heft 3, S. 1-15. (Zitiert als: Heldt/Mello/Nonoselova/Serrano Oswald, Global Studies Quarterly 2022, Heft 3, 1).

Heldt, Eugénia C. / Mueller, Tony, The (self-)empowerment of the European Central Bank during the sovereign debt crisis, in: Journal of European Integration, Jahrgang 43 (2021), Heft 1, S. 83-98. (Zitiert als: Heldt/Mueller, Journal of European Integration 2021, 83).

Heldt, Eugénia C. / Müller, Tony, Bringing Independence and Accountability Together: Mission Impossible for the European Central Bank?, in: Journal of European Integration, Jahrgang 44 (2022), Heft 6, S. 837-853. (Zitiert als: Heldt/Müller, Journal of European Integration 2022, 837).

Helwig, Niklas, Agent Interaction as a Course of Discretion for the EU High Representative, in: Delreux, Tom / Adriaensen, Johan (Hrsg.), The Principal Agent Model and the European Union, London 2017, S. 105-129. (Zitiert als: Helwig, Agent Interaction as a Course of Discretion for the EU High Representative).

Hirsch, Alexander V. / Shotts, Kenneth W., Policy-Development Monopolies: Adverse Consequences and Institutional Responses, in: Journal of Politics, Jahrgang 80, Heft 4, S. 1339-1354. (Zitiert als: Hirsch/Shotts, Journal of Politics 2018, 1339).

Horsch, Andreas, Die Integrationsverantwortung der Länderparlamente – Möglichkeiten der Einflussnahme auf die Exekutive, in: Thüringer Verwaltungsblätter (ThürVBl.), Jahrgang 21 (2012), Heft 11, S. 241-245. (Zitiert als: Horsch, ThürVBl. 2012, 241).

Hömig, Dieter / Wolff, Heinrich Amadeus (Hrsg.), Grundgesetz für die Bundesrepublik Deutschland. Handkommentar, 13. Auflage, Baden-Baden 2022. (Zitiert als: Bearbeiter, in: Hömig/Wolff, Grundgesetz für die Bundesrepublik Deutschland, 13. Auflage 2022, Art., Rn.).

Huber, Peter M., Die Bayerische Verfassung als lebendige Grundlage politischen und gesellschaftlichen Lebens, in: Bayerische Verwaltungsblätter (BayVBl.), Jahrgang 143 (2012), Heft 9, S. 257-260. (Zitiert als: Huber, BayVBl. 2012, 257).

Hufeld, Ulrich, Stellungnahme des Deutschen Bundestages in den Verfahren 2 BvR 882/19 und 2 BvR 966/19 vor dem Bundesverfassungsgericht, 18.09.2019, URL: https://www.mehr-demokratie.de/fileadmin/pdf/2019-12-04_Stellung nahme_Singapur_geschwa__rzt.pdf (Stand: 11.12.2022). (Zitiert als: Hufeld, Stellungnahme des Deutschen Bundestages in den Verfahren 2 BvR 882/19 u.a. vor dem Bundesverfassungsgericht).

Isensee, Josef / Kirchhof, Paul (Hrsg.), Handbuch des Staatsrechts der Bundesrepublik Deutschland, Band II, 3. Auflage, Heidelberg 2004. (Zitiert als: Autor, in: Isensee/Kirchhof (Hrsg.), Handbuch des Staatsrechts, Bd. II, §).

Jarass, Hans (Hrsg.), Charta der Grundrechte der Europäischen Union unter Einbeziehung der sonstigen Grundrechtsregelungen des Primärrechts und der EMRK. Kommentar, 4. Auflage, München 2021. (Zitiert als: Bearbeiter, in: Jarass (Hrsg.), Charta der Grundrechte der Europäischen Union, 4. Auflage 2021, Art., Rn.).

Jung, Florian, Reben, Wein und der EuGH: Zur Auslegung von Art. 218 Abs. 9 AEUV – Anmerkungen zum Urteil des EuGH vom 07.10.2014, Rs. C-399/12 – Deutschland/Rat, in: Europarecht (EuR), Jahrgang 50 (2015), Heft 6, S. 735-745. (Zitiert als: Jung, EuR 2015, 735).

Kahale, George, The Inaugural Brooklyn Lecture on International Business Law: "IDSD: The Wild, Wild West of International Practice", in: Brooklyn Journal of International Law, Jahrgang 44 (2018), Heft 1, S. 1-10. (Zitiert als: Kahale, Brooklyn Journal of International Law, 2018, 1).

Kahl, Wolfgang / Waldhoff, Christian / Walter, Christian (Hrsg.), Bonner Kommentar zum Grundgesetz, Ordner 8, 217. Ergänzungslieferung, Heidelberg November 2022. (Zitiert als: Bearbeiter, in: Kahl/Waldhoff/Walter (Hrsg.), Bonner Kommentar zum Grundgesetz, Ordner 8, 217. EL 2022, Art., Rn.)

Kahl, Wolfgang / Waldhoff, Christian / Walter, Christian (Hrsg.), Bonner Kommentar zum Grundgesetz, Ordner 12, 217. Ergänzungslieferung, Heidelberg November 2022. (Zitiert als: Bearbeiter, in: Kahl/Waldhoff/Walter (Hrsg.), Bonner Kommentar zum Grundgesetz, Ordner 12, 217. EL 2022, Art., Rn.)

Kassim, Hussein / Menon, Anand, The principal-agent approach and the study of the European Union: promise unfulfilled?, in: Journal of European Public Policy, Jahrgang 10 (2003), Heft 1, S. 121-139. (Zitiert als: Kassim/Menon, Journal of European Public Policy 2003, 121).

Kawharu, Amokura, Punctuated Equilibrium: The Potential Role of FTA Trade Commissions in the Evolution of International Investment Law, in: Journal of International Economic Law, Jahrgang 20 (2017), Heft 1, S. 87-113. (Zitiert als: Kawharu, Journal of International Economic Law 2017, 87).

Kempen, Bernhard, Verfassungsbeschwerde und Antrag auf Erlass einer einstweiligen Anordnung gegen die Zustimmung des deutschen Vertreters im Rat der Europäischen Union, zur Unterzeichnung, zum Abschluss und zur vorläufigen Anwendung des Umfassenden Wirtschafts- und Handelsabkommens zwischen Kanada einerseits und der Europäischen Union und ihren Mitgliedstaaten andererseits (CETA) bzw. gegen die Nichtablehnung dieser Ratsbeschlüsse durch den deutschen Vertreter im Rat, 29.08.2016, URL: https://www.mehr-demokratie.de/fileadmin/pdf/2016-08-30_CETA-Klage.pdf (Stand: 11.12.2022). (Zitiert als: Kempen, Verfassungsbeschwerdeschrift in dem Verfahren 2 BvR 1482/16 vor dem Bundesverfassungsgericht).

Keohane, Robert O., After Hegemony. Cooperation and Discord in the World Political Economy, New Jersey 1984. (Zitiert als: Keohane, After Hegemony, 1984).

Kerremans, Bart, Proactive policy entrepreneur or risk minimizer? A principal-agent interpretation of the EU's role in the WTO, in: Elgström, Ole / Smith, Michael (Hrsg.), The European Union's Roles in International Politics. Concepts and analysis, Oxon 2006. (Zitiert als: Kerremans, Proactive policy entrepreneur or risk minimizer?).

Kerremans, Bart / Adriaensen, Johan / Colli, Francesca / Coremans, Evelyn, Parliamentary scrutiny of trade policies across the western world, Study requested by the INTA committee, URL: https://www.europarl.europa.eu/RegData/etudes/STUD/2019/603477/EXPO_STU(2019)603477_EN.pdf (Stand: 11.12.2022). (Zitiert als: Kerremans/Adriaensen/Colli/Coremans, Parliamentary scrutiny of trade policies across the western world).

Kiewiet, D. Roderick / McCubbins, Mathew D., The Logic of Delegation. Congressional Parties and the Appropriations Process, Chicago 1991. (Zitiert als: Kiewiet/McCubbins, The Logic of Delegation).

Kirchmann, Julius von, Die Werthlosigkeit der Jurisprudenz als Wissenschaft. Ein Vortrag gehalten in der juristischen Gesellschaft zu Berlin, Verlag Julius Springer, Berlin 1848. (Zitiert als: Kirchmann, Die Werthlosigkeit der Jurisprudenz als Wissenschaft).

Krajewski, Markus, Stellungnahme der Bundestagsfraktion Bündnis 90/Die Grünen in den Verfahren 2 BvR 1368/16, 2 BvR 1444/16, 2 BvR 1482/16, 2 BvR 1823/16 und 2 BvE 3/16 – Verfassungsbeschwerden und Organstreitverfahren gegen die Zustimmung der Bundesrepublik Deutschland und ihrer Vertreter im Rat der Europäischen Union zum Comprehensive Economic and Trade Agreement (CETA), 16.10.2017, https://www.mehr-demokratie.de/fileadmin/pdf/2017-09-27_Stellungnahme_von_Prof._Dr._Bernd_Grzeszick_im_Namen_der_Bundesregierung.pdf (dort: S. 124-161; Stand 11.12.2022). (Zitiert als: Krajewski, Stellungnahme der Bundestagsfraktion Bündnis 90/Die Grünen in den Verfahren 2 BvR 1368/16 u.a. vor dem Bundesverfassungsgericht).

Kuhn, „Prisoner's Dilemma", in: Zalta (Hrsg.), The Stanford Encyclopedia of Philosophy (Sommer 2019), URL: https://plato.stanford.edu/archives/sum2019/entries/prisoner-dilemma/ (Stand: 11.12.2022). (Zitiert als: Kuhn, "Prisoner's Dilemma", in: Zalta (Hrsg.), The Stanford Encyclopedia of Philosophy).

Küpper, Herbert, Die Mitgliedschaft im Bundesrat – Schwachstellen eines widersprüchlichen Konzepts, in: Der Staat, Jahrgang 42 (2003), Heft 3, S. 387-408. (Zitiert als: Küpper, Der Staat 2003, 387).

Lake, David A. / McCubbins, Mathew D., The logic of delegation to international organizations, in: Hawkins, Darren G. / Lake, David A. / Nielson, Daniel L. / Tierney, Michael J. (Hrsg.), Delegation and Agency in International Organizations, S. 341-368, Cambridge 2006. (Zitiert als: Lake/McCubbins, The logic of delegation to international organizations).

Laloux, Thomas, Designing a Collective Agent for Trilogues in the European Parliament, in: Delreux, Tom / Adriaensen, Johan (Hrsg.), The Principal Agent Model and the European Union, London 2017, S. 83-103. (Zitiert als: Laloux, Designing a Collective Agent for Trilogues in the European Parliament).

Laloux, Thomas / Delreux, Tom, How much do agents in trilogues deviate from their principals' instructions? Introducing a deviation index, in: Journal of

European Public Policy, Jahrgang 25 (2018), Heft 7, S. 1049-1067. (Zitiert als: Laloux/Delreux, Journal of European Public Policy 2018, 1049).

Laursen, Finn, Institutions vs. Leadership: Towards a Theory of Credible Commitments, in: Dalhousie EUCE Occasional Paper No. 2 (2007). (Zitiert als: Laursen, Dalhousie EUCE Occasional Paper No. 2 (2007)).

Lavranos, Nikolaos, Legal Interaction between Decisions of International Organizations and European Law, Groningen 2004. (Zitiert als: Lavranos, Legal Interaction between Decisions of International Organizations and European Law).

Leyen, Ursula, von der, Eine Union die mehr erreichen will. Meine Agenda für Europa, URL: https://op.europa.eu/de/publication-detail/-/publication/43a17056-ebf1-11e9-9c4e-01aa75ed71a1 (Stand: 11.12.2022). (Zitiert als: von der Leyen, Eine Union die mehr erreichen will).

Lindner, Josef Franz / Möstl, Markus / Wolff, Heinrich Amadeus (Hrsg.), Verfassung des Freistaates Bayern. Kommentar, 2. Auflage, München 2017. (Zitiert als: Bearbeiter, in: Lindner/Möstl/Wolff, Verfassung des Freistaates Bayern, 2. Auflage 2017, Art., Rn.).

Loh, Wulf, Konsens und Autonomie – Zur Legitimität völkerrechtlicher Normen, in: Rechtsphilosophie – Zeitschrift für Grundlagen des Rechts (RphZ), Jahrgang 4 (2018), Heft 1, S. 58-89. (Zitiert als: Loh, RphZ 2018, 58).

Luce, R. Duncan / Raiffa, Howard, Games and Decisions. Introduction & Critical Survey, New York 1957. (Zitiert als: Luce/Raiffa, Games and Decisions).

Lupia, Arthur, Delegation and its Perils, in: Strøm, Kaare / Müller, Wolfgang C. / Bergman, Torbjörn (Hrsg.), Delegation and Accountability in Parliamentary Democracies, Oxford 2003, S. 33-54. (Zitiert als: Lupia, Delegation and its Perils).

Lupia, Arthur / McCubbins, Mathew D., Representation or abdication? How citizens use institutions to help delegation succeed, in: European Journal of Political Research, Jahrgang 37 (2000), Heft 3, S. 291-307. (Zitiert als: Lupia/McCubbins, European Journal of Political Research 2000, 291).

Majone, Giandomenico, Introduction, in: Ders. (Hrsg.), Regulating Europe, London 1996 S. 1-5. (Zitiert als: Majone, Introduction, in: Ders. (Hrsg.), Regulating Europe).

Majone, Giandomenico, Regulatory legitimacy, in: Ders. (Hrsg.), Regulating Europe, London 1996 S. 284-301. (Zitiert als: Majone, Regulatory legitimacy).

Majone, Giandomenico, The European Commission as a regulator, in: Ders. (Hrsg.), Regulating Europe, London 1996 S. 61-82. (Zitiert als: Majone, The European Commission as a regulator).

Majone, Giandomenico, Theories of regulation, in: Ders. (Hrsg.), Regulating Europe, London 1996 S. 28-46. (Zitiert als: Majone, Theories of regulation).

Majone, Giandomenico, Two Logics of Delegation. Agency and Fiduciary Relations in EU Governance, in: European Union Politics, Jahrgang 2 (2001), Heft 1, S. 103-122. (Zitiert als: Majone, European Union Politics 2001, 103).

Maggetti, Martino / Papadopoulos, Yannis, The Principal-Agent Framework and Independent Regulatory Agencies, in: Political Studies Review 2018, Jahrgang 16, Heft 3, s. 172-183. (Zitiert als: Maggetti/Papadopoulos, Political Studies Review 2018, 172).

Mangoldt, Hermann von / Klein, Friedrich / Starck, Christian (Hrsg.), Grundgesetz. Kommentar, Band II, 7. Auflage, München 2018. (Zitiert als: Bearbeiter, in: von Mangoldt/Klein/Starck, Grundgesetz, Band II, 7. Auflage 2018, Art., Rn.).

Martenczuk, Bernd, Decisions of Bodies Established by International Agreements and the Community Legal Order, in: Kronenberger, Vincent (Hrsg.), The European Union and the International Legal Order: Discord or Harmony?, Den Haag 2001, S. 141-163. (Zitiert als: Martenczuk, Decisions of Bodies Established by International Agreements and the Community Legal Order).

Martin, Lisa L., Interests, power, and multilateralism, in: International Organization, Jahrgang 46 (1992), Heft 4, S. 765-792. (Zitiert als: Martin, International Organization 1992, 765).

Maurer, Hartmut, Der Bundesrat im Verfassungsgefüge der Bundesrepublik Deutschland, in: Haller, Herbert / Kopetzki, Christian / Novak, Richard / Paulson, Stanley L. / Raschauer, Bernhard / Ress, Georg / Wiederin, Ewald (Hrsg.), Staat und Recht. Festschrift für Günther Winkler, Wien 1997, S. 615-637. (Zitiert als: Maurer, FS Winkler).

Mayer, Franz C., in: Kirchner: „Es ist eine offene Kriegserklärung“, Interview, Sueddeutsche Zeitung (Onlineausgabe), 07.05.2020, https://www.sueddeutsche.de/politik/karlsruhe-ezb-urteil-1.4900042 (Stand: 11.12.2022). (Zitiert als: Mayer, Sueddeutsche Zeitung, 07.05.2020).

Mayer, Franz C., Die Mitwirkung deutscher Gesetzgebungsorgane an der EU-Handelspolitik: europarechtliche und verfassungsrechtliche Erfordernisse, in: Zeitschrift für Europarechtliche Studien (ZEuS), Jahrgang 19 (2016), Heft 4, S. 391-400. (Zitiert als: Mayer, ZEuS 2016, 391).

Mayer, Franz C., Stellungnahme der Bundesregierung in den Verfahren 2 BvR 1368/16, 2 BvR 1444/16, 2 BvR 1482/16, 2 BvR 1823/16, 2 BvR 3/16 vor dem Bundesverfassungsgericht, 15.09.2016, URL: https://www.mehr-demokratie.de/fileadmin/pdf/2016-09-15_Stellungnahme-BReg.pdf (Stand: 11.12.2022).

(Zitiert als: Mayer, Stellungnahme der Bundesregierung in den Verfahren 2 BvR 1368/16 u.a. vor dem Bundesverfassungsgericht).

Mayer, Franz C., Stellungnahme Öffentliche Anhörung zum a) Gesetzentwurf der Bundesregierung, Entwurf eines Gesetzes zu dem Umfassenden Wirtschafts- und Handelsabkommen (CETA) zwischen Kanada einerseits und der Europäischen Union und ihren Mitgliedstaaten andererseits vom 30. Oktober 2016, BT-Drucksache 20/3443, b) Vorschlag für einen Beschluss des Rates über den Abschluss des umfassenden Wirtschafts- und Handelsabkommens (CETA) zwischen Kanada einerseits und der Europäischen Union und ihren Mitgliedstaaten andererseits KOM(2016)443 endg.; Ratsdok.-Nr. 10970/16, c) Vorschlag für einen Beschluss des Rates über den im Namen der Europäischen Union in dem mit dem umfassenden Wirtschafts- und Handelsabkommen (CETA) zwischen Kanada einerseits und der Europäischen Union und ihren Mitgliedstaaten andererseits eingesetzten Gemischten Ausschuss für die gegenseitige Anerkennung von Berufsqualifikationen hinsichtlich der Annahme eines Beschlusses über ein Abkommen über die gegenseitige Anerkennung von Berufsqualifikationen von Architekten zu vertretenden Standpunkt, KOM(2022)343 endg.; Ratsdok.-Nr. 11525/22 am 12. Oktober 2022, Ausschussdrucksache 20(9)162. (Zitiert als: Mayer, Ausschussdrucksache 20(9)162).

Mayer, Franz C. / Ermes, Marina, Rechtsfragen zu den EU-Freihandelsabkommen CETA und TTIP, in: Zeitschrift für Rechtspolitik (ZRP), Jahrgang 47 (2014), Heft 8, S. 221-256. (Zitiert als: Mayer/Ermes, ZRP 2014, 221).

Mayr, Stefan, "Mixed" oder "EU-only" – Sind die Investitionsschutzbestimmungen im CETA von der Außenhandelskompetenz der EU „gedeckt"?, in: Europarecht (EuR), Jahrgang 50 (2015), Heft. 5, S. 525-541. (Zitiert als: Mayr, EuR 2015, 575).

McCubbins, Mathew D. / Noll, Roger G. / Weingast, Barry R., Administrative Procedures as Instruments of Political Control, in: Journal of Law, Economics and Organization, Jahrgang 3 (1987), Heft 2, S. 243-277. (Zitiert als: McCubbins/Noll/Weingast, Journal of Law, Economics, and Organization 1987, 243).

McCubbins, Mathew D. / Schwartz, Thomas, Congressional Oversight Overlooked: Police Patrol versus Fire Alarms, in: American Journal of Political Science, Jahrgang 28 (1984), Heft 1, S. 165-179. (Zitiert als: McCubbins/Schwartz, American Journal of Political Science, 1984, 165).

Meder/Brechmann (Hrsg.), Die Verfassung des Freistaates Bayern. Kommentar, 6. Auflage, Stuttgart 2020. (Zitiert als: Bearbeiter, in: Meder/Brechmann (Hrsg.), Die Verfassung des Freistaates Bayern, 6. Auflage 2020, Art., Rn.).

Mendes, Joana, The External Administrative Layer of EU Law-Making: International Decisions in EU Law and the Case of CETA, in: European Papers,

Jahrgang 2 (2017), Heft 2, S. 489-517. (Zitiert als: Mendes, European Papers 2017, 489).

Meyer, Jürgen / Hölscheidt, Sven (Hrsg.), Charta der Grundrechte der Europäischen Union, 5. Auflage, Baden-Baden 2019. (Zitiert als: Bearbeiter, in: Meyer/ Hölscheidt (Hrsg.), Charta der Grundrechte der Europäischen Union, 5. Auflage 2019, Art., Rn.).

Milgrom, Paul / Roberts, Milgrom, Bargaining costs, influence costs, and the organization of economic activity, in: Alt, James E. / Shepsle, Kenneth A. (Hrsg.), Perspectives on positive political economy, New York 1990, S. 57-89. (Zitiert als: Milgrom/Roberts, Bargaining costs, influence costs, and the organization of economic activity).

Miller, Gary J., The Political Evolution of Principal-Agent Models, in: Annual Review of Political Science, Jahrgang 8 (2005), Heft 8, S. 203-225. (Zitiert als: Miller, Annual Review of Political Science 2005, 203).

Mitchell, Paul, Voters and their representatives: Electoral institutions and delegation in parliamentary democracies, in: European Journal of Political Research, Jahrgang 37 (2000), Heft 3, S. 335-351. (Zitiert als: Mitchell, European Journal of Political Research 2000, 335).

Moe, Terry M., The New Economies of Organization, in: American Journal of Political Science, Jahrgang 28 (1984), Heft 4, S. 739-777. (Zitiert als: Moe, American Journal of Political Science 1984, 739).

Moravcsik, Andrew, Is there a ‚Democratic Deficit' in World Politics? A Framework for Analysis, in: Government and Opposition, Jahrgang 39 (2004), Heft 2, S. 336-363 (Zitiert als: Moravcsik, Government and Opposition 2004, 336).

Moravcsik, Andrew, Why the European Union Strengthens the State: Domestic Politics and International Cooperation, in: Center for European Studies Workingpaper Series, No. 52, URL: http://aei.pitt.edu/9151/1/Moravcsik52.pdf (Stand: 11.12.2022). (Zitiert als: Moravcsik, Center for European Studies Workingpaper Series No. 52).

Mortensen, Peter B., Agencification and Blame Shifting: Evaluating a Neglected Side of Public Sector Reforms, in: Public Administration, Jahrgang 94 (2016), Heft 3, S. 630-646. (Zitiert als: Mortensen, Public Administration 2016, 630).

Möller, Franz / Limpert, Martin, Informations- und Mitwirkungsrechte des Bundestages in Angelegenheiten der Europäischen Union, in: Zeitschrift für Parlamentsfragen (ZParl), Jahrgang 24 (1993), Heft 1, S. 21-32. (Zitiert als: Möller/Limpert, ZParl 1993, 21).

Möllers, Christoph / Achenbach, Jelena von, Die Mitwirkung des Europäischen Parlaments an der abgeleiteten Rechtsetzung der Europäischen Kommission nach dem Lissabonner Vertrag, in: Europarecht (EuR), Jahrgang 46 (2011), Heft 1, S. 39-60. (Zitiert als: Möllers/von Achenbach, EuR 2011, 39).

Münch, Ingo von / Kunig, Philip (Hrsg.), Grundgesetz Kommentar, Band I, 7. Auflage, München 2021. (Zitiert als: Bearbeiter, in: von Münch/Kunig, Grundgesetz, Band I, 7. Auflage 2021, Art., Rn.).

Nettesheim, Martin, Das CETA-Urteil des BVerfG: eine verpasste Chance?, in: Neue Juristische Wochenschrift (NJW), Jahrgang 69 (2016), Heft 49, S. 3567-3570. (Zitiert als: Nettesheim, NJW 2016, 3567).

Nettesheim, Martin, Die Auswirkungen von CETA auf den politischen Gestaltungsspielraum von Ländern und Gemeinden, Gutachten im Auftrag des Staatsministeriums des Landes Baden-Württemberg, Tübingen, 08.01.2016, URL: http://stm.baden-wuerttemberg.de/fileadmin/redaktion/dateien/PDF/160524_Nettesheim-CETA-Gutachten.pdf (Stand: 11.12.2022). (Zitiert als: Nettesheim, Die Auswirkungen von CETA auf den politischen Gestaltungsspielraum von Ländern und Gemeinden).

Nettesheim, Martin, Umfassende Freihandelsabkommen und Grundgesetz. Verfassungsrechtliche Grundlagen der Zustimmung zu CETA, in: Tübinger Schriften zum internationalen und europäischen Recht, Band 103, Berlin 2017. (Zitiert als: Nettesheim, Umfassende Freihandelsabkommen und Grundgesetz).

Nielson, Daniel L. / Tierney, Michael J., Delegation to International Organizations: Agency Theory and World Bank Environmental Reform, in: International Organization, Jahrgang 57 (2003), Heft 2, S. 241-276. (Zitiert als: Nielson/Tierney, International Organization 2003, 241).

Nolte, Georg, Treaties Over Time In Particular: Subsequent Agreement And Practice, in: United Nations, Report of the International Law Commission, Sixtieth session (5. May – 6. June and 7. July – 8. August 2008, General Assembly, Official Records, Sixty-third session Supplement No. 10 (A/63/10), Annex A, S. 365-384. (Zitiert als: Nolte, Treaties Over Time In Particular: Subsequent Agreement And Practice).

North, Douglass C., Institutions and Credible Commitment, in: Journal of Institutional and Theoretical Economics, Jahrgang 149 (1993), Heft 1, S. 11-23. (Zitiert als: North, Journal of Institutional and Theoretical Economics 1993, 11).

Ohler, Christoph, Anmerkung zu Europäischer Gerichtshof, Urteil vom 06.12.2005, Rs. C-66/04, in: Juristenzeitung (JZ), Jahrgang 61 (2006), Heft 7, S. 359-362. (Zitiert als: Ohler, JZ 2006, 359).

Olsen, Johan P., The Institutional Basis of Democratic Accountability, in: West European Politics, Jahrgang 36 (2013), Heft 3, S. 447-473. (Zitiert als: Olsen, West European Politics 2013, 447).

Papier, Hans-Jürgen, Zur Verantwortung der Landtage für die europäische Integration, in: Zeitschrift für Parlamentsfragen (ZParl), Jahrgang 41 (2010), Heft 4, S. 903-908. (Zitiert als: Papier, ZParl 2010, 903).

Partsch, K. J. / Genzer, W. E., Inkompatibilität der Mitgliedschaft in Bundestag und Bundesrat, in: Archiv des öffentlichen Rechts (AöR), Jahrgang 76 (1950/ 51, Heft 2, S. 186-204. (Zitiert als: Partsch/Genzer, AöR 1950/51, 186).

Pautsch, Arne, Der Abschluss des Comprehensive Economic and Trade Agreement (CETA) als „gemischtes Abkommen" – ein Anwendungsfall des Art. 23 I GG?, in: Neue Zeitschrift für Verwaltungsrecht – Extra, Jahrgang 35 (2016), No. 18, S. 1-6. (Zitiert als: Pautsch, NVwZ-Extra 2016, No. 18).

Pechstein, Matthias / Nowak, Carsten / Häde, Ulrich (Hrsg.), Frankfurter Kommentar zu EUV, GRC und AEUV, Band IV, Tübingen 2017. (Zitiert als: Bearbeiter, in: Pechstein/Nowak/Häde (Hrsg.), Frankfurter Kommentar zu EUV, GRC und AEUV, Band IV, 2017, Art., Rn.).

Peukert, Helge / Windisch, Rupert, „glaubhafte Zusicherungen", in: Springer Fachmedien Wiesbaden (Hrsg.), Gabler Wirtschaftslexikon (Online Ausgabe), Revision vom 19.02.2018, URL: https://wirtschaftslexikon.gabler.de/definition/glaubhafte-zusicherungen-36289/version-259746 (Stand: 11.12.2022). (Zitiert als: Peukert/Windisch, „glaubhafte Zusicherungen", in: Gabler Wirtschaftslexikon).

Plate, Tobias, Art. 59 Abs. 2 GG: Anwendungsfragen aus der Praxis am Beispiel der Änderung völkerrechtlicher Verträge, in: Die öffentliche Verwaltung (DÖV), Jahrgang 2011, Heft 15, S. 606-609. (Zitiert als: Plate, DÖV 2011, 606).

Pollack, Mark A., Delegation, agency, and agenda setting in the European Community, in: International Organization, Jahrgang 51 (1997), Heft 1, S. 99-134. (Zitiert als: Pollack, International Organization 1997, 99).

Pollack, Mark A., Delegation and discretion in the European Union, in: Hawkins, Darren G. / Lake, David A. / Nielson, Daniel L. / Tierney, Michael J. (Hrsg.), Delegation and Agency in International Organizations, Cambridge 2006, S. 165-196. (Zitiert als: Pollack, Delegation and discretion in the European Union).

Pollack, Mark A., Learning from the Americanists (Again): Theory and Method in the Study of Delegation, in: West European Politics, Jahrgang 25 (2002), Heft 1, S. 200-219. (Zitiert als: Pollack, West European Politics 2002, Issue 1, 200).

Pollack, Mark A., Principal-Agent Analysis and International Delegation: Red Herrings, Theoretical Clarifications, and Empirical Disputes, in: Bruges Political Research Papers, No. 2 (2007), URL: https://www.coleurope.eu/sites/default/files/research-paper/wp2_pollack_0.pdf (Stand: 11.12.2022). (Zitiert als: Pollack, Bruges Political Research Papers, No. 2).

Pollack, Mark A., The Engines of European Integration. Delegation, Agency, and Agenda Setting in the EU, Oxford 2003. (Zitiert als: Pollack, The Engines of European Integration).

Popper, Karl R., The Open Society and its Enemies, Vol. 1: The Spell of Plato, London 1945 (Neuauflage von 1947). (Zitiert als: Popper, The Open Society and its Enemies, Vol. 1: The Spell of Plato).

Popper, Karl R., Zur Theorie der Demokratie, in: DER SPIEGEL, Jahrgang 1987, Heft 32, URL: https://www.spiegel.de/politik/zur-theorie-der-demokratie-a-77c4531b-0002-0001-0000-000013523345?context=issue (Stand: 11.12.2022). (Zitiert als: Popper, Zur Theorie der Demokratie).

Poundstone, William, Prisoner's Dilemma, New York 1992. (Zitiert als: Poundstone, Prisoner's Dilemma).

Proeßl, Alexander, Verfassungsgerichtliche Kontrolle gemischter EU-Handelsabkommen: Das Beispiel CETA, in: Zeitschrift für Europarechtliche Studien (ZEuS), Jahrgang 19 (2016), Heft 4, S. 401-420. (Zitiert als: Proeßl, ZEuS 2016, 401).

Puccio, Laura / Harte, Roderick, The European Parliament's Role in Monitoring the Implementation of EU Trade Policy, in: Costa, Olivier (Hrsg.), The European Parliament in Times of EU Crisis. Dynamics and Transformations, Cham 2019. (Zitiert als: Puccio/Harte, The European Parliament's Role in Monitoring the Implementation of EU Trade Policy).

Rasulov, Akbar / Geiß, Robin / Hilf, Meinhard, Most-Favoured-Nation Clause, in: Max Planck Encyclopedia of Public International Law (MPEPIL), Oxford Public International Law, Februar 2021. (Zitiert als: Rasulov/Geiß/Hilf, Most-Favoured-Nation Clause, in: MPEPIL).

Ricardo, David, On the Principles of Political Economy and Taxation, London 1817. (Zitiert als: Ricardo, On the Principles of Political Economy and Taxation).

Ross, Stephen A., The Economic Theory of Agency: The Principal's Problem, in: The American Economic Review, Jahrgang 63 (1973), Heft 2, S. 134-139. (Zitiert als: Ross, American Economic Review 1973, 134).

Rudloff, Bettina, Handeln für eine bessere EU-Handelspolitik. Mehr Legitimierung, Beteiligung und Transparenz, SWP-Studie, URL: https://www.ssoar.info/ssoar/bitstream/handle/document/56696/ssoar-2017-rudloff-Handeln_fur_eine_bessere_EU-Handelspolitik.pdf?sequence=1&isAllowed=y&lnkname=ssoar-2017-rudloff-Handeln_fur_eine_bessere_EU-Handelspolitik.pdf (Stand: 11.12.2022). (Zitiert als: Rudloff, Handeln für eine bessere EU-Handelspolitik).

Ruffert, Matthias, Europarecht: Mitwirkung der EU in internationalen Organisationen. Standpunkt der EU in der Internationalen Organisation für Rebe und Wein unionsrechtskonform, in: Juristische Schulung (JuS), Jahrgang 55 (2015), Heft 1, S. 84-86. (Zitiert als: Ruffert, JuS 2015, 84).

Russel, Bertrand, Common Sense and Nuclear Warfare, London 1959. (Zitiert als: Russel, Common Sense and Nuclear Warfare).

Rührmair, Alfred, Der Bundesrat zwischen Verfassungsauftrag, Politik und Länderinteressen, in: Karpen, Ulrich / Oberreuter, Heinrich / Zeh, Wolfgang (Hrsg.), Beiträge zum Parlamentsrecht, Band 50, Berlin 2001. (Zitiert als: Rührmair, Der Bundesrat zwischen Verfassungsauftrag, Politik und Länderinteressen).

Saalfeld, Thomas, Members of parliament and governments in Western Europe. Agency relations and problems of oversight, in: European Journal of Political Research, Jahrgang 37 (2000), Heft 3, S. 353-376. (Zitiert als: Saalfeld, European Journal of Political Research 2000, 353).

Sachs, Michael, Das parlamentarische Regierungssystem und der Bundesrat – Entwicklungsstand und Reformbedarf, in: Dolzer, Rudolf / Ders. / Würtenberger, Thomas / Haller, Herbert / Riedel, Eibe (Hrsg.), Das parlamentarische Regierungssystem und der Bundesrat – Entwicklungsstand und Reformbedarf. Rechtliche Optimierungsgebote oder Rahmensetzungen für das Verwaltungshandeln?. Berichte und Diskussionen auf der Tagung der Vereinigung der Deutschen Staatsrechtslehrer in Potsdam vom 7. bis 10. Oktober 1998, Veröffentlichungen der Vereinigung der Deutschen Staatsrechtslehrer, Band 58, Berlin 1999, S. 39-77. (Zitiert als: Sachs, VVDStRL 1999, 39).

Sachs, Michael (Hrsg.), Grundgesetz. Kommentar, 9. Auflage, München 2021. (Zitiert als: Bearbeiter, in: Sachs, Grundgesetz, 9. Auflage 2021, Art., Rn.).

Sardiha, Elsa, The New EU-Led Approach to Investor-State Arbitration: The Investment Tribunal System in the Comprehensive Economic Trade Agreement (CETA) and the EU-Vietnam Free Trade Agreement, in: ICSID Review, Jahrgang 32 (2017), Heft 3, S. 625-672. (Zitiert als: Sardiha, ICSID Review 2017, 625).

Schiffbauer, Björn, Über Hoheitsrechte und deren „Übertragbarkeit“ in: Archiv des Öffentlichen Rechts (AöR), Jahrgang 141 (2016), Heft 4, S. 551-593. (Zitiert als: Schiffbauer, DÖV 2016, 551).

Schill, Stephan W., Investitionsschutz in EU-Freihandelsabkommen: Erosion gesetzgeberischer Gestaltungsmacht? Eine rechtsvergleichende Analyse im Mehrebenengeflecht von verfassungs-, Unions- und Völkerrecht am Beispiel des EU-Freihandelsabkommens mit Kanada (CETA), in: Zeitschrift für ausländisches öffentliches Recht und Völkerrecht (ZaöRV), Jahrgang 78 (2018), Heft 1, S. 33-92. (Zitiert als: Schill, ZaöRV 2018, 33).

Schmidt, Hans-Jürgen, Zum Verhältnis von Bundesrat und Landesparlamenten, in: Die Öffentliche Verwaltung (DÖV), Jahrgang 26 (1973), Heft 14, S. 469-476. (Zitiert als: Schmidt, DÖV 1973, 469).

Schnorr, Gerhard, Die Stellung der Ländervertretungen im System der deutschen Verfassungen seit 1815, in: Archiv des öffentlichen Rechts (AöR), Jahrgang 76 (1950/51), Heft 3, S. 259-289. (Zitiert als: Schnorr, AöR 1950-51, 259).

Scholz, Rupert, Landesparlamente und Bundesrat, in: Börner, Bodo (Hrsg.), Einigkeit und Recht und Freiheit: Festschrift für Karl Carstens zum 70. Geburtstag am 14. Dezember 1984, Band 2, Köln 1984, S. 831-851. (Zitiert als: Scholz, FS Carstens).

Schönberger, Christoph, Die Europäische Union zwischen „Demokratiedefizit" und Bundesstaatsverbot. Anmerkungen zum Lissabon-Urteil des Bundesverfassungsgerichts, in: Der Staat, Jahrgang 48 (2009), Heft 4, S. 535-558. (Zitiert als: Schönberger, Der Staat 2009, 535).

Schöneweiß, Dirk, Die Parlamentarische Kontrolle der authentischen Vertragsauslegung im Völkerrecht, Hamburg 2002. (Zitiert als: Schöneweiß, Die Parlamentarische Kontrolle der authentischen Vertragsauslegung im Völkerrecht).

Schreuer, Christoph, Investments, International Protection, in: Max Planck Encyclopedia of Public International Law (MPEPIL), Oxford Public International Law, Juni 2013. (Zitiert als: Schreuer, Investments, International Protection, in: MPEPIL).

Schroeder, Werner, Freihandelsabkommen und Demokratieprinzip – Eine Untersuchung zur parlamentarischen Legitimation gemischter Verträge, in: Europarecht (EuR), Jahrgang 53 (2018), Heft 2, S. 119-139. (Zitiert als: Schroeder, EuR 2018, 119).

Schütze, Robert, `Delegated` Legislation in the (new) European Union: A Constitutional Analysis, in: The Modern Law Review, Jahrgang 74 (2011), Heft 5, S. 661-693. (Zitiert als: Schütze, Modern Law Review 2011, 661).

Schwarze, Jürgen / Becker, Ulrich / Hatje, Armin / Schoo, Johann (Hrsg.), EU-Kommentar, 4. Auflage, Baden-Baden 2019. (Zitert als: Bearbeiter, in: Schwarze/Becker/Hatje/Schoo, EU-Kommentar, 4. Auflage 2019, Art., Rn.).

Shepsle, Kenneth A., Studying Institutions. Some Lessons from the Rational Choice Approach, in: Journal of Theoretical Politics, Jahrgang 1 (1989), Heft 2, S. 131-147. (Zitiert als: Shepsle, Journal of Theoretical Politics 1989, 131).

Sobol, Mor, Principal-Agent Analysis and Pathological Delegation: The (Almost) Untold Story, in: Governance: An International Journal of Policy, Administration, and Institutions, Jahrgang 29 (2016), Heft 3, S. 335-350. (Zitiert als: Sobol, Governance 2016, 335).

Spence, Michael / Zeckhauser, Richard, Insurance, Information, and Individual Action, in: The American Economic Review, Jahrgang 61 (1971), Heft 2, S. 380-387. (Zitiert als: Spence/Zeckhauser, American Economic Review 1971, 380).

Stern, Klaus, Das Staatsrecht der Bundesrepublik Deutschland, Band III/1, München 1988. (Zitiert als: Stern, Das Staatsrecht der Bundesrepublik Deutschland, Band III/1, §, S.).

Stoll, Peter-Tobias / Holterhus, Till Patrik / Gött, Henner, Die geplante Regulierungszusammenarbeit zwischen der Europäischen Union und Kanada sowie den USA nach den Entwürfen von CETA und TTIP. Rechtsgutachten, erstellt im Auftrag der Arbeiterkammer Wien, URL: https://www.arbeiterkammer.at/infopool/wien/Regulierungszusammenarbeit_ttip_ceta.pdf (Stand: 11.12.2022) (Zitiert als: Stoll/Holterhus/Gött, Die geplante Regulierungszusammenarbeit zwischen der EU und Kanada sowie den USA nach den Entwürfen von CETA und TTIP).

Streinz, Rudolf, Die Bindung der Vertreter Bayerns im Bundesrat durch Gesetz. Grundgesetzkonformität und Tragweite des Art. 70 Abs. 4 Satz 2 BV, in: Lorenzmeier, Stefan / Folz, Hans-Peter (Hrsg.), Recht und Realität: Festschrift für Christoph Vedder, Baden-Baden 2017, S. 770-791. (Zitiert als: Streinz, FS Vedder).

Streinz, Rudolf (Hrsg.), EUV/AEUV, 3. Auflage, München 2018. (Zitiert als: Bearbeiter, in: Streinz (Hrsg.), EUV/AEUV, 3. Auflage 2018, Art., Rn.).

Strøm, Kaare, Delegation and accountability in parliamentary democracies, in: European Journal of Political Research, Jahrgang 37 (2000), Heft 3, S. 261-289. (Zitiert als: Strøm, European Journal of Political Research 2000, 261).

Sur, Serge, L'Interprétation en Droit International Public, Paris 1974. (Zitiert als: Sur, L'Interprétation en Droit International Public).

Tai, Laurence, Regulatory capture and quality, in: Journal of Public Policy, Jahrgang 37 (2017), Heft 3, S. 261-286. (Zitiert als: Tai, Journal of Public Policy 2017, 261).

Tallberg, Jonas, Delegation to Supranational Institutions: Why, How, and with What Consequences?, in: West European Politics, Jahrgang 25 (2002), Heft. 1, S. 23-46. (Zitiert als: Tallberg, West European Politics 2002, 23).

Tallberg, Jonas, European Governance and Supranational Institutions. Making States Comply, London 2003. (Zitiert als: Tallberg, European Governance and Supranational Institutions).

Tallberg, Jonas, Supranational influence in EU enforcement: the ECJ and the principle of state liability, in: Journal of European Public Policy, Jahrgang 7

(2000), Heft 1, S. 104-121. (Zitiert als: Tallberg, Journal of European Public Policy 2000, 104).

Tallberg, Jonas, The Anatomy of Autonomy: An Institutional Account of Variation in Supranational Influence, in: Journal of Common Market Studies, Jahrgang 38 (2000), Heft 5, S. 843-864. (Zitiert als: Tallberg, Journal of Common Market Studies 2000, 843).

Terhechte, Jörg Philipp, Die Europäische Union als Innovationsverbund – Innovationsverfassung und rechtliche Innovationen in der EU, in: Europarecht (EuR), Jahrgang 52 (2017), Heft 1, S. 3-29. (Zitiert als: Terhechte, EuR 2017, 3).

Thatcher, Mark / Stone Sweet, Alec, Theory and Practice of Delegation to Non-Majoritarian Institutions, in: West European Politics, Jahrgang 25 (2002), Heft 1, S. 1-22. (Zitiert als: Thatcher/Stone Sweet, West European Politics 2002, 1).

Thierse, Stefan, Policy entrepreneurship in the European Parliament: reconsidering the influence of rapporteurs, in: Journal of European Public Policy, Jahrgang 26 (2019), Heft 2, S. 267-285. (Zitiert als: Thierse, Journal of European Public Policy 2019, 267).

Thompson, Alexander, Principal Problems: UN Weapons Inspections in Iraq and Beyond, Research Gate, Januar 2017, URL: https://www.researchgate.net/publication/228653441_Principal_Problems_UN_Weapons_Inspections_in_Iraq_and_Beyond/link/53cebf800cf25dc05cfac44f/download (Stand: 11.12.2022) (Zitiert als: Thompson, Principal Problems: UN Weapons Inspections in Iraq and Beyond).

Thomson, Robert, National Actors in International Organizations. The Case of the European Commission, in: Comparative Political Studies, Jahrgang 41 (2008), Heft 2, S. 169-192. (Zitiert als: Thomson, Comparative Political Studies 2008, 169).

Thürer, Daniel, Soft Law, in: Max Planck Encyclopedia of Public International Law (MPEPIL), Oxford Public International Law, März 2009. (Zitiert als: Thürer, Soft Law, in: MPEPIL).

Thym, Daniel, Intergouvernementale Exekutivgewalt. Die Verfassung der europäischen Außen-, Sicherheits- und Verteidigungspolitik, in: Archiv des Völkerrechts (AVR), Jahrgang 50 (2012), Heft 2, S. 125-155. (Zitiert als: Thym, AVR 2012, 125).

Urmersbach, Bruno, Statistiken zum Handelskrieg der USA, 04.08.2020, URL: https://de.statista.com/themen/4829/handelskrieg/ (Stand: 11.12.2022). (Zitiert als: Urmersbach, Statistiken zum Handelskrieg der USA).

Van Harten, Gus, The European Union's Emerging Approach to ISDS: a Review of the Canada-Europe CETA, Europe-Singapore FTA, and European-Vietnam FTA, in: University of Bologna Law Review, Jahrgang 1 (2016), Heft

1, S. 138-165. (Zitiert als: Van Harten, University of Bologna Law Review 2016, 138).

Voßkuhle, Andreas, Die Rolle des Länderparlamente im europäischen Integrationsprozess, in: Landtag von Baden-Württemberg (Hrsg.), Festsitzung des Landtags von Baden-Württemberg. Aus Anlass des 60. Jahrestags der Gründung des Landes Baden-Württemberg, Stuttgart 2012. (Zitiert als: Voßkuhle, Festsitzung des Landtages Baden-Württemberg 2012).

Voßkuhle, Andreas, „Integration durch Recht" – Der Beitrag des Bundesverfassungsgerichts, in: Juristenzeitung (JZ), Jahrgang 71 (2016), Heft. 4, S. 161-168. (Zitiert als: Voßkuhle, JZ 2016, 161).

Weber, Max, Wirtschaft und Gesellschaft, in: Grundriss der Sozialökonomik, III. Abteilung, Tübingen 1922. (Zitiert als: Weber, Wirtschaft und Gesellschaft).

Weiß, Delegation to treaty bodies in EU agreements: constitutional constraints and proposals for strengthening the European Parliament, in: European Constitutional Law Review, Jahrgang 14 (2018), Heft 3, S. 532-566. (Zitiert als: Weiß, EuConst 2018, 532).

Weiß, Wolfgang, Demokratische Legitimation und völkerrechtliche Governancestrukturen: Bundestagsbeteiligung bei EU-Handelsabkommen mit beschlussfassenden Gremien, in: Kadelbach, Stefan (Hrsg.), Die Welt und Wir. Die Außenbeziehungen der Europäischen Union, 1. Auflage, Baden-Baden 2017, S. 151-221. (Zitiert als: Weiß, Demokratische Legitimation und völkerrechtliche Governancestrukturen).

Weiß, Wolfgang, Die Integrationsverantwortung der Landtage. Vertikale Gewaltenteilung im Bundesstaat und Verfassungskonformität bindender Weisungen von Landesparlamenten, in: Juristische Schulung (JuS), Jahrgang 59 (2019), Heft 2, S. 97-104. (Zitiert als: Weiß, JuS 2019, 97).

Weiß, Wolfgang, Die Integrationsverantwortung der Verfassungsorgane, in: Juristische Schulung (JuS), Jahrgang 58 (2018), Heft 11, S. 1046-1050. (Zitiert als: Weiß, JuS 2018, 1046).

Weiß, Wolfgang, Kann Freihandel Demokratie und Rechtsstaat gefährden?, Zu den (unions)verfassungsrechtlichen Anforderungen der parlamentarischen Begleitung von Regelsetzung durch Vertragsgremien, in: Arnim, Hans Herbert von (Hrsg.): Erosion von Demokratie und Rechtsstaat?. Beiträge auf der 17. Speyerer Demokratietagung vom 26. bis 27. Oktober 2017 an der Deutschen Universität für Verwaltungswissenschaften Speyer, Schriftenreihe der Deutschen Universität für Verwaltungswissenschaften Speyer, Band 235, Berlin 2018, S. 21-70. (Zitiert als: Weiß, Kann Freihandel Demokratie und Rechtsstaat gefährden?).

Weiß, Wolfgang, Kompetenzverteilung bei gemischten Abkommen am Beispiel des TTIP, in: Die Öffentliche Verwaltung, Jahrgang 2016, Heft 13, S. 537-548. (Zitiert als: Weiß, DÖV 2016, 537).

Weiß, Wolfgang, Parlamentarische Herausforderungen im Völkerrecht der Globalisierung angesichts internationalisierter Regelsetzung, in: Hill, Hermann / Wieland, Joachim (Hrsg.), Zukunft der Parlamente – Speyer Konvent in Berlin. Beiträge zur Tagung der Deutschen Universität für Verwaltungswissenschaften in Zusammenarbeit mit dem Innenausschuss des Deutschen Bundestages, Schriftenreihe der Deutschen Universität für Verwaltungswissenschaften Speyer, Band 233, Berlin 2018, S. 21-44. (Zitiert als: Weiß, Parlamentarische Herausforderungen im Völkerrecht der Globalisierung angesichts internationalisierter Regelsetzung).

Weiß, Wolfgang, The European Parliament's Role in the Operation of Trade Agreements: Non-Delegation and Parliamentary Control in External Action, URL: https://www.researchgate.net/publication/323309061_The_European_Parliaments_Role_in_the_Operation_of_Trade_Agreements_Non-Delegation_and_Parliamentary_Control_in_External_Action (Stand: 11.12.2022). (Zitiert als: Weiß, The European Parliament's Role in the Operation of Trade Agreements. Non-Delegation and Parliamentary Control in External Action).

Weiß, Wolfgang, The European Parliament's Role in the Operation of Trade Agreements: Parliamentary control and Executive-Legislative Balance in External Action, in: Fromage, Diane / Herranz-Surrallés (Hrsg.), Executive-Legislative (im)balance in the European Union, Oxford 2020, S. 209-225. (Zitiert als: Weiß, The European Parliament's Role in the Operation of Trade Agreements. Parliamentary control and Executive-Legislative Balance in External Action).

Weiß, Wolfgang, The role of Treaty Committees in CETA and other recent EU free trade agreements, URL: https://www.bilaterals.org/IMG/pdf/questions-and-answers_ceta-treaty-commitees.pdf (Stand: 11.12.2022). (Zitiert als: Weiß, The role of Treaty Committees in CETA and other recent EU free trade agreements)

Weiß, Wolfgang, Umsetzung von CETA in der EU: Herausforderungen für Demokratie und institutionelles Gleichgewicht, in: Europarecht (EuR), Jahrgang 55 (2020), Heft 4, S. 407-430. (Zitiert als: Weiß, EuR 2020, 407).

Weiß, Wolfgang, Verfassungsbeschwerde gegen die Zustimmung des Vertreters der deutschen Bundesregierung im Rat der Europäischen Union zum Beschluss des Rates über die Unterzeichnung und zum Beschluss über den Abschluss eines Freihandelsabkommens zwischen der EU und der Republik Singapur, unterzeichnet am 19.10.2018, und gegebenenfalls hilfsweise, gegen die Umsetzung dieses Abkommens in Deutschland durch deutsche

Stellen, ferner gegen die Nichtwahrnehmung der Integrationsverantwortung durch den Deutschen Bundestag im Hinblick auf die Unterzeichnung und den Abschluss des Freihandelsabkommens zwischen der EU und der Republik Singapur, 16.05.2019, URL: https://www.mehr-demokratie.de/fileadmin/pdf/Stop_EU-only/2019-05-16_Verfassungsbeschwerde_Schriftsatz.pdf (Stand: 11.12.2022). (Zitiert als: Weiß, Verfassungsbeschwerdeschrift in dem Verfahren 2 BvR 882/19 vor dem Bundesverfassungsgericht).

Weiß, Wolfgang, Verfassungsanforderungen und Integrationsverantwortung bei beschließenden Vertragsorganen in Freihandelsabkommen, in: Europäische Zeitschrift für Wirtschaftsrecht (EuZW), Jahrgang 27 (2016), Heft 8, S. 286-291. (Zitiert als: Weiß, EuZW 2016, 286).

Weiß, Wolfgang, Verfassungsprobleme des Abschlusses und der vorläufigen Anwendung des CETA Freihandelsabkommens mit Kanada. Stellungnahme zur Öffentlichen Anhörung des Ausschusses für Wirtschaft und Energie des Deutschen Bundestages am 5. September 2016, Deutscher Bundestag, Ausschuss für Wirtschaft und Energie, Ausschussdrucksache 18(9)926, 31.08.2016, URL: https://www.bundestag.de/resource/blob/438052/9f45bd9ca1de30f51726df5d391b8702/stgn_weiss-data.pdf (Stand: 11.12.2022). (Zitiert als: Weiß, Verfassungsprobleme des Abschlusses und der vorläufigen Anwendung des CETA Freihandelsabkommens mit Kanada).

Wessel Ramses A. / Blockmans, Steven, The Legal Status and Influence of Decisions of International Organizations and other Bodies in the European Union, in: Brugge Research Paper 1/2014, URL: http://aei.pitt.edu/63289/1/researchpaper_1_2014_wessel_blockmans.pdf (Stand: 11.12.2022). (Zitiert als: Wessel/Blockmans, Brugge Research Paper 1/2014).

Wollenschläger, Ferdinand, Völkerrechtliche Flankierung des EU-Integrationsprogramms als Herausforderung für den europa-Artikel des Grundgesetzes (Art. 23 GG). Am Beispiel von ESM-Vertrag und Fiskalpakt, in: Neue Zeitschrift für Verwaltungsrecht (NVwZ), Jahrgang 31 (2012), Heft 12, S. 713-719. (Zitiert als: Wollenschläger, NVwZ 2012, 713).

Rechtsprechung:

Bayerischer Verfassungsgerichtshof, Entscheidung vom 15.02.2017, Vf. 60-IX-16, BayVerfGH 2017, 407, ECLI:DE:BAYVERF:2017:0215.VF.60IX16.0A. (Zitiert als: BayVerfGH, Urteil vom 15.02.2017, Vf. 60-IX-16).

Bundesverfassungsgericht, Beschluss vom 15.02.1978, 2 BvR 134, 268/76, BVerfGE 47, 253. (Zitiert als: BVerfGE 47, 253).

Bundesverfassungsgericht, Beschluss vom 01.10.1987, 2 BvR 1178, 1179, 1191/86, BVerfGE 77, 1. (Zitiert als: BVerfGE 77, 1).

Bundesverfassungsgericht, Beschluss vom 24.05.1995, 2 BvF 1/92, BVerfGE 93, 37. (Zitiert als: BVerfGE 93, 37).

Bundesverfassungsgericht, Beschluss vom 15.12.2015, 2 BvL 1/12, BVerfGE 141, 1-56, ECLI:DE:BVerfG:2015:ls20151215.2bvl000112. (Zitiert als: BVerfGE 141, 1).

Bundesverfassungsgericht, Beschluss vom 07.12.2016, 2 BvR 1444/16, 2 BvR 1482/16, 2 BvR 1823/16, 2 BvE 3/16, BVerfGE 144, 1-17, ECLI:DE:BVerfG:2016:rs20161207.2bvr144416. (Zitiert als: BVerfG, Beschluss vom 07.12.2016, 2 BvR 1444/16 u.a.).

Bundesverfassungsgericht, Beschluss vom 07.11.2019, 2 BvR 882/19, ECLI:DE:BVerfG:2019:rk20191107.2bvr088219. (Zitiert als: BVerfG, Beschluss vom 07.11.2019, 2 BvR 882/19).

Bundesverfassungsgericht, Beschluss vom 13.02.2020, 2 BvR 739/17, BVerfGE 153, 74-182, ECLI:DE:BVerfG:2020:rs20200213.2bvr073917. (Zitiert als: BVerfGE, Beschluss vom 13.02.2020, 2 BvR 739/17).

Bundesverfassungsgericht, Beschluss vom 09.02.2022, 2 BvR 1368/16, 2 BvR 1444/16, 2 BvR 1482/16, 2 BvR 1823/16, 2 BvE 3/16, ECLI:DE:BVerfG:2022:rs20220209.2bvr136816. (Zitiert als: BVerfG, Beschluss vom 09.02.2022, 2 BvR 1368/16 u.a.).

Bundesverfassungsgericht, Urteil vom 29.07.1952, 2 BvE 2/51, BVerfGE 1, 372-395. (Zitiert als: BVerfGE 1, 372).

Bundesverfassungsgericht, Urteil vom 30.07.1958, 2 BvF 3, 6/58, BVerfGE 8, 104-122. (Zitiert als: BVerfGE 8, 104.)

Bundesverfassungsgericht, Urteil vom 24.07.1979, 2 BvK 1/78, BVerfGE 52, 95. (Zitiert als: BVerfGE 52, 95).

Bundesverfassungsgericht, Urteil vom 18.12.1984, 2 BvE 13/83, BVerfGE 68, 1. (Zitiert als: BVerfGE 68, 1).

Bundesverfassungsgericht, Urteil vom 26.06.1990, 2 BvF 3/89, BVerfGE 83, 60. (Zitiert als: BVerfGE 83, 60).

Bundesverfassungsgericht, Urteil vom 22.11.2001, 2 BvE 6/99, BVerfGE 104, 151-214, ECLI:DE:BVerfG:2001:es20011122.2bve000699. (Zitiert als: BVerfGE 104, 151).

Bundesverfassungsgericht, Urteil vom 18.12.2002, 2 BvF 1/02, BVerfGE 106, 310-351, ECLI:DE:BVerfG:2002:fs20021218.2bvf000102, Rn. 1-153. (Zitiert als: BVerfGE 106, 310).

Bundesverfassungsgericht, Urteil vom 03.07.2007, 2 BvE 2/07, BVerfGE 118, 244-276, ECLI:DE:BVerfG:2007:es20070703.2bve000207. (Zitiert als: BVerfGE 118, 244).

Bundesverfassungsgericht, Urteil vom 07.05.2008, 2 BvE 1/03, BVerfGE 121, 135-175, ECLI:DE:BVerfG:2008:es20080507.2bve000103. (Zitiert als: BVerfGE 121, 135).

Bundesverfassungsgericht, Urteil vom 30.06.2009, 2 BvE 2, 5/08, 2 BvR 1010, 1022, 1259/08, 182/09, BVerfGE 123, 267-437, ECLI:DE:BVerfG:2009:es2009 0630.2bve000208. (Zitiert als: BVerfGE 123, 267).

Bundesverfassungsgericht, Urteil vom 09.11.2011, 2 BvC 4, 6, 8/10, BVerfGE 129, 300-355, ECLI:DE:BVerfG:2011:cs20111109.2bvc000410. (Zitiert als: BVerfGE 129, 300).

Bundesverfassungsgericht, Urteil vom 19.06.2012, 2 BvE 4/11, BVerfGE 131, 152-230, ECLI:DE:BVerfG:2012:es20120619.2bve000411. (Zitiert als: BVerfGE 131, 152).

Bundesverfassungsgericht, Urteil vom 26.02.2014, 2 BvE 2, 5-10, 12/13, 2 BvR 2220, 2221, 2238/13, BVerfGE 135, 259-312, ECLI:DE:BVerfG:2014:es201402 26.2bve000213. (Zitiert als: BVerfGE 135, 259).

Bundesverfassungsgericht, Urteil vom 13.10.2016, 2 BvR 1368/16, 2 BvR 1444/ 16, 2 BvR 1482/16, 2 BvR 1823/16, 2 BvE 3/16, BVerfGE 143, 65-100, ECL I:DE:BVerfG:2022:rs20220209.2bvr136816. (Zitiert als: BVerfG, Urteil vom 13.10.2016, 2 BvR 1368/16 u.a.).

Bundesverfassungsgericht, Urteil vom 30.07.2019, 2 BvR 1685/14, 2 BvR 2631/ 14, BVerfGE 151, 202-374, ECLI:DE:BVerfG:2019:rs20190730.2bvr168514. (Zitiert als: BVerfGE 151, 202).

Bundesverfassungsgericht, Urteil vom 05.05.2020, 2 BvR 859/15, BVerfGE 154, 17-152, ECLI:DE:BVerfG:2020:rs20200505.2bvr085915. (Zitiert als: BVerfG, Urteil vom 05.05.2020, 2 BvR 859/15).

Bundesverfassungsgericht, Urteil vom 02.03.2021, 2 BvE 4/16, BVerfGE 157, 1-30, ECLI:DE:BVerfG:2021:es20210302.2bve000416. (Zitiert als: BVerfGE 157, 1).

Europäischer Gerichtshof, Beschluss vom 02.05.2001, Rs. C-307/99, Slg. 2001, I-3159, ECLI:EU:C:2001:228. (Zitiert als: EuGH, Rs. C-307/99 (OTG)).

Europäischer Gerichtshof, Gutachten 1/75 vom 11.11.1975, Slg. 1975, 1355, ECLI:EU:C:1975:145. (Zitiert als: EuGH, Gutachten 1/75).

Europäischer Gerichtshof, Gutachten 1/76 vom 26.04.1977, Slg. 1977, 741, ECLI:EU:C:1977:63. (Zitiert als: EuGH, Gutachten 1/76).

Europäischer Gerichtshof, Gutachten 2/91 vom 19.03.1993, Slg. 1993, 1061, ECLI:EU:C:1993:106. (Zitiert als: EuGH, Gutachten 2/91).

Europäischer Gerichtshof, Gutachten 1/03 vom 07.02.2006, ECLI:EU:C:2006:81. (Zitiert als: EuGH, Gutachten 1/03).

Europäischer Gerichtshof, Gutachten 1/13 vom 14.10.2014, ECLI:EU:C:2014:2303. (Zitiert als: EuGH, Gutachten 1/13).

Europäischer Gerichtshof, Gutachten 2/15 vom 16.05.2017, ECLI:EU:C:2017:376. (Zitiert als: EuGH, Gutachten 2/15 (Singapur)).

Europäischer Gerichtshof, Gutachten 1/17 vom 30.04.2019, ECLI:EU:C:2019:341. (Zitiert als: EuGH, Gutachten 1/17).

Europäischer Gerichtshof, Urteil vom 13.06.1958, Rs. C-9/56, Slg. 1958, 11, ECLI:EU:C:1958:7. (Zitiert als: EuGH, Rs. C-9/56 (Meroni)).

Europäischer Gerichtshof, Urteil vom 13.06.1958, Rs. C-10/56, Slg. 1958, 53, ECLI:EU:C:1958:8. (Zitiert als: EuGH, Rs. C-10/58 (Meroni)).

Europäischer Gerichtshof, Urteil vom 17.12.1970, Rs. C-25/70, Slg. 1970, 1161, ECLI:EU:C:1970:115. (Zitiert als: EuGH, Rs. C-25/70).

Europäischer Gerichtshof, Urteil vom 12.12.1972, Rs. C-21-24/72, ECLI:EU:C:1972:115. (Zitiert als: EuGH, Rs. C-21/72 (International Fruit Company)).

Europäischer Gerichtshof, Urteil vom 24.10.1973, Rs. C-9/73, Slg. 1973, 1135, ECLI:EU:C:1973:110. (Zitiert als: EuGH, Rs. C-9/73).

Europäischer Gerichtshof, Urteil vom 30.10.1975, Rs. C-23/75, Slg. 1975, 1279, ECLI:EU:C:1975:142. (Zitiert als: EuGH, Rs. C-23/75).

Europäischer Gerichtshof, Urteil vom 14.07.1976, Rs. C-3/76, C-4/76, C-6/76, Slg. 1976, 1279, ECLI:EU:C:1976:114. (Zitiert als: EuGH, Rs. C-3/76 u.a. (Cornelis Kramer u.a.)).

Europäischer Gerichtshof, Urteil vom 29.10.1980, Rs. 138/79, Slg. 1980, 3333, ECLI:EU:C:1980:249. (Zitiert als: EuGH, Rs. C-138/79).

Europäischer Gerichtshof, Urteil vom 15.05.1984, Rs. C-121/83, Slg. 1984, 2039, ECLI:EU:C:1984:175. (Zitiert als: EuGH, Rs. C-121/83).

Europäischer Gerichtshof, Urteil vom 11.03.1987, Rs. C-279/84, C-280/84, C-285/84, C-286/84, Slg. 1987, 1069, ECLI:EU:C:1987:119. (Zitiert als: EuGH, Rs. C-279/84).

Europäischer Gerichtshof, Urteil vom 26.03.1987, Rs. C-45/86, Slg. 1987, 1493, ECLI:EU:C:1987:163. (Zitiert als: EuGH, Rs. C-45/86).

Europäischer Gerichtshof, Urteil vom 30.09.1987, Rs. C-12/86, Slg. 1987, 3719, ECLI:EU:C:1987:400. (Zitiert als: EuGH, Rs. C-12/86 (Demirel)).

Europäischer Gerichtshof, Urteil vom 29.06.1989, Rs. C-22/88, Slg. 1989, 2049, ECLI:EU:C:1989:277. (Zitiert als: EuGH, Rs. C-22/88).

Europäischer Gerichtshof, Urteil vom 21.09.1989, Rs. C-46/87 u. C-227/88, Slg. 1989, 2859, ECLI:EU:C:1989:337. (Zitiert als: EuGH, Rs. C-46/87).

Europäischer Gerichtshof, Urteil vom 14.11.1989, Rs. C-30/88, Slg. 1989, 3711, ECLI:EU:C:1989:422. (Zitiert als: EuGH, Rs. C-30/88).

Europäischer Gerichtshof, Urteil vom 20.09.1990, Rs. C-192/89, Slg. 1990, I-03461, ECLI:EU:C:1990:322. (Zitiert als: EuGH, Rs. C-192/89 (Sevince)).

Europäischer Gerichtshof, Urteil vom 11.06.1991, Rs. C-300/89, Slg. 1991, I-2867, ECLI:EU:C:1991:244. (Zitiert als: EuGH, Rs. C-300/89).

Europäischer Gerichtshof, Urteil vom 27.10.1992, Rs. C-240/90, Slg. 1992, I-5383, ECLI:EU:C:1992:408. (Zitiert als: EuGH, Rs. C-240/90).

Europäischer Gerichtshof, Urteil vom 21.01.1993, Rs. C-188/91, Slg. 1993, I-363, ECLI:EU:C:1993:24. (Zitiert als: EuGH, Rs. C-188/93 (Shell)).

Europäischer Gerichtshof, Urteil vom 02.03.1994, Rs. C-316/91, Slg. 1994, I-625, ECLI:EU:C:1994:76. (Zitiert als: EuGH, Rs. C-316/91).

Europäischer Gerichtshof, Urteil vom 05.10.1994, Rs. C-280/93, Slg. 1994, I-4973, ECLI:EU:C:1994:367. (Zitiert als: EuGH, Rs. C-280/93).

Europäischer Gerichtshof, Urteil vom 17.10.1995, Rs. C-478/93, Slg. 1995, I-3081, ECLI:EU:C:1995:324. (Zitiert als: EuGH, Rs. C-478/93).

Europäischer Gerichtshof, Urteil vom 26.03.1996, Rs. C-271/94, Slg. 1996, I-1689, ECLI:EU:C:1996:133. (Zitiert als: EuGH, Rs. C-271/94).

Europäischer Gerichtshof, Urteil vom 12.11.1996, Rs. C-84/94, Slg. 1996, I-5755, ECLI:EU:C:1996:431. (Zitiert als: EuGH, Rs. C-84/94).

Europäischer Gerichtshof, Urteil vom 03.12.1996, Rs. C-268/94, Slg. 1996, I-6177, ECLI:EU:C:1996:461. (Zitiert als: EuGH, Rs. C-268/94).

Europäischer Gerichtshof, Urteil vom 04.02.1997, Rs. C-9/95, C-23/95 u. C-156/95, Slg. 1997, I-645, ECLI:EU:C:1997:50. (Zitiert als: EuGH, Rs. C-9/95).

Europäischer Gerichtshof, Urteil vom 28.05.1998, Rs. C-22/96, Slg. 1998, I-3231, ECLI:EU:C:1998:258. (Zitiert als: EuGH, Rs. C-22/96).

Europäischer Gerichtshof, Urteil vom 19.11.1998, Rs. C-159/96, Slg. 1998, I-7379, ECLI:EU:C:1998:550. (Zitiert als: EuGH, Rs. C-159/96).

Europäischer Gerichtshof, Urteil vom 22.02.1999, Rs. C-42/97, Slg. 1999, I-869, ECLI:EU:C:1999:81. (Zitiert als: EuGH, Rs. C-42/97).

Europäischer Gerichtshof, Urteil vom 11.11.1999, Rs. C-48/98, Slg. 1999, I-7877, ECLI:EU:C:1999:548. (Zitiert als: EuGH, Rs. C-48/98).

Europäischer Gerichtshof, Urteil vom 08.07.1999, Rs. C-189/97, Slg. 1999, I-4741, ECLI:EU:C:1999:366. (Zitiert als: EuGH, Rs. C-189/97).

Europäischer Gerichtshof, Urteil vom 14.10.1999, Rs. C-104/97 P, Slg. 1999, I-6983, ECLI:EU:C:1999:498. (Zitiert als: EuGH, Rs. C-104/97 P, (Atlanta)).

Europäischer Gerichtshof, Urteil vom 23.11.1999, Rs. C-149/96, Slg. 1999, I-8395, ECLI:EU:C:1999:574. (Zitiert als: EuGH, Rs. C-149/96).

Europäischer Gerichtshof, Urteil vom 04.04.2000, Rs. C-269/97, Slg. 2000, I-2257, ECLI:EU:C:2000:183. (Zitiert als: EuGH, Rs. C-269/97).

Europäischer Gerichtshof, Urteil vom 06.07.2000, Rs. C-356/97, Slg. 2000, I-5461, ECLI:EU:C:2000:364. (Zitiert als: EuGH, Rs. C-356/97 (Molkereigenossenschaft Wiedergeltingen)).

Europäischer Gerichtshof, Urteil vom 14.12.2000, Rs. C-300/98 u.a., Slg. 2000, I-11307, ECLI:EU:C:2000:688. (Zitiert als: EuGH, Rs. C-300/98 (Dior)).

Europäischer Gerichtshof, Urteil vom 19.09.2002, Rs. C-336/00, Slg. 2002, I-7699, ECLI:EU:C:2002:509. (Zitiert als: EuGH, Rs. C-336/00).

Europäischer Gerichtshof, Urteil vom 09.01.2003, Rs. C-76/00 P, ECLI:EU:C:2003:4. (Zitiert als: EuGH, Rs. C-76/00 P (Petrolub)).

Europäischer Gerichtshof, Urteil vom 01.03.2005, Rs. C-377/02, Slg. 2005, I-1465, ECLI:EU:C:2005:121. (Zitiert als: EuGH, Rs. C-377/02 (Van Parys)).

Europäischer Gerichtshof, Urteil vom 12.07.2005, Rs. C-154/04 u. C-155/04, Slg. 2005, I-6451, ECLI:EU:C:2005:449. (Zitiert als: EuGH, Rs. C-154/04).

Europäischer Gerichtshof, Urteil vom 13.09.2005, Rs. C-176/03, Slg. 2005, I-7879, ECLI:EU:C:2005:542. (Zitiert als: EuGH, Rs. C-176/03).

Europäischer Gerichtshof, Urteil vom 06.12.2005, Rs. C-66/04, Slg. 2005, I-10553, ECLI:EU:C:2005:743. (Zitiert als: EuGH, Rs. C-66/04).

Europäischer Gerichtshof, Urteil vom 10.01.2006, Rs. C-178/03, Slg. 2006, I-107, ECLI:EU:C:2005:312. (Zitiert als: EuGH, Rs. C-178/03).

Europäischer Gerichtshof, Urteil vom 11.09.2007, Rs. C-431/05, Slg. 2007, I-7001, ECLI:EU:C:2007:496. (Zitiert als: EuGH, Rs. C-431/05 (Merck)).

Europäischer Gerichtshof, Urteil vom 03.06.2008, Rs. C-308/06, Slg. 2008, I-4057, ECLI:EU:C:2008:312. (Zitiert als: EuGH, Rs. C-308/06 (Intertanko)).

Europäischer Gerichtshof, Urteil vom 01.10.2009, Rs. C-370/07, Slg. 2009, I-8917, ECLI:EU:C:2009:590. (Zitiert als: EuGH, Rs. C-370/07).

Europäischer Gerichtshof, Urteil vom 29.03.2012, Rs. C-7/10 u. C-9/10, ECLI:EU:C:2010:64. (Zitiert als: EuGH, Rs. C-7/10 (Inan und Kahveci)).

Europäischer Gerichtshof, Urteil vom 05.09.2012, Rs. C-355/10, ECLI:EU:C:2012:516. (Zitiert als: EuGH, Rs. C-355/10).

Europäischer Gerichtshof, Urteil vom 13.12.2012, Rs. C-237/11 u. C-238/11, ECLI:EU:C:2012:796. (Zitiert als: EuGH, Rs. C-237/11).

Europäischer Gerichtshof, Urteil vom 18.12.2014, Rs. C-81/13, ECLI:EU:C:2014:2449. (Zitiert als: EuGH, Rs. C-81/13).

Europäischer Gerichtshof, Urteil vom 22.01.2014, Rs. C-270/12, ECLI:EU:C:2014:18. (Zitiert als: EuGH, Rs. C-270/12).

Europäischer Gerichtshof, Urteil vom 24.06.2014, Rs. C-658/11, ECLI:EU:C:2014:2025. (Zitiert als: EuGH, Rs. C-658/11).

Europäischer Gerichtshof, Urteil vom 07.10.2014, Rs. C-399/12, ECLI:EU:C:2014:2258. (Zitiert als: EuGH, Rs. C-399/12 (Rebe und Wein)).

Europäischer Gerichtshof, Urteil vom 10.09.2015, Rs. C-363/14, ECLI:EU:C:2015:579. (Zitiert als: EuGH, Rs. C-363/14).

Europäischer Gerichtshof, Urteil vom 06.10.2015, Rs. C-73/14, ECLI:EU:C:2015:663. (Zitiert als: EuGH, Rs. C-73/14).

Europäischer Gerichtshof, Urteil vom 14.06.2016, Rs. C-263/14, ECLI:EU:C:2016:435. (Zitiert als: EuGH, C-263/14).

Europäischer Gerichtshof, Urteil vom 05.12.2017, Rs. C-600/14, ECLI:EU:C:2017:935. (Zitiert als: EuGH, Rs. C-600/14 (OTIF)).

Europäischer Gerichtshof, Urteil vom 02.10.2018, Rs. C-73/17, ECLI:EU:C:2018:787. (Zitiert als: EuGH, Rs. C-73/17).

Europäischer Gerichtshof, Urteil vom 05.10.2020, Rs. C-66/18, ECLI:EU:C:2020:792. (Zitiert als: EuGH, Rs. C-66/18).

Generalanwalt Bot, Schlussanträge vom 30.01.2014, Rs. C-658/11, ECLI:EU:C:2014:41. (Zitiert als: GA Bot, SchlA, Rs. C-658/11).

Generalanwalt Cruz Villalón, Schlussanträge vom 29.04.2014, Rs. C-399/12, ECLI:EU:C:2014:289. (Zitiert als: GA Cruz Villalón, SchlA, Rs. C-399/12 (Rebe und Wein)).

Generalanwältin Kokott, Schlussanträge vom 06.12.2005, Rs. C-66/04, Slg. 2005, I-10553, ECLI:EU:C:2005:520. (Zitiert als: GA Kokott, SchlA, Rs. C-66/04).

Generalanwältin Kokott, Schlussanträge vom 26.03.2009, Rs. C-13/07, ECLI:EU:C:2009:190. (Zitiert als: GA Kokott, SchlA, Rs. C-13/07 (Pastis)).

Generalanwältin Kokott, Schlussanträge vom 17.07.2014, Rs. C-81/13, ECLI:EU:C:2014:2114. (Zitiert als: GA Kokott, SchlA, Rs. C-81/13).

Generalanwältin Kokott, Schlussanträge vom 05.03.2020, Rs. C-66/18, ECLI:EU:C:2020:172. (Zitiert als: GA Kokott, SchlA, Rs. C-66/18).

Generalanwältin Sharpston, Schlussanträge vom 21.07.2011, Rs. C-187/10, Slg. 2011, I-9045, ECLI:EU:C:2011:510. (Zitiert als: GA Sharpston, SchlA, Rs. C-187/10).

Generalanwältin Sharpston, Schlussanträge vom 16.07.2015, Rs. C-73/14, ECLI:EU:C:2015:490. (Zitiert als: GA Sharpston, SchlA, Rs. C-73/14).

Generalanwalt Szpunar, Schlussanträge vom 24.04.2017, Rs. C-600/14, ECLI:EU:C:2017:296. (Zitiert als: GA Szpunar, SchlA, Rs. C-600/14).

Staatsgerichtshof Baden-Württemberg, Urteil vom 18.03.1986, Gr. 1/85, DÖV 1986, S. 794-795. (Zitiert als: StGH BaWü, DÖV 1986, 794).

Dokumente zur Arbeit der CETA-Ausschüsse:

Europäische Kommission, Agenda, Comprehensive Economic and Trade Agreement (CETA), Meeting of the Joint Committee on Services and Investment, Brüssel, 18.09.2018, URL: https://circabc.europa.eu/ui/group/09242a36-a438-40fd-a7af-fe32e36cbd0e/library/c6951bbd-80bc-4658-8be8-4c442004125a/details (11.12.2022). (Zitiert als: EU-Kommission, Agenda, Meeting of the Committee on Services and Investment, 18.09.2018).

Europäische Kommission, Final Minutes, Canada-European Union Comprehensive Economic and Trade Agreement, Sanitary and Phytosanitary Measures, Second Joint Management Committee, Brüssel, 25-27.02.2019, URL: https://circabc.europa.eu/ui/group/09242a36-a438-40fd-a7af-fe32e36cbd0e/library/b6a367ef-0601-4228-b762-cd2c27664ec6/details (Stand: 11.12.2022). (Zitiert als: EU-Kommission, Final Minutes, Sanitary and Phytosanitary Measures Joint Management Committee, 25-27.02.2019).

Europäische Kommission, Joint Report, Comprehensive Economic and Trade Agreement (CETA), 2nd Meeting of the CETA Regulatory Cooperation Forum, Ottawa und Videokonferenz, 03-04.02.2020, URL: https://circabc.europa.eu/ui/group/09242a36-a438-40fd-a7af-fe32e36cbd0e/library/972e6f0e-5f4b-4be6-aed0-657a04720ba7/details (Stand: 11.12.2022). (Zitiert als: EU-Kommission, Joint Report, 2nd Meeting of the CETA Regulatory Cooperation Forum, 03-04.02.2020).

Europäische Kommission, Joint Report, Comprehensive Economic and Trade Agreement (CETA), 2nd Meeting of the CETA Joint Committee, Videokonferenz, 25.03.2021, URL: https://circabc.europa.eu/ui/group/09242a36-a438-40fd-a7af-fe32e36cbd0e/library/d20bf776-9b35-4899-b03d-f1ef262cfc9c/details (Stand: 11.12.2022). (Zitiert als: EU-Kommission, Joint Report, 2nd Meeting of the CETA Joint Committee, 25.03.2021).

Europäische Kommission, Joint Report, Comprehensive Economic and Trade Agreement (CETA), 2nd Meeting of the Joint Committee on Mutual Recognition of Professional Qualifications, Videokonferenz, 24.11.2020, URL: https://circabc.europa.eu/ui/group/09242a36-a438-40fd-a7af-fe32e36cbd0e/library/91623747-008f-49a7-807c-a84e4d8ecb73/details (Stand: 11.12.2022). (Zitiert als: EU-Kommission, Joint Report, 2nd Meeting of the Joint Committee on Mutual Recognition of Professional Qualifications, 24.11.2020).

Europäische Kommission, Joint Report, Comprehensive Economic and Trade Agreement (CETA), 3rd Meeting of the CETA Regulatory Cooperation Forum, Videokonferenz, 09-10.02.2021, URL: https://circabc.europa.eu/ui/

group/09242a36-a438-40fd-a7af-fe32e36cbd0e/library/3a12dcc0-78bf-4007-beec-fd5084520819/details (Stand: 11.12.2022). (Zitiert als: EU-Kommission, Joint Report, 3rd Meeting of the CETA Regulatory Cooperation Forum, 09-10.02.2021).

Europäische Kommission, Joint Report, Comprehensive Economic and Trade Agreement (CETA), 3rd Meeting of the Committee on Government Procurement, Videokonferenz, 25-26.11.2020, URL: https://circabc.europa.eu/ui/group/09242a36-a438-40fd-a7af-fe32e36cbd0e/library/10ba5cdc-16ad-4d71-89ff-61e1c8486748/details (Stand: 11.12.2022). (Zitiert als: EU-Kommission, Joint Report, 3rd Meeting of the Committee on Government Procurement, 25-26.11.2020).

Europäische Kommission, Joint Report, Comprehensive Economic and Trade Agreement (CETA), 4th Meeting of the CETA Regulatory Cooperation Forum, Videokonferenz, 03.05.2022, URL: https://circabc.europa.eu/ui/group/09242a36-a438-40fd-a7af-fe32e36cbd0e/library/65778e51-ff94-4a4f-b3d6-669eb2bda5f8/details (Stand: 11.12.2022). (Zitiert als: EU-Kommission, Joint Report, 4th Meeting of the CETA Regulatory Cooperation Forum, 03.05.2022).

Europäische Kommission, Joint Report, Comprehensive Economic and Trade Agreement (CETA), 4th Meeting of the Financial Services Committee, Videokonferenz, 17. und 22.06.2021, URL: https://circabc.europa.eu/ui/group/09242a36-a438-40fd-a7af-fe32e36cbd0e/library/5f0bc70f-d222-4c9a-832e-14f1cd6ec217/details (11.12.2022). (Zitiert als: EU-Kommission, Joint Report, 4th Meeting of the Financial Services Committee, 17./22.06.2021).

Europäische Kommission, Joint Report, Comprehensive Economic and Trade Agreement (CETA), Meeting of the Committee on Services and Investment, Brüssel, 18.09.2018, URL: https://circabc.europa.eu/ui/group/09242a36-a438-40fd-a7af-fe32e36cbd0e/library/761981ac-fbfa-4db1-82fb-a0333999dfe4/details (11.12.2022). (Zitiert als: EU-Kommission, Joint Report, Meeting of the Committee on Services and Investment, 18.09.2018).

Europäische Kommission, Joint Report, Comprehensive Economic and Trade Agreement (CETA), Meeting of the Committee on Trade and Sustainable Development, Ottawa, 13.11.2019, URL: https://circabc.europa.eu/ui/group/09242a36-a438-40fd-a7af-fe32e36cbd0e/library/038e1d4c-526b-4439-ad8f-2297957cae2b/details (11.12.2022). (Zitiert als: EU-Kommission, Joint Report, Meeting of the Committee on Trade and Sustainable Development, 13.11.2019).

Europäische Kommission, Joint Report, Comprehensive Economic and Trade Agreement (CETA), Meeting of the Committee on Trade and Sustainable Development, Videokonferenz, 10-11.12.2020, URL: https://circabc.europa.eu/ui/group/09242a36-a438-40fd-a7af-fe32e36cbd0e/library/92b49

308-1b48-4091-9a79-1eefbadd1ffb/details (Stand: 11.12.2022). (Zitiert als: EU-Kommission, Joint Report, Meeting of the Committee on Trade and Sustainable Development, 10-11.12.2020).

Europäische Kommission, Joint Report, Comprehensive Economic and Trade Agreement (CETA), Meeting of the Committee on Trade and Sustainable Development, Videokonferenz, 09-10.02.2022, URL: https://circabc.europa.eu/ui/group/09242a36-a438-40fd-a7af-fe32e36cbd0e/library/c81bf164-2552-44c2-8c62-116fccec7384/details (Stand: 11.12.2022). (Zitiert als: EU-Kommission, Joint Report, Meeting of the Committee on Trade and Sustainable Development, 09-10.02.2022).

Europäische Kommission, Joint Report, Comprehensive Economic and Trade Agreement (CETA), Meeting of the Financial Services Committee, Ottawa, 12.06.2019, URL: https://circabc.europa.eu/ui/group/09242a36-a438-40fd-a7af-fe32e36cbd0e/library/e3845f64-a268-4d1e-a0c8-6ef6981d3e41/details (Stand: 11.12.2022). (Zitiert als: EU-Kommission, Joint Report, Meeting of the Financial Services Committee, 12.06.2019).

Europäische Kommission, Joint Report, Comprehensive Economic and Trade Agreement (CETA), Meeting of the Financial Services Committee, Videokonferenz, 24-25.06.2020, URL: https://circabc.europa.eu/ui/group/09242a36-a438-40fd-a7af-fe32e36cbd0e/library/be620c17-6858-45db-8133-3420db2cef27/details (Stand: 11.12.2022). (Zitiert als: EU-Kommission, Joint Report, Meeting of the Financial Services Committee, 24-25.06.2020).

Europäische Kommission, List of Participants, Comprehensive Economic and Trade Agreement (CETA), 1st Meeting of the CETA Regulatory Cooperation Forum, Brüssel und Videokonferenz, 14.12.2018, URL: https://circabc.europa.eu/ui/group/09242a36-a438-40fd-a7af-fe32e36cbd0e/library/96cedd4e-1cd5-4976-8b7e-9af375ab2b5f/details (Stand: 11.12.2022). (Zitiert als: EU-Kommission, List of Participants, 1st Meeting of the CETA Regulatory Cooperation Forum, 14.12.2018).

Europäische Kommission, List of Participants, Comprehensive Economic and Trade Agreement (CETA), 2nd Meeting of the CETA Regulatory Cooperation Forum, Ottawa und Videokonferenz, 03-04.02.2020, URL: https://circabc.europa.eu/ui/group/09242a36-a438-40fd-a7af-fe32e36cbd0e/library/3029a81b-25ec-4541-89c3-1bc2f9d540eb/details (Stand: 11.12.2022). (Zitiert als: EU-Kommission, List of Participants, 2nd Meeting of the CETA Regulatory Cooperation Forum, 03-04.02.2020).

Europäische Kommission, List of Participants, Comprehensive Economic and Trade Agreement (CETA), 3rd Meeting of the CETA Regulatory Cooperation Forum, Videokonferenz, 09-10.02.2021, URL: https://circabc.europa.eu/ui/group/09242a36-a438-40fd-a7af-fe32e36cbd0e/library/16622

df7-225a-448c-8423-f889cf7c31d9/details (Stand: 11.12.2022). (Zitiert als: EU-Kommission, List of Participants, 3rd Meeting of the CETA Regulatory Cooperation Forum, 09-10.02.2021).

Europäische Kommission, List of Participants, Comprehensive Economic and Trade Agreement (CETA), 4th Meeting of the CETA Regulatory Cooperation Forum, Videokonferenz, 03-04.05.2022, URL: https://circabc.europa.eu/ui/group/09242a36-a438-40fd-a7af-fe32e36cbd0e/library/b33c6d9d-e794-4c55-a480-66754f63052e/details (Stand: 11.12.2022). (Zitiert als: EU-Kommission, List of Participants, 4th Meeting of the CETA Regulatory Cooperation Forum, 03-04.05.2022).

Europäische Kommission, Report, Comprehensive Economic and Trade Agreement (CETA), 1st Meeting of the CETA Regulatory Cooperation Forum, Brüssel und Videokonferenz, 14.12.2018, URL: https://circabc.europa.eu/ui/group/09242a36-a438-40fd-a7af-fe32e36cbd0e/library/5ca4633d-6122-46f3-bd5a-c137c83035ec/details (Stand: 11.12.2022). (Zitiert als: EU-Kommission, Report, 1st Meeting of the CETA Regulatory Cooperation Forum, 14.12.2018).

Europäische Kommission, Report, Comprehensive Economic and Trade Agreement (CETA), 2nd Meeting of the Committee on Government Procurement, Brüssel, 22.02.2019, URL: https://circabc.europa.eu/ui/group/09242a36-a438-40fd-a7af-fe32e36cbd0e/library/7d43330f-971f-4045-baca-f081ff0e27b0/details (Stand: 11.12.2022). (Zitiert als: EU-Kommission, Report, 2nd Meeting of the Committee on Government Procurement, 22.02.2019).

Europäische Kommission, Report, Comprehensive Economic and Trade Agreement (CETA), 4th Meeting of the Committee on Government Procurement, Videokonferenz, 14.12.2021, URL: https://circabc.europa.eu/ui/group/09242a36-a438-40fd-a7af-fe32e36cbd0e/library/33bdf2fa-aad6-4be1-bac5-97c054863300/details (Stand: 11.12.2022). (Zitiert als: EU-Kommission, Report, 4th Meeting of the Committee on Government Procurement, 14.12.2021).

Europäische Kommission, Report, Comprehensive Economic and Trade Agreement (CETA), Meeting of the Agriculture Committee, Brüssel, 19.09.2018, URL: https://circabc.europa.eu/ui/group/09242a36-a438-40fd-a7af-fe32e36cbd0e/library/c3fffc92-76fd-4707-9b58-a00d60423d5a/details (11.12.2022). (Zitiert als: EU-Kommission, Report, Meeting of the Agriculture Committee, 19.09.2018).

Europäische Kommission, Report, Comprehensive Economic and Trade Agreement (CETA), Meeting of the Agriculture Committee, Ottawa, 23.09.2019, URL: https://circabc.europa.eu/ui/group/09242a36-a438-40fd-a7af-fe32e36cbd0e/library/048e7f05-5a6a-4e0f-8860-41585fb93e0c/details (Stand: 11.12.2022). (Zitiert als: EU-Kommission, Report, Meeting of the Agriculture Committee, 23.09.2019).

Europäische Kommission, Report, Comprehensive Economic and Trade Agreement (CETA), Meeting of the Agriculture Committee, Videokonferenz, 21.-22.09.2020, URL: https://circabc.europa.eu/ui/group/09242a36-a438-40fd-a7af-fe32e36cbd0e/library/168230d6-c369-4eb2-a817-d003398a3fb5/details (Stand: 11.12.2022). (Zitiert als: EU-Kommission, Report, Meeting of the Agriculture Committee, 21.-22.09.2020).

Europäische Kommission, Report, Comprehensive Economic and Trade Agreement (CETA), Meeting of the Agriculture Committee, Videokonferenz, 15.11.2021, URL: https://circabc.europa.eu/ui/group/09242a36-a438-40fd-a7af-fe32e36cbd0e/library/8dde2229-6350-4983-882c-b2cc37f411aa/details (Stand: 11.12.2022). (Zitiert als: EU-Kommission, Report, Meeting of the Agriculture Committee, 15.11.2021).

Europäische Kommission, Report, Comprehensive Economic and Trade Agreement (CETA), Meeting of the CETA Joint Committee, Montreal, 26.09.2018, URL: https://circabc.europa.eu/ui/group/09242a36-a438-40fd-a7af-fe32e36cbd0e/library/34bfb28d-4498-437f-891b-e30e1aca0912/details (Stand: 11.12.2022). (Zitiert als: EU-Kommission, Report, Meeting of the CETA Joint Committee, 26.09.2018).

Europäische Kommission, Report, Comprehensive Economic and Trade Agreement (CETA), Meeting of the Committee on Geographical Indications, Videokonferenz, 26.11.2019, URL: https://circabc.europa.eu/ui/group/09242a36-a438-40fd-a7af-fe32e36cbd0e/library/4821cc6a-6ec4-4ccc-9df6-384307991e25/details (Stand: 11.12.2022). (Zitiert als: EU-Kommission, Report, Meeting of the Committee on Geographical Indications, 26.11.2019).

Europäische Kommission, Report, Comprehensive Economic and Trade Agreement (CETA), Meeting of the Committee on Geographical Indications, Videokonferenz, 22.10.2020, URL: https://circabc.europa.eu/ui/group/09242a36-a438-40fd-a7af-fe32e36cbd0e/library/3047e81b-aee3-4228-a805-4baef523d11c/details (Stand: 11.12.2022). (Zitiert als: EU-Kommission, Report, Meeting of the Committee on Geographical Indications, 22.10.2020).

Europäische Kommission, Report, Comprehensive Economic and Trade Agreement (CETA), Meeting of the Committee on Geographical Indications, Videokonferenz, 06.07.2022, URL: https://circabc.europa.eu/ui/group/09242a36-a438-40fd-a7af-fe32e36cbd0e/library/d27ed88c-6e37-4107-a3a0-3f4c017467a5/details (Stand: 11.12.2022). (Zitiert als: EU-Kommission, Report, Meeting of the Committee on Geographical Indications, 06.07.2022).

Europäische Kommission, Report, Comprehensive Economic and Trade Agreement (CETA), Meeting of the Trade in Goods Committee, Videokonferenz, 29.11.2018, URL: https://circabc.europa.eu/ui/group/09242a36-a438-40fd-a7af-fe32e36cbd0e/library/a3cb6fd1-f79d-493c-a6e7-b23303669676/deta ils (Stand: 11.12.2022). (Zitiert als: EU-Kommission, Report, Meeting of the Trade in Goods Committee, 29.11.2018).

Europäische Kommission, Report, Comprehensive Economic and Trade Agreement (CETA), Meeting of the Trade in Goods Committee, Videokonferenz, 11.12.2019, URL: https://circabc.europa.eu/ui/group/09242a36-a438-40fd-a7af-fe32e36cbd0e/library/fa58bb3a-9375-43ac-a141-e584b924dbb3/details (Stand: 11.12.2022). (Zitiert als: EU-Kommission, Report, Meeting of the Trade in Goods Committee, 11.12.2019).

Europäische Kommission, Report, Comprehensive Economic and Trade Agreement (CETA), Meeting of the Trade in Goods Committee, Videokonferenz, 21.01.2021, URL: https://circabc.europa.eu/ui/group/09242a36-a438-40fd-a7af-fe32e36cbd0e/library/1a7ebe44-cbf8-44cd-9441-b5a5e05e8626/details (Stand: 11.12.2022). (Zitiert als: EU-Kommission, Report, Meeting of the Trade in Goods Committee, 21.01.2021).

Europäische Kommission, Report, Comprehensive Economic and Trade Agreement (CETA), Meeting of the Trade in Goods Committee, Videokonferenz, 08.03.2022, URL: https://circabc.europa.eu/ui/group/09242a36-a438-40fd-a7af-fe32e36cbd0e/library/c3e66fd5-84e5-4a72-9af7-02249c0ddab3/details (Stand: 11.12.2022). (Zitiert als: EU-Kommission, Report, Meeting of the Trade in Goods Committee, 08.03.2022).

Europäische Kommission, Report, Comprehensive Economic and Trade Agreement (CETA), Sanitary and Phytosanitary Measures Joint Management Committee, Ottawa, 26-27.03.2018, URL: https://circabc.europa.eu/ui/group/09242a36-a438-40fd-a7af-fe32e36cbd0e/library/e919447a-c7a1-498e-966d-d5fd378738b1/details (Stand: 11.12.2022). (Zitiert als: EU-Kommission, Report, Sanitary and Phytosanitary Measures Joint Management Committee, 26-27.03.2018).

Europäische Kommission, Report, Comprehensive Economic and Trade Agreement (CETA), Sanitary and Phytosanitary Measures Joint Management Committee, Videokonferenz, 16-19.11.2020, URL: https://circabc.europa.eu/ui/group/09242a36-a438-40fd-a7af-fe32e36cbd0e/library/3a6fcdf4-6449-4605-b9bf-da83fef04d89/details (Stand: 11.12.2022). (Zitiert als: EU-Kommission, Report, Sanitary and Phytosanitary Measures Joint Management Committee, 16-19.11.2020).

Forum Umwelt und Entwicklung, et. al, Lebensmittelsicherheit, Landwirtschaft und Zusammenarbeit in Regulierungsfragen im Umfassenden Wirtschafts- und Handelsabkommen zwischen Kanada und der EU (CETA), URL: https://www.forumue.de/wp-content/uploads/2016/09/report-ceta-food-safety-german.pdf (Stand: 11.12.2022). (Zitiert als: Forum Umwelt und Entwicklung, et. al, Lebensmittelsicherheit, Landwirtschaft und Zusammenarbeit in

Regulierungsfragen im Umfassenden Wirtschafts- und Handelsabkommen zwischen Kanada und der EU (CETA)).

Gemischter CETA-Ausschuss, Decision 001/2018 of the CETA JOINT COMMITTEE of 26 September 2018, https://trade.ec.europa.eu/doclib/docs/2019/february/tradoc_157677.pdf (Stand 11.12.2022). (zitiert als: Gemischter CETA-Ausschuss, Decision 001/2018, 26.09.2018).

Rat der Europäischen Union, Beschluss (EU) 2018/1062 des Rates vom 16. Juli 2018 über den im Namen der Europäischen Union im Gemischten CETA-Ausschuss, der mit dem umfassende Wirtschafts- und Handelsabkommen zwischen Kanada einerseits und der Europäischen Union und ihren Mitgliedstaaten andererseits eingerichtet wurde, im Hinblick auf die Annahme der Geschäftsordnung des Gemischten CETA-Ausschusses und der Sonderausschüsse zu vertretenden Standpunkt, Abl. EU vom 27.07 2018, L 190/13. (Zitiert als: Beschluss des Rates (EU) 2018/1062 vom 16.07.2018, Abl. EU vom 27.07.2018, L 190/13).

Weitere Dokumente:

Bayerischer Landtag, Beschluss vom 20.06.2013, Drucksache 16/17358. (Zitiert als: BayLT-Drs. 16/17358).

Bayerischer Landtag, Gesetzentwurf vom 10.12.2012, Drucksache 16/15140. (Zitiert als: BayLT-Drs. 16/15140).

Bundesministerium für Wirtschaft und Energie (BMWi), Reaktion auf die Kleine Anfrage der BT-Drucksache 18/10725. (Zitiert als: BT-Drucksache 18/10725).

Bundesrat, Stenografischer Bericht, 1029. Sitzung, 16. Dezember 2022, URL: https://www.bundesrat.de/SharedDocs/downloads/DE/plenarprotokolle/2022/Plenarprotokoll-1029.pdf?__blob=publicationFile&v=2 (23.12.2022). (Zitiert als: Bundesrat, Plenarprotokoll 1029. Sitzung, 16.12.2022).

Deutscher Bundestag, Beschlußempfehlung und Bericht des Sonderausschusses „Europäische Union (Vertrag von Maastricht)", BT-Drs. 12/3896. (Zitiert als: BT-Drs. 12/3896).

Deutscher Bundestag, Beschlussempfehlung und Bericht des Wirtschaftsaussschusses (9. Ausschuss), a) zu dem Gesetzentwurf der Bundesregierung – Drucksache 20/3443 – Entwurf eines Gesetzes zum umfassenden Wirtschafts- und Handelsabkommen (CETA) zwischen Kanada einerseits und der Europäischen Union und ihren Mitgliedstaaten andererseits vom 30. Oktober 2016, b) zu dem Gesetzentwurf der Fraktionen SPD, BÜNDNIS 90/DIE GRÜNEN und FDP – Drucksache 20/2569 – Entwurf eines Gesetzes zum umfassenden Wirtschafts- und Handelsabkommen (CETA) zwischen Kanada einerseits und der Europäischen Union und ihren Mitgliedstaaten andererseits vom 30. Oktober 2016, c) zu dem Gesetzentwurf der Fraktion der CDU/CSU – Drucksache 20/1008 – Entwurf eines Gesetzes zum umfassenden Wirtschafts- und Handelsabkommen (CETA) vom 30. Oktober 2016 zwischen Kanada einerseits und der Europäischen Union und ihren Mitgliedstaaten andererseits, d)zu dem Antrag der Fraktion der CDU/CSU – Drucksache 20/1010 – Europas Wettbewerbsfähigkeit erhalten – Die wirtschafts- und handelspolitischen Beziehungen im atlantischen Raum stärken, BT-Drs. 20/4731. (Zitiert als: BT-Drs. 20/4731).

Deutscher Bundestag, Gesetzentwurf der Bundesregierung. Entwurf eines Gesetzes zum umfassenden Wirtschafts- und Handelsabkommen (CETA) zwischen Kanada einerseits und der Europäischen Union und ihren Mitgliedstaaten andererseits vom 30. Oktober 2016, BT-Drs. 20/3443. (Zitiert als: BT-Drs. 20/3443).

Deutscher Bundestag, Stenografischer Bericht 153. Sitzung, Berlin, Freitag, den 13. März 2020, Plenarprotokoll 19/153, URL: https://dserver.bundestag.de/btp/19/19153.pdf#P.19115 (28.10.2022). (Zitiert als: BT-Plenarprotokoll 19/153).

Deutscher Bundestag, Unterrichtung über die gemäß § 93 der Geschäftsordnung an die Ausschüsse überwiesenen bzw. nicht überwiesenen Unionsdokumente (Eingangszeitraum: 7. bis 18. Oktober 2019, Drucksache 19/14940. (Zitiert als: BT-Drs. 19/14940).

Europäische Kommission, CETA – Summary of the final negotiating results, URL: http://trade.ec.europa.eu/doclib/docs/2014/december/tradoc_152982.pdf (Stand: 11.12.2022). (Zitiert als: EU-Kommission, CETA – Summary of the final negotiating results).

Europäische Kommission, Mitteilung der Kommission an den Rat, Das Europäische Parlament, den Europäischen Wirtschafts- und Sozialausschuss und den Ausschuss der Regionen. Ein Wettbewerbsfähiges Europa in einer Globalen Welt. Ein Beitrag zur EU-Strategie für Wachstum und Beschäftigung, COM(2006) 567 endgültig, 04.10.2006. (Zitiert als: KOM(2006) 567 endg.).

Europäische Kommission, Vorschlag für einen Beschluss des Rates über die vorläufige Anwendung des umfassenden Wirtschafts- und Handelsabkommens zwischen Kanada einerseits und der Europäischen Union und ihren Mitgliedstaaten andererseits, COM(2016) 470 final, 05.07.2016. (Zitiert als: KOM(2016) 470 endg.).

Europäisches Parlament, Entschließung vom 15.2.2017, P8_TA(2017)0030.

Europäisches Parlament, Entschließung vom 28.04.2021, 2021/2658(RSP).

Landtag von Baden-Württemberg, Gesetzentwurf vom 14.12.2010, Drucksache 14/7338. (Zitiert als: BWLT-Drs. 14/7338).

Gemischter CETA-Ausschuss, Draft Decision of the CETA Joint Committee. Decision No X/2022 of the CETA Joint Committee on the interpretation of certain terms in Article 8.10, Annex 8-A and Article 8.39, URL: https://www.gerechter-welthandel.org/wp-content/uploads/2022/09/20220905_Draft-Decision-and-Declarations_CETA.pdf (Stand: 11.12.2022). (Zitiert als: Gemischter CETA-Ausschuss, Draft Decision oft he CETA Joint Committee. Decision No X/2022 of the CETA Joint Committee on the interpretation of certain terms in Article 8.10, Annex 8-A and Article 8.39).

Rat der Europäischen Union, Beschluss (EU) 2011/265 vom 16.09.2010 über die Unterzeichnung – im Namen der Europäischen Union – und vorläufige Anwendung des Freihandelsabkommens zwischen der Europäischen Union und ihren Mitgliedstaaten einerseits und der Republik Korea andererseits, ABl. EU vom 14.05.2011, L 127/1. (Zitiert als: Beschluss des Rates (EU) 2011/265 vom 16.09.2010, Abl. EU vom 14.05.2011, L 127/1).

Rat der Europäischen Union, Beschluss (EU) 2017/37 des Rates vom 28. Oktober 2016 über die Unterzeichnung – im Namen der Europäischen Union – des umfassenden Wirtschafts- und Handelsabkommens (CETA) zwischen Kanada einerseits und der Europäischen Union und ihren Mitgliedstaaten andererseits, ABl. EU vom 14.1.2017, L 11/1. (Zitiert als: Beschluss des Rates (EU) 2017/37 vom 28.10.2016, Abl. EU vom 14.1.2017, L 11/1).

Rat der Europäischen Union, Beschluss (EU) 2017/38 des Rates vom 28. Oktober 2016 über die vorläufige Anwendung des umfassenden Wirtschafts- und Handelsabkommens (CETA) zwischen Kanada einerseits und der Europäischen Union und ihren Mitgliedstaaten andererseits, Abl. EU vom 14.01.2017, L 11/1080. (Zitiert als: Beschluss des Rates (EU) 2017/38 vom 28.10.2016, Abl. EU vom 14.1.2017, L 11/1080).

Rat der Europäischen Union, Beschluss (EU) 2018/1907 vom 20. Dezember 2018 über den Abschluss des Abkommens zwischen der Europäischen Union und Japan über eine Wirtschaftspartnerschaft, ABl. EU, 27.12.2018, S. L 330/1. (Zitiert als: Beschluss des Rates (EU) 2018/1907 vom 20.12.2018, Abl. EU, 27.12.2018, L 330/1).

Rat der Europäischen Union, Beschluss (EU) 2019/1875 des Rates vom 8. November 2019 zum Abschluss des Freihandelsabkommens zwischen der Europäischen Union und der Republik Singapur, ABl. EU 14.11.2019, L 294/1. (Zitiert als: Beschluss des Rates (EU) 2019/1875 vom 08.11.2019, ABl. EU 14.11.2019, L 294/1).

Rat der Europäischen Union, Beschluss (EU) 2020/753 des Rates vom 30. März 2020 über den Abschluss des Freihandelsabkommens zwischen der

Europäischen Union und der Sozialistischen Republik Vietnam, ABl. EU 12.6.2020, L 186/1. (Zitiert als: Beschluss des Rates (EU) 2020/753 vom 30.03.2020, ABl. EU 12.6.2020, L 186/1).

Rat der Europäischen Union, Dokument 9036/09 vom 24.04.2009, URL: https://www.fair-handeln-statt-ttip.eu/kontext/controllers/document.php/50.8/1/a40c93.pdf (Stand: 11.12.2022). (Zitiert als: Rat der EU, Dokument 9036/09 (Verhandlungsmandat zu CETA)).

Rat der Europäischen Union, Meeting Document, WK 15073/2018 INIT, URL: http://www.sice.oas.org/TPD/CAN_EU/Committees/CETA_JSG_Pharmaceuticals_Report_11_2018_e.pdf (Stand: 11.12.2022). (Zitiert als: Rat der EU, WK 15073/2018 INIT).

Rat der Europäischen Union, Protokoll 13.05.2016, URL: http://subterrnews.blogspot.com/2016/06/leaked-document-eu-canada-comprehensive.html (Stand: 11.12.2022). (Zitiert als: Rat der EU, Protokoll 13.05.2016).

United Nations, Report of the International Law Commission, Sixty-third session (26. April – 3. June and 4. July – 12. August 2011, General Assembly, Official Records, Sixty-sixth session Supplement No. 10 (A/66/10), Text of the Guide to Practice on Reservations to Treaties, adopted by the Commission at its sixty-third session, Guide to Practice on Reservations to Treaties, S. 19-51. (Zitiert als: Vereinte Nationen, Guide to Practice on Reservations to Treaties).

Bekanntmachung über das Inkrafttreten des Freihandelsabkommens zwischen der Europäischen Union und ihren Mitgliedstaaten einerseits und der Republik Korea andererseits, vom 9. Dezember 2015, BGBl. II 2016, S. 40. (Zitiert als: BGBl. II 2016, S. 40).

Gemeinsames Auslegungsinstrument zum umfassenden Wirtschafts- und Handelsabkommen (CETA) zwischen Kanada und der Europäischen Union und ihren Mitgliedstaaten, ABl. EU, 14.01.2017, L 11/3. (Zitiert als: Gemeinsames Auslegungsinstrument zum CETA).

Stuttgarter Erklärung der Präsidentinnen und Präsidenten der deutschen Landesparlamente. Demokratische Willensbildung auf der europäischen und der bundesstaatlichen Ebene legitimieren; Einwirkungs- und Teilhabemöglichkeiten der deutschen Landesparlamente stärken, URL: https://www.bremische-buergerschaft.de/uploads/media/StuttgarterErklaerung_01.pdf (Stand: 10.10.2022). (Zitiert als: „Stuttgarter Erklärung der Präsidentinnen und Präsidenten der deutschen Landesparlamente").

Unionsrecht:

Charta der Grundrechte der Europäischen Union, vom 12. Dezember 2007 (ABl. EU, 14.12.2007, C 303/17), in der Fassung vom 7. Juni 2016 (ABl. EU, 07.06.2016, C 202/389). (Zitiert als: GRCh).

Europäische Kommission, Durchführungsverordnung (EU) 2019/935 der Kommission vom 16. April 2019 mit Durchführungsvorschriften zur Verordnung (EU) Nr. 1308/2013 des Europäischen Parlaments und des Rates hinsichtlich der Analysemethoden zur Feststellung der physikalischen, chemischen und organoleptischen Merkmale von Weinbauerzeugnissen und der Mitteilung von Beschlüssen der Mitgliedstaaten zur Erhöhung des natürlichen Alkoholgehalts, ABl. EU, 07.06.2019, L 149/53. (Zitiert als: Durchführungsverordnung (EU) 2019/935 vom 16.04.2019, ABl. EU, 07.06.2019, L 149/53).

Rat der Europäischen Union, Erklärungen für das Ratsprotokoll, ABl. L 11/9, 14.1.2017. (Zitiert als: Rat der EU, Erklärungen für das Ratsprotokoll, Abl. EU, 14.01.2017, L 11/9).

Rahmenvereinbarung über die Beziehungen zwischen dem Europäischen Parlament und der Europäischen Kommission, ABl. L 304 vom 20.11.2010, S. 47, geändert durch: Vereinbarung zwischen dem Europäischen Parlament und der Europäischen Kommission über die Änderung von Nummer 4 der Rahmenvereinbarung über die Beziehungen zwischen dem Europäischen Parlament und der Europäischen Kommission, ABl. L 45 vom 17.02.2018, S. 46. (Zitiert als: Rahmenvereinbarung über die Beziehungen zwischen dem Europäischen Parlament und der Kommission, ABl. EU 2018 L 45/46).

Richtlinie (EU) 2001/95 des Europäischen Parlaments und des Rates vom 3. Dezember 2001 über die allgemeine Produktsicherheit, ABl. EU L 11 vom 15.01.2002, S. 4-17. (Zitiert als: Richtlinie (EU) 2001/95 des Europäischen Parlaments und des Rates, ABl. EU L 11/4).

Protokoll (Nr. 2) über die Anwendung der Grundsätze der Subsidiarität und der Verhältnismäßigkeit, Abl. C 115/206, 09.05.2008. (Zitiert als: Subsidiaritätsprotokoll).

Satzung des Gerichtshofs der Europäischen Union, zuletzt geändert durch Verordnung (EU, Euratom) Nr. 2019/629 des Europäischen Parlaments und des Rates vom 17. April 2019, ABl. EU 2019, L 111/1. (Konsolidierte Fassung), URL: https://curia.europa.eu/jcms/upload/docs/application/pdf/2016-08/tra-doc-de-div-c-0000-2016-201606984-05_00.pdf (Stand: 11.12.2022). (Zitiert als: EuGH-Satzung).

Verordnung (EU) Nr. 182/2011 des Europäischen Parlaments und des Rates vom 16. Februar 2011 zur Festlegung der allgemeinen Regeln und Grundsätze, nach denen die Mitgliedstaaten die Wahrnehmung der Durchführungsbefugnisse durch die Kommission kontrollieren, ABl. EU 2011 L 55/13. (Zitiert als: Verordnung (EU) Nr. 182/2011 des Europäischen Parlaments und des Rates, ABl. EU 2011 L 55/13).

Verordnung (EU) Nr. 1306/2013 des Europäischen Parlaments und des Rates vom 17. Dezember 2013 über die Finanzierung, die Verwaltung und das Kontrollsystem der Gemeinsamen Agrarpolitik und zur Aufhebung der Verordnungen (EWG) Nr. 352/78, (EG) Nr. 165/94, (EG) Nr. 2799/98, (EG) Nr. 814/2000, (EG) Nr. 1290/2005 und (EG) Nr. 485/2008 des Rates, ABl. EU L 347 vom 20.12.2013, S. 671. (Zitiert als: Verordnung (EU) Nr. 1306/2013 des Europäischen Parlaments und des Rates, ABl. EU 2013 L 347/671).

Verordnung (EU) Nr. 1308/2013 des Europäischen Parlaments und des Rates vom 17. Dezember 2013 über eine gemeinsame Marktorganisation für landwirtschaftliche Erzeugnisse und zur Aufhebung der Verordnungen (EWG) Nr. 922/72, (EWG) Nr. 234/79, (EG) Nr. 1037/2001 und (EG) Nr. 1234/2007, ABl. EU L 347 vom 20.12.2013, S. 549. (Zitiert als: Verordnung (EU) Nr. 1308/2013 des Europäischen Parlaments und des Rates, ABl. EU 2013 L 347/549).

Vertrag über die Arbeitsweise der Europäischen Union (ABl. EG Nr. C 115, 09.05.2008, S. 47), zuletzt geändert durch die Akte über die Bedingungen des Beitritts der Republik Kroatien und die Anpassungen des Vertrags über die Europäische Union, des Vertrags über die Arbeitsweise der Europäischen Union und des Vertrags zur Gründung der Europäischen Atomgemeinschaft (ABl. EU L 11/21, 24.04.2012). (Zitiert als: AEUV).

Vertrag über die Europäische Union (ABl. EG Nr. C 115, 09.05.2008, S. 13), zuletzt geändert durch die Akte über die Bedingungen des Beitritts der Republik Kroatien und die Anpassungen des Vertrags über die Europäische Union, des Vertrags über die Arbeitsweise der Europäischen Union und des Vertrags zur Gründung der Europäischen Atomgemeinschaft (ABl. EU L 112/21, 24.04.2012). (Zitiert als: EUV).

Bundesrecht der Bundesrepublik Deutschland:

Gesetz über die Wahrnehmung der Integrationsverantwortung des Bundestages und des Bundesrates in Angelegenheiten der Europäischen Union vom 22. September 2009 (BGBl. I, S. 3022), zuletzt geändert durch Art. 1 Gesetz vom 1. Dezember 2009 (BGBl. I, S. 3822). (Zitiert als: IntVG).

Gesetz über die Zusammenarbeit von Bund und Ländern in Angelegenheiten der Europäischen Union vom 12. März 1993 (BGBl. I, S. 313), zuletzt geändert durch Art. 1 Gesetz vom 22. September 2009 (BGBl. I, S. 3031). (Zitiert als: EUZBLG).

Gesetz über die Zusammenarbeit von Bundesregierung und Deutschem Bundestag in Angelegenheiten der Europäischen Union vom 4. Juli 2013 (BGBl. I, S. 2170). (Zitiert als: EUZBBG).

Gesetz zu dem Freihandelsabkommen vom 6. Oktober 2010 zwischen der Europäischen Union und ihren Mitgliedstaaten einerseits und der Republik Korea andererseits, vom 5. Dezember 2012, BGBl. II 2012, S. 1482. (Zitiert als: BGBl. II 2012, S. 1482).

Gesetz zu dem Umfassenden Wirtschafts- und Handelsabkommen (CETA) zwischen Kanada einerseits und der Europäischen Union und ihren Mitgliedstaaten andererseits vom 30. Oktober 2016, BGBl. 2023 II, Nr. 9, S. 1. (Zitiert als: BGBl. II 2023, Nr. 9, S. 1).

Gesetz zu dem Übereinkommen vom 18. März 1965 zur Beilegung von Investitionsstreitigkeiten zwischen Staaten und Angehörigen anderer Staaten vom 25. Februar 1969, BGBl. II S. 369, geändert durch Art. 2 § 11 Schiedsverfahrens-Neuregelungsgesetz vom 22.12.1997, BGBl. I S. 3224. (Zitiert als: InvStreitBeilG).

Gesetz zu dem Vertrag vom 31. August 1990 zwischen der Bundesrepublik Deutschland und der Deutschen Demokratischen Republik über die Herstellung der Einheit Deutschlands – Einigungsvertragsgesetz – und der Vereinbarung vom 18. September 1990, 23.09.1990, BGBl. 1990, II, S. 885. (Zitiert als: BGBl. 1990, II, S. 855).

Grundgesetz für die Bundesrepublik Deutschland vom 23. Mai 1949 (BGBl. III, 100-1), zuletzt geändert durch Art. 1 Gesetz vom 28. Juni 2022 (BGBl. I S. 968). (Zitiert als: GG).

Zivilprozessordnung in der Fassung der Bekanntmachung vom 5. Dezember 2005 (BGBl. 2005 I, S. 3202; 2006 I, S. 431; 2007 I, S. 1781), zuletzt geändert durch Art. 2 Gesetz vom 7. November 2022 (BGBl. I, S. 1982). (Zitiert als: ZPO).

Recht der Bundesländer der Bundesrepublik Deutschland:

Beitrittserklärung des Saarlandes nach dem Grundgesetz für die Bundesrepublik Deutschland vom 14. Dezember 1956 (Amtsblatt des Saarlandes Nr. 128, 29.12.1956, S. 1645). (Zitiert als: Amtsblatt des Saarlandes 1956, S. 1645).

Geschäftsordnung des Abgeordnetenhauses von Berlin vom 04. November 2021 (GVBl. Berlin 2021, S. 1253). (Zitiert als: Geschäftsordnung des Abgeordnetenhauses von Berlin).

Geschäftsordnung des Niedersächsischen Landtages vom 04. März 2003 (Nds. GVBl. 2003, S. 135), zuletzt geändert durch Beschluss vom 15. Dezember

2021 (Nds. GVBl. 2021, S. 937). (Zitiert als: Geschäftsordnung des Niedersächsischen Landtages).

Gesetz über die Unterrichtung des Landtages durch die Landesregierung vom 30. November 2004 (GVBl. LSA 2004, S. 810). (Zitiert als: Landtagsinformationsgesetz (Sachsen-Anhalt)).

Gesetz über die Unterrichtung des Landtages durch die Landesregierung vom 17. Oktober 2006 (GVOBl. 2006, S. 217), zuletzt geändert durch Gesetz vom 24. April 2018 (GVOBl. 2018, S. 257). (Zitiert als: Schleswig-Holsteinisches Parlamentsinformationsgesetz).

Landesverfassung der Freien Hansestadt Bremen, in der Fassung der Bekanntmachung vom 12. August 2019 (Brem.GBl. 2019, S. 524, 527), zuletzt geändert durch Gesetz vom 11. Mai 2021 (Brem.GBl. 2021, S. 475).

Niedersächsiche Verfassung, vom 19. Mai 1993 (Nds. GVBl. 1993, S. 107), zuletzt geändert durch Art. 1 Gesetz vom 10. Dezember 2020 (NDs. GVBl. 2020, S. 464).

Verfassung der Freien und Hansestadt Hamburg, vom 1. Juli 1952 (HmbGVBl. 1952, S. 117), zuletzt geändert durch Art. 1 Gesetz vom 8. Juli 2009 (HmbGVBl. 2009, S. 221).

Verfassung des Freistaates Bayern, in der Fassung der Bekanntmachung vom 15. Dezember 1998 (GVBl. S. 991, 992), zuletzt geändert durch die Gesetze vom 11. November 2013 (GVBl. 2013, S. 638, 639, 640, 641, 642).

Verfassung des Freistaates Sachsen, vom 27. Mai 1992 (SächsGVBl. 1992, S. 243), zuletzt geändert durch Gesetz vom 11. Juli 2013 (SächsGVBl. 2013, S. 502).

Verfassung des Freistaats Thüringen, vom 25. Oktober 1993 (GVBl. 1993, S. 625), zuletzt geändert durch Gesetz vom 11. Oktober 2004 (GVBl. 2004, S. 745).

Verfassung des Landes Baden-Württemberg, vom 11. November 1953 (GBl. 1953, S. 173), zuletzt geändert durch Art. 1 Gesetz vom 26. April 2022 (GBl. 2022, S. 237).

Verfassung des Landes Brandenburg, vom 20. August 1992 (GVBl. I/92, S. 298), zuletzt geändert durch Gesetz vom 5. Juli 2022 (GVBl.I/22, [Nr. 19]).

Verfassung des Landes Hessen, vom 1. Dezember 1946 (GVBl. I 1946, S. 229), zuletzt geändert durch Gesetz vom 12. Dezember 2018 (GVBl. 2018, S. 752).

Verfassung des Landes Mecklenburg-Vorpommern, vom 23. Mai 1993 (GVOBl. M-V 1993, 372), zuletzt geändert durch Gesetz vom 21. Dezember 2021 (GVOBl. M-V 2021, S. 1806).

Verfassung des Landes Sachsen-Anhalt, vom 16. Juli 1992 (GVBl. LSA 1992, S. 600), zuletzt geändert durch Art. 1 Gesetz vom 20. März 2020 (GVBl. LSA S. 64).

Verfassung des Landes Schleswig-Holstein, in der Fassung der Bekanntmachung vom 2. Dezember 2014 (GVOBl. Schl.-H. 2014, S. 344), zuletzt geändert durch Gesetz vom 20. April 2021 (GVOBl. Schl.-H. 2021, S. 438).

Verfassung des Saarlandes, vom 15. Dezember 1947, zuletzt geändert durch Art. 1 Gesetz Nr. 1961 vom 10. April 2019 (ABl. Saarland 2019 I, S. 446).

Verfassung für das Land Nordrhein-Westfalen, vom 28. Juni 1950 (GV. NW. 1950 S. 127/GS. NW. S. 3), zuletzt geändert durch Gesetz vom 14.07.2020 (GV. NRW. S. 644).

Verfassung für Rheinland-Pfalz, vom 18. Mai 1947 (VOBl. 1947, S. 209), zuletzt geändert durch Gesetz vom 8. April 2022 (GVBl. 2022, S. 105).

Verfassung von Berlin, vom 23. November 1995 (GVBl. 1995, S. 779), zuletzt geändert durch Gesetz vom 17.05.2021 (GVBl. 2021, S. 502).

Vereinbarung über die Unterrichtung des Hessischen Landtages durch die Landesregierung in Angelegenheiten der Europäischen Union vom 28. Juni 2010, auszugsweise wiedergegeben in: Weiß, Wolfgang / Stern, Felix (Hrsg.), Landtagsbeteiligung in Angelegenheiten der Europäischen Union. Eine Textsammlung von Prof. Dr. Wolfgang Weiß und Ass. iur. Dipl.-Pol. Felix Stern, Speyer, URL: https://dopus.uni-speyer.de/frontdoor/deliver/index/docId/4182/file/Weiss_Stern_Textsammlung_Landtage_und_EU.pdf (Stand: 11.12.2022), S. 29-31. (Zitiert als: Vereinbarung über die Unterrichtung des Hessischen Landtages durch die Landesregierung in Angelegenheiten der Europäischen Union).

Vereinbarung über die Unterrichtung und Beteiligung des Landtags in Angelegenheiten der Europäischen Union vom 19. Mai 2011, auszugsweise wiedergegeben in: Weiß, Wolfgang / Stern, Felix (Hrsg.), Landtagsbeteiligung in Angelegenheiten der Europäischen Union. Eine Textsammlung von Prof. Dr. Wolfgang Weiß und Ass. iur. Dipl.-Pol. Felix Stern, Speyer, URL: https://dopus.uni-speyer.de/frontdoor/deliver/index/docId/4182/file/Weiss_Stern_Textsammlung_Landtage_und_EU.pdf (Stand: 11.12.2022), S. 62-64. (Zitiert als: Vereinbarung über die Unterrichtung und Beteiligung des Landtages des Freistaats Thüringen in Angelegenheiten der Europäischen Union).

Vereinbarung zwischen Landtag und Landesregierung gemäß Art. 89b der Landesverfassung über die Unterrichtung des Landtags durch die Landesregierung vom 04. Februar 2010, auszugsweise wiedergegeben in: Weiß, Wolfgang / Stern, Felix (Hrsg.), Landtagsbeteiligung in Angelegenheiten der Europäischen Union. Eine Textsammlung von Prof. Dr. Wolfgang Weiß und Ass. iur. Dipl.-Pol. Felix Stern, Speyer, URL: https://dopus.uni-speyer.de/frontdoor/deliver/index/docId/4182/file/Weiss_Stern_Textsammlung_Landtage_und_EU.pdf (Stand: 11.12.2022), S. 40-42. (Zitiert als: Vereinbarung zwischen

Landtag und Landesregierung über die Unterrichtung des Landtages durch die Landesregierung).

Vereinbarung zwischen Landtag und Landesregierung über die Unterrichtung des Landtages nach Art. 94 der Verfassung des Landes Brandenburg vom 07. Oktober 2010 (GVBl.I/10, [Nr. 31]), geändert durch 1. Änderung der Vereinbarung vom 26. September 2013 (GVBl.I/13, [Nr. 26]). (Zitiert als: Vereinbarung zwischen Landtag und Landesregierung über die Unterrichtung des Landtages nach Art. 94 der Verfassung des Landes Brandenburg).

Vereinbarung zwischen dem Sächsischen Landtag und der Sächsischen Staatsregierung über die Konsultation des Landtags im Rahmen der Subsidiaritätsprüfung nach den Artikeln 6 bis 8 des Protokolls über die Anwendung der Grundsätze der Subsidiarität und der Verhältnismäßigkeit sowie über die Zusammenarbeit in Angelegenheiten der Europäischen Union (Subsidiaritätsvereinbarung), 20.04.2011, URL: https://www.landtag.sachsen.de/download/Dokumente/Subsidiaritaetsvereinbarung_SLT_2011.pdf (Stand: 11.12.2022). (Zitiert als: Subsidiaritätsvereinbarung zwischen dem Landtag und der Staatsregierung des Freistaates Sachsen).

Vereinbarung zwischen der Bürgerschaft der Freien und Hansestadt Hamburg und dem Senat der Freien und Hansestadt Hamburg über die Konsultation der Bürgerschaft im Rahmen der Subsidiaritätsprüfung nach Artikel 6 des Protokolls über die Anwendung der Grundsätze der Subsidiarität und der Verhältnismäßigkeit, Bürgerschaft der Freien und Hansestadt Hamburg, Drucksache 20/3243, Anlage 2. (Zitiert als: Subsidiaritätsvereinbarung der Bürgerschaft mit dem Senat der Freien und Hansestadt Hamburg).

Völkerrechtliche Verträge:

Agreement between the European Community and Canada on trade in wines and spirit drinks, Abkommen zwischen der Europäischen Gemeinschaft und Kanada über den Handel mit Wein und Spirituosen, 16. September 2003, ABl. EU vom 06.02.2004, L 35/3. (Zitiert als: Abkommen zwischen der Europäischen Gemeinschaft und Kanada über den Handel mit Wein und Spirituosen).

Agreement creating an association between the European Economic Community and Turkey, Abkommen zur Gründung einer Assoziation zwischen der Europäischen Wirtschaftsgemeinschaft und der Republik Türkei, 12. September 1963, ABl. Nr. 217 vom 29.12.1964, S. 3687-3688.

Convention on the Settlement of Investment Disputes between States and Nationals of Other States, Übereinkommen zur Beilegung von Investitionsstreitigkeiten zwischen Staaten und Angehörigen anderer Staaten, 4. März 1965, UNTS 575 (S. 159), BGBl. 1969 II, S. 369. (Zitiert als: ICSID).

Comprehensive Economic and Trade Agreement (CETA) between Canada, of the one Part, and the European Union and its Member States of the other Part, Umfassendes Wirtschafts- und Handelsabkommen (CETA) zwischen Kanada einerseits und der Europäischen Union und ihren Mitgliedern andererseits, 30. Oktober 2016, ABl. EU vom 14.01.2017, L 11/23. (Zitiert als: CETA).

The Energy Charter Treaty, Vertrag über die Energiecharta, 17. Dezember 1994, UNTS 2080 (S. 95), BGBl. 1997 II, S. 4. (Zitiert als: Energiechartavertrag).

Trade and Cooperation Agreement Between the European Union and the European Atomic Energy Community, of the one Part, and the United Kingdom of Great Britain and Northern Ireland, of the other Part, Handels- und Kooperationsabkommen zwischen der Europäischen Union und der Europäischen Atomgemeinschaft einerseits und dem Vereinigten Königreich Großbritannien und Nordirland andererseits, 30. Dezember 2020, ABl. EU vom 31.12.2020, L 444/14.

Vienna Convention on the Law of Treaties, Wiener Übereinkommen über das Recht der Verträge, 23. Mai 1969, UNTS 1155 (S. 331), BGBl. 1985 II, S. 927. (Zitiert als: Wiener Vertragsrechtskonvention).

Pressemitteilungen:

Europäische Kommission, Pressemitteilung vom 30.06.2011, Europäische Exporteure profitieren ab dem 1. Juli vom Freihandelsabkommen zwischen der EU und Südkorea, URL: ec.europa.eu/commission/presscorner/detail/de/IP_11_811 (Stand 11.12.2022). (Zitiert als: EU-Kommission, Pressemitteilung vom 30.06.2011).

Europäische Kommission, Pressemitteilung vom 05.07.2016, Europäische Kommission legt Vorschläge zur Unterzeichnung und zum Abschluss des EU-Kanada-Handelsabkommens vor, URL: https://ec.europa.eu/commission/presscorner/detail/de/IP_16_2371 (Stand: 11.12.2022). (Zitiert als: EU-Kommission, Pressemitteilung vom 05.07.2016).

Europäische Kommission, Pressemitteilung vom 20.09.2017, Handelsabkommen zwischen der EU und Kanada tritt in Kraft, URL: https://ec.europa.eu/commission/presscorner/detail/de/IP_17_3121 (Stand: 11.12.2022). (Zitiert als: EU-Kommission, Pressemitteilung vom 20.09.2017).

Europäische Kommission, Pressemitteilung vom 30.06.2022, Handelsabkommen zwischen der EU und Neuseeland: nachhaltiges Wirtschaftswachstum erschließen, URL: https://ec.europa.eu/commission/presscorner/detail/de/ip_22_4158 (Stand: 11.12.2022). (Zitiert als: EU-Kommission, Pressemitteilung vom 30.06.2022).

Rat der Europäischen Union, Pressemitteilung vom 30.10.2016, 16. Gipfeltreffen EU-Kanada – Gemeinsame Erklärung, URL: consilium.europa.eu/de/press/press-releases/2016/10/30/eu-canada-declaration (Stand: 11.12.2022). (Zitiert als: Rat der EU, Pressemitteilung vom 30.10.2016).

Rat der Europäischen Union, Pressemitteilung vom 25.06.2019, EU-Vietnam: Rat nimmt Beschlüsse über die Unterzeichnung eines Handels- und eines Investitionsschutzabkommens an, URL: https://www.consilium.europa.eu/de/press/press-releases/2019/06/25/eu-vietnam-council-adopts-decisions-to-sign-trade-and-investment-agreements/ (Stand: 11.12.2022). (Zitiert als: Rat der EU, Pressemitteilung vom 25.06.2019).

Internetseiten:

Deutscher Bundestag, Bundestag stimmt Handelsabkommen mit Kanada zu, URL: https://www.bundestag.de/dokumente/textarchiv/2022/kw45-de-ceta-917446 (Stand: 11.12.2022).

Europäische Kommission, Negotiations and agreements, URL: https://policy.trade.ec.europa.eu/eu-trade-relationships-country-and-region/negotiations-and-agreements_en (Stand: 11.12.2022).

Europäische Kommission, The EU wine legislation, URL: https://ec.europa.eu/info/food-farming-fisheries/plants-and-plant-products/plant-products/wine/eu-wine-legislation_de (Stand: 11.12.2022).

Europäische Kommission, Trade – Organisation chart, URL: https://commission.europa.eu/about-european-commission/departments-and-executive-agencies/trade_en (Stand: 11.12.2022).

Europäische Kommission, Transparenz-Register, URL: https://ec.europa.eu/transparencyregister/public/consultation/search.do?reset=&locale=de#de (Stand: 11.12.2022).

Europäische Kommission/Regierung von Kanada, Assessing the costs and benefits of a closer EU-Canada economic partnership, URL: https://www.international.gc.ca/trade-agreements-accords-commerciaux/agr-acc/eu-ue/study-etude.aspx?lang=eng (Stand: 11.12.2022).

Europäisches Parlament, Delegation for Relations with Canada, URL: https://www.europarl.europa.eu/delegations/de/d-ca/home (Stand: 11.12.2022).

Rat der Europäischen Union, (Website zum aktuellen Stand der Ratifizierung des CETA durch die EU und ihre einzelnen Mitgliedstaaten), URL: https://www.consilium.europa.eu/en/documents-publications/treaties-agreements/agreement/?id=2016017 (Stand: 11.12.2022). (Zitiert als: Rat der EU, URL: https://www.consilium.europa.eu/en/documents-publications/treaties-agreements/agreement/?id=2016017 (Stand: 11.12.2022)).

Kurzlebenslauf

Felix Ludwig August Stern (Rufname Felix) wurde am 30. Mai 1988 in München geboren und legte dort im Jahr 2008 erfolgreich das Abitur ab. Von September 2008 bis Februar 2015 absolvierte er an der Ludwig-Maximilians-Universität (München) das Studium der Rechtswissenschaften und von September 2009 bis Januar 2016 das Studium der Politikwissenschaften an der Hochschule für Politik (München). Hierbei studierte er das Sommersemester 2012 über an der Istanbul Bilgi University. Von Oktober 2015 bis Dezember 2017 absolvierte Felix Stern den juristischen Vorbereitungsdienst mit Stationen in München, Speyer und Hong Kong (SAR). Anschließend an die Zweite Juristische Staatsprüfung absolvierte er den Master of Laws (LL.M)-Studiengang „Staat und Verwaltung in Europa" an der Deutschen Universität für Verwaltungswissenschaften in Speyer. Von Dezember 2017 bis September 2021 arbeitete Felix Stern dort als wissenschaftliche Hilfskraft, bzw. von August 2018 bis September 2019 als wissenschaftlicher Mitarbeiter, am Lehrstuhl von Professor Dr. Wolfgang Weiß. Die vorliegende Dissertation wurde von Juni 2019 bis Mai 2021 durch ein Promotionsstipendium der Stiftung der Deutschen Wirtschaft gGmbH gefördert. Seit November 2021 arbeitet Felix Stern bei dem internationalen Beratungsunternehmen WTW in München. Seine beruflichen Schwerpunkte liegen unter anderem im europäischen Regulierungsrecht für Einrichtungen der betrieblichen Altersversorgung.

www.ingramcontent.com/pod-product-compliance
Ingram Content Group UK Ltd.
Pitfield, Milton Keynes, MK11 3LW, UK
UKHW021923290926
8980IPUK00016B/1425

9 783631 912744